現代副詞用法辞典

新装版

飛田良文・浅田秀子 著

東京堂出版

はしがき

日本人が日本語を使ってコミュニケーションができるのは、一人一人がその言葉の意味を共通に理解しているからにほかならない。しかし、いざその言葉の意味をだれにもわかるように一語一語客観的に記述するとなると、これは容易なことではない。特に、形容詞・副詞を初めとする修飾語の意味・用法の研究は、これまでその試みがほとんどなされていない。そこで新分野を開拓すべく、三年前、著者は日本で初めての形容詞の辞典『現代形容詞用法辞典』を上梓した。本書はこれに続くもので、日本語の副詞（副詞・形容動詞・連語・複合語、一部の名詞・連体詞、形容詞の連用形を含む）の一語一語について、意味・用法を詳細に記述した本格的な日本初の副詞辞典である。

「副詞」とはおもに用言（述語）を修飾するはたらきをするが、この連用修飾語は実際には種々雑多な言葉の寄り集まりで、現実に使われている副詞にどんな言葉があるのか、まだ、だれも明らかにしていない状況である。

しかるに、外国人に日本語を教える日本語教育の現場で教師が指導に最も困難を感じているのは、形容詞・副詞など話者のものの見方・感じ方を表す言葉の意味・ニュアンスである。このとき、学習者にとっては、「副詞」とは何かという品詞論は問題ではなく、類似の意味をもつ言葉の微妙なニュアンスの違いを知ることが大きな関心事となる。なぜなら、この微妙なニュアンスの違いを知ることが、日本人のものの見方や考え方を知る大きな助けとなることを、日本語教師のみならず学習者も十分に承知しているからである。

本書は、このような認識を同じくする著者が基本方針を話し合い、浅田が草稿を執筆し、飛田が綿密な校閲・修正を加え、さらに両者で検討のうえ完成したものである。記述にあたっては、まず適切な用例を多数集め、これらの状況や当該語の用法を一例一例詳細に分析することによって語義を抽出する方法をとった。この分析結果を解説する際、厳密な意味規定をめざすため、全見出し語にわたり定義を行い、類語の言い換えによる解釈を排した。また、専門用語をできるだけ使わないようにしたのはもちろんであるが、情緒的・雰囲気的な用語（具体的には和語の形容詞・副詞など）を避け、外国語にそのまま翻訳可能な客観的な用語を用いて記述し、日本語学習者にも正確な理解ができるよう心がけた。

著者は本書が日本語の修飾語研究に一石を投じるとともに、日本人のものの見方・考え方が外国人に理解され、スムーズなコミュニケーションと国際交流の行われることを心から願うものである。

最後に、東京堂出版の菅原洋一氏にはいろいろと御世話になった。記して感謝の意を表する。

平成六年五月二十四日

飛田良文
浅田秀子

現代副詞用法辞典◉目　次

はしがき
凡　例
「修飾語」の研究から日本文化の発信へ……v
本書の特色と使い方……x
現代副詞用法辞典……三
索　引……六四〇

凡例

一　本書における「副詞」は「述語を修飾できる語」のことで、学校文法でいう副詞・形容動詞・連語・複合語・慣用句、時・数量・真実を表す名詞、疑問・不定の状態を表す名詞、形容詞連用形、接続詞などにあたり、その中から一〇四一語を選定した。ただし、擬音語・擬態語を除く。

二　「副詞」の一語一語については、表記、用例、意味・用法、イメージ・ニュアンス、類義語との相違、関連語句を各項目ごとにくわしく記述した。

三　見出し語の配列は五十音順である。

四　各見出し語には、見出し、用例、解説、参照項目の欄をもうけた。

(1)　見出しは、ひらがな表記、漢字表記、ローマ字表記を掲げた。漢字表記は日常生活で目にするもので、常用漢字とは限らない。ローマ字表記はヘボン式を採用した。

(2)　用例は、当該語の意味・用法を網羅するよう作例によって示し、意味別に分類した。また、当該語の副詞用法だけでなく、「―だ・―な・―の・―に・―と」などさまざまな付属語を伴って異なった用法に用いられるもの、現代語に特有な間投詞・感動詞的な用法も網羅し、丁寧形のあるものは適宜用例として採用した。

(3)　**【解説】**での意味・用法は、用例の分類にしたがって誤解の少ない客観的な言葉で記述した。特に当該「副詞」が表現されるに必要な状況は明確に分析し、その語に暗示されている心理やニュアンスは、日本人共通の評価である七段階のイメージ、キーワードの組み合わせ、類義語との比較により明示した。詳細は「本書の特色と使い方」参照。

(4)　参照項目は、反対語・類義語・複合語など、本書に掲載されている関連語をすべて掲げた。

五　巻末には、マークによって「副詞」の意味を立体的に分析できる索引を付した。

「修飾語」の研究から日本文化の発信へ

日本語を外国語に翻訳するとき、「主語ハ述語ダ（スル）」という文型の文は客観的事実に比較的近いので、そのまま翻訳することが可能である。「女が歩く」とA woman walks. とは、文全体としては置き換え可能である。ところが、この主語や述語に説明する言葉（修飾語）がついて、「あだっぽい女がしゃなりしゃなりと歩く」という文になると、とたんに翻訳ができなくなってしまう。これはなぜだろうか。

一見客観的で、どこの国でも共通と思われがちな「暑い」「寒い」などという言葉も、日本人がケニアで「暑いなあ」と言ったそのとき、現地人が同じ場所で「It's cold today.」と言うことは十分起こりうる。これは、まったく同一の状態でも日本人とケニア人は生活の背景、感じ取り方に違いがあるために、「暑い」「cold」という意味の異なる言葉を使うからである。

「あだっぽい」「しゃなりしゃなりと」「暑い」「cold」などの修飾語には、対象のどういう状態をその言葉で表すかという、気候・風土に根ざした民族共通の歴史的なものの見方（広い意味での文化）が反映している。言い換えれば、文化そのものがこれら修飾語の中に凝縮されているのである。そのために、修飾語を翻訳することは困難なのであり、同一の状態でも意味の異なる言葉で表現することになる。つまり、文化を探るにはこれら修飾語を手がかりにすればよいわけである。

日本語表現

あだっぽい〔修飾語A〕 女が〔主語〕 しゃなりしゃなりと〔修飾語B〕 歩く。〔述語〕

（あだっぽい・しゃなりしゃなりと）日本人共通の文化
（女が・歩く。）客観的事実

ただし、従来の言語学のように言葉だけをいくら調べても、文化まではなかなかわかってこない。言葉が表現として出力されてくるには必ず入力情報にあたる状況が存在する。この入力情報（状況）と出力情報（言葉）の双方を調べて初めて、途中のブラックボックスである日本人と日本文化が明らかになるのである。

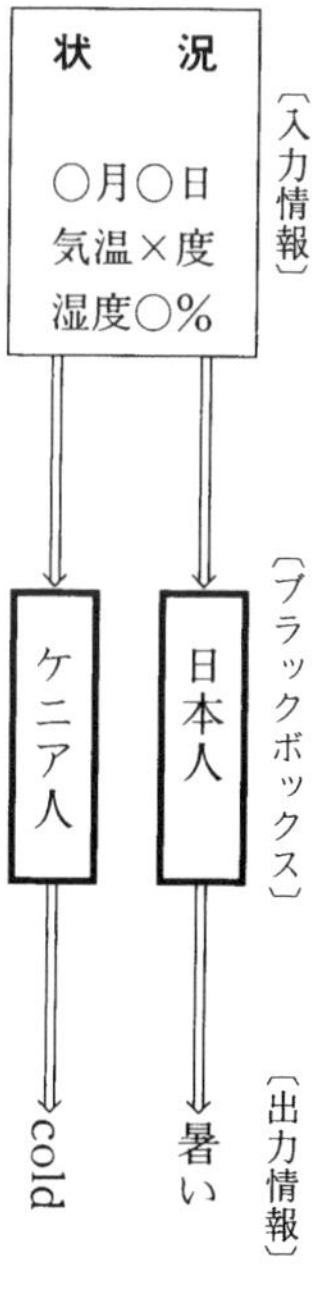

日本人は、どういう状態をどんな言葉を使って説明す

るか、そのときにどんな気持ちをこめているか、これらを客観的に記述することができれば、日本文化を客観的に認識し、外国へ向けて発信していくという一つの道が開けてくるのである。

■日本文化を外国に紹介することの意義

かつて「日本語は特別な言葉である」「日本文化の独自性を海外に広める」というような国粋主義的な考え方に基づく「日本文化特殊論」が盛んであったが、最近はこの反動からか、「従来言われてきた日本語や日本文化の特徴はなんら特殊なものではないから、特に紹介するには及ばない」というような「日本文化無価値論」が主流のようである。この二つの考え方は一見正反対のように見えながら、実は同じコインの両面である。

ある文化を特定しようとするとき、一言で説明するのは困難であるから、さまざまの「特徴」を列挙することになるが、この一つ一つの「特徴」が「特殊」か「普遍」かを論じるのは無意味である。

われわれがある人物を特定しようとするとき、「男性、年齢四十歳ぐらい、眼鏡をかけている、グレーの背広を着ている」等々、さまざまな「特徴」を列挙する。これら一つ一つの「特徴」は決して特殊なものではないが、だからといってこの人物を特定する条件として意味がないわけではない。われわれは、それ自体決して特殊ではないさまざまの「特徴」を重ね合わせることによって初めて、一人の人物を特定することができるのである。文化を特定するのもこれと同じである。

そもそもある国の文化に（外国に紹介するだけの）価値があるかないかを論じること自体が不毛である。日本文化が「特殊」であるにせよ「普遍」であるにせよ、これを詳細に調べて日本人みずからが認識し、外国に紹介していくのは絶対に必要なことである。「特殊」だから紹介する必要があり、「普遍」だから紹介しなくてもいいというものではない。

日本人と外国人がお互いにみずからの文化を紹介しあうことによって初めて、相互理解が生まれる。自らの文化を価値判断と切り離して論じるのは困難なことであるが、少なくとも学問研究としてはこの立場を貫かなければならない。修飾語研究を通じて日本文化の「特徴」を解明し、これを外国へ向けて発信していくことの意義は大きいと確信している。

■修飾語にはどんなものがあるか

修飾語には、おもに主語を修飾する修飾語Aと、おもに述語を修飾する修飾語Bとがある。学校文法において、修飾語Aと修飾語Bのはたらきをする言葉は、次のような語で構成されている。

修飾語A……形容詞・形容動詞・連体詞・連語

修飾語B……副詞・形容詞・形容動詞・連語

先にわれわれは修飾語Aについて『現代形容詞用法辞典』を上梓した。本書はこの経験と実績に基づき、修飾語Bに属する副詞とその関連語について詳細に記述したものである。

■日本文化はどのように内蔵されているか

日本文化は修飾語の中に次のような形で内蔵されていると考える。

修飾語の意味は、知的・客観的に記述することが可能な「意味の核」と、ニュアンス・心理など情緒的な色彩の濃い「意味の肉」の二層の構造をなしている。

「意味の核」の中には、本来的な意味ともいうべき知的概念のほか、状態・程度・数量などの意味のジャンル、かたい文章語か、くだけた会話で用いるかといった文体上の特色、述語で用いるか、名詞にかかる修飾語で用いるか、独立語になるかなどといった文法上の用法、だれがだれ（何）に対して用いるかといった使用者・対象の制限などの要素が含まれる。

「意味の核」の外層に「意味の肉」の部分がとりまいているが、この部分に日本人共通の文化が内蔵されていると考えられる。

「意味の肉」は、「意味の核」を実際に表現するに際して、日本人がどのようなイメージをいだくか、どのようなニュアンスで用いるか、そこにこめられている心理はどのようなものかという、きわめて情緒的な色彩の濃いものである。

修飾語の意味	
意味の核	知的概念 意味のジャンル 文体上の特色 文法上の用法 使用者・対象の制限
意味の肉	イメージ ニュアンス 暗示されている心理 （日本人共通の文化）

「意味の核」と「意味の肉」は桃の実にたとえられる。中心にある固着した種子が「意味の核」、われわれが桃の価値を認め味わう果肉が「意味の肉」である。修飾語は「意味の核」なしには存在しえないが、日本文化の味わいは「意味の肉」の中にこそこめられているのである。多義語は、この桃の実がいくつか房になって一語を構成していると考える。

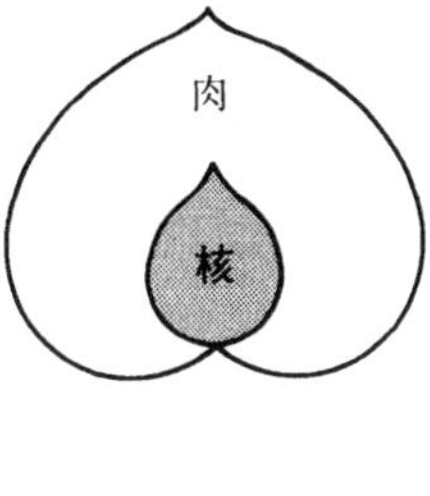

■本書の意味のとらえ方と従来の意味のとらえ方の違い

言葉の意味というものを歴史的に考えれば、まず基本義があってそれからいくつかの派生義があり、単語の意味はこれら意義素の体系によって成り立っていると考え、意義素自体についてはばらばらの意義特徴を列挙するだけで、その内部構造は問題にしないのが通説である。基本義と派生義の区別・境界は研究者の主観に任され、客観的な基準は確立されていない。

ところが現代語には、基本義はまったく使われず派生義のみが使われるもの（「いなおる」等）、基本義がなくなってしまったもの（「新しい」等）、複数の語義のうちどれが基本義でどれが派生義か定かでないもの（「薄い」「なお」等）、一つの語義が非常に広い意味の広がりをもっていて基本義・派生義という固定した点でとらえることが困難なもの（「いちおう」「まあ」「ただ」等）など種々あり、複雑な状況を呈している。

本書では、固定した点としてはとらえられず区別の定かでない基本義と派生義の関係を調べるよりも、これら一つ一つの意義素の内部構造を分析するほうがはるかに重要であり、また要求されていることであると考える。そこで、基本義と派生義とを判別せずに、それぞれを別々の「意味の核」として対等に取り扱った。広がりをもつ語義の場合には、無理に複数の意義素に分けず、単独の「意味の核」の外層に複雑な内容の「意味の肉」がとりまいていると考えて、語義の広がりを尊重する立場をとった。

また「意味の核」と「意味の肉」は必ず対になるものと想定し、意義素が複数あるかどうかは、「意味の肉」のイメージが異なるかどうかによって判断した。いってみれば、桃の果肉の味によってその桃の種類（種子の区別）が白桃か水蜜かを判断するようなものである。

（従来の意味論）

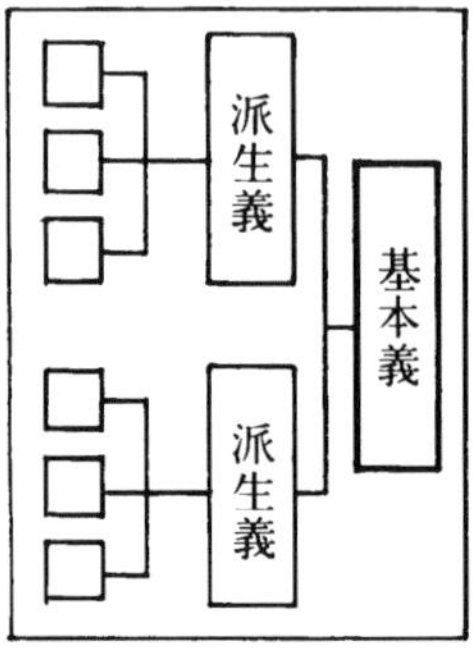

（本書の意味論）

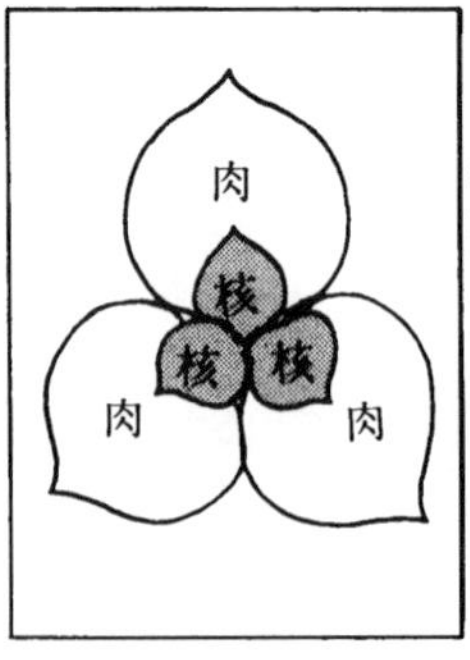

■本書の意味記述法と従来の意味記述法の違い

国語辞典の記述のしかたをみると、見出しの次に語義の解説がきて、その語義に該当する（と思われる）用例を掲げるのが普通のやり方である。つまり、用例は語義を演繹的に説明するためのものであって、語義を補完するものということになる。

ところが、実際の言語生活においては必ずしも語源およびそれから派生してきた意味・用法だけが用いられるわけではない。その典型が文芸作品の使用例や現代の若者言葉なのであるが、従来の研究ではこういう「特殊」な例に遭遇したとき、研究者自身の主観的な判断のもとに採否を決定していた。そしてその当然の結果として、現代語の新しい意味・用法が国語辞典になかなか記載されなかったり、記述してある語義に合わない使用例が掲載されていたりという事態が起こっている。これは用例を語義の補完として使用し、用例に必要な条件を吟味せずに扱ったことがおもな原因である。

本書においては、用例に必要な条件の徹底した吟味のもとに、文意全体が単語の意味を理解するのに助けとなる用例を多数集め、それらから帰納する形で語義を決定するという手法で意味を記述した。これは本書の展開を見ても明らかであろう。

すなわち、見出しの次には語義ではなく用例を載せてある。意味の広がりが大きい語の場合には、その広がりの範囲が十分わかるよう、少しでも意味・ニュアンスが異なると思われる用例は煩をいとわず多数掲載した。この用例は文芸作品などの使用例ではなくして、意識的に状況を借用・設定して作成した作例と、意味・用法の固定していることわざ・慣用句・標語・民謡・CMである。言葉（出力情報）を発するためには必ずある状況（入力情報）が存在するはずであるが、著者自身による作例にはこの双方を確信をもって吟味できる長所がある。ただし独善に陥らないために、複数の人間によって例文としての適否をチェックすることが必要であるのは当然である。

この用例の状況・意味内容・心理を一例一例分析し、そこから語義を抽出する。この語義は用例から帰納されてきたものであるから、用例の次に記述されることになる。

このように、適切な用例から語義を抽出して帰納することによって、複雑な現代語の意味・用法の実態を、一つももらすことなくだれにもわかる形で客観的に記述できるようになったのである。

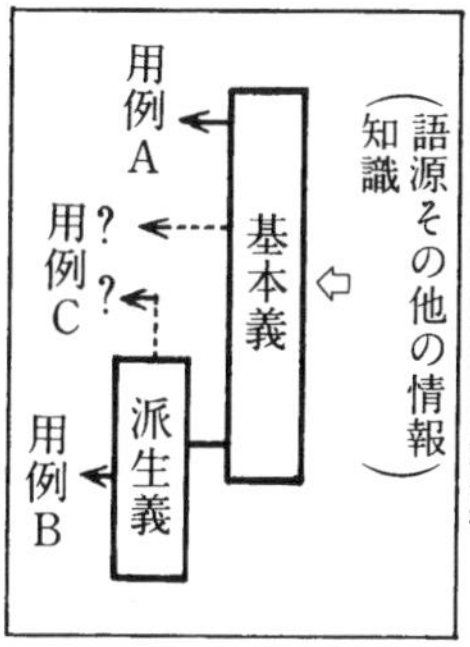

（従来の意味記述法）

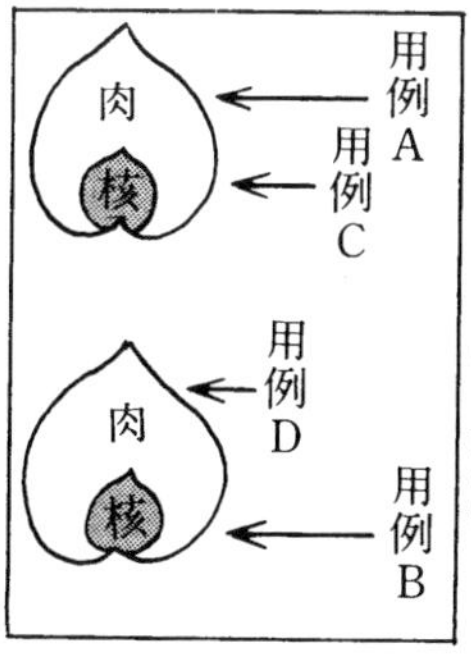

（本書の意味記述法）

本書の特色と使い方

本書は、現代日本語の「副詞」（副詞・形容動詞・連語、一部の名詞・連体詞、形容詞の連用形を含む）を一〇四一語選定して五十音順に配列し、そのそれぞれについて、紙幅の許すかぎり豊富な用例を掲げ、その意味・用法、イメージ・ニュアンス、類義語との相違、関連語句について個々にくわしく記述したものである。

意味の記述にあたっては、漢字表記や既成の文法・理論による意味区分によらず、できるだけ現代日本語としての「副詞」そのものの意味を分析して、直接記述するよう心がけた。個々の項目の記述法は、先に上梓した『現代形容詞用法辞典』と基本的に同じである。

一　見出し語の選定について

従来の日本語学において、文を構成する成分は、語、文節、文の形をもつ句とが認められており、述語を修飾する連用修飾格に立つものにはどんな表現があるのか、その実体は定かではない。そこで、本書では「基本的に連用修飾語になりうる語句」という大きな基準をもうけた。もとより現代国語辞典に副詞として記載されている言葉は網羅した。それ以外で本書に採録した語としては次のものがあり、結果として現代語の主要な連用修飾語とその関連語を網羅した。

(1)　これまで国語辞典では重視されていなかった連語・複合語（「あますところなく」「さいだいもらさず」「どっちかというと」「めんとむかって」など）。

(2)　活用語が「て（で）」に続く形（「あいついで」「おもいきって」「すすんで」「よくて」など）。

(3)　基礎語に助詞が少しずつ加わってできる複合形（「それで」「それでいて」「それでこそ」……、「ひとつ」「ひとつずつ」「ひとつには」「ひとつも」など）。

(4)　若い人たちの間で頻出するくだけた表現（「ちょう」「やっぱ」「もうれつ」「わりかし」など）。

(5)　時を表す名詞（「いま」「このごろ」「さいきん」「むかし」など）。

(6)　数量を表す名詞（「いちど」「いっぺん」「ひとり」「ひとつ」など）。

(7)　真実を表す名詞（「しんじつ」「しょうじき」「じっさい」「ほんとう」など）。

(8)　疑問を表す名詞（「いつ」「なに」「いずれ」など）。

(9)　形容詞型の活用をするが、連用修飾用法が主と考えられる語（「いつになく」「おりあしく」「ちかく」「よろしく」など）。

(10) 形容動詞で連用修飾用法が主と考えられる語（「あたりまえ」「しぜん」「ぐうぜん」「じゅうぶん」など）。

(11) すでに選定した他の副詞との類義語（「ほんの」「やく」「だって」「なんだったら」など）。

一方、擬音語・擬態語は多品詞にまたがっており、独自に体系を作ることが可能であるので、別の機会に譲ることにした。また、現在では用法が非常に限定されている古風なニュアンスの語（「いやしくも」「あにはからんや」など）は割愛した。「こそあど」言葉も割愛したが、不定称で連用修飾語になるもの（「どれ」「どこ」「どっち」など）は例外として載せた。

二　見出し語の表記について

見出しはひらがなで示した。なお、類似の語形は、併記して示した。これらのうち、意味・用法に多少の違いがあるものは、「解説」の中で説明してある。

「じゅうぶんに」「じゅうぶんな」「じゅうぶんだ」などのように、付属語を伴って異なる用法に用いられる語は、付属語のつかない形を見出しとした。

三　漢字表記について

文芸作品や文書などで目にする機会があると思われる漢字表記を掲げた。必ずしも「常用漢字表」の音訓にはよっていない。

また、漢字表記の違いによって意味を区分することがある語（「一人・独り」「只・唯」など）についても、漢字表記は併記するにとどめ、それによって語そのものを分類することはしていない。これは、漢字表記の違いと「副詞」の語としての意味区分とは、厳密には一致しないからである。ただし「解説」の中では、一般的な傾向としてどの漢字を使うかという形でふれておいた。

四　ローマ字表記について

日本語学習者の便宜をはかるため、ヘボン式つづり方によるローマ字の見出しを掲げた。

五　用例について

われわれの言語生活を「話す・聞く・書く・読む」のすべての面にわたって検討し、意味・用法の広がりの実態をできるだけ忠実に再現できるよう、紙幅の許すかぎり数多く作例した。このとき「入力情報」を特定するため、できるだけ主語・述語のそろった作例を心がけ、会話用例などでは発話状況を（　）に入れて示したり対話形式にしたりした。内容が不明確になりがちな「この・そんな」などの指示語の使用は慎重に制限した。

用例文は、当該「副詞」の述語・名詞にかかる修飾語・

述語にかかる修飾語・独立語としての用例をそろえ、語によっては丁寧形を加えたものもある。

文芸作品からの採録は意識的に避けた。これは、第一に、文芸作品の用例は作家個人の特殊な物の見方や感じ方が反映されている可能性が高いので、日本人共通の文化を探るのに適していないため、第二に、実際の作品の用例は当該語の意味がわかって初めて文意が決定できるものが多く、「入力情報」としての役割を果たしえないためである。

これと反対に、ことわざ・標語・慣用句・CM・民謡からは積極的に採録するようにした。これらは、不特定多数の民衆によって理解・使用され、日本人共通の文化を最も典型的に内蔵していると思われる。

例文中の当該語は、原則としてすべてひらがな書きとし、目だたせるために太字にした。ただし、現代語的用法ではカタカナ書きにしたものもある。

現代の日常会話においては「いちおう」「やっぱ」「つまり」「さっすがあ」「まあ」などのように、「副詞」を間投詞や感動詞的に用いて、特定のニュアンスをこめる用法が少なくない。本書においては、現代語に特有の意味・用法は積極的にとりあげるよう努めた。

例文の(1)・(2)などの意味区分（意義素にあたる）は、次項の解説中の(1)・(2)などと対応している。

六　解説について

「副詞」の意味を、「意味の核」と「意味の肉」に区別して記述する姿勢を貫いた。まず意義素で分類し、(1)・(2)などで示した。これらは前項の例文の(1)・(2)などの区分と対応する。

意味の記述は厳密な意味規定が外国人の日本語学習者にもできるよう、情緒的であいまいな和語による表現を避け、類語の言い換えによる解釈を排して、全単語にわたり客観的な言葉で定義した。

個々の意義素のうち、「意味の核」にあたる部分は、「解説」の最初に、「……の様子を表す。……①は名詞にかかる修飾語、②は述語にかかる修飾語、③は述語の用法である。くだけた表現で、日常会話中心に用いられる」などという形で記述した。

最もあいまいで説明しにくい「意味の肉」を記述するにあたっては、次の三つの方法を用いた。

①　イメージ表記

従来、形容詞などについて「評価」という言葉を持ち出してイメージを説明する論はあったが、多くは単語そのものの評価を研究者の直観によって主観的に決めていた。その結果、「たかい」「あつい（暑・熱）」のように使用者や状況による個々の条件に左右されるものまでプラスマイナスの評価を決めてしまったり、意義素が複数考えられる語についてはどの意義素について評価を下しているのかがあいまいになったりして、必ずしも客観的に肯定できるものとは言えなかった。

　本書では、意義素（(1)・(2)のレベル）ごとに、その場の状況に関係なく日本人ならだれしも同じような評価をもつもの（＝日本人共通の評価）を修飾語のもつ「イメージ」と名づけ、便宜的に七段階に区分して示した。

本文中の表現	**程度**
プラスイメージの語	＋＋＋
ややプラスイメージの語	＋＋
ややプラスよりのイメージの語	＋
プラスマイナスのイメージはない	0
ややマイナスよりのイメージの語	－
ややマイナスイメージの語	－－
マイナスイメージの語	－－－

具体的には当該の「意味の肉」に賞賛・希望・快感・適合・調和・尊敬・謙遜《けんそん》・感動など好ましい心理を多く含むものを「プラスイメージの語」、侮蔑《ぶべつ》・怒り・不満・不《ふ》遜《そん》・慨嘆・あきれ・嫌悪・不快・危惧《きぐ》・悔恨など好ましくない心理を多く含むものを「マイナスイメージの語」とし、語自体が評価に対して中立なものや、好ましい心理と好ましくない心理を同時に含むものを「プラスマイナスのイメージはない」として、その間にそれぞれ二段階をもうけた。

②　類義語との比較

　類義語と比較して言葉の意味をくわしく分析していこうとする試みは従来からあったが、その多くは、類義語のいくつかを意味の共通するものでグループにし、その違いを記述しようとするものであった。しかし、現実には言葉の類義関係は意義素が多ければ多いほど複雑な対応をしており、単純なグループ化は不可能である。

　そこで本書では、意義素ごとに似ている語をそのつど紹介し、比較していく方法をとった。これは、一語一語個別に記述して初めて可能になることである。方法としては、次の三つの記号と方法を用いて例文を比較した。

○……使える用例
×……使えない用例
?……ふつう使わないだろうと思われる用例

(a)　当該語が使えない例文を、類義語を使って言い換える。
(b)　類義語が使えない例文を、当該語を使って言い換える。
(c)　当該語も類義語も両方使えるまったく同じ例文を掲げ、両者の意味・ニュアンスの違いを記述する。

使える用例とは、意味が文脈にあっているだけでなく、文体・用法など他の条件のすべてを満たしているものである。逆に使えない用例というのは、意味以外に文体・用法など条件が一つでも異なれば使えなくなるのであって、使えないというだけでは意味が異なることの証拠にはならない。そこで、類義語の意味の違いを用例の当否によって比較するには、確かにその用例の当否が当該語の意味の違いによるのかという検証を経なければならないはずである。従来の類義語研究における用例比較はこの点がまったく見過ごされてきたために、文体差による違いまでも意味の違いによるものと誤認して解説していることが多々あった。

(c)の方法は、使える用例どうしを比較してその意味・ニュアンスを比較する方法で、『現代形容詞用法辞典』で初めて試み、その有効性が実証された方法である。

③　ニュアンスや心理を表すキーワード

桃の果肉は複雑な味わいをもっているが、甘味や酸味など味の要素を組み合わせることによって、近似的に説明できる。日本人の心理やものの考え方の反映された「意味の肉」も同様にして、要素としてのキーワードを組み合わせれば近似的に説明することが可能である。

解説や類義語との比較の説明の中に、「□□の暗示をもつ、□□のニュアンスを含む」という表現がある。この□□にあたる部分が、そのキーワードである。心理を表す語以外にも、日本文化に関連する用語や、「入力情報」としての状況を示す特徴的な表現もキーワードとして採用した。これらは索引の項目として収録してある。おもなキーワードは次のとおり。

①　日本人の心理を表す単語

調和・適合・不遜・尊大・尊敬・謙遜・丁寧・賞賛・感嘆・感動・慨嘆・怒り・侮蔑・あきれ・驚き・嫌悪・不快・無力感・悔恨・限定・不本意など。

②　日本文化に関連する用語

外見・内面・他人の目・恥・照れ・甘え・心づかい・建前・本音・義理など。

③　「入力情報」としての状況を示す特徴的な表現

重大事・容器・時間の経過・時間の幅・過去・現在・未来・好ましい状態・予想に反する結果など。

七　参照項目について

各語の最後には、⇩の後に当該語と関連する参照項目を掲げた。この参照項目には、当該語の類義語・反対語のほか、当該語を使った複合語で本書に収録されているものはすべて紹介した。

八　索引について

本書に掲載されているすべての見出し語、関連語、関連項目、キーワードを五十音順に配列して索引とした。この索引の大きな特徴は、見出し語と項目の区別をつけ、項目のそれぞれに文体、主体・対象、意味ジャンル、キーワードのマークを付したことである。

すなわち、見出しとして掲げられている語の見出しページは太字の数字にした。それ以外のページ、および見出し以外に本文中に登場する語は、細字で掲載してある。項目の先頭についているマークの内容は次のとおり。

……「かたい文章語・日常会話・報道・手紙・くだけた表現」など、文体に関する項目。

……「男性・女性・子供・若い人」など、使用者・対象などの人間に関する項目。

……「時間・距離・数量・程度」など、意味のジャンルに関する項目。

……「怒り・侮蔑・感動・他人の目・好ましくない結果」など、「意味の肉」でキーワードと呼んだ、心理やニュアンス・文化や状況に関する項目。

これらのマークをたよりに語を探すと、たとえば手紙でよく用いられる「副詞」、若い人がよく用いる「副詞」、程度を表す「副詞」、好ましくない結果を表すとき用いる「副詞」など、従来の国語辞典では不可能な立体的な角度から、日本語の「副詞」を類別して分析することができる。

【参考文献】

「日本国語大辞典」日本大辞典刊行会編　小学館　一九八四年（縮刷版）
「広辞苑」新村出編　岩波書店　一九八九年（第三版）
「日本語大辞典」梅棹忠夫・金田一春彦・阪倉篤義・日野原重明監修　講談社　一九八九年
「大辞林」松村明・三省堂編修所編　三省堂　一九八九年
「学研国語大辞典」金田一春彦・池田弥三郎編　学習研究社　一九九二年（第二版）
「三省堂国語辞典」見坊豪紀主幹　金田一京助・金田一春彦・柴田武・飛田良文編　三省堂　一九九二年（第四版）
「新明解国語辞典」山田忠雄主幹　金田一京助・柴田武・山田明雄編　三省堂　一九八九年（第四版）
「例解新国語辞典」林四郎編修代表　野元菊雄・南不二男・国松昭編著　三省堂　一九九〇年（第三版）
「岩波国語辞典」西尾実・岩淵悦太郎・水谷静夫編　岩波書店　一九八八年（第四版）
「現代国語例解辞典」林巨樹監修　尚学図書編　小学館

一九九三年（第二版）
「集英社国語辞典」森岡健二・徳川宗賢・川端善明・中村明・星野晃一編集委員　集英社　一九九三年

＊　＊　＊

「プログレッシブ和英中辞典」近藤いね子・高野フミ編　小学館　一九八八年
「ライトハウス和英辞典」小島義郎・竹林滋編　研究社　一九八八年
「コンプリヘンシブ和英中辞典」長谷川潔・堀内克明・桃沢力・山村三郎編　旺文社　一九八九年（重版）
「ニュー・アンカー和英辞典」山岸勝榮・郡司利男編　学習研究社　一九九一年
「講談社和英辞典」清水護・成田成寿編集主幹　講談社　一九九二年

＊　＊　＊

「外国人のための基本語用例辞典　第二版」文化庁　一九八七年
「現代国語用例辞典」林史典・靍岡昭夫編　教育社　一九九二年
「基礎日本語辞典」森田良行著　角川書店　一九八九年
「現代形容詞用法辞典」飛田良文・浅田秀子著　東京堂出版　一九九一年
「副詞用例辞典」島本基編　凡人社　一九八九年
「日本語尾音索引」田島毓堂・丹羽一彌共著　笠間書院　一九八九年（普及版）
「類語国語辞典」大野晋・浜西正人著　角川書店　一九九〇年（四版）
「類語活用辞典」磯貝英夫・室山敏昭編　東京堂出版　一九八九年

＊　＊　＊

「日本語百科大事典」金田一春彦・林大・柴田武編　大修館書店　一九八八年
「日本文法論」山田孝雄著　宝文館出版　一九〇九年
「岩波講座　日本語6　文法I」岩波書店　一九七六年
「講座　日本語と日本語教育4　日本語の文法・文体（上）」北原保雄編　明治書院　一九八八年
「日本の言語学　第五巻　意味・語彙」川本茂雄・國廣哲彌・林大編　大修館書店　一九七九年
「品詞別　日本文法講座　4〜6」鈴木一彦・林巨樹編　明治書院　一九七三年
「語彙とその意味」森田良行著　アルク　一九九一年
「ことばの意味——辞書に書いてないこと」1〜3　柴田武・國廣哲彌他著　平凡社　一九七六〜八二年
「副用語の研究」渡辺実編　明治書院　一九八三年
「副詞の意味と用法」国立国語研究所　大蔵省印刷局　一九九一年

現代副詞用法辞典

あ 行

あいかわらず［相変わらず］aikawarazu

(1)① 父の仕事は**あいかわらず**忙しい。
② 田舎の祖母は今年百歳だが**あいかわらず**元気だ。
③ 課長は酒が入ると**あいもかわらず**浪曲《ろうきょく》を唸《うな》り出す。
④ 本年も**あいかわりませず**よろしくお願いします。
(2)① 毎日毎日**あいかわらず**の長雨でいやになる。
② 「最近調子はどうだい？」「**あいかわらず**さ」

【解説】 (1) 現在および未来の状態がこれまでと変化ない様子を表す。プラスマイナスのイメージはない。述語にかかる修飾語として用いられる。③の「あいもかわらず」は「あいかわらず」の強調形である。あらたまった挨拶《あいさつ》や手紙などでは④の丁寧形も用いられる。変化することが予想されるものの状態が変化せずに継続していることを暗示する。この変化自体は好ましくても好ましくなくてもよい。①は少しは余暇ができること、②は百歳という年齢相応に衰えること、③は他の歌を歌うことが、予想される変化である。

(1)の「あいかわらず」は「いまだに」や「いぜんとして」に似ているが、「いまだに」は好ましくない状態が好ましい状態に変化することが期待されているのに、その期待に反して変化しないというニュアンスがある。「いぜんとして」は状態が固定して変化しないことをやや客観的に表し、状態が変化するという前提には立っていない。

？ 半月前彼女にプロポーズしたが、相変わらず返事をくれない。
→半月前彼女にプロポーズしたが、いまだに返事をくれない。
× 田舎の祖母は今年百歳だが依然として元気だ。

(2) 好ましい変化をしない様子を表す。ややマイナスよりのイメージの語。名詞にかかる修飾語(①)、または述語(②)として用いられる。好ましい変化をすると予想されるものが、予想に反して変化しないという意味で、慨嘆の暗示を伴う。

⇨「いまだに」「いぜんとして」「いまでも」「いまも」「やはり」「なお」「なおかつ」「なおも」「まだ」

あいついで［相次いで］aitsuide

① 彼の死後、遺稿が**あいついで**刊行された。
② 最近子供が**あいついで**病気になった。

【解説】 間隔をおかずに事柄が起こる様子を表す。プラスマイナスのイメージはない。述語にかかる修飾語として用いられる。複数の事柄が次々に起こる様子を表し、発生そのものに視点がある。例では遺稿や子供の数が複数であることが暗示されている。同一の事柄が反復されるというニュアンスはない。

「あいついで」は「つぎつぎに」や「じゅんに」に似ているが、「つぎつぎに」は物事の発生が継続する暗示がある。「じゅんに」は物事の発生が順序正しい暗示がある。

× オリンピック代表選手を相次いで紹介する。

→オリンピック代表選手を次々に紹介する。

× 番号の若いほうから相次いで並べる。

→番号の若いほうから順に並べる。

⇨「つぎつぎ」「じゅんに」「ついでII」

あいにく［生憎］ainiku

① (電話で)**あいにく**父は留守をしております。

② 「来週の日曜日、家へいらっしゃいませんか」「**あいにく**と他に都合がありまして」

③ 開会式は**あいにく**の雨にたたられた。

④ 探しあてた店は**あいにく**なことに閉まっていた。

⑤ (洋装店で)「もう少し大きいサイズはないかしら」「**あいにく**ですが、ただいま在庫をきらしております」

⑥ 「今晩、映画に行かないか」「先約があるの。**おあいにくさま**」

【解説】 物事の順調な進行や成就を妨げる事態が起こったことを残念に思う様子を表す。マイナスイメージの語。

①②は述語にかかる修飾語、③④は名詞にかかる修飾語、⑤⑥は述語の用法である。①は、話者の父の不在が相手の行為の成就にとって不都合であることを、話者が残念に思っている様子を表し、相手に対する同情が暗示されている。⑥の「おあいにくさま」は述語となる慣用句で、やや皮肉な文脈で使われている。物事の順調な進行や成就に対する不都合を暗示するので、単なる不都合や不運という意味では用いられない。

× あいにく彼女は夫に不倫がばれてしまった。

→運悪く彼女は夫に不倫がばれてしまった。

「あいにく」は「おりあしく」や「いかんせん」に似ているが、「おりあしく」はややかたい文章語で、時機的に不都合な状態をやや客観的に述べ、物事の成就に不都合であることを残念に思う気持ちはない。「いかんせん」は間投詞的に用いられ、話者の無力感と残念さが悔恨の暗示を伴って表される。

× 折あしくただいま父は留守をしております。

打つ手はあるんだが、あいにく時間がない。

(時間があればやれる)

打つ手はあるんだが、いかんせん時間がない。

（もう少し時間があればなあ）
⇩「おりあしく」「あしからず」

あえて［敢えて］aete

(1) ① 作品の価値を知りつつ**あえて**苦言を呈する。
② 登山隊一行は**あえて**困難なルートを選んだ。
③ 課長は彼の責任を**あえて**追及しなかった。
(2) ① この会合は**あえて**出席するには及ばない。
② 原発反対の声は高いが、私は**あえて**反対しない。
③ 彼女に子供がいたからって**あえて**驚くに足りない。

【解説】 (1) 困難や抵抗があるのを承知の上で意図的に行う様子を表す。プラスマイナスのイメージはない。述語にかかる修飾語として用いられる。ややかたい文章語で、報道や公式の発言などによく用いられる。困難を承知で意図的に行う行為に、好ましい結果を期待する暗示がある。①では「苦言を呈する」のは悪口を言うためではなく、よりよい進歩を期待している。②は困難なルートで登頂することが、より価値のある結果になる。③は追及しないことで、追及した場合よりもよい結果を期待している暗示がある。

(1)の「あえて」は「しいて」や「わざわざ」に似ているが、「しいて」は相手の意思に逆らう暗示がある。「わざわざ」は意図的な行為の過程での苦労や労力を暗示し、結果には言及しない。

？ 登山隊一行は強いて困難なルートを選んだ。
× 課長は彼の責任をわざわざ追及しなかった。

(2) 後ろに打消しの表現を伴って、意図的に行動しない様子を表す。プラスマイナスのイメージはない。打消しの表現を伴う述語にかかる修飾語として用いられる。行為しないことによって、好ましい結果を期待してはいないという暗示がある。

この「あえて」は「とりたてて」や「べつに」に似ているが、「とりたてて……ない」「べつに……ない」が意図的に行為しないということだけを表すのに対して、「あえて」はその結果まで暗示する点が異なる。

君の言うことにあえて反対はしない。
（反対してもいい結果は生まれないから）
君の言うことにとりたてて(別に)反対はしない。
（反対する理由がないから）

⇩「しいて」「わざわざ」「とりたてて」「べつ」「おして」「ことさら」「わざと」「とくに」「かならずしも」「もとめて」「すきこのんで」

あくまで［飽く迄］akumade

(1) ① ぼくは**あくまで**初心を貫くつもりだ。
② 会社側は**あくまで**交渉には応じないかまえだ。

(2)① 結婚するかどうかは**あくまで**本人次第だ。
② サービス残業が違法なのは**あくまで**も原則だ。
(3)① その老人は**あくまで**頑固だった。
② 空は**あくまで**も青く澄みきっていた。

【解説】 (1) 最後までやりとげる意志をもっている様子を表す。プラスマイナスのイメージはない。述語にかかる修飾語として用いられる。助詞の「も」は添えないことが多い。主体が行動を遂行する際のかたい意志を表明するニュアンスがあり、継続の暗示を伴う。

(1)の「あくまで」は「とことん」や「てっとうてつび」などに似ているが、「とことん」は行動の行き着く終点まで行うことを暗示する。「てっとうてつび」は最初から最後まで一貫して同一の行動を継続する暗示がある。「どこまでも」は限界がないことを暗示するだけで、やりとげようとする意志には言及しない。

? ぼくはとことん初志を貫くつもりだ。
? 会社側は徹頭徹尾(どこまでも)交渉には応じないかまえだ。

(2) (1)から進んで、ある一定の範囲内に限定する様子を表す。プラスマイナスのイメージはない。助詞の「も」を伴って意味を強調することがある。①は「本人次第」、②は「原則」がその範囲である。逆に言えば、限定される範囲以外にも可能性が存在することを暗示する。つまり、①では人の勧めや政略による結婚、②では現実にはサービス残業が行われている実態が存在することを暗示する。

(3) 程度がはなはだしい様子を表す。プラスマイナスのイメージはない。状態を表す語にかかる修飾語として用いられることが多い。助詞の「も」を伴って意味を強調することがある。ややかたい文章語で、日常会話にはあまり登場しない。「とても」「非常に」という意味ではあるが、程度がはなはだしいことをやや誇張して表すニュアンスがある。

⇨「とことん」「てっとうてつび」「どこまでも」「だんこ」

あげく・あげくのはて［挙句・挙句の果て］
ageku・agekuno-hate

① 彼女はさんざん迷った**あげく**安物を選んだ。
② 大事に大事に育てた**あげく**が家出に非行では親も浮かばれない。
③ 彼は取引先とケンカし、上司ににらまれ、**あげくのはて**に職を失った。

【解説】 さまざまな行為を重ね、最後に好ましくない結果になる様子を表す。ややマイナスイメージの語。①のように「〜したあげく〜する」という動詞にかかる修飾語になることが多いが、②のように「〜したあげくが……

だ」という主語を作る用法もある。③の「あげくのはて」は「あげく」を強調した表現で、前に複数の行為が明示されるのがふつうである。話者の納得とあきらめの暗示を伴う。

「あげく」は最後に好ましくない結果になる暗示をもつ点にポイントがあり、好ましい結果になった場合には用いないことが多い。

? 彼女はさんざ迷ったあげく、素敵な服を選んだ。

→彼女はさんざ迷ったすえ、素敵な服を選んだ。

⇩「けっきょく」「とどのつまり」「つまりは」「さては」

あしからず［悪しからず］ashikarazu

① この督促状は十日の時点で作成しております。既にお振込みの場合にはあしからず御了承ください。

② パーティにはうかがえませんので、あしからず。

③ 「お昼いっしょに食べようよ」「あら、もう木村さんと約束しちゃったわ。おあいにくさま。あしからず」

【解説】 相手の意向に添えないことの了解を求める様子を表す。ややマイナスよりのイメージの語。述語にかかる修飾語で用いられるが、②のように述語を省略する場合や、③のように感動詞になることもある。文字通りには「悪く思わないで」という意味で、主体が相手の望まないことをするときの釈明の暗示があるが、相手の意向に添えないことに対する反省や申し訳なさの暗示はない。そこで、しばしば③のように、相手の期待に対して肩すかしを食わせる皮肉な意味で用いられることがある。

⇩「あいにく」

あたかも［恰も・宛も］atakamo

(1)① 彼はあたかも千金を得たかのように喜んだ。

② 人生はあたかも春の夢のごとく過ぎてゆく。

(2)① 今日は好天に恵まれ、あたかも日曜のこととて行楽地もにぎわいを見せている。

② 時あたかも春本番、夏鳥もすでにやってきている。

③ 潮干狩に海岸へ行ったら時あたかもよし、潮は引いていた。

【解説】 (1) 後ろに「～のようだ・～のごとし」という比況の表現を伴って、主体の様子をたとえることを表す。プラスマイナスのイメージはない。かなりかたい文章語で、日常会話にはあまり用いられない。「まるで」に似ているが、「まるで」より誇張的なニュアンスがあり、後ろにくる例示はかなり誇張された表現のものであることが多い。

? 彼はあたかも宝くじに当たったかのように喜んだ。

→彼はまるで宝くじに当たったかのように喜んだ。

(2) ある特別の時になってという意味を表す。プラスマイナスのイメージはない。②のように「時あたかも□□」の形で用いられることもあり、□□には具体的な時を表す名詞が入る。③の「時あたかもよし」は慣用句で、ちょうどよい時(具合)にという意味である。かたい文章語で、日常会話には用いられない。

⇨「まるで」「ちょうど」「さながら」「さも」「たとえば」「いかにも」「ときに」

あたまから [頭から] **atamakara**

(1) ① その子は平均台上で足をすべらせて**あたまから**落ちた。

② もう一度**あたまから**やってみよう。

(2) ① 彼女はその男を**あたまから**詐欺師呼ばわりした。

② 彼は事件との関係を**あたまから**否定した。

③ いくら説明しても彼は**あたまから**信じてくれない。

【解説】 (1) 頭部を起点とする様子を表す。プラスマイナスのイメージはない。①は基本的な用法である。②は「頭」を物事の開始部分という意味で用いた場合で、「初めから」というよりくだけた表現になっている。

(2) (1)から進んだ用法で、まったく問題にしない様子を表す。ややマイナスイメージの語。述語にかかる修飾語として用いられる。最初の部分を誇張するニュアンスで、主体の意志を暗示する。最初からまったく問題にせずにあまり好ましくない結果になることが暗示されており、好ましい結果になるときにはふつう用いない。

? 彼は生真面目だったので頭から疑われなかった。
→彼は生真面目だったのでまったく疑われなかった。

(2)の「あたまから」は「てんから」や「のっけから」に似ているが、「てんから」は考慮の及ぶ範囲外というニュアンスで、慨嘆や侮蔑《ぶべつ》の暗示がある。「のっけから」は「あたまから」よりくだけた表現で、唐突さの暗示がある。

? 彼はその男をてんから詐欺師呼ばわりした。
× 頭から何事だい?
→のっけから何事だい?

⇨「てんから」「のっけから」「まるで」「まったく」「はなから」「まっこうから」

あだやおろそか [徒や疎か] ⇨『現代形容詞用法辞典』「おろそか」

あたら [可惜] **atara**

① 四番打者が凡打したために**あたら**好機を逸した。

② 青年たちは**あたら**若い命を戦争のために散らした。

【解説】 価値のあるものを失うのが残念な様子を表す。マイナスイメージの語。述語にかかる修飾語として用いられる。かなりかたい文章語で、日常会話には登場しない。価値のあるものが失われてしまうことに対する悔恨と慨嘆の暗示を伴う。

「あたら」は「むざむざ」に似ているが、「むざむざ」は効果的な行動がとれないことについての悔恨・慨嘆を暗示する。

× このままあたら負けてなるものか。

→このままむざむざと負けてなるものか。

あたりまえ ［当たり前］ **atarimae**

(1)① デートをすっぽかされたら怒るのは**あたりまえ**だ。

② 教室の掃除は生徒が自分らでやって**あたりまえ**だ。

③「電車の中で財布を拾ったよ」「ちゃんと届けた?」「**あたりまえ**だろ」

④ 親が子供の教育で悩むのは**あたりまえ**のことだ。

(2)① 日本人がごく**あたりまえ**と思っていることが、外国では往々にして**あたりまえ**でないことがある。

② (施設への寄付を感謝されて)私は**あたりまえ**のことをしただけです。

③ **あたりまえ**にやっていたんでは出世できないよ。

【解説】 (1) 通常の帰結を表す。プラスマイナスのイメージはない。①の「……するのは当たり前だ」、②の「……して当たり前だ」と③は述語、④は名詞にかかる修飾語の用法である。やや主観的である。大多数の人間による平均的な帰結を表し、そのため、自分の行為について用いた場合には、自分が平均的な人間として通常の行為をするというニュアンスになり、相手を問題にしない暗示がこもる(③)。

(1)の「あたりまえ」は「とうぜん」に似ているが、「とうぜん」は客観的な道理上または論理上の帰結であるという判断を表し、確信の暗示がある。

「ちゃんと届けた?」「当たり前だろ」
(そんなこともわからないのか)

「ちゃんと届けた?」「当然だろ」
(そうすべきだからしたまでだ)

(2) 通常の平均的な状態を表す。ややマイナスよりのイメージの語。①は述語、②は名詞にかかる修飾語、③は述語にかかる修飾語の用法である。対象が特別な状態でなく価値がないことについて、軽い謙遜《けんそん》(②)ないし侮《ぶ》蔑《べつ》の暗示を伴う。

(2)の「あたりまえ」は「ふつう」に似ているが、「ふつう」は客観的な表現になっている。

? わたしは普通のことをしただけです。

⇨「とうぜん」「ふつう」「むろん」「もちろん」「もっともII」「どうり」

あっというま［あっと言う間］atto-iu-ma

① 彼は仕事を**あっというま**にやりとげた。
② 休暇は**あっというま**に終わってしまった。
③（文字遊び）丸かいてちょん、……**あっというま**にたこ入道。
④ 事故は**あっというま**の出来事だった。
⑤ 一月の研修も終わってみたら**あっというま**だった。

【解説】所要時間がほとんどかからない様子を表す。プラスマイナスのイメージはない。①～③は動詞にかかる修飾語、④は名詞にかかる修飾語、⑤は述語の用法である。話者の主観で予想よりも短時間ですんだことを誇張して表す。②は、休暇を多忙にあるいは有意義に過ごしたために、非常に短く感じたという意味、③は文字遊びの言葉で、「丸かいてちょん……」という言葉に従って点画を書き加えていくうちに、やがてたこ入道の絵ができあがるという意味である。この場合には、所要時間の短さというよりは、手間のかからなさ、意外さが暗示される。行動に着手するまでの時間が短いという意味はない。

「あっというま」は「またたくま」に似ているが、「またたくま」には驚きの暗示がより強い。

ごちそうをあっというまに平らげた。
（非常に短時間で全部食べた）
ごちそうをまたたくまに平らげた。
（よほど腹が減っていたのだろう）

⇩「またたくま」「すぐ」「みるま」「みるみる」「たちまち」「たちどころに」「きゅう」

あと［後］ato

(1)① ダイナマイトは**あと**三分で爆発する。
② マージャンをするには**あと**一人必要だ。
(2)① パンと牛乳買ってきて。**あと**パパにお刺身ね。
② 高校時代ってわりとおもしろかったけど、**あと**嫌なこととなんかもけっこうあるんだよね。

【解説】(1) 時間的・空間的に後方を表す名詞であるが、名詞の用法の他に、数量を表す名詞について目標達成までの残りの数量を表す。プラスマイナスのイメージはない。①は「爆発」、②はマージャンのゲームに必要な人数が、その目標である。客観的な表現で、特定の感情を暗示しない。

(2) (1)から進んだ用法で、新たに付け加える様子を表す。プラスマイナスのイメージはない。付け加える文の頭に置かれる。かなりくだけた表現で、日常会話中心に用いられる現代語用法。新たに追加することによって自分の言いたい話題が完結する暗示がある。

「あと」は「さらに」や「もう」に似ているが、「さらに」「もう」には目標達成の暗示はない。

× ダイナマイトはさらに二分で爆発する。

あと一つください。(一個増えると特別な数になる)

もう一つください。(現在量より一個増える)

⇩「さらに」「もう」「まだ」「なお」「あとあと」「あとから」「あとからあとから」「あとで」

あとあと [後々] atoato

① **あとあと**のことを考えて、手を打っておいた。

② 基本的なミスを見逃すと**あとあと**までたたる。

③ 事件は迷宮入りになったが、真相は**あとあと**になってわかった。

④ パーティに出られないなら電話しとけよ。**あとあと**文句言われないように。

【解説】 未来の時点を表す。プラスマイナスのイメージはない。①~③は基本的な名詞の用法、④は述語にかかる修飾語の用法である。ある事柄よりも未来の時点を漠然と表す。客観的な表現で、特定の感情を暗示しない。

「あとあと」は「のちのち」によく似ているが、「のちのち」はややかたい文章語で、くだけた日常会話にはあまり登場しない。また、会話の時点よりも未来の漠然とした将来を表し、過去のある時点よりも相対的に未来の時点の事柄については、あまり用いられない。

? 事件の真相はのちのちになってわかった。

⇩「のちのち」「あと」

あとから [後から] atokara

① **あとから**押さないでください。

② **あとから**考えると夫の態度はどうも変だった。

③ 「あら、お一人?」「主人は**あとから**来るわ」

【解説】 時間的・空間的に後方を起点とする様子を表す。プラスマイナスのイメージはない。動詞にかかる修飾語として用いられる。①は空間的に後方からという意味である。ただし、現在ではこの意味のときは「うしろから」を用いることが多い。②は時間的に経過して初めて行動を起こす様子を表す。③はどちらともとれる例。客観的な表現で、特定の感情は暗示されていない。

⇩「あとからあとから」「あと」

あとからあとから [後から後から] atokara-atokara

① 彼の仕事を点検すると、ミスが**あとからあとから**出てくる。

② その店にはお客が**あとからあとから**つめかけた。

【解説】 終わることなく続く様子を表す。プラスマイナスのイメージはない。動詞にかかる修飾語として用いられる。もうこれで終わりかと思うと終わらずに、次々と続いて起こる様子を表し、一つ物事が起こるたびにそこで終わるかという話者の予想(期待)が働いている暗示がある。

現象としては「つぎつぎと」に似ているが、「つぎつぎと」は異なる物事が続いて起こる様子を表し、一つ一つの物事について終了を予想する暗示はない。

あとからあとからミスが見つかる。

(もうこれで終わりかこれで終わりかと思っているのに、際限もなくミスが見つかる)

次々とミスが見つかる。(一つまた一つと見つかる)

⇨「つぎつぎ」「それからそれへと」「つぎ」「あとから」「あと」

あとで［後で］ atode

① 裕子の靴を隠したら**あとで**仕返しをされた。

② 「宿題はやったの?」「**あとで**やるよ」

③ お話は**あとで**うかがいます。

④ 「きみこちゃん、遊びましょ」「**あ〜と〜で**」

【解説】 問題の時間から近い未来に物事が起こる様子を表す。プラスマイナスのイメージはない。述語にかかる修飾語として用いられる。①は過去の時間から少し経過した時点、②③は未来の時点を表す。④は子供の挨拶《あいさつ》の一種で、「遊ぼう」という勧誘に対して、婉曲《えんきょく》に断る意味を表す。あらたまった場面では「のちほど」を用いる。

→お話はのちほどうかがいます。

「あとで」は前に行われた行為と未来に行われる行為の間に特に関連性はない点で、前件をふまえて後件が起こる様子を表す「おって」と異なる。

× 「宿題はやったの?」「おってやるよ」

⇨「のちほど」「おって」「あと」

あぶなく［危なく］ ⇨『現代形容詞用法辞典』「あぶない」

あますところなく［余す所無く］ amasu-tokoro-naku

① 選手たちは実力を**あますところなく**発揮した。

② 人情の機微を**あますところなく**描写する。

【解説】 すべてにわたっている様子を表す。ややプラスイメージの語。述語にかかる修飾語として用いられる。①は全力をあげてという意味、②は非常に精緻《せいち》にという意味である。「残しておくことがないように」という意味ではあるが、具体物についてはふつう用いられない。

× 彼は山盛りの弁当を余すところなく食べた。

→彼は山盛りの弁当を残らず(全部)食べた。

「あますところなく」は「まんべんなく」に似ているが、「まんべんなく」は一定の密度で均一に全体に行き渡る暗示がある。

× エビにかたくり粉を余すところなくまぶす。

↓エビにかたくり粉をまんべんなくまぶす。
⇩「のこらず」「ぜんぶ」「まんべんなく」「すべて」「ことごとく」「もれなく」「くまなく」「さいだいもらさず」「あらいざらい」「みな」

あまり・あんまり・あんまし［余り・余し］ amari・ammari・ammashi

(1) ① 7割る2は3**あまり**1。
② **あまり**の毛糸で手袋を編む。
③ 恋人を失った彼の悲しみは察するに**あまり**ある。
④ 父が亡くなってから一月**あまり**たった。
(2) ① **あまり**食べ過ぎると体に毒だよ。
② **あんまし**寒いと出かけるのが億劫《おっくう》だ。
③ 赤ん坊が**あまり**にうるさいから表へ出た。
④ 五百人の死者とは、**あまり**にも犠牲が大きすぎた。
⑤ 帳簿を見て**あまり**のずさんさにあきれた。
⑥ みんなぼくのせいにするなんて**あんまり**だ。
⑦ おれが詐欺師とは**あんまり**な言い方じゃないか。
⑧ 被災地は**あまり**と言えば**あまり**な悲惨さだった。
⑨ 失恋した彼女は悲しみの**あまり**自殺した。
(3) ① ぼくは生魚《なまざかな》は**あまり**好きではない。
② このテレビ、**あんまし**おもしろくないね。
③ 「お前、やる気ないみたいだな」「**あんまり**ね」

【解説】 (1) 一定の量を超えて多い様子を表す。原則としてプラスマイナスのイメージはない。①②は名詞の用法、③は「～するにあまりある」という慣用句で用いられ、非常に～であるという、程度を強調する意味を表す。ただし、ややかたい文章語である。④は数量を表す名詞の後ろにつく用法。一月プラス数日という意味である。

(1)の「あまり」は一定の量を超えて余分に多い部分を表し、この部分はあらかじめ想定された全体量の中には含まれない。この点で、全体量の中の一部を表す「残り」と異なる。

(2) そのまま受け入れられないほど程度がはなはだしい様子を表す。ややマイナスイメージの語。①～④は述語にかかる修飾語、⑤⑦⑧は名詞にかかる修飾語、⑥は述語の用法である。「あんまり」は「あまり」の口語的な表現で、日常会話によく用いられる。「あんまし」はさらにくだけた表現で、会話にのみ用いられ文章では用いられない。

③の「あまりに」は「あまり」を強調した言い方で、赤ん坊がうるさいことに対する憤慨の暗示がこもる。④の「あまりにも」はさらに感情をこめた言い方で、五百人もの死者を出したことについて慨嘆の暗示がある。⑥は述語の用法で、この場合には「あんまり」だけが用いられる。嘆かわしい、けしからんという意味である。⑥

⑦のように、具体的な程度のはなはだしさの内容を示さない場合には、しばしば慨嘆や憤慨・怒りの程度がはなはだしいという意味になる。⑧の「あまりと言えばあまり」は慣用句で、「非常に～だ」という誇張的な表現になっている。⑨は「□□のあまり」の形で述語にかかる修飾語になり、□□には喜怒哀楽や心情を表す名詞が入る。「非常に□□なので」という意味を表す。

(2)の「あまり」は忍耐できる限度を超えて程度がはなはだしい点にポイントがあり、ただ単に程度がはなはだしいと述べているのではない。「とても」や「たいへん」「ひどく」などに似ているが、「とても」「たいへん」は客観的な表現で、特定の感情を暗示しない。「ひどく」は被害者意識を暗示する。

　赤ん坊があまりにうるさい。（表へ避難しよう）
　赤ん坊がとてもうるさい。（非常にうるさい）
　あまり食べ過ぎるな。（限度を超えて食べるな）
　ひどく食べ過ぎるな。（害が出るほど食べるな）

(3)　後ろに打消しの表現を伴って、程度がはなはだしくない様子を表す。ややマイナスよりのイメージの語。①②は打消しを伴う述語にかかる修飾語の用法、③は打消しの言葉が省略されている述語の用法である。やや客観的な表現で、話者の冷静さが暗示される。

(3)の「あまり」は「それほど」「かくべつ」「たいして」などによく似ているが、「それほど」は程度が低くて存在しないほうに視点がある。「かくべつ」には期待に反する暗示がある。「たいして」は低い程度ながら存在するほうに視点がある。

　ぼくは生魚はあまり好きではない。
（むしろどちらかというと嫌いだ）
　ぼくは生魚はそれほど好きではない。
（好きとは言えない）
　ぼくは生魚は格別好きではない。
（特に好きというわけではない）
　ぼくは生魚はたいして好きではない。
（少しは食べられる）

⇩「とても」「たいへん」「たいそう」「ひじょう」「それほど」「さほど」「かくべつ」「たいして」「そんなに」「べつだん」「よぶん」

あやうく［危うく］　⇩『現代形容詞用法辞典』「あやうい」

あやまって［誤って・謬って］ ayamatte

①　彼は**あやまって**崖《がけ》から転落した。
②　その医者は**あやまって**劇薬を注射した。

【解説】　意図に反する行為をする様子を表す。マイナスイメージの語。動詞にかかる修飾語として用いられる。意図に反する行為をして、非常に重大で好ましくない結果を招くことを表す。ただし、かなり客観的な表現で、慨嘆などの感情は暗示されていない。
「あやまって」は「まちがって」や「うっかり」に似ているが、「まちがって」は行為の方法が適切でないというニュアンスで、結果については言及せず、意図に反しているかどうかまでは暗示しない。「うっかり」は主体の放心状態や勘違いによる行為を暗示する。
× 彼は間違って崖から転落した。
× 電車の中に誤って傘を忘れてきた。
→電車の中にうっかり傘を忘れてきた。
⇨「まちがって」

あらいざらい ［洗い浚い］ araizarai

① (容疑者に)**あらいざらい**吐くと楽になるぞ。
② 泥棒にめぼしいものは**あらいざらい**盗まれた。
【解説】 残すところなく何かをする様子を表す。ややプラスよりのイメージの語。動詞にかかる修飾語として用いられる。「話す・白状する」「持って行く」などの消費・喪失行為を修飾することが多い。行為を行った結果、何も後に残らないことが一種の清涼感や喪失感を伴って受け止められることにポイントがあり、①では残らず白状してさっぱりすること、②もすっかり持って行かれたあきれが暗示されている。この点で、客観的で特定の感情を暗示しない「のこらず」「ぜんぶ」と異なる。
? おかずをあらいざらい食べたから腹が苦しい。
→おかずを残らず(全部)食べたから腹が苦しい。
完全に何かするという意味では「すっかり」にも似ているが、「あらいざらい」は、「すっかり」は消費・喪失行為にかぎらず広く用いられる。
× 彼女と約束したのをあらいざらい忘れていた。
→彼女と約束したのをすっかり忘れていた。
⇨「のこらず」「ぜんぶ」「なにもかも」「ねこそぎ」「あますところなく」「さいだいもらさず」「もれなく」「いっさい」「ことごとく」「なにもかも」「なにからなにまで」

あらかじめ ［予め］ arakajime

① (演奏会の切符の裏書き)出演者や演目が変わることがありますので、**あらかじめ**お断りしておきます。
② 総理は**あらかじめ**用意された車で官邸を出た。
③ どんな問題が出るか**あらかじめ**わかっていれば、誰だっていい点が取れるさ。
【解説】 予定に先立って行動する様子を表す。プラスマイナスのイメージはない。動詞にかかる修飾語として用いられる。かなりかたい文章語で、公式の発言などによく用いられる。事柄の成立以前にそれに対処する行動をとる様子を表し、事柄の成立に視点がある。また、しば

しば目的の失敗に備えて対処しておくというニュアンスでも用いられる(①)。

「あらかじめ」は「まえもって」や「かねて」に似ているが、「まえもって」は目的が完遂されるように準備を行うというニュアンスで、目的の成立よりも準備のほうに視点がある。「かねて」は能動的でない行為にも、また過去から現在まで継続して行うことにも用いられる。

あらかじめ断っておく。（後で文句を言われないために）

前もって断っておく。（断っておけばだいじょうぶだ）

× あらかじめおうわさはうかがっておりました。

→かねておうわさはうかがっておりました。

× 彼女にはあらかじめ思いを寄せていた人がいた。

→彼女にはかねて思いを寄せていた人がいた。

⇨「まえもって」「かねて」「まえまえから」「かねがね」

あらかた［粗方］ arakata

① 大掃除は二時間で**あらかた**終わった。

② 顔を見れば何が言いたいのか**あらかた**察しがつく。

③ **あらかた**の話は女房から聞いてるよ。

【解説】 大部分である様子を表す。プラスマイナスのイメージはない。①②は動詞にかかる修飾語、③は名詞にかかる修飾語の用法である。ややくだけた表現で、かたい文章中には登場しない。だいたい全部をカバーするという意味で、疎略の暗示がある。

「あらかた」は「だいたい」や「ほとんど」に似ているが、「だいたい」は客観的な表現で、近似値を推量する意味もあり用法が広い。「ほとんど」は到達点の暗示が強いので、結果として達成されているパーセンテージは「ほとんど」の場合のほうが大きくなる。

× 桜は東京ではあらかた四月上旬に咲く。

→桜は東京ではだいたい四月上旬に咲く。

仕事はあらかたできた。（一応かっこうがついた）

仕事はだいたいできた。（大事な所はすんだ）

仕事はほとんどできた。（もう少しで完璧《かんぺき》だ）

⇨「だいたい」「ほとんど」「おおよそ」「およそ」「おおかた」「おおむね」「ほぼ」「あらまし」「たいてい」「たいがい」「ざっと」

あらためて［改めて］ aratamete

(1) ① お留守とあれば日を**あらためて**出直しましょう。

② 合格発表は後日**あらためて**行う。

③ 詳細は**あらためまして**課長から御説明いたします。

(2) ① 四十男に**あらためて**注意することなどない。

② （画家の個展で）**あらためて**感動しました。

【解説】 (1) 別の機会に一からやり直す様子を表す。プラスマイナスのイメージはない。①は動詞の用法、②③は述語にかかる修飾語の用法である。会話では、③の「あらためまして」という丁寧形も用いられる。①は別の日にという意味である。現在行うべきことを行わず、将来の別の時点でもう一度正式にやり直すというニュアンスがあり、猶予の暗示がある。かなり丁寧なニュアンスで、目上に対する発言(③)や釈明の言葉としてよく用いられる。

(2) (1)から進んだ意味で、一から考え直す様子を表す。プラスマイナスのイメージはない。動詞にかかる修飾語として用いられる。考え直した結果特別な行動を起こさない場合(①)は、「ことさら」「とくに」などに近い意味となる。特別な行動・状態になる場合(②)は、「つくづく」などに近い意味になる。いずれにしても、結果としての行動や状態になる前の考え直しに視点があるが、「ことさら」「とくに」「つくづく」は行動のしかたや状態そのものに視点がある。

⇨「ことさら」「とくに」「つくづく」「いまさら」

あらまし **aramashi**

① 担当刑事が事件の**あらまし**を説明した。

② ダム建設工事は**あらまし**終わったという。

③ 彼の言いたいことは**あらまし**見当がつく。

【解説】 概略の意味を表す。プラスマイナスのイメージはない。①は基本的な名詞の用法、②③は動詞にかかる修飾語になって、大部分である様子を表す。一応の筋道が整っているというニュアンスで、細部が抜けている疎略の暗示はない。

「あらまし」は「あらかた」や「だいたい」「おおよそ」などに似ているが、「あらかた」はややくだけた表現で、疎略の暗示がある。「だいたい」は瑣末《さまつ》な部分を除いた主要な大部分を表す。「おおよそ」は不正確な全体を表す。

言い分はあらましわかった。
(一応の筋道はわかった)
言い分はあらかたわかった。
(細かい点はわからない)
言い分はだいたいわかった。
(主要な部分はわかった)
言い分はおおよそわかった。
(正確ではないが全部わかった)

⇨「あらかた」「だいたい」「おおよそ」「およそ」「おおかた」「ほぼ」「たいてい」「たいがい」「おおむね」

あるいは ［或いは］ **aruiwa**

(1) ① 質問にはイエス**あるいは**ノーで答えよ。

② あの渋い会社の注文をとるには、部長みずから足を運ぶか、**あるいは**よほど強力なコネがないと無理だ。

(2) ① 水辺ではカモたちが、**あるいは**空を飛び**あるいは**水をくぐり、まことに自由に暮らしている。

(3) ① 彼の病気は**あるいは**だめかもしれない。

② 「彼女、来るかなあ」「**あるいは**ね」

【解説】 (1) どちらか一方を選択する様子を表す。プラスマイナスのイメージはない。語句と語句(①)、文と文(②)を結ぶ用法で用いられる。ややかたい文章語で、日常会話にはあまり登場せず、公式の文書や発言などに用いられる。①はイエスかノーかのどちらかで答えよという意味で、どちらで答えてもよいという許容の暗示がある。②も、注文がとれさえすれば、どちらの方法をとってもよいわけである。

(1)の「あるいは」は「または」「もしくは」「ないし」などに似ているが、「または」は「あるいは」より口語的で日常的によく用いられ、前件を優先的に選択するニュアンスがある。「もしくは」は複数の選択肢のうちの一方だけしか選択できない限定の暗示が強い。「ないし」は複数の選択肢の中間でもよいという意味もある。

三人あるいは五人必要だ。
(三人でも五人でもよい)

三人または五人必要だ。
(できれば三人がよい)

三人もしくは五人必要だ。
(三人か五人かどちらかだけ)

三人ないし五人必要だ。
(三人、四人、五人どれでもよい)

(2) 複数のものが別々の行動を起こすことを、並列して描写する様子を表す。プラスマイナスのイメージはない。「あるいは〜し、あるいは〜する」という対句になる。かなりかたい文章語で、古典の文章に多く見られ、現代語としてはあまり用いられない。

(3) 可能性の低いことを推量する様子を表す。ややマイナスよりのイメージの語。後ろに「〜かもしれない」などの推量の表現を伴うことが多い。①は助からない可能性が低いながらあるという意味である。②は述語を省略した形で、会話ではよく用いられる。彼女が来る可能性は低いという意味である。実現の可能性が低いことについて、慨嘆の暗示を伴うが、表現としてはかなり冷静である。

(3)の「あるいは」は、「ひょっとすると」や「もしかすると」に似ているが、「ひょっとすると」はかなりくだけた表現で、僥倖《ぎょうこう》を待ち望む暗示がある。「もしかすると」は偶然性の暗示がある。

あるいは雨かもしれない。
（しかたがない）
ひょっとすると雨かもしれない。
（雨が降るといいのだが）
もしかすると雨かもしれない。
（まあわからないが）

⇩「または」「もしくは」「ないし」「ひょっとすると」「もしかすると」「ことによると」「それとも」「また」

あわせて ［合わせて・併せて］ **awasete**

(1)① 内股と巴《ともえ》投げ、**あわせて**一本。（柔道の得点）
② お買い物は**あわせて**ちょうど二万円でございます。

(2)① 御健康と**あわせて**御事業の繁栄を祈り上げます。
② 合否は筆記試験と内申書を**あわせて**検討する。

【解説】 (1)（ふつう「合わせて」と書くもの） 複数のものの価値を合計する様子を表す。プラスマイナスのイメージはない。数量を表す名詞にかかる修飾語になることが多い。①は柔道の勝敗の得点で、「内股」という技の価値（技あり）と「巴投げ」という技の価値（技あり）を合わせて「一本」という価値になるという意味である。②は金額の合計が二万円になるという意味である。客観的な表現で、特定の感情を暗示しない。

(2)（ふつう「併せて」と書くもの） 複数の物事をいっしょに扱う様子を表す。プラスマイナスのイメージはない。①は「□□とあわせて△△を～する」という形、②は「□□と△△をあわせて～する」という形で用いられ、ともに、□□と△△をいっしょに～するという意味である。ややかたい文章語で、手紙、公式の発言などによく用いられる。客観的な表現で、特定の感情を暗示しない。

(2)の「あわせて」は「いっしょに」や「ともに」に似ているが、「いっしょに」は口語的で、日常会話中心に用いられる。「ともに」は二つの対象を双方同時にという暗示があり、三つ以上の物事については用いられない。

？ 御健康と一緒に御事業の繁栄を祈り上げます。
× 御健康と御事業の繁栄、さらに景気の早期回復をともに祈り上げます。
→御健康と御事業の繁栄、さらに景気の早期回復を併せて祈り上げます。

⇩「いっしょ」「ともに」「まとめて」「しめて」「ぜんぶ」

あわや **awaya**

① 信号が赤だったからよかったようなものの、車が突っ込んでいたら**あわや**の大惨事になるところだった。
② 彼の活躍は**あわや**優勝かという期待をいだかせた。
③ その当たりは**あわや**ホームランという大飛球だっ

た。

④　火の手が迫り、**あわや**というとき消防車が来た。

【解説】　もう少しではなはだしい事態になるところだったのを回避した様子を表す。ややマイナスよりのイメージの語。①②が本来の述語の一部となる名詞を修飾する用法。現在では、③のように叙述部分を省略した名詞を修飾する用法や、④の「あわやというとき(ところで)」という慣用句で、感動詞的に用いることが多い。極端な事態に瀕《ひん》した切迫感の暗示があり、主観性の強い表現となっている。「あわや」の指し示す極端な事態は、好ましくない場合(①④)が多いが、好ましい場合(②)もある。事態が好ましくない場合には危惧《きぐ》の暗示も入る。この事態は程度が極端であることがポイントで、通常の程度の事態の場合にはあまり用いられない。

？　借金のことであわやケンカになるところだった。

→借金のことであわや殴り合いになるところだった。

「あわや」は「あやうく」や「すんでのところで」に似ているが、「あやうく」はやや客観的で述語を修飾し、切迫感や危惧の暗示も相対的に弱い。「すんでのところで」は多く過去のことについて、危険を回避した安堵感《あんどかん》の暗示が強い。

？　その車とあわや衝突するところだった。

→その車と危うく衝突するところだった。

×　その当たりはすんでのところでホームランという大飛球だった。

⇨「すんでのところで」

あわよくば［あわ好くば］awayokuba

①　目標は入賞だが**あわよくば**メダルをねらっている。

②　(競馬で)損を取り返して**あわよくば**もうけたい。

【解説】　目標を達成した上にそれ以上を望む様子を表す。プラスマイナスのイメージはない。述語にかかる修飾語として用いられる。一定の目標は達成した上で、それ以上のものを、実力や努力ではなく運や偶然性などによって手に入れることを望んでいる様子を表す。また、最終的に手に入れるものはかなり高い程度のもので、通常の状態ではそう簡単に実現できない暗示もある。通常の目標に達したいという単なる望みや、努力・実力によって目標以上を望んでいる場合には用いられない。

×　浪人したからあわよくば第一志望に合格したい。

→浪人したから願わくば第一志望に合格したい。

⇨「ねがわくは」

あんがい［案外］angai

(1)①　初めての仕事だったが**あんがい**とうまくいった。

②　期待していたスペイン料理は**あんがい**まずかった。

③ 君って**あんがい**芸術家タイプだったりして。

(2) ① 彼女は親切かと思っていたら**あんがい**だった。

② 日本選手は入賞ゼロという**あんがい**な成績だった。

【解説】 (1) 予想や期待と反対の結果になる様子を表す。プラスマイナスのイメージはない。述語にかかる修飾語として用いられる。結果が予想に反してよい場合(①③)にも悪い場合(②)にも用いられる。対象についての期待そのものはそれほど大きくなく、結果に対する感想の程度も高くない。

(1)の「あんがい」は「いがいに」や「おもいのほか」に似ているが、「いがいに」のほうが対象についての期待が大きく、予想と結果との落差が大きい。「おもいのほか」は予想に反する結果の程度がかなり高い暗示があり、結果のほうに視点がある。

君は案外やさしいんだね。
(あまり期待はしていなかったが)
君は意外にやさしいんだね。
(全然そうは見えないのに)
君は思いのほかやさしいんだね。
(ずいぶんやさしくてよかった)

(2) 結果が予想や期待に反して好ましくない様子を表す。ややマイナスイメージの語。①は述語の用法、②は名詞にかかる修飾語の用法である。述語にかかる修飾語にはならない。予想に反して好ましくない結果になる様子を表し、落胆と慨嘆の暗示がこもる。

⇨「いがい」「おもいのほか」「ことのほか」

あんのじょう ［案の定］ anno-jô

① 今年の巨人はダメだと思ったら**あんのじょう**だ。

② 今日は二十五日だが**あんのじょう**渋滞している。

【解説】 予想通りの結果になる様子を表す。ややマイナスイメージの語。①は述語、②は述語にかかる修飾語の用法である。事前の予想を明示することが多い。ふつうあまり好ましくない予想の通りになるという意味で用いられ、好ましい予想や期待が実現した場合には用いられないことが多い。

? 毎晩遅くまで勉強していたら案の定合格した。
→毎晩遅くまで勉強していたら予想通り合格した。

「あんのじょう」の暗示する予想は実現の可能性がかなり高いので、その通りの結果になったとき、自分で確信をもって納得するニュアンスがこもる。

「あんのじょう」は「はたして」や「やはり(やっぱり)」に似ているが、「はたして」は予想通りの結果になったことを話者が確認する暗示がある。「やはり」は事前の予想が実現する可能性はあまり高くなく、結果についてはあきらめと納得の暗示がある。

彼は案の定へまをした。
（だから言わないことじゃない）
彼ははたしてへまをした。
（心配していた通りだ）
彼はやっぱりへまをした。
（結局だめだったな）
⇩「はたして」「やはり」

いいかげん【好い加減】ii-kagen

(1)① （指圧）ああ、ほんとに**いいかげん**だ。
② いくら相手が悪くても、追及は**いいかげん**のところでやめておいたほうがいい。
③ 甘えるのも**いいかげん**にしろ。
④ これだけくどく言ってるんだから、**いいかげん**でわかったらよさそうなものを。
(2)① 彼は**いいかげん**な成功では満足しない。
② 先方には**いいかげん**に返事をしておいた。
(3)① 彼女は何をやらせても**いいかげん**で困る。
② 製品管理もしないなんて**いいかげん**な会社だね。
(4)① 毎日ワープロを打つのも**いいかげん**嫌になった。
② あの人のウソには**いいかげん**愛想が尽きたわ。

【解説】 (1) 程度が適当で好ましい様子を表す。ややプラスイメージの語。①のように積極的に評価する意味で用いることは少なく、現在では②③のように勧誘や命令の表現を伴って「～するな」という禁止を表すか、④のように逆接願望の表現を伴って「そろそろ～すべきだ」という意味を表すことが多い。積極的に評価する場合には、「いい・かげん」とアクセントを分けて二語にする。③④の用法は感情的で強い憤慨と怒りの暗示がこもる。
③④の「いいかげん」は「ほどほど」に似ているが、「ほどほど」はかなり冷静な表現である。
甘えるのもいい加減にしろ。（甘えるな）
甘えるのもほどほどにしろ。（もう少し遠慮しろ）
(2) 中途半端で徹底しない様子を表す。ややマイナスイメージの語。①は名詞にかかる修飾語、②は述語にかかる修飾語の用法である。①は小さな成功という意味、②は適当につじつまを合わせて返事したという意味である。
(2)の「いいかげん」は「てきとう」に似ているが、「てきとう」はその場の状況に適合するというニュアンスがある。
× 彼は適当な成功では満足しない。
(3) (2)から進んだ用法で、物事が不徹底である結果、無責任である様子を表す。マイナスイメージの語。①は述語、②は名詞にかかる修飾語の用法である。(3)の意味では、述語にかかる修飾語にはあまりならない。無責任であることについて、慨嘆と憤慨の暗示がこもる。

(3)の「いいかげん」は「でたらめ」に似ているが、「でたらめ」は事実に反する暗示がある。

(4)
いい加減な話はするな。（無責任な話）
でたらめな話はするな。（真実でない話）

程度がかなり高くて不快な様子を表す。マイナスイメージの語。述語にかかる修飾語として用いられる。単に程度がかなり高いのみならず、不快の暗示があるので、好ましい事柄については用いられない。

× 彼はとても誠実だから、いい加減好きになったわ。

程度がそうとう高いという意味では「かなり」「そうとう」などに似ているが、「かなり」「そうとう」は客観的な表現で、不快感は暗示されていない。

⇨「ほどほど」「かなり」「そうとう」「なまじ」「なまじっか」「たいがい」「たいてい」

いがい【意外】igai

① 彼が施設に毎年寄付していたとは**いがい**だった。
② 捜査の進展に伴って**いがい**な事実が明るみに出た。
③ 相手を納得させつつ断るのは**いがい**にむずかしい。
④ テスト、受けたけど**いがい**と簡単だったよ。
⑤ 一等が誰に当たるかと思っていたら、**いがいやいがい**、ぼくと佳子の二人に当たった。
⑥ 私って**いがい**となんていうかナイーブっていうか、**いがい**とそういうとこあるのよ。

【解説】 予想や期待と異なる結果になる様子を表す。原則としてプラスマイナスのイメージはない。①は述語の用法、②は名詞にかかる修飾語、③④は述語にかかる修飾語の用法である。⑤の「意外や意外」は慣用句で、まったく予期していない事態になったことを誇張的に表す。④⑥の「意外と」は「意外に」よりもくだけた表現で、日常会話中心に用いられる。⑥は会話の途中で用いられる間投詞の用法。「意外と」の形でのみ用いられる。自分の話す内容は相手にとって予想外で驚くべきことだろうという話者の期待を表し、相手の関心を望む甘えの心理を暗示する。予想や期待と反対の結果になる場合（①②⑤）と、予想や期待の程度を大きく上回る場合（③④）とがある。前者の場合には「あんがい」に似ているが、「あんがい」は対象についての期待そのものが「いがい」ほど大きくないことが多く、予想に反する好ましくない結果になる暗示がある。

× 彼が毎年施設に寄付していたとは案外だった。

後者の場合には「おもいのほか」や「ぞんがい」に似ているが、「おもいのほか」は予想よりも結果のほうに力点がある。「ぞんがい」はかなり古風なニュアンスのある語で、日常的にはあまり用いられない。

テストは意外にできた。(予想より簡単だった)
テストは思いのほかできた。(かなりできた)
? テスト、受けたけど存外簡単だったよ。
⇩「あんがい」「おもいのほか」「ことのほか」「はからずも」「きせずして」

いかが [如何・奈何] ikaga

(1) ① (医者が入院患者に)ご気分は**いかが**ですか。
② 部長、来月の会議は**いかが**いたしましょうか。
③ (外国人客に)日本の印象は**いかが**ですか。
④ 食後の散策など**いかが**でしょう。
⑤ こんにちは、ごきげん**いかが**。
(2) ① まあ、久しぶりねえ。お茶でも**いかが**。
② たまにはお休みをとられたら**いかが**。
(3) ① 社長の私に無断で取引するのは**いかが**なものか。
② あまり先走るのも**いかが**かと思いまして、契約は保留にしておきました。

【解説】 (1) 相手の意向や状態・方法についての疑問を表す。プラスマイナスのイメージはない。述語または述語にかかる修飾語として用いられるが、⑤のように叙述部分を省略することもある。ややかたい文章語で丁寧なニュアンスがあるので、目上や知らない人に対する発言などによく用いられる。

(2) (1)の④から進んだ用法で、相手の意向をたずねる形を借りて、相手に勧める意味を表す。プラスマイナスのイメージはない。日常会話で用いられる場合には叙述部分を省略した述語になることが多い。これもかなり丁寧なニュアンスがあり、会話では男性よりも女性が好んで用いる傾向にある。

(3) 疑問や危惧《きぐ》・不快の気持ちを表す。ややマイナスイメージの語。①は無断で取引するのはよくないという意味、②は先走るのは適当でないという意味である。どちらもかなり丁寧なニュアンスがあるので、①のように自分の気持ちを目下に向かって言う場合には、かなり尊大なニュアンスになる。

「いかが」は「どう」と基本的に同じ意味であるが、「どう」よりも丁寧で、会話の相手に対する敬意や話者の品位が表明されている表現になっている。

⇩「どう」

いかに [如何に・奈何に] ikani

(1) ① PTAは**いかに**あるべきか真剣に議論された。
② **いかに**して寄付を集めるかが最大の問題だ。
③ 準備万端整えて首尾は**いかに**と待った。
④ 主人公の運命や**いかに**。(ドラマの決まり文句)
⑤ 自動車百台でも「渋滞」とはこれ**いかに**。(なぞか

けの問答）

(2) ① 中国では靴一足が一月分の給料の値段なのだから、**いかに**物価が高いかがわかる。

② 戦争で**いかに**多くの人命が失われてきたことか。

(3) ① 秋山の足が**いかに**速くても古田の肩には勝てない。

② **いかに**貧しかったとはいえ、強盗は重罪だ。

【解説】 (1) 疑問の意味を表す。プラスマイナスのイメージはない。述語にかかる修飾語で用いられることが多いが、③〜⑤のように述語部分を省略することも多い。①③④は状態についての疑問、②は方法についての疑問、⑤は理由についての疑問である。かなりかたい文章語で、公式の発言や報道、決まり文句として用いられる。客観的な表現で、特定の感情を暗示しない。

(2) 後ろに疑問の助詞「か」を伴って、程度が非常にはなはだしい様子を表す。プラスマイナスのイメージはない。これもかなりかたい文章語である。日常的には「どんなに」「どれほど」を用いる。程度が高いことについての驚き(①)や慨嘆(②)などの感情が暗示され、かなり主観的な表現になっている。

(3) 後ろに「ても」「とはいえ」などの表現を伴って、譲歩を表す。プラスマイナスのイメージはない。これもかなりかたい文章語で、日常的には「どんなに」「どれほど」を用いる。客観的な表現で、特定の感情を暗示しない。

⇨「どう」「どんなに」「どれほど」

いかにも ［如何にも・奈何にも］ ikanimo

(1) ① 彼女はペットに死なれて**いかにも**悲しそうだ。

② 朝露にぬれた紅葉は**いかにも**美しい。

③ 潔く罪を認める彼の態度は**いかにも**男らしかった。

④ 会議に遅れるとは**いかにも**奴のやりそうなことだ。

⑤ 彼は**いかにも**自分が正しいと言わんばかりだった。

(2) ① **いかにも**おっしゃる通りです。

② 「貴殿が宮本武蔵殿か」「**いかにも**」（時代劇のセリフ）

【解説】 (1) 典型的な状態に合致している様子を表す。原則としてプラスマイナスのイメージはない。述語にかかる修飾語として用いられる。述語に示される典型的な状態(①「悲しい」、②「美しい」、③「男らしい」、④「奴のやりそうなこと」、⑤「自分が正しい」)に合致しているという意味である。したがって、結果的に程度は高くなり、「まったく」などに似てくるが、驚きやあきれ、感動などの暗示を含み、単に程度が高いという意味ではない。

これはいかにも彼らしい絵だ。

（彼のよい特徴が典型的に表れている絵）

これはまったく彼らしい絵だ。

(本当に彼がかいたと思われる絵)

「いかにも」は「まるで」や「さも」にもよく似ているが、「まるで」は対象の状態を別の典型的なものにたとえるというニュアンスで、類似の程度は問題にしない。「さも」は対象の外見が話者の目にはそのように見えるというニュアンスで、実際にそうであるかどうかには言及しない。

× (表彰式で)いかにも夢を見ているようです。
→まるで夢を見ているようです。

× 朝露にぬれた紅葉はさも美しい。

(2) 相手の言うことを無条件で肯定する様子を表す。プラスマイナスのイメージはない。①のように述語にかかる修飾語として用いられるが、②のように感動詞的にも用いられる。ただし、古風なニュアンスのある語で、くだけた会話ではあまり用いられない。

⇨「まったく」「まるで」「さも」「ちょうど」「あたかも」「さながら」「みるからに」「ほんとう」

いきおい [勢い] ikioi

① 重役がこぞって賛成したので、**いきおい**ぼくも賛成せざるを得なかった。

② 家族が増えれば**いきおい**支出も増えることになる。

【解説】 事のなりゆきからある結果が導き出されるのが当然である様子を表す。プラスマイナスのイメージはない。述語にかかる修飾語として用いられる。自然ななりゆきから必然的に導かれる結果についての感想を表すニュアンスで、しばしば①「~ざるを得ない」、②「~ことになる」のように、なりゆきを意味する表現を伴う。意図的な結果や話者の意志に関することについては、ふつう用いられない。

? 君がやるんならいきおいぼくだって頑張るよ。
→君がやるんなら当然(もちろん)ぼくだって頑張るよ。

⇨「とうぜん」「もちろん」「むろん」

いきなり ikinari

(1)① ノックもせずに**いきなり**ドアを開けるな。

② この通りは子供が**いきなり**飛び出してくる。

③ (役所で)**いきなり**苦情を持ちこまれても困ります。受付で手続きをとってからにしてください。

④ リハーサルなしで**いきなり**本番というのは無謀だ。

(2)① 清原は一回の表に**いきなり**ホームランを放った。

② 彼女は**いきなり**子供の頭をひっぱたいた。

【解説】 (1) 前段階をふまずに直接次の段階の行動を起こす様子を表す。ややマイナスイメージの語。ふつう述語にかかる修飾語で用いられる。①はノック、②は手を挙げるなどの、これから道路を横断するというサインを出すこと、③は受付で手続きをすること、④はリハーサルが、その前段階の行動である。段階的な行動が普通である行為について用いられ、段階の考えられない行動については用いられない。

× 彼はいきなり本を読んだ。

かなり冷静な表現で、慨嘆などの暗示は少ない。

(2) (1)から進んで、予想しない事態が起こる様子を表す。ややマイナスよりのイメージの語。行為の受け手が予想していないというニュアンスで、驚きと衝撃の暗示がある。主体の意志には関係しない。

(2)の「いきなり」は「だしぬけに」や「とつぜん」「きゅうに」「ふいに」などに似ているが、「だしぬけに」は行為の受け手の被害者意識が暗示される。「とつぜん」は事態の急激な変化を誇張的に表す。「きゅうに」は変化のしかたが非常にはなはだしいというニュアンスで、予想しない事態かどうかには言及しない。「ふいに」は継続することが期待されている事態が予想に反して変わるというニュアンスで、意外性と不審の暗示がある。

× 清原は一回の表にだしぬけにホームランを放った。

× 彼はある日いきなり脳卒中で倒れた。
→彼はある日突然脳卒中で倒れた。

× 写真を見ていたらいきなり彼に会いたくなった。
→写真を見ていたら急に彼に会いたくなった。

× 草むらで鳴いていた虫の声がいきなり止んだ。
→草むらで鳴いていた虫の声が不意に止んだ。

⇩「だしぬけ」「とつぜん」「きゅう」「ふい」「やにわ」「とつじょ」「つと」「ちょくせつ」

いくつ［幾つ］ikutsu

① そこにリンゴが**いくつ**ありますか。
② 「昨日うちの犬が子供産んだのよ」「まあ、**いくつ**産んだの？」
③ もう**いくつ**寝るとお正月。（唱歌）
④ ぼうやいい子ねえ。**いくつ**？
⑤ お父様は今年**おいくつ**になられましたか。
⑥ 前例は**いくつ**あるか知れない。
⑦ 問題がむずかしくて頭が**いくつ**あっても足りない。
⑧ 男は**いくつ**になっても子供みたいなところがある。

【解説】物事の個数や年齢についての疑問を表す。プラスマイナスのイメージはない。述語にかかる修飾語になる用法が最も一般的であるが、日常会話では、④のようにしばしば叙述部分を省略する。女性は会話中でしばしば「お」をつけて、「おいくつ」と丁寧に言うことがある。①～③は個数についての疑問を表す用法である。ふつう物事（無生物）の個数についての疑問に用いるが、動物飼育者の間ではしばしば②のように、新生児の数を「いくつ?」「みっつ」などと言うことがある。③は寝る回数について用いられた唱歌の例。ただし、現在この用法はあまり一般的ではない。④⑤は年齢についての疑問を表す。⑥は前例の数についての疑問と、その数がそうとう多いという意味の二つにとれる。⑦⑧は「いくつ〜ても」という条件句を作り、物事の数や年齢がそうとうある様子を表す。⑦の「頭がいくつあっても足りない」は慣用的な表現で、何人集まって考えてもわからないほどむずかしいという意味である。⑧の「いくつになっても」は慣用句で、高い年齢になってもという意味である。

⇨「いくつか」「いくつでも」「いくつも」「いくら」

いくつか［幾つか］ikutsuka

① この作文には**いくつか**の文法的なミスがある。
② 失敗はあったとしてもほんの**いくつか**だ。
③ 彼はたしかぼくより**いくつか**年上のはずだ。

【解説】 物事の個数や年齢(差)が少数ながら存在する様子を表す。プラスマイナスのイメージはない。①は名詞にかかる修飾語、②は述語、③は述語にかかる修飾語の用法である。かなり主観的な表現で、漠然と個数や年齢(差)が小さいというニュアンスで用いられ、具体的な根拠は示されないことが多い。

「いくつか」は「いくらか」に似ているが、「いくらか」は主に量や程度を表す。

⇨「いくらか」「いくつ」

いくつでも［幾つでも］ikutsudemo

① (押し売りが)**いくつでも**いいから買ってよ。
② 調べてみたら不良品の数は**いくつでも**なかった。
③ ほしいなら**いくつでも**いるだけあげよう。

【解説】 個数を誇張する様子を表す。プラスマイナスのイメージはない。述語にかかる修飾語として用いられる。①②は個数が少ないことを誇張し、①はどんな少数でもいいという意味、②は非常に少数という意味である。③は個数が多いことを誇張し、非常にたくさんという意味である。少数を誇張する意味のときには「いくつでも」という尾高型のアクセントに、多数を誇張する意味のときには「いくつでも」という頭高型のアクセントになる傾向がある。かなり主観的な表現で、具体的な個数を意識していないことが多く、少数の場合には個数の少ないことに対する許容(①)や侮蔑《ぶべつ》(②)、多数の場合には望むだけたくさん(③)というニュアンスが含まれる。

「いくつでも」は「いくつも」に似ているが、「いくつも」は「いくつでも」より誇張の程度が少なく、結果として表す個数の絶対数もそれほど極端にはならないことが多い。
　前例はいくつでもある。（探せば探すだけ見つかる）
　前例はいくつもある。（たくさんある）
⇨「いくつも」「いくらでも」「いくつ」

いくつも［幾つも］ikutsumo

① 新製品の在庫は**いくつも**残っていない。
② 上空から民家は**いくつも**見えなかった。
③ こんな見事な品はそう**いくつも**あるもんじゃない。
④ 柿の真っ赤な実が**いくつも**夕日に輝いていた。

【解説】 個数を強調する様子を表す。プラスマイナスのイメージはない。①〜③は後ろに打消しの表現を伴い、結果として少数であるという意味になる。④はそうとうの個数があるという意味である。少数を強調する意味のときには「いくつも」という尾高型のアクセントに、多数を強調する意味のときには「いくつも」という頭高型のアクセントになる傾向がある。
「いくつも」は「いくつでも」同様、個数を主観的に強調する意味であるが、「いくつでも」ほど誇張の程度は大きくない。
⇨「いくつでも」「いくらも」「いくつ」

いくぶん［幾分］ikubun

(1) ① 毎月給料の**いくぶん**かを貯金することにした。
　② 娘は母のやさしさを**いくぶん**か受け継いでいる。
(2) ① きのうより**いくぶん**寒さが和らいできた。
　② 大声で怒鳴ったら気持ちが**いくぶん**晴れた。
　③「うちの課長は疑り深くってねえ」「うちの課長にも**いくぶん**そういう傾向があるよ」

【解説】 (1) 全体のうちのある一部分を表す。プラスマイナスのイメージはない。「いくぶんか」の形で名詞で用いる。客観的な表現で、特定の感情を暗示しない。
(2) 数量や程度が少ない様子を表す。プラスマイナスのイメージはない。述語にかかる修飾語として用いられる。①②のように、過去の状態と比較する文脈で用いることが多い。①はきのうより今日のほうが少し寒さが和らいだという意味、②は怒鳴る前よりも気持ちが少し晴れたという意味である。③は特に比較の対象を明示しない場合で、「多少」というのに等しい。「いくぶん」の示す数量や程度はかなり主観的で、感覚的に少量であるという暗示があり、具体的に計量できないことが多い。
「いくぶん」は「たしょう」や「いくらか」に似ているが、「たしょう」はかなり客観的なニュアンスをもち、比較する対象の有無には言及しない。「いくらか」は「いくぶん」よりも表す絶対量が小さい。
× ぼくは英語には幾分自信がある。
→ぼくは英語には多少自信がある。
その家は幾分前に傾いている。

（少し傾いているような感じだ）

その家はいくらか前に傾いている。

（ほんの少し傾いているような感じだ）

⇨「たしょう」「いくらか」「すこし」「いささか」「しょうしょう」「ちょっと」「ちっと」「じゃっかん」「やや」

いくら［幾ら］ikura

(1)① 今月はおこづかい、**いくら**あげたっけ。
② この魚、**おいくら**かしら。
③ 目方が**いくら**あるか量ってみなくちゃわからない。
④ 私らは一日**いくら**と日銭をかせぐ仕事なんです。
⑤ 彼女はその指輪をたったの一万**いくら**で買った。
⑥ **いくらいくら**かかると言われたが忘れてしまった。
(2)① 同じミルクでも子犬にとっては、牛乳より犬乳のほうが**いくら**いいかしれない。
② （迷子の息子に）お前を**いくら**探したことか。
(3)① **いくら**子供でもしていいことと悪いことがある。
② **いくら**仕事が遅くても三日はかかりすぎだね。
③ 彼女は**いくら**食べても太らない体質なんだそうだ。
④ 土日も休まないなんて**いくら**なんでも働きすぎだ。
⑤ **いくら**なんでも初対面の人に借金の申込はできない。

【解説】 (1) 数量や値段についての疑問を表す。プラスマイナスのイメージはない。①が基本的な値段を表す用法で、述語にかかる修飾語になる。②は述語になる用法。女性は会話中でしばしば「お」をつけて、「おいくら」と丁寧形で言うことがある。③は重量について用いられた例。ただし、現在ではこの用法はあまり多くなく、値段以外についての疑問は「どのくらい」「どれくらい」を用いるほうが普通である。

④〜⑥は疑問の意味がなくなって、漠然とした金額を表す。④は単位を表す名詞、⑤は一定額の金額を表す名詞の後ろにつく。④は一日あたりの金額、⑤は一万円以下の端数という意味である。⑥は「いくらいくら」と重ねて用いられ、ある一定の金額という意味である。この金額はあまり高額でない暗示がある。④〜⑥の意味のときには、「どのくらい」「どれくらい」に置き換えられない。

(2) 程度がはなはだしい様子を表す。プラスマイナスのイメージはない。打消しや疑問・感動などの表現と呼応することが多い。①は非常によいという意味、②は非常に長い時間探したという意味である。程度のはなはだしいことを誇張するニュアンスがあり、話者の感動が暗示されている。したがって、第三者の気持ちを述べる文脈では、あまり用いられない。

？故郷の母は都会の息子をいくら心配したことか。
→故郷の母は都会の息子をどんなに(どれほど)心配したことか。

(3) 程度のはなはだしいものを考慮に入れる様子を表す。プラスマイナスのイメージはない。後ろに「～と言っても・ても・でも」など譲歩を表す表現を伴うことが多い。①は「子供」、②は「彼の仕事が遅いこと」、③は「たくさん食べること」が、程度のはなはだしいものである。これは具体物でも状態でもよく、この点で状態だけをとる「どんなに」と区別される。

× どんなに子供でもしていいことと悪いことがある。

程度のはなはだしいものを考慮に入れた結果、大勢に影響がなかったり(①③)、判断の根拠となったり(②)することを述語の部分で述べる。④⑤は「いくらなんでも」の形で、述語にかかり、程度がはなはだしいことについての概嘆や憤慨の気持ちを表す。⑤は、極端な行動は起こせないという発言のマクラ(前置き)になっている例である。

「いくら」は「いくつ」に似ているが、「いくつ」は主に物体の個数や年齢について用いられる。

⇨「どのくらい」「どれくらい」「どんなに」「どれほど」「いくつ」「いくらか」「いくらでも」「いくらも」「なんでも」「なにがなんでも」「まさか」

いくらか［幾らか］ikuraka

(1) ① **いくらか**でも社会の役に立ちたいと思う。
② 収入のうちの**いくらか**を施設に寄付する。
③ 今月は**いくらか**都合してくれないか。

(2) ① 彼の病気は**いくらか**よくなったようだ。
② 今日はきのうより**いくらか**暖かい。
③ その家は**いくらか**前に傾いている。

【解説】 (1) 小さい数量が存在する様子を表す。プラスマイナスのイメージはない。①②は名詞の用法、③は述語にかかる修飾語の用法である。①はほんの少しでもという意味である。「すこし」よりも誇張的なニュアンスになる。この意味のときには「いくらか」と頭高型のアクセントになる傾向がある。

(2) 程度が少ない様子を表す。プラスマイナスのイメージはない。①②は述語にかかる修飾語、③は名詞にかかる修飾語の用法である。この意味のときには「いくらか」と中高型のアクセントになる傾向がある。かなり主観的な表現で、感覚的に程度が少ないというニュアンスで用いられる。

「いくらか」は「いささか」や「たしょう」などに似ているが、「いささか」は主体の感想を述べる暗示がある。「たしょう」は「いくらか」よりも数量の絶対量が大きい暗示がある。

× 今回の騒ぎではいくらか疲れたね。
→今回の騒ぎではいささか疲れたね。

頭痛がいくらかよくなった。
(ほんの少しよくなったような気がする)
頭痛が多少よくなった。
(少しだが確実によくなっている)

⇨「いささか」「たしょう」「すこし」「やや」「こころもち」「いくぶん」「じゃっかん」「しょうしょう」「ちょっと」「ちっと」「いくつか」「いくら」

いくらでも【幾らでも】ikurademo

① 寄付してくださるんなら**いくらでも**結構です。
② 損益といったって**いくらでも**ない。
③ その当時マグロは**いくらでも**捕れた。
④ 奴はたたけばホコリが**いくらでも**出てくるさ。

【解説】 数量を誇張する様子を表す。プラスマイナスのイメージはない。述語にかかる修飾語として用いられる。①②は数量が小さいことを誇張し、①はどんな少額でもという意味、②は非常に少額という意味である。③④は数量が大きいことを誇張し、非常にたくさんという意味である。少量を誇張する意味のときには「いくらでも」という尾高型のアクセントに、多量を誇張する意味のときには「いくらでも」という頭高型のアクセントになる傾向がある。かなり主観的な表現で、具体的な数量を意識していないことが多く、少量の場合には量の少ないことに対する許容(①)や侮蔑《ぶべつ》(②)、多量の場合には望むだけたくさん(③④)というニュアンスを伴う。
少量・多量にかかわらず数量を誇張するという意味で、「いくらでも」は「いくらも」に似ているが、「いくらも」は「いくらでも」より誇張の程度が少なく、結果として表す数量の絶対量もそれほど極端にはならないことが多い。

魚はいくらでも捕れる。(ほしいだけ捕れる)
魚はいくらも捕れる。(たくさん捕れる)

⇨「いくらも」「いくつでも」「いくら」

いくらも【幾らも】ikuramo

① 次のオリンピックまであと**いくらも**ない。
② 救命ボートに食糧は**いくらも**残っていなかった。
③ このルビーはにせ物だから**いくらも**しない。
④ 彼は家を出て**いくらも**しないうちに戻ってきた。
⑤ 政治家に対する疑惑はまだ**いくらも**ある。

【解説】 数量を強調する様子を表す。プラスマイナスのイメージはない。①～④は、後ろに打消しの表現を伴い、結果として少量であるという意味になる。③は値段が比較的安いという意味、④は時間があまり経過しないうちにという意味である。⑤は肯定文で用いられた例で、そうとうの数量があるという意味になる。少量を強調する意味のときには「いくらも」という尾高型のアクセントに、多量を強調する意味のときには「いくらも」という頭高型のアクセントになる傾向がある。
「いくらも」は「いくらでも」同様、数量を主観的に強調する意味があるが、「いくらでも」ほど誇張の程度は大きくない。

⇨「いくらでも」「いくつも」「いくら」

いざ iza

① **いざ**行け。
② その女優は**いざ**本番という時になって逃げ出した。
③ 彼は**いざ**空港を離陸という段になって、大事な用を思い出したと言い始めた。
④ 日頃の準備が**いざ**鎌倉という時役に立つ。
⑤ うちには**いざ**という時のたくわえが何もない。
⑥ 彼女は**いざ**となると意外に度胸がある。
⑦ **いざ**となったらぼくが助けてあげるよ。

【解説】 重大な決意をもって行動するときの意気込みを表す。原則としてプラスマイナスのイメージはない。①が基本的な感動詞の用法。ただしこれは古語であって、現在ではほとんど用いられない。現在では、②～⑦のようにさまざまな慣用句として用いられる。②③は「いざ□□という時(段)になって」という慣用句を作り、□□という重大決意をもって行動すべき時になって、□□という切迫した状況になってという意味である。④の「いざ鎌倉」は慣用句で、一大事が起こった時という意味、⑤～⑦の「いざという時」「いざとなると」「いざとなったら」は慣用句で、「いざ」は危急存亡の時や状況を表す。これらの場合には、ややマイナスイメージの語句となる。重大な事態に直面している話者の決意を暗示する。
②～⑦の「いざ」は「いよいよ」や「さて」に似ているが、「いよいよ」は事態が進行してきてその最高潮として重大時になるという暗示がある。「さて」は前段階と切り離して事態が起こるというニュアンスで、話者と事態の間にやや心理的な距離がある。

× 長年の努力によっていざ装置が完成する。
→長年の努力によっていよいよ装置が完成する。
× その女優はさて本番という時になって逃げ出した。

⇨「いよいよ」「さて」

いささか［聊か・些か］isasaka

① 君の答案は**いささか**考え過ぎだね。
② 生徒指導に**いささか**の配慮があれば事件は防げた。
③ 彼の潔白には**いささか**も疑念の余地がない。
④ **いささか**なりともお役に立てれば幸いです。
⑤ 彼女の豹変《ひょうへん》ぶりに**いささか**ならず驚いた。
⑥ 「特技は何ですか」「柔道を**いささか**」
⑦ （脅迫）後で**いささか**困ることになるぜ。

【解説】 数量や程度が少ない様子を表す。プラスマイナスのイメージはない。述語または名詞にかかる修飾語として用いられ、あまり述語にはならない。また、ややかたい文章語であって、会話で用いられる場合にはややあらたまった口調になる。数量や程度が少ないことを主観的に感じている様子を表し、対象の実際の様子を客観的に表すニュアンスではない。④の「いささかなりとも」は「ほんの少しと感じられる程度でも」という意味、⑤の「いささかならず」は「少なからず」という意味である。「いささか」はややあらたまった文脈で用いられることが多いので、⑥のように自分のことについて用いた場合には、自分の能力を過少に評価する卑下または謙遜《けんそん》の暗示をもつことがある。⑦のように相手のことについて用いた場合には、「かなり」「そうとう」の意味を婉曲《えんきょく》に表す。

「いささか」は「いくらか」や「すこし」に似ているが、「いくらか」は「いささか」より対象の状態を客観的に述べる暗示がある。「すこし」はかなり客観的で具体的な数量の暗示がある。

いささか寄付した。（自分では些少《さしょう》な額だと思う）
いくらか寄付した。（実際に少額を寄付した）
いささか検討の余地がある。（「十分検討したほうがよい」の婉曲表現）
少し検討の余地がある。（実際に少し検討したほうがよい）

⇨「すこし」「いくらか」「いくぶん」「こころもち」「やや」「たしょう」「しょうしょう」「ちょっと」「ちっと」

いずれ［何れ・孰れ］izure

(1)① 二チームの**いずれ**が勝つかはピッチャー次第だ。
② 選手たちは**いずれ**劣らぬつわものぞろいだ。
③ 該当するものの**いずれ**か一つを選んで記号で答えよ。
④ **いずれ**が菖蒲《あやめ》か杜若《かきつばた》。（ことわざ）

(2)① どんなに隠しても真相は**いずれ**わかるさ。
② 彼には**いずれ**はうちの課へ来てもらうつもりだ。
③ **いずれ**どこかで一杯やりましょう。
④ 「それでは失礼します」「じゃ、**いずれ**また」

【解説】 (1) 複数のもののうちの一つについての疑問を表す。プラスマイナスのイメージはない。かなりかたい文章語で、日常会話ではあまり用いられない。ふつうは「どれ」「どちら」を用いる。②の「いずれ劣らぬ□□」は慣用句で、どちらをとっても同じような□□という意味である。④はことわざで、どれがアヤメかカキツバタかわからないほどどみな美しいという意味で、美人や美しいものがたくさん並んでいるときなどの形容として用いられる。

(2) 時間の進行に伴って自然に成就する様子を表す。プラスマイナスのイメージはない。①〜③のように述語にかかる修飾語で用いることが多いが、④のように述語部分を省略して、感動詞的に用いられることもある。①は時間が進行しさえすれば、他の条件には関係なくという意味である。②〜④は近い将来という意味である。物事が未来のある時点に確実に成就するという話者の確信が暗示されている。

①の「いずれ」は「どのみち」や「どっちみち」に似ているが、「どのみち」「どっちみち」は結果が決まっていることについて、納得とあきらめの暗示がある。

真相はいずれわかる。(時間がたてばわかる)
真相はどのみちわかる。(隠してもむだだ)

②〜④の「いずれ」は「やがて」や「そのうち」などに似ているが、「やがて」は指す時間がかなり離れている。「そのうち」は未来のある時間の幅を漠然と示し、しばしば無関心や無責任の暗示を伴う。

× やがてどこかで一杯やりましょう。

眼鏡はいずれ見つかるだろう。

(時間がたてば見つかる)
眼鏡はそのうち見つかるだろう。
(ほうっておいても見つかる)

⇨「どれ」「どちら」「どっちみち」「やがて」「そのうち」「どっち」「どっちか」「いつか」「いつかは」「おいおい」「おっつけ」「とおからず」「ゆくゆく」「ほどなく」「まもなく」「いずれにしても」「いずれも」「おのずから」

いずれにしても・いずれにせよ

〔何れにしても・何れにせよ〕
izureni-shitemo・izureni-seyo

① 白黒**いずれにしても**彼に事情をきく必要がある。
② **いずれにせよ**ことは政治の問題だ。

【解説】 ある条件を考慮に入れて譲歩する様子を表す。プラスマイナスのイメージはない。述語にかかる修飾語として用いられる。条件を示す場合(①)と、条件を示さずに文頭に置いて用いる場合(②)とがある。

「いずれにしても」は「どっちにしても」という意味で

あるが、さまざまの条件を考慮に入れても、それらに関係なく一定の結果なり判断なりが下るという意味で、かなり客観的なニュアンスのある語である。「どっちにしても」よりも度量の広さが暗示される。「どっちみち」「どうせ」などにも似たような意味があるが、「どっちみち」には納得とあきらめの暗示、「どうせ」には侮蔑《ぶべつ》の暗示を伴う。

いずれにしても彼にはケンカなどできっこない。
（彼の性格その他の条件を客観的に考慮して）
どっちみち彼にはケンカなどできっこない。
（考えてみるだけむだだ）
どうせ彼にはケンカなどできっこない。
（彼にはケンカをする度胸などない）

⇩「どっちにしても」「どっちみち」「どうせ」「いずれ」「とにかく」「ともかく」「ともあれ」「なににしても」「なににせよ」

いずれも ［何れも・孰れも］ **izuremo**

① 皇太子妃の候補は**いずれも**名門の子女ばかりだ。
② その三つの案は**いずれも**課長の気に入らなかった。
③ **いずれも様**もお忘れもののないように願います。

【解説】 複数のもののうちのどれも同様である様子を表す。プラスマイナスのイメージはない。①②は述語にかかる修飾語の用法、③の「いずれも様」は「どなた様」という意味で、商売上の得意先などに対して用いられる。

「いずれも」は「どれも」や「どっちも・どちらも」に似ているが、「どれも」「どっちも・どちらも」よりも個々の対象への指示が弱く、同様である状態のほうに視点がある。

× 皇太子妃の候補はどれも名門の子女ばかりだ。
× その三つの案はどっちも課長の気に入らなかった。

また、「どっちも・どちらも」は対象が二つの場合に用いる。

⇩「どれも」「どっちも」「いずれ」

いぜんとして・いぜん ［依然として・依然］ **izentoshite・izen**

① 逮捕から一月、容疑者は**いぜん**黙秘を続けている。
② 巨人は**いぜんとして**三点のリードを保っている。
③ アメリカは湾岸戦争後も**いぜんとして**不景気だ。

【解説】 現在および未来の状態がこれまでと変化せずに続く様子を表す。プラスマイナスのイメージはない。述語にかかる修飾語として用いられる。ある状態が固定して変化せずに継続する様子を表し、動作の反復については用いられない。かなり客観的な表現で、特定の感情を暗示しない。

「いぜんとして」は「あいかわらず」や「やはり」に似ているが、「あいかわらず」は変化することが予想されるものの状態が予想に反して変化しないというニュアンスがある。また「あいかわらず」は動作の反復についても用いられる。「やはり」は現在の状況を話者が確認し、それが過去から続いていることを再認識するというニュアンスで、納得の暗示を伴う。

× 田舎の祖母は今年百歳だが依然として元気だ。
→田舎の祖母は今年百歳だが相変わらず元気だ。
× 課長は酒が入ると依然として浪曲《ろうきょく》を唸《うな》り出す。
→課長は酒が入ると相変わらず浪曲を唸り出す。
× (別れた恋人への手紙)わたし、依然として今でもあなたが好きなんです。
→わたし、やっぱり今でもあなたが好きなんです。
⇨「あいかわらず」「やはり」「いまだに」「いまも」「いまでも」「なお」「なおかつ」「なおも」「まだ」

いたく[痛く・甚く] ⇨『現代形容詞用法辞典』「いたい」

いたって [至って] itatte

① 操作は**いたって**簡単、子供にも扱えます。
② こと恋愛となると彼は**いたって**小心だった。
③ 風邪がはやっていますが当方は**いたって**元気です。

【解説】 程度がはなはだしい様子を表す。プラスマイナスのイメージはない。状態を表す語にかかる修飾語になる。ややかたい文章語で、日常会話にはあまり登場せず、あらたまった発言などに用いられる。程度のはなはだしいことが好ましい場合(①③)にも、好ましくない場合(②)にも用いられる。平均(基準)から遠く隔たっているというニュアンスである。①は同類の機械に比べて非常に簡単であるという意味、②は一般の男性の平均に比べて非常に小心という意味である。③は、世間一般は風邪がはやっているが、という基準を明示した文脈で用いられた例である。

「いたって」は、「ひじょうに」「はなはだ」などに似ているが、「ひじょうに」は程度がはなはだしいことを誇張的に述べる。「はなはだ」はふつう好ましくないものについて用いられる。

× 風邪がはやっていますが当方は非常に元気です。
× 操作ははなはだ簡単、子供にも扱えます。
⇨「ひじょう」「はなはだ」「ごく」「しごく」「たいへん」「たいそう」「きわめて」「とても」「いとも」「おおいに」「うんと」「よにも」

いたるところ [至る処・到る所] itaru-tokoro

① 土手にはタンポポが**いたるところ**に咲いている。
② 一行は**いたるところ**で熱烈な歓迎を受けた。

③ 五月の連休は**いたるところ**観光客でいっぱいだ。

④ 人間**いたるところ**青山あり。（名句）

【解説】 該当するすべての場所を表す。プラスマイナスのイメージはない。述語にかかる修飾語として用いられる。ややかたい文章語で、日常会話にはあまり用いられない。該当する一つ一つの場所を確認したうえで述べるニュアンスがある。④は名句で、人間はどんなところでも人生の終焉《しゅうえん》を迎えられるものだという意味である。

「いたるところ」は「どこもかしこも」に似ているが、「どこもかしこも」はすべての場所を誇張して述べるニュアンスがある。

連休はいたるところ混雑している。
（あちこち混雑している）
連休はどこもかしこも混雑している。
（すいている場所などない）

いちいち［一々］ichiichi

(1)① 課長は人のやることに**いちいち**ケチをつける。

② 詳細を**いちいち**説明しているひまはない。

③ 彼女の仕事は後で**いちいち**点検する必要がある。

(2)① 君の言うことは**いちいち**もっともだ。

② あいつのやることなすこと**いちいち**癪《しゃく》にさわる。

【解説】 (1) 細かい点まで取り立てて問題にする様子を表す。ややマイナスイメージの語。述語にかかる修飾語として用いられる。個々のものを取り立てて問題にするというニュアンスで、しばしば不快・煩雑の暗示を伴う。

「いちいち」は「ひとつひとつ」や「ちくいち」に似ているが、「ひとつひとつ」は個々のもののそれぞれを丁寧に取り扱う暗示がある。「ちくいち」は一つのもれもない完璧《かんぺき》さを暗示する。

？ 母は服のほころびをいちいち丁寧に繕った。
→母は服のほころびを一つ一つ丁寧に繕った。

結果をいちいち報告する。
（報告しなくてもよいことまで報告する）
結果を逐一報告する。（一つ残らず報告する）

(2) 一つの例外もなく、すべてに及んでいる様子を表す。プラスマイナスのイメージはない。述語にかかる修飾語として用いられる。好ましい場合(①)にも好ましくない場合(②)にも用いられる。「すべて」「ことごとく」という意味であるが、「いちいち」は一つ一つ吟味したうえで例外が一つもないことを確認するニュアンスで、納得の暗示がある。

？ 君の言うことはすべてもっともだ。

⇩「ひとつひとつ」「ちくいち」「すべて」「ことごとく」「みな」「ぜんぶ」「それぞれ」「びにいりさいにいり」「ことごとに」

いちおう［一応・一往］ichiô

①隣近所にいちおうの挨拶《あいさつ》はしておくほうがいい。
②問題はむずかしかったが、いちおうは書けた。
③お話はいちおうおうかがいしておきます。
④彼の言うことはいちおう筋が通っている。
⑤薬を飲んだら痛みはいちおうおさまった。
⑥細かい点は交渉の余地があるがいちおう承諾した。
⑦君の主張にもいちおうもっともな所があるな。
⑧雨は降らないと思ったが、いちおう傘を用意した。
⑨「これ、履歴書です」「いちおう拝見しよう」
⑩「君、東大出だって？」「ええ、まあ、いちおう」
⑪「君、資料は読んだのかね」「ええ、いちおうは……」「いちおうもにおうもない。もう一度ちゃんと読んでこい」
⑫「食事でもいかがですか」「いいえ、いちおうすませてまいりましたので」
⑬「構内は禁煙なんですが」「あっちでも吸ってるじゃないか」「いちおう、規則なもんで」
⑭（進学指導の面接で）いちおう学歴社会ですし、大学へ行ったほうがいいと、いちおう両親も言いますから……

【解説】 最低限の要求は満たしている様子を表す。ややプラスイメージの語。述語にかかる修飾語で用いられることが多いが、名詞にかかる修飾語（①）になることもある。不完全ながらも全体に目を通したという暗示があり、一部だけを完全に行ったという意味にはならないことが多い。②は、正解かどうかは別として、全問に解答したことを暗示する。⑥⑦はこれらから進んで、話者の納得を暗示する。⑧はさらに進んで、最低限を確保する、念のためという意味になる。⑨は会話でよく用いられる例で、特に意味はない。目下の者のための行為を行うことについて、尊大さの暗示される表現になっている。⑩〜⑭は会話でのみ用いられる現代語用法。⑩は肯定の返事で、特に若い人に好んで用いられる。はっきり断定せずにぼかす朧化《ろうか》表現の一つ。独断を下して人間関係が孤立することへの恐れと、肯定的な内容についての照れや謙遜《けんそん》、さらにそういう自分の照れや謙遜に対して相手の理解を期待する甘えの心理が暗示されるきわめて日本的な表現である。したがって、照れや謙遜に値しない内容を肯定する場合には、「いちおう」は用いないことが多い。

×「君、中卒なんだって？」「ええ、まあ、一応」

⑪の「一応は……」は弁明の暗示をもつ返事である。「一応も二応もない」は慣用句で、相手が「一応は……」と答えたのを誇張的に受けて、最低限一通りでなく、徹底的に行えという意味である。⑫は食事の誘いを受けて、

ある程度はすませたから不要であるという相手への配慮を表す。⑬⑭はさらに進んで、会話の合間に間投詞的に用いられる用法。自分の主張は最低限の線を確保する程度のもので、それ以上強く主張する意志はないという遠慮・臆病の心理を暗示する。

「いちおう」は「ひとまず」「ひととおり」や「ともかく」などに似ているが、「ひとまず」はどの程度達成したかを問題にせず区切りをつける暗示がある。「ひととおり」は尋常・通常の暗示がある。「ともかく」は不確定の要素を除外・保留して本題だけを問題にするというニュアンスがある。

× 問題はむずかしかったが、ひとまず書けた。
× 薬を飲んだら痛みはひととおりおさまった。
　一応やってみる。(ひととおり試みる)
　ともかくやってみる。(条件を保留して実行する)

⇨「ひとまず」「ひととおり」「ともかく」「とりあえず」「まがりなりにも」「まあまあ」「まあ」

いちがいに [一概に] ichigaini

① 子供の非行は**いちがいに**親のせいにはできない。
② 二人の言い分を聞くと、彼女が**いちがいに**悪いとは言い切れない。
③ スポーツを**いちがいに**礼賛するのもどうかと思う。
④ 「うちの子、ちっとも勉強しないんですが」「子供なんて**いちがいに**そんなものですよ」

【解説】 個々の違いを認めずに全部同様に扱う様子を表す。ややマイナスよりのイメージの語。すぐ下の述語にかかる修飾語になる。後ろに打消し(①②)または否定(③)の表現を伴って用いられることが多いが、肯定の場合(④)にも用いられる。個々の条件や違いを無視して全部同様に扱うことについて、軽い慨嘆の暗示があるが、表現としてはかなり冷静である。

「いちがいに」は「がいして」や「あながち」「かならずしも」などに似ているが、「がいして」は全体の傾向を述べるニュアンスがある。「あながち」は断定するのがためらわれるという意味で、全体を等しく待遇する暗示はない。「かならずしも」はある一定の条件に対する決まった結果以外の例外を認めるニュアンスになる。

　一概に親のせいにはできない。
　(親だけが悪いわけではない)
　概して親のせいにはできない。
　(責められるべきは親ではなくて、他の要因だ)

× この見積もりはかなり高いが、作業の質と量を考えると、一概に不当な金額ではない。
↓この見積もりはかなり高いが、作業の質と量を考えると、あながち不当な金額ではない。

× 彼女は貧しい家庭に育ったが、一概に不幸だったわけではない。
↓彼女は貧しい家庭に育ったが、必ずしも不幸だったわけではない。
⇩「がいして」「かならずしも」「おしなべて」「ひとしなみ」「そろいもそろって」「まんざら」

いちかばちか［一か八か］ichika-bachika

① 「この仕事、失敗するとクビもんだな」「**いちかばちか**やるしかないじゃないか」
② 彼は最後の種目に**いちかばちか**の勝負を賭《か》けた。
③ おやじはもう年なんだから、いくらガンでも**いちかばちか**の手術はしないでもらいたい。

【解説】 成算はわからないが、決断して行動してみる様子を表す。ややマイナスイメージの語。①は述語にかかる修飾語、②③は名詞にかかる修飾語の用法である。かなりくだけた表現で、かたい文章中には用いられない。

× 一行はいちかばちか登頂にトライした。
↓一行は思い切って(危険を冒して)登頂にトライした。

「いちかばちか」は、結果が完全な成功か完全な失敗かの二者択一を覚悟して行動を行う点にポイントがあり、完全な失敗になった場合の覚悟と危惧《きぐ》の暗示がある。そのため、③のように、「(完全な失敗=死の可能性もあるような)危険な」という意味で用いられる場合もある。
「いちかばちか」は「のるかそるか」に似ているが、結果の成功・不成功の振幅は「いちかばちか」のほうが大きく、悪い結果に対する危惧の暗示は「のるかそるか」にはないことが多い。

× おやじはもう年なんだから、いくらガンでものるかそるかの手術はしないでもらいたい。
⇩「おもいきって」「のるかそるか」

いちじ［一時］ichiji

(1)① 浅草にはもう**いちじ**のような活気がない。
② 衣類乾燥機も**いちじ**は評判がよかったが、最近はあまり騒がれないね。
③ 酒の一気飲みが若者の間で**いちじ**はやった。
④ **いちじ**はどうなることかと思ったが、うまくいってよかった。

(2)① **いちじ**の感情に流されて行動してはいけない。
② 勤めを結婚までの**いちじ**の腰掛と考える人がいる。
③ ああ、くたびれた。**いちじ**休憩。
④ 東京地方、明日は晴れ**いちじ**曇り。(天気予報)
⑤ 母は戦災の折、**いちじ**叔父の家に身を寄せていた。
⑥ **いちじ**しのぎの対策では政治家の汚職は防げない。

⑦ 大きな荷物は**いちじ**預かりに預けてから観光する。

(3) ① バーゲンが始まると**いちじ**に人が集まってきた。

② 彼女は**いちじ**払いで冷蔵庫を買った。

【解説】 (1) 過去のある時期を表す。プラスマイナスのイメージはない。①は名詞の用法、②~④は述語にかかる修飾語の用法である。現在からみた過去のある狭い時間の幅を示し、現在との対比の上で述べるニュアンスがある。

(1)の「いちじ」は「かつて」に似ているが、「かつて」は現在と対比する暗示はない。また「かつて」は時間の幅の大小について言及しないので、過去に継続していた事柄についても用いられる。

× 一時見た故郷の大地。

↓かつて見た故郷の大地。

× ローマ帝国は一時千二百年にわたり、地中海世界を支配していた。

↓ローマ帝国はかつて千二百年にわたり、地中海世界を支配していた。

(2) わずかの時間の幅を表す。プラスマイナスのイメージはない。①②は名詞にかかる修飾語、③~⑤は述語にかかる修飾語、⑥⑦は名詞の前について複合語を作る用法である。ある短い時間の幅を限定する意味で用いられ、過去とは限らない。この時間の幅はかなり主観的で、ほとんどその時だけ(①)、数分(③)、数時間(④)、数年(②⑤)に及ぶが、いずれも話者の主観として短時間という意味である。③は会話で用いられた例で、「しばらく休憩しよう」という意味であるが、「しばらく」よりも指す時間の幅が短い。

× (峠の茶屋で)どうぞ、一時お休みください。

↓どうぞ、しばらく(ごゆっくり)お休みください。

(3) 同時に起こる様子を表す。プラスマイナスのイメージはない。①のように「いちじに」の形で述語を修飾するか、②のように直接、名詞の前について複合語を作る用法で用いられることが多い。この「いちじに」は「いちどに」に似ているが、「いちどに」が全部まとめてというニュアンスもあるのに対して、「いちじに」はあくまで同時にという時間の暗示のある点が異なる。

? めんどうだから一時にやってしまおう。

↓めんどうだから一度にやってしまおう。

⇨「かつて」「しばらく」「いちどに」「いちどきに」「いっぺんに」「いっせいに」

いちだんと【一段と】ichidanto

① (パーティで知人の女性に)今日はまた**いちだんと**お美しい。

② 今年はいつもより**いちだんと**寒さが厳しい。

③ 今回の仕事で彼はまた**いちだんと**進歩した。

④ 土井議長は一向に静まらない議員たちに**いちだんと**声を張り上げて静粛を促した。

【解説】 もともと程度のはなはだしいものが、さらに程度を高めている様子を表す。ややプラスイメージの語。述語にかかる修飾語として用いられる。以前あるいは他のものと比較して、程度が非常に高まったというニュアンスであるので、必ず比較の対象がある。①はふだんの女性、②はいつもの年、③は過去の彼、④はそれまでの土井議長の声の大きさがその対象である。

「いちだんと」が指す対象は、もともと程度のはなはだしいものであることが原則である。①では相手の女性はもともと非常に美しく、②では話者は例年も寒いと思っており、③では彼はそれまでも進歩し続けていたこと、④では土井議長はそれまでも大きな声で静粛を呼びかけていたことが暗示される。比較する程度の差は大きく、程度が高くなった結果について、しばしば感嘆(状況によってはお世辞や追従《ついしょう》…①)の暗示を含む。程度のはなはだしくないものが、以前に比べて程度が高まったという意味ではふつう用いられない。

? 彼女はふだん目立たないが今日は一段と美しい。

→彼女はふだん目立たないが今日はひときわ美しい。

「いちだんと」は「いっそう」に似ているが、「いっそう」はやや客観的で、比較する程度の差が少ない。

× 今日はまたいっそうお美しい。

⇨「ひときわ」「いっそう」「かくべつ」「ますます」「いよいよ」「めだって」「めにみえて」「もっと」「なお」「なおさら」「よりいっそう」「ひとしお」「きわだって」「さらに」

いちど【一度】ichido

(1)① オリンピックは四年に**いちど**開かれる。

② 君も**いちど**は外国を見てきたほうがいい。

③ ぼくは女性をだましたことなど**いちど**もない。

④ あいつには**いちど**ならず痛い目にあっているんだ。

⑤ 校長の訓話なんて**いちど**聞けばたくさんだよ。

⑥ オペラって**いちど**来てみるだけのことはあるね。

(2)① 今度**いちど**うちへ遊びにいらっしゃいよ。

② **いちど**タバコの味を覚えるとやめるのが大変だ。

③ 男が**いちど**決めたからにはテコでも動かない。

【解説】 (1) 一回の回数を表す。プラスマイナスのイメージはない。①は最も基本的な名詞の用法。②の「一度は」は最低一回はという意味、③の「一度も〜ない」はまったくないことを強調する意味、④は「一度ならず(も)」で慣用句となり、何度もという意味である。⑤⑥は「一度」を最低の回数という意味で用いた例で、⑤は最低限の回数で十分だという意味、⑥は最低の回数だけでも価値がわかるという意味である。

「いちど」は「一回」と違って具体的な回数を問題にするというよりは、どのくらいの頻度で起こるかという点にポイントがある。したがって、具体的な回数を問題にする場合には、「〜度」よりも「〜回」のほうが用いられる傾向にある。

犬の発情期はふつう年に二度ある。

→犬の発情期はふつう年に二回ある。

「いっぺん」も一回の回数を表すが、よりくだけた表現になる。

(2) (1)から進んで、ある行為を試みる様子を表す。プラスマイナスのイメージはない。述語にかかる修飾語として用いられる。具体的な回数が問題なのではなく、行為を実際に試みるかどうかに視点がある。①は未来において試みる意味、②③は過去において試みたという意味である。

この「いちど」は「いったん」「ひとたび」に似ているが、「いったん」「ひとたび」は重要な結果をもたらす条件であることを表し、試験的な行為については用いない。

× 今度いったん(ひとたび)うちへ遊びにいらっしゃいよ。

⇨「いっぺん」「いったん」「ひとたび」「いちじ」「いちどに」「もういちど」

いちどきに ［一時に］ ichidokini

① 会社は盆と正月がいちどきにやってきたようににぎやかだった。

② **いちどきに**こんなにたくさんは食べられない。

【解説】 複数の物事が同時に起こる様子を表す。プラスマイナスのイメージはない。かなりくだけた表現で、かたい文章中にはあまり用いられない。「一度に」「一遍に」という意味であるが、「いちどきに」は時間の同時性にポイントがあり、多くのものをまとめるニュアンスは少ない。

? 面倒だからいちどきにやってしまおう。

→面倒だから一度に(一遍に)やってしまおう。

「いちどきに」は「いちじに」に似ているが、「いちじに」はやや文章語的で、日常会話にはあまり登場しない。

× こんなにたくさんはいちじに食べられない。

⇨「いちどに」「いっぺんに」「いちじ」「いっせいに」「いっきょに」「いっきに」「どうじに」

いちどに ［一度に］ ichidoni

① 会社は盆と正月が**いちどに**やってきたようににぎやかだった。

② 母は父の看病疲れが**いちどに**どっと出て倒れた。

③　面倒だから**いちどに**やってしまおう。

【解説】　複数の物事が同時に起こる様子を表す。プラスマイナスのイメージはない。複数のものをまとめて扱う暗示があり、必ずしも厳密な同時性の暗示はない点で「いちじに」「いちどきに」と異なる。②は長年たまっていた多量の疲れがまとまって出たという意味である。

「いちどに」は「いっぺんに」や「いっせいに」に似ているが、「いっぺんに」は一連の物事を通して短時間に一括する暗示があるのに対して、「いちどに」は対象が一連の物事かどうかには言及しない。「いっせいに」は複数のものが同時にそろう暗示がある。

？　舞の海は土俵際まで一度に持って行かれた。
→舞の海は土俵際まで一遍に持って行かれた。
？　生徒たちは制服反対のほうに一度に手を挙げた。
→生徒たちは制服反対のほうに一斉に手を挙げた。

⇨「いちじ」「いちどきに」「いっぺんに」「いっせいに」「いっきに」「いっきょに」「どうじに」「いちど」

いちはやく［逸早く・逸速く］ichihayaku

①　その老婆は**いちはやく**空いた席に腰をおろした。
②　彼女はいつも流行を**いちはやく**採り入れる。

【解説】　他の誰よりも早く行動する様子を表す。プラスマイナスのイメージはない。述語にかかる修飾語として用いられる。「いちはやく」は、他の誰よりも速く行動するという比較の暗示があり、単に行動の速度が速いという意味ではない点で、「すばやく」や「すばしこく」とは異なる。①は、老婆が他の乗客に先がけて空席を確保したという意味、②は、彼女が周辺の女性たちの中でいちばん早く流行を採り入れるという意味である。他の誰よりも早く行動することについて、しばしば話者の感嘆・あきれなどの感情が暗示されることがある。

いちばん［一番］ichiban

(1)
①　私は大学まで出席簿の順番が**いちばん**だった。
②　秋山選手の背番号は**いちばん**だ。
③　あの子は数学は**いちばん**だが、英語はだめだ。
④　明日の朝**いちばん**にお電話を差し上げます。
⑤　会場には彼が**いちばん**乗りだった。
⑥　**いちばん**星、み～つけた。
⑦　彼は指名されるや、開口**いちばん**万歳三唱をした。
⑧　彼は答案をいの**いちばん**に提出した。

(2)
①　ぼくは十一月が**いちばん**好きな季節だ。
②　彼女は片側に垂らした三つ編みが**いちばん**似合う。
③　彼は経理には**いちばん**向かない人間だと思う。
④　北からこの冬**いちばん**の寒気団が南下してきた。
⑤　風邪をひいたら薬を飲んで寝るのが**いちばん**だ。

(3)① (相撲《すもう》)結びの**いちばん**制限時間いっぱいです。
② (謡の稽古《けいこ》)もう**いちばん**お願いします。
③ 日本選手はここ**いちばん**というときに弱い。
(4)① ここは**いちばん**やってみるか。

【解説】 (1) ある序列の最初のものを表す。プラスマイナスのイメージはない。「いちばん」という中高型のアクセントで発音される。①は五十音順で最初という意味、②は1から順につけた番号の最初という意味、③は成績順で最初という意味、④は始業開始時刻の最初という意味である。⑤の「一番乗り」は現場に最初に到着した者という意味、⑥の「一番星」はその日最初に発見した星という意味で、しばしば宵の明星(金星)を指す。⑦の「開口一番」は話の最初という意味である。⑧の「いの一番」は慣用句で、順番が最初であることを強調する。

　序列をつけるとき、しばしば好ましいものから順に並べる暗示があるので、「いちばん」は最も好ましいものというニュアンスをもちやすく、特に序列のしかたに言及しない場合には「最もよい」という意味になる。好ましくないものから並べる場合には、明示するのが普通である。

彼はクラスで一番だ。(最も優秀だ)
彼はクラスでビリから一番だ。

(2) (1)から進んだ意味で、程度が最高である様子を表す。プラスマイナスのイメージはない。①~③は述語にかかる修飾語、④は名詞にかかる修飾語、⑤は述語の用法である。述語を修飾する場合には「いちばん」という尾高型、名詞を修飾する場合と述語になる場合には「いちばん」という中高型のアクセントになる。好ましい場合(①②⑤)も、好ましくない場合(③④)も用いられる。相対的に程度が最高であることを表すが、かなり主観的で、しばしば感動の暗示を伴う。

「もっとも」という意味であるが、「いちばん」は程度が最高のものただ一つというニュアンスがあり、最高のものが複数の場合には用いない。

× 聖家族教会は世界で一番美しい建築物の一つだ。
→聖家族教会は世界で最も美しい建築物の一つだ。

(2)の「いちばん」は「さいこう(最高)」や「いっとう」に似ているが、「さいこう」は絶対的に程度が最もはなはだしいことを客観的に表す。「いっとう」はくだけた表現で、好ましくないものについては用いられない。

× 風邪をひいたら薬を飲んで寝るのが最高だ。
× 彼は経理にはいっとう向かない人間だと思う。

(3) 勝負事や曲目などの一回を表す。プラスマイナスのイメージはない。「いちばん」という中高型のアクセントで発音される。③の「ここ一番」は最も大切な一勝負という意味である。

(4) (3)から進んだ用法で、意気込みをもって行動を起こす様子を表す。プラスマイナスのイメージはない。間投詞的に用いられ、中高型のアクセントで発音される。この「いちばん」は「いっちょう」に似ているが、「いっちょう」のほうがくだけた表現である。

⇨「もっともⅠ」「いっとう」「とびきり」「だいいち」「なににもまして」「なにより」

いちめん［一面］ichimen

(1) ① その花の絵には彼のやさしい**いちめん**が出ている。
② 課長はいつも物の**いちめん**しか見ない。
③ 平和には軍備が必要というのは**いちめん**の真理だ。
④ 父は厳しい**いちめん**人情にもろいところがある。
⑤ 田舎暮らしは不便だが、**いちめん**よいこともある。

(2) ① 目覚めてみるとあたり**いちめん**の銀世界だった。
② 広場には**いちめん**に桜の花びらが散っていた。
③ 牧場の朝は**いちめん**霧の海だった。

【解説】 (1) 物体の一つの面という意味であるが、そこから進んで、物事の一つの方面という意味を表す。プラスマイナスのイメージはない。①~③は基本的な名詞の用法、④は「□□(である)一面△△だ」の形で、⑤は単独で述語にかかる修飾語になる。物事には複数の方面や見方が存在するという前提に立った表現で、そのうちの一つの方面や見方について言う。①は彼にはやさしさ以外の性格があることが暗示され、②は課長が全体を見ないで一方的に判断するという意味になる。③の「一面の真理」は慣用的な表現で、ある一つの見方に立った場合には正しい道理と言えるという意味である。④⑤は前件と正反対の内容の後件を付加する用法である。両方の方面に行き届く話者の配慮と広い視野が暗示される。

「いちめん」は「いっぽう」や「はんめん(反面)」に似ているが、「いっぽう」が異なる事態の並行を暗示するのに対して、「いちめん」は異なる事態の併存を暗示し、行為・進行の暗示はない。「はんめん」は対立するもう一つの面というニュアンスをもつ。

× 政府は国民を説得する一面、外国の理解を求めるのに懸命だ。
→政府は国民を説得する一方、外国の理解を求めるのに懸命だ。
× 課長はいつも物の反面しか見ない。

(2) ある場所の全体をおおう様子を表す。プラスマイナスのイメージはない。①は名詞にかかる修飾語、②③は述語にかかる修飾語の用法である。地表(①②)・空間(③)ともに用いられるが、場所の範囲を制限するというよりは、全体をくまなくおおう暗示がある。具体物が表面をおおう場合について用いることが多く、抽象的なものを敷衍《ふえん》するという意味ではふつう用いない。
× 刑事はあたり一面をくまなく捜査した。
→刑事はあたり一帯をくまなく捜査した。
⇩「いっぽう」

いちもくさんに【一目散に】ichimokusanni

① 男は警報を聞くと**いちもくさんに**逃げ出した。
② 「おやつですよ～」と呼ぶと子供たちは**いちもくさんに**走ってきた。

【解説】 周囲の目を気にせずに一生懸命走る様子を表す。プラスマイナスのイメージはない。「逃げる・走る・駆け出す」などの動詞にかかる修飾語で用いられる。主体は人間のみである。ある目的を達成するために、周囲の目を気にせず必死になって走る点にポイントがあり、しばしば他のすべてを投げ打つ暗示がある。①はその場から逃れること、②はおやつを早く得ることがその目的である。そのため、走ること自体に目的がある場合には用いられない。
× 高野選手はゴールめがけて一目散に走った。
→高野選手はゴールめがけて一生懸命走った。
「いちもくさんに」は「いっさんに」に似ているが、「いっさんに」はその場から急いで離れる暗示があり、走り始めにポイントがある点で「いちもくさんに」と異なる。

? 子供たちは一散に走ってきた。

⇩「いっしょうけんめい」「いっさんに」「まっしぐら」

いちもにもなく【一も二も無く】ichimo-nimo-naku

① 課長は彼の意見に**いちもにもなく**賛成した。
② 彼は私の言うことなら**いちもにもなく**信用するわ。

【解説】 まったく条件をつけない様子を表す。ややプラスよりのイメージの語。「賛成する・承諾する・信用する」など受容・受諾を表す動詞にかかる修飾語として用いられる。無条件で受け入れる様子を表すが、十分検討した上で条件をつけないのではなく、まったく検討せずに、しばしば思考していない暗示がある。
× 会社側は十分検討した末、一も二もなく組合の要求を受け入れることに決めた。
→会社側は十分検討した末、無条件で組合の要求を受け入れることに決めた。
「いちもにもなく」は「もろてをあげて」に似ているが、「もろてをあげて」は事態を受け入れる歓迎の暗示がある。

課長は彼の意見に一も二もなく賛成した。

（初めから何の条件もつけずに賛成した）

課長は彼の意見に諸手を挙げて賛成した。

（喜んで賛成した）

⇩「もろてをあげて」

いちやく［一躍］**ichiyaku**

① 彼女は**いちやく**してスターダムにのし上がった。
② 石油を掘り当てると**いちやく**大金持ちになれる。

【**解説**】段階を踏まずに急に高い地位や名声を得る様子を表す。プラスイメージの語。述語にかかる修飾語として用いられる。それまでかなり低い地位であった主体が、あるきっかけで急に高い地位を得る場合に用いられ、もともとかなり高い地位にいた場合や、徐々に高い地位を得た場合には用いられない。

？ 昨日二位の選手が今日は一躍一位におどり出た。
→昨日二位の選手が今日は勇躍一位におどり出た。
× 彼は長年の苦労の末、一躍財産家となった。
→彼は長年の苦労の末、ようやく(ついに)財産家となった。

「いちやく」は事態の変転が激しいという意味で「いっきょに」に似ているが、「いっきょに」は変化が激しい様子だけを表し、結果として高い地位を得たかどうかには言及しない。

× 尾崎選手はミスで一位から一躍十位へ後退した。
→尾崎選手はミスで一位から一挙に十位へ後退した。

⇩「いっきょに」

いつ［何時］**itsu**

(1)① (本屋で)今注文すると**いつ**入りますか。
② **いつ**どこで誰に会うかわからない。
③ ご都合は**いつ**がよろしいですか。
④ この前の試合って**いつ**だったっけ？
⑤ **いつ**なんどき事故にあわないとも限らない。
⑥ 「今度は**いつ**会えるの？」「はっきり**いつ**とは言えないよ。忙しいんだから」
⑦ (部下に)**いつ**いい加減な仕事をしろと言った？
⑧ 息子が温泉に連れてってやると言ってるけど、**いつ**のことやら。

(2)① あの子は**いつ**見てもかわいらしい。
② (学生に)研究室へは**いつ**来てもかまわないよ。
③ 今年の冬は**いつ**の年よりも雪が少ないそうだ。
④ **いつ**の時代も老人は若者の考えに批判的だ。

【**解説**】(1) 時についての疑問を表す。原則としてプラスマイナスのイメージはない。述語にかかる修飾語で用いられることが多いが、名詞にかかる修飾語(⑧)、主語(③)や述語(④)にもなる。①～④は最も基本的な意味で、過去(④)や未来(①③)の時についての疑問や不定の時(②)を表す。⑤の「いつなんどき」は「いつ」を強めた言い方である。⑥の「はっきりいつとは言えない」は、具体的な時を示せないという意味で、疑問の意味はない。⑦は反語の用法。いい加減な仕事をしろと言った覚えはない、いい加減な仕事はするなという意味である。反語になっている分、皮肉で辛辣《しんらつ》なニュアンスになる。⑧の「いつのことやら」は慣用的な表現で、未来の不定の時間に行われる行為の実現性が低いことを表す。期待はしているが実現性の低いことについての焦燥はなく、なかばあきらめつつ待っている様子が暗示される。

(2) すべての時を考慮に入れる様子を表す。プラスマイナスのイメージはない。①②は述語にかかる修飾語、③④は名詞にかかる修飾語の用法である。①②は後ろに「ても」という譲歩の表現を伴って、「常に〜だ」という意味を表す。③は後ろに「よりも」という比較の表現を伴って、「他のすべての□□よりも〜だ」という最上級を表す。この場合はやや古風なニュアンスになる。④は「いつの□□も」の形で、すべての□□が同様であることを強調する。

⇨「いつか」「いつかは」「いつから」「いつしか」「いつでも」「いつになく」「いつになったら」「いつのまに」「いつまで」「いつまでに」「いつまでも」「いつも」

いつか ［何時か］ itsuka

(1) ① この道は**いつか**来たことがある。

② 「部長、会社やめたよ」「やっぱりな。**いつか**おれが言ったとおりだろ」

③ (友人に)ねえあなた。**いつか**の話、覚えてる?

(2) ① スピードの出しすぎは**いつか**必ず事故を起こす。

② また、**いつか**来てね。

③ この子も**いつか**自分の間違いに気づくことだろう。

④ 「パパ、ハワイ行こうよ」「ああ、**いつか**ね」

(3) ① 本を読んでいたら**いつか**夜が明けていた。

【解説】 (1) 過去の不定の時を表す。プラスマイナスのイメージはない。①②は述語にかかる修飾語、③は名詞にかかる修飾語の用法である。

(1)の「いつか」は「いつぞや」に似ているが、「いつぞや」はややかたい文章語で、あらたまった会話などによく用いられる。

× いつかはありがとうございました。

→いつぞやはありがとうございました。

(2) 未来の不定の時を表す。プラスマイナスのイメージはない。述語にかかる修飾語として用いられることが多いが、述語になる場合(④)もある。④は、未来の行為がはっきりと時間を限定できないという意味で、不確実の暗示がある。

(2)の「いつか」は「いつかは」や「いずれ」に似ているが、「いつかは」が物事の確実な成就というニュアンスがあり、「いずれ」が物事の自然な成就というニュアンスがあるのに対して、「いつか」は物事の成就には言及しない。

いつか来るだろう。（近い将来来るだろう）
いつかは来るだろう。（やがて必ず来るだろう）
いずれ来るだろう。（時間がたてば来るだろう）

(3)　気がつかないうちに時間が経過する様子を表す。プラスマイナスのイメージはない。時間が経過した結果、状況に変化が起こった場合に用いる。状態が変化したことをやや客観的に述べるニュアンスがある。

この「いつか」は「いつのまにか」や「いつしか」に似ているが、「いつのまにか」は時間が経過した結果、状態に変化が起こったことについて驚きや意外の暗示がある。「いつしか」は時間の経過自体に視点がある。

いつか彼が好きになった。
（気がついてみたら好きになっていた）
いつのまにか彼が好きになった。
（気づかないうちに好きになった）
いつしか彼が好きになった。
（だんだん好きになっていった）

⇨「いつかは」「いずれ」「いつのまに」「いつしか」「しらずしらず」「かつて」「そのうち」「やがて」「ゆくゆく」「いつ」

いつかは［何時かは］itsukawa

① 人間**いつかは**みんな死ぬんだ。
② 親父も**いつかは**おれの気持ちがわかるだろう。

【解説】　未来の不定の時に物事が成就する様子を表す。プラスマイナスのイメージはない。述語にかかる修飾語として用いられる。

「いつかは」は「いつか」や「いずれ」に似ているが、「いつか」には物事が確実に成就する暗示がない。「いずれ」には近い将来を漠然と意味する用法もある。

×「パパ、ハワイ行こうよ」「いつかはね」
↓「パパ、ハワイ行こうよ」「いつかね」
×では、いつかはまた。↓では、いずれまた。

⇨「いつか」「いずれ」「そのうち」「とおからず」「やがて」「ひいては」「いつ」

いつから［何時から］itsukara

① （外国人に）**いつから**日本にお住まいですか。
② その契約書には**いつから**いつまでという有効期限の記載がない。
③ （反抗期）「パパなんか何もわかってないんだ」「お前、**いつから**そんなに偉くなったんだ」
④ 寮のトイレに自殺した女の幽霊が出るというわ

さが**いつから**ともなくささやかれるようになった。

【**解説**】 開始時間についての疑問を表す(↕いつまで)。プラスマイナスのイメージはない。述語にかかる修飾語として用いられる。①が最も基本的な用法で、日本に住み始めた時を聞いている。②は「□月△日から」という具体的な開始月日の記載がないという意味である。③は比喩《ひゆ》的な用法で、日常会話によく用いられる。「いつから□□になった」という形で用いられ、実際に□□になった開始時について問題にするのではなく、ぜんぜん□□ではないという強い打消しを表す。④は「いつからともなく」という形で用いられ、開始時間ははっきりしないがという意味である。

⇨「いつ」「いつまで」

いっきに・いっきかせいに ［一気に・一気呵成に］ ikkini・ikki-kaseini

(1) ① 彼女はジョッキのビールを**いっきに**飲み干した。
② 彼は参道の石段を**いっきに**駆けのぼった。
③ 長編小説を一晩で**いっきに**読んでしまった。
④ 彼は千枚の長編小説を**いっきかせいに**書きあげた。
⑤ 彼がコップを取り上げると、みんな「**いっき、いっき**」とはやしたてた。

(2) ① 松野選手は三十キロ過ぎで**いっきに**スパートした。
② 巨人は八回に六点差を**いっきに**引っ繰り返した。
③ 名探偵の登場で難事件も**いっきに**解決に向かった。
④ 出場者を募ったら**いっきに**二百人も応募してきた。
⑤ 晩秋は夕焼けのあと夜が**いっきに**やってくる。

【**解説**】 (1) 途中で休まずに物事を完成させる様子を表す。プラスマイナスのイメージはない。述語にかかる修飾語として用いられる。④の「一気呵成に」は、文章を書きあげたり、仕事をしあげたりする場合によく用いられる。⑤は日常会話でのみ用いられる現代語用法。酒などを一息に飲み干せというかけ声である。こういう酒の飲み方を「一気飲み」という。「いっきに」は完成まで休まずに行う点にポイントがあり、勢いの暗示もある。したがって、完成に到らない行為については用いられない。

× 昨夜小説を一気に三ページ読んだ。
↓ 昨夜小説を続けて三ページ読んだ。

(1)の「いっきに」は「ひといきに」や「いっぺんに」に似ているが、「ひといきに」は勢いの暗示が弱い。「いっぺんに」は複数のものが同時に起こる様子を表す。

? 彼は参道の石段を一息に駆けのぼった。
× 一気にこんなにたくさんは食べられない。
↓ 一遍に(一度に)こんなにたくさんは食べられない。

(2) 状態や局面が激しく変化する様子を表す。プラスマイナスのイメージはない。述語にかかる修飾語として用いられる。物事が完成するかどうかにかかわらず、ある状態から別の状態に急激に変化する様子を表す。これもまた、変化する際の勢いの暗示が強い。
(2)の「いっきに」は「いっきょに」に似ているが、「いっきょに」は複数のものをまとめる暗示がある。
× その事故で一気に五百人もの死者が出た。
→その事故で一挙に五百人もの死者が出た。
⇨「いっぺんに」「いちどに」「いっきょに」「いちどきに」

いっきょに【一挙に】ikkyoni

① その事故で**いっきょに**五百人もの死者が出た。
② 阪神は三回の表に**いっきょに**五点をあげた。
③ この仕事で名誉を**いっきょに**挽回《ばんかい》できるだろう。
④ 部長の一言で昇進の望みが**いっきょに**絶たれた。

【解説】 状態や局面が大きく変化する様子を表す。プラスマイナスのイメージはない。述語にかかる修飾語として用いられる。複数のもの、また全体をまとめて情勢が大きく変わるという点にポイントがある。
「いっきょに」は「いっきに」や「いっぺんに」に似ているが、「いっきに」は変化する勢いのほうにポイントがある。「いっぺんに」は一度にまとめてというニュアンスで、状態の変化については言及しない。
× 部長の一言で昇進の望みは一気に絶たれた。
× 舞の海は土俵際まで一挙に持っていかれた。
→舞の海は土俵際まで一遍に持っていかれた。
⇨「いっきに」「いっぺんに」「いちどに」「いちどきに」「いっせいに」「いちゃく」

いっけん【一見】ikken

(1)① 故宮博物院はたしかに**いっけん**の価値がある。
② 百聞は**いっけん**にしかず。(ことわざ)
(2)① 彼女の指輪は**いっけん**してにせ物とわかる。
② 報告書は**いっけん**したところ問題ないようだった。
③ 彼は**いっけん**学者ふうなので、すぐに信用される。
④ 彼は**いっけん**温厚そうだが、酒を飲むと暴れる。

【解説】 (1) 最低一度は見ることを表す。プラスマイナスのイメージはない。①の「一見の価値がある」は慣用的な表現で、最低一度は見ておくべき価値があるという意味である。②はことわざで、どんなにたくさん耳から情報を得ていても、実際に目で見ることの正確さにはかなわないという意味である。
(2) 外見をちょっと見る様子を表す。ややマイナスよりのイメージの語。①②は「一見して(したところ)〜」という形で、③④は単独で述語にかかる修飾語になる。①②の場合は外見をちょっと見るとそう見えるという意味で、「一見した」内容は現実の内容に合っていても違っていてもよい。③④の場合は「外見は□□のようだが、実は△△である」という意味で、「一見した」内容と現実の内容がしばしば相違している暗示がある。③の「彼」は現実には学者ではないし、④も実は温厚ではない。

⇨「みるからに」

いっこう［一向］**ikkō**

① 彼は**いっこう**に忠告に耳を貸そうとしない。
② 五年もたつのに工事は**いっこう**に進まない。
③ どんなに悪く言われてもぼくは**いっこう**に平気だ。
④ 成功すればどんなやり方でも**いっこう**かまわない。
⑤ 秘書のことは私は**いっこう**に存じません。

【解説】 程度がはなはだしい様子を表す。ややマイナスよりのイメージの語。「一向」「一向に」という形で述語にかかる修飾語として用いられる。後ろに否定や打消しの内容を伴うことが多く、肯定の場合③でも「気にしない」という意味の「平気」であって、否定の内容を含んでいる。肯定的な内容の事柄についてはふつうは用いない。

× 十年ぶりに君に会えて一向にうれしい。
　→十年ぶりに君に会えてとてもうれしい。

「いっこう」は「ぜんぜん」「すこしも」という意味ではあるが、可能性を全部否定するだけでなく、相手の期待や予想に反する暗示がある。また、時間の進行に伴う事態の進展がないというニュアンスもある(①②)。したがって、⑤のように釈明の言葉として用いられた場合には、質問者は知っているという期待があるだろうが、私は全然知らないという意味になり、しばしば、しらばっくれていると受け取られることがある。

　彼は一向に忠告に耳を貸そうとしない。
（これだけ言っているのだから少しは聞いてもいいのに）
彼は全然忠告に耳を貸そうとしない。
（忠告を聞く気などまるっきりないのだ）
彼は少しも忠告に耳を貸そうとしない。
（忠告を聞くような人間ではない）

⇨「ぜんぜん」「すこしも」「ちっとも」「まったく」「まるっきり」「まるで」「てんで」「かいもく」「からきし」「とんと」「もうとう」「さらさら」「ゆめにも」

いっさい・いっさいがっさい
［一切・一切合切・一切合財］**issai・issai-gassai**

① 協会の費用の**いっさい**は寄付でまかなう。
② 今度の失敗は**いっさい**の責任を会長が負う。
③ 当局は**いっさい**関知しない。
④ わたしは酒たばこは**いっさい**やりません。

⑤ 彼は引っ越しで**いっさいがっさい**を売り払った。
⑥ あとのことは**いっさいがっさい**お前に任せるよ。

【解説】 すべてに及ぶ様子を表す。プラスマイナスのイメージはない。①⑤はすべてという意味の名詞の用法、②は名詞にかかる修飾語、③④⑥は述語にかかる修飾語の用法である。残っているものが何もないという点にポイントがあり、かなり誇張的な暗示がある。そのため③は薄情なニュアンスも暗示されている。④は酒たばこと名のつくものはほんの少しも飲まないという意味で、飲まないことを強調している。

「いっさい」は「ぜんぶ」「すべて」という意味ではあるが、「ぜんぶ」「すべて」はかなり客観的で、誇張的なニュアンスは少ない。「いっさい」は「すっかり」にも似ているが、「すっかり」は状況の著しい変転の暗示があり、残っているものについての言及はない。

× 一切春らしくなった。→すっかり春らしくなった。

⇨「ぜんぶ」「すべて」「みな」「ことごとく」「あますところなく」「あらいざらい」

いっさんに【一散に・逸散に】issanni

① 男は非常ベルを聞くと**いっさんに**逃げ出した。
② 子供たちは教室めがけて**いっさんに**走っていった。

【解説】 他のことは何も考えずに走り出す様子を表す。プラスマイナスのイメージはない。「逃げる・走る・駆け出す」などの動詞にかかる修飾語として用いられる。ややかたい文章語で、日常会話にはあまり用いられない。主体は人間のみである。走り始める際夢中になっている様子を暗示する点にポイントがあり、現場を急いで離れるニュアンスがある。

「いっさんに」は「いちもくさんに」に似ているが、「いちもくさんに」はある目的を目指す暗示がある。

? 「おやつですよ～」と呼ぶと子供たちは一散に走ってきた。
↓「おやつですよ～」と呼ぶと子供たちは一目散に走ってきた。

⇨「いちもくさんに」「まっしぐら」

いつしか【何時しか】itsushika

① 一緒に仕事をするうち、彼女は**いつしか**上司が好きになっていった。
② 本を読んでいたら**いつしか**夜が明けていた。

【解説】 気がつかないうちに時間が経過する様子を表す。プラスマイナスのイメージはない。述語にかかる修飾語として用いられる。ややかたい文章語で、日常会話にはあまり登場しない。気づかないうちに時間がゆっくりと経過し、その間に状態が変化したという意味であるが、時間の経過そのものに視点がある。

「いつしか」は「いつか」や「いつのまにか」に似ているが、「いつか」は時間が経過した結果、状態に変化が生じたことをやや客観的に表す。「いつのまにか」は時間が経過した結果、状態に変化が起こったことについて驚きや意外の暗示がある。

⇩「いつのまに」「いつか」「しらずしらず」「そのうち」「いつ」

いっしょ［一緒］issho

(1)① 全部**いっしょ**でいくらですか。
② 荷物を全部**いっしょ**の包みにしてもらう。
③ 取引先へ請求書と納品書を**いっしょ**に送った。
④ 久しぶりに小学生と**いっしょ**になって遊んだ。
⑤ (プロポーズ)**いっしょ**になろうか。
⑥ 父は私を地主の息子と**いっしょ**にさせるつもりだ。
⑦ 問題を全部**いっしょくた**にするからいけないんだ。
⑧ (寿司屋に)にぎり三人前、**いっしょ**盛りでね。
(2)① ぼくらは誰が何と言おうといつも**いっしょ**だ。
② この子は父親と**いっしょ**に食事をしたことがない。
③ 田中君はいつも木下さんと**いっしょ**に帰る。
④ まるで盆と正月が**いっしょ**に来たような騒ぎだ。
⑤ (客が帰るとき)駅まで**ごいっしょ**しましょう。
(3)① 君の言いたいことは結局彼と**いっしょ**だろ。
② ぼくらは毎朝**いっしょ**の電車で通っている。
③ あんないい加減な奴と**いっしょ**にしないでくれ。

【解説】 (1) 複数のものをまとめて一つに合わせる様子を表す。原則としてプラスマイナスのイメージはない。①は述語、②は名詞にかかる修飾語、③〜⑥は述語にかかる修飾語の用法である。④の「□□と一緒になって〜する」は「□□と同じ気持ちになって〜する」という意味の慣用的な表現である。⑤の「一緒になる」は結婚する、⑥の「一緒にさせる」は結婚させるという意味である。⑦の「一緒くた」はよいものも悪いものもみんな一つにまとめてという意味で、区別をしないことについてマイナスのイメージがある。⑧の「一緒盛り」は何人前もの寿司を一つの容器にまとめて盛りつけるという意味である。複数のものをまとめて一つに合わせた結果については言及しない。
(1)の「いっしょに」は「まとめて」に似ているが、「まとめて」はもともと統一のない複数のものを寄せ集めた結果、一定の価値のあるものが生ずる暗示がある。
× 魚を二皿一緒に買ったら二割引きにしてくれた。
→魚を二皿まとめて買ったら二割引きにしてくれた。
(2) 行動をともにする様子を表す。プラスマイナスのイメージはない。①は述語、②〜④は述語にかかる修飾語の用法である。名詞にかかる修飾語にはあまりならない。①は一緒にいる、すべての行動をともにするという意味、④の「盆と正月が一緒に来たよう」は慣用句で、非常ににぎやかだという意味である。⑤の「ご一緒する」は「ともに行く」という意味の謙譲語であるが、相手と自分が対等の立場で行為を行う暗示がある。この点、行為の主体が相手であることを暗示する「お供する」とは異なる。

(2)の「いっしょに」は「ともに」に似ているが、「ともに」は一つのものを分担して行う暗示がある。

× ぼくもともに行っていいですか。

→ぼくも一緒に行っていいですか。

(3) 同一である様子を表す。プラスマイナスのイメージはない。①は述語、②は名詞にかかる修飾語、③は述語にかかる修飾語の用法である。かなりくだけた表現で、日常会話中心に用いられ、かたい文章中にはあまり登場しない。文章では「同じ」を用いることが多い。③は「□□と一緒にする」という形で慣用的に用いられ、□□と同一視するという意味で、□□にはしばしば好ましくない内容の名詞が来る。しばしば打消しの願望や禁止の表現を伴い、話者の憤慨が暗示される。好ましいものと同一視する場合にはふつう用いない。

? あんないい奴と一緒にしないでくれ。

⇨「まとめて」「ともに」「あわせて」「しめて」

いっしょうけんめい・いっしょけんめい

[一生懸命・一所懸命] **isshô-kemmei・issho-kemmei**

① 彼女は子育てに**いっしょうけんめい**だ。

② 部員の**いっしょけんめい**な態度は好感がもてる。

③ 彼女はどんな仕事でも**いっしょうけんめい**にやる。

④ (新入社員が)**いっしょうけんめい**頑張ります。

【解説】 全力をあげて行動する様子を表す。プラスイメージの語。①は述語、②は名詞にかかる修飾語、③④は述語にかかる修飾語の用法である。「いっしょけんめい」は「いっしょうけんめい」より文章語的で、日常会話には主に「いっしょうけんめい」のほうを用いる。人間や動物の行動について用い、無生物についてはふつう用いない。ある好ましいことに積極的にかかわって行動する様子を表し、熱意の暗示がある。好ましくない状態からの脱却に熱中する場合には用いないことが多い。

× ゲリラたちは一生懸命抵抗した。

→ゲリラたちは精いっぱい抵抗した。

「いっしょうけんめい」は「けんめいに」や「いっしんに」「ひたすら」などに似ているが、「けんめいに」は切迫感の暗示が強く、日常の挨拶《あいさつ》などにはあまり用いられない。「いっしんに」は熱中のしかたが静かでひたむきな暗示がある。「ひたすら」は他のことをしようとしない頑固さと継続の暗示がある。

× (新入社員が)懸命に頑張ります。(自分の能力を総動員する)
 一心に仕事をする。(他のことには耳を貸さない)

? 彼女は失踪《しっそう》した夫の帰りを一生懸命待った。
 →彼女は失踪した夫の帰りをひたすら待った。

⇩「せいいっぱい」「けんめい」「いっしん」「ひたすら」「こんかぎり」「できるかぎり」「できるだけ」「ちからいっぱい」「めいっぱい」「きょくりょく」

いっしん・いっしんふらん 【一心・一心不乱】 isshin・isshin-furan

① 子供が手伝うのはほめられたい**いっしん**からだ。
② 八百屋お七は恋人に逢《あ》いたい**いっしん**で放火した。
③ 戦場の息子の無事を**いっしん**に祈る。
④ 夫婦は家を建てようと**いっしんふらん**に働いた。

【解説】 心を集中する様子を表す。プラスイメージの語。①は名詞の用法、②は「～したい一心で～する」という動詞にかかる修飾語となり、「とても～したいので～する」という意味になる。③④は述語にかかる修飾語の用法である。④の「一心不乱」は「一心」の意味を強調する。「いっしん」はある目的を達成するために、心を集中してある行為を行う様子を表す語で、その熱中のしかたは、しばしば静かでひたむきである暗示がある。そのため、大きな音声を伴う熱意にはふつう用いられない。

× ぼくは大声で一心に応援した。
 →ぼくは大声で一生懸命応援した。

⇩「いっしょうけんめい」「ひたすら」「けんめい」「きょくりょく」「せいいっぱい」「こんかぎり」

いっせいに 【一斉に】 isseini

① 選手たちは競技場を**いっせいに**スタートした。
② 全国で公立高校の入試が**いっせいに**始まった。
③ 生徒たちは**いっせいに**不満の声をあげた。
④ 北海道では五月にいろいろな花が**いっせいに**咲く。

【解説】 複数のものがそろって何かをする様子を表す。プラスマイナスのイメージはない。述語にかかる修飾語として用いられる。複数のものが同時にそろって同一行動をとる点にポイントがあり、主に同時だけを暗示する「いちどきに」「いちじに」、主にそろうことを暗示する「いちどに」「いっぺんに」とは異なる。

 全国で一斉に始まった。(各地で足並をそろえて)
 全国で一時に始まった。(同じ時刻に)
 全国で一度に始まった。(何回かに分けずに一回で)
 全国で一遍に始まった。(ただ一回のチャンスで)

⇨「いちどきに」「いちじ」「いちどに」「いっぺんに」「いっきょに」

いっそ・いっそのこと isso・issono-koto

① 治療で苦しむのならいっそ楽になりたい。
② 飼い犬の世話もろくにしないのなら、いっそ飼わないほうがいい。
③ (故郷の母親に)そんなに息子さんが心配なら、いっそのこと上京して同居させてもらったらどうですか。

【解説】 あえて極端な状況を選択する様子を表す。ややマイナスイメージの語。日常会話でよく用いられ、かたい文章にはあまり登場しない。「いっそのこと」は「いっそ」を強調した表現である。極端な状況を選ぶに至った理由が明示されることが多い。①は「治療で苦しむこと」、②は「飼い犬の世話をきちんとしないこと」、③は「息子のことが非常に心配であること」がその理由である。選択する極端な状況は、好ましい場合(③)も好ましくない場合(①②)もあるが、それらを選択するに際して自暴自棄的な決断の暗示がある。

「いっそ」は「むしろ」に似ているが、「むしろ」は冷静な判断に基づいて比較したうえで選択を行う暗示があり、選択される対象は極端な状況とは限らない。

× 私は春よりもいっそ秋が好きです。
→私は春よりもむしろ秋が好きです。

⇨「むしろ」「おもいきって」「ひとおもいに」「どうせ」

いっそう [一層] issô

① 台風の接近に伴って風はいっそう激しくなった。
② 不況にあたり各人のいっそうの努力を望む。

【解説】 ある状態の程度が高まる様子を表す。プラスマイナスのイメージはない。述語にかかる修飾語(①)、または名詞にかかる修飾語(②)で用いられる。以前あるいは他のものと比較して、程度が高まったというニュアンスで、必ず比較の対象がある。①は「以前の風の強さ」、②は「常日ごろの努力」がその対象である。かなり客観的な表現で、程度が高まったことについて特定の感情は暗示されていない。二つの対象を比較する場合に用い、多数の中の一つを取り上げる場合には用いない。

× 新宿の副都心にいっそう高いビルが新しく建った。
→新宿の副都心にひときわ高いビルが新しく建った。

「いっそう」は「いちだんと」に似ているが、「いちだんと」は比較する程度の差が大きく、程度が高くなった結果についてしばしば感嘆の暗示を含む。

× (知人の女性に)今日はまたいっそうお美しい。
→今日はまたいちだんとお美しい。

⇨「ひときわ」「いちだんと」「なおさら」「なお」「ずっと」「ますます」「さらに」「ひとしお」「より」「いよいよ」「もっと」「よけい」「よりいっそう」

いったい［一体］**ittai**

(1) ① 日本企業は労使が**いったい**だと言われる。
② 空と海とが渾然《こんぜん》**いったい**に溶け合っている。
(2) ① **いったい**、日本語の語彙《ごい》とは、日本人が十人いれば十通りあると思ってよいのである。
② 彼は**いったい**が病弱なので、肉体労働は無理だ。
(3) ① 日本人は中国人に比べて**いったい**に気が短い。
② 今年の冬は**いったい**に雪が少ないらしい。
(4) ① **いったい**誰がこんな凡ミスをしでかしたんだ。
② （ミスで自滅した選手にコーチが）**いったい**ぜんたいこのざまは何だ。

【解説】 (1) 複数のものが一つに合わさること、またはそのものを表す。プラスマイナスのイメージはない。一つに合わさって分離できないという暗示をもつ。②の「渾然一体」は、溶け合い混じり合って分けられない状態になっている様子を表す。

(2) 物事の根本や原因に言及する様子を表す。プラスマイナスのイメージはない。①は文頭に置く用法、②は述語にかかる修飾語の用法である。かなりかたい文章語で、日常会話には登場しない。①はこれから述べる内容が根源的なことであることを示し、②は彼がもともと病弱であるという意味である。日常的には「そもそも」を用いるが、「そもそも」のほうが副詞としての用法が広い。

× 彼を信用したのがいったい間違いだ。
→彼を信用したのがそもそも間違いだ。

(3) 一般論に言及する様子を表す。プラスマイナスのイメージはない。「いったいに」という形で述語にかかる修飾語として用いられる。全体をならして平均化する暗示がある。

この「いったいに」は「がいして」に似ているが、「がいして」は細かい点を無視して全体の傾向を主観的に述べるニュアンスになる。

成績はいったいに良好だ。（平均点がよい）
成績は概して良好だ。（よい点の生徒が多い）

(4) 後ろに疑問や反語の表現を伴って、疑問を強調する様子を表す。ややマイナスイメージの語。述語にかかる修飾語として用いられる。他者に疑問をぶつけるニュアンスで、疑問の内容について驚き・憤慨・慨嘆などの暗示を含む。「いったいぜんたい」は、「いったい」をさらに誇張的に強調する表現で、暗示されている驚きや憤慨などの感情はさらに強くなっている。

この「いったい」は「ほんとうに」に似ているが、「ほんとうに」は疑問の内容について自分で納得している暗示がある。

? ほんとうにこのざまはなんだ。

⇩「そもそも」「がいして」「ほんとう」「はたして」「だいたい」「もとより」「もともと」「がんらい」「ほんらい」「おしなべて」「およそ」「ぜんたい」「だいいち」

いったん【一旦】ittan

(1)① 彼女は**いったん**家に帰って着替えてきた。
② パリで道に迷ったら**いったん**川へ出ることだ。
③ 踏切で**いったん**停止しないと交通違反になる。
(2)① 失恋したとき**いったん**は死のうと思いました。
② 男なら**いったん**決めたことは守れよ。
③ 彼女は**いったん**しゃべり始めたが最後止まらない。
④ 新興宗教は**いったん**入るとなかなか抜けられない。
⑤ **いったん**緩急あればすぐに駆けつける。

【解説】 (1) 物事の進行や行為を中断する様子を表す。プラスマイナスのイメージはない。述語にかかる修飾語として用いられる。中断される行為は、①は「そのままいること」、②は「道に迷うこと」、③は「走行すること」である。進行中の行為を中断するニュアンスで、再び行為が再開される暗示がある。

(1)の「いったん」は「ひとまず」に似ているが、「ひとまず」はある部分を完了させたあと、区切りをつける暗示がある。

× いったんできあがった。→ひとまずできあがった。

(2) 非常に重要な局面であることを強調する様子を表す。プラスマイナスのイメージはない。述語にかかる修飾語として用いられる。①②は過去の非常に重要な局面であることを表す。③〜⑤は仮定条件を作る形で用いられ、非常に重大な結果をもたらす条件であることを表す。③は「しゃべり始める」という条件で「止まらない」という結果が出る。④は「新興宗教に入る」という条件で「なかなか抜けられない」という結果が出る。⑤の「いったん緩急あれば」は、「もしも緊急事態が起こったならば」という意味の慣用句で、「すぐ駆けつける」という結果が出る。

この「いったん」は「ひとたび」や「いちど」に似ているが、「ひとたび」は文章語的で、日常会話にはあまり用いられない。「いちど」はある行為を試験的に行ってみる暗示が強く、それが重要な局面になるかどうかについては言及しない。

× 今度いったん遊びにいらっしゃいよ。
→今度いちど遊びにいらっしゃいよ。

⇩「ひとまず」「ひとたび」「いちど」

いってみれば［言って見れば］itte-mireba

① 人生は**いってみれば**朝露のようなものだ。
② 彼は**いってみれば**日本のチャップリンだ。

【解説】典型的なものにたとえる様子を表す。プラスマイナスのイメージはない。述語にかかる修飾語として用いられる。ややくだけた表現で、かたい文章中にはあまり登場しない。「たとえて言えば」という意味であるが、たとえる内容はかなり個人的・主観的で、一般にたとえと認められているとは限らない内容であることが多い。一般的にたとえることが認められているものにたとえる場合には「いわば」を用いる。ただし「いわば」はややかたい文章語で、文章や公式の発言などによく用いられる。

⇨「いわば」「ようするに」「つまり」

いつでも［何時でも］itsudemo

(1)① 彼女のピアノは**いつでも**三段目で間違える。
② あいつ、**いつでも**母親の言いなりなんだぜ。
(2)① **いつでも**お好きな時においでください。
② 消防隊員は**いつでも**出動できるよう準備している。

【解説】(1) 行動が時と場合によらない様子を表す。ややマイナスよりのイメージの語。述語にかかる修飾語として用いられる。ある行動を常に同じように行うという意味である。日常会話で用いられる場合には、しばしば「いつでも」という、「で」だけが高い中高型のアクセントで発音される。行動を起こすたびごとにその結果を確認するというニュアンスで、しばしば慨嘆の暗示を伴う（①）。

この「いつでも」は「いつも」や「つねに」に似ているが、「いつも」はやや客観的で習慣性の暗示があるので、好ましいことについては「いつも」のほうがふつうに用いられる。「つねに」は一定の状態が継続する暗示がある。

その先生はいつでもにこにこしている。
→その先生はいつもにこにこしている。
×巨人は四月以来いつでも首位を保っている。
→巨人は四月以来常に首位を保っている。

(2) 任意の時を表す。ややプラスよりのイメージの語。述語にかかる修飾語として用いられる。ふつう「いつでも」と頭高型のアクセントで発音される。どんな時でもよいという許容の暗示がある。「いつでも」は「どんな時でも」というのに比べて、指し示す時の一般性が強く、ある特定の状況などを念頭においていないことが多い。

いつでも出かけられる。（今すぐでもよい）
どんな時でも出かけられる。（真夜中でもよい）

⇨「いつも」「つねに」「たえず」「しじゅう」「しょっちゅう」「しろくじちゅう」「のべつ」「いつ」

いっとう［一等］ittô

(1)① 運動会で**いっとう**をとった。
② その会社は市内の**いっとう**地にビルを建てた。
③ オリオン座の**いっとう**星は二つある。
(2)① 死**いっとう**を減じて無期懲役に処す。
(3)① ぼく、君のその髪型が**いっとう**好きだな。
② (展覧会で)彼の絵が**いっとう**よかった。
③「靴下どこ?」「**いっとう**上の引き出しよ」

【解説】 (1) 最も上の等級を表す。プラスイメージの語。①はいくつかの等級の最上という意味、②の「一等地」は最高に条件のよい土地という意味、③の「一等星」はいくつかに分けた明るさの等級の中でいちばん明るい等級の星という意味である。
(2) 一つの等級を表す。プラスマイナスのイメージはない。「死一等を減ずる」は慣用句で、「死刑にするのを一等級下げて無期懲役に処す」という意味である。
(3) (1)から進んだ意味で、程度が最高である様子を表す。ややプラスイメージの語。①②は述語にかかる修飾語、③は名詞にかかる修飾語の用法である。ふつう述語にはならない。かなりくだけた表現で、日常会話中心に用いられ、文章中には登場しない。最上の等級というもともとの意味があるので、ふつう好ましいものの程度が最高である場合に用いられ、好ましくない場合には用いないことが多い。

? 彼女の絵がいっとうへただった。
→彼女の絵がいちばんへただった。

「いっとう」は「もっとも」に似ているが、「もっとも」は最高程度のもの複数の中のさらに最高のものというニュアンスになる。

× 聖家族教会は世界でいっとう美しい建物の一つだ。
→聖家族教会は世界で最も美しい建物の一つだ。

⇨「いちばん」「もっともI」「とびきり」「だいいち」「なにもまして」「なにより」

いつになく［何時になく］itsumi-naku

① 彼女は**いつになく**明るい顔で出社してきた。
② どうしたの、**いつになく**元気がないね。

【解説】 通常の状態と異なる様子を表す。ややマイナスよりのイメージの語。状態を表す表現にかかる修飾語で用いられる。好ましい場合(①)についても、好ましくない場合(②)についても用いられる。通常の状態と比較して異なっていることについて不審の暗示があり、通常の状態はしばしば反対である暗示もある。したがって、相手に面と向かって好ましい状態について用いた場合、通常の状態は好ましくないことを暗示することになるので、しばしば非礼のニュアンスをもつことがある。

今日はいつになくきれいだね。(いつもはきれいじゃないね)
→今日はいちだんと(特に)きれいだね。

⇨「いちだんと」「とくに」「れいになく」「いつ」

いつになったら [何時になったら] itsuni-nattara

① その仕事、いったい**いつになったら**できるんだ。
② **いつになったら**あの人に会えるのだろう。

【解説】 物事が成就する時についての疑問を表す。ややマイナスイメージの語。述語にかかる修飾語として用いられる。物事の成就を待つ間の焦燥(①)や期待(②)の暗示がある。物事が成就する時(未来)がポイントであるので、過去の時についての疑問の場合には用いられない。

× いつになったら日本にいらっしゃいましたか。
→いつ日本にいらっしゃいましたか。
いつになったら帰ってくるの。(待つ行為が完結するのはいつ?)
いつ帰ってくるの。(帰ってくる日時はいつ?)

⇨「いつ」

いつのまに [何時の間に] itsuno-mani

① (孫に)**いつのまに**大きくなったんだろうね。
② 朝出社してみると、**いつのまに**届いたのか、原稿が机の上に置いてあった。
③ 引き出しの財布が**いつのまに**かなくなっていた。
④ 十月過ぎると風が**いつのまに**か冷たくなっていた。
⑤ 公園で遊んでいたら**いつのまに**やら暗くなっていた。

【解説】 気がつかないうちに時間が経過する様子を表す。プラスマイナスのイメージはない。述語にかかる修飾語として用いられる。①②は感嘆や疑問に呼応する形で用いられる。③④は「いつのまにか」という形で、⑤は「いつのまにやら」という形で、気づかないうちに状態が変化していたという意味を表す。

「いつのまに」は時間が経過して状態に変化が起こったことについて、驚き(①)・意外・不審(②③)などの暗示を伴う表現である。この点で、やや客観的な「いつか」、時間の経過自体にポイントのある「いつしか」、状態の変化への気づきだけを暗示する「いつともなく」とは異なる。

いつのまにか夜になった。(ずいぶん早いなあ)
いつか夜になった。(知らなかった)

いつしか夜になった。（一日も終わりだ）
いつともなく夜になった。（夜になっていた）
⇨「いつか」「いつしか」「そのうち」「しらずしらず」「いつ」

いっぱい［一杯・一盃］ippai

(1)①コーヒーをもう**いっぱい**いかがですか。
②砂漠では黄金よりも**いっぱい**の水のほうが貴重だ。
③煮物に砂糖を大さじ**いっぱい**入れる。
④（同僚に）おい、帰りに**いっぱい**やらないか。
⑤彼は毎晩**いっぱい**ひっかけないと家へ帰らない。
⑥しまった、奴に**いっぱい**食わされた。
⑦彼女は**いっぱい**いける口だ。
⑧なんだ、お前**いっぱい**入ってるな。
⑨父は**いっぱい**機嫌で帰ってきた。

(2)①風呂が水で**いっぱい**になってあふれた。
②会場は若者で**いっぱい**だった。
③狭い路地は車一台で**いっぱい**になった。
④（相撲《すもう》）結びの一番は制限時間**いっぱい**です。
⑤ホテルが**いっぱい**でとれなかった。
⑥部屋には春の日差しが**いっぱい**に差しこんでいた。
⑦ヨットの帆は風を**いっぱい**に受けてはらんだ。
⑧車を路肩**いっぱい**まで寄せて対向車とすれちがう。
⑨ピッチャーは内角低め**いっぱい**をねらって投げた。
⑩連続ドラマは三月**いっぱい**で終わりになる。
⑪銀行から限度額**いっぱい**借りた。
⑫生地を**いっぱいいっぱい**使ってドレスを作る。
⑬（新人歌手が）力**いっぱい**がんばります。
⑭彼は精**いっぱい**努力したが、結局できなかった。
⑮新婚の二人は幸せ**いっぱい**にほほえんだ。
⑯昔の恋人に再会して、胸が**いっぱい**になった。
⑰いま、受験のことで頭が**いっぱい**だ。
⑱寿司を二十個も食べたからおなかが**いっぱい**だ。
⑲一度でいいからマツタケを腹**いっぱい**食べたい。
⑳彼女は育児に手**いっぱい**で、遊びどころではない。

(3)①（新小学一年生に）お友だち、**いっぱい**できた？
②やることが**いっぱい**あって、気が狂いそうだ。
③迷子が目に涙を**いっぱい**浮かべて親を探していた。
④今年は庭のチューリップが**いっぱい**咲いたね。

【解説】(1) 一定の大きさをもった容器で一回に量れる分量を表す。プラスマイナスのイメージはない。「いっぱい」という頭高型のアクセントで発音される。①～③は最も基本的な用法で、ある物質がその物質を量るのに通常使用される容器で一回に量れる分だけあるという意味である。④～⑨は具体的な物質の内容を明示しない用法で、この場合には酒を指す。④は「酒を一杯飲まないか」という意味、⑤は「酒を一杯あおる」という意味、⑥の

「一杯食う(食わされる)」は酒を飲まされることから転じた慣用句で、だまされるという意味、⑦の「一杯いける口」も慣用句で酒をたしなむという意味、⑧は酒を飲んで(酔って)いるという意味、⑨の「一杯機嫌」はほろ酔い機嫌という意味である。

(2) 物が充満してあふれそうになっている様子を表す。プラスマイナスのイメージはない。「いっぱい」という尾高型のアクセントで発音される。対象がそれを収める容器(場所)などにあふれそうに満ちているというニュアンスで用いられ、ふつう対象と容器(場所)の双方を明示する。⑤は容器を明示していないが、ホテルの部屋の総数がその「容器」にあたる。⑥⑦はそれぞれ「部屋」「帆」がその「容器」にあたる。⑥⑦の文で、「いっぱいに」を「いっぱい」とすると、一定限度の「容器」に満ちあふれる意味ではなく、単に多量にあるという(3)の意味になる。⑧〜⑪は限度ぎりぎりという意味、⑫の「いっぱいいっぱい」も限度ぎりぎりを表す。⑬⑭はもっているものすべてを使いきるという意味、⑮は幸福感に満ちあふれてという意味である。⑯〜⑳は体の部分についた場合で、それぞれ慣用句として用いられる。⑯の「胸がいっぱい」は熱情がこみあげてくるという意味、⑰の「頭がいっぱい」は他のことを考える余裕がないという意味、⑱⑲の「おなかがいっぱい」「腹いっぱい」は満腹という意味、⑳の「手いっぱい」は非常に忙しくて他のことをする暇がないという意味である。

(3) (2)から進んで、多量にある様子を表す。プラスマイナスのイメージはない。「いっぱい」という尾高型のアクセントで発音される。かなりくだけた表現で、日常会話中心に用いられ、かたい文章中には用いられない。多量の物がある範囲からあふれるほどあるという余剰の暗示がある。

この「いっぱい」は「たくさん」に似ているが、「たくさん」は物が多量にあってある範囲に収まらないという、余地のなさを暗示する。

× くだらないお説教なんてもういっぱいだ。
→くだらないお説教なんてもうたくさんだ。

多量を表す語としては、他に「しこたま」「たんまり」「ふんだんに」「たっぷり」「どっさり」「わんさと」などがあるが、「しこたま」「たんまり」はかなりくだけた表現で、主に金銭をもうける場合などに用い、ややマイナスイメージの語となっている。「ふんだんに」「たっぷり」は豊富・大量消費の暗示、「どっさり」は重量感を伴った多量の暗示、「わんさと」は多数の集合の暗示がある。

金をいっぱいもうけた。(たくさんもうけた)
金をしこたまもうけた。(けしからん)
金をたんまりもうけた。(ざまを見ろ)

水をいっぱい使う。（たくさん使う）
水をふんだんに使う。（限度なく使う）
水をたっぷり使う。（惜しみなく使う）
米がいっぱいとれた。（数量的にたくさん）
米がどっさりとれた。（重量的にたくさん）
人がいっぱいいる。（多人数いる）
人がわんさといる。（たくさん集まっている）

⇩「たくさん」「しこたま」「ふんだん」「うんと」「ごまんと」「じゅうぶん」「じゅうにぶん」「たらふく」「やまほど」「せいいっぱい」「ちからいっぱい」「めいっぱい」

いっぱんに［一般に］**ippanni**

① この映画は四月から**いっぱんに**公開される。
② 彼岸に墓参りする習慣は**いっぱんに**行われている。
③ **いっぱんに**女性は男性より環境への順応性が高い。
④ **いっぱんに**、三角形の二辺の和は残りの一辺よりも大きい。

【解説】 広い範囲に及ぶ様子を表す。プラスマイナスのイメージはない。ふつう述語にかかる修飾語（①②）になるが、③④のように文全体にかかる修飾語になることも多い。①②は社会の普通の人々の間に広く及ぶ様子を表す。③は後に述べる論が多くの場合について妥当性をもっていることを表す。かなり客観的で、ふつうはっきりした根拠に基づく判断であることが多い。④は数学で用いられる特殊な用法で、該当するすべての場合について普遍的に成り立つ様子を表す。

③の「いっぱんに」は「がいして」や「そうじて」に似ているが、「がいして」「そうじて」はやや主観的で、はっきりした根拠を示さないことが多い。

× 女は一般にけちが多いからなあ。
→女は概してけちが多いからなあ。

⇩「がいして」「そうじて」「おしなべて」

いっぺん［一遍・一偏］**ippen**

(1)
① オリンピックは四年に**いっぺん**開かれる。
② 君も**いっぺん**外国を見てきたほうがいいよ。
③ おれは女をだましたことなんか**いっぺん**もない。
④ こんな騒ぎは**いっぺん**こっきりにしてもらいたい。
⑤ お説教は**いっぺん**聞けばたくさんだね。
⑥ ジェットコースターは**いっぺん**でこりた。
⑦ **いっぺん**でいいから地球を外から見てみたい。
⑧ 今度**いっぺん**うちへ遊びにいらっしゃいよ。

(2)
① 彼女は通り**いっぺん**の挨拶状《あいさつじょう》をよこした。
② 祖父は武骨**いっぺん**の人間でした。

【解説】 (1) 一回の回数を表す。プラスマイナスのイメージはない。ややくだけた表現で、日常会話によく用いられ、かたい文章中にはあまり登場しない。①は最も基本的な名詞の用法、②は最低一回はという意味、③はまったくないことを強調する意味、④は「いっぺんこっきり」で慣用句となり、一回だけを強調する。⑤~⑦は「一遍」を最低の回数という意味で用いた例で、⑤⑥は最低限の回数で十分だという意味、⑦は最低限の回数でよいという話者の控えめな希望を表し、それだけ事柄の実現性の低さを暗示する。⑧は具体的な回数は問題にせず、試験的に行ってみるという意味である。

この「いっぺん」は「いちど」に似ているが、「いちど」は「いっぺん」より標準的なニュアンスがあり、主に公式の発言などで用いられる。

→オリンピックは四年に一度開かれます。

(2)　名詞の後ろに直接ついて後にくる名詞を修飾し、それだけである様子を表す。ややマイナスイメージの語。①は「通りいっぺん」という慣用句で、表面的で情がこもらないという意味、②はまったく武骨であるという意味である。いずれも、それ以外の要素がない状態について軽い慨嘆の暗示がある。

この「いっぺん」は「いっぽう」に似ているが、「いっぽう」は慨嘆の暗示が少ない。

?　主任はまじめ一遍の人間だ。

→主任はまじめ一方の人間だ。

⇩「いちど」「いっぽう」「ひとたび」「いっぺんに」

いっぺんに ［一遍に］ ippenni

① 女の悲鳴を聞いて**いっぺんに**酔いが覚めた。

② **いっぺんに**こんなにたくさんは食べられない。

③ 母は父の看病疲れが**いっぺんに**どっと出て倒れた。

④ 舞の海は土俵際まで**いっぺんに**持って行かれた。

【解説】　短時間に重大事が起こる様子を表す。プラスマイナスのイメージはない。ややくだけた表現で、日常会話によく用いられ、かたい文章中にはあまり登場しない。大量のものや重大な物事をまとめて扱う暗示があり、必ずしも厳密な同時性の暗示はない点で「いちじに」「いちどきに」と異なる。①はそうとう深く酔っていたのが、非常に短い時間内に覚めたという意味、②は非常に短時間に大量に食べるという意味、③は長年たまっていた多量の疲労がまとまって出たという意味、④は短時間にほとんど抵抗できない状態で運ばれたという意味である。

「いっぺんに」は「いちどに」や「いっきに」「いっきょに」に似ているが、「いちどに」は行為の一回性に視点があり、一連の行為については用いないことが多い。「いっきに」には勢いの暗示が、「いっきょに」には状態の急激な変化の暗示がある。

?　舞の海は土俵際まで一度に持って行かれた。

× 女の悲鳴を聞いて、一気に（一挙に）酔いが覚めた。

⇨「いちじ」「いちどきに」「いちどに」「いっきに」「いっきょに」「いっせいに」「どうじに」「いっぺん」

いっぽう［一方］ippô

(1)① この色鉛筆は**いっぽう**が赤で他方が青だ。
② パイプの**いっぽう**をふさぐ。
③ 彼女の判断はいつも**いっぽう**に偏っている。
④ 彼は**いっぽう**の旗頭と言われるまでになった。
⑤ 民主主義は**いっぽう**から見れば、神の統治を認めない不遜《ふそん》な人間中心の考え方だとも言える。

(2)① 彼は部下の力を認める**いっぽう**で査定には厳しい。
② 彼女はやさしい面もある**いっぽう**、感情に流されない強いところもある。
③ 自衛隊の海外派遣について、政府は国民を説得する**いっぽう**、外国の理解を求めるのに懸命だ。
④ 智子は一日吉田を思っていたが、**いっぽう**吉田のほうはといえば、毎日違う女の子とデートしていた。

(3)① 主任はまじめ**いっぽう**の人間だ。
② 母の病状は悪くなる**いっぽう**だった。

【解説】 (1) 一つの方面や方向を表す。プラスマイナスのイメージはない。①②は二つしかないもののうちの一つという意味、③〜⑤は複数あるもののうちの一つという意味である。③〜⑤の意味のときには、複数あるもののうちの主要でないものという暗示がある。③はあまり好ましくないほうに偏っているという意味、④はマイナーな団体の責任者という意味、⑤は少数意見としてはという意味である。主要でないものにまで目を配っている話者の客観性や公平性を暗示する表現である。

この「いっぽう」は「片方」に似ているが、「片方」は二つあるもののうちの一つについてのみ用い、三つ以上あるものについては用いない。

? 彼女の判断はいつも片方に偏っている。
? コンタクトレンズの一方をなくした。
→コンタクトレンズの片方をなくした。

(2) (1)から進んで、異なる事態が並行して進行・存在する様子を表す。プラスマイナスのイメージはない。「〜する一方(で)〜する」という動詞に呼応する修飾語句(①〜③)、または後件の文頭に置いて(④)用いられる。前件に従となる事柄が、後件に主となる事柄が来て、両者を対置的に扱う様子を表す。

(2)の「いっぽう」は「いちめん」に似ているが、「いちめん」は物事に異なる状態が併存するという意味で用いられ、異なる事態の並行という意味はない。

× 自衛隊の海外派遣について、政府は国民を説得する一面、外国の理解を求めるのに懸命だ。

(3) それだけである様子を表す。ややマイナスよりのイメージの語。名詞の後ろにつく場合(①)、「形容詞＋なる一方」という場合(②)などがある。「形容詞＋なる」につく場合には、好ましくないものについて言うことが多く、好ましいものの場合にはふつう用いない。

？ 母の病状はよくなる一方だ。
→母の病状はどんどんよくなっている。

(3)の「いっぽう」は「いっぺん」に近いが、「いっぽう」はやや客観的で、慨嘆の暗示も少ない。

× 祖父は武骨一方の人間だ。
→祖父は武骨一遍の人間だ。

⇨「いちめん」「いっぺん」「また」

いつまで ［何時迄］ itsumade

① (外国人に)日本に**いつまで**滞在なさいますか。
② その契約書にはいつから**いつまで**という有効期限の記載がない。
③ こんなところで**いつまで**油売ってるんだ。
④ **いつまで**遊んでないで、そろそろ働いたらどうだ。
⑤ **いつまで**待っても彼から電話は来なかった。

【解説】 ある行為の継続が終了する時間についての疑問を表す(↔いつから)。原則としてプラスマイナスのイメージはない。述語にかかる修飾語として用いられる。①が最も基本的な用法で、日本での滞在が終了する時を聞いている。②は有効期限の切れる「□月△日まで」という具体的な月日の記載がないという意味である。③④は比喩《ひゆ》的な用法で、日常会話によく用いられる。この場合にはややマイナスイメージの語になる。③は「いつまで～しているんだ？」という反語で、④は「いつまで～するな」という禁止で用いられ、実際に継続行為の終了時について問題にするのではなく、これ以上するなという禁止の意味を表す。④のほうはややくだけた表現である。⑤は、「いつまで～しても」という譲歩を表す条件を作り、非常に長い時間～してもという意味を表す。この場合には誇張的な暗示がある。

終了時間についての疑問を表す意味で「いつまで」は「いつまでに」に似ているが、「いつまでに」が終了時点のみについての疑問を表すのに対して、「いつまで」は終了時点に至る行為の継続を暗示する。

「いつまでやればいいんですか」「十時までよ」
(十時までやり続ける)
「いつまでにやればいいんですか」「十時までよ」
(十時までにできあがっていればよい)

× こんなところでいつまでに油売ってるんだ。

⇨「いつまでに」「いつまでも」「いつ」「いつから」

いつまでに［何時迄に］itsumadeni

① 「**いつまでに**やればいいの?」「十時までよ」
② **いつまでに**やっておけとは言われなかった。

【解説】 終了時間についての疑問を表す。プラスマイナスのイメージはない。述語にかかる修飾語として用いられる。①が最も基本的な用法で、行為の終了する時を聞いている。②は□月△日あるいは□時という具体的な終了時点を指す。行為が終了する時点についての疑問を表し、しばしば行為の終了に許される最長の時間を暗示する。したがって、実際の行為はそれより早く終了していればよく、ちょうどその時点でなければならないということはない。①では、終了時刻がちょうど十時でなくても、九時でも八時でもよい。

「いつまで」を用いると、終了時間まで行為を継続し続ける意味になる。

⇨「いつまで」「いつまでも」「いつ」

いつまでも［何時迄も］itsumademo

① あなたのことは**いつまでも**忘れないわ。
② 過去の失敗に**いつまでも**こだわっている暇はない。
③ **いつまでも**あると思うな親と金。（ことわざ）

【解説】 非常に長く続く様子を表す。プラスマイナスのイメージはない。述語にかかる修飾語として用いられる。時間が長く経過することを誇張的に表すニュアンスがあり、永久にという意味になる。③はことわざで、親と金は永久に手元にあるわけではない、いつかはなくなっていってしまうものだという意味である。「いつまでも」には、行為の終了時間や継続時間についての疑問の意味はない。

⇨「いつまで」「いつ」

いつも［何時も］itsumo

(1)
① 部長は**いつも**怒ってばかりいる。
② そう**いつも**うまくは行かないよ。
③ 彼は**いつも**帽子をかぶって出社してくる。
④ （兄弟ゲンカ）ママは**いっつも**ぼくが悪いって言うんだから。

(2)
① 日曜は**いつも**より遅く起きる。
② **いつも**はうまくいくのに、今日に限って間違えた。
③ 今日の彼女は**いつも**の彼女と違うみたいだね。
④ （食堂で注文する）おれ、**いつも**のでいいや。
⑤ （デートの約束）じゃあ、六時に**いつも**の所で。
⑥ **いつも**通りにやっていれば絶対失敗しないよ。

【解説】 (1) 時と場合によらない様子を表す。原則としてプラスマイナスのイメージはない。述語にかかる修飾語として用いられる。ある行動や状態が常に同じようで例外がないというニュアンスである。日常会話で強調して用いられる場合には、しばしば④のように「いっつも」と「つ」だけが高い中高型のアクセントで発音される。その場合、やや誇張的なニュアンスがこもり、ややマイナスよりのイメージに傾くことがある。やや客観的な表現で習慣性と一般性の暗示があり、例外がないことを強調する。

この「いつも」は「いつでも」によく似ているが、「いつでも」は「いつも」より誇張的なニュアンスが強く、ある行動について慨嘆の暗示を伴って用いることが多い。

？　君はいつでもきれいだね。
　→君はいつもきれいだね。

また、「いつも」は「つねに」「たえず」などにも似ているが、「つねに」は一定の状態を同じように保つ暗示がある。「たえず」はやむことなく行動し続ける暗示がある。

部屋はいつも清潔にしておきなさい。
（清潔にするよう心がけなさい）
部屋は常に清潔にしておきなさい。
（清潔な状態を保っていなさい）
部屋はたえず清潔にしておきなさい。
（掃除をひんぱんにしなさい）

(2)　通常やふだんの状態を表す。プラスマイナスのイメージはない。①は名詞、②は述語にかかる修飾語、③〜⑤は名詞にかかる修飾語、⑥は名詞の前に直接つく用法である。ふつう「いつも」と頭高型のアクセントで発音される。通常の習慣的な状態や物事を表し、一般性の暗示がある。④の「いつもの」はふだん注文している料理、⑤の「いつもの所」はふだんデートしている場所の意である。

この「いつも」は「ふだん」に似ているが、「ふだん」は日常普通のというニュアンスで、特別の場合（よそ行きの場合）に対置される。

×　じゃあ、六時にふだんの所で。
　いつもの洋服。（通常習慣的に着ているもの）
　ふだんの洋服。（よそ行きでない日常着）

⇩「いつでも」「つねに」「たえず」「ふだん」「かならず」「きっと」「きまって」「しじゅう」「しょっちゅう」「しろくじちゅう」「つねづね」「つねひごろ」「のべつ」「ふつう」「まいど」「ねんじゅう」「ねんがらねんじゅう」「いつ」

いとも itomo

① 生徒たちは**いとも**簡単にその難問を解いた。
② 砂岡《いきおか》選手は**いとも**軽々とバーベルを持ち上げた。

【解説】 動作や行動のしかたの程度がはなはだしい様子

を表す。プラスマイナスのイメージはない。状態を表す表現にかかる修飾語として用いられる。ややかたい文章語で、くだけた会話にはあまり用いられない。予想に反して(上まわって)程度がはなはだしいことについて、感嘆の暗示を含む。主に物事の克服・処理にかかわる動作のしかたの程度のはなはだしさについて用い、状態の程度についてはあまり用いられない。

× 小学生が喫煙するなどいとも嘆かわしい事態だ。
→小学生が喫煙するなど非常に(たいへん)嘆かわしい事態だ。

「いとも」は「いたって」に似ているが、「いたって」は平均と比べて程度がはなはだしいというニュアンスがあり、状態の程度についても用いられる。

× 生徒たちはいたって簡単にその難問を解いた。

⇨「いたって」「ひじょう」「たいへん」「とても」「たいそう」「はなはだ」「きわめて」「ごく」「しごく」「おおいに」「うんと」「よにも」

いま [今] **ima**

(1)① (電話で)**いま**何してるの？
② 手を引くなら**いま**だぞ。
③ 父は**いま**庭いじりをしています。
④ ハイキングには**いま**がいちばんいい時期だ。
⑤ **いま**の若い者は会社への忠誠心なんてない。
⑥ このファックスは**いま**評判の機種だ。
⑦ **いま**、物体と面の間の摩擦は無視できるとする。
⑧ 右から二人目が**いま**を時めく若ノ花だ。
⑨ うちの社長は貧乏から身を起こした**いま**太閤《たいこう》だ。

(2)① **いま**、君のうわさをしていたところだ。
② 「宿題は？」「**いま**帰ってきたばっかりなのに」
③ **いま**泣いた烏《からす》がもう笑った。(ことわざ)
④ **いま**さっき出ていった人、だあれ。
⑤ **いま**の話、ほんとうかい？
⑥ これは**いま**出来の品物だから骨董屋《こっとうや》は引き取らない。

(3)① 「部長がお呼びだよ」「**いま**行きます」
② 環境保護は**いま**対策を立てなければ間に合わない。
③ (来客に)**いま**、お茶を入れますから。

(4)① 入賞には**いま**一歩及ばない成績だった。
② 君には**いま**少しやさしさがほしいね。
③ 発車まで**いま**しばらくお待ちください。

【解説】 (1) 現在を表す(↔むかし)。原則としてプラスマイナスのイメージはない。「いま」という頭高型のアクセントで発音される。指し示す時間にはかなりの幅があり、現時点(①②)、進行・継続している状態(③)、現在の季節(④)、現代(⑤⑥)などがある。⑦は数学や物理などで、前提を示すときに慣用的に用いる表現で、実際の時は問題にせず、当該の条件においてという意味を表す。⑧の「今を時めく」は慣用句で、現在世間でもてはやされているという意味である。⑨は「いま□□」という名詞の前に直接つく形で用いられ、□□には過去の有名人物が入る。過去の□□になぞらえられる人物という意味である。

(1)の「いま」は「ただいま」「このごろ」「もっか」などに似ているが、「ただいま」は丁重な会話で「いま」の代わりに用いられる。「このごろ」は時間の幅が広い。「もっか」は現在進行・継続中の事柄についてのみ用いられる。

(2) 近い過去を表す。プラスマイナスのイメージはない。「いま」という頭高型のアクセントで発音される。①〜④のように、完了形にかかる修飾語として用いられるか、⑤のように名詞にかかる修飾語になることが多く、ふつう述語にはならない。③はことわざで、今まで泣いていた烏(人)が、時間をおかずにすぐ笑うという意味で、感情が変わりやすい(機嫌が直りやすい)という意味である。④の「今さっき」はくだけた表現で、日常会話で用いられる。非常に近い過去を強調して表す。⑥は「いま□□」という名詞の前に直接つく形で用いられ、最近の□□という意味を表す。

(3) 近い未来を表す。プラスマイナスのイメージはない。「いま」という頭高型のアクセントで発音される。述語にかかる修飾語として用いられる。心理的には現在すでに行動にかかっているというニュアンスがある。

この「いま」は「すぐ」に似ているが、「すぐ」は行動にかかるまでの所要時間の少なさを暗示する。

いま行きます。(わかっています)
すぐ行きます。(短時間内に行きます)

(4) さらに少量付け加える様子を表す。ややマイナスよりのイメージの語。ふつうかな書きされ、「いま」と尾高型のアクセントで発音される。ややかたい文章語で、公式の発言などによく用いられ、日常会話にはあまり登場しない。日常的には「もう」を用いる。

× その杭《くい》をいまちょっと右に曲げてくれ。
→その杭をもうちょっと右に曲げてくれ。

この「いま」は「さらに」にも似ているが、「さらに」のほうが付け加える量が大きい。

⇨「ただいま」「このごろ」「もっか」「すぐ」「もう」「さらに」「じき」「たったいま」「いまいち」「いまかいまかと」「いまから」「いまごろ」「いまさら」「いましがた」「いまじぶん」「いまでこそ」「いまでも」「いまどき」「いまとなっては」「いまに」「いまにも」「いまのうち」「いまのところ」「いまひとつ」「いままで」「いまも」「いまや」「むか

し」

いまいち［今一］ima-ichi

① 彼女の歌、プロにしては**いまいち**うまくないね。

② 「この髪型どう？」「うーん、**いまいち**だなあ」

【解説】 不十分な様子を表す。マイナスイメージの語。述語にかかる修飾語(①)、または述語(②)として用いられる。くだけた表現で、若い人中心に日常会話で用いられる。文字どおりには理想にわずか及ばないという意味だが、ニュアンスとしては理想の状態に程遠いため、話者の不満が暗示されており、場合によっては軽い侮蔑《ぶべつ》の暗示を含むことがある。

「いまいち」は「いまひとつ」と基本的に同じ意味であるが、「いまひとつ」のほうが標準的で用法が広い。

⇨「いまひとつ」「もうひとつ」「いま」

いまかいまかと［今か今かと］imaka-imakato

① 観客は幕が開くのを**いまかいまかと**待っていた。

② 病院の廊下では、若い父親がわが子の産声を**いまかいまかと**待っている。

【解説】 望ましい事柄を期待して待つ様子を表す。ややプラスよりのイメージの語。述語にかかる修飾語として用いられる。好ましい事柄の実現を待つ期待と焦燥の暗示がある。また、待ち望む対象は実現に確信のもてる事柄であることが多く、自然現象や意図的に行えない事柄についてはふつう用いない。

？ 春が来るのを今か今かと待ち望む。

→春が来るのを首を長くして待ち望む。

× 喘息《ぜんそく》の発作がおさまるのを今か今かと待つ。

→喘息の発作がおさまるのをじっと待つ。

⇨「いま」「いまや」

いまから［今から］imakara

① 事件が起こったのは**いまから**三年前のことだ。

② **いまから**思えば、彼はあの時寂しかったのだ。

③ **いまから**明日の五時までにやっておいてほしい。

④ 反省するのは**いまから**でも遅くない。

⑤ **いまから**あきらめていては受かるものも受からないぞ。

【解説】 現在を始点とする様子を表す(↔いままで)。プラスマイナスのイメージはない。名詞にかかる修飾語(①③)、または述語にかかる修飾語(②④⑤)として用いられる。現在を始点として過去に向かう時を表す場合(①②)と、未来に向かう時を表す場合(③~⑤)とがある。

「いまから」は「これから」に似ているが、「これから」が現在を始点として未来へ向かう時における状態の開始を暗示するのに対して、「いまから」は現時点から開始される時の流れを暗示する。

× これからあきらめていては受かるものも受からないぞ。

⇨「いま」「いままで」

いまごろ ［今頃］ imagoro

(1) ① **いまごろ**彼はアメリカにいるはずだ。

② **いまごろ**のスイカはうまくないね。

③ 来年の**いまごろ**はきっと外国へ行っているだろう。

④ 会長がやめたのはたしか先月の**いまごろ**だ。

(2) ① **いまごろ**謝ったって遅いよ。

② 「ごめんください」「**いまごろ**誰かしら」

【解説】 (1) 漠然と現時点を表す。プラスマイナスのイメージはない。①は述語にかかる修飾語、②は名詞にかかる修飾語、③④は名詞の用法である。①②は現在の時点を漠然と表す基本的な用法。③は現在の月日とほぼ同じころの未来という意味、④は現在の日とほぼ同じころの過去という意味である。

(2) 適切な時機を逸している様子を表す。ややマイナスイメージの語。述語にかかる修飾語として用いられる。適切な時機を逸していることについて、概嘆(①)や不審(②)の暗示がある。

「いまごろ」は「いまじぶん」や「いまどき」に似ているが、「いまじぶん」はやや古風なニュアンスがあり、若い人はあまり用いない傾向にある。「いまどき」は当世という意味で、未来や過去の同じ月日のころは表さない。

× 会長がやめたのはたしか去年の今どきだ。

⇨「いまじぶん」「いまどき」「いまさら」「いま」

いまさら ［今更］ imasara

(1) ① 自分が先にケンカを売っておいて、水に流してやるだなんて、**いまさら**何を言うか。

② 無理に頼んだ手前**いまさら**断るとは言えない。

③ 彼は被害者の遺族に謝罪の手紙を書いたが、遺族にしてみれば何を**いまさら**という気持ちだろう。

(2) ① 礼儀が大切なのは**いまさら**言うまでもないことだ。

② 先生の学識の偉大さを**いまさら**のように感じます。

③ 友情は尊いと**いまさら**ながら思い知った。

【解説】 (1) 適切な時機を逸している様子を表す。マイナスイメージの語。述語にかかる修飾語として用いられるが、述語部分を省略する場合(③)もある。そのとき初めて問題にする様子を表し、それまで何もしてこなかったことについて概嘆や憤慨の暗示を伴い、しばしばもう間に合わないというニュアンスになる。③の「何を今さら」は慣用的な表現で、対応が遅れたことについて激しい憤慨の気持ちを表す。
「いまさら」は「いまとなっては」や「いまごろ」に似ているが、「いまとなっては」は時機を逸したたために生じた結果についてあきらめの暗示がある。「いまごろ」は時機を逸していることだけを表し、間に合わないかどうかには言及しない。

× 今となっては何を言うか。
今さら謝っても遅い。（もう間に合わない）
今ごろ謝っても遅い。
（もっと早く謝ればよかったのに）

(2) 再認識する様子を表す。プラスマイナスのイメージはない。②の「今さらのように」、③の「今さらながら」は「感じる・思う」などの認識を意味する動詞にかかる慣用的な語句で、あらためて認識するという意味である。すでにわかっていることを再度認識しなおすニュアンスがあり、反省の暗示を含む。

? （画家の個展で）いやあ、今さらながら感動しました。
↓いやあ、あらためて感動しました。

「いまさら」は「ことさら」に似ているが、「ことさら」は意図的に取り上げて行動する様子を表し、事柄の重大さの暗示がある。

今さら問題にしない。（もう間に合わないから）
ことさら問題にしない。（重大でないから）

⇩「いまとなっては」「いまごろ」「あらためて」「ことさら」「いま」

いましがた［今し方］imashigata

① 部長は**いましがた**来たばかりだ。
② 仕事が全部終わったのは**いましがた**だ。
③ 彼はつい**いましがた**までここにいた。

【解説】 非常に近い過去を表す（↔いましも）。プラスマイナスのイメージはない。①③のように述語にかかる修飾語で用いられることが多く、述語にもなる(②)が、名詞にかかる修飾語にはあまりならない。

? 今しがたの話、もう一度聞かせてくれよ。
↓今の話、もう一度聞かせてくれよ。

「いま」にも近い過去を表す用法があるが、「いましがた」は「いま」よりも完了の暗示が強く、行為の終わった瞬間を強調するニュアンスは「いま」のほうが強い。

今しがた終わった。（やっと終わった）
今終わった。（終わったばかりだ）

⇩「いま」「さっき」「さきほど」

いまじぶん［今時分］imajibun

① **いまじぶん**息子はアメリカにいるはずだ。

② **いまじぶん**サクラが咲くはずはない。
③ おれは来年の**いまじぶん**はきっと生きてないね。
④ 会長がやめたのはたしか先月の**いまじぶん**だ。
(2) ① **いまじぶん**山高帽がかぶれるものか。
② 「ごめんください」「**いまじぶん**誰だろうね」

【解説】 (1) 漠然と現時点を表す。プラスマイナスのイメージはない。やや古風なニュアンスのある語で、若い人はあまり用いない傾向にある。ふつうは「いまごろ」を用いる。①②が現在の時点を漠然と表す基本的な用法。③は現在の月日とほぼ同じころの未来という意味、④は現在の日とほぼ同じころの過去という意味である。

(2) 適切な時機を逸している様子を表す。ややマイナスイメージの語。述語にかかる修飾語として用いられる。これもやや古風なニュアンスのある語で、若い人はあまり用いない。適切な時機を逸していることについて、慨嘆や不審の暗示がある。

⇨「いまごろ」「いまどき」「いま」

いまだかつて［未だ嘗て］imada-katsute

① 昨今の政治の腐敗は**いまだかつて**ないほどだ。
② あんな純粋な人は**いまだかつて**見たことがない。

【解説】 後ろに打消しの表現を伴って、今までに一度も経験したことがない様子を表す。プラスマイナスのイメージはない。ややかたい文章語で、公式の発言や報道などによく用いられる。打消しの表現を伴う述語にかかる修飾語として用いられる。経験がまったくないことを強調するニュアンスがある。「一度も〜ない」という意味ではあるが、話者だけでなく、この世に一度も例がないという誇張的なニュアンスになる。

× 昨今の政治の腐敗は一度もないほどだ。

⇨「いちど」「ついぞ」「かつて」

いまだに［未だに］imadani

① 彼は四十になるというのに**いまだに**独身だ。
② 半月前彼女にプロポーズしたが**いまだに**返事をくれない。
③ 彼は初恋の失恋から**いまだに**立ち直れないでいる。

【解説】 現在の状態がこれまでと変化ない様子を表す。ややマイナスイメージの語。述語にかかる修飾語として用いられ、しばしば打消しの表現と呼応する(②③)。すでに解決されているはずのものの状態が、解決されずに現在もなお継続しているというニュアンスで、解決されていないことについて慨嘆の暗示がある。解決・変化することが期待されないものの状態についてはふつう用いない。

? 田舎の祖母は今年百歳だがいまだに元気だ。

→田舎の祖母は今年百歳だが相変わらず元気だ。

「いまだに」は「いぜんとして」や「まだ」に似ているが、「いぜんとして」は固定して変化しない状態の継続に視点がある。「まだ」は客観的で概嘆などの感情は特に暗示されていない。

? アメリカは湾岸戦争後もいまだに不景気だ。

→アメリカは湾岸戦争後も依然として不景気だ。

いまだに立ち直れない。（困ったものだ）

まだ立ち直れない。（やがて立ち直るだろう）

⇩「あいかわらず」「いぜんとして」「まだ」「いまでも」「いまも」「なおも」「なお」

いまでこそ［今でこそ］imadekoso

① あいつ、**いまでこそ**社長だといばっているが、昔はひどい暮らしをしていたんだぜ。

② 私は**いまでこそ**病院通いをしているが、学生時代は陸上の選手として鳴らしたものだ。

【解説】 現在の状態が過去と正反対ではなはだしい様子を表す。ややマイナスイメージの語。「今でこそ〜だが、昔(かつて)は〜だった」という、条件に呼応する形で用いられる。現在と過去の状態が話者の価値観において正反対になっているところにポイントがあり、現在は好ましく過去は好ましくない場合(①)と、現在は好ましくなく過去は好ましい場合(②)がある。「いまでこそ」自体の意味としては現在の状態のはなはだしさを暗示するが、必ず条件を作って後ろに過去を述べる述部がくるので、話者の力点は過去のほうに置かれることになる。「いま」を使った場合に比べて、現在と過去の対照を誇張するニュアンスになる。

⇩「いま」

いまでも［今でも］imademo

① 私、**いまでも**あの人が好きなんです。

② 若いころは酒浸りだったが、**いまでも**飲んでいる。

【解説】 現在の状態が過去と同じである様子を表す。プラスマイナスのイメージはない。述語にかかる修飾語として用いられる。現時点の状態が過去のある時点の状態と同じであるという意味で、現在と過去を比較するが視点は現在にある。結果的に現在と過去とが変化がないという意味にはなるが、特定の感情は暗示しない。

「いまでも」は「いまだに」や「いまも」に似ているが、「いまだに」は継続の暗示がある。「いまも」は過去と現在を対等に比較している暗示がある。

酒は今でも飲んでいる。（現在も過去と同様飲んでいる）

酒はいまだに飲んでいる。

（酒はやめたほうがいいのに飲み続けている）

? 子を思う母の心は今でも昔でも変わらない。

→子を思う母の心は今も昔も変わらない。

⇩「いまだに」「いまも」「いぜんとして」「あいかわらず」「いまに」「いま」

いまどき［今時］imadoki

① **いまどき**電話してきて、あいつ何の用だろう。

② いくら暖冬でも**いまどき**サクラが咲きますかねえ。

③ 彼のように純粋な人は**いまどき**珍しい。

④ **いまどき**の若い者は敬語の使い方を知らない。

【解説】 漠然と現在を表す。ややマイナスよりのイメージの語。①～③は述語にかかる修飾語、④は名詞にかかる修飾語の用法である。「いまどき」が指す現在はかなり時間の幅があり、現時点（①）、現在の季節（②）、当世・現代（③④）などを表せる。ただしどの場合においても、現在という時が不適切な時であることを暗示するので、しばしば時機を逸しているという意味になり（①）、慨嘆の暗示を伴う。

「いまどき」は「いまごろ」や「いまじぶん」に似ているが、「いまどき」には過去や未来の同じ月日を表す意味はない。

× 社長が解任されたのは去年の今どきだ。

→社長が解任されたのは去年の今ごろ（今時分）だ。

⇩「いまごろ」「いまじぶん」「いま」

いまとなっては［今となっては］imato-nattewa

(1) ① このガンは一月前なら放射線治療も効果があるが、**いまとなっては**手遅れだ。

② **いまとなっては**後の祭りだが、事故の後すぐに謝罪しておけば訴えられないですんだだろう。

(2) ① ずいぶん苦労したが**いまとなっては**いい思い出だ。

【解説】 (1) 現在すでに時機を逸している様子を表す。ややマイナスイメージの語。述語にかかる修飾語として用いられる。適切な時機を逸したために好ましくない結果が生じることについて、あきらめの暗示がある。②の「今となっては後の祭りだが」は、今さら騒いでも間に合わないがという意味である。

「いまとなっては」は「いまさら」に似ているが、「いまさら」は好ましくない結果について憤慨・慨嘆の暗示がある。

× 今となっては何を言うか。→今さら何を言うか。

(2) 過去の時点から十分な時が経過して現在に至っている様子を表す。プラスマイナスのイメージはない。述語にかかる修飾語として用いられる。過去のある出来事から十分な時間が経過した結果、現在はその出来事から心理的な距離を保っていられるというニュアンスがあり、感慨をもって過去の出来事を思い出す暗示がある。

この「いまとなっては」は「今にして思えば」などに近いが、「今にして思えば」は過去の出来事についての新事実に現在気づいたという気づきの暗示がある。

×　父はたいへん厳しかったが、今となってはあれは社会へ出るための訓練だったのだ。
→父はたいへん厳しかったが、今にして思えばあれは社会へ出るための訓練だったのだ。
⇩「いまさら」「もはや」「もう」「いま」

いまに ［今に］ imani

(1)① 王朝の雅《みや》びを**いまに**伝える和菓子。（CM）
② **いまに**忘れぬ面影を求めてさまよう。
(2)① 彼も**いまに**世間の厳しさがわかるようになるさ。
② （子供に）ハサミなんかおもちゃにしてると、**いまに**痛くするからな。
③ **いまに**見ろ。おれだって美人を射止めてみせる。
④ （捨てゼリフ）**いまに**見ていろ。

【解説】 (1) 現在でもなお継続している様子を表す。ややプラスイメージの語。述語にかかる修飾語として用いられる。古風なニュアンスのあるかたい文章語で、日常会話には登場しない。日常的には「いまでも」「いまも」を用い、継続を強調したいときには「いまもって」を用いる。
(2) 近い将来、確実にある事柄が成就する様子を表す。ややマイナスイメージの語。述語にかかる修飾語として用いられる。②は、ハサミをいたずらしていると、そのうちにけがをするはめになるという意味である。③の「今に見ろ」、④の「今に見ていろ」は慣用的な表現で、どちらもくやしさをこめて、相手に復讐《ふくしゅう》を誓う言葉として日常会話で用いられる。
この「いまに」は「そのうち」や「やがて」に似ているが、「そのうち」は物事の成就が近い未来の漠然とした時に起こる可能性があるというニュアンスで、主体の確信は低く、しばしば無関心・無責任の暗示を伴う。「やがて」は現在の行為の影響が将来に及ぶというニュアンスがある。
×　今に遊びにいらっしゃいよ。
→そのうち遊びにいらっしゃいよ。
×　スピードの出し過ぎは今に大事故につながる。
→スピードの出し過ぎはやがて大事故につながる。
⇩「いまでも」「いまも」「そのうち」「やがて」「すぐ」「じき」「いま」

いまにも ［今にも］ imanimo

① その老人は**いまにも**倒れそうに歩いていた。
② 彼の料理は**いまにも**手を切りそうで危なっかしい。
③ 迷子は**いまにも**泣かんばかりの顔をしていた。

【解説】 切迫した状態が迫っている様子を表す。ややマイナスよりのイメージの語。「今にも～しそうだ・～せんばかりだ」など、比況の表現に呼応する修飾語として用いられる。「もう少しで～しそうなほど□□だ」という程度のはなはだしさを強調する。近い将来危機が起こりそうな危惧《きぐ》の暗示がある。

「いまにも」は「ほとんど」や「すんでのところで」に似ているが、「ほとんど」は危機的な状態をやや客観的に述べる。「すんでのところで」は過去の危機的な状況の回避を安堵《あんど》の暗示を伴って述べる。

今にも倒れそうだ。（いつ倒れるか心配だ）
ほとんど倒れそうだ。（非常に弱っているようだ）
× 今にも倒れるところだった。
→すんでのところで倒れるところだった。

⇨「ほとんど」「すんでのところで」「まさに」「よほど」「いまや」「いま」

いまのうち ［今の内］ imano-uchi

① やめるんなら**いまのうち**だよ。
② 午後雨だっていうから**いまのうち**に洗濯しとくわ。

【解説】 将来不都合が生じないために、現在行動を起こす様子を表す。プラスマイナスのイメージはない。①は述語の用法、②は述語にかかる修飾語の用法で、名詞にかかる修飾語にはあまりならない。①は将来ではやめられないことが暗示され、②は午後では洗濯できないことが示されている。

「いまのうち」は現在という時間の幅を表すが、将来の不都合に備えるというニュアンスが強く、示される時間の幅は「いま」よりも広い。

やめるんなら今のうちだよ。（後ではやめられなくなるよ）
やめるんなら今だよ。（今しかないよ）

⇨「いま」

いまのところ ［今の所］ imano-tokoro

① **いまのところ**仕事はうまくいっています。
② 悪性の風邪がはやっているそうだが、うちの家族は**いまのところ**全員無事だ。
③ 「酒屋ですが」「**いまのところ**は間に合ってます」

④「そろそろ結婚したらどう？」「**いまのところ**その気はないわね」

【解説】 現在に限定する様子を表す。ややプラスよりのイメージの語。述語にかかる修飾語として用いられることが多い。「いまのところ」が示す現在の時間の幅はかなり広く漠然としていて、話者の主観的な意味での現在になっている。現時点を強調する場合には「現在のところ」を用いる。

角の三等分問題を解いた人は今のところいない。
→角の三等分問題を解いた人は現在のところいない。

「いまのところ」は将来はわからないが、現在の段階ではというニュアンスで、相手の予想や期待に反する現在の状態であることを表し、しばしば釈明や弁解の暗示を伴う(③④)。①では仕事がうまくいっていないこと、②では話者の家族が風邪をひいていること、③は酒の注文をすること、④では結婚したいという希望をもっていることを、それぞれ相手が予想していることがうかがわれる。

「いまのところ」は「さしあたり」に似ているが、「さしあたり」は将来のことは考慮に入れずに現在の状況に対応する様子を表す。

× 彼は今のところ必要な物だけを持って家出した。
→彼はさしあたり必要な物だけを持って家出した。

⇨「さしあたり」「もっか」「とうめん」「いま」

いまひとつ ［今一つ］ ima-hitotsu

(1) ① **いまひとつ**質問があります。
② **いまひとつ**の問題は政治資金の問題であります。

(2) ① 彼の作品は**いまひとつ**迫力に欠ける。
② 彼女の歌はプロというには**いまひとつ**だ。

【解説】 (1) さらに一つ加える様子を表す。プラスマイナスのイメージはない。ややかたい文章語で、公式の発言などによく用いられ、日常会話にはあまり登場しない。日常的には「もうひとつ」を用いる。

→もう一つ質問があります。

(2) 不十分な様子を表す。マイナスイメージの語。述語にかかる修飾語(①)、または述語(②)として用いられる。理想の状態に達しないため話者の不満が暗示されるが、かなり冷静な表現になっている。

この「いまひとつ」は「いまいち」に近いが、「いまいち」はくだけた表現で若い人中心に日常会話でのみ用いられ、不満の暗示が強く、しばしば軽い侮蔑《ぶべつ》の暗示も伴う。

彼女の歌はいまひとつだ。(もう少しでよくなる)
彼女の歌はいまいちだ。(はっきり言ってへただ)

⇨「いまいち」「もうひとつ」「いま」「ひとつ」

いままで［今迄］imamade

① **いままで**の話はなかったことにしてもらいたい。
② 新入社員は**いままで**のところは問題ないね。
③ この辞書は**いままで**のにない特徴がある。
④ いったい**いままで**どこで何をやってたんだ。
⑤ ぼくは**いままで**一度も授業をサボったことはない。
⑥ このカレーは**いままで**に食べた中で最高だ。
⑦ すんだことは水に流して、**いままで**通りつきあおうじゃないか。

【解説】 現在を終点とする様子を表す（↔いまから）。プラスマイナスのイメージはない。名詞にかかる修飾語（①②）、または述語にかかる修飾語（④～⑥）で用いられる。
③の「今までの」は「今までのもの」という意味である。
⑦の「今まで通り」は現在までと同じ状態でという意味である。過去から現在に至る時間の幅を示し、現時点はそれほど強調されていない。現時点が終点であることを特に強調する場合には「今の今まで」を用いる。
「いままで」は「これまで」に似ているが、「これまで」は現在まで続いている状態のほうに視点があるのに対して、「いままで」は現時点までの時の流れに視点がある。

？ いったいこれまでどこで何をやってたんだ。

⇨「いまから」「いま」

いまも［今も］imamo

(1)① 死んだあの人のやさしい顔が**いまも**目に浮かぶ。
② 子を思う母の心は**いまも**昔も変わらない。
(2)① **いまも**君の話をしていたんだよ。

【解説】 (1) 現在の状態が過去と同じである様子を表す。プラスマイナスのイメージはない。述語にかかる修飾語として用いられる。現時点の状態が過去のある時点の状態と同じであるという意味で、現在と過去を対等に比較する暗示がある。かなり客観的な表現で、特定の感情は暗示されていない。結果的に現在の状態と過去とが変化がないという意味にはなるが、継続・持続の暗示はない点で、「いまだに」「いぜんとして」「あいかわらず」などと異なる。

この「いまも」は「いまでも」によく似ているが、「いまでも」は現在に視点を置いた表現になっている。

？ 子を思う母の心は今でも昔でも変わらない。
(2) 近い過去を表す。プラスマイナスのイメージはない。完了形にかかる修飾語として用いられる。「いま」の(2)と基本的に同じ意味であるが、この「も」には反復や同様の意味はないことが多く、「いま」を強調するのにとどまっている。
「いまも」には「いま」の(3)（近い未来を表す）や(4)（少

量付け加える様子を表す）の意味はない。

⇩「いまだに」「いぜんとして」「あいかわらず」「いまでも」「いまに」「いま」

いまや［今や］imaya

(1)① 冷戦は終結し**いまや**世界が一つになる時だ。
② 観客は試合が始まるのを**いまや**遅しと待っていた。
(2)① **いまや**日本は世界一金持ちの国となった。
② 息子を医者にするという彼女の望みは、**いまや**はかない夢でしかなかった。
(3)① 五弁の椿の**いまや**落ちんとする風情。

【解説】 (1) 現在が特別の時である様子を表す。プラスマイナスのイメージはない。述語にかかる修飾語として用いられる。ややかたい文章語で、日常会話にはあまり登場しない。日常的には「今こそ」などを用いる。②の「今や遅し」は慣用句で、期待と焦燥をもって待ち望む様子を表す。

(2) (1)から進んで、現在の状態が過去とははなはだしく変わっている様子を表す。プラスマイナスのイメージはない。これもややかたい文章語。変化は好ましい場合(①)も好ましくない場合(②)もある。「今では」という意味であるが、変化がはなはだしいことを強調するニュアンスがあり、「今では」ほど客観的ではない。

(3) 切迫した状態が迫っている様子を表す。プラスマイナスのイメージはない。かたい文章語で、文語文脈の中などでのみ用いられ、日常会話には登場しない。日常的には「いまにも」「ほとんど」などを用いるが、「いまや」には「いまにも」にある危惧《きぐ》の暗示はない。

⇩「いまにも」「ほとんど」「まさに」「いまかいまかと」「いま」

いや［嫌・厭・否］ ⇩『現代形容詞用法辞典』「いや」

いやいや［嫌々・厭々・否々］iyaiya

(1)① 水薬を口元に近づけると赤ん坊は**いやいや**をした。
② 彼女は**いやいや**子宮ガンの検査を受けに行った。
③ **いやいや**でも食べないとからだがもたないよ。
④ 何度も頼まれたので、**いやいや**ながらも承知した。
(2)① 「これ、お宅の傘ですか」「**いやいや**、私のはここにあります」
② 彼は自分では駆け出しだと謙遜《けんそん》しているが、**いやいや**どうしてたいへんな実力の持ち主だ。

【解説】 (1)（嫌々・厭々と書くもの） いかにも不快に感じている様子を表す。マイナスイメージの語。「いやいや」という尾高型のアクセントで発音される。①は名詞の用法、②~④は「いやいや」「いやいやでも」「いやいやながらも」などの形で、述語にかかる修飾語になる。名詞にかかる修飾語にはならない。①は不快だという素振りをするという意味で、具体的には顔をしかめて首を左右に振るなどの動作を表す。「いやいや」が動作にかかる修飾語になるときには、不快に感じながら行動するという意味になるので、不快のほかに嫌悪・不本意・不承知の暗示を伴う。

この「いやいや」は「しぶしぶ」や「ふしょうぶしょう」に似ているが、「しぶしぶ」は「いやいや」よりも不快の暗示が少なく、嫌悪の暗示はない。「ふしょうぶしょう」は内容的にも認められないというニュアンスで、不本意さが強調される。

× しぶしぶでも食べないと、からだがもたないよ。

? 彼女は不承不承子宮ガンの検査を受けた。

(2)（否々と書くもの） 否定を表す。プラスマイナスのイメージはない。「いやいや」と頭高型のアクセントで発音される。日常会話でのみ用いられる。「いや」を繰り返して強めた語であるが、あまり丁寧なニュアンスはなく、はっきり目上とわかっている相手に対しては、ふつう用いられない。②の「いやいやどうして」は慣用句で、「〜だが、いやいやどうして……だ」という条件に呼応する形で用いられ、「〜とはまったく反対に……だ」という意味を表す。

⇨「ふしょうぶしょう」「こころならずも」「いやおうなし」

いやおうなし・いやおうなく ［否応なし・否応なく］ iyaô-nashi・iyaô-naku

① 寄付は御随意ですなんて調子のいいこと言ったって、結局**いやおうなし**じゃないか。

② 駆け落ちした娘を**いやおうなし**に連れ戻した。

③ 彼は**いやおうなく**部屋の大掃除を始めた。

④ 彼は**いやおうなし**の剣幕でどなった。

【解説】 反論の余地がまったくない様子を表す。マイナスイメージの語。①は述語、②③は述語にかかる修飾語、④は名詞にかかる修飾語の用法である。「いやおうなく」は述語にかかる用法のみ。受け手の意向をまったく無視して強引に行う様子を表すので、行為を受ける側の強い不快の暗示がある。行為を受ける相手がいない場合（③）は、しかたなくという意味で、不本意の暗示を伴う。この場合には「いやいや」「ふしょうぶしょう」などに近くなる。

「いやおうなし」は「いやがおうでも」や「うむをいわせず」「むりやり」などに似ているが、「いやがおうでも」は相手に行為を強要する際に用いることが多く、「いやおうなし」のように受け身で不本意な行為をさせられる場面ではあまり用いられない。「うむをいわせず」「むりやり」は行為の強引さが強調され、不快の暗示も強い。

× 否応なしにやってもらおう。
→否が応でもやってもらおう。
否応なしに連れ戻す。
（戻らざるを得ないようにする）
有無を言わせず連れ戻す。（強引に連れ戻す）
無理矢理連れ戻す。（暴力を使ってでも連れ戻す）
⇩「いやいや」「ふしょうぶしょう」「いやがおうでも」「うむをいわせず」「むりやり」

いやがおうでも ［否が応でも］ iyaga-ôdemo

① 今度の仕事は**いやがおうでも**やってもらいたい。
② **いやがおうでも**月末には家を出なければならない。

【解説】 相手の意向を無視して行為を強要する様子を表す。マイナスイメージの語。述語にかかる修飾語として用いられる。行為を強要する強引さと強硬な態度を暗示するが、行為を受ける側の不快はあまり暗示されない。この点で行為を受ける側の不快に視点のある「いやおうなし」と異なる。

？ 今度の仕事は否応なくやってもらいたい。

「いやがおうでも」は「なにがなんでも」や「なんとしても」に似ているが、「なにがなんでも」「なんとしても」はあらゆる手段を尽くして目標の実現を望んだり、目的を完遂しようとしたりするというニュアンスで、強硬の暗示が少なく、自分の行為についても用いられる。

× 否が応でもやりとげてみせる。
→何が何でも（何としても）やりとげてみせる。
⇩「いやおうなし」「なにがなんでも」「なんとしても」「いやでも」「うむをいわせず」

いやでも ［嫌でも・厭でも・否でも］ iyademo

① この仕事は**いやでも**やらなくちゃならない。
② あれだけでかい看板なら**いやでも**目に入る。
③ 家賃が払えなければ、**いやでも**応でも出ていってもらいます。

【解説】 希望や意志に関係しない様子を表す。ややマイナスイメージの語。述語にかかる修飾語として用いられる。①が基本的な用法で、たとえ相手が希望しなくても、嫌いであってもという意味である。②はこれから進んで、見たくなくても、必ずという意味になる。③の「いやでも応でも」は慣用句で、「いやがおうでも」に似た意味になるが、「いやがおうでも」よりも強硬である暗示がある。

②の「いやでも」は結果的には「かならず」という意味であるが、本当は希望しないのに強要されるという不快の暗示がある点で、客観的な「かならず」とは異なる。
いやでも目に入る。（見たくなくても目に入る）

必ず目に入る。（自然に目に入ってくる）

⇨「かならず」「いやがおうでも」

いやというほど［嫌と言う程・厭と言う程］　⇨『現代形容詞用法辞典』「いや」

いやに［嫌に・厭に］iyani

① 四月だというのに今日は**いやに**暑い。
② **いやに**機嫌がいいね。いいことでもあったのかい。
③ パーティでは彼女の赤い服だけが**いやに**目立った。
④ この子、**やに**ませた顔してるわね。

【解説】　程度がはなはだしくて不審な様子を表す。ややマイナスよりのイメージの語。述語にかかる修飾語で用いられる。主に日常会話で用いられ、かたい文章中にはあまり登場しない。会話ではしばしば④のように「やに」と発音される。対象の程度がはなはだしいことについて、話者の不審の気持ちが暗示されており、その原因・理由について話者が疑問を持っている暗示もある。単なる程度の高さを暗示しない点で「とても」「ひじょうに」「きわめて」などと異なる。

「いやに」は「みょうに」「へんに」「ばかに」などに似ているが、「みょうに」は人知を超えたものが原因で正常・通常でない状態になるというニュアンスで、不可解の暗示がある。「へんに」は不審の暗示が「いやに」よりさらに強くなり、理性によって通常の状態ではないと判断するニュアンスになる。「ばかに」は不審の暗示はないが、程度の高いことを誇張的に表す。

今日はいやに暑い。（今どき変だ）
今日は妙に暑い。（熱でもあるのかな）
今日は変に暑い。（低気圧でも来ているのかな）
今日はばかに暑い。（暑くてしょうがない）

⇨「みょう」「へん」「やけ」「とても」「ひじょう」「きわめて」

いよいよ［愈］iyoiyo

(1)① 冬の訪れとともに父の病状は**いよいよ**悪化した。
② 頂上へ登るにつれて空気は**いよいよ**薄くなった。
③ 彼女は恋人ができてから**いよいよ**美しくなった。

(2)① 次は**いよいよ**日本選手団の入場であります。
② **いよいよ**金に困れば３Ｋでも何でもかまわない。
③ 「あした日本シリーズだね」「うん、**いよいよ**だ」
④ **いよいよ**という時はぼくが力になろう。
⑤ この著者は**いよいよ**とならないと仕事を始めない。

(3)① 手口から見ると、犯人は**いよいよ**奴に違いない。
② この手柄で次期部長は**いよいよ**疑いないところだ。

【解説】　(1)　ある状態の程度が高まる様子を表す。プラスマイナスのイメージはない。状態を表す述語にかかる修飾語として用いられる。好ましい場合(③)にも好ましくない場合(①)にも用いられる。同一の対象の過去の状態と比較して程度が高まったというニュアンスで用いられ、程度が段階的に最高に近づくことについて期待の暗示がある。複数の異なる対象を比較する意味はない。

× A君の点のほうがB君よりいよいよ悪い。
→A君の点のほうがB君よりいっそう悪い。

(1)の「いよいよ」は「いちだんと」「ひときわ」や「ますます」に似ているが、「いちだんと」「ひときわ」は急に程度が高くなる暗示がある。「ますます」は段階的な程度の高まりを主体が受け止める暗示がある。

× 今年はいつもよりいよいよ寒さが厳しい。
→今年はいつもよりいちだんと(ひときわ)寒さが厳しい。

× いよいよ御活躍のほど期待しています。
→ますます御活躍のほど期待しています。

(2) 重大な時が到来する様子を表す。原則としてプラスマイナスのイメージはない。述語にかかる修飾語(①②)で用いられることが多いが、述語(③)にもなる。④の「いよいよという時」は慣用的な表現で、「いよいよ困った(切羽詰まった)時」という意味、⑤の「いよいよとならないと」も慣用的な表現で、「切羽詰まった時にならないと」という意味である。これらの場合には、ややマイナスイメージの語句となる。重大な時が到来するにあたって、好ましいことならば期待の持続、好ましくないことならば危惧《きぐ》の持続の暗示がある。

この「いよいよ」は「とうとう」や「ついに」に似ているが、「とうとう」は最終的な局面に到達する様子をあきらめ・慨嘆などの暗示を伴って表し、「ついに」は期待される新しい局面に入ったことを納得の暗示を伴って表すのに対して、「いよいよ」は期待や危惧の持続に視点があり、事柄の実現の前にその到来を予告する形で用いることが多い。

× とうとう(ついに)金に困れば3Kでも何でもかまわない。

× 橋はいよいよ先月完成した。
→橋はいよいよ来月完成する。
→橋はとうとう(ついに)先月完成した。

(3) (2)から進んで、判断がある一点に落ち着く様子を表す。プラスマイナスのイメージはない。判断を表す述語にかかる修飾語として用いられる。ある客観的な根拠を示して、過去の判断が正しかったことを話者が再確認して納得している暗示がある。

この「いよいよ」は「確かに」「まさしく」や「明らかに」に似ているが、「確かに」は知的な理解や保証に基づく主観的な確信を暗示する。「まさしく」は客観的な根拠によって主体の判断が正しいことが判明したというニュアンスで、判断の正しかった結果に視点がある。「明らかに」は誰が見てもそう見える客観性の暗示があり、確信の程度も高い。

いよいよ彼が犯人に違いない。
（証拠から見てやはり犯人だろう）
確かに彼が犯人に違いない。
（自分がそう思っているから間違いない）
まさしく彼が犯人に違いない。
（犯人である証拠がある）
明らかに彼が犯人に違いない。
（誰でもそう思うだろう）

⇩「いっそう」「いちだんと」「ひときわ」「ますます」「まさしく」「とうとう」「ついに」「そのうえ」「ひとしお」「さらに」「もっと」「ずっと」「より」「よりいっそう」「なお」「なおさら」「ほんとう」「やっと」「ようやく」「いざ」

いれかわりたちかわり ［入れ替わり立ち替わり］ irekawari-tachikawari

① その店には客が**いれかわりたちかわり**やって来る。
② ファッションショーでは美人のモデルが**いれかわりたちかわり**現れてお客の目を引いた。

【解説】 大勢の人間が次々に姿を現す様子を表す。プラスマイナスのイメージはない。「来る・現れる」など出現を表す動詞にかかる修飾語として用いられる。人間の出現の頻度が高いことを表すが、複数の人間が交代して出現するという暗示があり、一人の人間のひんぱんな出入りや、出現以外の行動についてはふつう用いられない。

× 彼は入れ替わり立ち替わり会社と駅を往復した。
→彼はひっきりなしに会社と駅を往復した。
× 女の子たちは入れ替わり立ち替わりアイドルに握手した。
→女の子たちは次々にアイドルに握手した。
→女の子たちは入れ替わり立ち替わりアイドルに握手を求めて来た。

⇩「ひっきりなし」「つぎつぎ」「かわるがわる」

いろいろ ［色々］ iroiro

① 世界の蘭の**いろいろ**について調べた。
② 人生って**いろいろ**なんだね。
③ 子供たちはおそろいの帽子をかぶっていたが、服は**いろいろ**だった。
④ **いろいろ**な人と付き合って見聞を広める。
⑤ 母校には**いろいろ**の思い出がある。
⑥ その法案の背景には**いろいろ**と面倒な問題がある。
⑦ このたびは**いろいろ**とお世話になりました。

⑧ 傍線部分は**いろいろ**に解釈できる。
⑨ 家庭をもつと**いろいろ**出費がかさむものだ。
⑩ **いろいろ**やってみたが結局彼を説得できなかった。

【解説】 種類が多い様子を表す。プラスマイナスのイメージはない。①は名詞の用法、②③は述語、④⑤は名詞にかかる修飾語、⑥は状態を表す語にかかる修飾語、⑦〜⑩は述語にかかる修飾語の用法である。種類の多いものが複数ある様子を表す。④はたくさんの多様な人という意味、⑦は世話になった数も多いという暗示を含む。
「いろいろ」は「さまざま」や「しゅじゅ（種々）」に似ているが、「さまざま」は一つのものの変化の多様性をも暗示し、必ずしも複数の暗示はない。「しゅじゅ」はかなりかたい文章語で、主に公式の発言や報道などで用いられ、バラエティーそのものも「いろいろ」より少ない暗示がある。

× 家庭をもつとさまざま出費がかさむものだ。
× 種々やってみたが結局彼を説得できなかった。
⇨「さまざま」「かれこれ」

いわば［言わば・謂わば］iwaba

① 人生は**いわば**朝露のようなものだ。
② 私にとって**いわば**第二の故郷である中国で、もう一度日本語を教えたい。
③ 歌は人間の喜怒哀楽を直接表すものとして、**いわば**魂の表現として昔から愛されてきた。

【解説】 典型的なものにたとえる様子を表す。プラスマイナスのイメージはない。ややかたい文章語で、述語にかかる修飾語として用いられる。やかたい文章語で、文章や公式の発言などによく用いられる。「たとえて言えば、言い換えれば」という意味であるが、たとえる内容はかなり定型的で、一般によく用いられる表現である場合が多い。①「朝露」、②「第二の故郷」がそのたとえである。③のように、すでに説明されているものをより端的に言い換える場合にも用いられる。その場合には、「□□として、いわば△△として……」のように、同格を表す対句になる。個人的・主観的な内容にたとえる場合には、「いってみれば」のほうを用いることが多い。

? 彼は言わば私の息子みたいなものですよ。
→彼は言ってみれば私の息子みたいなものですよ。
⇨「いってみれば」「ようするに」「つまり」「とりもなおさず」「すなわち」

うまく ⇨『現代形容詞用法辞典』「うまい」

うまれつき［生まれつき］umaretsuki

① ぼくの口の悪いのは**うまれつき**だ。
② 彼が優柔不断なのは**うまれつき**の性格だ。

③ あの子は**うまれつき**運動神経が発達している。
④ あいつ、**うまれつき**おっちょこちょいなんだよ。
【解説】 ある性質が後から身についたものでなく、もともと主体に備わっている様子を表す。プラスマイナスのイメージはない。①は述語、②は名詞にかかる修飾語、③④は述語にかかる修飾語の用法である。文字どおりには生得的であるという意味だが、実際に誕生の時点の状態は問題にしないことが多い。ある性質が、学習や習慣などによって後から身についたり、その場だけ現れたりしたものでなく、どんな場合でも例外なく現れる性質であることを強調する意味で用いられる。
「うまれつき」は「うまれながら」に似ているが、「うまれながら」はもともと備わっている性質が運命的に定まっている暗示があり、誕生の時点にポイントがある。
× あいつ、生まれながらのおっちょこちょいなんだよ。
× 彼は生まれつきの政治家だ。
→彼は生まれながらの政治家だ。
⇨「ねっから」「もともと」

うむをいわせず［有無を言わせず］ umuo-iwasezu

① 家出した娘を**うむをいわせず**連れ戻す。
② 国民の反対を押し切ってその法案は**うむをいわせず**可決された。
【解説】 相手の意向を無視して行動する様子を表す。マイナスイメージの語。述語にかかる修飾語として用いられる。受け手の意向をまったく無視して強引に行為を行う様子を表し、行為を受ける側の強い不快の暗示がある。
「うむをいわせず」は「むりやり」や「いやおうなく」に似ているが、「むりやり」はしばしば手段を選ばない暗示があるのに対して、「うむをいわせず」はとられる手段については言及しない。「いやおうなく」は強引さの暗示が少なく、行為を受ける相手がいない主体の不本意な行為についても用いられる。
有無を言わせずやらせる。（何が何でもやらせる）
無理矢理やらせる。（暴力に訴えてでもやらせる）
× 彼は有無を言わせず部屋の大掃除を始めた。
→彼はいやおうなく部屋の大掃除を始めた。
⇨「むりやり」「いやおうなし」「いやがおうでも」「なにがなんでも」「なんとしても」

うんと unto

(1) ① (子供に)**うんと**食べないと大きくなれないよ。
② 医者になるには**うんと**金がかかるんだ。
(2) ① (子供に)あとでパパに**うんと**叱《しか》ってもらうからね。
② ぼく、**うんと**おっきな犬がほしいな。

【解説】(1) 多量にある様子を表す。プラスマイナスのイメージはない。くだけた表現であって、日常会話中心に用いられる。ふつう述語にかかる修飾語として用いられ、名詞にかかる修飾語にはならない。量が多いことを誇張的に表す。

意味としては「たくさん」「いっぱい」などに似ているが、「たくさん」はある範囲に収まらないという余地のなさを暗示する。「いっぱい」はある範囲からあふれるほどあるという余剰の暗示がある。

やることがうんとある。（困ったものだ）
やることがたくさんある。（忙しい）
やることがいっぱいある。（やりきれない）

(2) 程度がはなはだしい様子を表す。プラスマイナスのイメージはない。くだけた表現であって、日常会話中心に用いられる。述語にかかる修飾語になるか(①)、または状態を表す語を修飾する(②)。程度がはなはだしいことを誇張的に表す。

「すごく」「とても」「ひじょうに」などに似ているが、「うんと」はこれらよりくだけた場面で用いられる。

⇨「たくさん」「いっぱい」「とても」「ひじょう」「いたって」「いとも」「ごまんと」「やまほど」「しこたま」「たらふく」「ふんだん」「おおいに」「たいへん」「たいそう」「はなはだ」「じゅうぶん」「じゅうにぶん」「きわめて」「ごく」「ちょう」「ひといちばい」

えてして［得てして］eteshite

① 都会にいると、**えてして**自然の美しさにばかり目がいき、自然の恐ろしさには気づかないものだ。
② 金持ちには**えてして**けちが多い。

【解説】ある傾向になりがちである様子を表す。ややマイナスよりのイメージの語。述語にかかる修飾語として用いられる。①のように、傾向を表す「……ものだ」に呼応することが多い。「えてして」の暗示する傾向は実現の可能性は高くない。また、普通の常識に反するような内容であることが多く、必然的に導かれる内容については、あまり用いられない。

× 金持ちには得てして心の豊かな人が多い。

「えてして」は「とかく」や「ややもすると」に似ているが、「とかく」の表す可能性はかなり高く、自分の力の及ばない無力感やあきらめの暗示がある。「ややもすると」は言外にある条件を仮定して、その条件のとき一定のあまり好ましくない結果になる可能性や傾向を暗示する。

× 得てしてこの世はままならぬ。
→とかくこの世はままならぬ。
× 私たちは得てして太陽の恩恵を忘れがちになる。

→私たちはややもすると太陽の恩恵を忘れがちになる。

⇩「とかく」「ややもすると」「ともすると」「おうおう」

おいおい［追い追い］oioi

① 今はまだわからなくても、あの子も**おいおい**わかってくるだろう。
② たまった仕事を**おいおい**にかたづける。
③ 単身赴任生活にも**おいおい**と慣れてきた。

【解説】 時間の進行に伴って状態が変化する様子を表す。ややプラスよりのイメージの語。述語にかかる修飾語として用いられ、名詞にかかる修飾語や述語にはふつうならない。時間の進行に伴って状態が変化することだけを表し、変化した結果、物事が成就するかどうかには言及しない。また、状態の変化は漸進的・段階的で、急激な変化は暗示しない。時間の進行に伴わない変化については用いない。

「おいおい」は「いずれ」「やがて」や「しだいに」「だんだん」などに似ているが、「いずれ」は時間の進行に伴って自然に物事が成就するというニュアンスで、話者の確信が暗示される。「やがて」は現在の行為が将来に影響するというニュアンスで、実現の可能性はあまり高くない。「しだいに」は変化のしかたが連続的で、しばしば主体が気づかない暗示がある。「だんだん」は変化のしかたが段階的で順序正しい暗示がある。

× 単身赴任生活にもいずれ慣れてきた。
× スピードの出し過ぎは追い追い大事故につながる。
→スピードの出し過ぎはやがて大事故につながる。
× 山は登るに従って追い追い空気が薄くなる。
→山は登るに従って次第に(だんだん)空気が薄くなる。

⇩「いずれ」「やがて」「しだいに」「だんだん」「そのうち」「じょじょに」

おいそれと oisoreto

① 百万なんて**おいそれと**出せる金額じゃない。
② 男がいったん言い出したからには、**おいそれと**引き下がるわけにはいかない。

【解説】 後ろに打消しまたは否定の表現を伴って、全体としてそう簡単には行動を起こさない様子を表す。ややマイナスよりのイメージの語。①は気軽に出せる金額ではないという意味、②は簡単には引き下がれないという意味で、いずれもよく考えた末でないと行動できないという意味である。①の場合には自重の暗示、②の場合には意志の暗示がある。実際の状態としては「すぐには……できない」「即座には……できない」という意味であるが、「すぐ」や「そくざ」は時間のかからなさを客観的に表す。

おいそれとは承知できない。

（よく考える必要がある）

すぐには承知できない。（時間がたてば別だ）

即座には承知できない。（もう少し待ってほしい）

⇨「すぐ」「そくざ」

おうおう・おうおうにして ［往々・往々にして］ ôô・ôônishite

① 老人に席を譲らない若者は**おうおう**見かけられる。

② 雨あがりには**おうおうにして**傘を忘れる客がいる。

③ 遺伝的に精神障害をもつ家系から**おうおうにして**天才が生まれることがある。

【解説】 ある現象が少なからず存在する様子を表す。ややマイナスイメージの語。ややかたい文章語で、述語にかかる修飾語として用いられる。公式の発言などによく用いられる。ふつう、あまり好ましくない現象について用いることが多い（①②）が、好ましい現象について用いる場合（③）も皆無ではない。ある現象がかなり高い割合で存在することだけを表す。

「おうおう」は「とかく」「えてして」や「ややもすると」に似ているが、「とかく」はあまり好ましくない結果になる傾向について、無力感やあきらめの暗示がある。「えてして」は普通の常識に反する結果になる傾向を暗示する。「ややもすると」は言外に一定の条件を示して、その条件のとき一定のあまり好ましくない結果になる可能性や傾向を暗示する。

⇨「とかく」「えてして」「ややもすると」「ともすると」

おおいに ［大いに］ ôini

① （社長が社員に）君の企画、**おおいに**やってくれ。

② （友人に）次回は**おおいに**飲もうじゃないか。

③ 憲法論議は平和の時代には**おおいに**意義がある。

④ 若い女の子の前で彼は**おおいに**ハッスルした。

⑤ マスコミの取材には**おおいに**迷惑している。

⑥ 今度の成功では彼の努力があずかって**おおいに**力があった。

【解説】 程度がはなはだしい様子を表す。プラスマイナスのイメージはない。ややかたい文章語で、公式の発言やもったいぶった会話などでよく用いられる。主に動詞にかかる修飾語になる。好ましいもの（①③④）についても好ましくないもの（⑤）についても用いられる。①～③は結果として量的にも多くなるが、具体的にたくさんという意味ではなく、①は思う存分、②③は十分にという意味になる。⑥の「□□があずかって大いに力があった」

は慣用句で、□□の貢献度が非常に高かったという意味である。「おおいに」はかなりもったいぶったニュアンスをもつ語で、判断の内容を積極的に評価するニュアンスがある。⑤のように好ましくない例について用いられた場合でも、かなり冷静で、慨嘆の暗示は少ない。日常的に感情をこめて程度がはなはだしいことを表す場合には、「とても」「すごく」「たいへん」などを用いる。

⇨「とても」「たいへん」「たいそう」「ひじょう」「はなはだ」「うんと」「すくなからず」「たぶん」「いたって」「いとも」「きわめて」「ごく」「しごく」

おおかた［大方］ōkata

(1)① 彼の話は**おおかた**のところは想像がつく。
② 台風でその地区の住民の**おおかた**が家を失った。
③ 暮の大掃除も**おおかた**終わった。

(2)① 全部で百項目あるから、二十三項目なら**おおかた**四分の一といったところだ。
② 「遅いじゃないの」「ごめん、二時間も寝坊しちゃった」「**おおかた**そんなことだろうと思ったわ」
③ 五題中三題できたのなら**おおかた**受かるだろう。

(3)① （後書き）**おおかた**の御批判を仰ぐ次第である。
② その公演は**おおかた**の評判を得て日延べになった。
③ **おおかた**の予想では、今年は阪神が優勝する。

【解説】 (1) 大部分である様子を表す。プラスマイナスのイメージはない。①②は名詞の用法、③は述語にかかる修飾語の用法である。この「おおかた」は「ほとんど」に似ているが、「ほとんど」のほうが全体に占める割合が大きい。

(2) (1)から進んで、可能性が高い様子を表す。プラスマイナスのイメージはない。述語にかかる修飾語として用いられる。①はほぼ四分の一に近いという意味、②の「おおかたそんなことだろうと思った」は慣用句で、相手の返事をだいたい予想していたという意味、③は合格する可能性が高いという意味である。

この「おおかた」は「ほぼ」や「だいたい」に似ているが、「ほぼ」は比較する両者の違いが少ないというニュアンスがある。「だいたい」は近似値を推量するニュアンスがある。

おおかた半分ぐらいだ。（半分近くの量）
ほぼ半分ぐらいだ。（半分を多少上下する量）
だいたい半分ぐらいだ。（半分と言って大差ない量）

(3) 世間一般の人を表す。プラスマイナスのイメージはない。かなりかたい文章語で、「大方の評判（批判・予想）」など決まった文脈で用いられることが多い。

⇨「ほとんど」「ほぼ」「だいたい」「あらかた」「おおよそ」「およそ」「ざっと」「あらまし」「たいてい」「たいがい」

「おおむね」「おそらく」「たぶん」

おおかれすくなかれ［多かれ少なかれ］ ôkare-sukunakare

① 人には**おおかれすくなかれ**虚栄心がある。
② 都会に住めば**おおかれすくなかれ**金はかかる。

【解説】 量の多少を問題にしない様子を表す。プラスマイナスのイメージはない。述語にかかる修飾語として用いられる。量の多少や程度の違いはあっても、ある主張が妥当するという意味で、判断の妥当性を暗示するかなり冷静な表現である。

「おおかれすくなかれ」は「だいなりしょうなり」や「たしょうは」に似ているが、「だいなりしょうなり」は主に大小や程度の差について用いられる。「たしょうは」は量が少ないけれども存在するというニュアンスになる。

？ 都会に住めば大なり小なり金はかかる。
　人には多かれ少なかれ虚栄心がある。
　（虚栄心のない人はいない）
　人には多少は虚栄心がある。（少しはある）

⇨「だいなりしょうなり」「たしょう」

おおく［多く］ ⇨『現代形容詞用法辞典』「おおい」

おおむね［概ね］ ômune

① 担当刑事は事件の**おおむね**を語った。
② 意見は与野党間で**おおむね**の一致を見た。
③ 君の答えは**おおむね**合っている。
④ 工事は**おおむね**順調に進んでいる。

【解説】 大部分である様子を表す。ややプラスよりのイメージの語。①は名詞の用法、②は名詞にかかる修飾語、③④は述語にかかる修飾語の用法である。ややかたい文章語で、公式の発言などによく用いられる。全体に占める部分の割合が大きいことについて、話者がプラスの評価をもっていることが暗示されるので、好ましくないことが大部分に及んでいる場合にはふつう用いられない。

？ 試験はおおむねできなかった。
→試験はほとんどできなかった。

「おおむね」は「おおかた」や「だいたい」に似ているが、「おおかた」は客観的に大部分であることを表す。「だいたい」は瑣末《さまつ》な部分を除く主要な大部分というニュアンスになる。

　おおむね順調だ。（望んだとおりだ）
　おおかた順調だ。（大部分は問題ない）
　だいたい順調だ。（順調でない所も多少ある）

⇨「ほとんど」「おおかた」「だいたい」「ほぼ」「あらかた」

「おおよそ」「およそ」「やく」「ざっと」「あらまし」「たいてい」「たいがい」「がいして」

おおよそ［大凡］ôyoso

(1)① 部長は事件の経過の**おおよそ**を知っていた。
② **おおよそ**でいいから仕事の計画表を出してくれ。
③ 家から駅までは**おおよそ**一キロある。
④ 彼女のカンは**おおよそ**のところ当たっている。
⑤ 君の話は聞かなくても**おおよそ**見当がつくね。
(2)① **おおよそ**人間は他人に迷惑をかけなければ生きられないようにできている。

【解説】 (1) 不正確な全体を表す。プラスマイナスのイメージはない。①②は名詞、③は名詞にかかる修飾語、④⑤は「おおよそ」「おおよそのところ」の形で、述語にかかる修飾語になる。③は数量を表す名詞にかかり、近似値を表す。ふつうある状態の不正確な全体を表す場合に用いられ、行為や動作の達成度を表す場合には用いないことが多い。

? 工事はおおよそ終わった。
→工事はだいたい(あらかた)終わった。

「おおよそ」は「あらまし」に似ているが、「あらまし」は一応の筋道が通っているというニュアンスで、概略の暗示をもつ。

× あらましでいいから仕事の計画表を出してくれ。

(2) 総論を切り出す様子を表す。プラスマイナスのイメージはない。文頭において文全体にかかる修飾語になる。ただし、この用法では「およそ」のほうを用いることが多い。

→およそ人間は他人に迷惑をかけなければ生きられないようにできている。

「おおよそ」には否定を強調する用法はない。

× 彼は色恋にはおおよそ縁のない男だよ。
→彼は色恋にはおよそ縁のない男だよ。

⇨「だいたい」「あらかた」「あらまし」「およそ」「ほとんど」「おおかた」「ほぼ」「おおむね」「たいてい」「たいがい」「やく」「かれこれ」「ざっと」

おくればせながら［遅れ馳せ乍ら］okurebasenagara

① この前の日曜は君の誕生日でしたね。**おくればせながら**プレゼントを送ります。おめでとう。
② 六十の手習いというが、わしも**おくればせながら**俳句の勉強を始めたよ。

【解説】 時機に遅れて行う様子を表す。ややプラスイメージの語。動作を表す述語にかかる修飾語になる。時機に遅れていることを承知の上で何か価値のあることを行う暗示があり、好ましくない事柄については、ふつう用いない。

× 悪性の風邪がはやっているそうですが、ぼくも遅ればせながら昨日ひいてしまいました。

↓悪性の風邪がはやっているそうですが、ぼくもとうとう昨日ひいてしまいました。

「おくればせながら」は「おそまきながら」に似ているが、「おそまきながら」は時機を失していることについて反省の暗示がある。

？ 被害住民が騒いだので、政府も遅ればせながら環境汚染に取り組む姿勢を見せた。

↓被害住民が騒いだので、政府も遅まきながら環境汚染に取り組む姿勢を見せた。

⇩「おそまきながら」

おしくも［惜しくも］ ⇩『現代形容詞用法辞典』「おしい」

おして［押して・推して］ oshite

(1)① 彼は激しい風雨を**おして**出かけた。

② 何度も断られたがそれでも**おして**頼むと、相手はとうとう根負けして契約を結んでくれた。

(2)① 英語が二十点、国語が三十五点なら、他も**おして**知るべしだね。

【解説】 (1)（「押して」と書くもの） 障害を乗り越えて意図的に行う様子を表す。ややマイナスよりのイメージの語。①は動詞の用法、②は動詞にかかる修飾語の用法である。修飾語の場合には、依頼や願望などの動作にかかることが多い。主体の意志を暗示するが、相手の被害者意識は暗示されない。

「おして」は「あえて」や「しいて」に似ているが、「あえて」は困難を承知で意図的に行う行為に好ましい結果を期待する暗示がある。「しいて」は相手の意志に反する暗示がある。

× 登山隊一行はおして困難なルートを選んだ。

↓登山隊一行はあえて困難なルートを選んだ。

× そんなに学校が嫌ならおして行けとは言わないよ。

↓そんなに学校が嫌ならしいて行けとは言わないよ。

(2)（「推して」と書くもの） 「……なら、（他も）推して知るべしだ」の形で慣用句として用いられ、前件から判断して他のことも想像がつくという意味を表す。ややマイナスイメージの語句。想像の内容としては、あまり好ましくない場合が普通で、好ましい想像をする場合には用いられない。

× 長男が大学教授で次男が医者なら、他も推して知るべしだ。

⇩「あえて」「しいて」

おしなべて［押し並べて］oshinabete

① 彼女の兄弟はみな**おしなべて**背が高い。
② 近年は老若男女**おしなべて**おしゃれをする。
③ 今期の販売実績は各課とも**おしなべて**良好だ。

【解説】 全体にわたって同じ傾向をもつ様子を表す。プラスマイナスのイメージはない。述語にかかる修飾語として用いられる。ややかたい文章語で、公式の発言や報道などでよく用いられる。同じ傾向をもつ範囲としては、ある範囲の全部に及ぶ場合(①)、ほとんど全部と言ってよい場合(②)、多少の違いはあるが無視できる程度の場合(③)などがある。かなり客観的な表現で、特定の感情は暗示されていない。

「おしなべて」は「がいして」に似ているが、「がいして」は細かい点を無視して全体の傾向を述べるニュアンスで、カバーする範囲が狭く、①②のようにほとんど全体に及ぶ場合には用いられない。

× 彼女の兄弟はみな概して背が高い。

「おしなべて」は「ひとしなみに」や「そろいもそろって」にも似ているが、「ひとしなみに」は全部程度の低いほうにあわせて待遇する様子を表すややマイナスイメージの語、「そろいもそろって」は全部が好ましくない傾向をもっている様子を表すマイナスイメージの語で、どちらも慨嘆の暗示がある。

× イスラム教徒や菜食主義者もいる国際会議だというのに、昼食にはおしなべて豚肉の料理が出された。
→イスラム教徒や菜食主義者もいる国際会議だというのに、昼食にはひとしなみに豚肉の料理が出された。

× 君の部下はおしなべて無能だな。
→君の部下はそろいもそろって無能だな。

⇩「がいして」「ひとしなみ」「そろいもそろって」「いったい」「そうじて」「いっぱんに」「いちがいに」

おそかれはやかれ［遅かれ早かれ］ ⇩『現代形容詞用法辞典』「はやい」「おそい」

おそくとも［遅くとも］ ⇩『現代形容詞用法辞典』「おそい」

おそまきながら［遅蒔き乍ら］osomakinagara

① 被害住民が騒いだので、政府も**おそまきながら**環境汚染に取り組む姿勢を見せた。
② わが家も**おそまきながら**エアコンを買いました。

【解説】 時機に遅れて行う様子を表す。ややマイナスよりのイメージの語。動作を表す述語にかかる修飾語になる。ふつう好ましい事柄について用い、好ましくない事柄については用いない。

× 最後まで頑張っていた女房も遅まきながら風邪でダウンした。
→最後まで頑張っていた女房もとうとう風邪でダウンした。

他と足並をそろえて適切な時機に行わず、自分だけ時機に遅れて行うことについて、軽い反省と慨嘆の暗示がある。②は、他の家々ではとっくにエアコンを購入しているのに、自分の家は最近になってようやく購入したという、購入時機の遅れについて述べているのであって、暑さの時機に遅れたという意味ではない。

「おそまきながら」は「おくればせながら」に似ているが、「おくればせながら」には反省や慨嘆の暗示はない。

（みんなと一緒にお祝いしないですみません）
遅まきながらお祝い申し上げます。
遅ればせながらお祝い申し上げます。
（お祝いが遅れましたが、ともかくおめでとう）

⇨「おくればせながら」

おそらく［恐らく］osoraku

① 神経痛の膝《ひざ》が痛いから明日は**おそらく**雨だろう。
② 来るなと言っても彼は**おそらく**来るだろう。
③ 「パパ、今日も遅いの?」「**おそらく**ね」

【解説】 可能性の高いことを推量する様子を表す。ややマイナスよりのイメージの語。述語にかかる修飾語として用いられるが、③のように述語部分を省略することもある。また、述語部分には推量の表現を伴うことが多い（①②）。ややかたい文章語で、あらたまった会話などでは「たぶん」のかわりに用いられることも多い。実現があまり好ましくない事柄について、危惧《きぐ》（①）や疑問（②）の暗示を伴って推量する様子を表すことが多い。好ましい事柄の可能性を推量する場合には、ふつう「たぶん」「きっと」などを用いる。

? 英語がいちばんできるのはおそらく藤井さんだ。
→英語がいちばんできるのはたぶん藤井さんだ。

ただし、「たぶん」は「おそらく」より実現の可能性が低く、「きっと」は実現の可能性について確信をもっている様子が暗示される。

「おそらく」の表す可能性はかなり幅があり、ほとんど確実なもの（①）、十中六七（③）のものなどがあるが、いずれも主観的な根拠に基づく可能性の推量であって、客観的な根拠を暗示しない。この点で、客観的な根拠に基づいて判断する「どうやら」と異なる。

× 天気予報によると明日はおそらく雪だろう。
→天気予報によると明日はどうやら雪らしい。

⇨「たぶん」「きっと」「どうやら」「おおかた」「さては」「まず」

おたがい・おたがいさま［御互い・御互い様］ otagai・otagaisama

(1) ① **おたがい**がいかに自分のエゴを出さないかが、恋愛を長続きさせる秘訣《ひけつ》だ。
② 労使は**おたがい**の立場を尊重しあうべきだ。
③ **おたがい**にこれからもがんばりましょう。
④ おれたち、**おたがい**年をとったね。

(2) ① 困ったときは**おたがいさま**だ。
② レースも終盤に来れば苦しいのは**おたがいさま**だ。
③ 「ちょっと三万ばかり貸してくれないかな」「金がないのは**おたがいさま**だよ」

【解説】 (1) 同じ立場にある双方を表す。プラスマイナスのイメージはない。①は名詞の用法、②は名詞にかかる修飾語の用法である。③④は述語にかかる修飾語の用法である。あまり述語にはならない。「たがい」の丁寧形ではあるが、日常会話以外の用法では特に丁寧の暗示は加わっていない。「おたがい」は双方が同じ立場にあるという前提に立った表現であり、しばしば同類の暗示がある(④)。自分と相手を対立する関係ととらえずに、同類の二者ととらえる日本文化に特徴的な語だと言える。「たがい」には同類の暗示はない。

× おれたち、互いに年をとったね。

(2) 「おたがいさま」の形で用いられ、相手と自分の状況が同様であることを認める様子を表す。ややプラスよりのイメージの語。ふつう述語で用いられる。①は相手が困った状況にあることについて、自分もいつかは相手と同じ状況になりうるという同情となぐさめの挨拶《あいさつ》で、しばしば援助の行為を行うことを暗示する。②は自分だけでなく相手も苦しいのだから、心配や援助は無用だという挨拶である。③は逆に、自分も相手と同様金がないので、借金を申し込んでもむだだという意味である。自分と相手の状況が同様であることを示すことによって、なぐさめや援助を暗示するのは、きわめて日本的である。この用法では「たがい」は用いられない。

おたかく［御高く］ ⇨『現代形容詞用法辞典』「おたかい」

おっつけ［追っ付け］ ottsuke

① 八時だから主人も**おっつけ**帰ってくるでしょう。
② 夕立だから**おっつけ**やむだろう。

【解説】 近い未来に物事が成就する様子を表す。プラスマイナスのイメージはない。述語にかかる修飾語として用いられる。述語部分には推量の表現を伴うことが多い。やや古風なニュアンスのある語で、日常的には「もうじき」「もうすぐ」などのほうがよく用いられる。物事の確実な成就が前提で、その成就の時期だけを問題としている表現である。ふつう進行に伴う行為や動作の変化について用いられ、状態の変化については用いられない。

✕ 信号はおっつけ青になるだろう。

→信号はもうじき(もうすぐ)青になるだろう。

「おっつけ」は「そのうち」や「やがて」「まもなく」などに似ているが、「そのうち」は物事の成就について確実性が乏しく、しばしば無関心・無責任の暗示を伴う。「やがて」は指す時間がかなり隔たっており、余裕の暗示がある。「まもなく」は時間があまり経過していないことだけを暗示する。

おっつけ帰ってくるでしょう。
(待っていれば必ず帰る)
そのうち帰ってくるでしょう。
(待っていなくても帰る)
やがて帰ってくるでしょう。
(いつかはわからないが帰る)
まもなく帰ってくるでしょう。
(あと数分(数十分)で帰る)

⇨「もうじき」「もうすぐ」「そのうち」「やがて」「まもなく」「いずれ」「きんきん」

おって [追って・逐って・追而] **otte**

(1) ① 面接試験の日程は**おって**お知らせします。

② (喫煙で補導された生徒に)**おって**指示があるまで、自宅で自習していなさい。

(2) ① **おって**、御返事は六月三十日までにお願いします。

【解説】 (1) 近い未来に物事が行われる様子を表す。プラスマイナスのイメージはない。述語にかかる修飾語として用いられる。かなりかたい文章語で、公式の発言や通達などに用いられる。ある行為がすでに行われ、それに続く行為が近い未来にあるという予告を表す。どのくらい時間が隔たった未来かは問題にしない点で、行為の行われる時間に視点がある「もうじき」「もうすぐ」「そのうち」「おそかれはやかれ」などと異なる。

「おって」は「あとで」に似ているが、「あとで」はすでに行われた行為と未来の行為との関連性は暗示しない。

✕ 「宿題はやったの?」「おってやるよ」

→ 「宿題はやったの?」「あとでやるよ」

(2)(「追而」と書くもの) 後に付けたりの言葉が続くことを表す。手紙にのみ用いられる。「なお」に近いが、用法が限定される。

⇨「もうじき」「もうすぐ」「そのうち」「あとで」「なお」

おつに[乙に] ⇨『現代形容詞用法辞典』「おつ」

おなじく[同じく] ⇨『現代形容詞用法辞典』「おなじ」

おのおの ［各・各々］ onoono

① **おのおの**が自分の責任をまっとうすることで組織は円滑にゆく。
② 一から三までの**おのおの**の項目を検討する。
③ メンバーは**おのおの**弁当持参で参加した。

【解説】 たくさんある同類のものの一つ一つの要素を表す。プラスマイナスのイメージはない。ややかたい文章語で、法律や通達などあらたまった文章中でよく用いられる。①は名詞の用法、②は名詞にかかる修飾語、③は述語にかかる修飾語の用法である。人間について用いることが多いが、物事について用いることも皆無ではない(②)。個々の要素を対等に均一に扱う暗示がある。

「おのおの」は「それぞれ」や「めいめい」に似ているが、「それぞれ」は個々の要素にバラエティーのある暗示がある。「めいめい」は個々の要素が一つ一つ独立している暗示がある。

× 生徒たちはおのおのばらばらの服装をしてきた。
→生徒たちはそれぞればらばらの服装をしてきた。
× 切符はおのおのお持ちください。
→切符はめいめいお持ちください。

⇨「それぞれ」「めいめい」「ひとりひとり」「ひとつひとつ」「てんでに」

おのずから ［自ずから］ onozukara

(1)① 事件の真相は**おのずから**明らかになるだろう。
② 失恋の痛手は時が**おのずから**解決するはずだ。
③ 読書百遍、意**おのずから**通ず。（ことわざ）
(2)① 本人の感謝と親の挨拶《あいさつ》とは**おのずから**問題が別だ。
② 計画の失敗の責任は**おのずから**彼にあると言える。

【解説】 (1) ほうっておいても物事が自然に成就する様子を表す。プラスマイナスのイメージはない。ややかたい文章語で、述語にかかる修飾語になることが多い。日常会話にはあまり登場しない。③はことわざで、どんなにむずかしい書物でも回数を多く読めば、その言わんとするところは自然にわかってくるものだという意味である。物事が自然に変化して成就の段階に帰結する点にポイントがあり、時間の進行や人為的な努力の有無には言及しない点で、「そのうち」「いずれ」や「ひとりでに」「しぜんに(と)」などと異なる。

× 待っていれば自ずからやってくるだろう。
→待っていればそのうち(いずれ)やってくるだろう。
× 風もないのにドアが自ずから開いた。
→風もないのにドアがひとりでに(自然に)開いた。

(1)の「おのずから」は「おのずと」に非常によく似ているが、「おのずと」は物事そのものの性質や状態の自立的進展の結果、事柄が成就する暗示があるのに対して、「おのずから」はやや客観的で、外から見て状態が自然に変化して帰結する様子を暗示する。

? お墓参りすると自ずから敬虔《けいけん》な気持ちになる。

→お墓参りすると自ずと敬虔な気持ちになる。

(2) 当然の帰結である様子を表す。プラスマイナスのイメージはない。「……はおのずから□□だ」という述語にかかる修飾語として用いられ、……という点に関しては、当然□□だという判断を表す。かなりかたい文章語で、あらたまった発言などに用いられる。ある常識や論理に従うと、必然的な帰結として□□の結論が出るのが当然だという意味であるが、かなり客観的で冷静な表現であって、特定の感情は暗示されていない。

この「おのずから」は「とうぜん」に似ているが、「とうぜん」は論理的に帰結されるという判断を表し、話者の確信の暗示がある。

× 自分で提案したんだから自ずから彼がやるべきだ。

→自分で提案したんだから当然彼がやるべきだ。

⇨「そのうち」「いずれ」「ひとりでに」「しぜん」「おのずと」「とうぜん」

おのずと [自ずと] onozuto

① お墓参りすると**おのずと**敬虔《けいけん》な気持ちになる。

② いかに彼が優秀でも**おのずと**限界はある。

③ 今は無理でも**おのずと**わかってくれる時が来るさ。

【解説】 ほうっておいても自然に成就する様子を表す。プラスマイナスのイメージはない。述語にかかる修飾語として用いられる。ややかたい文章語で、公式の発言などによく用いられる。物事そのものの性質や状態の自立的進展の結果、事柄が成就するというニュアンスで用いられ、進展を外から眺めて、ある状態から別の状態に変化して帰結することを暗示する「おのずから」とはニュアンスの上で異なる。

自ずと問題は解決した。

(問題そのものの中に解決の糸口があった)

自ずから問題は解決した。

(特に努力をしないでも解決した)

⇨「おのずから」「しぜん」「ひとりでに」

おまけに [御負けに] omakeni

① 彼女は年はいってるし**おまけに**親一人子一人ときているから、嫁のもらい手があるわけがない。

② 彼はハンサムで頭がよく**おまけに**大金持ちだ。

【解説】 さらに付け加える様子を表す。プラスマイナスのイメージはない。述語にかかる修飾語として用いられる。かなりくだけた表現で、かたい文章中にはあまり用いられない。ふつう、好ましくないことの上にまた別の好ましくないことが付け加わる場合に用いられる①が、好ましいことの上に別の好ましいことが付け加わる場合②もある。付け加わる内容によって、慨嘆①・不快・憤慨・感嘆②・驚きなどの感情が暗示される。「□□だ。おまけに△△だ」というとき、□□ですでに十分な上に、余分なものとして△△が加わるニュアンスになる。かなり主観的な表現であって、話者にとって好ましいか好ましくないかの評価ができる物事に限って用いられ、客観的に事柄を添加する場合にはふつう用いない。

×　彼は英語の勉強をしている。おまけにフランス語もだ。
→彼は英語の勉強をしている。そのうえフランス語もだ。

「おまけに」は「そのうえ」「そればかりか」「それに」「しかも」などに似ているが、「そのうえ」はかなり客観的な表現で、特定の感情を暗示しない。「そればかりか」は主に好ましくない事柄が付け加わる場合に慨嘆の暗示を伴って用いられる。「それに」は新たに付け加わった事柄が全体にとって軽い意味しかもたないことを暗示する。「しかも」は反対に、新たに付け加わった事柄が全体にとって重要な意味をもつことを暗示する。

日が暮れて、おまけに雪まで降ってきた。
(困ったことだ)
日が暮れて、そのうえ雪まで降ってきた。
(特定の感情を暗示しない)
日が暮れて、そればかりか雪まで降ってきた。
(困った。本当にどうしようか)
日が暮れて、それに雪まで降ってきた。
(暗くなってしまうな)
日が暮れて、しかも雪まで降ってきた。
(いよいよ道がわからなくなってしまう)

⇨「そのうえ」「そればかりか」「それに」「しかも」「さらには」「くわえて」

おもいがけず［思い懸けず・思い掛けず］　⇨『現代形容詞用法辞典』「おもいがけない」

おもいきって ［思い切って］ omoikitte

① 彼女はビルの屋上から**おもいきって**飛び下りた。
② **おもいきって**一発やってみろよ。

【解説】 決断して行動する様子を表す。プラスイメージの語。動詞にかかる修飾語として用いられる。勇気を必要とする行動を起こすに際して決断する様子を表し、行動する前にためらいや不安などを感じている暗示がある。

「おもいきって」は「ひとおもいに」に似ているが、「ひとおもいに」は決断して非常手段を取る場合に限って用いられる。
　思い切って飛び下りる。（助かろうと思って）
　一思いに飛び下りる。（死のうと思って）
⇨「ひとおもいに」「いちかばちか」「のるかそるか」「いっそ」

おもいきり ［思い切り］ omoikiri

(1)① 阪神の新庄は**おもいきり**のよいスイングをする。
② 彼女は会社をやめるかどうか、なかなか**おもいきり**がつかなかった。
(2)① あいつを**おもいっきり**ぶんなぐってやりたいね。
② 遠慮しないで**おもいきり**大きな声を出してごらん。
③ 彼女は育児以外の家事は**おもいきり**手抜きする。
④ （アイドルに）「初舞台の感想は?」「**おもいっきり**緊張してま～す」

【解説】 (1) 一度決断したら何も考えない様子を表す名詞。プラスイメージの語。①は一度こうと決めたらそれ以外の可能性は考えずにバットを振るという意味、②の「思い切りがつかない」は、きっぱりと決断できず、いつまでも思い悩んでいるという意味である。「いさぎよい」などにも通じるが、一度決心したら状況の変化はあまり考えず初心を貫く態度にプラスの評価を与える日本文化ならではの語である。

(2) 程度が非常にはなはだしい様子を表す。プラスマイナスのイメージはない。動作を表す述語にかかる修飾語になることが多い。日常会話では、しばしば①④のように「思いっ切り」と発音される。主体が「自分が最高だと思う程度のはなはだしさで」行為を行うという意味で、行為者の側から見た程度のはなはだしさを表し、誇張と勢いの暗示がある。ふつうは①②のように主体の大規模な運動について用いることが多いが、現代語では単に程度のはなはだしさを表す用法として、不行為(③)や状態(④)についても用いられるようになった。

「おもいきり」は「おもうぞんぶん」や「いやというほど」などに似ているが、「おもうぞんぶん」は主体の満足の暗示がある。「いやというほど」は行為を受ける側から見た程度のはなはだしさを表し、主体の意図には言及しない。

? 一度でいいから思い切り寝てみたい。
　→一度でいいから思う存分寝てみたい。
× 電車の中で思い切り足を踏んづけられた。
　→電車の中でいやというほど足を踏んづけられた。
⇨「おもうぞんぶん」「おもうさま」「いやというほど」

おもいなしか ［思い做か］ omoinashika

① 彼女は最近失恋したそうだが、**おもいなしか**元気

がない。

② 課長は数日来の夜勤で**おもいなしか**やせたようだ。

【解説】 相手に対して気づかっている様子を表す。ややマイナスよりのイメージの語。状態を表す述語にかかる修飾語になる。ある判断に基づいた主体の相手に対する気づかいを表す語で、ふつう相手の好ましくない状態を気づかう意味になる。相手の状態については、その原因を話者が確信していることが多く、原因に対する結果として相手の状態を判断するニュアンスがある。①は「最近の失恋」が原因で「元気がない」が結果、②は「数日来の夜勤」が原因で「やせた」が結果である。したがって、客観的に見て好ましくない状態かどうかには関係なく、話者の目には好ましくない状態に見えるという意味になる。相手にはっきり確かめることをせず、自分の判断のみによって相手の状況への気づかいをする「思いやり」の気持ちは、日本文化に特徴的である。

「おもいなしか」は「こころなしか」に似ているが、「こころなしか」は相手に対する気づかいは暗示せず、話者が自分一人で判断して推量する様子を暗示する。

× 恋人の見舞いがうれしかったらしく、彼は今日は思いなしか顔色がいい。

→恋人の見舞いがうれしかったらしく、彼は今日は心なしか顔色がいい。

⇩「こころなしか」

おもいのほか［思いの外］omoino-hoka

① 彼女の家は**おもいのほか**に遠かった。

② この前のテストは**おもいのほか**できた。

③ 今日は**おもいのほか**あったかいね。

【解説】 予想や期待と異なる結果になる様子を表す。プラスマイナスのイメージはない。主に述語にかかる修飾語になる。予想や期待の程度を大きく上回る場合(①②)と、予想や期待と反対の結果になる場合(③)とがある。予想や期待そのものよりもそれと異なる結果のほうにポイントがあり、結果の程度はかなり高くなる。②はかなりできたという意味であり、③はかなり暖かいという意味である。かなり客観的な表現で、特定の感情を暗示しない。

「おもいのほか」は「いがいに」や「あんがい」に似ているが、「いがいに」は予想や期待に視点があるので、結果との落差が大きい。「あんがい」は予想に反して好ましくない結果になる暗示がある。

⇩「いがい」「あんがい」「ことのほか」

おもうさま［思う様］omou-sama

① 犬が木陰で**おもうさま**に体を伸ばして寝ている。

② 彼は巨大なカンバスに**おもうさま**絵筆を振るった。

【解説】 程度が非常にはなはだしい様子を表す。ややプラスイメージの語。ふつう述語にかかる修飾語になる。ややかたい文章語で、日常会話にはほとんど登場しない。第三者が見て主体が最高だと思う程度で行為を行っていると判断・推量している様子を表し、主体の意図には言及しない。

「おもうさま」は「おもいきり」や「おもうぞんぶん」に似ているが、「おもいきり」は主体から見た程度のはなはだしさを表し、誇張と勢いの暗示を伴う。「おもうぞんぶん」は程度が高いことについて主体の満足を暗示する。

? あいつを思うさまなぐってやりたい。
→あいつを思い切りなぐってやりたい。
? 思うさま実力を発揮されんことを期待します。
→思う存分実力を発揮されんことを期待します。

⇨「おもいきり」「おもうぞんぶん」

おもうぞんぶん [思う存分] omou-zombun

① 遠慮しないで**おもうぞんぶん**歌ってごらん。
② 久しぶりの海水浴を**おもうぞんぶん**に楽しんだ。
③ 彼は新規事業で**おもうぞんぶん**の働きをした。

【解説】 程度が非常にはなはだしい様子を表す。プラスイメージの語。①②は述語にかかる修飾語、③は名詞にかかる修飾語の用法である。主体が満足するほどはなはだしくという意味で、主体の満足感にポイントがあり、程度のはなはだしさを誇張する暗示のある「おもいきり」、第三者から見た程度のはなはだしさを暗示する「おもうさま」とは異なる。

思う存分伸びをする。(気持ちがいい)
思い切り伸びをする。(これ以上できない)
思うさま伸びをする。(気持ちよさそうだ)

⇨「おもいきり」「おもうさま」「こころゆくまで」

おもてむき [表向き] omotemuki

① 彼が社長というのはあくまで**おもてむき**だ。
② 社内の不正を**おもてむき**にする。
③ 母は**おもてむき**を取り繕うことに汲々《きゅうきゅう》としている。
④ 彼が欠勤した**おもてむき**の理由は実家の不幸だが、実は離婚訴訟で弁護士に会いに行ったらしい。
⑤ 彼は**おもてむき**は社員だが顔を見せたことがない。
⑥ 芸能人は**おもてむき**派手だが意外に貧乏している。

【解説】 世間の目に見える部分を表す(↔ないない)。ややマイナスイメージの語。①~③は名詞の用法、④は名詞にかかる修飾語、⑤⑥は述語にかかる修飾語の用法である。物事を世間一般の目にふれる公(建前)の部分と、世間一般の目にふれない内実(本音)の部分とに分けたときの、建前の部分を指す。このとき、公の部分と内実とがしばしば一致せず、内実の不正や真実を隠蔽《いんぺい》する暗示がある。日本人は世間一般の目を気にする性質が強いが、その割にそういう世間一般の目にふれる(取り繕った)建前の部分を、自分にとって真実である本音の部分より好ましくないものとして評価するのは興味深い。

おもに［主に］ ⇩『現代形容詞用法辞典』「おも」

おもむろに ［徐に］ omomuroni

① 会長は議論百出のあと**おもむろに**口を開いた。
② SLは長い汽笛を鳴らして**おもむろに**動き始めた。
③ 彼が**おもむろに**歌い出したのでびっくりした。

【解説】 行動の起こし方が静かで落ち着いている様子を表す。ややプラスよりのイメージの語。動詞にかかる修飾語として用いられる。ふつう人間の行為について用いるが、人間以外の動作について用いることも皆無ではない(②)。行動を起こすに際して、その起こし方があわてずに落ち着いている様子を表し、しばしば余裕の暗示を伴う。行動を起こすまでの所要時間や、行動そのものにかかる時間は問題にしない。①はあわてず落ち着いてゆっくりと意見を述べ始めたという意味である。

× 彼女はおもむろに歩いた。
→彼女はゆっくり歩いた。
→彼女はおもむろに歩き始めた。

「おもむろに」は「やおら」や「じょじょに」に似ているが、「やおら」は第三者にとって、主体の行為の起こし方が落ち着いて見えるというニュアンスで用いられ、しばしば意外性の暗示を伴う。「じょじょに」は行動や変化が少しずつ起こる様子を表し、行動の起こし方について述べるニュアンスはない。

× 名前を呼ぶと彼はやおら顔を上げた。
→名前を呼ぶと彼はおもむろに顔を上げた。
× 彼は席につくと徐々に本を取り出した。
→彼は席につくとおもむろに本を取り出した。

近年若い人たちの間では、「いきなり」「急に」という意味で用いる例(③)が増えている。

⇩「やおら」「じょじょに」

おもわず ［思わず］ omowazu

① カッとして**おもわず**子供をたたいてしまった。
② 悲しい映画を見て**おもわず**もらい泣きをした。
③ 愛妻弁当を開くと**おもわず**知らず顔がゆるむ。

【解説】 無意識に行う様子を表す。プラスマイナスのイメージはない。述語にかかる修飾語として用いられる。③の「思わず知らず」は「思わず」の強調形である。まったく意識せずに、本能的・衝動的に何かを行う様子を表し、その行為はしばしば一回きりである暗示がある。

「おもわず」は「つい」「うっかり」や「しらずしらず」に似ているが、「つい」は抑制が欠如している結果として、習慣的・本能的な行為になりがちな傾向を表し、主体にとって不本意な結果を招いたことについて反省の暗示を伴う。「うっかり」は何かを行うにあたって、注意力の欠如や放心を暗示する。「しらずしらず」は意識しないうちに結果としてある傾向にはまっていたという暗示がある。

× 彼女の顔を見たら、別れ話を思わず言いそびれた。
→彼女の顔を見たら、別れ話をつい言いそびれた。
× 悲しい映画を見てうっかりもらい泣きをした。
× この薬を飲めば思わずタバコがやめられる。
→この薬を飲めば知らず知らずタバコがやめられる。

⇩「つい」「しらずしらず」「ついつい」

およそ［凡そ］ oyoso

(1)① **およその**ことは担当の者から聞いている。
② ゴールまで**およそ**八百メートルです。
③ 君の話は聞かなくても**およそ**見当がつくね。
(2)① **およそ**人間は他人に迷惑をかけなければ生きられないようにできている。
(3)① 彼は色恋には**およそ**縁のない男だよ。
② 外国の戦争に資金を出すとは**およそ**ばかげた話だ。

【解説】 (1) 不正確な全体を表す。プラスマイナスのイメージはない。①②は名詞にかかる修飾語、③は述語にかかる修飾語の用法である。名詞として目的語などになる場合には「おおよそ」のほうが用いられる傾向にある。

? 部長は事件の経過のおよそを知っていた。
→部長は事件の経過のおおよそを知っていた。

②は数量を表す名詞にかかって、近似値を表す。「およそ」は「おおよそ」と同様、ある状態の不正確な全体を表す場合に用いられ、行動や動作の達成度を表す場合には用いないことが多い。

? 工事はおよそ終わった。
→工事はだいたい(あらかた)終わった。

(2) 総論を切り出す様子を表す。プラスマイナスのイメージはない。文頭において文全体にかかる修飾語になる。かなりかたい文章語で、日常会話にはほとんど登場しない。これから述べ出すことが総論であることを示す。

この「およそ」は「そもそも」や「いったい」に似ているが、「そもそも」は物事の根本や原因に言及する暗示がある。「いったい」は全体を一つのまとまりととらえて一般化する暗示がある。

(3) 否定や打消しを誇張する様子を表す。ややマイナスイメージの語。後ろに打消し(①)や否定的な内容(②)を伴い、非常に、まったくという意味を表す。誇張される内容について確信をもっている様子が暗示され、かなり主観的な表現になっている。

⇩「おおよそ」「だいたい」「あらかた」「そもそも」「いったい」「だいいち」「ひじょう」「まったく」「たいてい」「たいがい」「おおかた」「おおむね」「ほとんど」「ほぼ」「やく」「かれこれ」「ほんとう」「もとより」「もともと」「あらまし」「ざっと」「ぜんぜん」

およばずながら ［及ばず乍ら］ oyobazunagara

① その件に関しては、**およばずながら**私も力になりましょう。

② 君たちの計画には**およばずながら**私も手伝わせてもらうよ。

【解説】 自分の力が及ばないことを承知している様子を表す。プラスイメージの語。助力や援助を意味する動作にかかる修飾語として用いられる。助力や援助を行うに際して、自分の力は及ばないだろうがという謙遜《けんそん》の気持ちを暗示する。したがって自分の行為以外には用いない。

および ［及び］ oyobi

① その会議は仙台、東京**および**長崎で開催される。

② 景品交換は七月七日**および**八日の二日間だけです。

【解説】 同様のものを並べる様子を表す。名詞と名詞をつなぐ用法で用いられる。かなりかたい文章語で、公式の発言や報道、法律の条文などに用いられる。ふつう二者の場合は「AおよびB」、三者以上の場合は「A、B……およびX」のようにする。「AおよびB」の形の場合、重点はAにあることが多く、追加としてBを付け加えるニュアンスになる。「A、BおよびC」の場合は追加としてCが付け加えられる。

？ 新規事業には部長及び社長の許可が必要だ。

→新規事業には社長及び部長の許可が必要だ。

「および」は「ならびに」に似ているが、「ならびに」はさらにかたい文章語で、法令用語としては「(AおよびB)ならびに(CおよびD)」のように、上位段階の並列関係を「ならびに」で表し、下位段階の並列は「および」で表す。

⇩「ならびに」

おりあしく ［折悪しく］ ori-ashiku

① 出かけようとしたところへ**おりあしく**客が来た。

② 友人にごちそうしようと思ったが、**おりあしく**お盆で店はどこも閉まっていた。

【解説】 何かを行うのに時機が悪い様子を表す(↔おり

よく)。マイナスイメージの語。述語にかかる修飾語として用いられる。ややかたい文章語で、日常会話にはあまり登場しない。何かある行為を行うに際してタイミングが悪い様子を表すが、かなり客観的な表現で特定の感情は原則として暗示しない。

「おりあしく」は「あいにく」に似ているが、「あいにく」は物事の順調な進行や成就を妨げる事態になったことについて話者が残念に思う気持ちが暗示されており、しばしば相手の行為が順調に実現しないことについて同情するニュアンスになる。

× (電話で)折あしく父は留守をしております。
→あいにく父は留守をしております。

⇩「あいにく」「おりよく」

おりいって［折り入って］ori-itte

① 部長に**おりいって**お願いがあるんですが。
② なんだい、**おりいって**の頼みって?

【解説】 個人的に重大なことを打ち明ける様子を表す。プラスマイナスのイメージはない。①は述語にかかる修飾語、②は名詞にかかる修飾語の用法である。述語にはならない。日常会話において、これから個人的に重大なことを打ち明けるというマクラ(前置き)として、依頼・懇願や個人的な秘密の開陳などの場面で用いられる。話者自身に関係のない事柄についてはふつう用いられない。話者の真面目な姿勢と、話者と相手とで秘密を共有する暗示がある。したがって、相手にとってはしばしば話者の依頼や懇願を拒否できない結果になることがある。単に依頼や懇願の気持ちを強調するときには用いない。

× 折り入って部長からお口添え願いたいんですが。
→ぜひ(ぜひとも)部長からお口添え願いたいんですが。

⇩「ぜひ」「ぜひとも」

おりおり［折々］oriori

① 庭園には四季**おりおり**の花が咲き乱れる。
② 老教授に会う**おりおり**自分の不勉強を痛感する。
③ いくら単身赴任でも**おりおり**は家族に会ったほうがいい。
④ ここは文豪の姿が**おりおり**見かけられたところだ。

【解説】 ある時ごとに何かが行われる様子を表す。プラスマイナスのイメージはない。①②は名詞の用法、③④は述語にかかる修飾語の用法である。かなりかたい文章語で、詩的な文章や文芸作品などによく用いられ、日常会話にはあまり登場しない。

③④の「おりおり」は「ときどき」に似ているが、「ときどき」は日常的に広く用いられる。

× 会社の帰りに折々一杯やります。
→会社の帰りにときどき一杯やります。
⇩「ときどき」

おりかえし［折り返し］orikaeshi

① 三番線の電車は**おりかえし**東京行きとなります。
② (電話で)社長はあいにく外出しておりますが、戻りましたら**おりかえし**こちらから御連絡いたします。
③ 御返事は返信用葉書で**おりかえし**お願いします。

【解説】 動詞「おりかえす」の連用形だが、述語にかかる修飾語となって、進行してきた勢いのまま反対方向へ戻る様子を表す。プラスマイナスのイメージはない。①は入ってきた電車が(終着)駅で止まって、反対の方向へすぐに出て行くという意味で、それまでの進行方向と同じ方向へ発車していく場合には「おりかえし」は用いられない。②は相手→当方という連絡方向を、相手←当方という方向にすぐに転換させる、すなわち戻り次第すぐに連絡するという意味である。「おりかえし」は進行してきた勢いがそのまま持続されて反対方向へ戻る点にポイントがあり、結果として「すぐ」「ただちに」という意味にはなるが、所要時間が短いことや動作が素早いことは意味しない。

× 彼は電話を置くと折り返し出て行った。
→彼は電話を置くとすぐ(すぐさま・ただちに)出て行った。
⇩「すぐ」「すぐさま」「ただちに」

おりよく［折良く・折好く］ori-yoku

① 終電に乗り遅れ途方にくれていたら、**おりよく**友人が車で通りかかった。
② 新規事業計画の発表後、ちょうど**おりよく**経験者が応募してきた。

【解説】 何かを行うのに時機がよい様子を表す(↔おりあしく)。プラスイメージの語。述語にかかる修飾語として用いられる。ややかたい文章語で、日常会話にはあまり登場しない。何かある行為を行うに際してタイミングがよい様子を表すが、かなり客観的な表現で特定の感情は原則として暗示しない。
⇩「おりあしく」「よく」

おろか［愚か・疎か］ ⇩『現代形容詞用法辞典』「おろか」

か　行

がいして［概して］gaishite

① 一月間の公演は**がいして**客の入りがよかった。
② 日本人は**がいして**他人に親切だ。

【解説】 全体の傾向を述べる様子を表す。プラスマイナスのイメージはない。述語にかかる修飾語として用いられる。名詞にかかる修飾語や述語にはならない。ややかたい文章語で、公式の発言などによく用いられる。細かい点は無視して、全体の傾向は□□であると主観的に判断する様子を表す。判断の根拠は示されないことが多い。

「がいして」は「いっぱんに」「たいてい」「たいがい」などに似ているが、「いっぱんに」はかなり客観的で、ふつうはっきりした根拠に基づく判断であることが多く、統計的に表されるような傾向については用いられない。「たいてい」は何度も繰り返される行為や状態のうちの多くの割合が一定の傾向になる様子を表す。「たいがい」はある範囲の大部分を表すニュアンスになる。

× 一月間の公演は一般に客の入りがよかった。
? 最近の若い子って、概して3Kは敬遠するね。
→最近の若い子って、たいてい(たいがい)3Kは敬遠するね。

「がいして」には、「あらかた」や「おおかた」などのように、全体の様子を推量する意味はない。

× 君の話は聞かなくても概して察しがつくよ。
→君の話は聞かなくてもあらかた(おおかた)察しがつくよ。

⇨「いっぱんに」「たいてい」「たいがい」「おしなべて」「そうじて」「いったい」「いちがいに」「だいたい」「おおむね」

かいもく［皆目］kaimoku

① 選挙の結果については**かいもく**見当がつかない。
② あたしゃ、政治は**かいもく**わからない人間でね。

【解説】 後ろに打消しの表現を伴って、打消しを誇張する様子を表す。ややマイナスよりのイメージの語。打消しの表現を伴う述語にかかる修飾語として用いられる。用法は非常に限定されていて、現在では、主体が言及している内容についてまったくわからないことを強調するときに用いられることが多い。「ぜんぜん」「すこしも」という意味であるが、可能性を全部否定するだけでなく話者の困惑が暗示される。

× この本はむずかしくて皆目読めない。
→この本はむずかしくてさっぱり(全然)読めない。

「かいもく」は「とんと」「いっこう」や「まるで」に似ているが、「とんと」は内容がまったくわからないことについて、不審・不可解の暗示がある。「いっこう」は相手の期待や予想に反する暗示がある。「まるで」は百パーセント完全に可能性を否定するニュアンスになる。

皆目わからない。（私に聞かれても困る）
全然わからない。（本当にわからない）
とんとわからない。（わかるように説明してほしい）
一向にわからない。
（君は疑っているかもしれないが）
まるでわからない。（わかる所が全然ない）

⇩「ぜんぜん」「すこしも」「とんと」「いっこう」「まるで」「さらさら」「ちっとも」「まったく」「まるっきり」「てんで」「てんから」「からきし」「みじんも」「もうとう」

かえすがえす［返す返す］kaesugaesu

① 先生の御指導を受けられなかったことは、**かえすがえす**も残念でなりません。
② **かえすがえす**思うに、あの時彼は身の潔白を主張しておくべきだった。

【解説】 何度も繰り返す様子を表す。ややマイナスよりのイメージの語。述語にかかる修飾語として用いられる。現在では①の「返す返すも」の形で何度繰り返しても同じ結果になるほど程度がはなはだしいという意味に用いられることが多く、②のように具体的に繰り返し行為する意味で用いられることは少ない。また、場面としては、ある行為の後でその行為について繰り返し回想するという場面で用いられ、行為に先立って用いられることは少ない。

①の意味のときは「くれぐれも」に似てくるが、「くれぐれも」は行為に先立って依頼・懇願する場面で用いられる。

× 息子のことを返す返すもよろしくお願いします。
→息子のことをくれぐれもよろしくお願いします。

⇩「くれぐれも」「かさねがさね」

かえって［却って・反って］kaette

① 運動のしすぎは**かえって**健康をそこなう。
② 宴会の料理は自分で作ると仕出しを頼むより**かえって**高くつくことがある。
③ （病気見舞いの品をもらって）たいしたことありませんのに、お気を使わせて**かえって**申し訳ございません。

【解説】 予想される結果に反する結果になる様子を表す。プラスマイナスのイメージはない。述語にかかる修飾語として用いられる。①は「運動をすると健康になること」、②は「自分で作ると安くあがること」、③は「たいした病気ではないから心配する必要がないこと」が予想される結果である。③は特に日常会話において、金品を受け取ったお礼として用いられる挨拶《あいさつ》で、相手が自分に対して気を使う必要のない地位の人物であることを表明する表現になっている。「かえって」は例のように、好ましい結果を予想(期待)して行為を行ったら実際には好ましくない結果になったという場合に用いられることが多いが、この反対も皆無ではない。

○ 医者に酒をやめろと言われたが、毎日ビールを飲んでいたらかえって胃腸の調子がよくなった。

予想される結果に反する結果になったことについて、特定の感情は暗示されておらず、予想と実際の結果のどちらが話者にとって好ましいかについては言及しない。

「かえって」は「むしろ」にやや似ているが、「むしろ」は前件と後件を比較して後件を選択するというニュアンスで、予想に反する結果になる暗示はない。

× 先生は学者というよりはかえって教育家だ。
→先生は学者というよりはむしろ教育家だ。

⇨「むしろ」「よけい」

かくべつ ［格別］ kakubetsu

① 今日も**かくべつ**のこともなく一日が終わった。
② 先生から**かくべつ**な御配慮をたまわった。
③ イカの塩辛で一杯やるのはまた**かくべつ**だね。
④ 彼女は歌が**かくべつ**うまいというわけではない。
⑤ 北京飯店は**かくべつ**にサービスがいい。

【解説】 普通とは異なった状態である様子を表す。ややプラスよりのイメージの語。①②は名詞にかかる修飾語、③は述語、④⑤は述語にかかる修飾語の用法である。しばしば普通とは異なった好ましい状態、程度がはなはだしくて好ましい状態である暗示がある。③の述語の用法では、比べるものがないほど好ましいという意味になる。④のように打消しを伴う述語にかかる場合には部分否定を表すが、相手の予想や期待に反する暗示がある。

「かくべつ」は「とくべつ」に似ているが、「とくべつ」は普通の状態と異なって例外的であることをやや客観的に表し、特に好ましい状態を意味しない。

× イカの塩辛で一杯やるのは特別だね。

⇨「とくべつ」「とくに」「ことに」「ことのほか」「とりわけ」「いちだんと」「あまり」「たいして」「べつ」「べつだん」

かげながら ［陰乍ら］ kagenagara

① **かげながら**御成功をお祈り申し上げます。
② 私には**かげながら**援助してくれる人がいる。

【解説】 表立たずに行動する様子を表す。プラスイメージの語。述語にかかる修飾語として用いられる。ややかたい文章語で、手紙などの挨拶語《あいさつご》①としてよく用いられる。相手にとって好ましい行為を、表面に出ないようにひそかに行う様子を表し、行動を表面に出して相手の感謝を要求するようなことはしない控えめな態度を礼賛する、日本文化ならではの語である。実際には「かげながら□□する」と言えば、相手への援助や期待を表明していることになるが、心理としては、感謝は要求しない、したがって相手は義理(負担)に感じる必要はないという、主体の配慮を暗示する。文字どおりの意味としては「ひそかに」と同じであるが、実際に行為が隠蔽《いんぺい》されているかどうかには言及しない。

「かげながら」は「よそながら」に似ているが、「よそながら」は直接行動するのではなく間接的に関与するというニュアンスがあり、しばしば無関心・無関係の暗示を伴う。

× 彼は出世にまるで関心がなく、同僚の昇進をかげながら眺めてきた。
→彼は出世にまるで関心がなく、同僚の昇進をよそながらに眺めてきた。

かさねがさね [重ね重ね] kasanegasane

① **かさねがさね**のお問い合わせ恐縮に存じます。

② このたびはいろいろお心づかい、**かさねがさね**ありがたく厚くお礼申し上げます。

【解説】 何度も重複する様子を表す。原則としてプラスマイナスのイメージはない。①は名詞にかかる修飾語、②は述語にかかる修飾語の用法である。かなりかたい文章語で、手紙や公式の挨拶《あいさつ》などによく用いられる。①は何度も繰り返してという意味、②はこれから一歩進んで、何度も繰り返すほど程度がはなはだしいという意味である。②の場合は、謝礼②・謝罪・注意などの場面で用いられるが、相手への配慮を暗示し、かなり丁寧なニュアンスがある。

「かさねがさね」は「いくえにも」に似ているが、「いくえにも」のほうが丁寧の程度が高い。

? お気にさわりましたら重ね重ねお詫びします。
→お気にさわりましたらいくえにもお詫びします。
⇨「くれぐれも」「かえすがえす」「じゅうじゅう」「くりかえし」

かさねて [重ねて] kasanete

① **かさねて**のお問い合わせ恐縮に存じます。

② **かさねて**忠告しておくが、彼とはつきあわないほうがいいよ。

③ 政府は領土問題を交渉のテーブルにのせるよう、

ロシアに**かさねて**要望した。

【解説】 さらに一度繰り返す様子を表す。プラスマイナスのイメージはない。①は名詞にかかる修飾語、②③は動詞にかかる修飾語の用法である。かなりかたい文章語で、公式の発言などによく用いられる。それまでの行動をもう一度繰り返して行うという意味で用いられ、念を入れる暗示がある。繰り返す回数は一回であることが多い。

「かさねて」は「ふたたび」に似ているが、「ふたたび」が同じ行動や状態をもう一度繰り返すという意味で用法が広いのに対して、「かさねて」は行動しないこと(不行為)や状態については用いられない。

× 彼女は家を出たきり、重ねて戻って来なかった。
→彼女は家を出たきり、再び戻って来なかった。
× 阪神は五日ぶりに重ねて首位に立った。
→阪神は五日ぶりに再び首位に立った。

⇨「ふたたび」「また」「もういちど」「にどと」「さいど」「またしても」「またまた」「またも」「またもや」

かたっぱしから［片っ端から］katappashikara

① 資料を**かたっぱしから**調べてやっとわかった。
② 六十歳以上の応募者は**かたっぱしから**落とす。

【解説】 無差別にすべて取り上げて処理する様子を表す。ややマイナスイメージの語。処理を表す述語にかかる修飾語になる。くだけた表現で、あらたまった場面では用いられない。かたはしから順にすべて取り上げて処理するという意味で、乱暴さとスピードの暗示がある。また、結果として全部にわたって取り上げる暗示がある。①は資料を端から順にわかるまですべて調べたという意味である。

「かたっぱしから」は「てあたりしだい」に似ているが、「てあたりしだい」は手に当たるものは吟味せずにそのまま取り上げるというニュアンスで、結果的に全部取り上げるかどうかには言及せず、「かたっぱしから」よりも大きな動作を伴うことが多い。

かたっぱしからやっつける。
(端から全員やっつける)
手当たり次第やっつける。
(出会うたびにやっつける)

⇨「てあたりしだい」

かたときも［片時も］katatokimo

① 病人の容体は**かたときも**目が離せない状態だった。
② 子供は**かたときも**じっとしていない。
③ 選手は監督の指示を**かたときも**忘れたことはない。

【解説】 後ろに打消しの表現を伴って、ほんの短い時間も〜しないという意味を表す。プラスマイナスのイメージはない。結果的に「まったく」「ぜんぜん」などという全部否定の意味になるが、否定を誇張するニュアンスがある。

⇩「まったく」「ぜんぜん」「すこしも」

かつ［且つ］katsu

(1) ① （クリーニング店の広告）大切な衣類を迅速**かつ**丁寧に仕上げます。

② 仕事ができて**かつ**面倒見がよいのが彼の長所だ。

③ 休日は犬と遊び**かつ**公園を散策する。

④ （数学の問題）必要にして**かつ**十分な条件をあげよ。

(2) ① 宴会では**かつ**飲み**かつ**歌い、非常に盛り上がった。

【解説】 (1) 複数の条件を同時に満たす様子を表す。プラスマイナスのイメージはない。①は二つの漢語の間、②③は二つの文の間、④は状態を表す語の間に置いて用いられる。ややかたい文章語で、古風なニュアンスがある。前後の条件が同時に成り立つ様子を表す。③のように、動作の場合には必ずしも実際に同時に行動するとは限らず、心理的に同時並行的という意味である。一つの条件を満たした上に、もう一つの条件を添加する意味はない。

(2) 「かつ□□し、かつ△△する」という動詞を修飾する形で対句を作り、一方では□□し、他方では△△するという意味を表す。プラスマイナスのイメージはない。かなりかたい文章語で、日常会話にはあまり登場しない。日常的には「□□したり△△したり」を用いる。

⇩「それに」「しかも」「さらに」「なおかつ」「また」

かつて・かって［曾て・嘗て］katsute・katte

(1) ① 被災地には**かつて**の面影はまったくなかった。

② **かって**はここに豪族の館があった。

③ 私は**かつて**その人にどこかで会った覚えがある。

④ ローマ帝国は**かつて**千二百年にわたり地中海世界を支配していた。

(2) ① 彼女の舞台は**かつて**ない成功を収めた。

② わが校の生徒が警察に補導されるなど、**かつて**聞いたことのない不祥事だ。

【解説】 (1) 過去のある時を表す。プラスマイナスのイメージはない。①は名詞にかかる修飾語、②〜④は述語にかかる修飾語の用法である。述語にはならない。ややかたい文章語。日常会話では「かって」と発音されることもある。過去の一時点の事柄（①③）についても、継続していた事柄（②④）についても用いられる。現在から見てある程度隔たった過去を漠然と表し、視点は現在にある。あまり近い過去の事柄については用いられない。

(1)の「かつて」は「いぜん(以前)」や「むかし」に似ているが、「いぜん」はどのくらい隔たった過去かについては言及しない。「むかし」はかなり隔たった過去のある限定された時を表し、しばしば現在と過去が断絶している暗示がある。

かつて通った高校。(現在もう卒業している)
以前通った高校。(現在別の高校に通っている)
× かつての人はうまいことを言ったもんだ。
→昔の人はうまいことを言ったもんだ。

(2) 後ろに打消しの表現を伴って、今までに一度も経験したことがない様子を表す。プラスマイナスのイメージはない。①は「かつてない□□」という形で名詞にかかる。②は打消しを伴う述語にかかる修飾語の用法である。②の用法はかなりかたい文章語で、現在ではさらに強調して「いまだかつて〜ない」というほうが多い。経験の打消しを強調する意味を表すが、かなり客観的で冷静な表現になっている。

この「かつて」は「ついぞ」に似ているが、「ついぞ」は概嘆やあきれの暗示が強く、主観的な表現になっている。

こんな話はかつて聞いたことがない。(初耳だ)
こんな話はついぞ聞いたことがない。(けしからん)

⇨「むかし」「いまだかつて」「ついぞ」「すでに」「ひところ」「いちじ」「いつか」「かねがね」「かねて」

かならず［必ず］kanarazu

(1)① あの二人は会えば**かならず**ケンカする。
② 人間いつかは**かならず**死ぬんだ。
③ 父は毎朝**かならず**ふとんの上で体操する。
④ 彼は休暇明けは**かならず**といっていいほど病気になる。
⑤ 東大法学部を出たら**かならず**役人になるかというと、そうとも言えない。

(2)① 彼女は約束は**かならず**守る人だ。
② 今度こそ**かならず**あいつに勝ってみせる。
③ 土曜日は**かならず**お弁当を持っていらっしゃい。
④ テストでは最後に**かならず**もう一度見直しましょう。

【解説】 (1) 例外なく一定の結果になる様子を表す。プラスマイナスのイメージはない。述語にかかる修飾語として用いられる。①は前に条件を示して、そういう条件のときは例外なく同じ結果になるという意味である。④の「必ずといっていいほど」は慣用句で、ほとんど例外なくという意味である。⑤は後ろに打消しの表現を伴い「必ず……するとは言えない(限らない)」などの形で、例外が存在するという部分否定の意味になる。「かならず」は例外なく一定の結果になることについて、法則性や真理の暗示がある。

この「かならず」は「いつも」や「つねに」に似ているが、「いつも」はある行動や状態が時と場合によらず例外がない暗示があり、結果については言及しない。「つねに」は一定の状態を同じように保つ恒常性の暗示がある。

× 部長は必ず怒ってばかりいる。

→部長はいつも怒ってばかりいる。

× 父は毎朝常にふとんの上で体操する。

(2) 確実である様子を表す。プラスマイナスのイメージはない。述語にかかる修飾語として用いられる。①②が基本的な意味で、話者の確信を表す。③④はこれらから一歩進んで、命令(③)・勧誘・指示(④)などの文脈で用いられ、主体の確実な行動を促す。

「かならず」が示す確信には客観的な根拠や理由が暗示されるので、特に明示しない場合(②)でも、「かならず」によって修飾される行動が実現する可能性はきわめて高い。そのため、断定や意志(②)の表現を伴って用いられることも多い。打消しの内容についてはあまり用いられない。

? 明日は必ず雨は降らないよ。

→明日はきっと雨は降らないよ。

この「かならず」は「まちがいなく」や「きっと」に似ているが、「まちがいなく」は話者の確信を表すだけで、主体の行動の確実さは暗示しない。「きっと」は話者の主観的な確信だけを暗示し、法則性の暗示はない。

× 土曜日は間違いなくお弁当を持っていらっしゃい。

× 靴がないところを見ると、彼は必ず帰ったのだろう。

→靴がないところを見ると、彼はきっと帰ったのだろう。

⇩「いつも」「つねに」「きっと」「きまって」「ぜったい」「だんじて」「ちかって」「さては」「いやでも」「かならずしも」「かならずや」

かならずしも［必ずしも］kanarazushimo

① 優秀な学者が**かならずしも**優秀な教師ではない。

② 光るもの**かならずしも**金ならず。(ことわざ)

③ ぼくは彼の意見に**かならずしも**賛成というわけではない。

【解説】 後ろに打消しの表現を伴って、例外を認める様子を表す。プラスマイナスのイメージはない。打消しの表現を伴う述語にかかる修飾語になる。①②が基本的な用法で、「優秀な学者はすべて優秀な教師だ」「光っているものはすべて金だ」という法則はいつも成り立つわけではないという意味である。③はこれから一歩進んで部分否定を表し、全面的に賛成とは言えない、反対の部分もあるという意味である。かなり客観的な表現で、例外を認める根拠を明示しなくてもよい。

「かならずしも」は「あながち」や「まんざら」に似ているが、「あながち」は話者がいろいろの条件を考慮した上で、断定するのがはばかられる譲歩の気持ちを暗示する。「まんざら」は話者の納得を暗示する。

× 優秀な学者があながち(まんざら)優秀な教師ではない。

⇩「まんざら」「いちがいに」「あえて」「かならず」

かならずや［必ずや］kanarazuya

① 彼女は約束は**かならずや**守るに違いない。

② 日本選手は**かならずや**活躍してくれるだろう。

【解説】 確信をもっている様子を表す。プラスイメージの語。後ろに推量の表現を伴う述語を修飾する形で用いられる。ややかたい文章語で、公式の発言などによく用いられる。「かならず」の(2)を強調した語で、話者の主観的な確信を誇張して表し、対象への希望などの思い入れの暗示が強く、客観的な根拠には言及しない。また、例外なく一定の結果になるという法則性の暗示はない。

？ 彼女は約束は必ずや守る人だ。

→彼女は約束は必ず守る人だ。

⇩「かならず」「きっと」

かなり［可成り］kanari

① 彼は国家試験で**かなり**いい点を取ったらしい。

② さっきから**かなり**待ってるのに彼女はまだ来ない。

③ 外国人の不法滞在者は**かなり**の数にのぼっている。

④ 衝突したとき車は**かなり**なスピードを出していた。

⑤ 彼の油絵は**かなり**のものらしい。

⑥ 社長が急に黙ったということはね、**かなり**ぼくの言うことがグサッとね、こう**かなり**きたんじゃないかって、**かなり**思う面もあるんですよ。

【解説】 程度が平均を上回っている様子を表す。プラスマイナスのイメージはない。①②は述語にかかる修飾語、③〜⑤は名詞にかかる修飾語の用法、⑥は会話の途中で用いられる間投詞の用法である。物事の程度が平均以上にはなはだしい様子を客観的に表し、主体の冷静さを暗示する。後ろに状態を明示すること(①)もあるが、特に明示しないことも多い(②〜⑤)。⑥は間投詞として用いられた例で、実際は程度がはなはだしいものを婉曲《えんきょく》にぼかすニュアンスになり、程度の高さに対する自分の評価と、相手の共感を求める期待の暗示がある。

「かなり」は「そうとう」や「ずいぶん」に似ている

が、「そうとう」は程度が平均を大きく上回っているという見聞に基づく驚きや感嘆の暗示を伴う。「ずいぶん」は実感を元にした慨嘆や感嘆の暗示を伴う。

彼はかなりもうけたらしい。（特定の感情なし）
彼は相当もうけたらしい。（うらやましい）
彼はずいぶんもうけたらしい。（ねたましい）

⇩「そうとう」「ずいぶん」「だいぶ」「なかなか」「けっこう」「すくなからず」「よほど」「いいかげん」

かねがね［予々］kanegane

① 課長の横暴を**かねがね**苦々《にがにが》しく思っていたところへ、今度の突然の転勤命令で溜飲《りゅういん》を下げた。
② おうわさは**かねがね**承っておりました。

【解説】ある行為が過去に反復または継続されている様子を表す。プラスマイナスのイメージはない。述語にかかる修飾語として用いられる。かなりかたい文章語で、公式の発言などによく用いられる。過去に反復または継続されていた行為が、現在に影響していることにポイントがあり、単なる過去の事実をいうのではない点で、「かつて」「いぜん(以前)」と異なる。また、反復・継続される行為としては、主体の見聞・経験・願望などにかかわる行為であることが多く、その他一般的な行為についてはあまり用いられない。

? かねがね探していた本を神田でやっと見つけた。
→前々から(長いこと)探していた本を神田でやっと見つけた。

「かねがね」は「かねて」に似ているが、「かねて」は過去に経験されている行為が現在に影響している様子を表し、反復・継続の暗示は少ない。

× かねがねお知らせしておりましたとおり、同窓会を下記の要領で行います。
→かねてお知らせしておりましたとおり、同窓会を下記の要領で行います。

⇩「まえまえから」「かねて」「かつて」「あらかじめ」

かねて［予て］kanete

① **かねて**婚約中の二人は昨日式を挙げた。
② おうわさは**かねて**承っておりました。
③ 彼は試験に臨んで、**かねて**から準備しておいた必勝の鉢巻きを取り出した。
④ 医者になるのが彼女の**かねて**の望みだ。

【解説】ある行為が過去にすでに経験されている様子を表す。プラスマイナスのイメージはない。①②は述語にかかる修飾語の用法、④は名詞にかかる修飾語の用法である。③の「かねてから」は、過去の経験が現在まで継続されていることを強調する。かなりかたい文章語で、公式の発言などによく用いられる。過去にすでに経験されている行為が現在に影響していることにポイントがあり、単なる過去の経験を表すわけではない点で「かつて」「いぜん（以前）」と異なる。

× 教授にはかねてお会いしたことがある。
→教授にはかつて（以前）お会いしたことがある。

「かねて」は「かねがね」によく似ているが、「かねがね」は過去にある行為が継続・反復されている暗示が強く、一回しか行われていない行為についてはふつう用いない。

？ かねがね婚約中の二人は昨日式を挙げた。

「かねて」は「あらかじめ」や「まえもって」にも似ているが、「あらかじめ」「まえもって」は予定に先立って行動する様子を表し、未来のことについても用いられる。

× 実験器具はかねて洗浄しておこう。
→実験器具はあらかじめ（前もって）洗浄しておこう。

⇨「かねがね」「あらかじめ」「まえもって」「かつて」

からきし karakishi

① おれ、水泳は**からきし**だめなんだ。
② ふだん大口をたたいているくせに、いざとなると**からっきし**意気地がないんだから。

【解説】 後ろに打消しまたは否定の表現を伴って、打消しを誇張する様子を表す。マイナスイメージの語。打消しや否定の表現を伴う述語にかかる修飾語として用いられる。くだけた表現で日常会話中心に用いられる。会話ではしばしば「からっきし」と発音される。まったく～ないという意味で打消しを誇張的に表すが、主に人間の性質や様子について用い、しばしば慨嘆（①）・侮蔑《ぶべつ》（②）などの暗示を伴う。一般的な状態についてはあまり用いない。

「からきし」は「まるで」「まるっきり」や「てんで」に似ているが、「まるで」「まるっきり」は行為や状態について広く用いられる。「てんで」は最初から対象が考慮の及ぶ範囲外にあってまったく問題にならないというニュアンスで、侮蔑の暗示が強い。

× 今度の作品は前のとからきし似ていない。
→今度の作品は前のとまるで（まるっきり）似ていない。

彼はからきし役に立たない。（全然何もできない）
彼はてんで役に立たない。（無能で困ったものだ）

⇨「まるで」「まるっきり」「てんで」「いっこう」「かいもく」「とんと」「てんから」「ぜんぜん」「すこしも」「ちっとも」「まったく」「もうとう」「さらさら」

からくも［辛くも］karakumo

① 阪神は一点差で**からくも**逃げ切った。
② 階段を駆け上がって**からくも**列車に間に合った。

【解説】 過去のことについて、苦労して失敗を脱した様子を表す。プラスイメージの語。述語にかかる修飾語として用いられる。ややかたい文章語で、あまり会話では用いられない。成功か失敗かの境界のところで、苦労して失敗を脱したという意味を表し、切迫感と安堵《あんど》の暗示がある。

「からくも」は「かろうじて」や「やっとのことで」に似ているが、「かろうじて」は切迫感の暗示が少なく、最低の状態を確保するために多くの労力を必要とする暗示がある。「やっとのことで」は成功に到る過程で大きな困難や労力を必要とする暗示がある。

? 通路は人が横になってからくも通れる狭さだ。
→通路は人が横になってかろうじて通れる狭さだ。
× 阪神は一点差でやっとのことで逃げ切った。

⇨「かろうじて」「やっと」「かんいっぱつ」「すんでのところで」「ようやく」「ようやっと」「ようよう」「どうにか」「どうやら」「なんとか」

かり［仮］kari

(1) ① 家ができるまでプレハブを**かり**の住まいとした。
② 越後の隠居とは世を忍ぶ**かり**の姿……。（時代劇の決まり文句）
③ ボタンが取れたのでピンで**かり**に止めておいた。
(2) ① あくまでも**かり**の話だからあまり深刻になるなよ。
② **かり**に世界中から戦争がなくなったら、兵器産業に頼っている国は生き残れなくなるだろう。
③ いま、**かり**にxの値を1とする。

【解説】 (1) 一時的である様子を表す。プラスマイナスのイメージはない。①②は名詞にかかる修飾語、③は述語にかかる修飾語の用法である。正式のものではなく暫定的なものという意味で、やがて正式なものに置き換えられる暗示がある。

(2) 現実にないことを仮定して想像する様子を表す。プラスマイナスのイメージはない。①は名詞にかかる修飾語、②③は述語にかかる修飾語の用法である。②③の用法は仮定条件を導く。③は数学などでよく用いられ、xの値を1と仮定して後の計算を進めていくという意味である。現実にはないことを仮定して想像する点にポイントがあり、現実は仮定とは異なることが暗示される。

(2)の「かりに」は「もし」「もしも」や「まんいち」な

どに似ているが、「もし」は条件を設定する様子を広く表し、「もしも」は可能性の低い条件を設定する様子を表して、どちらも現実の姿には言及しない。「まんいち」は極端な事態を想定する切迫感の暗示が強い。

× 仮に雨が降ったら、洗濯物を取り込んでね。
↓もし(もしも)雨が降ったら、洗濯物を取り込んでね。

× 仮に私が帰って来なかったら、そのときは死んだものと思ってあきらめてほしい。
↓万一私が帰って来なかったら、そのときは死んだものと思ってあきらめてほしい。

⇨「もし」「もしも」「まんいち」「まんまんがいち」「かりにも」「たとえ」「たとえば」

かりにも [仮にも] karinimo

(1)① 先生の御恩を**かりにも**忘れてはいけません。
② 私には**かりにも**社長を裏切ることなどできない。
(2)① **かりにも**男なら約束は守るべきだ。
② **かりにも**政治家たるもの、法の網の目をくぐることなど考えてはならない。

【解説】 (1) 後ろに打消しや禁止の表現を伴って、打消しや禁止を強調する様子を表す。プラスマイナスのイメージはない。ややかたい文章語で、日常会話にはあまり登場しない。かなり客観的で特定の感情は暗示されておらず、打消しや禁止の程度はそれほど強くない。

「かりにも」は「ぜったい」や「けっして」に似ているが、「ぜったい」は理由をまったく問題にせず話者が非常に強い確信をもっていることを誇張的に表す。「けっして」は主体の決心を暗示する。

仮にも忘れてはならない。
(忘れないように努力せよ)
絶対に忘れてはならない。
(忘れたらひどい目にあうぞ)
決して忘れてはならない。
(どんなことがあっても忘れないつもりだ)

(2) 譲歩を表す。プラスマイナスのイメージはない。「かりにも□□なら〜だ」「かりにも□□(たるもの)は〜だ」という形で、文全体または条件句にかかる修飾語として用いられる。□□には話者が価値があると判断している内容が入り、その最低限の許容範囲を暗示する。すなわち、①は「男であるならどんな者でも」、②は「政治家と名のるほどの者であるならその最低の者でも」という意味である。

この「かりにも」は「いやしくも」に似ているが、「いやしくも」はかたい文章語で、日常会話にはあまり登場せず、しばしば尊大の暗示を伴う。

⇩「ぜったい」「けっして」「かり」

かれこれ［彼此］karekore

(1)① 過ぎたことを**かれこれ**言っても始まらない。
② 客が帰って**かれこれ**するうちに日が暮れた。
(2)① 夫が亡くなってから**かれこれ**十年になる。
② 早く飯の支度をしなさい。**かれこれ**八時だ。
③ 公園には若者が**かれこれ**百人以上はいた。

【解説】(1) さまざまの物事がある様子を表す。プラスマイナスのイメージはない。動詞にかかる修飾語として用いられる。異なる物事が複数ある様子を表すが、個々のものは重要でない暗示がある。

「かれこれ」は「あれこれ」に非常によく似ているが、「あれこれ」には個々のものが重要でない暗示はなく、単に力点が置かれていないだけである。

かれこれするうちに日が暮れた。
（たいしたことをしていない）
あれこれするうちに日が暮れた。
（いろいろなことをした）

(2) 近似値を推量する様子を表す。プラスマイナスのイメージはない。数量や時間を表す名詞にかかる。近似値以下である場合(①②)が多く、近似値以上の数量である場合(③)はあまり多くない。概数に近いことを、感慨(①)・概嘆(②)・驚き(③)などの軽い暗示を伴って表す。

①②の「かれこれ」は「やがて」や「もうすぐ」などに似ているが、「やがて」は結果として長い時間が経過することについて感慨をもっている様子を表す。「もうすぐ」は目標に非常に接近している様子を客観的に表し、特定の感情は暗示しない。

かれこれ十年になる。（その間いろいろあった）
やがて十年になる。（長かった）
もうすぐ十年になる。（早いものだ）

③の「かれこれ」は「およそ」などに似ているが、「およそ」は不正確な全体を表し、個々のものに視点は置かれていない。

公園には若者がかれこれ百人以上いた。
（学生やOLなどいろいろだ）
公園には若者がおよそ百人以上いた。
（全体を見たところ百人以上だ）

⇩「やがて」「もうすぐ」「およそ」「さまざま」「いろいろ」「とかく」「だいたい」「おおよそ」「ほぼ」「やく」

かろうじて［辛うじて］karôjite

① その部屋には**かろうじて**朝日が差し込む窓がある。
② 通路は人が横になって**かろうじて**通れる狭さだ。
③ 彼は平均六十一点を取り**かろうじて**留年を免れた。

【解説】 大きな困難や労力を伴って最低の状態を確保する様子を表す。プラスイメージの語。述語にかかる修飾語として用いられる。①は朝日が少し差し込むだけで他の時間は日陰になるという意味で、最低の状態として朝日を得るという意味である。②は通路の狭さの程度が、人が横になって通るだけのものだという意味で、状態を比喩《ひゆ》的に説明している。

「かろうじて」は「からくも」や「やっと」に似ているが、「からくも」は苦労して失敗を脱したという意味で、切迫感と安堵《あんど》の暗示がある。「やっと」はもともと実現可能な対象について苦労して目的を達成した安堵の暗示がある。

かろうじて第一志望に受かった。
（合格点ぎりぎりだった）
からくも第一志望に受かった。
（落ちないでよかった）
やっと第一志望に受かった。
（合格するのに苦労した）

⇨「からくも」「やっと」「すんでのところで」「ようやく」「ようやっと」「ようよう」「どうにか」「どうやら」「なんとか」

かわるがわる ［代わる代わる・替わる替わる］ **kawarugawaru**

① 三人の代表による**かわるがわる**の演説があった。
② 二人は一本の瓶から**かわるがわる**酒を飲んだ。
③ 祖父母は**かわるがわる**に初孫の顔を見に来た。

【解説】 複数の人や物が同じ動作を交替でする様子を表す。プラスマイナスのイメージはない。①は名詞にかかる修飾語、②③は述語にかかる修飾語の用法である。行動に限って用いられ、状態については用いない。

「かわるがわる」は「こうごに（交互に）」や「いれかわりたちかわり」に似ているが、「こうごに」は二つ（二人）の行動や状態が一定の割合で交替する様子を一般的に表す。「いれかわりたちかわり」は大勢の人間が交代で出現する場合に限って用いられ、出現の頻度も「かわるがわる」より高い暗示がある。

× 男女がかわるがわる並ぶ。
→男女が交互に並ぶ。
× 二人は一本の瓶から入れ替わり立ち替わり酒を飲んだ。

⇨「こうごに」「いれかわりたちかわり」「たがいちがい」「つぎつぎ」

かんいっぱつ［間一髪］kan-ippatsu

① サードランナー、**かんいっぱつ**セーフ。
② **かんいっぱつ**の差で終電に間に合った。
③ 彼は救助隊のおかげで**かんいっぱつ**のところで凍死を免れた。

【解説】 時間的に非常に切迫している様子を表す。ややプラスイメージの語。単独または「間一髪の差（ところ）で」などの形で、述語にかかる修飾語になる。あと少し遅ければ（早ければ）重大な事態になったという切迫感の暗示があり、安堵《あんど》の暗示もある。

「かんいっぱつ」は「からくも」に似ているが、「からくも」のほうが余裕がある。

× 阪神は一点差で間一髪逃げ切った。
→阪神は一点差でからくも逃げ切った。

⇨「からくも」

かんはつをいれず［間髪を入れず］kan-hatsuo-irezu

① 矢継ぎ早の質問にも彼は**かんはつをいれず**答えた。
② 「火事だ」の声で彼女は**かんぱつをいれず**に一一九をダイヤルした。

【解説】 ある状況や行動に対する反応にかかる時間が非常に短い様子を表す。プラスイメージの語。述語にかかる修飾語で用いられる。ややかたい文章語で、日常会話にはあまり登場しない。しばしば②のように「かんぱつをいれず」と発音されることがある。反応動作にかかる所要時間が非常に短いという意味であるが、かなり誇張的で、ほとんど同時というニュアンスになる。

「かんはつをいれず」は「すかさず」に似ているが、「すかさず」は機会を逃さないぬけめなさの暗示が強く、反応の速さは相対的に遅くなる。

× 西武の選手は四球で塁に出ると間髪を入れず走る。
→西武の選手は四球で塁に出るとすかさず走る。

⇨「すかさず」「ただちに」「すぐ」「そく」「そっこく」「そくざ」「すぐさま」「さっそく」「さっきゅうに」「しきゅう」「とっさ」

がんらい［元来］ganrai

① バカ正直は**がんらい**の性質だからしょうがない。
② **がんらい**は一地方の方言だったもので、その後共通語になった言葉が少なからずある。
③ 外回りの仕事は**がんらい**繊細なたちなんだ。
④ ぼくは**がんらい**私の性に合っている。
⑤ **がんらい**、国家とは利己的なものである。

【解説】 物事の根本や原因に言及する様子を表す。プラスマイナスのイメージはない。①は名詞にかかる修飾語、

②～④は述語にかかる修飾語、⑤は文頭に置かれ文全体にかかる修飾語になる。ややかたい文章語で、公式の発言などによく用いられる。

「がんらい」は「もともと」や「ほんらい」に似ているが、「もともと」は物事の根本の姿そのものを現在との比較の上で表すニュアンスがある。「ほんらい」はあるべき姿(理想)の暗示がある。

× 元来、総理には政治改革をやる気なんかなかったんじゃないか。

→もともと総理には政治改革をやる気なんかなかったんじゃないか。

× 元来ならお会いしておわびすべきでした。

→本来ならお会いしておわびすべきでした。

⇨「もともと」「ほんらい」「ほんとう」「もと」「もとより」「いったい」「そもそも」「だいたい」

きせずして［期せずして］kisezushite

① 不仲の部長と専務の意見が**きせずして**一致した。

② 昔の友人と**きせずして**同じ列車に乗り合わせた。

【解説】 まったく意図しない事態になる様子を表す。プラスマイナスのイメージはない。述語にかかる修飾語として用いられる。かなりかたい文章語で、日常会話にはあまり登場しない。「意見が一致する」「人と会う」などの場面で用いられることが多く、事柄の偶然性を暗示する。意図していない事態になったことについては、特に感情は暗示されていない。

「きせずして」は「はからずも」や「おもいがけず」に似ているが、「はからずも」は成り行きに任せた結果、偶然意図しない事態になったというニュアンスで、意外性と驚きの暗示がある。「おもいがけず」は予想外の好ましい事態になる暗示がある。

旧友に期せずして再会した。

(偶然だった)

旧友に図らずも再会した。

(予想していなかったのでびっくりした)

旧友に思いがけず再会した。

(偶然だがうれしかった)

⇨「はからずも」「いがい」「ぐうぜん」「たまたま」

きっと［屹度・急度］kitto

(1)① 明日は**きっと**雨は降らないよ。

② 靴がないから、彼は**きっと**帰ったのだろう。

③ (失恋した友人に)いつか**きっと**いい人が見つかるよ。

④ 「明日、君のところへ行くよ」「**きっとね**」

⑤ この仕事は明日までに**きっと**しあげといてくれ。

⑥　お金は期限までに**きっと**お返しします。
(2)①　あいつ、酒を飲めば**きっと**飲み屋で寝るんだから。
②　彼がホームランを打つとチームは**きっと**勝つ。
【解説】(1)　確信をもっている様子を表す。ややプラスイメージの語。述語にかかる修飾語で用いられるが、④のように述語部分を省略することもある。この確信はかなり主観的で、客観的な根拠は暗示されないことが多い。主体が第三者や物事の場合(①〜③)には、話者が確信をもって推量する様子を表し、しばしば後ろに推量の表現を伴う(②)。主体が相手の場合(④⑤)は、相手の行為について話者が強い信頼をもっていることを暗示し、結果的に相手に強く要望している意味になる。主体が話者の場合(⑥)は、自分の行為を確信している意味になり、結果として話者の強い決意を表す。
(1)の「きっと」は「かならず」によく似ているが、「かならず」の表す確信には客観的な根拠と法則性の暗示があり、打消しの内容についてはふつう用いない。
×明日は必ず雨は降らないよ。
(2)　(1)から進んで、例外がない様子を表す。プラスマイナスのイメージはない。常にある事態が起こることについて確信がもてるというニュアンスである。ただし確信の程度はそれほど強くなく、法則性の暗示はないので、客観的に常にそのような事態になるという保証はないことが多い。
この「きっと」は「きまって」にも似ているが、「きまって」には確信の暗示がなく、習慣または統計上一定の条件のとき一定の結果になることを、軽い驚きや慨嘆の暗示を伴って表す。

?　最近夕方になるときっと雨が降る。
→最近夕方になると決まって雨が降る。
⇨「かならず」「きまって」「かならずや」「いつも」「ぜったい」「だんじて」「ちかって」「たぶん」「おそらく」「さては」「まず」

きまって［決まって］kimatte

①　最近夕方になると**きまって**雨が降る。
②　家の朝食は毎朝**きまって**納豆とのりだ。
【解説】　例外なく一定の結果になる様子を表す。プラスマイナスのイメージはない。述語にかかる修飾語として用いられる。①は前に条件を示す場合で、そういう条件のときは例外なく同じ結果になるという意味である。習慣または統計的に見て一定の結果になることについて、話者の軽い驚きや慨嘆などの暗示を伴うが、確信の暗示はない。
「きまって」は「かならず」や「いつも」「つねに」に似ているが、「かならず」は一定の法則や真理にのっとった結果を暗示する。「いつも」は通常の習慣的な状態を表し一般性の暗示が強い。「つねに」は状態が不変であるというニュアンスで恒常性の暗示が強い。

× 人間いつかは決まって死ぬんだ。
→人間いつかは必ず死ぬんだ。

× 彼とは決まって会社の裏口で待ち合わせる。
→彼とはいつも会社の裏口で待ち合わせる。

× 彼女は決まって明るい笑顔を絶やさない。
→彼女は常に明るい笑顔を絶やさない。

⇨「かならず」「いつも」「つねに」「きっと」

きゅう［急］kyû

(1) ① 日本の川は概して流れが**きゅう**だ。
② サケは産卵のために**きゅう**な流れをさかのぼる。
③ このへんはここ数年で**きゅう**に開けたね。

(2) ① **きゅう**を聞いて私は病院にかけつけた。
② 彼女は自分の金を出して会社の**きゅう**を救った。
③ 非常食を買って**きゅう**な場合に備える。

(3) ① 事態は**きゅう**を要する。
② 彼は**きゅう**な用事で家に帰った。
③ 今すぐと言われても**きゅう**にはできないよ。

(4) ① 彼が**きゅう**に笑いだしたので気味が悪くなった。
② 朝起きたら**きゅう**に耳が聞こえなくなっていた。
③ 来週海外出張とはまた**きゅう**な話だね。
④ 対向車の方向転換が**きゅう**だったので、あやうく衝突するところだった。

(5) ① 駅前の坂はとても**きゅう**で息が切れる。
② その寺院の屋根は**きゅう**なカーブを描いている。
③ この山道には**きゅう**なカーブが多い。

【解説】 (1) 進行の速度が大きい様子を表す（↔ゆるやか）。プラスマイナスのイメージはない。述語（①）、名詞にかかる修飾語（②）として用いられることが多く、述語にかかる修飾語（③）の用法はあまり多くない。流れなど進行し続けることが前提となっているものの速度が大きいという意味で、「流れ・リズム・テンポ」など一定の律動をきざむものの様子を修飾する場合に最もよく用いられる。かなり客観的な表現で、特定の感情は暗示されない。単に速度が大きい場合には用いられない。

× 特急列車は急だ。
→特急列車は速い。

(2) 重大な事態が差し迫っている様子を表す。マイナスイメージの語。①②は名詞の用法、③は名詞にかかる修飾語の用法である。これもかなり客観的な表現で、特別な感情は暗示されない。

(3) 短時間内に行う様子を表す。プラスマイナスのイメージはない。①は名詞の用法、②は名詞にかかる修飾語、③は述語にかかる修飾語の用法である。③の「きゅうに」は「すぐ」という意味であるが、話者にとって突然であることが暗示されている。あらかじめ意図した行動や予定の行動については用いられない。

× これから急に出かけよう。

→これからすぐに出かけよう。

(4) 事態が短時間内に大きく変化する様子を表す。プラスマイナスのイメージはない。述語にかかる修飾語(①②)で用いることが多いが、名詞にかかる修飾語(③)や述語(④)にもなる。非常にはなはだしい変化が前ぶれもなく起こるという意味で、これもかなり客観的な表現である。

(4)の「きゅうに」は「とつぜん」「いきなり」や「ふいに」などに似ているが、「とつぜん」は事態の急激な変化を誇張的に表し、驚きの暗示が強い。「いきなり」は行為の受け手が予想していない事態が起こるというニュアンスで、驚きと衝撃の暗示が強く、意志的でない事態については用いられない。「ふいに」は継続することが期待されている事態が予想に反して変化するというニュアンスで、意外性と不審の暗示がある。

× 来週海外出張とはまた突然の話だね。

× 朝起きたらいきなり耳が聞こえなくなっていた。

雨が急に止んだ。（小降りにならずに止んだ）

雨が不意に止んだ。（止むはずがないのに不思議だ）

(5) 傾斜がはなはだしい様子を表す（↔ゆるやか）。プラスマイナスのイメージはない。述語(①)、または名詞にかかる修飾語(②③)として用いられる。述語にかかる修飾語になる場合は、(4)の意味になるほうが普通である。

道路が急に曲がっている。

（今までまっすぐだったのが突然曲がっている）

傾斜の角度としては、大きいと感じられるもの(①②)、逆に小さいと感じられるもの(③)があるが、どちらもそれを見る(行う)人の克服・達成の対象として、困難な程度という意味である。したがって、克服・達成の対象として考えられないようなものの傾斜については、ふつう用いられない。

× 六十度は三十度より角度が急だ。

→六十度は三十度より角度が大きい。

⇩「すぐ」「とつぜん」「いきなり」「ふい」「だしぬけ」「やにわ」「とつじょ」「つと」「ふと」「ただちに」「たちまち」「たちどころに」「とたん」「きゅうてんちょっか」

きゅうきょ［急遽］kyûkyo

① 課長の急死で出張先から**きゅうきょ**呼び戻された。

② ピッチャーが負傷したので、**きゅうきょ**センターの選手がリリーフに立った。

【解説】 突然の事態に対して時間をおかずに対応する様子を表す。プラスマイナスのイメージはない。やややかたい文章語で、述語にかかる修飾語として用いられる。やや公式の発言や報道によく用いられる。突然の事態に対して時間をおかずに対応する点にポイントがあり、単に行動にかかるまでの所要時間が短いという意味ではない。

× 何度も呼び出されたので、きゅうきょ会社へ行った。

↓何度も呼び出されたので、すぐに(ただちに)会社へ行った。

⇩「すぐ」「ただちに」「しきゅう」「そくざ」「そっこく」

きゅうてんちょっか［急転直下］kyûten-chokka

① 犯人の自首で事件は**きゅうてんちょっか**解決に向かった。

② 委員長が突然辞任したので団交は**きゅうてんちょっか**妥結した。

【解説】 様子が急激に変わって事態が収束する様子を表す。ややプラスよりのイメージの語。述語にかかる修飾語で用いられることが多い。ややかたい文章語で、報道などによく用いられる。事態の様子が予想に反して急激に変化・転換して意外な収束に向かうという意味で、急激に収束することをやや誇張的に表し、意外性の暗示を伴う。

⇩「きゅう」

きょくりょく［極力］kyokuryoku

① 私も**きょくりょく**応援するから君も頑張りなさい。

② スト突入は**きょくりょく**避けたいところだ。

【解説】 最大限を希望する様子を表す。ややプラスよりのイメージの語。述語にかかる修飾語として用いられる。ややかたい文章語で、公式の発言などによく用いられる。文字どおりには「力いっぱい、全力で」という意味であるが、実際に全力を尽くして努力するというよりは、自分のできる範囲の最大限を希望するというニュアンスで、誠意の暗示はあるが、実際の行動についての言及がない。そのため「できることなら」という意味で希望を述べるにとどまる例(②)がかなりある。この点で、全力をあげて行動する様子を表す「いっしょうけんめい」や「けんめいに」、一つのことに心を集中してひたむきに熱中する暗示のある「いっしんに」、頑固さと継続の暗示のある「ひたすら」などと異なる。

「きょくりょく」は「できるだけ」や「なるべく」などに似ているが、「できるだけ」は自分の可能な範囲内に限って努力するというニュアンスがある。「なるべく」は好ましいほうを選択することを希望する様子を表し、誠意の暗示はない。

極力応援しよう。（心から応援しよう）

できるだけ応援しよう。（できる範囲で応援しよう）

なるべく応援しよう。（応援するように心がけよう）

⇨「いっしょうけんめい」「けんめい」「いっしん」「ひたすら」「できるだけ」「なるべく」「なるたけ」「できるかぎり」「つとめて」「せいいっぱい」「せいぜい」

きわだって［際立って］kiwadatte

① バレーの選手である彼はきわだって背が高い。

② 最近の相撲《すもう》にはきわだって強いという力士がいない。

【解説】 同類のものの中で特に程度がはなはだしい様子を表す。ややプラスイメージの語。状態を表す述語にかかる修飾語として用いられる。複数のものの中で特にめだってある傾向がはなはだしい場合に用いられ、単独のものを以前の状態と比較する場合には用いない。客観的な表現で、特定の感情を暗示しない。

× 今回の仕事で彼はまた際立って進歩した。

→今回の仕事で彼はまたいちだんと進歩した。

「きわだって」は「ひときわ」に似ているが、「ひときわ」は同類や過去の状態と比べて程度がはなはだしいというニュアンスで、比較の暗示が強い。

彼は英語の発音がきわだっていい。（クラスの中で特にすぐれている）

彼は英語の発音がひときわいい。（平均的な生徒に比べてよい）

⇨「いちだんと」「ひときわ」「とくに」「めだって」

きわめて［極めて］kiwamete

① 生徒の模範たるべき校長がひき逃げ事件を起こすとはきわめて遺憾である。

② 暗い密林の中で見る極楽鳥はきわめて美しい。

③ （街頭演説）政治を国民の生活実感として考えるという、このきわめて大切な視点が失われているのではないかと、きわめてこう私は思うわけであります。

【解説】 程度がはなはだしい様子を表す。プラスマイナスのイメージはない。①②と③の一つめは状態を表す語にかかる修飾語、③の二つめは間投詞の用法である。ややかたい文章語で、公式の発言や報道によく用いられる。好ましい内容（②③）についても、好ましくない内容（①）についても用いられる。どちらも程度が非常に高いことを誇張的に表し、深刻（①）・賞賛（②）などの暗示を伴うが、表現自体はかなり冷静で、話者と対象の間に心理的な距離のあることが暗示されている（①）。したがって、話者自身が切実に感じている問題についてはふつう用いない。

？ 彼が今も覚えていてくれてきわめてうれしかった。
↓彼が今も覚えていてくれてとても(非常に)うれしかった。

③の二つめは公式の発言の途中で用いられた間投詞の用法で、自分の話す内容は非常に重大であるから軽視されたくないという話者の心理を暗示する。

「きわめて」は「とても」「ひじょうに」「はなはだ」「ごく」などに似ているが、「とても」は話者の主観として程度がはなはだしいことを表す。「ひじょうに」はややかたい文章語で、程度がはなはだしいことを誇張する様子を表す。「はなはだ」はふつうあまり好ましくないものの程度について用いられる。「ごく」は極限に近い範囲にある様子を表す。

その通路はきわめて狭い。(通れる幅はない)
その通路はとても狭い。(狭い程度が大きいと思う)
その通路は非常に狭い。(狭くてとても通れない)
その通路ははなはだ狭い。(通れないではないか)
その通路はごく狭い。(ぎりぎりで通れる程度だ)

⇨「とても」「ひじょうに」「はなはだ」「ごく」「しごく」「たいへん」「たいそう」「いたって」「いとも」「おおいに」「うんと」「ちょう」「よにも」「いやに」

きんきん [近々] **kinkin**

① **きんきん**御挨拶《ごあいさつ》にうかがいます。
② 息子は**きんきん**ドイツへ留学する予定です。
③ **きんきん**のスケジュールをうかがいましょう。

【解説】 近い未来にある行動をする様子を表す。プラスマイナスのイメージはない。①②は述語にかかる修飾語、③は名詞にかかる修飾語の用法である。ややかたい文章語で、公式の発言などによく用いられる。近い未来といっても、だいたい数日から数か月程度を指し、数分・数時間程度のごく近い未来のことについては用いられない。近い過去を表す意味はない。

× 八時だから主人も近々帰ってくるでしょう。
↓八時だから主人もおっつけ帰ってくるでしょう。

「きんきん」は「ちかぢか」に似ているが、「ちかぢか」のほうが会話的である。

⇨「おっつけ」「もうじき」「もうすぐ」「そのうち」「ちかく」

ぐうぜん [偶然] **gûzen**

① **ぐうぜん**に頼ってばかりいないでたまには試験勉強したらどうだい。
② 「あなた、また私の後をつけてるのね」「いや違うよ、**ぐうぜん**だよ」

③ 彼が新薬を発見したのは決して**ぐうぜん**ではない。
④ **ぐうぜん**に出会った一冊の本が人生に決定的な影響を与えることがある。
⑤ アイドル歌手と**ぐうぜん**同じ列車に乗り合わせた。
⑥ あの二人がそっくりなのは**ぐうぜん**の一致だ。

【解説】 客観的な理由が存在しない様子を表す。プラスマイナスのイメージはない。①は名詞の用法、②③は述語、④⑤は述語にかかる修飾語、⑥は名詞にかかる修飾語の用法である。

ある結果を引き起こす客観的な原因・理由が存在しない様子を表す。①は出題内容と自分の解答内容が理由もなく一致するのに頼らず、勉強しろという意味、②は意図的に後をつけたのではなく、自分の意図に関係なく出会ったという意味、③は打消しを伴って、彼が新薬を発見したのは、客観的な理由(長年の研究や努力)があったという意味である。⑥の「偶然の一致」は慣用的に用いられ、一致したことに客観的な理由はないという意味である。「ぐうぜん」は因果関係のなさを暗示するので、話者にとっては人為的でない、意図的でないという意味になり、しばしば責任を回避する場面(②)で用いられ、弁解の暗示を伴うことがある。

「ぐうぜん」は「たまたま」に似ているが、「たまたま」は明確な意図が存在しないというニュアンスで、意外性の暗示をもつ。

× 偶然やってみたらできた。
→たまたまやってみたらできた。

⇩「たまたま」「はからずも」「きせずして」

くちぎたなく【口汚く】 ⇩『現代形容詞用法辞典』「くちぎたない」

くちぐちに【口々に】 kuchiguchini

① 団地の主婦たちは**くちぐちに**彼女の悪口を言った。
② 人々は少年の絵を**くちぐちに**ほめそやした。

【解説】 複数の人が同じことをそれぞれ言う様子を表す。プラスマイナスのイメージはない。述語にかかる修飾語として用いられる。複数の人間が同一内容をそれぞれ言う点にポイントがあり、一人の人間が何度も言ったり、複数の人間が異なることを言ったり、また声をそろえて同時に言ったりする場合には、ふつう用いられない。

× 母は「勉強しろ、勉強しろ」と口々に言っている。
→母は「勉強しろ、勉強しろ」としじゅう言っている。
× 委員たちは口々に意見を言った。
→委員たちはめいめい(それぞれ)意見を言った。
× 学生たちは機動隊に「帰れ、帰れ」と口々に怒鳴った。
→学生たちは機動隊に「帰れ、帰れ」と声をそろえて怒鳴った。

くちさがなく［口さがなく］ ⇨『現代形容詞用法辞典』「くちさがない」

くまなく ［隈無く］ kumanaku

(1) ① 部屋中**くまなく**探したが、かぎはとうとう見つからなかった。

② 彼は新宿なら隅から隅まで**くまなく**知っている。

(2) ① 中秋の名月が**くまなく**照っている。

【解説】 (1) ある範囲の全面にわたっている様子を表す。ややプラスイメージの語。述語にかかる修飾語として用いられる。ふつうある範囲を限定しその中のすべてという意味で、精緻《せいち》の暗示がある。抽象物についてはふつう用いられない。

「くまなく」は「あますところなく」や「もれなく」に似ているが、「あますところなく」は範囲の限定がなく抽象物について用いられる。「もれなく」は対象のすべてを一つ一つ残らず取り上げる配慮の暗示がある。

× 選手たちは実力をくまなく発揮した。

→選手たちは実力をあますところなく発揮した。

× オリジナル絵皿をくまなく差し上げます。

→オリジナル絵皿をもれなく差し上げます。

(2) 陰になっている部分がない様子を表す。ややプラスイメージの語。現在では、用法が非常に限定されていて、「月がくまなく照る」というような文脈でだけ用いられることが多い。

⇨「あますところなく」「もれなく」「まんべんなく」「なにからなにまで」「ぜんぶ」「すべて」「みな」

くもなく ［苦も無く］ kumo-naku

① その子は難問を**くもなく**解いてみせた。

② 彼は荒馬を**くもなく**乗りこなした。

【解説】 能力や労力を必要としない様子を表す。プラスイメージの語。動詞にかかる修飾語として用いられる。主体が行う能動的な達成行為に労力や能力を必要としない様子を表し、目的を達成することについての気安さの暗示がある。対象はもともと克服・解決するのに労力や能力を必要とするものである暗示がある。受動的な行為については用いられない。

× 彼は老馬を苦もなく乗りこなした。

× 彼女は勧誘員の口車に苦もなくだまされた。

→彼女は勧誘員の口車に手もなくだまされた。

⇨「てもなく」「なんなく」「なんのくもなく」

くりかえし ［繰り返し］ kurikaeshi

① 彼は家賃を待ってくれるよう**くりかえし**頼んだ。

② 環境保護の重要性を**くりかえし**主張する。

【解説】 動詞「くりかえす」の連用形だが、動詞にかかる修飾語となって、何度も反復して行う様子を表す。プラスマイナスのイメージはない。一連のある行為をまったく同じように複数回行うという意味で、回数としては数回が普通である。一連の流れのない単発の行為を複数回行う場合には、ふつう用いられない。

「くりかえし」は「なんども」に似ているが、「なんども」は回数が多いという意味で、行われる行為の内容については言及しない。

× この機械の設計は完成までに繰り返し失敗した。
→この機械の設計は完成までに何度も失敗した。

⇨「なんども」「かさねがさね」

くれぐれも ［呉々も］ kureguremo

① (病人の見舞い)**くれぐれも**お大事に。

② お父様に**くれぐれも**よろしくお伝えください。

【解説】 相手に対して深い配慮をもっている様子を表す。ややプラスよりのイメージの語。述語にかかる修飾語として用いられる。公式の発言や手紙などによく用いられ、かなり丁寧なニュアンスがある。これから行われる行為について、依頼・懇願する場面で用いられることが多く、行為の後では用いられない。文字どおりには何度も繰り返して念入りにという意味であるが、具体的に繰り返し行為するという意味はない。したがって、自分に関する物事についてはふつう用いられない。

× 夜道は危ないからくれぐれも気をつける。
→夜道は危ないから十分気をつける。

「くれぐれも」は「どうか」「どうぞ」や「なにとぞ」などに似ているが、「どうか」は無理を承知で頼む暗示がある。「どうぞ」は依頼や懇願の程度が軽く、相手の裁量に任せる暗示がある。「なにとぞ」は丁重さの程度が高い。

くれぐれもよろしく。(十分な配慮をお願いします)
どうかよろしく。(欠点は大目に見てください)
どうぞよろしく。(お願いします)
なにとぞよろしく。(心からお願いします)

⇨「じゅうぶん」「どうか」「どうぞ」「なにとぞ」「かえすがえす」「かさねがさね」「じゅうじゅう」

くわえて ［加えて］ kuwaete

① 彼は年収が五千万を超え**くわえて**莫大《ばくだい》な遺産があった。

② あの子はスケ番で、**くわえて**弟は暴走族だ。

【解説】 さらに付け加える様子を表す。プラスマイナスのイメージはない。述語にかかる修飾語として用いられる。ややかたい文章語で、日常会話にはあまり用いられない。好ましいものの上にさらに別の好ましいものが付け加わる場合(①)も、その反対の場合(②)もある。かなり客観的な表現で、特定の感情を暗示しない。

「くわえて」は「そのうえ」に似ているが、「そのうえ」は添加された後の結果に視点があるのに対して、「くわえて」は添加する前と後の両方に視点がある。

日が暮れた。くわえて雪まで降ってきた。

(日暮れと雪を別々に意識する)

日が暮れた。そのうえ雪まで降ってきた。

(雪の降る寂しい日暮れを連想する)

⇨「そのうえ」「それに」「そればかりか」「しかも」「さらに」「さらには」「おまけに」

けっきょく［結局］kekkyoku

① 彼女はあちこちの店を見てまわったが、**けっきょく**何も買わなかった。

② 子供の非行は**けっきょく**は親に責任がある。

③ あなたは**けっきょく**何が言いたいの。

④ **けっきょく**飲んでる黒ラベル。(CM)

⑤ (バザーへの供出)とっといたって**けっきょく**押入れにしまっとくだけですもの。

⑥ **けっきょく**のところ、正直者はバカを見るだけさ。

⑦ **けっきょく**世界経済は動いてますから、株式の動きなんかでも**けっきょく**一国の内部の問題ではないんですよ。

【解説】 結論や結果に言及する様子を表す。ややマイナスよりのイメージの語。述語にかかる修飾語として用いることが多い。①が基本的な用法で、事態がさまざまの経過をたどり、ある結果になったことを表す。②~⑦は結果だけを述べる用法で、前後の文脈やその場の状況で、経過を明示しなくてもわかる場合に用いられる。⑥の「結局のところ」は文頭に用いられる慣用句で、結論を述べる様子を表す。⑦は会話の途中で用いられる間投詞の用法。自分が結論だと考えることを納得しながら展開する暗示がある。

「けっきょく」は途中の経過はともかくとして、結果や結論を納得(②④~⑦)や無力感(①)・焦燥(③)など、さまざまの(あまり好ましくない)感情を伴って述べる語である。④は他のビールをいろいろ試してみた結果、誰しも同じように黒ラベルビールに落ち着くものだという、納得と決めつけの暗示がある。客観的に結果を述べる場合や好ましい結果を述べる場合には、ふつうあまり用いられない。

? 彼女はさんざん迷って、結局素敵な服を選んだ。

→彼女はさんざん迷ったすえ、素敵な服を選んだ。

「けっきょく」は「あげく」「とどのつまり」や「つまり」「ようするに」などに似ているが、「あげく」や「とどのつまり」は結果に到るまでの経過に視点がある。「つまり」は前提と結論をイコールで短絡的に結ぶ暗示がある。「ようするに」は途中経過を要約する暗示がある。

× あなたはそのあげく何が言いたいの。

政治は結局金の問題だ。
(金の問題が結論として残る)

政治はとどのつまり金の問題だ。
(たどりたどると金の問題にゆきつく)

× 彼は私の義理の兄の子、結局甥だ。
→彼は私の義理の兄の子、つまり甥だ。

× 「帰りに一杯どうだ」「今日はちょっと体調が……。それに先約が……」「結局だめってことだな」
→「帰りに一杯どうだ」「今日はちょっと体調が……。それに先約が……」「要するにだめってことだな」

⇨「あげく」「とどのつまり」「つまり」「ようするに」「ようは」「つまるところ」「つまりは」「さしずめ」「とりもなおさず」「ついに」「とうとう」「しょせん」

けっこう [結構] kekkô

(1) ① 今度の彼の絵はたいへん**けっこう**だ。
② 「バーボンを一杯いかが」「**けっこう**ですね」
③ 日光を見ずに**けっこう**と言うな。(ことわざ)
④ 先日は**けっこう**な品をありがとうございました。
⑤ 朝風呂に朝酒だなんて**けっこう**な御身分だこと。
⑥ 子供を塾へやるのも**けっこう**だが、基礎体力だけはつけてやってほしい。

(2) ① お元気そうで**けっこう**ですな。
② (医者が)もう退院されても**けっこう**です。
③ 印鑑でもサインでも**けっこう**です。
④ 「おかわりいかが」「少しで**けっこう**です」
⑤ (買い物で)「こまかいのないんですけど……」「**けっこう**ですよ」

(3) ① 「もう少しいかが」「いえ、もう**けっこう**です」
② 「駅までお送りしましょう」「**けっこう**ですよ」

(4) ① 夫の作った料理は**けっこう**おいしい。
② 私って**けっこう**神経質なたちなの。
③ こんな小さな子でも**けっこう**役に立つんですよ。
④ 自分の絵を見てね、**けっこう**いい線いってるなって、**けっこう**そう思うこともね、**けっこう**あるんですよ。

【解説】 (1) 望ましく好ましい様子を表す。プラスイメージの語。ややかたい文章語で、かなり丁寧なニュアンスがあり、公式の発言やあらたまった挨拶《あいさつ》などによく用いられる。①~③⑥は述語の用法、④⑤は名詞にかかる修飾語の用法である。述語にかかる修飾語にはならない。③はことわざで、日光の景色を見る前にすばらしいと言ってはいけない、日光ほどすばらしい所は他にないという意味である。⑤は皮肉な文脈で用いられた例で、相手が朝風呂・朝酒を楽しんでいることを軽く非難している。⑥は、「……は結構だが、~だ」という形で条件句を作り、一応の評価を下した上で、対立する主張を後ろに述べる。「けっこう」は対象のすぐれた様子を賞賛する語であるが、かなり冷静なニュアンスをもち、客観的に評価を下す暗示もある。そのため、他に敬語が使われない文脈で用いられると、対象を上から見下ろして評価するというニュアンスになり、尊大の暗示をもつことがある(①)。

(1)の「けっこう」は「すばらしい」「みごと」などに似ているが感動の暗示はない。

(2) 満足している様子を表す。ややプラスよりのイメージの語。述語でのみ用いられる。かなり丁寧なニュアンスがあり、あらたまった挨拶などによく用いられる。①は基本的な用法、②~④は「~ても(で・でも)結構だ」という条件句に呼応する形で用いられ、許容を表す。⑤はこれらから進んだ用法で、相手の「小銭はないが(高額紙幣でもよいか)」という問いに対する答えとして、「高額紙幣でもよい」と許容している。

(3) (2)から進んで、不必要な様子を表す。プラスマイナスのイメージはない。述語でのみ用いられる。この場合には、しばしば「いいえ」などの否定の応答詞や「もう」などの副詞を伴う。②は念を押す終助詞「よ」を伴う場合。ただし、「よ」を伴うといつでも不必要を表すとは限らない。この場合、イントネーションは「けっこうですよ」と文末が下がる。

(3)の「けっこう」が他の副詞や助詞などを伴わずに単独で述語として用いられた場合、(2)と紛らわしいものが多いが、原則として、すでに経験されている事柄について述べる場合には(2)の意味、経験されていない事柄について述べる場合には(3)の意味になる。

「この玉露《ぎょくろ》などいかがですか」「結構でございます」
(「この玉露」についての感想を聞いているので、(2)の意味)

「玉露などいかがですか」「結構でございます」
(これから玉露を飲むよう勧めているので、(3)の意味)

(3)の「けっこう」は「たくさん」に似ているが、「たくさん」は飽和の暗示があり、これ以上余地がないというニュアンスで、不快の暗示を伴う。

? 結婚なんてもう結構だ。
→結婚なんてもうたくさんだ。

(4)　予想に反してかなり程度が高い様子を表す。プラスマイナスのイメージはない。ふつうひらがな書きされ、述語にかかる修飾語として用いられる。ややくだけた表現で、日常会話によく用いられる。事前の予想に反して実際の程度がかなり高い様子を表し、話者の納得の暗示を伴う。②は自分自身について、かなり程度が高いことを納得しているニュアンスで、話者の自己愛の心理が暗示される。④は会話の途中で用いられる間投詞の用法で、自分に関する物事について相手はあまり高く評価しないかもしれないが、実際はかなり程度が高いものであるという自慢の気持ちを婉曲《えんきょく》に表す。

(4)の「けっこう」は「かなり」や「なかなか」に似ているが、「かなり」は冷静で客観的なニュアンスをもち特定の感情を暗示しない。「なかなか」は程度が高いことを上から見下ろして評価する暗示がある。

夫の作った料理はけっこうおいしい。
(まずいかと思ったが食べられる)
夫の作った料理はかなりおいしい。
(おいしさが平均以上だ)
夫の作った料理はなかなかおいしい。
(最高ではないがいい線いってる)

⇨「たくさん」「かなり」「なかなか」「ずいぶん」「そうとう」「だいぶ」「すくなからず」「わりあい」「わりに」

けっして［決して］kesshite

① 御恩は**けっして**忘れません。
② (登山に際して)**けっして**無理はするなよ。
③ 中学入試の問題は**けっして**やさしくない。
④ 彼女は**けっして**バカではないがお人よしだ。

【解説】 後ろに打消しや禁止の表現を伴って、打消しや禁止を強調する様子を表す。プラスマイナスのイメージはない。打消しや禁止を伴う述語にかかる修飾語として用いられる。ややかたい文章語で、公式の発言などによく用いられる。①②が基本的な用法で、打消し(①)・禁止(②)の意味を強調する。③④は後ろの判断の表現を打ち消している場合である。その判断が必ずしも正しくないというニュアンスで、部分否定になる。「けっして」は、ある前提をふまえてそれにもかかわらず強く打ち消すというニュアンスがあり、前提の考えられない単なる打消しの強調としては用いられない。

× ぼくは野球見物なんか決して行きたくないんだ。
→ぼくは野球見物なんか決して行きたいわけじゃないんだ。

「けっして」は「ぜったい」や「だんじて」に似ているが、「ぜったい」は理由のいかんを問題にせず、非常に強い確信をもって打消しを誇張するニュアンスがあり、部分否定では用いられない。「だんじて」は規範や客観的な根拠に基づいて強く打ち消すニュアンスで、話者の強い意志と確信を暗示する。

決してやさしくない。（やさしいとは言い切れない）
絶対にやさしくない。（むずかしい）
断じてやさしくない。
（自分ができなかったのだから確かだ）

⇩「ぜったい」「だんじて」「こんりんざい」「かりにも」「まちがっても」「もうとう」「ちかって」「にどと」

げんに［現に］genni

① ＵＦＯを信じない人がいるが、ぼくは**げんに**この目で見たことがあるんだ。

② 国際結婚が増えているのは本当だ。**げんに**ぼくの友人もそうだ。

【解説】 現実にある事実を判断の証拠としてあげる様子を表す。プラスマイナスのイメージはない。述語にかかる修飾語として用いられる。ある判断に対して、現実に自分が経験（見聞）した事実を証拠として掲げ、自分の意見を展開するときに用いられる。自分の経験を事実として掲げるために、話者の主観としてまちがいがないことを強調するニュアンスになり、しばしば釈明の暗示（①）を伴う。

「げんに」は「すでに」にやや似ているが、「すでに」は相手の行為が既成事実になっているという判断を表す。

× 国際結婚が増えているのは本当だ。既にぼくの友人もそうだ。

⇩「すでに」

けんめい［懸命］kemmei

① 新入社員ははじめ会社に慣れるのに**けんめい**だ。

② 瀕死《ひんし》の患者を救うため**けんめい**の努力が続く。

③ 主人公の**けんめい**な姿が読者の共感を呼んだ。

④ 村人は火砕流から**けんめい**に逃げた。

【解説】 全力をあげて行動する様子を表す。プラスイメージの語。①は述語、②③は名詞にかかる修飾語、④は述語にかかる修飾語の用法である。手段を選ばずに全力を尽くして努力する様子を表し、切迫感の暗示がある。

「けんめいに」は「いっしょうけんめい」や「いっしんに」に似ているが、「いっしょうけんめい」のほうが程度が軽く、日常的な挨拶《あいさつ》などについても用いられる。「いっしんに」は熱中のしかたが静かでひたむきである暗示がある。

×（新入社員が）懸命に頑張ります。
→一生懸命頑張ります。

× 村人は火砕流から一心に逃げた。

⇩「いっしょうけんめい」「いっしん」「できるかぎり」「できるだけ」「こんかぎり」「せいいっぱい」「ちからいっぱい」「めいっぱい」「ひたすら」「きょくりょく」

こうごに［交互に］kôgoni

① パネラーは手話通訳者と**こうごに**話した。
② 碁石が黒白**こうごに**並んでいる。
③ パンと野菜と肉を**こうごに**重ねる。

【解説】 複数の動作や状態が一定の割合で交替する様子を表す。プラスマイナスのイメージはない。述語にかかる修飾語として用いられる。①は二人が同様の行動を交替でする場合、②は二種類の物の状態を一定の割合で繰り返す場合、③は三種類の場合である。

「こうごに」は「かわるがわる」や「たがいちがいに」に似ているが、「かわるがわる」は行動に限って用いられ、状態が一定の割合で交替する場合には用いられない。「たがいちがいに」は二つのものの状態が繰り返される場合に限って用いられ、動作が交替する場合には用いられない。

× 碁石が黒白かわるがわる並んでいる。
× パネラーは手話通訳者と互い違いに話した。
⇩「かわるがわる」「たがいちがい」

ごく・ごくごく［極・極々］goku・gokugoku

① 細川さんとは**ごく**親しい友人です。
② 事故の影響はあっても**ごく**わずかだった。
③ 人気歌手の京子も素顔は**ごく**普通の女の子だ。
④ **ごく**一部の政治家のために国民の政治への信頼が失われてしまった。
⑤ **ごくごく**内輪に見ても家の改築には五百万かかる。

【解説】 程度がはなはだしい様子を表す。プラスマイナスのイメージはない。状態を表す語にかかる修飾語として用いられる。「ごくごく」は「ごく」をさらに強調した語である。程度が極限に近い範囲にある様子を強調して表すが、程度がはなはだしいこと自体については、特定の感情は暗示されていない。また、極限が考えられるものの程度について用いられ、極限が存在しないものの程度についてはあまり用いられない。

× 彼の家はごく広い。→彼の家はとても広い。
○ 彼の家はごく狭い。

「ごく」は「きわめて」や「しごく」に似ているが、「きわめて」はふつう名詞にかかる修飾語にはならず、極限が存在しないものの程度についても用いられる。「しごく」は文章語的で、用法に制限がある。

× きわめて一部の政治家。

× 細川さんとはしごく親しい友人です。
⇨「とても」「きわめて」「しごく」「ひじょう」「はなはだ」「たいへん」「たいそう」「いたって」「いとも」「おおいに」「うんと」「よにも」

こくいっこく［刻一刻］koku-ikkoku

① スタートの時刻が**こくいっこく**迫っている。
② 鳥海山の夕映えは**こくいっこく**と変化する。

【解説】非常に重要な意味をもつ時間が経過する様子を表す。プラスマイナスのイメージはない。ややかたい文章語で、日常会話にはあまり登場しない。述語にかかる修飾語として用いられる。時間が経過した結果重要な事態に近づく場合①と、時間の経過に伴って重要な事態が起こっていく場合②とがある。

「こくいっこく」は「こっこく(刻々)」や「しだいに」「だんだん」に似ているが、「こっこく」が時間の経過に伴う状態の変化のほうに視点があるのに対して、「こくいっこく」は時間の経過そのものに視点がある。「しだいに」「だんだん」は時間の経過が伴わなくても用いられる。

神田川は刻一刻と増水している。
(一時間前、その一時間前よりもさらに増水している)
神田川は刻々と増水している。
(だんだん水量が増えている)

× 上から下に向かって刻一刻色が薄くなる。
→上から下に向かって次第に(だんだん)色が薄くなる。
⇨「こっこく」「しだいに」「だんだん」

ここのところ・ここんとこ［此処の所］kokono-tokoro・kokontoko

① **ここのところ**毎日いい天気だ。
② **ここんとこ**彼の顔見ないね。

【解説】最近の様子を表す。プラスマイナスのイメージはない。述語にかかる修飾語として用いられる。日常会話では、しばしば「ここんとこ・ここんところ」などと発音される。かなりくだけた表現で、会話以外にはあまり用いられない。文章では「このごろ」や「さいきん」などを用いる。

「ここのところ」は「このところ」に似ているが、「このところ」のほうが標準的で、最近一日二日に対する思い入れが少ない。
⇨「このところ」「このごろ」「さいきん」「ちかごろ」

こころおきなく［心置きなく］kokorooki-naku

① 二十年ぶりに旧友と**こころおきなく**語り合った。
② どうぞ**おこころおきなく**おくつろぎください。

③ 実家の母親が子供を見てくれているので、彼女は**こころおきなく**働ける。
④ (退院した患者が)今日から**こころおきなく**酒が飲めるぞ。

【解説】 余計な心づかいをしない様子を表す。プラスイメージの語。動詞にかかる修飾語として用いられる。①②は思うままに遠慮なくという意味、③④は自分の心に恥じることなくという意味である。相手に遠慮なく行動するよう促す場合(②)には、「お心置きなく」という丁寧形も用いられる。相手に対して配慮を必要としない安堵《あんど》の暗示がある。

「こころおき」は他人に対する余計な心づかいという意味であるが、主に他人が自分の行為をどう見るかを予想して、他人に悪く思われないように心づかいするというニュアンスであって、きわめて日本的な語である。他人に対して心づかいをすること自体は、日本文化ではプラスに評価するが、他人の思惑を先取りして、本来望んでいる自分の行為を抑制することは主体にとっては不快であるので、そのような余計な心づかいをしないことはプラスイメージとなる。他人の目を自分の行動の規範にすえる日本文化に特徴的な語だということができる。

⇨「こころゆくまで」

こころから ［心から］ kokorokara

① 彼は孤児院の生活の中で**こころから**笑ったという記憶がない。
② 御配慮**こころから**厚くお礼申し上げます。

【解説】 心の奥底から行動する様子を表す。ややプラスイメージの語。動詞にかかる修飾語として用いられる。①は基本的な用法で、心の奥底から本気でという意味、②はこれから一歩進んで、程度を強調する様子を表す。非常に、とてもという意味である。全人格をあげてというニュアンスで誠意の暗示があり、全人格をあげて行動する真摯《しんし》さをプラスに評価する日本文化ならではの語である。

⇨「せつに」「ひたすら」

こころなしか ［心做か］ kokoronashika

① 彼女は最近**こころなしか**太ったようだ。
② 恋人の見舞いがうれしかったらしく、彼は今日は**こころなしか**顔色がいい。

【解説】 外見の変化を推量する様子を表す。プラスマイナスのイメージはない。状態を表す述語にかかる修飾語として用いられる。原因はよくわからないが、外見の状態に変化が起こったのを話者の主観として推量する様子を表し、軽い疑惑の暗示を伴う。話者の目に見える外見の状態について用いられ、自分自身のことや目に見えないことについてはふつう用いられない。

× ぼくは最近心なしか頭がよくなったようだ。
→ぼくは最近気のせいか頭がよくなったようだ。

「こころなしか」は「おもいなしか」に似ているが、「おもいなしか」は話者の相手に対する気づかいを暗示する。

× 恋人の見舞いがうれしかったらしく、彼は今日は思いなしか顔色がいい。

⇩「おもいなしか」

こころならずも［心ならずも］kokoronarazumo

① 彼は**こころならずも**その縁談を承諾した。
② 何気ない一言が**こころならずも**彼女を傷つけてしまった。

【解説】本心でない様子を表す。ややマイナスイメージの語。述語にかかる修飾語として用いられる。①は主体が行為を行うに際して、本心でなく消極的に行うという意味、②は主体の行為によってある(好ましくない)結果が起こったが、主体はその結果を意図していなかったという意味である。①の場合には不本意の暗示、②の場合には反省・弁解の暗示がある。

「こころならずも」は「いやいや」「しぶしぶ」や「ふしょうぶしょう」に似ているが、「いやいや」「しぶしぶ」は主体の不快が強調される。「ふしょうぶしょう」には不本意な結果を反省する意味はない。

× 彼女は心ならずも子宮ガンの検査を受けに行った。
→彼女はいやいや(しぶしぶ)子宮ガンの検査を受けに行った。

× 何気ない一言が不承不承彼女を傷つけてしまった。

⇩「いやいや」「ふしょうぶしょう」「やむなく」「やむをえず」

こころみに［試みに］kokoromini

① 外国人労働者を**こころみに**雇ってみた。
② 新しい組織で**こころみに**スタートしてみよう。

【解説】試験的に行う様子を表す。プラスマイナスのイメージはない。動詞にかかる修飾語として用いられる。ややかたい文章語で、公式の発言などによく用いられる。どういう結果になるかわからないので試験するという場合に用いられ、結果の予測はついていないことが多い。この点で、ある程度の結果を予測して試験する様子を表す「ためしに」とは異なる。

新薬をこころみに飲んでみる。(実験するだけ)
新薬をためしに飲んでみる。(効くかもしれない)

⇩「ためし」

こころもち［心持ち］kokoromochi

(1)① 孫に肩をもんでもらうのはいい**こころもち**だね。
② 彼女は不安な**こころもち**を隠さなかった。
(2)① **こころもち**右に寄ってくれないか。
② 彼女は左目が右目より**こころもち**大きい。

【解説】(1) 気分を表す。プラスマイナスのイメージはない。かなり古風なニュアンスのある語で、現在ではふつう「気持ち」「気分」などを用いる。肉体的な気分は意味せず、もっぱら精神的な気分を表す。
(2) 程度が非常に少ない様子を表す。プラスマイナスのイメージはない。状態を表す語にかかる修飾語として用いられる。ややかたい文章語で、公式の発言などによく用いられる。「ほんの少し」という意味であるが、客観的に計量できるような程度は意味せず、話者の主観で感覚的に程度が非常に少ないというニュアンスで用いられる。

⇨「いくらか」「いささか」「すこし」「やや」「じゃっかん」

こころゆくまで［心行く迄］kokoroyukumade

① 久しぶりの休日を**こころゆくまで**楽しんだ。
② 彼はいつも**こころゆくまで**調べてから原稿を書く。

【解説】完全に満足する様子を表す。プラスイメージの語。動詞にかかる修飾語として用いられる。「徹底的に」という意味であるが、主体の主観的な充足と満足感の暗示があり、快感の暗示もある。②は知的な満足が得られるまでという意味で、納得の暗示を伴う。

「こころゆくまで」は「こころおきなく」や「おもうぞんぶん」に似ているが、「こころおきなく」は他者に対する遠慮を暗示する。「おもうぞんぶん」は程度のはなはだしさに視点があり、快感の暗示はない。

　心ゆくまで楽しむ。（自分が満足するまで）
　心おきなく楽しむ。（他人に遠慮しないで）
× 彼は新規事業で心ゆくまでの働きをした。
→彼は新規事業で思う存分の働きをした。

⇨「こころおきなく」「おもうぞんぶん」

こぞって［挙って］kozotte

① 親類たちは二人の結婚に**こぞって**反対した。
② 組合の運動会には組合員が**こぞって**参加した。

【解説】全員が同一の行動を起こす様子を表す。プラスマイナスのイメージはない。動詞にかかる修飾語として用いられる。積極的に他に働きかける行動について用いることが多く、受動的な行為や状態についてはあまり用いられない。

？ 合格の知らせを家族がこぞって待っていた。

→合格の知らせを家族全員が待っていた。
? 振袖《ふりそで》姿の新成人はこぞって美しい。
→振袖姿の新成人はみんな美しい。

「こぞって」は「あげて」や「のこらず」などに似ているが、「あげて」は全部が一致して同一行動を起こす暗示があるのに対して、「こぞって」は構成員の一人一人に視点がある。「のこらず」は残量が存在しない様子を表す。

× 組合の運動会には組合員があげて参加した。
× 知っていることはこぞって話しました。
→知っていることは残らず話しました。

⇨「みな」「のこらず」「すべて」「ぜんぶ」「ことごとく」

こっこく［刻々］kokkoku

(1)① 選挙事務所には開票速報が**こっこく**伝えられた。
② 世界のニュースが時々**こっこく**入ってくる。
(2)① ロケット発射の時刻が**こっこく**と迫っていた。
② 昨夜来の雨で神田川は**こっこく**と増水していた。

【解説】 (1) 短時間ごとに物事が起こる様子を表す。プラスマイナスのイメージはない。動詞にかかる修飾語として用いられる。ややかたい文章語で、報道や公式の発言によく用いられる。②は「時々刻々」という形で用いられ、「刻々」を強調する。時間の経過に伴って物事が起こる様子を表すが、持続や継続の暗示はなく、同種の物事が断続的に起こる暗示があり、さまざまの物事が次々に起こるという意味ではない。

× 今日はいろいろな事件が刻々と起こった。
→今日はいろいろな事件が次々と起こった。

(2) 非常に重要な意味をもつ時間が経過する様子を表す。プラスマイナスのイメージはない。述語にかかる修飾語として用いられる。時間が経過した結果重要な事態に近づく場合(①)と、時間の経過に伴って重要な事態が起こっていく場合(②)とがある。

この「こっこく」は「こくいっこく」に似ているが、「こくいっこく」のほうが文章語的で、日常会話にはあまり用いられない。また、「こくいっこく」は時間の経過そのものに視点があるのに対して、「こっこく」は時間の経過に伴う状態の変化のほうに視点がある。

⇨「つぎつぎ」「こくいっこく」「しだいに」「だんだん」

ことごとく［悉く・尽く］kotogotoku

① 昨日のレースの馬券は**ことごとく**外れた。
② この子は母親の言うことに**ことごとく**逆らう。
③ 久しぶりに帰国した日本は、見るもの聞くものが**ことごとく**新鮮だ。

【解説】 すべてにわたる様子を表す。ややマイナスよりのイメージの語。述語にかかる修飾語として用いられる。

かなりかたい文章語で、公式の発言などに用いられる。ふつう、すべてのものがあまり好ましくない事態になったことを、軽い概嘆やあきれの暗示を伴って述べるが、好ましい事態について用いる場合(③)も皆無ではない。異質の物事がすべて残らずある一つの結果になる様子を表し、構成要素のバラエティーの暗示がある。

「ことごとく」は「みな」「ぜんぶ」などに似ているが、「みな」は全体を一つにまとめて扱う暗示がある。「ぜんぶ」は個々の構成要素に視点があるが、客観的な表現で特定の感情を暗示しない。

× この子は母親の言うことにみな(全部)逆らう。

⇨「みな」「ぜんぶ」「すべて」「のこらず」「あらいざらい」「あますところなく」「いっさい」「さいだいもらさず」「もれなく」「こぞって」「のきなみ」「なにからなにまで」「なんでも」「いちいち」「なにもかも」「ねこそぎ」

ことごとに ［事毎に］ kotogotoni

① 姑《しゅうとめ》は**ことごとに**彼女につらく当たった。

② 課長は部下の仕事の**ことごとに**ケチをつける。

【解説】 個々の状況によらずに同一の行動をとる様子を表す。ややマイナスイメージの語。動詞にかかる修飾語として用いられる。ややかたい文章語で、日常会話にはあまり登場しない。ふつう、あまり好ましくない行動をとる場合に用いられる。

「ことごとに」は「いちいち」に似ているが、「いちいち」は細かい点まで取り立てて問題にするというニュアンスがある。

× 詳細をことごとに説明している暇はない。

→詳細をいちいち説明している暇はない。

⇨「いちいち」

ことさら ［殊更］ kotosara

(1)① 子供の飲酒を**ことさら**騒いでもしかたがない。

② 中学生は注意すると**ことさら**悪いことをするものだ。

③ 由美は恋人の前で**ことさら**に泣いてみせた。

④ **ことさら**な言い訳はかえって逆効果だぞ。

(2)① みんな洋装だったので和服姿の礼子のしとやかさが**ことさら**目立った。

② 今年は**ことさら**寒さが厳しく感じられる。

【解説】 (1) 意図的に行動する様子を表す。ややマイナスイメージの語。①～③は述語にかかる修飾語、④は名詞にかかる修飾語の用法である。その必要もないのに故意に行動を起こす点にポイントがあり、不必要と意図の暗示がある。

「ことさら」は「わざわざ」や「あえて」に似ている

が、「わざわざ」は意図的に行う行為に大きな労力を伴うことを話者が推測するニュアンスがある。「あえて」は意図的に行う行為に好ましい結果を期待する暗示がある。

× おれがことさら就職を世話してやったのに、あいつは断りやがった。
→おれがわざわざ就職を世話してやったのに、あいつは断りやがった。

× 作品の価値を知りつつことさら苦言を呈する。
→作品の価値を知りつつあえて苦言を呈する。

(2) (1)から進んだ用法で、程度がはなはだしい様子を表す。プラスマイナスのイメージはない。程度がはなはだしいことが意図的になされた結果のように感じられるというニュアンスがあり、話者の主観による程度のはなはだしさを暗示する。したがって、客観的に程度がはなはだしい場合には、ふつうあまり用いられない。

？ 今年の冬はことさら寒さが厳しい。
→今年の冬はとりわけ(ことに)寒さが厳しい。

⇨「わざわざ」「あえて」「とりわけ」「ことに」「とくに」「とりたてて」「あらためて」「わざと」「いまさら」「もとめて」「すきこのんで」

ことに ［殊に］ kotoni

① 彼は数学少年だが、**ことに**微積は得意中の得意だ。

② 今年の冬は**ことに**寒さが厳しい。

【解説】 他と比べて著しく程度がはなはだしい様子を表す。プラスマイナスのイメージはない。状態を表す述語にかかる修飾語として用いられる。同類の他のものと比べて、対象の程度が特別にははなはだしい様子を表す語で、同類の範囲を明示する場合(①)も多い。客観的な表現で、特定の感情を暗示しない。

「ことに」は「とくに」や「とりわけ」に似ているが、「とくに」は程度のはなはだしさを主観的に述べるニュアンスがあるので、話者の意図的な行為についても用いることができる。「とりわけ」の示す程度の高さの違いはそれほど大きくなく、同類に比べて程度が特に高いというニュアンスがある。

× お客様のためにことにお選びした宝石です。
→お客様のために特にお選びした宝石です。

今週はことに忙しい。
(極端に忙しい)
今週はとりわけ忙しい。
(いつも忙しいが今週は極端だ)

⇨「とくに」「とりわけ」「とくべつ」「かくべつ」「なかでも」「ことさら」

ことによると ［事に依ると］ kotoni-yoruto

① あの受験生、**ことによると**落ちるかもしれない。
② **ことによると**彼女ラブレターの返事くれるかもしれないね。
③ こりゃあ、**ことによると**ことによるぞ。

【解説】 可能性はあるが低いことを推量する様子を表す。ややマイナスよりのイメージの語。述語にかかる修飾語になるが、文全体にかかる修飾語（②）になることもある。かなりくだけた表現で、日常会話中心に用いられ、かたい文章中には登場しない。「ことによると」が示す可能性はかなり低いので、文末に「かもしれない」などの推量表現を伴うことが多い。しばしば重大な結果になる可能性を暗示し、③のように具体的な内容を明示しなくても、話者にとって重大な結果になる可能性が低いながらも存在するという意味で用いられることがある。重大な結果は好ましくない場合（①）が多く、好ましい結果になる場合（②）はあまり多くない。好ましくない結果になる可能性に対する危惧《きぐ》の暗示がある。

「ことによると」は「ひょっとすると」や「もしかすると」に似ているが、「ひょっとすると」は僥倖《ぎょうこう》を待ち望む暗示がある。「もしかすると」はかなり客観的で偶然性の暗示がある。

ことによると明日は雨かもしれない。
（雨が降らないといいのだが）
ひょっとすると明日は雨かもしれない。
（雨が降るといいのだが）
もしかすると明日は雨かもしれない。
（まあ、わからないが）

⇨「ひょっとすると」「もしかすると」「あるいは」

ことのほか ［殊の外］ kotono-hoka

① 事故の復旧作業は**ことのほか**に手間取っている。
② 予想に反して計画は**ことのほか**うまくいった。
③ 彼の**ことのほか**の落胆ぶりは慰めるすべもない。
④ 祖父は**ことのほか**朝湯が好きだ。

【解説】 予想に反して程度がはなはだしい様子を表す。プラスマイナスのイメージはない。①②④は述語にかかる修飾語、③は名詞にかかる修飾語の用法である。かなりかたい文章語で、挨拶《あいさつ》や公式の発言などによく用いられる。①〜③は話者の予想に反して対象の程度がはなはだしいという基本的な意味である。④は予想には特に言及せず、単に程度を強調する意味になっている。視点は結果にあるが、結果が好ましいか好ましくないかについては特に言及しない。

「ことのほか」は「おもいのほか」や「あんがい」「い

がい」に似ているが、「おもいのほか」のほうが結果の程度が低い。「あんがい」「いがい」は予想や期待のほうに視点があり、それにはずれる結果に対してあきれ・驚きの暗示を伴う。

今日はことのほか寒い。（近来になく寒い）
今日は思いのほか寒い。（かなり寒い）

? 試合はことのほかの結果になった。
→試合は案外（意外）な結果になった。

⇩「おもいのほか」「あんがい」「いがい」「とりわけ」「かくべつ」

こともあろうに［事もあろうに］kotomo-arôni

① 彼は**こともあろうに**ハイジャックを計画している。
② **こともあろうに**お父さんのお葬式の日に結婚を申し込みに来るなんて、非常識な人ね。

【解説】 最も好ましくないものを選択する様子を表す。マイナスイメージの語。述語にかかる修飾語として用いられる。他に選択すべきものはいくらでもあるのにという、話者の慨嘆・怒りとあきれの暗示を伴う。結果として選択した物事は、好ましくない程度が極端である暗示がある。したがって、通常の程度の事柄についてはふつう用いない。

? 試合の日は晴れてほしかったのだが、こともあろうに小雨になった。
→試合の日は晴れてほしかったのだが、こともあろうに大嵐になった。

⇩「よりによって」

このあいだ・こないだ［此の間］kono-aida・konaida

① **このあいだ**新宿で彼女に会ったよ。
② 天安門事件はつい**このあいだ**のことのようだ。
③ ねえ、**こないだ**の話、覚えてる？
④ 「ちょっとやせたみたいだね」「うん、**こないだ**まで胃腸をこわして寝てたんだ」
⑤ **このあいだ**は結構な品をありがとうございました。

【解説】 近い過去を表す。プラスマイナスのイメージはない。名詞の用法が主だが、述語にかかる修飾語（①）、名詞にかかる修飾語（③）の用法もある。「こないだ」は「このあいだ」のくだけた表現で、会話ではしばしば用いられる。「このあいだ」が示す過去の近さは非常に幅があり、数日から数か月、場合によっては数年に及ぶが、名詞として用いる場合（②④）には、ごく近い過去を指す意味で用いることが多い。

⇩「さきごろ」「せんだって」「さいきん」

このうえ ［此の上］ kono-ue

① **このうえ**御迷惑はおかけしません。
② 君にはもう二十万も貸してるじゃないか。**このうえ**まだ貸せって言うのかい。
③ 仕事は一段落したし、子供たちもみんな独立した。**このうえ**望みは何もないよ。

【解説】 現在の状態より多くを付け加える様子を表すが、普通は後ろに打消しを伴って、これ以上付け加えないという意味を表す。プラスマイナスのイメージはない。述語にかかる修飾語として用いられる。①は現在でも十分に飽和・充足している暗示がある。②は二十万貸していることが話者にとってはすでに十分高額であるという意味、①は迷惑をかけているという意味、③は現在すっかり満足しきっているという意味である。

「このうえ」は「これ以上」という意味であるが、「これ以上」には現状についての飽和・充足の暗示がない。

⇨「このうえは」

このうえは ［此の上は］ kono-uewa

① **このうえは**直接彼女に体当たりするまでだ。
② **このうえは**もう勘弁ならない。あいつを訴えてやる。

【解説】 追い詰められた結果、非常の手段に訴える様子を表す。ややマイナスよりのイメージの語。述語にかかる修飾語として用いられる。現在好ましくない事柄が飽和状態にあるので、事態を打開するために非常・極端な手段に訴える様子を表し、覚悟・決意の暗示がある。

「このうえは」は「このさい」に似ているが、「このさい」は追い詰められた結果かどうかには言及せず、ある行為を決断して行う様子を表す。

? このうえは言い出しっぺのお前にやってもらおう。
→この際言い出しっぺのお前にやってもらおう。

⇨「このさい」「このうえ」

このごろ ［此の頃］ konogoro

① 彼は**このごろ**になって、やっと自分のやり方がまちがっていたことに気がついた。
② 彼のように純粋な人は**このごろ**では珍しくなった。
③ **このごろ**の若い者の言葉づかいはなってない。
④ **このごろ**ちっとも来てくれないのね。
⑤ 暑さの厳しい今日**このごろ**です。

【解説】 現在を表す。プラスマイナスのイメージはない。①②は名詞の用法、③は名詞にかかる修飾語、④は述語にかかる修飾語の用法である。⑤は「今日このごろ」という形で慣用句となり、最近の様子という意味である。

話者にとっての漠然とした現在を表すが、現時点という意味ではなく、近い過去から近い未来までを含むある幅をもった現在である。

「このごろ」は「このところ」や「ちかごろ」「さいきん」などに似ているが、「このところ」は示す時間の幅が長く、その時間の間じゅうある事柄が続いている継続の暗示がある。「ちかごろ」や「さいきん」は近い過去から現時点に至るまでの時間の幅の暗示が強い。

⇩「このところ」「ちかごろ」「さいきん」「ここのところ」「いま」

このさい ［此の際］ **kono-sai**

① **このさい**言い出しっぺのお前にやってもらおう。

② 頼まれるたびに貸してやると癖になるから、**このさい**はっきり断ったほうがいい。

【解説】 決意して重大な行動を起こす様子を表す。ややマイナスよりのイメージの語。述語にかかる修飾語として用いられる。かなりくだけた表現で、かたい文章中には登場しない。今まで似たような状況は何度もあったが、今回は重大な行動を起こそうという話者の決意が暗示されている。

「このさい」は「このうえは」に似ているが、「このうえは」は現在の状況についての飽和・充足の暗示がある。

⇩「このうえは」

このところ ［此の処］ **kono-tokoro**

① **このところ**の低温で農作物に被害が出始めた。

② 彼女は**このところ**会社を休みがちだ。

【解説】 近い過去から現時点までの時間の幅を表す。プラスマイナスのイメージはない。①は名詞にかかる修飾語、②は述語にかかる修飾語の用法である。近い過去から現時点に至る時間の幅に視点があり、その時間の幅の中である状態が継続している暗示がある。

「このところ」は「ちかごろ」「さいきん」や「このごろ」に似ているが、「ちかごろ」や「さいきん」が暗示する時間はかなり漠然としているのに対して、「このところ」は話者が具体的なある時間の幅を考えていることが多い。「このごろ」は時間の幅は暗示しない。

？ このところまた長いスカートが流行している。

→近ごろ(最近)また長いスカートが流行している。

⇩「ちかごろ」「さいきん」「このごろ」「ここのところ」

このんで ［好んで］ **kononde**

① 何も**このんで**危ない目にあいにいくことはない。

② 土《と》岐《き》頼芸《よりよし》は**このんで**タカの絵をかいた。

【解説】 自分から積極的に行動する様子を表す。ややプラスよりのイメージの語。述語にかかる修飾語になる。主体が自分の好みによって積極的に行動する様子を表す。①は打消し文の主語を作る場合で、話者の目には主体が積極的に好ましくない行為をしているように見えるという判断を表し、軽い慨嘆の暗示を伴う。

「このんで」は「すすんで」に似ているが、「すすんで」が主体の意欲を暗示するのに対して、「このんで」は好悪を暗示し、肯定文の場合には行動のひんぱんさを表すのにとどまる。

彼は好んで健康診断に行く。
（健康診断が好きなのでしばしば行く）
彼は進んで健康診断に行く。
（誰からも強要されずに自分から行く）

⇩「すすんで」「すきこのんで」

ごまんと［五万と］gomanto

① 楽して金をもうけたい奴は**ごまんと**いる。
② あいつがやったという証拠なら**ごまんと**ある。

【解説】 非常に数が多い様子を表す。ややマイナスよりのイメージの語。「いる・ある」などの動詞にかかる修飾語で用いられる。くだけた表現であって、日常会話で用いられ、かたい文章中には登場しない。非常に数が多いことを誇張して表し、実際の数がどの程度なのかについては言及しない。したがって、実際にはそれほど多くなくても、話者が多いことを誇張したいときに用いられる（②）。また、数えられるものについて用いるのが普通で、量については用いないことが多い。標準的には「たくさん」を用いる。

？ 米ならごまんとあるから心配いらない。
→米ならうんと（たくさん）あるから心配いらない。

⇩「たくさん」「うんと」「いっぱい」「しこたま」「やまほど」「ふんだん」

こんかぎり［根限り］kon-kagiri

① ノルマをこなすため**こんかぎり**の努力をする。
② ガンのヒナは親が来るまで**こんかぎり**鳴き続ける。
③ 綱引きの綱を**こんかぎり**に引っ張る。

【解説】 全力を尽くす様子を表す。ややプラスイメージの語。①は名詞にかかる修飾語、②③は述語にかかる修飾語の用法である。やや古風なニュアンスがある。全力を出して可能なかぎり長く頑張るというニュアンスで、継続の暗示がある。

「こんかぎり」は「いっしょうけんめい」や「せいいっぱい」に似ているが、「いっしょうけんめい」は好ましいことに積極的にかかわって行動するというニュアンスで、熱意の暗示がある。「せいいっぱい」はあらゆる努力をして行動するというニュアンスで、誠意の暗示がある。

根かぎり鳴く。（声がかれるまで鳴き続ける）

一生懸命鳴く。（全力で鳴く）

精一杯鳴く。（できるだけ大きな声で鳴く）

⇩「いっしょうけんめい」「せいいっぱい」「できるかぎり」「けんめい」「いっしん」

こんりんざい【金輪際】konrinzai

① タバコなんてもう**こんりんざい**ごめんだね。

② いくら謝ったって**こんりんざい**許してやらないわ。

【解説】後ろに打消しや否定の表現を伴って、打消しや否定を誇張する意味を表す。ややマイナスイメージの語。打消しや否定の表現を伴う述語にかかる修飾語として用いられる。日常会話で用いられ、かたい文章中には登場しない。話者の強い意志を表明するので、話者が主体的にかかわれない事柄についてはふつう用いない。

? 今年の夏はこんりんざい暑くない。

→今年の夏は決して暑くない。

「こんりんざい」は「ぜったい」に似ているが、「ぜったい」は打消しや否定の事柄についての話者の主観的な確信を暗示し、主体的行為でなくても用いられる。

? 彼女はこんりんざい犯人ではない。

→彼女は絶対に犯人ではない。

⇩「けっして」「ぜったい」「だんじて」

さ　行

さいきん［最近］saikin

(1)① 彼が有名になったのはつい**さいきん**だ。
② 彼の無実が**さいきん**になって判明した。
③ **さいきん**彼は芥川《あくたがわ》賞の候補になった。
④ **さいきん**五年間の追跡調査をする。
⑤ 生徒の個性を尊重するのが**さいきん**の傾向だ。
(2)① 地球に**さいきん**の惑星は金星だ。

【解説】(1) 近い過去から現時点までの時間の幅を表す。プラスマイナスのイメージはない。①は述語、②～④は述語にかかる修飾語、⑤は名詞にかかる修飾語の用法である。①～③は現時点に非常に近い過去を表す。④は現時点を終点とする時間の幅を表す。⑤は現時点を含む幅のある現在を表すが、時間そのものは漠然としている。

「さいきん」は「さきごろ」や「このところ」「ちかごろ」などに似ているが、「さきごろ」は近い過去を表し、時間の幅を表す意味はない。「このところ」は話者の想定するある具体的な時間の幅を暗示する。「ちかごろ」は昔と対比する暗示が強く、示す時間の幅が長い。

× 先ごろ五年間の追跡調査をする。
× 生徒の個性を尊重するのがこのところの傾向だ。
？ 近ごろ彼は芥川賞の候補になった。

(2) 距離が他のものに比べて最も近い様子を表す。プラスマイナスのイメージはない。ただし、この意味で「最近」を用いることは少なく、ふつう「最短距離」などの別の表現を用いる。

⇩「さきごろ」「このところ」「ちかごろ」「ここのところ」「このごろ」「このあいだ」「せんだって」

さいさん［再三］saisan

① その店は**さいさん**にわたる警告を無視して違法出店を続けた。
② （教師が生徒の母親に）「息子さんは遅刻が多いですね」「**さいさん**注意してるんですけど」
③ 彼女が映画好きなので**さいさん**付き合わされた。
④ 父は叔父の**さいさん**の頼みを聞き入れて甥《おい》を自分の会社に入れることにした。

【解説】 何度も繰り返す様子を表す。ややマイナスイメージの語。①～③は述語にかかる修飾語、④は名詞にかかる修飾語の用法である。述語にはならない。主体が何度もある行為を繰り返した結果、目的を達せられない暗示があり、主体の不本意さが暗示される。④のように目的を達せられる文脈ではあまり用いないことが多い。③のように行為自体を修飾する場合には、同じ行為を何度も繰り返すことについて話者の迷惑や不本意さが暗示される。

「さいさん」は「たびたび」「しばしば」などに似ているが、「たびたび」「しばしば」は客観的な表現で、特定の感情は暗示しない。

⇨「たびたび」「しばしば」「なんども」「さいさんさいし」

さいさんさいし ［再三再四］ saisan-saishi

① **さいさんさいし**説明してやっと納得してもらった。

② 夫は**さいさんさいし**注意しても忘れ物がやまない。

【解説】 何度も繰り返すことを強調する様子を表す。ややマイナスイメージの語。述語にかかる修飾語として用いられる。「さいさん」を強調した語であるが、目的への言及がなく、どのような結果になったかは暗示しない。また、何度も同じ行為を繰り返すことについて主体の根気は暗示されるが、慨嘆や迷惑などの暗示は少ない。

⇨「さいさん」「たびたび」「しばしば」「なんども」

さいだいもらさず ［細大漏らさず］ saidai-morasazu

① 現場で得た情報は**さいだいもらさず**報告せよ。

② 彼女は教授の講義は**さいだいもらさず**ノートする。

【解説】 細かいことも落とさず取り上げる様子を表す。プラスマイナスのイメージはない。「報告する・記録する」などの動詞にかかる修飾語として用いられる。かなりかたい文章語で、日常会話にはあまり登場しない。かなり客観的な意味内容をもち、主体の配慮の暗示はあるが、残りがないことや全部取り上げた結果について特定の感情は暗示されない。また、個々の項目を一つ一つ個別に取り上げる暗示があり、全体を一括してまとめる暗示はない。

⇨「ぜんぶ」「みな」「すべて」「ことごとく」「なにもかも」「のこらず」「もれなく」「あますところなく」「あらいざらい」

さいど ［再度］ saido

① 彼は去年落ちた大学に**さいど**挑戦するそうだ。

② (選挙運動)**さいど**のお願いにあがりました。

【解説】 同じ行為をもう一度繰り返す様子を表す。プラスマイナスのイメージはない。動作を表す語にかかる修飾語として用いられる。かなりかたい文章語で、公式の発言に用いられることが多い。文章では「ふたたび」を、会話では「もういちど」を用いることが多い。ただし「もういちど」にある追加の暗示はない。

⇨「ふたたび」「もういちど」「また」「にどと」「かさねて」

さいわい［幸い］saiwai

(1)① 難民の子たちに**さいわい**あれと祈る。
② お返事をいただければ**さいわい**です。
③ あれほどの大火災にもかかわらず死傷者がでなかったのは不幸中の**さいわい**だった。

(2)① 運動会は**さいわい**なことに天候に恵まれた。
② 彼は車にはねられたが**さいわい**けがはなかった。
③ 娘は**さいわい**にして第一志望に合格できました。
④ 人生何が**さいわい**するかわからない。
⑤ 相手チームは雨で試合が延びたのを残念がったが、わがチームにはその雨が**さいわい**した。
⑥ 彼は当たるを**さいわい**なぎ倒す勢いで勝ち進んだ。
⑦ 母親の留守をもっけの**さいわい**にして、子供たちは化粧品をおもちゃにして遊んだ。
⑧ たまたまかぎがこわれていたのをこれ**さいわい**と、彼は空き家にもぐりこんだ。

【解説】(1) 幸福を表す。プラスイメージの語。かなりかたい文章語で、①のように最も基本的な意味ではかたい文章にしか用いられない。②の「~(して)いただければ幸いです」は手紙などに常用される慣用句で、「~してほしい」という要求の婉曲《えんきょく》表現である。③の「不幸中の幸い」も慣用句で、好ましくない事態の中にも好ましいことが存在しているという意味で、話者の安堵《あんど》の暗示がある。日常的に幸福を意味するときには「しあわせ」のほうがよく用いられる。

× どうぞおさいわいに。
↓どうぞおしあわせに。

(2) (1)から進んで、都合がよい様子を表す。プラスイメージの語。①~③は「幸いなことに」「幸い」「幸いにして」などの形で、述語にかかる修飾語になる。④⑤は「幸いする」の形で予想に反して幸運な結果になるという意味である。⑥の「当たるを幸いなぎ倒す」は慣用句で、「当たる者を次々となぎ倒す」という意味である。⑦「もっけの幸い」と⑧「これ幸い」も慣用句で、偶然得た好都合な機会という意味になり、意外性の暗示がある。いずれも客観的にみて好ましい結果になったという意味で用いられる。(2)の意味では「しあわせ」は用いない。

さきごろ［先頃］sakigoro

① つい**さきごろ**まで九州を歩きまわっていました。
② **さきごろ**米大統領が日本を訪問した。
③ **さきごろ**の台風の被害は予想以上に大きかった。

【解説】近い過去を表す。プラスマイナスのイメージはない。①は名詞の用法、②は述語にかかる修飾語、③は名詞にかかる修飾語の用法である。かなりかたい文章語で、公式の発言やあらたまった会話などに用いられる。「さきごろ」の示す過去の近さは漠然としているが、話者の主観としてそれほど遠くない過去という意味である。

「さきごろ」は「このあいだ」「さいきん」や「せんだって」に似ているが、「このあいだ」はごく近い過去を指すことが多い。「さいきん」は過去から現時点に至る時間の幅を表す意味もある。「せんだって」は現時点からみてあまり遠くない過去という意味で、現在の視点がある。

× 天安門事件はつい先ごろのことのようだ。
→天安門事件はついこのあいだのことのようだ。
× 先ごろ黒い服が流行している。
→最近黒い服が流行している。
先ごろ夏休みをとった。（このあいだとった）
せんだって夏休みをとった。（今はもう働いている）

⇨「このあいだ」「さいきん」「せんだって」

さきほど ［先程］ sakihodo

① **さきほど**から伺っておりますと、まるでうちの子ばかり問題があると言わんばかりじゃございませんか。
② **さきほど**はたいへん失礼いたしました。
③ **さきほど**吉田さんからお電話がありました。
④ **さきほど**のお話をもう一度くわしくお願いします。
⑤ お客様がお帰りになったのはつい**さきほど**です。

【解説】 ごく近い過去を表す（↕のちほど）。プラスマイナスのイメージはない。①は名詞の用法、②③は述語にかかる修飾語、④は名詞にかかる修飾語、⑤は述語の用法である。かなりかたい文章語で、あらたまった挨拶《あいさつ》に用いられ、丁寧なニュアンスがある。現時点から数分～数時間さかのぼった程度のごく近い過去を表す。もう少し時間が離れたときは「このあいだ」「さきごろ」「せんだって」などを用いる。

「さきほど」は「さっき」や「いましがた」に似ているが、「さっき」はくだけた表現で日常会話中心に用いられる。「いましがた」は時が現在に近く完了の暗示が強い。

先程吉田さんからお電話がありました。
→さっき吉田さんから電話があったよ。
× 今しがたはたいへん失礼いたしました。

⇨「このあいだ」「さきごろ」「せんだって」「さっき」「いましがた」「せんこく」「のちほど」

さしあたり・さしあたって ［差し当たり・差し当たって］ sashiatari・sashiatatte

① 彼は**さしあたり**必要な物だけを持って家出した。
② **さしあたって**不満な点は何もない。
③ 「突然会社をやめてどうするつもりだ」「まあ、**さ**

しあたりは失業保険で食いつなぎ、少しのんびりするさ」

【解説】 将来のことは考慮に入れずに現在の状況に対応する様子を表す。プラスマイナスのイメージはない。述語にかかる修飾語になることが多い。話者が現在の状況はどうかと内省している様子を表し、かなり冷静で客観的な表現になっている。ただし、「さしあたり」が示す現在とは現時点から未来に向かってやや幅がある時間を表し、現時点そのものを指すのでない点で「もっか(目下)」「とうめん(当面)」と異なる。

× 彼はさしあたり試験勉強で必死だ。
→彼は目下試験勉強で必死だ。

? さしあたっての問題をまず解決する。
→当面の問題をまず解決する。

「さしあたり」は「ひとまず」や「とりあえず」に似ているが、「ひとまず」は物事に区切りをつける様子を表す。「とりあえず」は本格的な対応を後回しにして、できることを先に行うというニュアンスで、必ずしも現在の状況についてだけ用いるとは限らない。

× 卒論を一週間かかってさしあたり書き上げた。
→卒論を一週間かかってひとまず(とりあえず)書き上げた。

⇨「もっか」「とうめん」「ひとまず」「とりあえず」「とうぶん」「しばらく」「いまのところ」「さしずめ」

さしずめ [差し詰め] sashizume

(1)① 彼が間《はざま》貫一なら私は**さしずめ**お宮ってとこね。
② 阪神が負けたから優勝は**さしずめ**広島のもんだな。
③ 部長が入院したとなると、新企画のリーダーは**さしずめ**課長ぐらいしかいない。
④ 水不足だから**さしずめ**一雨ほしいという心境だ。
(2)① 退職金があるから**さしずめ**食うには困らない。

【解説】 (1) 暫定的な結果や結論に言及する様子を表す。プラスマイナスのイメージはない。述語にかかる修飾語として用いられる。ある条件に対して話者が暫定的に仮の結果を提示する様子を表す。仮の結果が現実的でないものの場合には比喩《ひゆ》になる(①)。

この「さしずめ」は「けっきょく」や「つまるところ」に似ているが、「けっきょく」や「つまるところ」は話者が最終的な結論に言及する様子を表し、暫定的な仮の結果の場合には用いない。

× 水不足だから結局(つまるところ)一雨ほしいという心境だ。

(2) 将来はともかくとして現在の状況に対応する様子を表す。プラスマイナスのイメージはない。述語にかかる修飾語になる。ただし、この意味では現在「さしあたり」のほうが普通に用いられる。

⇩「けっきょく」「つまるところ」「さしあたり」「ようするに」「ようは」「つまり」「すなわち」「とりもなおさず」

さすが［流石］sasuga

(1)① 学長が団交に動じなかったのはさすがだ。
② 歌右衛門はさすがに名女形《おやま》である。
③ シベリアの冬はさすがに寒い。
④ さすが検事というだけあって、彼は少々のことでは驚かない。
⑤ さすがは経営の天才だね。企画の発想が違うよ。
⑥ (友人に)えっ、慶応受かったの？ さすがあ。

(2)① さすがの彼女も今度の失敗はこたえたようだ。
② 朝の四時から働いていたからさすがに疲れた。
③ 彼は強がりを言っていたが、一番上の飛び込み台からはさすがに飛び込めなかった。

【解説】 (1) 価値を再認識する様子を表す。ややプラスよりのイメージの語。①は述語、②～⑤は述語にかかる修飾語の用法である。⑥は現代語用法で、感動詞的に用いられる。対象に価値があることをある事柄を契機として再認識する様子を表し、感嘆の暗示を伴う。ただし、対象のもっている価値が必ずしも話者にとって好ましいものであるとは限らない(③)。

②～⑤の「さすが」は「なんといっても」に似ているが、「なんといっても」は対象を他のものと比較した上で価値を認めて選択する様子を表し、感動の暗示は少ない。

× 湯上がりはさすがにビールに限る。
→湯上がりはなんといってもビールに限る。

(2) 予想通りの結果になる様子を表す。ややマイナスよりのイメージの語。①は「さすがの□□も……だ」の形で名詞にかかる修飾語になる。②③は「さすがに」の形で述語にかかる修飾語になる。事前の予想がそのまま的中したという意味ではなく、事前の予想に反する結果になることへの期待があり、それが期待を裏切って予想どおりになったというニュアンスである。①は失敗してがっかりしたこと、②は疲れることが事前の予想である。ここでは予想に反する期待は明示されていないが、①は(彼女は精神的にタフだから)失敗にもめげないのではないかと思っていたこと、②は(自分はじょうぶだから)それほど疲れないのではないかと思っていたというのが、その期待である。③は飛び込めないことが事前の予想であり、彼が強がりを言ったから飛び込めると思ったことがその期待である。期待に反して予想通りの結果になったことについて、話者の納得が暗示される。話者自身のことについて用いた場合には軽い慨嘆の暗示がこもる(②)。

この「さすが」は「やはり」に似ているが、「やはり」は事前の予想がそのまま的中したという意味で、予想に反する期待の暗示はない。

× ろくに勉強もしなかったからさすがに落ちた。

→ろくに勉強もしなかったからやはり落ちた。

⇩「なんといっても」「やはり」

さぞ・さぞかし・さぞや［嘸・嘸かし・嘸や］ sazo・sazokashi・sazoya

① 彼女はたった一人で外国で病気になって**さぞ**心細かったことだろう。

② (会葬者への挨拶《あいさつ》)亡き父も**さぞかし**喜んでいることでございましょう。

③ 長の御旅行、**さぞや**お疲れでございましょう。

【解説】 程度がはなはだしいことを推量する様子を表す。ややプラスイメージの語。推量の表現を伴う述語にかかる修飾語として用いられる。「さぞかし」「さぞや」は「さぞ」の強調形でややかたい文章語となり、丁寧なニュアンスを伴うので、公式の挨拶や発言(②③)などによく用いられる。自分の関係する以外の相手の様子や物の状態などの程度のはなはだしさを推量するというニュアンスがあり、同情の暗示を伴う。自分自身の状態については用いられない。

× 第一志望に受かって私はさぞうれしかったことだろう。

→第一志望に受かって私はどんなにうれしかったことだろう。

⇩「どんなに」

さっき［先］ sakki

① 彼なら**さっき**までそのいすに座っていたよ。

② (公衆電話の前で)私**さっき**から待ってるのよ。

③ **さっき**はひどいこと言ってごめんね。

④ (同僚に)課長はつい**さっき**出かけたわよ。

⑤ **さっき**の話を続けてくれないか。

⑥ パパが帰ってきたのはつい**さっき**よ。

【解説】 ごく近い過去を表す。プラスマイナスのイメージはない。①②は名詞の用法、③④は述語にかかる修飾語、⑤は名詞にかかる修飾語、⑥は述語の用法である。くだけた表現で日常会話中心に用いられ、かたい文章中や公式の発言などにはあまり登場しない。その場合には「さきほど」を用いる。

→(客に)課長はつい先程出かけました。

しばしば「つい」という副詞を伴い(④⑥)、現時点から数分～数時間さかのぼった程度のごく近い過去を表す。もう少し時間が離れたときは、「このあいだ(こないだ)」

「さきごろ」「せんだって」などを用いる。
⇨「さきほど」「このあいだ」「さきごろ」「せんだって」「いましがた」「せんこく」

さっきゅうに・そうきゅうに［早急に］ sakkyûni・sôkyûni

① ゴミ問題は**さっきゅうに**対策をたてる必要がある。
② 部長さんがお帰りになりましたら、**そうきゅうに**御連絡いただきたいんですが。

【解説】 時間をおかずに行動する様子を表す。プラスマイナスのイメージはない。述語にかかる修飾語として用いられる。まだ達成されていない未来のことについて用いられることが多く、過去のことについてはふつう用いられない。

× 彼は連絡を聞くと早急に出発した。
→彼は連絡を聞くとただちに出発した。

「さっきゅうに」は「しきゅう(至急)」に似ているが、「しきゅう」のほうが切迫感の暗示が強い。

早急に御連絡いただきたい。
(できるだけ早く連絡してほしい)
至急御連絡いただきたい。
(連絡がないと大変なことになる)

⇨「ただちに」「しきゅう」「すぐ」「すぐさま」「さっそく」「そく」「そうそうII」「かんはつをいれず」

さっそく［早速］ sassoku

① 赴任そうそう**さっそく**だが、君に頼みがある。
② 電話の修理を頼んだら**さっそく**やってきてくれた。
③ 表で子供たちが野球を始めたので、窓ガラスを割らなきゃいいがと思っていたら、**さっそく**割ってくれた。
④ (手紙の返信)**さっそく**の御返事恐縮です。

【解説】 ある行動の後、時間をおかずに次の行動に移る様子を表す。ややプラスイメージの語。①は条件句の一部となる述語の用法、②③は述語にかかる修飾語、④は名詞にかかる修飾語の用法である。まずある行動があって、その後次の行動に時間をおかずに移る点にポイントがあり、次の行動に移る主体の積極性の暗示がある。単に行動にかかるまでの所要時間が短いという意味ではない点で、「すぐ」「すぐさま」とは異なる。

？ 赴任そうそうすぐだが、君に頼みがある。

③は主体そのものには積極的な意志はないが、行為を受ける側にとって、まるで主体が積極的に行為したように感じられるというニュアンスで、揶揄《やゆ》と皮肉が暗示される表現になっている。

「さっそく」は「ただちに」に似ているが、「ただちに」

はかなり客観的で、次の行動に移る所要時間は「さっそく」より短いが、積極性の暗示はない。

× 話題のやせる漢方薬をただちに試してみた。
→話題のやせる漢方薬をさっそく試してみた。

⇨「すぐ」「すぐさま」「ただちに」「さっきゅうに」「しきゅう」「そく」「そくざ」「そっこく」「そうそうII」「かんはつをいれず」

ざっと［雑と］zatto

(1) ① 髪を**ざっと**しめらせてからシャンプーをつける。
② 事件の概略を**ざっと**説明しよう。
③ 「書類、**ざっと**見といてくれないか」「**ざっと**でいいんですか」
④ (難問を解く)どうだい、**ざっと**こんなもんだよ。

(2) ① 峠の茶屋まではざっと四キロある。
② **ざっと**数万羽のカモが湖面で羽を休めている。
③ 山頂までは片道**ざっと**五時間の道のりだ。

【解説】 (1) 全体を大まかに扱う様子を表す。プラスマイナスのイメージはない。述語にかかる修飾語として用いられる。細かい部分は無視してともかく全体を通して扱う様子を表し、疎略の暗示を伴う(③)。④の「ざっとこんなもんだよ」は日常会話で慣用的に用いられる表現。賞賛に値する物事をなしとげたとき、話者が自分では疎略にやったつもりだがそれでも結果は賞賛に値するだろうと自慢する心理を表し、対象を軽視する暗示もある。

(1)の「ざっと」は「だいたい」や「およそ」などに似ているが、「だいたい」は主要な大部分という意味、「およそ」は不確定な全体という意味で、全体を通して扱う暗示はない。

× 「試験どうだった?」「うん、ざっとできた」
→「試験どうだった?」「うん、だいたいできた」

× 事件の概略をおよそ説明しよう。

(2) 全体の概数を見積もる様子を表す。プラスマイナスのイメージはない。数量を表す名詞にかかる修飾語として用いられる。①は距離、②は数、③は時間について用いられた例である。全体の概数として大きい数量について用いることが多く、小さい近似値を表すときにはふつう用いない。

× 全部の条件に合うのはざっと二人だ。
→全部の条件に合うのはおよそ(ほぼ)二人だ。

⇨「だいたい」「およそ」「ほぼ」「あらかた」「おおよそ」「やく」「おおかた」「おおむね」

さて［扨・扠・偖］sate

① 以上が第一段落の構成です。**さて**それではこの段落の要旨をまとめてみましょう。

②（クイズ）**さて**、このあとどうなったでしょうか。
③**さて**、犬の散歩に出かけるとするか。
④人に言うのは簡単だが、**さて**自分でやるとなると、何から始めたらいいものか困ってしまう。
⑤バスはもうないし、タクシーに乗ろうにも金がない。これは**さて**困ったぞ。

【解説】 新しい行為に向けて気持ちを切り換える様子を表す。プラスマイナスのイメージはない。①②は前の文の内容を受けて、次の文の文頭に置かれる用法、③は単独で用いられる感動詞の用法、④は「さて～となると」という条件句を作る用法、⑤は文中に適当に挿入される間投詞の用法である。ある行為や状態が前提としてあり、それがいちおう終わった後で、次の行為に移る前に気持ちを切り換える様子を表す語で、論理的な文を結ぶ場合（①）は話題を転換する意味になる。②は前提を述べた後、クイズ本文を出題する前に置かれ、本文を述べて出題が完結する様子を表す。③は日常会話でよく用いられ、特に前提となる行為がない場合である。この場合には、新しい行動を起こす際の気持ちの切り換えそのものを表し、かけ声をかけるのに等しい。④は③から進んだ用法で、かけ声をかけて自分で新しい行動を起こそうとするという意味の条件句になる。⑤はこれからさらに進んで、困惑や疑問・自問などの気持ちを表す。

①の用法は「ところで」に、④の用法は「いざ」に似ているが、②の用法は「それでは」に、文が前文と内容的に断絶していることを暗示する。「ところで」は後では」は前提を踏まえて結果を述べる暗示が強い。「いざ」は重大時を前にした意気込みを暗示する。

× 以上が第一段落の構成です。ところで、それではこの段落の要旨をまとめてみましょう。

×「ちょっと瓶のふたが開けてみるよ」「さて、ぼくが開けてみるよ」

↓「ちょっと瓶のふたが開かないんだけど」「それじゃ、ぼくが開けてみるよ」

× その女優はさて本番という時になって逃げ出した。

↓その女優はいざ本番という時になって逃げ出した。

⇨「ところで」「いざ」「それでは」「ときに」「ひとつ」「それはそうと」「どれ」

さては ［扨は］ satewa

(1)① この辺が臭うけど、**さては**犯人はお前だな。
② 車まで用意して。**さては**逃げるつもりなんだろう。

(2)① 飼い猫に逃げられた彼女は、恋人に長電話し、友人に泣きつき、**さては**アパートの管理人までまきこんで騒いだ。

【解説】 (1) 真相を推理する様子を表す。プラスマイナスのイメージはない。述語にかかる修飾語として用いられる。物事の原因や結果、相手の真意など、物事の真相について主観的に確信をもって推量する様子を表す。①は放屁《ほうひ》の犯人を確信をもって推理している。確信の程度はかなり高いので、しばしば断定の表現と呼応する(①)。
「さては」は「たぶん」や「きっと」などに似ているが、「たぶん」「きっと」は推量一般について用いられ、真相を推理する場合とは限らない。

？ 夕焼けがきれいだから、さては明日は晴れだな。
→夕焼けがきれいだから、たぶん(きっと)明日は晴れだな。

(2) 程度のはなはだしいものに至るまで、さまざまな行為を重ねる様子を表す。ややマイナスイメージの語。動詞にかかる修飾語として用いられる。かなりかたい文章語で、日常会話にはあまり登場しない。「さては」によって導かれる行為が最も程度がはなはだしいもので、その前に二つ事柄を列挙することが多い。程度のはなはだしいものにまで行為が及ぶことについて、話者の軽い慨嘆の暗示がこもる。
この「さては」は「あげくのはて」に似ているが、「あげくのはて」はさまざまな行為を重ね、最後に好ましくない結果になる様子を表し、「あげくのはて」が導く内容は最終的な結果であるニュアンスがあるが、「さては」は程度のはなはだしいものをあげるだけで、最終的な結果とは限らない。

……さては管理人までまきこんで騒いだ。
(恋人も友人もそれほど親しくない管理人まで)
……あげくのはてに管理人までまきこんで騒いだ。
(恋人も友人もそして最後には管理人まで)

⇨「たぶん」「きっと」「かならず」「おそらく」「あげく」「とどのつまり」

さながら［宛ら］sanagara

① 事故現場は**さながら**地獄絵のような光景だった。
② お色直しで出てきた彼女は**さながら**女王様だった。
③ 開会式の予行演習が本番**さながら**の迫力で行われた。

【解説】 典型的な状態に非常によく似ている様子を表す。プラスマイナスのイメージはない。①②は述語にかかる修飾語の用法、③は名詞の後ろに直接つく用法である。かなりかたい文章語で、日常会話にはあまり登場しない。述語にかかる修飾語になる場合には、しばしば後ろに「……のような、……のごとく」など比況の表現を伴う(①)。
「さながら」は「あたかも」や「まるで」「ちょうど」などに似ているが、「あたかも」は対象が別のものに類似していることを誇張するニュアンスがある。「まるで」は対象の様子を別のものにたとえるという意味で、類似の程度は問題にしない。「ちょうど」は対象の個々の条件が典型的な状態に合致しているというニュアンスがある。

　さながら女王様のようだ。
（女王様そっくりだ）
あたかも女王様のようだ。
（女王様のように振舞う）
まるで女王様のようだ。
（どこから見ても女王様だ）
ちょうど女王様のようだ。
（美しさ、気品、振舞いなど女王様の条件にかなう）

⇩「あたかも」「まるで」「ちょうど」「いかにも」「さも」「たとえば」

さほど［然程］**sahodo**

① ぼくは野球は**さほど**好きではありません。
② 女子社員が倒れたので課長は救急車を呼べと騒いだが、ぼくの見るところ**さほど**のことはないようだ。

【解説】 後ろに打消しの表現を伴って、程度がはなはだしくない様子を表す。プラスマイナスのイメージはない。述語または名詞にかかる修飾語として用いられる。かなり客観的な表現で、特定の感情は暗示しない。

「さほど」は「それほど」「そんなに」や「さして」に似ているが、「それほど」「そんなに」は程度のはなはだしさを強調するニュアンスで、肯定文にも用いられる。「さして」には対象の程度がはなはだしくないことについて軽い侮蔑《ぶべつ》の暗示がある。

× さほど留学したいのならすればいい。
→それほど（そんなに）留学したいのならすればいい。

⇩「それほど」「そんなに」「たいして」「あまり」「べつだん」

さまざま［様々］**samazama**

① 幸福の形はみな同じだが、不幸の形は**さまざま**だ。
② 問題には**さまざま**なアプローチのしかたがある。
③ 彼は**さまざま**の方法で実験を重ねた。
④ 伝統は時代の流れにしたがって**さまざま**に変化する。
⑤ 人間関係に対する考え方は人**さまざま**だ。
⑥ 瀬戸内海には大小**さまざま**の島が点在している。

【解説】 種類が多い様子を表す。プラスマイナスのイメージはない。①は述語、②③は名詞にかかる修飾語、④は述語にかかる修飾語、⑤⑥は名詞の後ろに直接つく用法である。対象の様子についてその変化や差異を対比的に述べる様子を表し、必ずしも複数のものを暗示しない点で、「いろいろ」「しゅじゅ」と異なる。

? このたびはさまざまお世話になりました。
↓このたびはいろいろお世話になりました。
? 伝統は時代の流れにしたがって種々変化する。
⇩「いろいろ」「かれこれ」

さも・さもさも［然も・然も然も］samo・samosamo

① その子は**さも**大事そうにクマの人形を抱いていた。
② 彼は**さも**おかしくてたまらないというように、腹をかかえて笑った。
③ 課長は部下の持ち物を**さも**当たり前のような顔をして使う。
④ 彼は**さもさも**ぼくがウソをついたと言わんばかりの目つきでにらんだ。

【解説】 典型的な状態に非常によく似て見えるのを誇張する様子を表す。ややマイナスよりのイメージの語。様態を表す表現にかかる修飾語として用いられる。ややかたい文章語で、日常会話にはあまり登場しない。「さもさも」は「さも」の強調形である。「さも」は対象の状態の外見が話者の目にはある典型的な状態によく似て見える点にポイントがあり、実際に主体がそのように意図しているか、事実はどうかについては言及しない。そこで、断定的な文の述語にはかからず、述語を修飾する語句として様態の内容を説明するにとどまることが多い。

× 彼女はペットに死なれてさも悲しそうだ。
↓彼女はペットに死なれてさも悲しそうに泣いた。
↓彼女はペットに死なれていかにも悲しそうだ。

「さも」は「みるからに」や「まるで」に似ているが、「みるからに」は外見から程度のはなはだしいことを推量するというニュアンスがある。「まるで」は対象の状態の全体的な印象をたとえるというニュアンスで、特に外見を強調するニュアンスはない。

× さも痛そうな注射。
↓見るからに痛そうな注射。
↓さも痛そうな顔。
× この肉、さも一流レストランのみたいにおいしいね。
↓この肉、まるで一流レストランのみたいにおいしいね。
⇩「いかにも」「みるからに」「まるで」「ちょうど」「あたかも」「さながら」

ざら zara

① 「谷の奥さん、医者だって」「**ざら**にある話だね」
② こんなすばらしい絵は**ざら**にはないよ。
③ 政治家の収賄なんて最近は**ざら**だね。

【解説】 どこにでもあって価値がない様子を表す。マイナスイメージの語。①②は「ある・ない」などの述語にかかる修飾語、③は述語の用法である。名詞にかかる修飾語にはならない。くだけた表現であって、日常会話中心に用いられる。どこにでもあって価値がないという主体の判断を表し、価値がないことについて侮蔑《ぶべつ》の暗示がある。

さらさら［更々］sarasara

① 君の悪口を言うつもりは**さらさら**ない。
② (容疑者の供述)**さらさら**身に覚えはありません。
③ 彼に個人的な恨みなど**さらさら**ないが、間違っていることは直すべきだ。

【解説】 後ろに打消しの表現を伴って、まったく存在しないことを誇張する様子を表す。プラスマイナスのイメージはない。主体の意図や気持ちなど抽象的なものがまったく存在しないというニュアンスで、しばしば条件句(③)を作り、釈明の暗示を伴う(②③)。具体物や動作については用いられない。

× 米びつには米がさらさらない。
→米びつには米が全然(まったく)ない。
× あした試験だというのにさらさら勉強していない。
→あした試験だというのに全然(まったく)勉強していない。

「さらさら」は「もうとう」や「いっこう」に似ているが、「もうとう」は存在の可能性をまったく考慮することなく頭から否定するというニュアンスが強く、主体の判断や意図を主観的に打ち消すという意味になる。「いっこう」は第三者の期待や予想に反する暗示がある。

× 毛頭身に覚えはありません。
さらさら身に覚えはありません。
(私は絶対にやっていません)
一向に身に覚えはありません。
(あなたは疑っているかもしれないが)

⇨「ぜんぜん」「まったく」「もうとう」「いっこう」「すこしも」「ちっとも」「まるっきり」「まるで」「かいもく」「からきし」「とんと」「みじんも」

さらに［更に］sarani

(1)① 台風の接近に伴って風は**さらに**激しくなった。
② あいつ、飲酒運転でスピード違反、**さらに**悪いことには無免許ときているから、もう救いようがないよ。
③ ここから**さらに**北へ五百メートル歩くと駅がある。
④ (社長の訓示)今後も**さらに**努力してほしい。
⑤ 君の絵はなかなかうまいが、**さらに**欲を言えばもう少しデッサンを勉強したほうがいい。

(2)① あの男には反省する気色は**さらに**ない。

【解説】 (1) ある状態や行為の程度が高まる様子を表す。プラスマイナスのイメージはない。状態を表す語にかかる修飾語になる場合(①②)と、行為・動作を表す語にかかる修飾語になる場合(③~⑤)とがある。以前あるいは他のものと比較して、何かが付け加わることにより、程度が段階的に高まったというニュアンスがある。意志的な行為について用いられた場合には、継続の暗示が加わる。かなり客観的な表現で、程度が高まったことについて特定の感情は暗示されていない。

この「さらに」は「いっそう」や「ますます」「いよいよ」に似ているが、「いっそう」は程度の高まり方についての言及がない。「ますます」は段階的な程度の高まりを主体が受け止めるニュアンスがある。「いよいよ」には程度が最高に近づくことについて期待の暗示がある。

そのドラマはさらにおもしろくなった。
(おもしろくなる工夫をした)
そのドラマはいっそうおもしろくなった。
(前よりもなおおもしろくなった)
そのドラマはますますおもしろくなった。
(テレビを見るのがだんだん楽しみになってきた)
そのドラマはいよいよおもしろくなった。
(ドラマに夢中になりつつある)

また、「さらに」は「もっと」にも似ているが、「もっと」は理想(基準)の状態と比較して現状が劣っていることを反省する暗示がある。

さらに勉強しなさい。(今まで以上に勉強せよ)
もっと勉強しなさい。(少しは勉強せよ)

(2) 後ろに打消しの表現を伴って、打消しを強調する意味を表す。プラスマイナスのイメージはない。かたい文章語で、現在はあまり用いられない。日常的には「ぜんぜん」「まったく」などを用いる。

⇨「いっそう」「ますます」「いよいよ」「もっと」「ぜんぜん」「まったく」「ひときわ」「いちだんと」「あと」「なお」「なおさら」「ずっと」「ひとしお」「より」「よりいっそう」「まだ」「もう」「いま」「かつ」「くわえて」「さらには」

さらには [更には] saraniwa

① 彼女は英語の次にはフランス語、**さらには**イタリア語にまで手を出した。

② 会社は国内主要都市はもとより中国・韓国・タイ、**さらには**フィリピンにも進出する計画だ。

【解説】 段階的にいくつも添加する様子を表す。プラスマイナスのイメージはない。述語にかかる修飾語として用いられる。すでにいくつか添加して、最終的に添加するものの前に用いられる。

「さらには」は「そのうえ」や「おまけに」などに似ているが、「そのうえ」は最終添加の暗示がない。「おまけに」はふつう好ましくないものがいくつか付け加わる場合に用いられ、慨嘆・不快などの暗示を伴う。

　さらにはイタリア語にまで手を出した。

　（イタリア語の次は手を出さない）

　そのうえイタリア語にまで手を出した。

　（イタリア語の次はまだ考えていない）

　おまけにイタリア語にまで手を出した。

　（よせばいいのに次々と）

⇩「そのうえ」「おまけに」「それに」「そればかりか」「しかも」「くわえて」「さらに」

さんざ・さんざっぱら sanza・sanzappara

① あいつは雨の中おれを**さんざ**待たせた。
② カニならオーストラリアで**さんざっぱら**食ったよ。
【解説】 程度が非常にはなはだしい様子を表す。ややマイナスイメージの語。動作を表す述語にかかる修飾語として用いられる。くだけた表現であって、日常会話以外にはあまり用いられない。「さんざっぱら」は「さんざ」の強調形で、会話の中でも乱暴な口調で用いられることが多い。程度が非常にはなはだしいことを慨嘆や怒り・不快などの暗示を伴って表し、客観的な表現ではない。
②もたくさん食べて堪能したと言っているのではなく、食べ過ぎて飽きるほどだというニュアンスである。
　「さんざ」は「さんざん」の省略形だが、「さんざん」は述語や名詞にかかる修飾語にもなり、やや冷静で標準的な表現になっている。
⇩「さんざん」

さんざん［散々］sanzan

① この間の試合は**さんざん**だった。
② 相手チームを十対0で**さんざん**にやっつけた。
③ やれやれ、夕立で**さんざん**な目にあったよ。
④ あの子には**さんざん**言って聞かせたのに。
【解説】 見ていられないほどはなはだしく悪い様子を表す。マイナスイメージの語。①は述語、②④は述語にかかる修飾語、③は名詞にかかる修飾語の用法である。単独で述語にかかる修飾語になる場合（④）には、①〜③から一歩進んで、好ましくない程度が非常にはなはだしい様子を表す。対象の好ましくない状況について慨嘆の暗示があるが、「さんざ」に比べるとやや冷静な表現になっている。
⇩「さんざ」

しいて［強いて］**shiite**

① そんなに学校が嫌なら**しいて**行けとは言わないよ。
② ワシとタカを**しいて**区別するとすれば大きさの違いだろう。
③ だいたい酒はあまり好きじゃないが、**しいて**言えば日本酒よりビールのほうがいい。

【解説】 困難や抵抗があるのを承知の上で意図的に行う様子を表す。ややマイナスイメージの語。述語にかかる修飾語として用いられる。相手の意思に反して行為を行う暗示があるので、日常会話で用いられる場合には、しばしば①のように打消しを伴って、相手への配慮を残す言い方をすることがある。また、自分の行為について用いる場合（②③）には条件句を作り、「……するのはむずかしいが」という意味になる。主体の意図が強調され、実際に相手に行為を強制するかどうかについては言及しない。

「しいて」は「あえて」「たって」や「むりに」「むりやり」に似ているが、「あえて」は意図的に行う行為に好ましい結果を期待する暗示がある。「たって」はかなり古風な表現で、無理を承知で依頼する場面でよく用いられ、ふつう自分の行為については用いない。「むりに」「むりやり」は主体の行為の強引さが強調され、相手の被害者意識を暗示する。

？ 登山隊一行は強いて困難なルートを選んだ。
→登山隊一行はあえて困難なルートを選んだ。
× だいたい酒はあまり好きじゃないが、たって言えば日本酒よりビールのほうがいい。

嫌がる子供を強いて学校へ行かせた。

（しかったり説得したりして行かせた）

嫌がる子供を無理に学校へ行かせた。

（暴力も辞さずに強引に連れて行った）

⇨「あえて」「むり」「むりやり」「おして」

しかたなく［仕方無く］

⇨『現代形容詞用法辞典』「しかたがない」

じかに［直に］**jikani**

① 熱いなべの取っ手を**じかに**つかんでやけどした。
② 銀皿に塩まめを**じかに**盛るとサビの原因になる。
③ アスリートは素足に**じかに**シューズをはく。
④ 赤ん坊の顔に夏の日差しが**じかに**照りつけている。
⑤ 熱い温泉に**じかに**足を突っ込んで飛び上がった。
⑥ 吉永小百合は昔映画でよく見たけど、**じかに**見るの初めてよ。
⑦ 仲人なら部長に**じかに**頼んでみたらどうかな。

【解説】 間に何もはさまずに直接行動する様子を表す。

プラスマイナスのイメージはない。①～③は物と物の間に物理的に何もはさまないという意味、④は光線・空気などに直接当たるという意味、⑤はあらかじめぬるい湯で慣らさずに、いきなりという意味、⑥は電波などを介さずに直接肉眼でという意味、⑦は人を介さずに直接にという意味である。かなり具体的な意味内容をもち、間にはさむものを想定できることが多い。

「じかに」は「ちょくせつ」や「いきなり」に似ているが、「ちょくせつ」のほうが抽象的な表現になっているので、間にはさむものを特に想定しない場合にも用いられる。「いきなり」は前段階を踏まずに行動するというニュアンスがある。

× この問題は彼女にはじかに関係がない。
→この問題は彼女には直接関係がない。

× ノックもせずにじかにドアを開けるな。
→ノックもせずにいきなりドアを開けるな。

⇩「ちょくせつ」「いきなり」「じきじき」「ただちに」「もろ」

しかも ［然も・而も・併も］ shikamo

① 彼女は美人で教養があって**しかも**謙虚な人柄だ。

② この子は重い心臓病で日夜死の恐怖と闘いながら、**しかも**明るさを失わない。

【解説】 重要なものを付け加える様子を表す。プラスマイナスのイメージはない。述語にかかる修飾語として用いられる。付け加える内容は、前件と同種で重要なもの(①)と、前件と対照的で重要なもの(②)の場合がある。①の場合には「おまけに」「そのうえ」などに近く、②の場合には「なお」などに近い。かなり客観的な表現で、特定の感情を暗示しない。付け加えられた後件が全体にとって重要な意味をもつことにポイントがあり、単なる添加を意味しない。

「しかも」は「そのうえ」「それに」や「なお」「それでも」などに似ているが、「そのうえ」は付け加えた後の結果に視点があるが、全体に重要な意味をもたせる暗示はない。「それに」は「しかも」とは逆に、付け加えたものが全体にとって軽い意味しかもたない暗示がある。「なお」は変化することが予想されるものの状態が変化せずに継続していることを表し、危惧《きぐ》・意外性などの暗示がある。「それでも」は条件を示してその条件に反する判断を述べる様子を広く表す。

彼女は美人でしかも教養がある。　(教養が主)
彼女は美人でそのうえ教養がある。　(美人＋教養)
彼女は美人でそれに教養がある。　(美人が主)

× 祖父は老いてしかも意気盛んだ。
→祖父は老いてなお意気盛んだ。

× 動かぬ証拠が挙がったが、しかも彼女が犯人とは信じられない。

↓動かぬ証拠が挙がったが、それでも彼女が犯人とは信じられない。

⇩「そのうえ」「それに」「なお」「それでも」「なおかつ」「おまけに」「そればかりか」「くわえて」「さらには」「それも」「また」「かつ」

じき［直］jiki

① 銀行の角を曲がれば駅は**じき**ですよ。
② 風邪なんてあったかくして寝てれば**じき**に治る。
③ 安物は**じき**ダメになるから結局は高くつくんだ。

【解説】 時間的・空間的に隔たっていない様子を表す。プラスマイナスのイメージはない。①は述語の用法、②③は述語にかかる修飾語の用法である。原則として名詞にかかる修飾語にはならない。ややくだけた表現で、かたい文章中にはあまり用いられない。①は空間的に話者のいる地点から隔たっていないという意味、②③は時間的に隔たっていないという意味である。

「じき」は「すぐ」や「ただちに」に似ているが、「すぐ」よりも隔たりの幅が大きくて、時間的・空間的に余裕のある様子が暗示されている。「ただちに」は時間についてのみ用いられ、行動にかかるまでの所要時間が非常に短いという意味になる。


×父危篤。じき帰れ。

↓父危篤。すぐ帰れ。

×風邪なんてあったかくして寝てればただちに治る。

⇩「すぐ」「ただちに」「いま」「いまに」「もうじき」「もうすぐ」「そのうち」「ほどなく」「まもなく」「やがて」

じきじき［直々］jikijiki

① 会長さんに**じきじき**にお目にかかれて光栄です。
② 今度の企画は社長が**じきじき**陣頭指揮をとる。
③ 次官でなく総理**じきじき**の御返答を承りたい。

【解説】 間に人を介さず直接行動する様子を表す。プラスイメージの語。①②は述語にかかる修飾語、③は名詞にかかる修飾語の用法である。名詞にかかる修飾語のときは、しばしば③のように名詞の後ろに直接ついて「□じきじきの△△」という形になる。身分や社会的地位の高い人が直接何かをする、あるいは話者がそういう人に向かって直接何かをするという場合に用いられ、遠慮や尊敬の暗示を伴う。身分や社会的地位の差を背景にしたきわめて日本的な表現であるということができる。

「じきじき」は「じかに」や「したしく」に似ているが、「じかに」には貴人に対する遠慮や尊敬の暗示はない。「したしく」は現在では主に天皇など限られた対象にしか用いない。

× 会長さんにじかにお目にかかれて光栄です。
× 今度の企画は社長が親しく陣頭指揮をとる。
⇩「じかに」「ちょくせつ」

しきゅう［至急］shikyû

① 課長は**しきゅう**の用があってさっき出かけた。
② お父様に**しきゅう**にお目にかかりたいんですが。
③ **しきゅう**御連絡いただきたい。

【解説】 時間をおかずに行動する様子を表す。プラスマイナスのイメージはない。①は名詞にかかる修飾語、②③は述語にかかる修飾語の用法である。行動をおこすにあたって切迫感の暗示があり、単に短時間内に行動するという意味ではない。まだ達成されていない未来のことについて用いることが多く、過去のことについてはふつう用いない。

× 彼は連絡を聞くと至急出発した。
→彼は連絡を聞くとただちに（すぐに）出発した。

「しきゅう」は「さっきゅうに」に似ているが、「さっきゅうに」には切迫感の暗示はない。
⇩「ただちに」「すぐ」「さっきゅうに」「さっそく」「そうそうII」「かんはつをいれず」「すぐさま」「きゅうきょ」「そく」「そっこく」「そくざ」

しきり［頻り］shikiri

① 彼はデートに遅れたのを弁解することし**きり**だ。
② 朝から問い合わせの電話が**しきり**とかかってくる。
③ 病人は**しきり**と水を欲しがった。
④ 暗いやぶの中でウグイスが**しきり**に鳴いている。
⑤ 朝から雪が**しきり**に降っている。
⑥ 彼はさっきから**しきり**に考えこんでいるみたいだ。

【解説】 間隔をおかずに何度も繰り返す様子を表す。プラスマイナスのイメージはない。①は「……することしきりだ」の形で述語になる用法、②～⑥は述語にかかる修飾語の用法で、名詞にかかる修飾語にはあまりならない。①～③が基本的な用法で、間隔をおかずに何度も同じ行為や状態が繰り返される様子を表す。④⑤はこれから一歩進んで、動作や行為が継続する様子を表す。⑥はさらに進んで、継続される動作に没頭している様子を表す。かなり客観的な表現で、特定の感情は暗示されていない。

「しきりに」は「しばしば」「しょっちゅう」や「ひっきりなしに」などに似ているが、「しばしば」は「しきりに」よりも頻度が低い。「しょっちゅう」は「しきりに」よりも頻度が高く、しばしば慨嘆の暗示を伴う。「ひっきりなしに」は実際の行為がひんぱんに反復される様子を表す。

最近交通事故がしきりに起こる。
（ひんぱんだ）
最近交通事故がしばしば起こる。
（かなりよく起こる）
最近交通事故がしょっちゅう起こる。
（まったくどうにかならないものか）
最近交通事故がひっきりなしに起こる。
（事故が起こってばかりいる）

⇩「しばしば」「ひっきりなし」「しょっちゅう」「しじゅう」「しろくじちゅう」「のべつ」

しごく［至極］shigoku

① 君の意見は**しごく**おもしろい。一考の余地がある。
② お会いできないのは残念**しごく**です。

【解説】 程度がはなはだしい様子を表す。プラスマイナスのイメージはない。①は述語にかかる修飾語、②は感情を表す名詞の後ろに直接つく用法である。かなりかたい文章語で、公式の発言やもったいぶった会話などに用いられる。かなり冷静な表現で、程度がはなはだしいことについて驚きや賞賛など特定の感情は暗示しない。述語にかかる修飾語の用法としては、日常的には「とても」「たいへん」「ひじょうに」などを、くだけた場面では「すごく」などを用いる。

⇩「とても」「たいへん」「ひじょう」「ごく」「はなはだ」「たいそう」「きわめて」「いとも」「いたって」「おおいに」「よにも」

しこたま shikotama

① 金なら奴に借りろよ。**しこたま**持ってるんだから。
② 税金は株で**しこたま**もうけた奴から取ればいい。
③ カニならオーストラリアで**しこたま**食ってきたよ。

【解説】 非常に多量にある様子を表す。ややマイナスイメージの語。述語にかかる修飾語として用いられる。くだけた表現で日常会話中心に用いられ、かたい文章中には登場しない。多量にあることを第三者が見て、慨嘆・羨望《せんぼう》・嫉妬《しっと》などあまり好ましくない感想をもつ暗示を伴い、客観的な表現ではない。主に金銭や飲食物について物理的に多量にあるという意味で用いられ、抽象的なものについてはあまり用いない。

？ あいつ、本の虫だから雑学の知識がしこたまある。
→あいつ、本の虫だから雑学の知識がうんとある。

「しこたま」は「たんまり」に似ているが、「たんまり」は自慢など主体の感想を暗示する。

金をしこたまもうけた。
（第三者が見てけしからんと思う）

金をたんまりもうけた。
（話者が内心自慢に思っている）

客観的に多量にあることを表す場合には、「いっぱい」「うんと」「たくさん」などを、多量にあることが好ましい場合には「ふんだんに」「たっぷり」「どっさり」などを用いる。

⇨「うんと」「いっぱい」「たくさん」「ふんだん」「たらふく」「ごまんと」「やまほど」

じじこっこく［時々刻々］ ⇨「こっこく」

じじつ［事実］**jijitsu**

① 君が何と言おうと**じじつ**は**じじつ**だ。
② 検察当局は脱税の**じじつ**をつかんだ。
③ **じじつ**は小説よりも奇なり。（ことわざ）
④ **じじつ**、彼の言うことは正しい。

【解説】 実際に存在する物事を表す。プラスマイナスのイメージはない。①～③は基本的な名詞の用法、④はこれらから一歩進んで、「実際に起こったように、本当に、確かに」という意味を表す、述語にかかる修飾語の用法である。③はことわざで、実際に起こったことのほうが作られた話よりも不思議なことがしばしばあるという意味である。

「じじつ」は存在の暗示が強く、しばしば非存在や虚構と対置される。①では相手の「間違い（非存在）ではないか、ウソ（虚構）ではないか」という疑惑に対して、実際の存在を強調する意味で用いられている。ただし、冷静で客観的な表現であって、特定の感情は暗示されていない。

現実に起こったことという意味で、「じじつ」は「じっさい（実際）」に似ているが、「じっさい」は現実の状況をそのまま認める暗示が強く、理念や理想と対置され、非存在や虚構とは対置されない。そこで述語にかかる修飾語として用いられた場合には、「じじつ」が話者の冷静な確信を暗示するのに対して、「じっさい」は現実に照らした話者の納得を暗示する。

× 事実、あいつは困った奴だよなあ。
→実際、あいつは困った奴だよなあ。

⇨「じっさい」「ほんとう」「しんじつ」「まこと」「まったく」

しじゅう［始終］**shijū**

① 課長は**しじゅう**人の悪口ばかり言っている。
② あの夫婦は**しじゅう**ケンカが絶えない。
③ うちの息子は**しじゅう**何か食べている。

【解説】 動作や行為に切れ目がない様子を表す。プラスマイナスのイメージはない。述語にかかる修飾語として用いられる。ややくだけた表現で日常会話中心に用いられ、かたい文章中にはあまり登場しない。動作や行為がほとんど切れ目なく継続して行われる様子を表す。

「しじゅう」は「しょっちゅう」や「しろくじちゅう」に似ているが、「しょっちゅう」は頻度が非常に高い様子を概嘆の暗示を伴って表し、切れ目ない継続の暗示はない。「しろくじちゅう」は「しじゅう」よりもさらに切れ目がまったくないことを強調する。

⇨「しょっちゅう」「しろくじちゅう」「ひっきりなし」「しきり」「のべつ」「いつも」「いつでも」「つねに」「たえず」「まま」

しぜん［自然］shizen

(1)① **しぜん**は偉大だ。(CM)

② いくら人間が頑張っても**しぜん**の力には勝てない。

③ 釣り上げた魚を元の**しぜん**に帰してやる。

④ **しぜん**現象を解明する。

(2)① 思春期には太っているほうが**しぜん**だ。

② 若い娘は化粧なんかしないで**しぜん**なほうがいい。

③ このロボットはじつに**しぜん**な動きをするね。

④ 二人が愛し合うのは**しぜん**の成り行きだった。

⑤ (演技指導)もっと**しぜん**に笑って。

(3)① かすり傷だからほうっておいても**しぜん**に治るさ。

② 「ママ、赤ちゃんはどうして生まれるの?」「大きくなれば**しぜん**とわかるわよ」

③ 状況証拠を突き合わせると、**しぜん**彼が犯人だという結論が出る。

【解説】(1) 人工的に作ったものではなく、もともと地球上に存在しているものを表す。プラスマイナスのイメージはない。①〜③は名詞の用法、④は「自然□□」の形で複合名詞を作る用法である。客観的な表現で、特定の感情を暗示しない。

(2) 人為が加わっていない様子を表す。プラスイメージの語。①は述語の用法、②〜④は名詞にかかる修飾語、⑤は述語にかかる修飾語の用法である。本来あるべき姿のままというニュアンスがある。

この「しぜん」は「ありのまま」に似ているが、「ありのまま」は実際の状況のままという意味で、本来あるべき姿かどうかには言及しない。

× 彼女は貴重な体験を自然に語った。
↓彼女は貴重な体験をありのまま語った。

(3) ほうっておいても物事が成就する様子を表す。プラスマイナスのイメージはない。述語にかかる修飾語として用いられる。人為的なことを何もしなくても物事が成就するというニュアンスがある。

(3)の「しぜん」は「ひとりでに」や「おのずから」に似ているが、「ひとりでに」は対象の自律や自動性の暗示がある。「おのずから」は人為の有無には言及しない。

× 「開けゴマ」と言うと、重い扉が自然に開いた。

↓ 「開けゴマ」と言うと、重い扉がひとりでに開いた。

? かすり傷だからほうっておいても自ずから治るさ。

⇩ 「ひとりでに」「おのずから」「おのずと」

しだいに・しだいしだいに ［次第に・次第次第に］ **shidaini・shidaishidaini**

① 病気は暖かくなるにつれて**しだいに**回復してきた。

② 山は登るにしたがって**しだいに**空気が薄くなる。

③ 列車の近づく音が**しだいしだいに**大きくなった。

【解説】 状態が少しずつ変化する様子を表す。プラスマイナスのイメージはない。述語にかかる修飾語として用いられる。ややかたい文章語で、報道や公式の発言などによく用いられる。「しだいしだいに」は「しだいに」を強調した語で、変化のしかたが「しだいに」よりもさらに漸進的でゆっくりである様子を表す。「しだいに」は変化のしかたが連続的で、主体が個々の変化には気づいておらず、変化がかなり進んでしまってから初めて気づいたというニュアンスがある。

「しだいに」は「だんだん」や「おいおい」「ぜんじ」「じゅんじ」などに似ているが、「だんだん」は変化のしかたが段階的で順序正しい暗示があり、変化の途中でも用いられる。「おいおい」「ぜんじ」は時間の進行に伴って状態が変化する様子を表す。「じゅんじ」は順を追って一つずつ消化・解決する暗示がある。

病気は次第によくなった。
（気がつくとだいぶよくなっていた）
病気はだんだんよくなった。
（熱がとれ、食欲が出、起きられるようになった）

× 山は登るにしたがって追い追い（漸次）空気が薄くなる。

× 簡単な問題から次第に解いていく。

↓ 簡単な問題から順次解いていく。

⇩「だんだん」「おいおい」「じょじょに」「こっこく」「こくいっこく」

したしく ［親しく］ ⇩『現代形容詞用法辞典』「したしい」

したたか ［強か］ ⇩『現代形容詞用法辞典』「したたか」

じっさい ［実際］ **jissai**

① 理論と**じっさい**は一致しないものだ。

② この小説は**じっさい**にあった話を元にしている。

③ 経営不振だそうだが**じっさい**のところどうなんだ。

④ あの夫婦は人前ではごまかしているが、**じっさい**

はうまくいっていない。

⑤ **じっさい**、あいつは困った奴だよなあ。

【解説】 現実の状況を表す。プラスマイナスのイメージはない。①~④は基本的な名詞の用法、⑤はこれらから一歩進んで、「本当に、確かに」という意味を表す述語にかかる修飾語の用法である。現実の状況そのものという暗示が強く、しばしば理論や建前・理想と対置される(①④)。ただし、かなり冷静で客観的な表現で、特定の感情は暗示されていない。

「じっさい」は「じじつ(事実)」に似ているが、「じじつ」は存在の暗示が強く、非存在や虚構と対置され、理念や建前・理想とは対置されない。そこで、述語にかかる修飾語として用いられた場合には、「じじつ」が話者の冷静な確信を暗示するのに対して、「じっさい」は現実に照らした話者の納得を暗示する。

× 事実、あいつは困った奴だよなあ。

⇨「じじつ」「ほんとう」「しんじつ」「じつは」「まったく」

じつに［実に］jitsuni

① 政治家の相次ぐ不正事件は**じつに**情けない。

② 彼女の演説は**じつに**堂々として立派だった。

③ 故郷の土を踏むのは**じつに**四十年ぶりのことだ。

④ 幸ちゃんの絵はね、**じつに**こうシャープっていうか、**じつに**なんとも言えない魅力があってね。

【解説】 程度がはなはだしいことに感慨をもっている様子を表す。プラスマイナスのイメージはない。①~③は述語にかかる修飾語、④は間投詞の用法である。単に程度のはなはだしさを表すのではなく、そのはなはだしさに対して話者がある感慨をいだいている様子を表す語であって、③のように状態を表す語でなくても修飾できる。対象の程度は好ましくない場合(①)にも、好ましい場合(②④)にも用いられるが、客観的な表現ではなく、好ましくない場合には概嘆の暗示が、好ましい場合には感嘆(②)や感心(④)の暗示を伴う。ただし、対象を冷静に観察している暗示があるので、自分自身の事柄についてはふつう用いられない。

× このたびは実にありがとうございました。

→このたびは本当に(まことに)ありがとうございました。

「じつに」は「ほんとうに」「まことに」「まったく」などに似ているが、「ほんとうに」は話者が実際に感じている内容について、納得・感心などの暗示を伴って述べる。「まことに」は客観的な表現で、特定の感情を暗示しない。「まったく」は主体や相手の実感を再度確認するというニュアンスがある。

⇨「ほんとう」「まこと」「まったく」「とにかく」「もう」

じつは ［実は］ jitsuwa

① (医者が患者の家族に)**じつは**お父さんは進行した肺ガンなんです。

② 「まあ、あなたがこの本書いたの?」「ええ、**じつは**そうなんです」

③ 老人の自殺が問題になっているが、一人暮らしの老人は自殺率が高いかというと、**じつは**そうではない。

④ 電話で何ですが、**じつは**来月アメリカへ転勤することになりました。

⑤ **じつは**折り入ってお願いがあるんですが。

【解説】 秘密を開陳する様子を表す。ややマイナスよりのイメージの語。①~③は述語にかかる修飾語、④⑤は文頭に置いてこれから話す話題のマクラ(前置き)となる用法である。①が基本的な用法で、秘密の内容を特に開陳する様子を表す。しばしば重大で深刻な内容である暗示がある。②は日常会話でよく用いられ、相手の問いかけに対して、意外に感じられるだろうと話者が判断している様子を表し、照れや恥などの暗示を含む。③は前件の内容に反する後件を紹介するときに用いる用法で、これも聞き手にとっての意外性が暗示される。④⑤は日常会話でよく用いられる用法で、④は相手にとって意外と思われる事柄をこれから述べる場合に用いる。⑤は相手に依頼する場合である。

「じつは」は、秘密や自分に関する意外な事実を開陳して相手と共有し、相手を自分と対立する側ではなく同じ側に取りこもうとする日本文化に独特な表現であると言える。

「じつは」は「そのじつ」に似ているが、「そのじつ」は表面からは見えないあまり好ましくない真実の姿を暴露する暗示がある。

× 「まあ、あなたがこの本を書いたの?」「ええ、その実そうなんです」

⇨「そのじつ」「しょうじき」「おもてむき」「じっさい」

しばし ［暫し］ shibashi

① **しばし**足をとどめて彼方の景色を見やる。

② ほんの**しばし**の別れでも彼女には耐えがたかった。

【解説】 少しの時間の幅を表す。プラスマイナスのイメージはない。述語にかかる修飾語(①)、または名詞にかかる修飾語(②)として用いられる。かたい文章語で、日常会話には登場しない。「しばらく」や「ざんじ(暫時)」よりも短い時間の幅を表す。客観的な表現で、特定の感情は暗示されていない。

⇨「しばらく」

しばしば［屢々］shibashiba

① 夫と別れようと思ったことも**しばしば**です。
② 彼は恩師の家を**しばしば**訪れて教えを乞うている。
③ 世間は**しばしば**登校拒否は怠けだと考えがちだ。

【解説】 何度も繰り返す様子を表す。プラスマイナスのイメージはない。①は述語、②③は述語にかかる修飾語の用法である。名詞にかかる修飾語にはあまりならない。①②が基本的な用法で、頻度がかなり高い様子を表す。③はこれから一歩進んで、一般的な傾向を表す。「しばしば」は全体的な傾向として頻度が高いことを表すニュアンスがあり、個々の行動には視点がおかれていない点で「たびたび」と異なる。

× 世間はたびたび登校拒否は怠けだと考えがちだ。

「しばしば」は「しきりに」「ひっきりなしに」「しょっちゅう」などに似ているが、「しきりに」は「しばしば」よりも頻度が高く、継続を表すこともある。「しょっちゅう」は頻度が高いことについて慨嘆の暗示を伴うことがある。「ひっきりなしに」は行為がひんぱんに反復されることが強調される。

しばしば雨が降る。（数日おきに雨が降る）
しきりに雨が降る。（さっきから降っている）
しょっちゅう雨が降る。（毎日のように雨が降る）
ひっきりなしに雨が降る。（次から次と降る）

⇨「たびたび」「しきり」「ひっきりなし」「しょっちゅう」「しろくじちゅう」「のべつ」「なんども」「さいさん」「さいさんさいし」「まま」「よく」「ときどき」

しばらく［暫く］shibaraku

(1)① 名前をお呼びするまで**しばらく**お待ちください。
② 父が出かけて**しばらく**して電話がかかってきた。
③ ここ**しばらく**雨が全然降らない。
④ ペナントレースはここ**しばらく**が山だ。
⑤ 救助隊が来るまでもう**しばらく**の辛抱だよ。
⑥ 息子が家を出たのは**しばらく**前のことだ。
⑦ やあ、**しばらく**だね。元気にやってるかい？
(2)① 彼の責任問題は**しばらく**置くとしよう。

【解説】 (1) ある時間の幅を表す。プラスマイナスのイメージはない。①～③は単独でまたは「しばらくして」「ここしばらく」などの連語となって、述語にかかる修飾語になる。④は「ここしばらく」で主語になる。⑤⑥は名詞にかかる修飾語、⑦は述語の用法である。述語は主に挨拶《あいさつ》として、かなりの時間会わなかった後で再会した場合などに用いられる。「しばらく」が表す時間の幅は主観的で、実際の時間の隔たりにはかなりの幅があり、数分(①)から数年(⑦)に及ぶが、心理的に「しばし」「ざんじ(暫時)」よりは長い時間で、「久しく」などよりは短いことが暗示される。

(2) 現在の問題を先送りする様子を表す。プラスマイナスのイメージはない。述語にかかる修飾語として用いられる。問題の解決を今すぐせず、ある程度時間をおいた将来にゆだねるという意味で用いられる。客観的な表現で、特定の感情を暗示しない。

この「しばらく」は「ひとまず」や「とりあえず」に似ているが、「ひとまず」は物事に区切りをつける暗示がある。「とりあえず」は本格的な対応は後回しにしてできることを先に行うというニュアンスで、納得の暗示がある。

× 卒論を一週間かかってしばらく書き上げた。
→卒論を一週間かかってひとまず(とりあえず)書き上げた。

⇨「しばし」「ひとまず」「とりあえず」「ながらく」「とうぶん」「とうめん」「さしあたり」「ひとしきり」「いちじ」

しめて [締めて・〆て] shimete

① 勘定は**しめて**三万五千円になる。
② 今日は**しめて**五万のもうけだ。

【解説】 金額を合計する様子を表す。プラスマイナスのイメージはない。金額を表す名詞にかかる修飾語として用いられる。「帳簿を締める」からきた語で業界用語的なニュアンスがあり、しばしばくだけた表現としてぞんざいなニュアンスになる。したがって、丁寧に言うときには「あわせて」を用いる。

→お勘定は合わせて三万五千円でございます。

⇨「あわせて」「まとめて」「いっしょ」

じゃ・じゃあ ⇨「では」

じゃっかん [若干] jakkan

① 法案は**じゃっかん**の修正を加えて再提出された。
② 最近の男性には社会性がないと言われているが、彼にも**じゃっかん**その傾向がある。
③ 教員を**じゃっかん**名募集する。

【解説】 数量や程度が少ない様子を表す。プラスマイナスのイメージはない。①は名詞にかかる修飾語、②は述語にかかる修飾語、③は「若干名」の形で用いられ、数人という意味になる。かなりかたい文章語で、公式の発言や報道などに用いられる。具体的に限定できないが数量や程度が少ない様子を客観的に表す語で、話者の意識としては存在しないほうに視点がある。この点で、存在するほうに視点がある「たしょう」と異なる。

? 若干のことは大目に見てやろう。
→多少のことは大目に見てやろう。

「じゃっかん」は「いくぶん」や「いくらか」に似ているが、「いくぶん」「いくらか」は日常会話でも用いられ、かなり主観的で、感覚的に数量や程度が少ないというニュアンスになる。

× 法案をいくぶん修正する。
→法案を若干修正する。
× 物理は苦手だが、今度は若干できたみたいだ。
→物理は苦手だが、今度はいくらかできたみたいだ。
⇩「たしょう」「いくぶん」「いくらか」「すこし」「ちょっと」「ちっと」「しょうしょう」「こころもち」

しゅうし【終始】**shûshi**

① 大臣の答弁は弁解に**しゅうし**した。
② 彼は会議の間じゅう**しゅうし**沈黙を守っていた。

【解説】 初めから終わりまで同じ状態が続く様子を表す。プラスマイナスのイメージはない。①は「□□に(で)終始する」という形で述語になる用法で、□□には状態を表す名詞が入る。「□□で」と「□□に」を比べると、「□□で」のほうが、主体が意識的に□□という状態を選択して継続させたという意図の暗示が強く出る。②は述語にかかる修飾語の用法である。ややかたい文章語で、日常会話にはあまり登場しない。二時点の間で同じ状態が続くという意味であって、必ず始点と終点が想定されている。①は答弁の初めから終わりまでという意味である。始点から終点までの間、一貫して同じ状態を保ち続ける主体の意図の暗示がある。そこで、自発的に行わない行為などについては、あまり用いられない。

? 彼は会議の間じゅう終始いねむりをしていた。
→彼は会議の間じゅうずっといねむりをしていた。

「しゅうし」は「しじゅう」に似ているが、「しじゅう」は頻度が非常に高くて動作や状態に切れ目がないというニュアンスで、始点と終点の暗示はない。

× 最近終始雨が降る。→最近始終雨が降る。
⇩「ずっと」「しじゅう」

じゅうじゅう【重々】**jûjû**

① 失礼の段**じゅうじゅう**お詫び申し上げます。
② おっしゃることは**じゅうじゅう**ごもっともです。
③ 彼は家族に反対されるのを**じゅうじゅう**承知の上で会社を辞めた。

【解説】 何度も重複する様子を表す。原則としてプラスマイナスのイメージはない。述語にかかる修飾語として用いられる。かなりかたい文章語で、手紙や公式の挨拶《あいさつ》などによく用いられる。①は何度も繰り返してという意味、②③はこれから一歩進んで、何度も繰り返すほど程度がはなはだしいという意味である。謝礼・謝罪(①)・

注意②・理解③などの場面で用いられるが、かなり丁寧なニュアンスがある。

「じゅうじゅう」は「かさねがさね」に似ているが、「かさねがさね」のほうがさらに丁重で、相手への配慮を暗示し、ふつう自分のことについては用いない。

？ 彼は家族に反対されるのをかさねがさね承知の上で、会社を辞めた。

⇨「かさねがさね」「くれぐれも」「よくよく」

じゅうにぶん［十二分］jûnibun

① 災害対策は**じゅうにぶん**の成果をあげている。
② (レストランで)本場の味を**じゅうにぶん**にお楽しみいただけたものと存じます。

【解説】 必要量を超えて豊富にある様子を表す。プラスイメージの語。①は名詞にかかる修飾語、②は述語にかかる修飾語の用法である。あまり述語にはならない。必要量をはるかに上回り余るほどあるという意味で、満足の暗示を伴う。

「じゅうにぶん」は「じゅうぶん」に似ているが、「じゅうぶん」が飽和とともに余地の暗示をもつのに対して、「じゅうにぶん」は飽和してなお余っているというニュアンスで、余地や許容の暗示はない。

？ 今出れば三時の列車に十二分に間に合う。

→今出れば三時の列車にじゅうぶん間に合う。

⇨「じゅうぶん」「たぶん」「いっぱい」「うんと」「たらふく」「ふんだん」「たくさん」

じゅうぶん［十分・充分］jûbun

(1)① 子供の成長には**じゅうぶん**な運動が欠かせない。
② 誤解のないよう**じゅうぶん**に説明した。
③ 足もとが危ないから**じゅうぶん**注意しなさい。
④ その仕事は**じゅうぶん**やってみる価値がある。
⑤ 学校まで直線距離で五キロは**じゅうぶん**にある。

(2)① 机は新しく買わなくても中古で**じゅうぶん**だ。
② この家は四人家族には**じゅうぶん**すぎる広さだ。
③ 犬舎は**じゅうぶん**な大きさがなければならない。
④ 君ならこの役は**じゅうぶん**にこなせるよ。
⑤ 今出れば三時の列車に**じゅうぶん**間に合う。
⑥ このセーターは古いがまだ**じゅうぶん**着られる。

(3)① 批判はもう**じゅうぶん**だ。
② 「デザートはいかが？」「もう**じゅうぶん**いただきました」

(4)① (相撲《すもう》)貴ノ花は右四つ**じゅうぶん**です。

【解説】 (1) 必要量を満たしている様子を表す。プラスイメージの語。名詞または述語にかかる修飾語として用いられる。述語になることも皆無ではないが、名詞の後ろに直接つくほうが普通である。

うちの犬は運動が十分だからスマートだ。
→うちの犬は運動十分だからスマートだ。
①〜③は基本的な用法である。④は試した結果得られるものが相当程度期待できるという意味、⑤は最低五キロで、それ以上あるのは確実だという意味である。
この「じゅうぶん」は「たっぷり」に似ているが、「たっぷり」は豊富さと大量消費の暗示があるのに対して、「じゅうぶん」は必要量を満たしている暗示が強く、豊富さの暗示は少ない。
× 足もとが危ないからたっぷり注意しなさい。
(2) (1)から進んで、必要量を満たしている結果、満足・許容できる様子を表す。ややプラスイメージの語。①は述語の用法、②は「十分すぎる」という動詞を作る用法、③は名詞にかかる修飾語、④〜⑥は述語にかかる修飾語の用法である。自分が必要とする条件を実際のものが上回っている場合に用いられ、余地の暗示がある。しばしば「で」という許容を表す助詞を伴う。⑤は三時という時刻にはだいぶ間があるという意味、⑥は着用に堪えられるという意味である。
(3) (1)から進んで、必要量を満たしている結果、不必要である様子を表す。ややマイナスよりのイメージの語。①は述語の用法、②は述語にかかる修飾語の用法である。名詞にかかる修飾語にはあまりならない。しばしば「もう」という副詞を伴う。
この「じゅうぶん」は「たくさん」に似ているが、「たくさん」はそれ以上許容する余地がないというニュアンスで、不快の暗示が強い。

批判はもう十分だ。

批判はもうたくさんだ。(これ以上は聞かなくていい)(実に不愉快だ)
(4) (1)から進んで、得意な型にもちこむ様子を表す。プラスイメージの語。主に述語として用いられる。非常に用法が限定されていて、ほとんど相撲の組み方についてのみ用いられる。
⇨「たくさん」「いっぱい」「うんと」「たらふく」「ふんだん」「じゅうにぶん」「たぶん」「よく」「とても」「くれぐれも」「ろくすっぽ」「ろくろく」

しゅとして ［主として］ shutoshite

① 調査は**しゅとして**学生を対象に行われた。
② 休日は**しゅとして**図書館で読書をする。
【解説】 全体の中で重要な部分を占める様子を表す。プラスマイナスのイメージはない。述語にかかる修飾語として用いられる。ややかたい文章語で、日常会話にはあまり登場しない。日常的には「おもに」を用いる。量的に多くの割合を占めるというニュアンスで用いられるこ

とが多い。

「しゅとして」は「おもに」や「もっぱら」に似ているが、「おもに」は量的に多くの割合を占める場合だけでなく、優先的に行う場合にも用いられる。「もっぱら」はただ一つの行為だけを行う様子を表す。

? この服は主として外出するときに着る。

→この服は主に外出するときに着る。

× ぼくは主として日本酒党だ。

→ぼくはもっぱら日本酒党だ。

⇩「もっぱら」

じゅんに・じゅんじゅんに［順に・順々に］junni・junjunni

① トランプを1から**じゅんに**並べる。

② まず問題をざっと見て、できそうなものから**じゅんにやり**なさい。

③ 先生は子供の名前を**じゅんじゅんに**呼び上げた。

【解説】 順序を追って進行する様子を表す。ややプラスイメージの語。述語にかかる修飾語として用いられる。

「じゅんじゅんに」は「じゅんに」よりもさらに順序正しいこと、丁寧であることが強調される表現である。「じゅんに」はある一定の規則にしたがって次々と行う様子を表し、「□□から順に」の形でしばしばその規則を明示する(①②)。

「じゅんに」は「じゅんじ(順次)」や「つぎつぎ」に似ているが、「じゅんじ」は一つ一つ消化・解決する暗示がある。「つぎつぎ」は一つずつ独立して起こるというニュアンスで、順序には言及しない。

? トランプを1から順次並べる。

× 難題が順にもちあがって大弱りだ。

→難題が次々にもちあがって大弱りだ。

⇩「つぎつぎ」「あいついで」「ついでII」

しょうこりもなく［性懲りも無く］shôkorimo-naku

① あのセールスマン、こないだはっきり断ったのに**しょうこりもなく**また来たぜ。

② 信雄は振られても振られても**しょうこりもなく**美代子につきまとっている。

【解説】 過去の失敗を反省せず再び同じ行動を起こす様子を表す。マイナスイメージの語。述語にかかる修飾語として用いられる。行動を起こす主体本人ではなく、行動を受ける人ないし第三者が主体の行動を評する語であって、失敗しても懲りずに同じ行動をする主体の熱意や執念に対して、話者のあきれや慨嘆が暗示されている。

しょうじき［正直］shôjiki

(1)① 彼女は**しょうじき**だからウソはつかない。
② **しょうじき**な性格というのは時には欠点になる。
③ **しょうじき**に言わないとひどい目にあうぞ。
④ **しょうじき**の頭《こうべ》に神宿る。（ことわざ）

(2)① 三度目の**しょうじき**。（ことわざ）
② コンピュータは**しょうじき**だから、間違った情報をインプットするととんでもない結果を出してくる。

(3)① **しょうじき**なところ、彼には困ってるんですよ。
② ぼくは**しょうじき**に言って会社を辞めたいんだ。
③ **しょうじき**、死にたいと思ったこともありますよ。

【解説】 (1) 真実や事実をまったく隠さない様子を表す。プラスイメージの語。①は述語、②は名詞にかかる修飾語、③は述語にかかる修飾語の用法である。④は本来的な名詞の用法であるが、現代語としてはあまり用いない。真実や事実を隠さない人にはよいことがあるという意味のことわざである。真実や事実をすべて明かして隠さない点にポイントがあり、態度の謙虚さや真面目さには言及しない点で「率直」と異なる。

× 率直に言わないとひどい目にあうぞ。

(2) (1)から進んだ用法で、確実に実現する様子を表す。ややプラスよりのイメージの語。①は名詞の用法、②は述語の用法である。あまり修飾語にはならない。①はことわざで、一度目、二度目は失敗しても三度目には実現するものだという意味である。②は間違った入力に対する間違った結果が確実に実現するという意味である。客観的な表現で、特定の感情を暗示しない。

(3) (1)から進んだ用法で、本心を吐露する様子を表す。ややマイナスよりのイメージの語。単独でまたは「正直なところ(話)」「正直(に)言って」などの形で、述語にかかる修飾語として日常会話中心に用いられる。本来あまりおおやけにすべきでない本心を打ち明ける場合によく用いられ、慨嘆の暗示がある。

(3)の「しょうじき」は「じつは」などに似ているが、「じつは」は秘密を開陳する様子を表す。

× 正直なところ、折り入ってお願いがあるんですが。
→実は折り入ってお願いがあるんですが。

⇨「じつは」「しんじつ」「ほんとう」「まっすぐ」

しょうしょう［少々］shôshô

① (電話で)**しょうしょう**お待ちください。
② (料理番組で)調味料は塩、**しょうしょう**です。
③ **しょうしょう**のことなら大目に見てやろう。
④ この負債は**しょうしょう**の自己資金ではとても返済できない。

⑤「御趣味は？」「はあ、茶の湯を**しょうしょう**」
⑥いや、今度のことでは**しょうしょう**参りました。
⑦（道をきく）**しょうしょう**お尋ねします。

【解説】 数量や程度が少ない様子を表す。プラスマイナスのイメージはない。①⑥⑦は述語にかかる修飾語、③④は名詞にかかる修飾語の用法である。述語になること②はあまり多くない。⑤は後ろに「たしなみます」などの述語部分を省略した用法である。ややかたい文章語で、公式の発言やあらたまった挨拶《あいさつ》などによく用いられる。数量や程度が少ないことをやや客観的に表し、数量の場合には計量できる程度の少量を意味することが多い。数量を表さない場合には、具体的な程度の軽さ（③〜⑥）の他に、話者の気軽さ（⑦）なども表すことができる。あらたまった文脈で用いられることが多いので、⑤⑥のように自分のことについて用いられた場合には、実際には程度が大きいことを謙遜《けんそん》したり（⑤）、婉曲《えんきょく》に言ったり（⑥）するニュアンスになる。

「しょうしょう」は「すこし」「ちょっと」や「いささか」に似ているが、「すこし」は具体的な量の暗示が強く、話者の気軽さを表す意味はない。「ちょっと」はくだけた表現で、あらたまった挨拶にはあまり用いられない。また、行為を行うに際しての話者の気軽さを表すニュアンスが強く、間投詞としても用いられる。「いささか」は数量や程度が少ないことを主観的に感じている様子を表し、具体的な数量や程度は問題にしないことが多い。

× 少しお尋ねします。
× 彼女がウソをつくなんて少々考えられない。
→彼女がウソをつくなんてちょっと考えられない。
× 「五万ばかり貸してくれよ」「それは少々……」
→「五万ばかり貸してくれよ」「それはちょっと……」
× いささかお待ちください。

⇨「すこし」「ちょっと」「いささか」「いくらか」「いくぶん」「ちっと」「たしょう」「じゃっかん」「やや」

じょじょに［徐々に］jojoni

① SLは**じょじょに**スピードを上げていった。
② 山は登るにしたがって**じょじょに**空気が薄くなる。
③ 地価は**じょじょに**下降する気配を見せている。

【解説】 少しずつ変化する様子を表す。プラスマイナスのイメージはない。述語にかかる修飾語として用いられる。変化する度合が非常に少ない様子を表し、速度そのものが遅いことは表さない。

× SLは徐々に走る。
→SLはゆっくり走る。
→SLは徐々に走り始めた。

「じょじょに」は「だんだん」や「しだいに」に似てい

るが、「だんだん」は変化のしかたが段階的で、順序正しい暗示がある。「しだいに」は主体が個々の変化には気づいておらず、変化がかなり進んでしまってから初めて気がついたというニュアンスがあるのに対して、「じょじょに」は変化の途中でも用いられる。

？ 地価はだんだん下降する気配を見せている。
病気は徐々に回復した。
（ごくわずかずつよくなった）
病気は次第に回復した。
（気がつくとだいぶよくなっていた）

⇨「だんだん」「しだいに」「おいおい」「おもむろに」「やおら」

しょせん［所詮］shosen

① いくら地価が下がっても、庶民にとってマイホームは**しょせん**高嶺《たかね》の花だ。

② コンピュータが進歩したと言っても、**しょせん**は機械に過ぎない。

③ 何のかの言っても、**しょせん**負けは負けだ。

【解説】 どんなに条件がよくなっても、結果は予想どおり好ましくない様子を表す。ややマイナスイメージの語。条件を受ける文の述語にかかる修飾語として用いられる。さまざまな条件を提示し、それにもかかわらず予想どおりの好ましくない結果になったことについて、あきらめと慨嘆の暗示を伴う。好ましい結果になった場合には用いられない。

× 何のかの言っても、所詮勝ちは勝ちだ。
→何のかの言っても、勝ちは勝ちだ。

「しょせん」は「どうせ」に似ているが、「どうせ」にはあきらめと慨嘆の他に怒り・自嘲《じちょう》などの暗示もあり、結果が出る前にあらかじめ予想している場合に用いる。

？ あんな高望みすれば所詮落ちるに決まってるよ。
→あんな高望みすればどうせ落ちるに決まってるよ。

⇨「どうせ」「けっきょく」

しょっちゅう shotchû

① この子は**しょっちゅう**風邪をひいている。

② こんな名文にはそう**しょっちゅう**はお目にかかれないものだ。

③ あの二人がののしりあうのは**しょっちゅう**だ。

【解説】 動作や行為の頻度が非常に高い様子を表す。ややマイナスよりのイメージの語。述語にかかる修飾語として用いられることが多い（①②）が、述語にもなる（③）。かなりくだけた表現で日常会話中心に用いられ、かたい文章中にはあまり登場しない。動作や行為の頻度が非常に高いことを表し、しばしば慨嘆の暗示を伴う（①③）。

②は後ろに打消しを伴って、目にする機会が少ない、珍しくて貴重だという意味である。

「しょっちゅう」は「しじゅう」に似ているが、「しじゅう」は動作や行為に切れ目がない様子を表し、継続の暗示がある。

会議の間、彼はしょっちゅう席を立っていた。
（ひんぱんに席をはずしていた）
会議の間、彼は始終席を立っていた。
（会議の間いなかった）

「しょっちゅう」は「しばしば」「しきりに」「ひっきりなしに」などにも似ているが、「しばしば」「しきりに」は「しょっちゅう」よりも頻度が低く、慨嘆などの暗示はなくて客観的である。「ひっきりなしに」は実際の行為がひんぱんに反復される様子を暗示し、一般的な傾向は表さない。

この子はしょっちゅうせきをする。
（気がつくたびにせきをしている）
この子はひっきりなしにせきをする。
（さっきからせきが続いている）

⇨「しじゅう」「しばしば」「しきり」「ひっきりなし」「しろくじちゅう」「たえず」「つねに」「いつも」「いつでも」「のべつ」「まま」「ときどき」

しらずしらず ［知らず知らず］ **shirazu-shirazu**

① 彼の手紙を見たのは**しらずしらず**の行為だった。
② ラジオを聴きながら**しらずしらず**のうちに眠った。
③ 私たちは**しらずしらず**人を傷つけてしまう。
④ 障害者の番組を見て**しらずしらず**に涙がにじむ。

【解説】 行為に対する自覚がない様子を表す。プラスマイナスのイメージはない。①は名詞にかかる修飾語、②〜④は述語にかかる修飾語の用法である。行為を行うにあたって主体が自覚していないという意味で用いられ、結果としてある傾向にはまっていたという暗示もある（③）。

「しらずしらず」は「おもわず」や「つい」に似ているが、「おもわず」は行為のしかたが本能的・衝動的で一回きりの行為について用いられる。「つい」は抑制が欠如している結果として、習慣的・本能的な行為になりがちな傾向を暗示する。

× 私たちは思わず人を傷つけてしまう。
× 障害者の番組を見てつい涙がにじむ。

⇨「おもわず」「つい」「いつのまに」「いつしか」「ついつい」「いつか」

しろくじちゅう［四六時中］shirokujichû

① 彼女は夫のことを**しろくじちゅう**心配している。
② うちの部長は**しろくじちゅう**怒ってばかりいる。

【解説】 動作や行為の頻度が非常に高く、切れ目がないことを誇張する様子を表す。ややマイナスよりのイメージの語。述語にかかる修飾語として用いられる。ややくだけた表現で日常会話中心に用いられ、かたい文章中にはあまり登場しない。動作や行為の頻度が非常に高いので、ほとんど切れ目がなく持続的に感じられる点にポイントがあり、誇張的なニュアンスがある。

「しろくじちゅう」は「しじゅう」や「しょっちゅう」に似ているが、「しじゅう」のほうが冷静で、誇張の暗示はない。「しょっちゅう」は高い頻度を慨嘆の暗示を伴って表し、切れ目のない持続の暗示はない。

彼は四六時中タバコをふかしている。
（タバコを口から離すときはまったくない）
彼は始終タバコをふかしている。
（いつ見てもタバコを口にくわえている）

× こんな名文にはそう四六時中はお目にかかれない。
→こんな名文にはそうしょっちゅうはお目にかかれない。

⇨「しじゅう」「しょっちゅう」「しばしば」「しきりなし」「たえず」「つねに」「いつも」「いつでも」「のべつ」「まま」「ときどき」

しん［真］shin

(1)① この作家は**しん**・善・美を生涯のテーマとした。
② その役者の演技は**しん**に迫っている。
(2)① 退却すべきときに退却できるのが**しん**の勇気だ。
② 表は**しん**の闇《やみ》だった。
③ 彼は**しん**に妻を愛していた。
(3)① この命題は**しん**である。

【解説】 (1) 作為のない本質を表す。プラスイメージの語。②の「真に迫る」は慣用句で、本物そっくりに見えるという意味である。②以外の名詞の用法はかたい文章語で、日常会話には用いられない。

(2) 純粋である様子を表す。プラスイメージの語。①②は名詞にかかる修飾語、③は述語にかかる修飾語の用法で、述語にはならない。ややかたい文章語。修飾される語の意味内容や程度が純粋である様子を表し、内容や程度に段階の考えられないものの場合には、程度を強調する意味になる(②)。

(1)(2)の「しん」は「しんじつ」「ほんとう」や「じつ」に似ているが、「しんじつ」は主観的な理想の暗示が強く、虚偽と対置される。「ほんとう」は事実や理想そのものではなく、事実や理想に合致しているというニュアンスで、ウソと対置される。「じつ」には価値のある内容の暗示がある。

× 表は真実の闇だった。

真に迫る。（本物そっくりに見える）

真実に迫る。（正しい姿を追求する）

真に妻を愛していた。

（妻への愛情は純粋だった）

本当に妻を愛していた。

（妻への愛情はウソではなかった）

× 彼は真のある男だから借金は必ず返すだろう。

→彼は実のある男だから借金は必ず返すだろう。

(3) 命題が常に成り立つ様子を表す（↔偽）。プラスマイナスのイメージはない。数学や論理学の分野で、述語でのみ用いられる。

⇩「しんじつ」「ほんとう」「まこと」

しんじつ【真実】shinjitsu

① この作家は人間の**しんじつ**を追求し続けている。

② 彼女は夫の**しんじつ**の愛に気づかなかった。

③ （証人の宣誓）何事も隠さず**しんじつ**を話すことを誓います。

④ 彼女には**しんじつ**悪いことをしたと思っている。

【解説】 主観的に正しいと確信をもっていることを表す。プラスイメージの語。①③は基本的な名詞の用法、②は名詞にかかる修飾語、④はこれから一歩進んで、「自分が正しいと確信がもてるように、本当に、確かに」という意味を表す、述語にかかる修飾語の用法である。「しんじつ」は理想の暗示が強く、しばしば虚偽と対置される。③は実際に起こったことをそのまま話すと誓っているのではなく、自分の良心に照らして主観的に確実だと確信のもてることを話すという意味である。④も自分の良心に照らして「悪いことをした」と反省しているのであって、話題の中心は話者の反省であり、客観的な実情に照らした納得を暗示しない点で「じっさい（実際）」とは異なる。

× 真実、あいつは困った奴だよなあ。

→実際、あいつは困った奴だよなあ。

「しんじつ」は「じじつ（事実）」や「ほんとう」に似ているが、「じじつ」は存在の暗示が強く、非存在や虚構と対置され、客観的なニュアンスがあり、主観的な理想の暗示はない。「ほんとう」は事実や理想に合致するというニュアンスで、ウソと対置される。

× 検察当局は脱税の真実をつかんだ。

→検察当局は脱税の事実をつかんだ。

× あの会社、真実のところはどうなってるんだ。
→あの会社、本当のところはどうなってるんだ。
⇩「じっさい」「じじつ」「ほんとう」「まこと」「まったく」「しょうじき」「しん」

ずいぶん［随分］zuibun

(1) ① 彼とは**ずいぶん**長いこと会っていない。
② しばらく見ないうちに**ずいぶん**大きくなったね。
③ 外車とは**ずいぶん**と思い切った買い物だねえ。

(2) ① さんざ待たせておいて電話一本くれないなんて、**ずいぶん**じゃないの。
② 無理に頼んだくせに突然断るとは**ずいぶん**な話だ。

【解説】 (1) 程度が平均を大きく上回っている様子を表す。プラスマイナスのイメージはない。述語にかかる修飾語として用いられる。述語や名詞にかかる修飾語にはならない。程度が平均を大きく上回っていることについて、実感に基づいた概嘆(①)や感慨(②)・驚き(③)などの暗示を伴う。多くの場合結果としての程度について用いられ、一般的に程度が相当高いという場合には用いないことが多い。

× 家はずいぶん大きいほうがいい。
→家は大きいほうがいい。

この「ずいぶん」は「そうとう」「けっこう」「だいぶ」「かなり」「なかなか」などに似ているが、「そうとう」は一部分から全体の程度を推量する暗示がある。「けっこう」には話者の予想に反する結果について納得の暗示がある。「だいぶ」は話者の軽い評価と共感の暗示がある。「かなり」はやや客観的な表現で、「なかなか」には対象を上から見て評価する暗示がある。

ずいぶん大きな家だ。(実際に見て驚いた)
そうとう大きな家だ。(大きいと推測される家だ)
けっこう大きな家だ。(予想以上だ)
だいぶ大きな家だ。(なるほど思った通りだ)
かなり大きな家だ。(平均以上だ)
なかなか大きな家だ。(豪邸というほどではないが)

(2) 概嘆すべき様子を表す。マイナスイメージの語。①は述語の用法、②は名詞にかかる修飾語の用法である。述語にかかる修飾語にはならない。くだけた表現で日常会話中心に用いられ、かたい文章中には登場しない。概嘆と憤慨の暗示があるが、怒りの暗示は少なく、被害者意識は暗示されていない。

⇩「そうとう」「けっこう」「だいぶ」「かなり」「なかなか」「すくなからず」「よほど」

すかさず［透かさず］sukasazu

① 彼は席があくと**すかさず**割り込んで座る。

② 西武の選手は四球で塁に出ると**すかさず**走る。

【解説】 ある状況や行動に対する反応にかかる時間が非常に短い様子を表す。ややプラスイメージの語。述語にかかる修飾語として用いられる。①が基本的な用法で、反応動作にかかる所要時間が非常に短い様子を表す。②は具体的な所要時間は問題にせず、四球という状況に敏感に対応するという意味になる。めぐってきた機会を逃さない狡猾《こうかつ》さ・ぬけめなさが暗示される表現である。

「すかさず」は「かんはつをいれず」や「すぐさま」に似ているが、「かんはつをいれず」は反応時間が非常に短いためにほとんど同時と感じられる点にポイントがある。「すぐさま」は反応時間が短いことを客観的に表し、ぬけめなさの暗示はない。

× 西武の選手は四球で塁に出ると間髪を入れず走る。

× 味方のピンチを聞いてすかさず応援にかけつけた。

→味方のピンチを聞いてすぐさま応援にかけつけた。

また、「すかさず」は「すぐ」「ただちに」などにも似ているが、「すぐ」「ただちに」は単に動作にかかるまでの所要時間が非常に短いという意味で、状況や行動への反応時間の短さを意味しない。

× これからすかさず出かけます。

→これからすぐ(ただちに)出かけます。

⇨「かんはつをいれず」「すぐさま」「すぐ」「ただちに」「そく」「そくざ」「そっこく」「とっさ」

すきこのんで [好き好んで] sukikononde

① 何も**すきこのんで**危ない所へ行くことはないのに。

② 誰も**すきこのんで**覚醒剤《かくせいざい》に手を出すわけではない。

【解説】 後ろに打消しの表現を伴って、積極的に行動しない様子を表す。ややマイナスイメージの語。述語にかかる修飾語として打消し文の主語になる。①は積極的に危ない所へ行って被害をこうむる可能性を受けることはないという話者の不必要の判断を示す。②は覚醒剤に手を出すのは主体の自発的・積極的な行為ではなく、やむをえない行為であって、積極的な行為として責任を追及することはできないという話者の判断を表す。

①の「すきこのんで」は「わざわざ」に似ているが、「わざわざ」は困難な障害にもかかわらず意図的に行為を行うというニュアンスがあるのに対して、「すきこのんで」は主体の自発的な意志の暗示が強く、困難や障害の暗示はない。

何も好き好んで危ない所へ行くことはないのに。
(君は行きたいと思っているのかもしれないが)

何もわざわざ危ない所へ行くことはないのに。
(危険を承知で反対を押し切ってまで行くことはない)

⇨「わざわざ」「とりたてて」「このんで」「あえて」「ことさ

ら」「もとめて」

すぐ［直］sugu

(1) ①（電報）父危篤、**すぐ**帰れ。
② 最近の子供は呼ばれても**すぐ**に返事をしない。
③ 今六月だから夏休みは**すぐ**だ。
④ お湯をかけるだけで**すぐ**おいしい。（CM）

(2) ① うちの**すぐ**そばに有名な作家が住んでいる。
② 駅は角を曲がると**すぐ**そこです。
③ 交番はたいてい駅から歩いて**すぐ**の所にある。
④ 彼女の家ならここから**すぐ**だ。
⑤ 先日私の**すぐ**上の兄が結婚した。

(3) ① 彼女は人の言うことを**すぐ**信じるたちだ。
② 安物のおもちゃは**すぐ**にこわれる。
③ 地図が正確だったので会場は**すぐ**にわかった。

【解説】 (1) 時間的に隔たっていない様子を表す。プラスマイナスのイメージはない。①②は動作にかかる修飾語、③は述語の用法である。④は状態にかかる修飾語になる現代語用法。「すぐおいしく食べられる」という意味である。名詞にかかる修飾語にはあまりならない。ある時点から次の時点までが隔たっていないという意味である。客観的な表現で、特定の感情を暗示しない。

(1)の「すぐ」は「ただちに」「そっこく(即刻)」に似ているが、「ただちに」は前の行動から次の行動にかかる時間が短いというニュアンスで、切迫感の暗示がある。「そっこく」はほんの少しの猶予も認めない切迫感と事柄の重大さの暗示がある。

用件がすんだらすぐ帰社せよ。
（終了時点からできるだけ急いで帰れ）
用件がすんだらただちに帰社せよ。
（余計なことは何もせずに帰れ）
用件がすんだら即刻帰社せよ。
（帰らないと大変なことになる）

(1)の「すぐ」はある状況や行動に対する反応時間を意味しない点で、「すぐさま」「すかさず」「かんはつをいれず」などと異なる。

× 今六月だから夏休みはすぐさま（すかさず・間髪を入れず）来る。

(2) 空間的に隔たっていない様子を表す。プラスマイナスのイメージはない。①～③⑤は名詞にかかる修飾語の用法、④は述語の用法である。述語にかかる修飾語にはあまりならない。①～④は基本的な空間の近さを表す用法。⑤はそれが関係の近さに転用された場合である。客観的な表現で、特定の感情を暗示しない。

(1)(2)の「すぐ」は「じき」に似ているが、「じき」のほうが時間的・空間的な隔たりが大きく、余裕のある様子が暗示される。

× 父危篤、じき帰れ。

駅はすぐだ。（少しの距離歩けばよい）

駅はじきだ。（歩いていればやがて着く）

(3) 容易である様子を表す。プラスマイナスのイメージはない。述語にかかる修飾語として用いられる。名詞にかかる修飾語や述語にはならない。動作や行為についての傾向や安易さを暗示し、必ずしも所要時間には言及しない。

⇨「ただちに」「そっこく」「すぐさま」「すかさず」「かんはつをいれず」「じき」「おりかえし」「とっさ」「おいそれと」「そく」「そくざ」「しきゅう」「さっきゅうに」「さっそく」「きゅう」「きゅうきょ」「そうそうII」「いま」「いまに」「またたくま」「あっというま」「まもなく」「ほどなく」「もうすぐ」「もうじき」

すぐさま ［直様］ **sugusama**

① 味方のピンチを聞いて**すぐさま**応援にかけつけた。

② 矢継ぎ早の質問にも彼は**すぐさま**答えた。

【解説】 ある状況や行動に対する反応にかかる時間が非常に短い様子を表す。ややプラスイメージの語。述語にかかる修飾語として用いられる。反応時間が短いことを客観的に表し、特定の感情は暗示されていない。

「すぐさま」は「すかさず」「かんはつをいれず」や「さっそく」に似ているが、「すかさず」にはぬけめなさの暗示がある。「かんはつをいれず」は反応時間が非常に短いので、ほとんど同時と感じられる点にポイントがある。「さっそく」はある行動の後、時間をおかずに次の行動に移る様子を表し、主体の積極性の暗示があり、前の行動と後の行動との間の因果関係には言及しない。

× 赴任そうそうすぐさまだが、君に頼みがある。

→赴任そうそうさっそくだが、君に頼みがある。

⇨「すかさず」「かんはつをいれず」「さっそく」「すぐ」「ただちに」「そく」「そくざ」「そっこく」「さっきゅうに」「そうそうII」「しきゅう」「おりかえし」「とっさ」

すくなからず ［少なからず］ **sukunakarazu**

① 彼女は親友が結婚していたのを知って、**すくなからず**ショックを受けた。

② 平田さんには娘が**すくなからず**世話になっている。

【解説】 数量や程度が平均を大きく上回っている様子を表す。プラスマイナスのイメージはない。述語にかかる修飾語として用いられる。名詞にかかる修飾語や述語にはならない。ややかたい文章語で、公式の発言などによく用いられる。「少ない」の打消し表現であるが、単に「少なくない」と言っているのではなく、実際に指している程度には幅があり、程度のはなはだしいことを婉曲《えんきょく》に表す場合もある。そこで文脈によっては「かなり」「そうとう」「ひじょうに」などに置き換え可能であるが、その場合には、婉曲に表現しているだけに対象との間に心理的な距離があり、話者にとって切実な事柄については用いられないことが多い。

× 息子が死んだときは少なからず悲しかった。

→息子が死んだときはとても(すごく)悲しかった。

⇨「かなり」「そうとう」「ずいぶん」「だいぶ」「なかなか」「けっこう」「おおいに」「とても」「ひじょう」「はなはだ」

すくなくとも［少なくとも］ sukunakutomo

(1)① 毎日**すくなくとも**三千歩は歩いたほうがいい。

② 彼女が新作を発表してから**すくなくとも**十年以上たっている。

③ 授業はともかく**すくなくとも**学校にだけは来いよ。

④ **すくなくとも**単語の意味ぐらい自分で調べなさい。

⑤ 彼が犯人ではないにしても、**すくなくとも**事件に何らかの関係があることだけは確かだ。

(2)① この絵は駄作だな。**すくなくとも**おれはそう思う。

② **すくなくとも**証人はウソをつくべきではない。

【解説】 (1) 最少の数量や程度に言及する様子を表す。プラスマイナスのイメージはない。述語にかかる修飾語として用いられる。①②は基本的な最少量を表す用法。③～⑤はこれから進んで、話者が最低だと思う基準を示す。後ろに「だけ・ぐらい」など限定や程度を表す助詞を伴うことが多い。「すくなくとも」の示す最少量は確実な値ではなく、漠然と話者が最少と考える量を示しているにすぎないので、推量や許容の暗示を伴う。

この「すくなくとも」は「さいてい(最低)」に似ているが、「さいてい」は最少量を確実に限定する暗示が強く、最少量を示すことについて話者は客観的な根拠や確信をもっていることが多い。

少なくとも三日はかかる。(三日以上かかるだろう)

最低三日はかかる。(三日以上かかるのは確実だ)

(2) (1)から進んで、一点に限定する様子を表す。プラスマイナスのイメージはない。述語にかかる修飾語として用いられる。ある一点に限定して断定するときによく用いられ、自分の断定に確信はあるが、それ以外の可能性は考慮の外に別に存在するというニュアンスで、話者が広い視野をもって断定している(ように見せている)ことを暗示する。①は、駄作だと言うのは自分だけの意見かもしれないが、自分の意見には確信があるというニュアンスである。

⇨「せめて」

すごく［凄く］

⇨『現代形容詞用法辞典』「すごい」

すこし［少し］sukoshi

(1)① クラスで英会話ができるのはほんの**すこし**だ。
② ボーナスから**すこし**貯金しよう。
③ **すこし**のことでそんなに大騒ぎするなよ。
④ 完成まで**すこし**の辛抱だ。
⑤ 今から**すこし**前に課長はあわてて出かけた。
⑥ 電話があってから**すこし**して来客があった。
⑦ 被写体の位置を**すこし**右にずらす。
⑧ 郵便局まではここからだと**すこし**ありますよ。
⑨ 二人のオフィスは**すこし**離れたところにある。
⑩ 「ドイツ語は話せますか」「ええ、**すこし**」
⑪ 今日は**すこし**寒いね。
⑫ 一晩寝たら頭痛が**すこし**よくなった。
⑬ 今度は**すこし**たくさん飲み物がいるね。

(2)① 働きづめだったから、定年後は**すこし**休みたい。
② 田中先生は**すこし**生徒に甘すぎる。
③ 生徒たちは田中先生を**すこし**甘くみているようだ。
④ 昨日はごめんね。おれ、**すこし**どうかしてたんだ。

【解説】 (1) 数・量・時間・距離・程度などが少ない様子を表す(↔たくさん)。プラスマイナスのイメージはない。述語にかかる修飾語として用いられることが多いが、述語(①⑩)や名詞にかかる修飾語(③~⑤⑦)にもなる。①は数、②③は量、④~⑥は時間について用いられた場合である。⑥の「少しして」は慣用的に用いられ、時間が少し経過してからという意味である。⑦~⑨は距離について用いられた場合で、⑧の「少しある」は慣用的に用いられ、時間や距離がかなりあるという意味である。⑧⑨の場合には、必ずしも距離が短いという意味ではなく、間投詞的に語調を整えるために入れている場合が往々にしてある。⑩~⑬は程度の場合である。状態を表す語を修飾するが、⑬のように「少したくさん」という場合には、「たくさん」の程度が前よりもややはなはだしいという意味になり、「たくさん」の程度を弱める意味にはならない。この反対の「たくさん少し」という言い方はない。

(1)の「すこし」は客観的に、数・量・時間・距離・程度などが少量ではあるが存在するという、存在のほうに視点をおいた言い方であって、非存在のほうに視点をおいた「少ない」と異なる。

× 学校の給食は量が少しで足りない。
→学校の給食は量が少なくて足りない。

(2) 感情や判断の表明を婉曲《えんきょく》にする様子を表す。プラスマイナスのイメージはない。(1)の⑩~⑬から進んだ用法で、特に程度を具体的に限定しない場合である。話者が感情や判断をそのまま表明するのでなく、婉曲にしようとする心理を表す。客観的な意味としてはなくても同じであるが、「少し」を用いることによって、遠慮①・慨嘆②③・反省④などの暗示を伴う。

「すこし」は「わずか」や「ちょっと」「しょうしょう（少々）」に似ているが、「わずか」は絶対的数量としての少なさを暗示し、多くの場合「すこし」よりも数量自体が小さくなる。「ちょっと」はややくだけた表現で、具体的な数量や程度を表すほかに、話者の気軽さやためらいなども表せる。「しょうしょう」はややあらたまった場面で用いられ、実際には程度が大きいのを婉曲に言ったり謙遜《けんそん》したりするニュアンスもある。

？ 被害はあってもごく少しだ。
→被害はあってもごくわずかだ。
× 少しお尋ねします。
→ちょっと（少々）お尋ねします。
× 彼女がウソをつくなんて少し信じられない。
→彼女がウソをつくなんてちょっと信じられない。
× いや、今度のことでは少し参りました。
→いや、今度のことでは少々参りました。
× 「五万ばかり貸してくれよ」「それは少し……」
→「五万ばかり貸してくれよ」「それはちょっと……」

⇨「ちょっと」「しょうしょう」「ちっと」「いくらか」「いくぶん」「いささか」「やや」「こころもち」「たしょう」「じゃっかん」「すこしく」「すこししか」「すこしずつ」「すこしでも」「すこしは」「すこしも」「もうすこし」

すこしく［少しく］ sukoshiku

① 森氏の説に対して**すこしく**意見を述べたいと思う。
② 出張所は本庁舎から**すこしく**離れていた。

【解説】量・時間・距離・程度などが少ない様子を表す。プラスマイナスのイメージはない。かなりかたい文章語でやや古風なニュアンスがあり、述語にかかる修飾語として、演説やかたい文章などに用いられる。抽象的なものの量や程度について用いることが多く、具体物についてはあまり用いない。話者の威厳を保ちたい心理が暗示されるが、表現自体は客観的である。日常的には「すこし」を用いる。

⇨「すこし」

すこししか［少ししか］ sukoshishika

① 彼には友人が**すこししか**いない。
② 今度のテストは**すこししか**できなかった。
③ 彼が出ていってからまだ**すこししか**たっていない。
④ 現場はここから**すこししか**離れていないらしい。
⑤ 彼女は歌を習い始めて五年もたつのに**すこししか**進歩していない。

【解説】 後ろに打消しの表現を伴って、数量や程度が少ないことを慨嘆する様子を表す。ややマイナスイメージの語。打消しの表現を伴う述語にかかる修飾語として用いられる。①は数、②は量、③は時間、④は距離、⑤は程度について用いられた場合である。数量や程度があまり多くは存在しないことについて慨嘆のニュアンスがあり、もっと多くてもいいのにという話者の判断を暗示する。ただし、数量や程度の存在そのものは認める暗示がある点で「少ない」とは異なる。

　友人が少ししかいない。
（もっとたくさんいてもいいのに）
　友人が少ない。（ほとんどいない）

⇨「すこし」

すこしずつ ［少しずつ］ sukoshizutsu

① たまった仕事を毎日**すこしずつ**かたづける。
② 踏切事故のため電車は**すこしずつ**遅れて出発した。
③ 飛行機は**すこしずつ**祖国に近づいていた。
④ 母の病気は**すこしずつ**よくなっていった。

【解説】 同じくらいの分量に分ける様子を表す。プラスマイナスのイメージはない。述語にかかる修飾語として用いられる。名詞にかかる修飾語や述語にはあまりならない。①は量、②は時間、③は距離、④は程度について用いられた場合である。数についてはあまり用いられない。

？ 友人は彼の元を少しずつ去って行った。
→友人は彼の元を一人ずつ去って行った。

一つ一つの分量は少量で、それを何回も積み重ねる着実さの暗示される表現である。

⇨「すこし」「だんだん」

すこしでも ［少しでも］ sukoshidemo

① 同性の友人は**すこしでも**いたほうがいい。
② **すこしでも**いいから何か食べなさい。
③ 目上の人は**すこしでも**待たせないほうがいい。
④ 毎日**すこしでも**先へ進まないと、いつまでたっても目的地に着けないぞ。
⑤ **すこしでも**楽をしたいと思ったら、やりがいのある仕事なんてめぐってこないね。

【解説】 少量を許容する様子を表す。プラスマイナスのイメージはない。述語にかかる修飾語として用いられる。①は数、②は量、③は時間、④は距離、⑤は程度について用いられた場合である。少量が存在することについて、少量であることを認め、許容し（④⑤）、譲歩する（②）暗示がある。

⇨「すこし」

すこしは［少しは］sukoshiwa

① 英語のうまい奴も**すこしは**いるよ。
② 君も**すこしは**運動したほうがいい。
③ 離陸まで**すこしは**時間がある。
④ いくら仲がよくても**すこしは**離れたほうがいい。
⑤ 政治家にも**すこしは**反省してもらいたい。
⑥ 彼の絵は**すこしは**うまくなったのかい。

【解説】 数量や程度が少ないことを強調する様子を表す。プラスマイナスのイメージはない。述語にかかる修飾語として用いられる。①は数、②は量、③は時間、④は距離、⑤⑥は程度について用いられた場合である。少量が存在することについて、最低限(②⑤⑥)・許容(①③)などの暗示を伴う。

「すこしは」は「ちっとは」に似ているが、「ちっとは」のほうがくだけた表現で、日常会話中心に用いられる。

⇨「ちっとは」「すこし」

すこしも［少しも］sukoshimo

① 彼は何が起きても**すこしも**動じない。
② 金権政治家には**すこしも**反省の色が見られない。
③ 興奮していたせいか**すこしも**寒さを感じなかった。
④ 彼女の証言に関して疑わしい点は**すこしも**ない。

【解説】 後ろに打消しの表現を伴って、打消しを強調する様子を表す。プラスマイナスのイメージはない。打消しの表現を伴う述語にかかる修飾語として用いられる。かなりかたい文章語で、日常会話にはあまり登場しない。日常的には、「ちっとも」「ぜんぜん」「まったく」などを用いる。かなり冷静な表現で、特定の感情は表現されていない。ほんの少しの量(程度)もという量や程度の暗示があるので、肯定か否定かの二者択一で途中段階の考えられないものについては用いない。

× この信号はさっきから少しも青にならない。
→この信号はさっきから全然(ちっとも)青にならない。

⇨「ちっとも」「ぜんぜん」「まったく」「ひとつも」「ひとつとして」「なにひとつ」「いっこう」「かいもく」「まるっきり」「まるで」「みじんも」「ゆめにも」「てんで」「てんから」「からきし」「かたときも」「とんと」「もうとう」「さらさら」「なにも」「なんら」「すこし」

すすんで［進んで］susunde

① 社長は**すすんで**大掃除の指揮をとった。
② 最近の子供は**すすんで**手伝いをしようとはしない。

【解説】 積極的に意欲をもって行動する様子を表す。プラスイメージの語。述語にかかる修飾語として用いられる。主体にふさわしくない行為や客観的にみてあまりやりたくない行為を、積極的に意欲をもって行う様子を表す。本来積極的に行うことが当然の行為については、あまり用いられない。

？ 研究者はすすんで研究室にこもる。
→研究者は言われなくても研究室にこもる。

「すすんで」は「このんで」に似ているが、「このんで」には主体の好《こう》悪《お》の暗示がある。

夫は進んでトイレ掃除をする。
（本当はやりたくないのだが積極的にする）
夫は好んでトイレ掃除をする。
（トイレ掃除が好きなのでひんぱんにする）

⇨「このんで」「もとめて」

ずっと・ずうっと zutto・zûtto

(1) ① 前作よりも今度の映画のほうが**ずっと**出来がよい。
② 被害は予想よりも**ずっと**ひどかった。
③ 彼とは**ずうっと**以前に別れたきり会ってない。
④ 真犯人が**ずっと**後になってから名のり出てきた。
⑤ 母犬は子犬を**ずっと**遠くで見守っている。
⑥ 風船は**ずうっと**向こうの空の彼方へ飛んでいった。

(2) ① 三日前から雨が**ずっと**降り続いている。
② 彼はこのところ**ずっと**家にいない。
③ 仙台から**ずうっと**立ちっぱなしでくたびれた。
④ この道を**ずっと**行くと墓地に出る。
⑤ 坂の上から下まで桜並木が**ずっと**続いている。

(3) ① さあさあ、こっちへ**ずっと**お入んなさい。
② 会場の二階から**ずっと**見たけれど、これといった女の子はいなかったね。

【解説】 (1) ある状態の程度が高まる様子を表す。プラスマイナスのイメージはない。「ずっと」という尾高型のアクセントで発音される。①②は状態を表す語にかかる修飾語、③④は時を表す名詞にかかる修飾語、⑤⑥は距離を表す名詞にかかる修飾語の用法である。「ずうっと」は「ずっと」の強調形で、日常会話中心に用いられる。

①②は、他のものや過去の状態などに比較して程度がはなはだしい様子を表し、比較の暗示がある。ただし、比較されるものの元の状態については言及せず、比較した対象の状態については特定の感情を暗示しない。③～⑥は単に程度がはなはだしいことを表し、必ずしも比較して述べているとは限らない。

(1)の「ずっと」は「もっと」や「さらに」に似ているが、「もっと」は現状の程度や数量が基準の状態と比較して劣っているというニュアンスで、忠告・勧誘・反省の暗示を伴う。「さらに」は状態だけでなく行為についても用いられ、もとから程度がはなはだしい暗示がある。

二十年前の地価は今よりずっと安かった。
(うんと安かった)
二十年前の地価は今よりもっと安かった。
(あのとき買っておけばよかった)

? ほしいんならずっと前に言わなくちゃだめだ。
↓ほしいんならもっと前に言わなくちゃだめだ。

? ずっと努力しなさい。
(この文はふつう(2)の意味になる)
↓さらに努力しなさい。

(2) 時間的・空間的に継続している様子を表す。プラスマイナスのイメージはない。述語にかかる修飾語として用いられる。「ずっと」という尾高型のアクセントで発音される。「ずうっと」は「ずっと」の強調形で、日常会話中心に用いられる。①～③は時間的に同じ状態が継続しているという意味、④⑤は空間的に継続しているという意味である。かなり客観的な表現で、同じ状態が継続することについて、特定の感情は暗示されていない。

(3) ためらわずに最後まで行動する様子を表す。プラスマイナスのイメージはない。動作にかかる修飾語として用いられる。(3)の「ずっと」は「ずっと」という頭高型のアクセントで発音されることがある。行為に際しての遠慮のなさが暗示されるが、失礼の暗示はない。

⇨「もっと」「さらに」「いっそう」「ますます」「いよいよ」「ひときわ」「ひとしお」「より」「よりいっそう」「よほど」「しゅうし」

すでに［既に・已に］sudeni

(1) ① 彼が仕事を終えたとき、**すでに**夜がふけていた。
② **すでに**御通知いたしました通り、下記により同窓会を行います。
③ 彼の病気は開腹してみたら**すでに**手遅れだった。
④ そんなに責めなくてもいいじゃないか。彼女はもう**すでに**十分反省してるよ。
⑤ 消防車が現場に駆けつけたが、時**すでに**遅く、あたり一面火の海で手がつけられない。
⑥ 彼は年内に何としても終わらせると言っているが、もう**すでに**十月である。

(2) ① 君は何も知らないと言うが、それが**すでに**ウソをついている証拠じゃないか。

【解説】 (1) 過去に完了している様子を表す。プラスマイナスのイメージはない。述語にかかる修飾語として用いられる。①②は過去にある動作や状態が完了しているという意味、③④は完了した状態が現在も継続しているという意味、⑤の「時すでに遅く」は慣用句で、現時点では対応が間に合わないという意味である。⑥はこれから一歩進んだ用法で、予定の行動を行うためには現時点の段階では間に合わないという意味を表す。この場合にはややマイナスよりのイメージになり、軽い慨嘆の暗示がこもる。これらの場合には、しばしば「もう」という副詞を伴う。

(1)の「すでに」は「いぜん(以前)」「かつて」や「とっくに」に似ているが、「いぜん」や「かつて」は過去の時点を表すだけで、動作や状態の完了を表す意味はない。「とっくに」はかなりくだけた表現で、日常会話中心に用いられ、やり残しがまったくないことを誇張的に表す。

× 既にここに豪族の館が建っていた。
→以前(かつて)ここに豪族の館が建っていた。

× 「宿題は?」「既にやったよ」
→「宿題は?」「とっくにやったよ」

現時点の段階では間に合わないという意味の場合には、「すでに」は「もう」「もはや」に似ているが、「もう」は現時点である限度を超えていることについて驚きや焦燥などを暗示する。「もはや」は将来に起こる事柄について現時点では間に合わないというニュアンスになる。

× ぼくは既に待てないよ。
→ぼくはもう(もはや)待てないよ。

既に十月だ。(十月になってしまった)
もう十月だ。(時の流れの早さに驚いた)
もはや十月だ。(早くしないと間に合わない)

(2) (1)から進んだ用法で、既成事実を述べる様子を表す。プラスマイナスのイメージはない。述語にかかる修飾語として用いられる。ある行為が話者にとって既成事実になっているという判断を表し、相手に既成事実をつきつける暗示をもつ。過去に完了している事柄を引き合いに出す分、話者の冷静で客観的な立場を表明することになり、結果として反論できなくなることがしばしばある。

⇨「かつて」「とっく」「もう」「もはや」「はや」「せんこく」「とう」「げんに」

すなわち 【即ち・則ち】 sunawachi

① 私は今から八年前、**すなわち**一九八六年に訪中した。
② 外国人と日本人が同じ屋根の下に暮らせる場を提供すること、これが**すなわち**私の夢だ。
③ 子の不幸は**すなわち**親の不幸であるが、子の幸福が親の幸福とは限らない。
④ 議論百出の会議でぼくに助け船を出してくれたのが**すなわち**彼女だった。

【解説】 同義な内容と言い換える様子を表す。プラスマイナスのイメージはない。語と語または語句と語句をつなぐ用法で用いられる。かたい文章語で、もったいぶった発言などに用いられる。日常的には「つまり」のほうがよく用いられる。前件と後件が同義であることを表すが、後件は前件より客観的で、よりわかりやすい内容になっていることが多い。かなり論理的なニュアンスがあり、客観的な表現となっている。①が基本的な用法。②は前件の内容を一言で言い換えている。③はまったく同義であること、④はそれ以外の何者でもないことを強調する意味を表し、省略しても意味は変わらない。

「すなわち」は「つまり」や「とりもなおさず」に似ているが、「つまり」は前提と結論を短絡的に結ぶ暗示が強く、かなり主観的・気分的なので、間投詞的にも用いられる。「とりもなおさず」は、それ以外の可能性がないというニュアンスで、同義を認める暗示がある。

× 君はすなわち美人だし、やさしいし、だからすなわちそのガールフレンドにしたいなあって……

→君はつまり美人だし、やさしいし、だからつまりそのガールフレンドにしたいなあって……

? 私は今から八年前、とりもなおさず一九八六年に訪中した。

⇨「つまり」「とりもなおさず」「ようするに」「ようは」「つまりは」「つまるところ」「さしずめ」「ということは」「いわば」「そく」

すべて［全て・凡て・総て］subete

① 彼には見るもの聞くもの**すべて**が新しかった。
② 光るもの**すべて**金ならず。（ことわざ）
③（本のタイトル）パソコンの**すべて**。
④ 彼女の仕事は**すべて**にわたって行き届いている。
⑤ 行かないでくれ。ぼくには君が**すべて**なんだ。
⑥ その老婆にとっては金が**すべて**だった。
⑦ **すべて**の道はローマに通ず。（ことわざ）
⑧ 彼の立てた計画は**すべて**失敗に終わった。
⑨ 不愉快なことは**すべて**忘れる主義です。
⑩ 実験が成功するもしないも**すべて**天候しだいだ。
⑪ **すべて**は社員の努力いかんにかかっている。
⑫ **すべて**この世は金次第。（ことわざ）
⑬ **すべて**人間は生まれながらに平等である。

【解説】 全部に及んでいる様子を表す。プラスマイナスのイメージはない。①②④は名詞の用法、③は「□□のすべて」という形で本のタイトルなどによく用いられる。⑤⑥は述語、⑦は名詞にかかる修飾語、⑧～⑩は述語にかかる修飾語の用法である。⑪～⑬は文頭に置かれ一般論に言及する様子を表す。ややかたい文章語で、もったいぶった発言などに用いられる。②はことわざで、「すべて……ならず(ない)」という打消しと呼応する形で用いられ、光るもの全部が金というわけではないという部分否定を表す。⑦もことわざで、ローマ帝国全盛時には世界中の道が全部ローマに通じていたという意味で、そこから、手段は異なっても最終的に一つの真理に行き着くという意味で用いられる。⑫もことわざで、この世の営みは全部金で解決することができるという意味である。

「すべて」は構成要素を一つ一つ吟味し、全体を通してある一つの視点で一貫しているというニュアンスで、構成要素に視点をおいた上で総体を表す「ぜんぶ」、全部の人間を暗示する「みな」と異なる。

× パソコンの全部。

すべての意見を聞く。（存在する全部の意見）

みなの意見を聞く。（出席者全員の意見）

述語にかかる修飾語で用いられた「すべて」は「いっさい」や「ことごとく」に似ているが、「いっさい」は残っているものが何もないというニュアンスで、誇張の暗示がある。「ことごとく」はあまり好ましくない結果になったというニュアンスで、軽い慨嘆やあきれの暗示を伴う。

？ 当局はすべて関知しない。

→当局は一切関知しない。

？ この子は母親の言うことにすべて逆らう。

→この子は母親の言うことにことごとく逆らう。

⇩「ぜんぶ」「みな」「いっさい」「ことごとく」「のこらず」「こぞって」「あらいざらい」「あますところなく」「さいだいもらさず」「もれなく」「くまなく」「まんべんなく」「なにもかも」「なにからなにまで」「なんでも」「なんでもかんでも」「ばんじ」「いちいち」

すんでのところで・すんでのことに・すんでに

［既の処で・既の事に・既に］

sundeno-tokorode・sundeno-kotoni・sundeni

① 酔っぱらいに押され、**すんでのところで**ホームから落ちるところだった。

② 父母会を**すんでのことに**忘れるところだった。

【解説】 多く過去のことについて、極端な状態であったことを安堵《あんど》などの暗示を伴って表す。ややプラスイメージの語。「すんでに」よりも「すんでのところで」「すんでのことに」のほうが一般的である。非常に決定的で極端な事態（多くは好ましくない事態）に瀕《ひん》して、それを回避した様子を表し、安堵と切迫感の暗示がある。

「すんでのところで」は「あやうく」「あぶなく」や「かろうじて」に似ているが、「あやうく」「あぶなく」のほうが切迫感の暗示が少ない。「かろうじて」は大きな労力や困難を伴って最低の状態を確保したという意味で広く用いられる。

すんでのところで落ちるところだった。
（もう少しで落ちるところを助かってよかった）
あやうく落ちるところだった。
（落ちないでよかった）

× 通路はすんでのところで通れる狭さだ。
↓通路はかろうじて通れる狭さだ。

⇩「かろうじて」「からくも」「あわや」「ほとんど」「いまにも」「よほど」「もうすこし」

せいいっぱい［精一杯］sei-ippai

① この給料では食べていくだけで**せいいっぱい**だ。
② 彼女は部長に**せいいっぱい**の抗議をした。
③ （新入社員が）**せいいっぱい**がんばります。

【解説】 全力を尽くす様子を表す。プラスイメージの語。①は述語の用法、②は名詞にかかる修飾語、③は述語にかかる修飾語の用法である。可能なかぎりあらゆる努力をして行動する様子を表し、誠意の暗示がある。また述語として用いられた場合には、しばしばそれ以上は無理というニュアンスになる（①）。

「せいいっぱい」は「こんかぎり」や「いっしょうけんめい」「けんめいに」に似ているが、「こんかぎり」は全力を出して可能なかぎり長く頑張るというニュアンスで、継続の暗示がある。「いっしょうけんめい」は好ましいことに積極的にかかわって行動する様子を表し、好ましくないことについてはあまり用いない。「けんめいに」は切迫感の暗示が強く、日常的な挨拶《あいさつ》などには用いない。

？ 彼女は部長に根限りの抗議をした。
× この給料では食べていくだけで一生懸命だ。
× （新入社員が）懸命にがんばります。

⇩「こんかぎり」「いっしょうけんめい」「けんめい」「いっしん」「ひたすら」「きょくりょく」「せいぜい」「できるかぎり」「できるだけ」「ちからいっぱい」「めいっぱい」「いっぱい」

せいぜい［精々］seizei

① あいつの実力じゃ百人中二十番が**せいぜい**だ。
② 後で泣きつかれるのが**せいぜい**のところだよ。
③ （商人が）**せいぜい**勉強させてもらいますよ。
④ 体に気をつけて**せいぜい**がんばんなさい。
⑤ 今のうちに**せいぜい**遊んでおくんだね。
⑥ 家から駅までは歩いても**せいぜい**五分ぐらいだ。

【解説】 最大限に言及する様子を表す。ややマイナスよりのイメージの語。①②は「せいぜいだ」「せいぜいのところだ」の形で述語になる用法、③〜⑥は述語にかかる修飾語の用法である。名詞にかかる修飾語にはあまりならない。話者が主体にとっての最大限の程度に言及する様子を表し、客観性の暗示がない。そこで、できる範囲では行うができない場合は行わないというニュアンスになり、しばしば無責任の暗示を伴う。自分の行為について用いた場合(③)には、自分にとって最大限という意味で全力を尽くす意味になるが、その結果が客観的に高い程度にまで到達しているかどうかには言及しない。③は商人が商売上可能なかぎりまけると言っているのであって、その結果客にとって十分に安い値段になることを保証したわけではない。相手の行為について用いた場合(①②④⑤)には、「できる範囲でよい」という話者の許容を暗示し、客観的な到達点には言及しないので、しばしば相手をみくびる侮蔑《ぶべつ》の暗示を含むことがある。⑥はこれから進んだ用法で、数量を表す名詞を修飾し、最大限を見積もる様子を表す。これも最大でもたいしたことはないという侮蔑の暗示を伴うので、数量が非常に大きいときにはあまり用いない。

？　家から湖までは歩いてもせいぜい三日ぐらいだ。
→家から湖まで歩けば三日もかかる。

「せいぜい」は「なるべく」「できるだけ」や「たかだか」に似ているが、「なるべく」は好ましいほうを選択することを希望する様子を表す。「できるだけ」はかなり客観的な表現で、主体にとっての最大限は示さない。「たかだか」には侮蔑の暗示が少ない。

せいぜい頑張りなさい。
(どうせたいしたことはないだろうが)
なるべく頑張りなさい。
(頑張ったほうがいいよ)
できるだけ頑張りなさい。
(全力を出しなさい)

×　せいぜい一万や二万のことで大騒ぎするな。
→たかだか一万や二万のことで大騒ぎするな。

⇩「なるべく」「できるだけ」「たかだか」「たかが」「せいいっぱい」「できるかぎり」「なるたけ」「きょくりょく」「つとめて」「よくて」「ものの」「ほんの」

ぜがひでも【是が非でも】zega-hidemo

① 優勝するには**ぜがひでも**今日勝たねばならない。
② この仕事は誰が何と言おうと**ぜがひでも**やりぬく。

【解説】 あらゆる困難や障害を排除して行う様子を表す。プラスマイナスのイメージはない。述語にかかる修飾語として用いられる。主体の強い意志と希望を切迫感を伴って暗示する表現である。「ぜひとも」も基本的に同じ意味であるが、「ぜひとも」のほうが冷静な表現になっている。

「ぜがひでも」は「なにがなんでも」や「なんとしても」に似ているが、「なにがなんでも」は主体の意志が非常に強いので、しばしば強情さや強引さの暗示を伴う。「なんとしても」は義務感の暗示を伴う。

是が非でもやりぬく。

（あらゆる困難を排除するつもりだ）

何が何でもやりぬく。（誰が止めてもきかないぞ）

何としてもやりぬく。（やりぬかなくてはならない）

⇩「ぜひとも」「なにがなんでも」「なんとしても」「なんとかして」「どうしても」「どうでも」「ぜひ」

せっかく ［折角］ sekkaku

① 泣いたりしたら**せっかく**の美貌《びぼう》がだいなしだよ。

② 話に夢中になっていたら、**せっかく**の手料理がすっかり冷めてしまった。

③ **せっかく**の休みが父母会でつぶされた。

④ **せっかく**来てもらったのに出かけてて悪かったね。

⑤ 人が**せっかく**教えてやったのに、あいつは全然聞く耳を持たないんだ。

⑥ **せっかく**箱根へ来たんだから芦《あし》ノ湖を見て帰ろう。

⑦ 彼は**せっかく**冷房をきかせてあった部屋のドアを開けっぱなしにして出ていった。

⑧ 「これ、私が作ったケーキなんですけど」「まあ、**せっかく**ですから、一ついただきますわ」

⑨ 「今度の土曜日、遊びに来ないか？」「**せっかく**だけど、用事があるんだ」

【解説】 ある物事が話者にとって非常に価値があることを表明する様子を表す。ややプラスよりのイメージの語。

①～③は名詞にかかる修飾語、④～⑦は動作にかかる修飾語の用法で、この場合には「せっかく……したのに」「せっかく……だから」という形で逆接や原因・理由を表す条件句を作ることが多い。⑧⑨は「せっかくだから……」「せっかくだが……」の形で述語となって、後ろの本論を導くマクラ（前置き）として用いられる。物事が話者にとって主観的に非常に価値があることを相手に表明する様子を表し、対象となる物事が客観的に価値があるかどうかには言及しない。そこで、対象が相手に関する物事である場合（①④⑧⑨）には、配慮の暗示を伴う。自分に関する物事である場合には、その価値が生かされないという文脈で用いることが多く（③⑤⑦）、慨嘆や反省の暗示を伴う。①は、相手の顔が話者にとっては美貌であって、そういう美貌がだいなしになると言っているのである。③は、話者にとって価値ある休日が父母会でつぶされたことについて慨嘆している。④は、相手が来てくれたことを話者が価値があると言うことによって、相手への配慮を表明する。⑤は、教えてやるという行為は話者にとって価値があるのに、相手はその価値を理解できなかったという意味である。

「せっかく」は「わざわざ」に似ているが、「わざわざ」は困難や労力を承知で意図的に行う様子を表す。

? わざわざ箱根へ来たんだから芦ノ湖を見て帰ろう。

⇨「わざわざ」

ぜったい［絶対］zettai

(1)① ムスリムにとってアラーの神は**ぜったい**である。
② 安芸ノ島は小錦に**ぜったい**の自信をもっている。
③ 社長には**ぜったい**の権力があるわけではない。
④ シェパードは主人の命令には**ぜったい**服従する。
⑤ 彼女は一週間の**ぜったい**安静を言い渡された。

(2)① 行くと言ったら**ぜったい**行くぞ。
② この服着てごらんよ。**ぜったい**似合うから。
③ この子には肉親の愛情が**ぜったい**に必要だ。
④ どんな理由があろうと、軍隊を海外へ派遣するのには**ぜったい** 反対だ。
⑤ **ぜったい**に御迷惑はおかけしません。
⑥ 彼は**ぜったい**に友人を裏切るような男じゃない。
⑦ 今度の発表会には必ず来てね。**ぜったい**よ。

【解説】 (1) 完全である様子を表す。プラスマイナスのイメージはない。①は述語、②③は名詞にかかる修飾語の用法である。④⑤は「絶対□□」という形で、名詞の前について複合語となる用法である。述語にかかる修飾語にはあまりならない。完全無欠であって比較すべき対象が存在しない様子を表し、しばしば唯一の暗示がある（①）。④⑤は例外がない様子をも暗示する。

(2) (1)から進んで、意志や判断を誇張する様子を表す。プラスマイナスのイメージはない。述語にかかる修飾語になるが、⑦のように述語部分を省略する用法もある。理由のいかんを問題にせず、話者が非常に強い確信をもっている様子を誇張的に表す。

肯定的な内容の場合（①〜③⑦）には、「ぜったい」は「かならず」や「きっと」に似ているが、「かならず」は例外なく一定の結果になるという法則性を元にした確信を暗示する。「きっと」は主観的で確信の程度はやや低い。

× 必ず御迷惑はおかけしません。
× 彼はきっと友人を裏切るような男じゃない。

否定的な内容の場合（④〜⑥）には、「ぜったい」は「けっして」や「だんじて」に似ているが、「けっして」はある前提を踏まえてなお強く打ち消すニュアンスがあり、しばしば条件付きの否定や部分否定になることがある。「だんじて」はかなりかたい文章語で、規範や客観的な根拠に基づく話者の非常に強い確信を暗示する。

絶対に美人ではない。（不美人である）
決して美人ではない。（美人とは言い切れない）
断じて美人ではない。（美人でない証拠がある）

⇩「かならず」「きっと」「けっして」「だんじて」「とても」「とうてい」「こんりんざい」「なにがなんでも」「なんとしても」「なんでもかんでも」「だんぜん」「もうとう」「まっぴら」「かりにも」「ちかって」「にどと」

せつに［切に］**setsuni**

① 核実験廃止を**せつに**訴える。
② 御健康を**せつに**お祈りいたします。

【解説】 真心をこめる様子を表す。ややプラスよりのイメージの語。述語にかかる修飾語として用いられる。「祈る・願う・訴える」など他に働きかける心理行動について用いることが多い。全人格をあげてという意味で、切迫感と誠意の暗示がある。

「せつに」は「ひたすら」に似ているが、「ひたすら」は行動において他を顧みない一途さを暗示する。

× 切に謝ってやっと勘弁してもらった。
→ひたすら謝ってやっと勘弁してもらった。

⇩「ひたすら」「こころから」

ぜひ［是非］**zehi**

(1) ① 憲法九条の**ぜひ**について討論した。
② 物事の**ぜひ**もわきまえぬ子供のことだから大目に見てやってほしい。

(2) ① 中国はすばらしい所です。**ぜひ**いらしてください。
② **ぜひ**にと言われて断るわけにはいかないだろう。
③「卒業の記念写真をごらんになりますか」「ええ、**ぜひ**」

【解説】 (1) 善悪を表す。プラスマイナスのイメージはない。ふつう漢字書きする。「是非を論ずる」「是非をわきまえない」などの慣用句で用いることも多い。

(2) 非常に強く要望する様子を表す。ややプラスよりのイメージの語。述語にかかる修飾語として用いられる。かな書きすることが多い。相手に対する主体の強い要望を表す語で、しばしば希望・依頼などの表現を伴う。②は「ぜひに……してほしい」という後ろの部分を省略した形である。

この「ぜひ」は「ぜがひでも」や「ぜひとも」に似ているが、「ぜがひでも」はかなり主観的で、主体の強い意志と希望を切迫感を伴って暗示する。「ぜひとも」も「ぜひ」より要望の程度が高く、相手に働きかけない場合にも用いられる。

× この仕事は誰が何と言おうとぜひやりぬく。
→この仕事は誰が何と言おうと是が非でも（是非とも）やりぬく。

⇩「ぜがひでも」「ぜひとも」

ぜひとも ［是非とも］ zehitomo

① 優勝するには**ぜひとも**今日勝たねばならない。
② あなたには**ぜひとも**留学してほしいのよ。

【解説】 あらゆる困難や障害を排除して行う様子を表す。プラスマイナスのイメージはない。主体の強い意志と希望を暗示する。述語にかかる修飾語として用いられる。
「ぜひとも」は「ぜがひでも」や「ぜひ」に似ているが、「ぜがひでも」には切迫感の暗示がある。「ぜひ」は相手に働きかける行為を希望する場合に用いる。

　是非とも留学してほしい。
（自分は強く希望する）
　是が非でも留学してほしい。
（どんなことがあっても留学してほしい）
？ 優勝するにはぜひ今日勝たねばならない。

⇨「ぜがひでも」「ぜひ」「なんとしても」「なんとかして」「なにがなんでも」「どうしても」「どうでも」

せめて semete

① 彼に会えなくても**せめて**声だけでも聞きたい。
② 自殺する前に**せめて**一言打ち明けてほしかった。
③ 「あなた、もう十時よ」「**せめて**日曜日ぐらい朝寝させてくれよ」
④ 「原稿は今月末締切でお願いします」「**せめて**もう一週間いただけませんか」
⑤ 五万とは高すぎるね。**せめて**三万以下なら喜んで買うんだが。

【解説】 最小限の確保を希望する様子を表す。ややマイナスよりのイメージの語。述語にかかる修飾語として用いられる。話者が最小限と考える対象を確保したいという希望を表し、しばしば後ろに「だけ・ぐらい」などの限定や程度を表す助詞を伴う。本当はもっと多くを望みたいところなのだが、最小限で我慢せざるを得ない概嘆の暗示がこもる。
「せめて」は「すくなくとも」や「さいてい（最低）」に似ているが、「すくなくとも」は話者が最小限と考える量を推量・許容する暗示が強い。「さいてい」はもっと客観的で、最少量を限定する暗示が強い。

？ 彼に会えなくても少なくとも声だけでも聞きたい。
　せめてもう一週間ください。
（本当はもっとほしいのだが）
　最低もう一週間ください。（一週間以上ほしい）

⇨「すくなくとも」「せめても」

せめても semetemo

① 今度の台風は大きな被害を出したが、死者が出な

かったのが**せめてもの**救いだ。

② **せめてもの**おわびにお食事を差し上げたいんですが。

③ 二人は離婚して人生再出発したが、子供ができなかったのが**せめてもだ**。

【解説】 最小限を確保する様子を表す。ややプラスイメージの語。①②は名詞にかかる修飾語、③は述語の用法である。述語にかかる修飾語にはあまりならない。過去のことについて用いられた場合(①③)には、とりあえず最小限は確保できたという安堵《あんど》の暗示を伴う。未来のことについて用いられた場合(②)には、最小限しか確保できないという主体の卑下や相手への配慮を暗示する。

⇨「せめて」

せんこく［先刻］**senkoku**

(1)① **せんこく**からお客様が応接室でお待ちです。

② 父は**せんこく**出かけました。

③ (秘書に)**せんこく**の客は何者かね。

(2)① そんなことは言われなくても**せんこく**承知だ。

【解説】 (1) ごく近い過去を表す。プラスマイナスのイメージはない。①は名詞の用法、②は述語にかかる修飾語、③は名詞にかかる修飾語の用法である。あまり述語にはならない。かなりかたい文章語で、あらたまった会話などによく用いられる。現時点から数分～数時間さかのぼった程度のごく近い過去を表す。

(1)の「せんこく」は「さきほど」に似ているが、「さきほど」のほうが丁寧なニュアンスがある。

? 先刻はたいへん失礼いたしました。

→先程はたいへん失礼いたしました。

(2) (1)から進んだ用法で、過去に完了している様子を表す。プラスマイナスのイメージはない。「先刻承知だ」という慣用句で用いられることが多い。完全に承知していてわからないところがまったくないという誇張したニュアンスがある。「すでに」という意味ではあるが、客観的な表現ではない。

この「せんこく」は「とっくに」に似ているが、「とっくに」は時間がはるかに隔たっていることについて、納得やあきらめの暗示がある。

× 「宿題は?」「先刻やったよ」

→「宿題は?」「とっくにやったよ」

⇨「さきほど」「すでに」「とっく」「さっき」

ぜんぜん［全然］**zenzen**

① 教授の講義はむずかしすぎて**ぜんぜん**わからない。

② そんな名前、**ぜんぜん**聞いたこともないよ。

③「テスト、できた?」「**ぜ～んぜん**」

④　政治改革と選挙制度改革とは話が**ぜんぜん**別だ。
⑤　あいつの言ってることは**ぜんぜん**おかしい。
⑥　あんな奴に何と言われようと**ぜんぜん**平気だ。
⑦　「ちょっと、この煮物からすぎない？」「ほんと、**ぜんぜん**からいわ」
⑧　「あいつの仕事は少なからずミスがあるからなあ」「少なからずなんてもんじゃない。**ぜんぜん**多いさ」
⑨　（F1レースで）セナ、**ぜんぜん**すてきだったわあ。
⑩　サンフェスタ（ジュース）は**ぜんぜん**おいしゅうございます。（CM）

【解説】　程度が非常にはなはだしいことを誇張する様子を表す。プラスマイナスのイメージはない。述語にかかる修飾語として用いられる。日常会話では、③のように述語部分を省略することもある。後ろに打消しの表現を伴って、打消しの内容を誇張する場合（①〜③）に用いられることが多いが、表現自体は肯定でも内容が否定的だと話者が判断した状態を誇張する場合（④〜⑧）もあり、さらに現代語では、肯定的な状態を誇張する場合（⑨⑩）に用いることも少なくない。ただし、この場合には原則としてくだけた日常会話でのみ用いられ、③のように述語部分を省略する用法はない。

打消しや否定を誇張する場合には、肯定の可能性がまったくないことを表す。これは「まったく」や「いっこう（一向）」に似ているが、「まったく」はかなり文章語的で、客観性が暗示される。「いっこう」は逆に主観的で、相手の予想や期待に反する暗示がある。

全然わからない。（ただの一つもわからない）
全くわからない。（わかるものが存在しない）
一向にわからない。（君は疑っているかもしれないが）

肯定を誇張する場合には、程度が非常にはなはだしいことを感嘆や驚きの暗示を伴って述べる。これは「とても」「ひじょうに」などに似ているが、「ぜんぜん」はもっとくだけた表現で、日常会話でのみ用いられ、主観的な表現になっている。

全然すてきな人。（ふるいつきたいくらいかっこいい人）
とてもすてきな人。（魅力的な人）
非常にすてきな人。（洗練されている人）

⇨「まったく」「いっこう」「とても」「ひじょう」「すこしも」「ちっとも」「ひとつとして」「ひとつも」「まるっきり」「まるで」「みじんも」「なにも」「なにひとつ」「なんら」

「てんで」「てんから」「かいもく」「からきし」「かたときも」「とんと」「もうとう」「ゆめにも」「およそ」「さらさら」「さらに」「たいへん」「たいそう」「はなはだ」「だんぜん」「どだい」

ぜんたい【全体】zentai

(1) ① 町は**ぜんたい**の三分の一が農地だ。
② 議長は**ぜんたい**をまとめる役目がある。
③ **ぜんたい**から見ればミスの影響は小さい。
④ 栄養が体**ぜんたい**にまわらない。
⑤ 予算は**ぜんたい**で二十万の予定だ。
⑥ 今学期は**ぜんたい**として成績がよかった。
⑦ 今年の果物は**ぜんたい**に出来が悪い。
(2) ① **ぜんたい**、諸君の意見には根本的な誤りがある。
(3) ① **ぜんたい**あいつは何者なんだ。

【解説】 物事の総体を表す。プラスマイナスのイメージはない。①~③は基本的な名詞の用法、④は「□□全体」という形で他の名詞の後ろに直接ついて、□□のすべてという意味になる。⑤~⑦は連語の形で述語にかかる修飾語になる用法で、総体を考えに入れる様子を表す。「ぜんたい」は対象をまるごと一つに扱う暗示があり、個々の構成要素は問題にしない点で、個々の構成要素に視点のある「ぜんぶ」と異なる。

× 全部から見ればミスの影響は小さい。
× 宿題はもう全体やった。
→宿題はもう全部やった。

(2) 一般論に言及する様子を表す。プラスマイナスのイメージはない。文頭に置いて、文全体にかかる修飾語になる。かなり古風な表現で現在ではあまり用いられない。日常的には「だいたい」「そもそも」などを用いる。

(3) 疑問を強調する様子を表す。述語にかかる修飾語として用いられる。プラスマイナスのイメージはない。後ろに疑問や反語の表現を伴う。疑問の内容についての、驚き・憤慨・慨嘆などの軽い暗示を含む。これもやや古風な表現で現在ではあまり用いられない。日常的には「いったい」を用いる。

⇩「ぜんぶ」「だいたい」「そもそも」「いったい」「みな」

せんだって【先達て】sendatte

① **せんだって**はいろいろ御世話になりました。
② **せんだって**山下君からおもしろい話を聞いたよ。
③ 彼女とは**せんだって**の会で知り合った。

【解説】 近い過去を表す。プラスマイナスのイメージはない。①②は述語にかかる修飾語、③は名詞にかかる修飾語の用法である。述語にはならない。ややかたい文章語で、あらたまった会話などに用いられる。「せんだって」

の示す過去の近さは漠然としているが、話者の主観として現時点から見てそれほど遠くない過去という意味で、現在の視点がある。

「せんだって」は「さきごろ」や「せんぱん(先般)」に似ているが、「さきごろ」はやや客観的で現在の視点はない。「せんぱん」はかたい文章語で、公式の発言や文書・手紙などでしか用いられない。

× 先般山下君からおもしろい話を聞いたよ。

⇩「さきごろ」「このあいだ」「さいきん」

ぜんぶ【全部】**zembu**

① 彼は**ぜんぶ**の科目で最高点をとった。
② 連合は傘下の組合**ぜんぶ**を招集した。
③ 若者の**ぜんぶ**が**ぜんぶ**礼儀知らずだとは限らない。
④ 宿題はもう**ぜんぶ**やったよ。
⑤ 証拠はこれで**ぜんぶ**だ。
⑥ (買い物)**ぜんぶ**でいくらですか。

【解説】 物事の総体を表す。プラスマイナスのイメージはない。①②は基本的な名詞の用法、③の「全部が全部」は慣用句で「全部」を強調する。④は単独で述語にかかる修飾語になる用法、⑤は述語になる用法である。⑥は「全部で」の形で述語にかかる修飾語になり、合わせてという意味である。総体を表す語であるが、個々の構成要素に視点がある。客観的な表現で、特定の感情を暗示しない。

「ぜんぶ」は「ぜんたい」や「すべて」に似ているが、「ぜんたい」は総体をまるごと一つに扱う暗示がある。「すべて」は構成要素を一つ一つ吟味し、全体を通してある一つの視点で一貫しているというニュアンスがある。

× 宿題はもう全体やったよ。

× 彼女の仕事は全部にわたって行き届いている。
→彼女の仕事はすべてにわたって行き届いている。

⑥の「ぜんぶで」は「あわせて」に似ているが、「あわせて」は複数の価値を合計するという意味で、総体を表す意味はない。

× 内股と巴《ともえ》投げ、全部で一本。(柔道の得点)
→内股と巴投げ、合わせて一本。

⇩「ぜんたい」「すべて」「あわせて」「みな」「いっさい」「なにからなにまで」「なにもかも」「なんでも」「なんでもかんでも」「ばんじ」「のこらず」「ねこそぎ」「あらいざらい」「あますところなく」「くまなく」「もれなく」「さいだいもらさず」「こぞって」「のきなみ」「ことごとく」「いちいち」「まるごと」

そうきゅうに【早急に】

⇩「さっきゅうに」

そうじて［総じて］sôjite

① 大企業に比べて中小企業は**そうじて**賃金が安い。

② 汚職事件についてそう**じて**言えることは、政治家は裏で何をやっているかわからないということだ。

【解説】全体の傾向を述べる様子を表す。プラスマイナスのイメージはない。述語にかかる修飾語として用いられる。ややかたい文章語。全体を見渡した上で、その傾向は□□であると主観的に判断する様子を表す。判断の根拠は示されないことが多い。特定の感情は暗示されていない。

「そうじて」は「がいして」や「おしなべて」に似ているが、「がいして」は細かい点を無視する暗示があり、全体を見渡す暗示はない。「おしなべて」は全体にわたって同じ傾向をもつ様子を表し、ある範囲の全部に及ぶ場合も用いられる。

今度の展覧会は総じて素晴らしかった。
（力作ぞろいだった）
今度の展覧会は概して素晴らしかった。
（中にはよくないのも少しあったが）

? 彼女の兄弟はみな総じて背が高い。
→彼女の兄弟はみなおしなべて背が高い。

⇨「がいして」「おしなべて」「いっぱんに」「だいたい」「たいてい」「たいがい」

そうそうⅠ［斯う斯う］sôsô

(1) ① こんなチャンスは**そうそう**めったにないよ。

② **そうそう**うまくは問屋が卸さないよ。

(2) ① **そうそう**、こないだの件だけどね。

(3) ①「私は調べたいことを整理してから図書館に行くようにしています」「**そうそう**、それがいいね」

【解説】(1) 後ろに打消しの表現を伴って、程度がはなはだしいことを強調する様子を表す。ややマイナスイメージの語。「そうそう」または「そうそう」というアクセントで、打消しの表現を伴う述語にかかる修飾語として用いられる。日常会話中心に用いられる。①は「めったにない」という状態の程度を、②は思いどおりに運ばないという程度を強調する。「そう」にも同じような意味があるが、「そう」のほうが強調の度合が少ない。かなり冷静な表現で、特定の感情は暗示されていない。

(2) 感動詞として用いられ、忘れていたことを思い出した様子を表す。プラスマイナスのイメージはない。「そうそう」という頭高型のアクセントで発音される。

この「そうそう」は「それはそうと」「それより」などに似ているが、「それはそうと」が前の話題を認識しつつもまったく関係ない話題を提示し、「それより」は前の話題をあえて無視して新しい話題を提示するのに対して、「そうそう」は前の話題とは何の関係もなく、忘れていた話題を新しく持ち出すときに用いる。

(3) 感動詞として用いられ、相手の話に対して同意を表明する様子を表す。ややプラスよりのイメージの語。「そうそう」という頭高型のアクセントで発音される。相手の話を上から見て評価する暗示をもつので、目上に対してはふつう用いない。

⇨「それはそうと」「それより」「そんなに」「それはともかく」「それはさておき」「なかなか」

そうそうII［早々］sôsô

(1) ① （新婚の友人宅で）邪魔者は**そうそう**に退散するから心配しないでね。

② 台風なので仕事を**そうそう**に切り上げて帰宅した。

(2) ① 彼は帰る**そうそう**会社からの電話で呼び戻された。

② （里帰りした娘が）「ただいま。私もうやんなっちゃった」「来て**そうそう**何言うんだい」

③ 彼は赴任**そうそう**大役を命じられた。

【解説】「そうそう」という尾高型のアクセントで発音される。

(1) 時間的に隔たっていない様子を表す。ややマイナスよりのイメージの語。「そうそうに」の形で述語にかかる修飾語として用いられる。「できるだけ急いで」という意味であるが、行為にかかるまでの所要時間を短くしようとする主体の意志を暗示する。そのため、しばしば「あわてて・適当に」というニュアンスを伴う。

この「そうそうに」は「さっきゅうに」や「すぐ」に似ているが、「さっきゅうに」「すぐ」は客観的で、行為にかかる所要時間が非常に短いことだけを表し、主体の意志には言及しない。

× 邪魔者は早急に退散するから心配しないでね。

× 台風なので仕事をすぐ切り上げて帰宅した。

(2) ある行動の後、時間をおかずに次の行動に移る様子を表す。ややマイナスよりのイメージの語。時間に関連する動詞(①)、動詞＋て(②)、名詞の後ろにつく形(③)で、述語にかかる修飾語になる。前の行為から時間をおかずに次の行為に移ることについて、軽い慨嘆の暗示がこもる。

(2)の「そうそう」は「さっそく」に似ているが、「さっそく」は次の行動に移るに際して主体の積極性の暗示があり、ややプラスイメージの語となる。

赴任そうそう大役を命じられた。（慣れてからにしてくれればいいのに）

赴任して早速大役を命じられた。（すぐに信任されてうれしい）

⇨「さっきゅうに」「すぐ」「さっそく」「ただちに」「しきゅう」「そくざ」「すぐさま」

そうとう［相当］**sôtô**

(1)① アメリカ国務省は日本の外務省に**そうとう**する。
② 課長補佐は彼の能力から言って**そうとう**の役職だ。
③ 昨夜時価三億円**そうとう**の宝石が盗まれた。
④ 彼女には能力**そうとう**の仕事を与えるべきだ。
⑤ 新たに辞書を作るにはそれ**そうとう**の覚悟がいる。

(2)① 君の歌もすごいが、彼の絵も**そうとう**だよ。
② 編集長の実家は**そうとう**な資産家らしい。
③ 彼は**そうとう**の批判を浴びることを予想した。
④ 坂本竜馬《りょうま》は**そうとう**に腕が立ったそうだ。
⑤ もう勘弁してやれよ。あいつも**そうとう**参ってるみたいだから。

【解説】 (1) 状態・程度・価値などが合致する様子を表す。プラスマイナスのイメージはない。①は「相当する」という形で動詞を作る。②は通常の名詞の用法、③④は「□□相当の△△」という形で名詞の後ろに直接ついて、□□と△△が等価であることを表す。⑤の「それ相当の□□」は慣用句で、十分な□□という意味である。

(2) (1)⑤から進んだ用法で、状態・程度・価値などが平均を大きく上回っている様子を表す。プラスマイナスのイメージはない。①は述語、②③は名詞にかかる修飾語、④⑤は述語にかかる修飾語の用法である。一部分から全体を推測して、その程度や状態が平均を大きく上回っている様子を述べ、しばしば推量(②)・伝聞(④)・様態(⑤)などの表現を伴う。かなり主観的な表現であって、対象の状態についての驚きや感嘆が暗示されている。

(2)の「そうとう」は「かなり」「だいぶ」「けっこう」「ずいぶん」「なかなか」などに似ているが、「かなり」は客観的な表現で対象の程度も「そうとう」よりは低い。「だいぶ」は話者の評価と共感の暗示がある。「けっこう」は話者の予想に反する結果についての納得を暗示する。「ずいぶん」は実感を元にした慨嘆や感慨を述べる。「なかなか」は対象を上から見下ろして評価する暗示がある。

⇨「かなり」「だいぶ」「けっこう」「ずいぶん」「なかなか」「よほど」「すくなからず」「いいかげん」

そく［即］**soku**

(1)① 専門家**そく**学者ではない。
② 彼女は反論されると**そく**敵だと思い込むので困る。

(2)① 家に帰ったら**そく**風呂に入りたい。
② 支度ができたら**そく**出かけよう。

【解説】 (1) 等価であることを認める様子を表す。プラスマイナスのイメージはない。「□□即△△」「即□□」

の形で、名詞に直接かかる修飾語として用いられる。□□と△が等価であるという判断を表すが、しばしば実際と異なる暗示があり、打消し①や否定的な内容②の表現を伴う。また、この判断は慎重な検討を経たものではなく、直観的に下したものであることが暗示される。

(1)の「そく」は「つまり」や「すなわち」に似ているが、「つまり」は話者が一人合点している暗示がある。「すなわち」はかなり論理的なニュアンスがあり、客観的な表現となっている。

✕ 彼は私の義理の兄の子、即甥だ。
→彼は私の義理の兄の子、つまり甥だ。
✕ 私は今から八年前、即一九八六年に訪中した。
→私は今から八年前、すなわち一九八六年に訪中した。

(2) 時間をおかずに行動する様子を表す。ややプラスよりのイメージの語。動作にかかる修飾語として用いられる。日常会話中心に用いられ、かたい文章中にはあまり登場しない。行為にかかる際の主体の積極性と切迫感の暗示がある。

「そく」は「そっこく」や「ただちに」に似ているが、「そっこく」はほんの少しの猶予も認めない切迫感と事柄の重大さの暗示がある。「ただちに」はある行動から次の行動に引き続いて移るというニュアンスで用いられる。

⇨「つまり」「すなわち」「そっこく」「ただちに」「とりもなおさず」「そくざ」「すぐ」「すぐさま」「すかさず」「かんはつをいれず」「しきゅう」「さっきゅうに」「さっそく」「そうそうII」

そくざ［即座］sokuza

① 教授は新しい本の企画に**そくざ**に同意してくれた。
② この仕事には**そくざ**の判断が要求される。

【解説】 時間をおかずに行動する様子を表す。プラスマイナスのイメージはない。ふつう「即座に」の形で述語にかかる修飾語①として用いられるが、名詞にかかる修飾語②になることもある。かなり客観的な表現で、特定の感情は暗示されていない。

「そくざに」は「すぐ」「ただちに」などに似ているが、「すぐ」よりも時間的に短い暗示がある。「ただちに」は切迫感の暗示がある。

即座に同意した。（その場で熟慮せずに）
すぐ同意した。（短時間で）
? 教授は新しい本の企画にただちに同意してくれた。

⇨「すぐ」「ただちに」「そく」「そっこく」「さっそく」「すぐさま」「すかさず」「おいそれと」「かんはつをいれず」「きゅうきょ」「しきゅう」「そうそうII」

そこはかとなく ⇨『現代形容詞用法辞典』「そこはかと

ない」

そっこく［即刻］**sokkoku**

① 偽装難民は**そっこく**本国に送還された。
② 専務は公金横領がばれて**そっこく**クビになった。
【解説】 時間をおかずに行動する様子を表す。ややマイナスよりのイメージの語。述語にかかる修飾語として用いられる。ほんの少しの猶予も認めない切迫感と事柄の重大さの暗示がある。

「そっこく」は「ただちに」「すぐさま」などに似ているが、「ただちに」は二つの行動が引き続いて起こるというニュアンスで、事柄の重大さの暗示はない。「すぐさま」は反応時間の短いことを客観的に表す。

即刻クビになった。（反論の余地なくその場で）
ただちにクビになった。（降格などを経ずに）
すぐさまクビになった。（社長の決断が早かった）

⇨「ただちに」「すぐさま」「そく」「そくざ」「かんはつをいれず」「さっそく」「きゅうきょ」「しきゅう」「すかさず」「すぐ」「そうそうII」

そのうえ［其の上］**sono-ue**

① 日が暮れて**そのうえ**雪まで降ってきた。
② 彼はハンサムで頭がよく、**そのうえ**大金持ちだ。
③ 彼女は頑固だ。**そのうえ**あわて者ときている。
【解説】 さらに付け加える様子を表す。プラスマイナスのイメージはない。述語にかかる修飾語として用いられる。ややかたい文章語で、日常会話にはあまり登場しない。好ましくないことの上に好ましくないことが付け加わる場合（①③）にも、好ましいことの上に好ましいことが付け加わる場合（②）にも用いられる。対象を対等に扱って付け加えるというニュアンスで、添加された後の結果に視点がある。客観的な表現で、特定の感情を暗示しない。

「そのうえ」は「それに」「しかも」に似ているが、「それに」は付け加わるものが全体にとって軽い意味しかもたない暗示がある。「しかも」は反対に、付け加わったものが全体にとって重要な意味をもつ暗示がある。

彼女は頑固だ。そのうえあわて者ときている。
（頑固であわて者だから困っている）
彼女は頑固だ。それにあわて者ときている。
（頑固だけでも困っているのに）
彼女は頑固だ。しかもあわて者ときている。
（頑固にあわて者が加わったからどうしようもない）

また、「そのうえ」は「おまけに」「さらには」などにも似ているが、「おまけに」はふつうあまり好ましくないことについて用いる。「さらには」は最終的に添加する暗示がある。
⇨「それに」「しかも」「おまけに」「さらには」「それはかりか」「くわえて」「また」「それと」

そのうち【其の内】sono-uchi

(1) ① 委員は三十人以上いるが**そのうち**半分は女性だ。
② 「金賞は二名だってね」「**そのうち**の一人はぼくの妹だよ」

(2) ① 赤ん坊は無心に乳房を吸っていたが、**そのうち**に眠ってしまった。
② 彼は初め画家を志したが、**そのうち**に美術の教師になりたいと思うようになった。

(3) ① 眼鏡が見当たらないが、**そのうち**見つかるだろう。
② 真相はやがて**そのうち**にわかるよ。
③ **そのうち**遊びにいらっしゃいよ。

【解説】 (1) 一定の範囲の内容に言及する様子を表す。プラスマイナスのイメージはない。名詞にかかる修飾語として用いられることが多い。客観的な表現で、特定の感情を暗示しない。言及する内容は一定範囲の大部分についてでもごく一部についてでもよいが、範囲全体については用いられない。

× 「金賞は二名だってね」「そのうちの全部がぼくの知り合いさ」

(2) 時間の経過に伴って状態が変化する様子を表す。プラスマイナスのイメージはない。「そのうちに」の形で述語にかかる修飾語として用いられる。多く過去のことについて、状態が変化した結果の時点で述べる。この状態の変化は人為的なものではなく、主体の意図の暗示はない。

(2)の「そのうち」は「いつのまにか」や「いつか」に似ているが、「いつのまにか」「いつか」は気がつかないうちに時間が経過する様子を表すのに対して、「そのうち」は時間が経過したことを意識しているかどうかについては言及しない。

? 本を読んでいたら、そのうちに夜が明けていた。
→本を読んでいたら、いつのまにか(いつか)夜が明けていた。

(3) 時間の進行に伴って自然に成就する様子を表す。プラスマイナスのイメージはない。「そのうち」または「そのうちに」の形で、述語にかかる修飾語として用いられる。①②は基本的な用法、③は近い未来を表す。物事の成就が近い未来の漠然とした時に起こる可能性があることを表し、主体の確信の程度が低くて、しばしば無関心・無責任の暗示を伴う。この点で、物事の自然な成就に主体が確信をもっていることを暗示する「いずれ」と異なる。

(3)の「そのうち」は「やがて」や「まもなく」にも似ているが、「やがて」は指す時間がかなり離れている。「まもなく」は未来のある一点を指し、「そのうち」のように漠然と示すニュアンスはない。

× やがて遊びにいらっしゃいよ。

× そのうち四番線に電車が参ります。

→まもなく四番線に電車が参ります。

⇨「いつのまに」「いつか」「いずれ」「やがて」「まもなく」「ほどなく」「じき」「いつしか」「いつかは」「きんきん」「とおからず」「ゆくゆく」「おいおい」「おっつけ」「おって」「おのずから」「いまに」

そのかわり［其の代わり］**sono-kawari**

① （ドイツ人留学生に）日本語を教えてあげるから、**そのかわり**にドイツ語を教えてよ。

② ねえ、犬を飼ってよ。**そのかわり**ちゃんと勉強するからさあ。

③ 彼は非常に優秀だが、**そのかわり**偏屈だ。

【解説】 等価のものと交換する様子を表す。プラスマイナスのイメージはない。述語にかかる修飾語として用いられる。本来①のように同一のグループに属する等価のものと交換するという意味であるが、日常会話では、しばしば②のように交換条件を示す場合に用い、必ずしも厳密に同一のグループの等価のものであるかどうかは問題にしない。③は①②から進んだ用法で、好ましい条件に好ましくない条件が加わる様子を表す。この場合には、好ましい条件が好ましくない条件によって差し引かれ、プラスマイナスゼロになるという話者の判断が暗示される。したがって、単に異なる事柄を添加するという意味にはならない。

そのくせ［其の癖］**sono-kuse**

① 彼女はやせたい一心でエアロビクスを始めたが、**そのくせ**甘いものには目がない。

② あの学者は批評家をもって自認しているのに、**そのくせ**自分が批判されるとものすごく怒る。

【解説】 主体の言動の矛盾が露呈する様子を表す。ややマイナスイメージの語。述語にかかる修飾語として用いられる。主体の言動の矛盾が露呈したことを、話者が揶《や》揄《ゆ》や皮肉の暗示を伴って述べるニュアンスがある。後件には話者が好ましくないと判断した内容が来ることが多い。

「そのくせ」は「それなのに」や「そのわりに」に似ているが、「それなのに」は期待に反する結果についての話者の不満や慨嘆の暗示がある。「そのわりに」は相反する要素を含んでいる様子を表すが、はっきりと矛盾として示すわけではない。

……そのくせ甘いものには目がない。
（そんな調子でやせられるものか）
……それなのに甘いものには目がない。
（やっていることがちぐはぐだ）
……そのわりに甘いものには目がない。
（本当にやせる気があるのだろうか）

⇨「それなのに」「そのわりに」「それでいて」「それにしては」

そのじつ［其の実］**sono-jitsu**

① あいつは口ではうまいことを言うが、**そのじつ**やる気は全然ないんだ。

② 部下の遣い込みを知ったとき、彼は平静を装ったが**そのじつ**困ったことになったと思っていた。

【解説】 表面からは見えない真実を暴露する様子を表す。ややマイナスよりのイメージの語。述語にかかる修飾語として用いられる。「□□が、その実△△だ」の形で、□に外から見える様子を提示し、△△に真実の姿を述べることが多い。真実そのものを表す語ではなく、表面からは見えない、あまり好ましくない真実の姿を暴露するニュアンスをもち、話者の非難・不快・慨嘆などの暗示を伴う。

「そのじつ」は「じつは」に似ているが、「じつは」は秘密を開陳する様子を表し、好ましくない事柄かどうかについては問題にしない。また暴露の暗示もない。

× その実折り入ってお願いがあるんですが。
→実は折り入ってお願いがあるんですが。

⇨「じつは」

そのため［其の為］**sono-tame**

(1) ① 台風は房総半島に上陸した。**そのため**関東地方一帯に大雨が降った。

② 両親の不仲が原因で、**そのため**に子供が非行に走るケースがある。

③ 彼には確かに才能があるが、画家として成功したのは**そのため**ばかりではない。

(2) ① ぼくはアメリカへ留学する夢をもっているが、**そのため**に英語の勉強をしているわけではない。

② 「ぼく、大学なんて行きたくない」「何言うの。お前を有名私立高校に入れたのは**そのため**なのよ」

③ 茨城県には外国人労働者が多いが、町には**そのため**の日本語学校が数多くある。

【解説】 (1) 原因・理由に言及する様子を表す。プラスマイナスのイメージはない。①②は述語にかかる修飾語、③は述語の用法である。あまり名詞にかかる修飾語にはならない。ややかたい文章語で、公式の発言や報道などによく用いられる。「□□だ。そのため△△だ」という形で用いることが多い。□□が原因・理由で、△△がその結果を表す。かなり客観的な表現で、特定の感情は暗示されていない。

(2) 目的に言及する様子を表す。プラスマイナスのイメージはない。①は述語にかかる修飾語、②は述語、③は名詞にかかる修飾語の用法である。述語にかかる修飾語になるときは「そのために」を用い、単独の「そのため」はあまり用いられない。ややかたい文章語で、公式の発言や報道などによく用いられる。「□□だ。そのために△△だ」という形では、△△が現状で□□がその目的を表す。これもかなり客観的な表現で、特定の感情は暗示されていない。

⇨「それで」

そのまま［其の儘］sono-mama

(1)① (後かたづけ)明日やるから**そのまま**でいいよ。

② (電話の取次)切らずに**そのまま**お待ちください。

③ 社長は早世した息子の部屋を**そのまま**にしてある。

④ 地震で倒壊した建物が**そのまま**の形で残っている。

⑤ (立とうとする人に)どうぞ、**そのままそのまま**。

(2)① 彼の風貌《ふうぼう》は先代の社長**そのまま**だ。

② 得意先で仕入れてきた話を**そのまま**部長に話した。

③ 江戸村は江戸時代の町並や風俗をそっくり**そのまま**に再現してある。

(3)① 兄は復員すると**そのまま**どっと床についた。

② 彼女はぬれた水着の上に**そのまま**革ジャンを着て、バイクにまたがった。

【解説】(1) それまでの状態を維持する様子を表す。プラスマイナスのイメージはない。①〜③は述語にかかる修飾語、④は名詞にかかる修飾語の用法である。会話では⑤のように述語部分を省略することもある。それまでの状態を放置する場合(①)と、意識して維持する場合(②③⑤)とがある。客観的な表現で、特定の感情は暗示しない。

(2) (1)から進んだ用法で、非常によく似ている様子を表す。プラスマイナスのイメージはない。①は名詞の後ろに直接つく用法、②は述語にかかる修飾語の用法である。①は非常によく似ているという意味、②は人為や加工を加えずにという意味、③は「そっくりそのまま」の形で用いられ、非常によく似ている様子を強調する。

(3) (1)から進んだ用法で、ある行動の後に当然行うべきことを何もせずに、次の行動にすぐ移る様子を表す。プラスマイナスのイメージはない。述語にかかる修飾語として用いられる。②は水着をぬいでからだをふくという行為をしないでという意味である。次の行動に移る際の所要時間は問題にせず、その間に何もしないことを強調する表現である。

そのわりに［其の割に］sono-warini

①　彼女は外見は優雅だが**そのわりに**男っぽいところがある。

②　弟は大学受験に失敗したが**そのわりに**元気だ。

【解説】　相反する要素を含んでいる様子を表す。プラスマイナスのイメージはない。ややくだけた表現で、日常会話中心に用いられる。対象が二つの相反する要素をあわせもっている様子を表すが、要素を二つとも明示する場合①と、片方しか示さない場合②がある。ただし、相反する要素をはっきり矛盾としてとらえているわけではなく列挙するにとどまり、話者の不審などの感情は暗示しない。

「そのわりに」は「それでいて」や「そのくせ」「それなのに」に似ているが、「それでいて」は相反する要素を両方とも明示することが多く、話者の疑問を暗示する。「そのくせ」は主体の言動の矛盾が露呈したことを、話者が揶揄《やゆ》や皮肉の暗示を伴って述べる。「それなのに」は期待に反する結果についての話者の不満や慨嘆を暗示する。

彼は大金持ちだ。そのわりにケチである。
（大金持ちとケチという相反する要素をもっている）
彼は大金持ちだ。それでいてケチである。
（大金持ちでかつケチなのはおかしい）
彼は大金持ちだ。そのくせケチである。
（大金持ちなのにケチだなんておかしい）
彼は大金持ちだ。それなのにケチである。
（大金持ちなんだから気前がよくてもいいのに）

⇨「それでいて」「そのくせ」「それなのに」「それにしては」

そもそも［抑］somosomo

①　うちの亭主は**そもそも**が怠け者だから、休みの日にごろごろするなって言っても無理よ。

②　彼を信用したのが**そもそも**間違いだ。

③　わが社の**そもそも**の始まりは戦後のヤミ市である。

④　（企画会議で）**そもそも**人間にとって辞書とは何でありましょうか。

⑤　**そもそも**誰がそんなことを言い出したんだい。

【解説】　物事の根本や原因に言及する様子を表す。プラスマイナスのイメージはない。①②は述語にかかる修飾語、③は「そもそもの始まり」という慣用句で用いられる。④はこれらから進んで、文頭に置かれ、原理や起源に言及する様子を表す。⑤はさらに進んで、疑問の表現とともに用いられ、疑問を根本にさかのぼって提示する様子を表す。客観的な表現で、特定の感情を暗示しない。
「そもそも」は「いったい」や「およそ」に似ているが、「いったい」はかなりかたい文章語で、日常会話にはあまり登場せず、全体を一つのまとまりととらえて根本や原因に言及する暗示がある。「およそ」は全体を大まかにとらえて総論に言及する暗示がある。

× 彼を信用したのがいったい間違いだ。
× わが社のおよその始まりは戦後のヤミ市である。
⇨「いったい」「およそ」「だいたい」「だいいち」「ぜんたい」「がんらい」

それから［其れから］sorekara

(1) ① 父は会社をやめたが、**それから**が大変だった。
② 満の両親は五年前に離婚したが、満が学校へ行かなくなったのは**それから**だ。
③ 彼とは去年の五月に別れて**それから**会っていない。
④ **それから**まもなくして二人に赤ん坊が生まれた。

(2) ① ぼくたちは映画を見て**それから**食事に行った。
② (就学生に)まず生活基盤を固めることが大切だ。勉強は**それから**のことだよ。

(3) ① 「すき焼きなら牛肉と野菜を買えばいいんだね」「**それから**しらたきと焼き豆腐もよ」
② (アリバイ尋問)「ゆうべはどこにいましたか」「ええと、七時まで残業して……」「**それから?**」「行きつけの飲み屋へ行って、九時くらいまで……」「**それから?**」

【解説】 (1) ある時点よりも未来を表す(↔それまで)。プラスマイナスのイメージはない。①は主語、②は述語、③④は述語にかかる修飾語の用法である。過去のある時点よりも未来の時間の幅を表す。
この「それから」は「そのご」に似ているが、「そのご」は過去のある時点を厳密に規定して、それ以後というニュアンスで用いることが多いのに対して、「それから」は過去のある出来事に視点をおいて、その出来事から以後というニュアンスで、出来事の起こった時点は必ずしも厳密に規定しない。

× (手紙で)それから皆様いかがお過ごしですか。
(この文はふつう(2)の意味になる)
→そのご皆様いかがお過ごしですか。

(2) 順番に行動する様子を表す。プラスマイナスのイメージはない。①は述語にかかる修飾語、②は名詞にかかる修飾語の用法である。時間的に後であるというよりは、順序が後であることのほうに視点のある表現である。前件に引き続き一連の行動を起こす様子を表し、前と後の行動に関連性のあることが暗示される。
①の「それから」は「つぎに」に、②の「それから」

は「そのあと」に似ているが、「つぎに」は前の事柄に一区切りをつけて新しい事柄を提示する様子を表す。「そのあと」は順序が後であることを強調するニュアンスで、前後の事柄の関連性には言及しない。

× それから天気予報をお知らせします。

↓次に天気予報をお知らせします。

勉強はそれからのことだよ。（生活基盤を固めて初めて勉強できるようになる）

勉強はそのあとのことだよ。（一番に生活基盤を固めよ。二番目に勉強せよ）

(3) 従来のものに添加する様子を表す。プラスマイナスのイメージはない。述語にかかる修飾語として用いられる。「あと」と異なり、添加した結果完成する暗示がないので、いくらでも次々と添加し続けるときに用いることができる(②)。

⇩「つぎ」「あと」「それからそれへと」「それまで」

それからそれへと［其れから其れへと］ sorekara-soreeto

① 彼の話は**それからそれへと**飛んで脈絡がない。

② 模擬試験の成績が出るたびに、彼女は志望校を**それからそれへと**替えた。

【解説】 複数の物に移り変わる様子を表す。プラスマイナスのイメージはない。述語にかかる修飾語として用いられる。「つぎつぎに」という意味ではあるが、規則正しい順序の暗示がなく、しばしばアトランダムに予想もしない物事に移り変わる暗示がある。

「それからそれへと」は「あとからあとから」に似ているが、「あとからあとから」は物事が起こるたびにこれで終わるかという話者の予想がはたらいている暗示がある。

? 彼の仕事を点検すると、それからそれへとミスが出てくる。

↓彼の仕事を点検すると、あとからあとからミスが出てくる。

⇩「つぎつぎ」「あとからあとから」「つぎ」「それから」

それこそ［其れこそ］ sorekoso

① **それこそ**私の最も言いたかったことだ。

② 学校行ってないのが親にばれたら**それこそ**大変だ。

③ 彼女は**それこそ**お姫様みたいにきれいだったよ。

【解説】 対象の状態や程度を誇張する様子を表す。プラスマイナスのイメージはない。①が基本的な用法で、ふつう「それ・こそ」と二語に分析して解釈し、ある物事を指して強調する様子を表す。②③は述語にかかる修飾語として用いられ、②は「大変だ」という判断を誇張する。③は「お姫様みたいだ」という比喩《ひゆ》を誇張する。②

③はかなりくだけた表現で、日常会話中心に用いられる。誇張のしかたは主観的・感情的で、客観的な根拠の存在は暗示せず、話者が主観的に、非常に程度がはなはだしく重大だと感じている様子を暗示するのにとどまる。

⇨「まったく」「ほんとう」

それぞれ［其れ其れ］sorezore

① 選手**それぞれ**が自分の役目を果たすことが勝利につながる。
② 議長は**それぞれ**の意見をきいた。
③ 人にはみな**それぞれ**長所と短所がある。
④ 子供たちに**それぞれ**一つずつお土産《みやげ》を渡した。
⑤ 政治改革に対する考えは人**それぞれ**だ。

【解説】 一つ一つの要素を表す。プラスマイナスのイメージはない。①は主語、②は名詞にかかる修飾語、③④は述語にかかる修飾語、⑤は名詞の後ろに直接ついて述語になる用法である。人に対しても物に対しても用いられる。個々の要素が異なるというニュアンスで、バラエティーの暗示がある。

「それぞれ」は「おのおの」や「めいめい」に似ているが、「おのおの」は個々の要素を対等に均一に扱う暗示があり、「めいめい」は個々の要素が一つ一つ独立している暗示がある。

子供たちにそれぞれ一つずつお土産を渡した。
（A子には人形を、B男には模型を、C子には菓子を）
子供たちにおのおの一つずつお土産を渡した。
（みんなに同じものを一つずつ）
子供たちにめいめい一つずつお土産を渡した。
（A子にも一つ、B男にも一つ、C子にも一つ）

⇨「おのおの」「めいめい」「ひとつひとつ」「ひとりひとり」「いちいち」「てんでに」

それだけ［其れ丈］soredake

(1) ① 十万渡しておくよ。**それだけ**あれば十分だろ？
② 「今度カンニングしたらお母さんに言うからな」「先生、**それだけ**はやめてください」
③ お前の言いたいことは**それだけ**か。
④ いくら課長ががんばっても**それだけ**の話だ。

(2) ① **それだけ**絵がうまいのなら、画家になればよかったのに。
② 「最近白髪が増えたね」「**それだけ**苦労が多いってことさ」
③ 子供が多ければ**それだけ**喜びも苦しみも多い。

【解説】 (1) ある数量や程度を限定する様子を表す。プラスマイナスのイメージはない。①②は述語にかかる修飾語、③は述語、④は名詞にかかる修飾語の用法である。

前に具体的な数量や程度を示して限定する場合(①②)と、状況から判断できる場合(③)、漠然と限界があることを示す場合(④)とがある。

この「それだけ」は「それっきり」に似ているが、「それっきり」は最後のものとして限定する暗示がある。

お前の言いたいことはそれだけか。

(今度はおれが言ってやろう)

お前の言いたいことはそれっきりか。

(もっと気のきいたことは言えないのか)

(2) (1)から進んで、程度が状態に比例する様子を表す。プラスマイナスのイメージはない。述語にかかる修飾語として用いられる。②は白髪が増えたのはそれに相応する苦労が多いからであるという意味である。③は「……すれば、それだけ□□だ」という条件に呼応する形で用いられ、前の条件に比例して□□だという意味を表す。客観的な表現で、特定の感情を暗示しない。

⇨「それっきり」「それだけに」

それだけに [其れ丈に] soredakeni

① 彼はたぐいまれな才能をもっていた。**それだけに**早世が惜しまれる。

② その子は生まれつき目が不自由だった。**それだけに**両親はいっそうかわいがった。

【解説】 結果の程度が前提の状態に比例する様子を表す。プラスマイナスのイメージはない。「……だ。それだけに□□だ」という形で用いられる。しばしば、結果の程度がはなはだしい理由として前提の状態の程度のはなはだしさをあげるという文脈で用いられる。①は彼がたぐいまれな才能をもっていたことが前提、そのために話者が彼の早世を惜しむ程度が普通以上にはなはだしいというのが結果である。

⇨「それだけ」

それっきり・それきり [其れっ切り・其れ切り] sorekkiri・sorekiri

① 彼は大学入学と同時に上京して、**それきり**故郷に帰っていない。

② あの人は**それっきり**何も言ってきません。

③ 彼とは三年前に話して以来**それっきり**だ。

④ つい忙しくて趣味の方は**それっきり**になっている。

⑤ なんだ、お前の給料は**それっきり**か。

【解説】 最後のものとして限定する様子を表す。プラスマイナスのイメージはない。①②④は述語にかかる修飾語、③⑤は述語の用法である。日常会話では「それっきり」のほうがよく用いられる。①②はある時点を最後として、その後にはないことを強調する場合で、後ろに否定や打消しの表現を伴う。③はそれが最後でその後はないという意味、④の「それっきりになる」は慣用句で、あるところまでやって中断しているという意味である。⑤は特に最後であることを暗示しない例で、数量が少ないことを強調する。

「それっきり」は「それだけ」に似ているが、「それだけ」は単に数量を限定するだけで、最後のものとして強調するニュアンスはない。

× 彼とは三年前に話して以来それだけだ。

⇩「それだけ」

それで ［其れで］ sorede

(1) ① お話はわかりました。**それで**私にどうしろとおっしゃるんですか。

② 君の実力は社長も高く買ってるんだよ。**それで**物は相談だがね。札幌支社で君の腕を見せてくれないか。

③ **そいで**さっきの話の続き、どうなった?

④ 「どうして進学を希望したの」「ええと、**それでえ**、**それでえ**、親が行けって言うしい、何となく……」

(2) ① 二人は夫婦だったのか。**それで**わかった。

② 住民の反対運動はますます激化した。**それで**原発建設の計画は中断せざるをえなくなった。

【解説】 (1) 話を順当に進ませる様子を表す。プラスマイナスのイメージはない。くだけた日常会話では、しばしば③のように「そいで」と発音される。①〜③は文頭に置いて、相手の話を促す用法である。④は文の途中で間投詞的に用いられる現代語用法。若い人が用いる傾向にある。話を順当に進めたいという話者の願望が暗示されている。かなり気分的で、前後の脈絡に関係なくとにかく話を進ませるという暗示がある。

この「それで」は「そこで」に近いが、「そこで」は論理的なニュアンスがあり、段階を踏んで話を進ませる暗示がある。

× そこでさっきの話の続き、どうなった?

(2) 原因から順当な結論が導かれる様子を表す。プラスマイナスのイメージはない。述語にかかる修飾語として用いられる。「……だ。それで……だ」という形で、前に原因を述べ、「それで」の後に原因から導かれる順当な結果を述べる。客観的な表現で、特定の感情は暗示しない。

この「それで」は「だから」に似ているが、「だから」ほど因果関係の暗示は強くなく、むしろ原因から順当に結論が導き出されることのほうにポイントがある。

× 二人は夫婦だったのか。だからわかった。

⇩「そのため」「それでいて」「それでこそ」「それでなくて

も」

それでいて［其れでいて］sorede-ite

① 彼女は外見は優雅だが、**それでいて**男っぽいところがある。

② 今度こそ禁煙をと思っているのだが、**それでいて**なかなかタバコをやめられない。

【解説】相反する要素を含んでいる様子を表す。プラスマイナスのイメージはない。述語にかかる修飾語として用いられる。二つの相反する要素を明示して示すことが多いが、相反する要素をはっきり矛盾としてとらえているわけではなくて、話者の軽い疑問を暗示するのにとどまる。

「それでいて」は「そのわりに」や「そのくせ」「それなのに」に似ているが、「そのわりに」は相反する要素を明示しないこともあり、列挙するにとどまる。「そのくせ」は主体の言動の矛盾が露呈したことを、話者が揶揄《やゆ》や皮肉の暗示を伴って述べる。「それなのに」は期待に反する結果についての話者の不満や慨嘆を暗示する。

……それでいて男っぽいところがある。
（不思議な魅力だ）

……そのわりに男っぽいところがある。
（優雅な外見にそぐわない）

⇨「そのわりに」「そのくせ」「それなのに」「それにしては」「それで」

それでこそ［其れでこそ］soredekoso

①（社長が）転勤を承知してくれるか。いやあ、**それでこそ**わが社のエリート社員だ。

② 武田選手は痛み止めの注射をうちながら試合終了までプレーしたが、**それでこそ**日本のエースだ。

【解説】程度がはなはだしくて典型的な状態に合致していることを誇張する様子を表す。プラスイメージの語。述語にかかる修飾語として用いられる。日常会話中心に用いられる。たとえられる典型的な状態は抽象的な理想像ではなく、達成可能な最も高度な段階を示すことが多い。①は、社員がものわかりよく転勤を承知したことに対して、そういう会社に忠誠を尽くす態度はエリート社員にふさわしいとほめている。

⇨「それで」

それでなくても［其れでなくても］sorede-nakutemo

① **それでなくても**色黒なのが、スキーに行ったら裏表がわからないくらい真っ黒に焼けた。

② そんなに暑い暑い言わないでよ。**それでなくても**暑いんだから。

【解説】 程度がはなはだしくなる前の状態の程度も十分はなはだしい様子を表す。ややマイナスイメージの語。状態を表す語にかかる修飾語として用いられる。結果の程度がはなはだしい原因・理由として、前提の程度がはなはだしいことを提示するというニュアンスで、前提のほうに視点がある。好ましい状態については用いられず、話者の困惑・迷惑・不快などが暗示される。②は現在の状態でも程度が高くて不都合である理由を述べ、したがってそれよりも程度が高くなるような新しい事態には対処できないという意味である。

「それでなくても」は「ただでさえ」に似ているが、「ただでさえ」は前提の状態が好ましくないために結果の程度がますます好ましくなくなるというニュアンスで、結果のほうに視点があり、慨嘆の暗示を伴う。

? そんなに暑い暑い言わないでよ。ただでさえ暑いんだから。
↓そんなに暑い暑い言わないでよ。ただでさえ暑いのに。

⇨「ただでさえ」「それで」

それでは・それじゃ [其れでは・其れじゃ] **soredewa・soreja**

(1)① 「こんな立派な物はいただけませんわ。お返しします」「まあ、**それでは**母にしかられます」
② 彼女だけ招待しなかったなんて、**それでは**あまりにかわいそうだ。
③ (交渉で)**それじゃ**話が違うぞ。

(2)① あれもだめ、これもだめで、**それじゃあ**いったいおれにどうしろって言うんだ。
② **それでは**教科書の三十ページを開いてください。
③ 「ちょっと瓶のふたが開かないんだけど」「**それじゃ**、ぼくが開けてみるよ」

(3)① (授業の終わり)**それでは**、みなさんさようなら。
② 「さようなら、またね」「**それじゃ**、また」

【解説】 「それじゃ」は「それでは」のくだけた表現。会話ではしばしば「それじゃあ」と伸ばして発音される。

(1) 前に述べた物事を示す。ややマイナスイメージの語。文頭に置いて、前件があまり好ましくない状態であるという話者の判断を表す場合に用いる。

(2) 前件を踏まえて新たな段階に入る様子を表す。プラスマイナスのイメージはない。動作にかかる修飾語として用いられる。ある前提に基づいて結果となる新たな段階に踏みこむ様子を表し、前件とまったく関係のない新段階に入ることは意味しない。

この「それでは」は「さて」に似ているが、「さて」は新しい行為に向けて気持ちを切り換える点にポイントがあり、必ずしも前提は必要としない。

✕「ちょっと瓶のふたが開かないんだけど」「さて、ぼくが開けてみるよ」

(3) 別れの挨拶《あいさつ》を切り出す様子を表す。プラスマイナスのイメージはない。日常会話でのみ用いられる。①のように、「さようなら（失礼します）」などの別れの挨拶に先だって用いられるほうが丁寧で、目上にも用いられる。②のように別れの挨拶そのものを省略する用法もあるが、こちらのほうがくだけた表現で、目上に対しては用いられない。

別れの挨拶を切り出す語としては他に「では・じゃ」があるが、「では・じゃ」のほうがよりくだけた表現になっている。

⇨「さて」「では」「それなら」「どれ」

それでも［其れでも］soredemo

(1)① （プロポーズ）ぼくと一緒になると貧乏するかもしれないけど、**それでも**いいかい？

② 漢字も満足に書けないとは。**それでも**大学生かね。

(2)① 動かぬ証拠が挙がったが、**それでも**彼女が犯人だとは信じられない。

② かごの中には食パン一枚しかなかった。**それでも**何もないよりはましだ。

③ （ガリレイの言葉）**それでも**地球は動く。

【解説】 (1) ある状態を考慮に入れる様子を表す。ややマイナスよりのイメージの語。述語にかかる修飾語として用いられる。前にある状態を提示して、それを考慮に入れる様子を表す。②は詰問文で、漢字が満足に書けないという状況を示して、そういう状態である相手は大学生という名にふさわしくないという意味である。

(2) 条件を示して、その条件に反する判断を述べる様子を表す。プラスマイナスのイメージはない。判断を表す表現にかかる修飾語として用いられる。①②は前に条件を示し、それに反する判断を述べる基本的な用法。③は有名なガリレイの言葉で、地動説をひるがえせという宗教裁判での命令に対して、誰が何と言おうとも地球が動いているという自分の判断をひるがえす意志はないという意味である。かなり客観的な表現で、話者の理性的な判断が暗示されている。

この「それでも」は「でも」に似ているが、「でも」のほうが主観的・気分的で、理性的な判断を暗示しない。

✕（ケンカした子供に）「孝ちゃんにあやまった？」「それでも、孝ちゃんだってぶったんだよ」

→「孝ちゃんにあやまった？」「でも、孝ちゃんだってぶったんだよ」

⇨「でも」「しかも」

それと soreto

① 寒いからマフラーしてきなさい。**それと**帽子もかぶってったほうがいいわ。

② (買い物を頼む)ケーキ五個ね。あ、**それと**ワインもお願いしようかな。

【解説】 後から付け加える様子を表す。プラスマイナスのイメージはない。述語にかかる修飾語として用いられる。かなりくだけた表現で、日常会話中心に用いられる。標準的には「それに」、文章語としては「そのうえ」を用いることが多い。

⇩「それに」「そのうえ」「それというのも」「それとなく」

それというのも ［其れと言うのも］ soreto-iunomo

① マスコミは二人の交際にまったく気づかなかった。**それというのも**電話でデートしていたからである。

② 彼女は拒食症で入院してしまった。**それというのも**急激なダイエットをしたからだ。

【解説】 明白な原因・理由を付け加える様子を表す。プラスマイナスのイメージはない。原因・理由を表す文の頭に置かれる。話者の確信が暗示される表現である。

「それというのも」は「というのは」や「それもそのはず」に似ているが、「というのは」は単に理由を付加するというニュアンスで、話者の確信は暗示されない。「それもそのはず」は理由となる事実を付け加えるニュアンスで、話者の納得の暗示を含む。

……それというのも電話でデートしていたからだ。
(だからマスコミが気づかないのは当然だ)

……というのは電話でデートしていたからだ。
(自分は電話デートが理由だと思うが)

×……それもそのはず電話でデートしていたからだ。
→……それもそのはず電話でデートしていたのだ。

⇩「というのは」「それもそのはず」「なぜなら」「それと」

それどころか ［其れ所か］ soredokoroka

① その老人は座席を譲られてもお礼一つ言わず、**それどころか**「年寄り扱いするな」と毒づいた。

② 息子は来年受験なのに全然勉強しない。**それどころか**この夏は一か月も自転車旅行に出かけてしまった。

【解説】 予想がはずれただけでなく、まったく反対のはなはだしい結果になる様子を表す。ややマイナスイメージの語。前に予想を後に結果を述べる。予想に反するはなはだしい結果になったことについて、話者の驚きや意外・慨嘆などの暗示がこもる。

「それどころか」は「それなのに」に似ているが、「それなのに」は予想にはずれたことについては言及せず、期待に反する結果についての話者の不満や慨嘆の暗示がある。

× 息子は来年受験なのに全然勉強しない。それなのにこの夏は一か月も自転車旅行に出かけてしまった。
→息子は来年受験だ。それなのにこの夏は一か月も自転車旅行に出かけてしまった。

⇩「それなのに」

それとなく［其れとなく］soreto-naku

① 最近彼はよく遅刻するので**それとなく**注意した。
② 彼女がぼくのことをどう思っているのか、君から**それとなく**聞き出してくれないか。

【解説】婉曲《えんきょく》にする様子を表す。プラスマイナスのイメージはない。述語にかかる修飾語として用いられる。意図や内容は伝えるが表現を婉曲にする場合①と、意図や内容が伝わらないように表現を婉曲にする場合②とがあり、表面上わからないようにする隠蔽《いんぺい》の暗示がある。相手への配慮を暗示する日本的な表現であると言える。

「それとなく」は「あんに（暗に）」に似ているが、「あんに」は隠蔽の暗示がなく、単に表現を婉曲にするのにとどまるので、意図や内容を伝えない場合には用いない。

× 彼女がぼくのことをどう思っているのか、君から暗に聞き出してくれないか。

⇩「それと」

それとも soretomo

① 食後はコーヒー？ **それとも**紅茶にする？
② どうぞ遠慮なく召し上がってね。**それとも**奥様の手料理でなきゃ、お口に合わないかしら。

【解説】二つのもののうちのどちらか一方だけを選択しなければならない様子を表す。プラスマイナスのイメージはない。①は対等な関係の名詞をつなぐ用法、②は前文の内容と後文の内容をつなぐ用法であるが、どちらも疑問を表す文脈に限って用いられる。①は基本的な二者択一を表す用法である。②は相手にとって選択できない内容を選択肢の一方に置くことによって、もう一方を選択させる。つまり、自分の妻の手料理でないと口に合わないとは礼儀上言えないわけであるから、もう一方の遠慮なく食べるという選択肢を選ばざるを得ないことになる。この場合には、軽い揶揄《やゆ》や皮肉が暗示される。どちらの場合にも、必ず二者のうちの一方を選択しなければならないという義務の暗示がある。

選択を表す語としては他に、「あるいは」「または」「もしくは」などがあるが、これらには義務の暗示はない。

× どうぞ遠慮なく召し上がってね。あるいは（または・もしくは）奥様の手料理でなきゃ、お口に合わないかしら。

⇩「あるいは」「または」「もしくは」「ないし」

それなのに ［其れなのに］ sorenanoni

① うちの息子、来年大学受験なの。**それなのに**全然勉強しないで遊んでばかりいるわ。

② ぼくはこう見えても精一杯やってるつもりだ。**それなのに**課長はちっとも評価してくれないんだ。

【解説】 期待される結果にならないので不満に思う様子を表す。ややマイナスイメージの語。結果を表す文の頭に置くことが多い。期待に反する結果についての話者の不満や慨嘆にポイントがあり、単に期待に反する結果になるという意味ではない。この点で、主体の言動の矛盾が露呈したことを揶揄《やゆ》や皮肉の暗示を伴って述べる「そのくせ」や、相反する要素をあわせもつことを暗示するにとどまる「そのわりに」とは異なる。

⇩「そのくせ」「そのわりに」「それでいて」「それにしては」「それどころか」

それなら ［其れなら］ sorenara

① 君が行ってくれるのか。**それなら**話は簡単だ。

② （値引きの交渉）「三万なら買うよ」「だんな、御冗談を……」「**そんなら**三万五千円でどうだ」

③ **それなら**そうと初めから言ってくれればいいのに。

【解説】 前に述べた物事に納得している様子を表す。プラスマイナスのイメージはない。文頭に置かれる。「そんなら」は「それなら」のくだけた表現で、日常会話でよく用いられる。前件に納得して次の段階に進むというニュアンスがある。

「それなら」は「それでは」に似ているが、「それでは」は前件を踏まえて新たな段階に入ることだけを表し、話者の納得は暗示しない。

……それなら三万五千円でどうだ。
（なるほど三万円では安すぎたな）

……それでは三万五千円でどうだ。
（三万円で交渉が成立しないから次の段階だ）

⇩「それでは」「では」

それに soreni

① 彼は頑固だ。**それに**あわて者ときている。

② 「弘のどこがいいの？」「男らしいし、やさしいし」「**それに**あいつ、3高だしなあ」

【解説】 後から付け加える様子を表す。プラスマイナスのイメージはない。述語にかかる修飾語として用いられる。日常会話中心に用いられ、かたい文章中にはあまり登場しない。付け加えたものが全体にとって軽い意味しかもたない暗示がある(②)。よりくだけた場面では「それと」を用いる。

「それに」は「そのうえ」「しかも」などに似ているが、「そのうえ」はややかたい文章語で、日常会話にはあまり登場せず、対象を対等に扱って付け加える暗示がある。「しかも」は「それに」と反対に、付け加えたものが全体にとって重要な意味をもつ暗示がある。

⇨「そのうえ」「しかも」「それと」「おまけに」「なおかつ」「かつ」「さらには」「そればかりか」「くわえて」「また」「つぎ」「それにしては」「それにしても」「それにつけても」「それにひきかえ」

それにしては ［其れにしては］ soreni-shitewa

① 彼は大学院出だそうだが、**それにしては**あまりにものを知らなすぎる。

② 知恵、三時に家を出るって言ってたけど、**それにしては**遅いわね。

【解説】 予想に反する結果を疑問に思う様子を表す。ややマイナスよりのイメージの語。結果を表す文の頭に置かれる。予想される物事に反する結果になったことについて、話者の疑問・不審などが暗示される。

「それにしては」は「そのわりに」や「それでいて」に似ているが、「そのわりに」は相反する要素を含んでいることを列挙するにとどまり、疑問の暗示がない。「それでいて」は両者の矛盾を軽い疑問の暗示を伴って述べ、不審の程度が「それにしては」よりも低い。

× 彼女は外見は優雅だがそれにしては男っぽいところがある。

→彼女は外見は優雅だがそのわりに男っぽいところがある。

× 彼は大学院出だそうだが、それでいてあまりにものを知らなすぎる。

⇨「そのわりに」「それでいて」「そのくせ」「それなのに」「それに」

それにしても ［其れにしても］ soreni-shitemo

(1)① 小菅《こすげ》選手の実力は認めるが、**それにしても**全日本選手権五連覇とはよくやったと思うよ。

② (画家の個展で)**それにしても**すばらしいですなあ。

(2)① 今日は帰りが遅くなるって言ってたけど、**それにしても**ちょっと遅すぎるね。

② いい品だというのはわかるが、**それにしても**ちょっと高すぎやしないか。

【解説】 (1) 価値や程度を再認識する様子を表す。ややプラスよりのイメージの語。述語にかかる修飾語として用いられる。ふつう①のように、対象の価値や程度を認める文脈が前に来て、それを再認識するという文脈で用いられるが、日常会話ではしばしば前文を省略することがある(②)。この場合には、対象がすばらしいことは誰しも認める事実であるが、自分はこの場で再認識したというニュアンスになり、単に「すばらしい」と言うのよりは程度が高くなる。

②の場合には「それにつけても」に似てくるが、「それにつけても」は対象の価値や程度を再認識する暗示がなく、単にちょうどよい機会をとらえたというに過ぎない。

×それにつけてもすばらしいですなあ。

(2) (1)から進んだ用法で、程度がはなはだしいことを不審に思う様子を表す。ややマイナスよりのイメージの語。対象の程度をあらかじめ認める文脈が前に来て、それにもかかわらず、その程度の高さに不審や疑問をもっている様子を表す。

⇨「それにつけても」「それに」

それにつけても［其れにつけても］soreni-tsuketemo

① 山々が見事に紅葉した。**それにつけても**故郷がしのばれる。

② **それにつけても**金の欲しさよ。

③ **それにつけても**おやつはカール。（CM）

【解説】 ある機会をとらえる様子を表す。プラスマイナスのイメージはない。述語にかかる修飾語として用いられる。やや古風なニュアンスのある語で、若い人はあまり用いない傾向にある。本来①のように、前にきっかけとなる事柄を示し、その機会に後のような感慨をもよおすという意味で用いられるが、特にきっかけとなる事柄の内容は示さず、単に何らかのきっかけである感慨にいたるという例が増え(②)、最近はさらに進んで③のように、どんな時でも、とにかくという意味で用いられるようになった。

②の場合には「それにしても」に似ているが、「それにしても」は対象の価値や程度を再認識する暗示がある。

⇨「それにしても」「それに」

それにひきかえ［其れに引き換え］soreni-hikikae

① 上の子は勉強もできるし女の子にももてる。**それにひきかえ**下の子はひっこみじあんで困る。

② 二階の部屋は日当たりも風通しもよくて快適だ。**それにひきかえ**下の部屋は暗くて嫌だ。

【解説】 状態が非常に異なっているのを対比して示す様子を表す。ややマイナスイメージの語。ふつう、前にある状態を示し、それと対照的な状態を示す文の頭に置かれる。好ましい状態に対して好ましくない状態を対比して示す場合に用いることが多く、話者の慨嘆が暗示される。好ましい状態を対比して示す場合にはふつう用いない。

? 日本は国土も狭く資源も乏しい。それにひきかえ中国は広大な国土と豊かな資源に恵まれている。
→日本は国土も狭く資源も乏しい。それに対して中国は広大な国土と豊かな資源に恵まれている。

⇩「それに」

それは［其れは］sorewa

① 死んだ母は**それは**厳しい人でした。
② 田中の妹さんていうのが**それは**きれいなんだ。

【解説】 感慨をもって強調する様子を表す。プラスマイナスのイメージはない。状態を表す語にかかる修飾語として用いられる。多く過去の事柄について、感慨をもってその程度を強調する場合に用いられ、現在直面していること、未来のことについては用いられない。

× 君の絵はそれはすばらしいねえ。
→君の絵はまったくすばらしいねえ。
→彼女の絵はそれはすばらしい。（一般論として）

さらに強調したい場合には「それはそれは」を用いる。

⇩「それはそれは」「まったく」「それはさておき」「それはそうと」「それはそれとして」「それはともかく」

そればかりか［其れ許りか］sorebakarika

① 日が暮れて**そればかりか**雪まで降ってきた。
② 彼は借金で首が回らない。**そればかりか**家賃滞納で追いたてを食っているそうだ。

【解説】 さらに付け加える様子を表す。ややマイナスイメージの語。述語にかかる修飾語として用いられる。ふつう、好ましくないことの上にまた別の好ましくないことが付け加わる場合に用いられる。全体として好ましくない程度が高まることについて慨嘆・不快などの暗示がこもる。

「そればかりか」は「おまけに」「そのうえ」「それに」「しかも」「さらには」などに似ているが、「おまけに」は好ましいことについても用いられる。「そのうえ」は客観的で特定の感情を暗示しない。「それに」は付け加わった事柄が全体にとって軽い意味しかもたない暗示がある。「しかも」は反対に付け加わった事柄が全体にとって重要な意味をもつ暗示がある。「さらには」は最終的に添加する暗示がある。

⇩「おまけに」「そのうえ」「それに」「しかも」「さらには」「くわえて」

それはさておき 【其れは扨置き・閑話休題】 sorewa-sateoki

① それはさておき、次の問題に移りましょう。
② それはさておき、そのころ三蔵《さんぞう》法師の一行は天竺《てんじく》へ向けて旅を続けていた。

【解説】 前の話題に一段落つけてから次の話題に移る様子を表す。プラスマイナスのイメージはない。新しい話題の文頭に置く。②は小説中で挿話が一段落して本筋に話を戻すときに用いられ、しばしば「閑話休題」の漢字を当てる。前の話題に一段落つけてから次の話題に移るというニュアンスで、単に話題を転換するという意味ではない点が「それはそうと」「ところで」と異なる。

? それはそうと(ところで)、次の問題に移りましょう。

「それはさておき」は「それはともかく」に似ているが、「それはともかく」は、前の話題が完全に一段落ついていないのをひとまず除外して当面の事柄に対処する暗示がある。

それはさておき、次の問題に移りましょう。
(前の問題はもう終わりました)
それはともかく、次の問題に移りましょう。
(前の問題は別の機会にやりましょう)

⇨「それはそうと」「ところで」「それはともかく」「ときに」「それより」「そうそうI」「それは」

それはそうと 【其れはそうと】 sorewa-sôto

① それはそうと、なくしたさいふが出てきたよ。
② それはそうと、ゆうべ彼女に会ったよ。

【解説】 前の話題とまったく関係のない新しい話題を切り出す様子を表す。プラスマイナスのイメージはない。日常会話中心に用いられる。ふと思い出した場合(①)と、新しい話題を提示する場合(②)とがある。

「それはそうと」は「ところで」や「さて」に似ているが、「ところで」はふと思い出した話題を提示する場合にはふつう用いられない。「さて」は気分を一新することにポイントがあり、必ずしも話題を転換する場合だけに用いるとは限らない。

? ところで、なくしたさいふが出てきたよ。
× それはそうと、犬の散歩に出かけるとするか。
→さて、犬の散歩に出かけるとするか。

「それはそうと」は「それはさておき」や「それはともかく」にも似ているが、「それはさておき」は前の話題に一段落つけてから次の話題に移る暗示がある。「それはともかく」は前の話題を除外しておいて当面の事柄に対処する暗示がある。

⇨「ところで」「さて」「それはさておき」「それはともかく」「ときに」「それより」「そうそうI」「それは」

それはそれとして［其れは其れとして］ sorewa-soreto-shite

① 君の意見は**それはそれとして**聞いておこう。
② 補正予算は**それはそれとして**政治改革と別個に審議したほうが現実的だ。

【解説】独立して取り扱う様子を表す。プラスマイナスのイメージはない。述語にかかる修飾語として用いられる。客観的で理性的な表現で、特定の感情を暗示しない。「それはそれとして」には話題を転換する意味はない。

⇨「それは」

それはそれは［其れは其れは］ sorewa-sorewa

① (おとぎ話)昔々ある所に**それはそれは**美しいお姫様が住んでいました。
② 「おかげさまで息子が大学に合格しました」「**それはそれは**何よりです」
③ 「ゆうべ、うちの犬が子犬を十匹も産んだのよ」「まあ、**それはそれは**」

【解説】共感をもって強調する様子を表す。ややプラスよりのイメージの語。ふつう①②のように、述語にかかる修飾語として用いられる。主に過去の物事(①)や眼前にない物事(②)の状態を共感をもって強調する場合に用いられる。表現としてはやや冷静で、話者はそれほど無条件で感動しているわけではない(②の例など)。③は感動詞的に用いられた用法で、この場合には驚きや意外・同情などの暗示を伴う。

「それはそれは」は「それは」に似ているが、「それは」のほうが共感(感動)の程度が低い。

⇨「それは」

それはともかく［其れは兎も角］ sorewa-tomokaku

① 「例の件だけどね」「**それはともかく**まず飯を食わせてくれないか」
② 「最近日本人観光客をねらった犯罪が多いらしいね」「**それはともかく**外国旅行は慎重にしたほうがいいよ」

【解説】前の話題を除外して当面の事柄に対処する様子を表す。プラスマイナスのイメージはない。後件の文頭に置かれる。客観的な表現で、特定の感情を暗示しない。

「それはともかく」は「それはさておき」に似ているが、「それはさておき」は前の話題に一段落つけてから次の話題に移る暗示がある。

⇨「それはさておき」「それはそうと」「ともかく」「ともか

くも」「それより」「そうそうⅠ」「それは」

それほど ［其れ程］ sorehodo

① 君は**それほど**までに彼を愛していたのか。
② **それほど**留学したいのならすればいい。
③ 東大は難関だというが、**それほど**のことはない。
④ 彼女は**それほど**美人ではないが愛嬌がある。

【解説】 程度がはなはだしいことを強調する様子を表す。プラスマイナスのイメージはない。①②④は述語にかかる修飾語、③は名詞にかかる修飾語の用法である。①②は肯定文で用いられた例で、程度がはなはだしいことを強調する。③④は否定文で用いられた例で、全体として程度が非常に高いというわけではないという意味を表す。肯定文の場合にはかなり感情的な表現になり、感嘆(①)などの暗示を伴う。否定文の場合には侮蔑《ぶべつ》(③)・許容(④)などの暗示を伴う。この場合は、程度がはなはだしくないという意味で、そういう状態や程度が存在しないほう(非存在)に視点がある。したがって、会話などで全部否定を婉曲《えんきょく》に表す場合にも用いることができる。

「それほど」は「たいして」や「そんなに」に似ているが、「たいして」は状態や程度が存在するほうに視点がある。「そんなに」は程度がさらにはなはだしい場合に用いる。

魚はそれほど好きではありません。
(好きとは言えない)
魚はたいして好きではありません。
(少しくらいなら食べてもよい)
魚はそんなに好きではありません。
(できれば食べたくない)

⇨「たいして」「そんなに」「それまで」「さほど」「あまり」

それまで ［其れ迄］ soremade

(1)① **それまで**彼はプロの選手だとばかり思っていた。
② 尾崎選手は**それまで**のコースレコードを更新した。
③ 七時開演ですから**それまで**に御着席ください。
④ いずれ真相はわかるだろうから、**それまで**は黙ってみていようじゃないか。

(2)① 直接アタックして断られたら**それまで**のことさ。
② (剣道の試合の終了合図)**それまで**。
③ 飛行機は落ちたら**それまで**だからなあ。

【解説】 (1) ある時点より過去の時間の幅を表す(↔それから)。プラスマイナスのイメージはない。①は述語にかかる修飾語、②は名詞にかかる修飾語の用法である。③は「それまでに」の形で述語にかかる修飾語として用いられ、ある時点より過去の任意の一時点を指す。ある時点より過去ならいつでもよいという許容の暗示がある。

④は「それまでは」の形で述語にかかる修飾語として用いられ、ある時点より過去のすべての時間の幅を表し、継続の暗示がある。

(2) ある時点より未来が存在しない様子を表す。ややマイナスイメージの語。「それまでだ」「それまでのことだ」の形などで述語として用いられる。①は断られた時点より後のことは考えていない様子を表す。②は試合の終了の合図となる。③はこれから進んで、落ちた時点より後は自分の命がないという意味である。ただし、かなり冷静な表現で、未来がないことについての慨嘆などの感情は暗示されていない。

「それまで」が程度の限界を意味するときには、現在では「そこまで」「それほどまで」を用いることが多い。

それまで言うのなら何とかしてやろう。

→そこまで言うのなら何とかしてやろう。

→それほどまで言うのなら何とかしてやろう。

⇨「それほど」「それから」

それも［其れも］soremo

(1) ① 「コートをどうぞ。この帽子はどなたのですか」「あっ、**それも**私のです」

② **それも**これもみんなお前のためなんだ。

(2) ① やっと魚がかかった。**それも**特大のクロマグロだ。

② あいつ毎日車で出勤するんだぜ。**それも**外車でだ。

【解説】 (1) 物事が前件と同様の条件を備えている様子を表す。プラスマイナスのイメージはない。述語にかかる修飾語として用いられる。②の「それもこれも」は前件を特定せず、「何もかも、みんな」と言っているのに等しい。客観的な表現で、特定の感情を暗示しない。

(2) 程度がはなはだしいことを後から付け加えて限定する様子を表す。プラスマイナスのイメージはない。「……だ。それも……だ」という形で、前文の内容を後から付け加える事柄によって限定する場合に用いられる。限定する内容は特に程度がはなはだしいことが多く、話者の驚き(①)や意外、慨嘆(②)などの暗示がこもる。

(2)の「それも」は「しかも」に似ているが、「しかも」は前件と後件の関係がいちおう独立しており、後件が全体にとって重要である暗示があるのに対して、「それも」は前件は後件より概念の範囲が広く、後件を示すことで前件を限定するニュアンスになる。

× 彼女は美人で教養があってそれも謙虚な人柄だ。

→彼女は美人で教養があってしかも謙虚な人柄だ。

⇨「しかも」「それもそのはず」

それもそのはず［其れも其の筈］soremo-sono-hazu

① マスコミは二人の交際に気づかなかった。**それも**

そのはず、電話でデートしていたんだそうだ。

② 彼は声がとてもいい。**それもそのはず**でお母さんはもとオペラ歌手だ。

【解説】 明白な理由となる事実を付け加える様子を表す。プラスマイナスのイメージはない。理由を表す文の頭に置かれる。ある重要な事柄の明白な理由となる事実を後から付け加える様子を表すが、理由そのものを述べる表現ではなく、理由となる明白な事実を述べるというニュアンスになり、話者の納得が暗示されている。ふつう原因については用いない。

「それもそのはず」は「それというのも」に似ているが、「それというのも」は原因・理由そのものを確信をもって述べる様子を表す。

? 彼は声がとてもいい。それというのもお母さんはもとオペラ歌手だ。

⇨「それというのも」「それも」

それより ［其れより］ soreyori

① 彼女は七十点だったが、ぼくは**それより**悪かった。

② 君は恵子に電話で謝ると言うが、**それより**直接会って謝ったほうがいいと思うよ。

③「実は話があるんだけど」「**それより**これからドライブに行かない？」

【解説】 比較して程度のはなはだしいものを提示する様子を表す。プラスマイナスのイメージはない。①が基本的な用法で、前件と比較して後件の程度がはなはだしい様子を表す。②は文と文をつなぐ用法で、前の話題の内容よりも後の話題の内容のほうを選択する様子を表す。③は②から進んだ用法で、文頭に用いられ、前の話題を無視して新しい話題を切り出す様子を表す。この場合には、新しい話題のほうが前の話題よりも重要で価値があるというニュアンスになる。

②の「それより」は「むしろ」に似ているが、「むしろ」は前件と後件を比較して後件を選択するというニュアンスで、後件のほうが重要で価値があるとは限らない。

× あんな奴と仲直りするくらいなら、それより死んだほうがましだ。

→あんな奴と仲直りするくらいなら、むしろ死んだほうがましだ。

③の場合には、前の話題の存在を知りながらあえて無視する点にポイントがあり、その点で、前の話題に一段落つける暗示のある「それはさておき」、前の話題を除外して結論を出す暗示のある「それはともかく」、前の話題とまったく関係のない話題を提示する「それはそうと」と異なる。

⇨「むしろ」「それはさておき」「それはともかく」「それは

そうと」「そうそうⅠ」

そろいもそろって［揃いも揃って］soroimo-sorotte

① あなたの部下は**そろいもそろって**役立たずね。
② 大の男が**そろいもそろって**ゆかり先生にやっつけられたのかい？

【解説】全員が同じように好ましくない様子を表す。マイナスイメージの語。述語にかかる修飾語として用いられる。全員がどの人をとっても同じように好ましくない状態であることを、慨嘆・憤慨などの暗示を伴って述べる。全員が同じように好ましい状態である場合にはふつう用いない。

？ 彼女のきょうだいはそろいもそろって美人だね。
→彼女のきょうだいは美人ぞろいだね。

「そろいもそろって」は「どいつもこいつも」に似ているが、「どいつもこいつも」はかなり乱暴な表現なので、女性はあまり用いない傾向にある。

✕ あなたの部下はどいつもこいつも役立たずね。
→君の部下はどいつもこいつも役立たずだな。

⇩「どいつもこいつも」「のきなみ」「いちがいに」「おしなべて」

そんなに sonnani

① 君は**そんなに**彼女を愛していたのか。
② **そんなに**学校が嫌なら行かなくてもいい。
③ 犯人はまだ**そんなに**遠くへ行っていないはずだ。
④ 政治改革は口で言うほど**そんなに**簡単ではない。
⑤ 彼女は**そんなに**美人じゃないけど親切だよ。

【解説】程度がはなはだしいことを強調する様子を表す。プラスマイナスのイメージはない。述語にかかる修飾語として用いられる。かなりくだけた表現で、日常会話中心に用いられる。①②は肯定文として用いられた例で、程度がはなはだしいことを強調する。③〜⑤は否定文で用いられた例で、全体として程度が非常に高いというわけではないという意味を表す。肯定文の場合にはやや感情的な表現になり、驚き(①)などの暗示を伴う。否定文の場合にはかなり冷静な表現になる。

「そんなに」は「それほど」に似ているが、「それほど」のほうが標準的で文章などにも用いられ、強調の程度も低い。

⇩「それほど」「そうそうⅠ」「あまり」「たいして」「さほど」

た　行

だいいち［第一］daiichi

(1) ① この商品には問題点が二つある。まず**だいいち**は値段の高さだ。
② 中国でまず**だいいち**に感動したものは広い空だ。
③ 両親は彼の結婚に反対だ。その**だいいち**の理由は彼がまだ学生だということだ。
④ (外国人に)日本の**だいいち**印象はいかがですか。

(2) ① お互い健康が**だいいち**ですな。
② 安全**だいいち**。(標語)
③ 両親が**だいいち**に考えることは子供の将来である。

(3) ① 私が被害者を殺すはずがない。**だいいち**顔も知らないんだから。
② 先生は表で遊べって言うけど、**だいいち**どこで遊んだらいいんだよ。

【解説】 (1) ある序列の最初のものを表す。プラスマイナスのイメージはない。①は主語、②は述語にかかる修飾語、③は名詞にかかる修飾語、④は名詞の前につく用法である。あまり述語にはならない。ただし、②③の場合には、(2)の最も重要であるという意味になる場合もあり、両者の区別は明確にはつかない。

(2) (1)から進んだ意味で、最も重要である様子を表す。プラスイメージの語。①②は述語、③は述語にかかる修飾語の用法である。「第一□□」のように名詞の前につく場合には(1)の意味、「□□第一」のように名詞の後につく場合には(2)の意味になることが多い。

(1)(2)の「だいいち」は「いちばん」に似ているが、「いちばん」は最も程度が高いものを広く指すことができる。また、「いちばん」は複数のものの中から最も程度の高いものを選択する比較の暗示がある。

× 彼は経理には第一に向かない人間だと思う。
→彼は経理にはいちばん向かない人間だと思う。
健康が第一だ。(健康でなければ意味がない)
健康が一番だ。(一病息災《そくさい》もあるけれど)

(3) 議論の前提が存在しない様子を表す。ややマイナスよりのイメージの語。述語にかかる修飾語として用いられる。ひらがな書きすることが多い。会話ではしばしば「だいち」のように短く発音される。議論の前提が存在しないために話にならない様子を表す。①は被害者の顔さえ知らないのだから、自分が殺したかもしれないという議論は成り立たないという意味、②は遊ぶのに適当な場所がないのだから、先生の言う「表で遊べ」という議論が成り立たないという意味である。話者の困惑と憤慨の暗示がある。
　この「だいいち」は「だいたい」や「そもそも」に似ているが、「だいたい」は話の根源に言及する様子を表し、話者の概嘆の暗示がある。「そもそも」は客観的な表現で、特定の感情を暗示しない。

……だいいち顔も知らないんだから。
(顔も知らないのに殺すわけがないだろう)
……だいたい顔も知らないんだから。
(殺人容疑そのものがおかしいのではないか)
……そもそも顔も知らないんだから。
(顔も知らないしどういう人かも知らない)

⇨「いちばん」「だいたい」「そもそも」「いっとう」「もっとも I」「なににもまして」「なにより」「いったい」「およそ」「まず」

たいがい［大概］**taigai**

(1)① **たいがい**の人は電卓を持っている。
② おとなの犬は子犬がじゃれて噛《か》んでも**たいがい**のところは我慢する。
③ 日曜日は**たいがい**家でごろごろしている。
(2)① ふざけるのも**たいがい**にしないか。

【解説】(1) 大部分である様子を表す。プラスマイナスのイメージはない。①②は名詞にかかる修飾語、③は述語にかかる修飾語の用法である。現在ではある範囲の大部分という意味で用いることが多く、状態の大部分や動作や作用の達成度の大部分という意味ではふつう用いられない。

? 工事はたいがい終わった。
→工事はだいたい(あらかた)終わった。

「たいがい」は「がいして」や「たいてい」「だいたい」などに似ているが、「がいして」は全体の傾向を述べる暗示が強く、ある範囲の大部分というニュアンスはない。「たいてい」は一般的な傾向を述べる暗示がある。「だいたい」は瑣《さ》末《まつ》な部分を除いた大部分という暗示がある。

× 今月はたいがい客の入りがよかった。
→今月は概して客の入りがよかった。

ここまで言えばたいがいわかるだろう。
(大部分の人がわかるはずだ)
ここまで言えばたいていわかるだろう。
(普通の人ならわかるはずだ)
ここまで言えばだいたいわかるだろう。
(何が正解か見当がつくだろう)

(2)「……するのもたいがいにしろ(しないか)」などの形で、「……するな」という禁止を表す。マイナスイメージの語句。通常の禁止に比べて話者の怒りと憤慨の程度が大きい。ただし、かなり古風な表現で現在ではあまり用いられない。日常的には「……するのもいい加減にしろ」を用いる。
⇨「だいたい」「あらかた」「がいして」「たいてい」「おおよそ」「およそ」「あらまし」「ほとんど」「おおかた」「ほぼ」「おおむね」「そうじて」「いいかげん」

たいして［大して］taishite

① ぼくは生魚は**たいして**好きではない。
② 彼の忠告などその時は**たいして**気にも止めていなかったが、後になって身にしみてわかった。

【解説】 後ろに打消しの表現を伴って、程度がはなはだしくない様子を表す。ややマイナスイメージの語。打消しの表現を伴う述語にかかる修飾語として用いられる。「たいして……ない」は程度がはなはだしくないことを軽い侮蔑《ぶべつ》の暗示を伴って表すが、低い程度ながら存在するというニュアンスがある(②)。したがって、会話などで全部否定を婉曲《えんきょく》に表現する場合などには用いられない。この場合には、ふつう非存在を表す「それほど」や客観的な「あまり」を用いることが多い。
⇨「それほど」「あまり」「そんなに」「さほど」「かくべつ」「べつだん」

たいそう［大層］taisô

① (客が)これはこれは**たいそう**な御馳走ですねえ。
② 会社社長だって**ごたいそう**なこと言うからどんな金持ちかと思ったら、全然たいしたことはなかった。
③ 書庫というといかにも**たいそう**に聞こえるが、実際は本棚が数本置いてあるだけでね。
④ 不思議に思って寄って見ると、三寸くらいの人が**たいそう**かわいらしい様子で座っている。(竹取物語)

【解説】 程度がはなはだしい様子を表す。ややプラスよりのイメージの語。①②は名詞にかかる修飾語、③④は述語にかかる修飾語の用法である。かなり古風なニュアンスのある語で、主に公式の発言(①)などに用いるほか、古典の現代語訳の文章(④)に多用される。①③には程度がはなはだしいことについて評価の暗示がある。②の「御大層」は「たいそう」の丁寧形だが、日常会話において揶揄《やゆ》や皮肉の暗示を伴って用いられることが多い。④はかなり客観的な表現で、特定の感情を暗示しない。
「たいそう」は「たいへん」「ひじょうに」「とても」などに似ているが、「たいへん」「ひじょうに」は程度が高く誇張の暗示がある。「とても」は話者の主観として程度のはなはだしい様子を表し、打消しの表現を伴って、可能性がまったくない様子を表す意味もある。

たいそうな人出。（にぎやかだった）
たいへんな人出。（歩けなかった）
たいそう寒い。（とても寒い）
非常に寒い。（寒くてやりきれない）

×ぼくにはたいそうできないよ。
→ぼくにはとてもできないよ。

⇨「たいへん」「ひじょう」「とても」「はなはだ」「ごく」「しごく」「いたって」「いとも」「おおいに」「きわめて」「うんと」「ちょう」「ひといちばい」「よにも」「ぜんぜん」

だいたい ［大体］ daitai

(1) ① **だいたい**の御説明はすでに係の者がいたしました。
② 課長の提案には**だいたい**において賛成だ。
③ 「試験どうだった?」「うん、**だいたい**できた」

(2) ① 桜は東京では**だいたい**四月上旬に咲く。
② 「君の会社の社員は何人いるの?」「**だいたい**三十人ぐらいかな」

(3) ① うちの亭主は**だいたい**が怠け者だから、休みの日にごろごろするなって言っても無理よ。
② **だいたい**彼を信用したのが間違いの元だ。
③ **だいたい**なんであんな危ない所へ行ったんだい。

【解説】 (1) 主要な大部分を表す。プラスマイナスのイメージはない。①は名詞にかかる修飾語、②③は述語にかかる修飾語の用法である。瑣末《さまつ》な部分を除いた大部分という意味で、無差別に大部分を言うわけではない。また、動作や作用の達成度についても用いられる(③)。客観的な表現で、特定の感情は暗示されていない。

この「だいたい」は「たいがい」「たいてい」「あらかた」などに似ているが、「たいがい」はある範囲の大部分という暗示がある。「たいてい」は一般的な傾向を述べる暗示がある。「あらかた」はややくだけた表現で、疎略の暗示がある。

だいたいできる。（大事な所は全部できる）
たいがいできる。（大部分はできる）
たいていできる。（普通のものなら何でもできる）
あらかたできる。（おおざっぱに言ってできる）

(2) 近似値を推量する様子を表す。プラスマイナスのイメージはない。時間や数量を表す名詞にかかる修飾語として用いられる。ある時間や数値を主観的に推量する様子を表すが、表現自体は客観的で特定の感情は暗示されていない。

この「だいたい」は「おおよそ」「およそ」などに似ているが、「おおよそ」「およそ」は近似値そのものを述べるニュアンスで推量の暗示がないので、正確さは「おおよそ」「およそ」のほうがある。

だいたい五百人参加した。
（数えてないが五百人ぐらいだろう）
おおよそ（およそ）五百人参加した。
（参加人数は概数で五百人だ）

(3) 物事の根源に言及する様子を表す。ややマイナスよりのイメージの語。①は主語になる用法、②③は文頭に置かれる用法で、③は物事の根源に言及する疑問の表現に結びついた例である。あまり好ましくない結果の根源に言及する場合に用いられ、話者の慨嘆の暗示がこもる。

この「だいたい」は「そもそも」や「いったい」に似ているが、「そもそも」のほうが客観的で慨嘆の暗示はない。「いったい」は全体を一つのまとまりととらえて一般化する暗示がある。

× （企画会議で）だいたい人間にとって辞書とは何でありましょうか。
→そもそも（いったい）人間にとって辞書とは何でありましょうか。

× 彼はだいたいどうかしたのかい。
→彼はいったいどうかしたのかい。

⇨「たいがい」「たいてい」「あらかた」「おおよそ」「およそ」「そうじて」「そもそも」「いったい」「だいいち」「ぜんたい」「がんらい」「がいして」「あらまし」「ほとんど」「ほぼ」「やく」「ざっと」「かれこれ」「おおかた」「おおむね」「まあ」

たいてい ［大抵］ taitei

(1) ① **たいてい**の人はビートルズの曲を知っている。
② あわててやると**たいてい**後でミスを発見する。
③ 毎年勤労感謝の日は**たいてい**晴れだそうだ。
④ 社長は**たいてい**は十時に出勤する。

(2) ① この損害は**たいてい**なことではすまないぞ。
② 辞書を一から作る苦労は並**たいてい**ではない。
③ ふざけるのも**たいてい**にしろ。

【解説】 (1) 一般的にある傾向である様子を表す。プラスマイナスのイメージはない。①は名詞にかかる修飾語、②〜④は述語にかかる修飾語の用法である。何度も繰り返される行為や状態のうちの多くの割合が一定の傾向になることを表し、分量の大部分はふつう意味しない。①は大部分の人という意味ではなく、話者の想定する通常・一般の人という意味で、絶対的な数には言及しない。

「たいてい」は「たいがい」「だいたい」「あらかた」「ほとんど」などに似ているか、「たいがい」はある範囲の大部分を暗示する。「だいたい」は瑣末《さまつ》な部分を除いた主要な大部分を暗示する。「あらかた」は全体の達成度の大部分を暗示する。「ほとんど」はある限定された範囲内の傾向を表す。

？ 毎年勤労感謝の日はたいがい晴れだそうだ。

× 工事はたいてい終わった。

→工事はだいたい(あらかた)終わった。

運動会の日はたいてい一日いい天気だった。

(これまでの運動会は一日晴れる傾向にある)

運動会の日はほとんど一日いい天気だった。

(この間の運動会は少し曇ったがおおむね晴れだった)

(2) 通常の程度を表す。ややマイナスイメージの語。

①は名詞にかかる修飾語、②は述語、③は述語にかかる修飾語の用法である。打消し(①②)・命令(③)などの表現を伴うことが多い。②の「並たいていではない」は対象の程度がはなはだしいことについて、「通常程度ではない」という意味である。③は適当な程度でやめておけという意味で、結果として「ふざけるな」という禁止の意味になる。ただし、打消しを伴わない③の用法は、かなり古風な表現で、現在ではあまり用いられない。

⇨「たいがい」「だいたい」「あらかた」「ほとんど」「あらまし」「おおよそ」「およそ」「そうじて」「おおかた」「おおむね」「がいして」「いいかげん」

だいなりしょうなり ［大なり小なり］ dainari-shônari

① **だいなりしょうなり**の違いはあっても、人にはみな夢がある。

② いかに批判しても我々が**だいなりしょうなり**機械文明の恩恵をこうむっているのは事実だ。

【解説】 大小・程度の高低を表す。プラスマイナスのイメージはない。①が本来の名詞にかかる修飾語の用法で、大小・程度の高低の違いはあってもという意味である。②はこれから進んだ用法で、述語にかかる修飾語となり、程度の差はあるが問題にしない様子を表す。程度の差はあっても、ある主張が妥当するという意味で、判断の妥当性を暗示するかなり冷静な表現である。

②の用法は「おおかれすくなかれ」に似ているが、「おおかれすくなかれ」は主に量の多少について用いられる。

？ 都会に住めば大なり小なり金はかかる。

→都会に住めば多かれ少なかれ金はかかる。

⇨「おおかれすくなかれ」

だいぶ・だいぶん ［大分］ daibu・daibun

① 母はおかげさまで**だいぶ**よくなりました。

② 今度の仕事で彼女は**だいぶ**苦労したみたいだね。

③ 彼の父は年よりも**だいぶん**若く見える。

④ 家を出たのが終戦の年だから、もう**だいぶ**になる。

【解説】 程度が平均を上回っている様子を表す。プラスマイナスのイメージはない。「だいぶん」は「だいぶ」の古風な表現。ふつう述語にかかる修飾語として用いられる。④は「だいぶになる」という形で用いられ、時間が相当程度経過したという意味を表す。かなり客観的な表現ではあるが、対象の程度や度合が平均を上回っていることについて話者の評価と共感の暗示がある。

「だいぶ」は「かなり」「ずいぶん」や「そうとう」「けっこう」「なかなか」などに似ているが、「かなり」は客観的な表現で、特定の感情は暗示しない。「ずいぶん」は程度が平均を大きく上回っていることについて、結果の実感に基づいた慨嘆や驚きなどの暗示を伴う。「そうとう」は見聞に基づく驚きや感嘆の暗示がある。「けっこう」は話者の予想に反する結果について納得の暗示がある。「なかなか」は対象を上から見て評価する暗示がある。

× しばらく見ないうちにかなり大きくなったね。

→しばらく見ないうちにだいぶ(ずいぶん)大きくなったね。

⇨「かなり」「ずいぶん」「そうとう」「けっこう」「なかなか」「すくなからず」

たいへん［大変］taihen

(1)① ゆうべは**たいへん**なあらしだった。

② 明治神宮は毎年**たいへん**な人出だ。

③ 今度の彼の絵は**たいへん**にすばらしい。

④ 御迷惑をおかけして**たいへん**申し訳ありません。

⑤ 「お味はいかがですか」「**たいへん**結構です」

(2)① 君は**たいへん**なことをやってくれたな。

② 娘の恋人を調べてみたら**たいへん**な男だった。

③ タバコを吸ってるのがママにばれたら**たいへん**だ。

④ 「今年は長男が大学受験で、長女が高校受験なんだ」「それは**たいへん**ですね」

⑤ あら**たいへん**、ガスをつけっ放しで来ちゃったわ。

【解説】 (1) 程度がはなはだしいことを誇張する様子を表す。プラスマイナスのイメージはない。①②は名詞にかかる修飾語、③～⑤は状態を表す述語にかかる修飾語の用法である。ふつう述語にはならない。程度が非常にはなはだしいことを誇張的に表し、話者の概嘆(①)・驚き(②)・感動(③)・丁重(④)などの暗示がこもる。

この「たいへん」は「とても」「ひじょうに」「たいそう」などに似ているが、「とても」はかなり冷静な表現で、誇張の暗示はない。「ひじょうに」はややかたい表現で、公式の発言などによく用いられる。「たいそう」はやや古風な表現で、程度自体も「たいへん」よりは低いことが多い。

たいへん大きな被害をこうむった。
(重大で途方にくれるほどだった)
とても大きな被害をこうむった。

(大規模な被害だった)
非常に大きな被害をこうむった。
(重大で深刻な被害だった)
たいそう大きな被害をこうむった。
(被害は並たいていではなかった)

(2) 慨嘆すべき様子を表す。マイナスイメージの語。

①②は名詞にかかる修飾語、③④は述語、⑤は感動詞的な用法である。あまり述語にかかる修飾語にはならない。

対象の状態が慨嘆すべきであることを誇張的に述べ、慨嘆(①②)・危惧《きぐ》(③)・同情(④)・驚き(⑤)などの暗示がこもる。

この「たいへん」は「ひどい」に似ているが、「ひどい」には被害者意識が暗示される。

× あらひどい、ガスをつけっ放しで来ちゃったわ。

⇨「とても」「ひじょう」「たいそう」「きわめて」「ごく」「しごく」「はなはだ」「いたって」「いとも」「おおいに」「うんと」「ちょう」「もうれつ」「ひといちばい」「よにも」「ぜんぜん」

たえず ［絶えず］ taezu

① こうして我々が雑談している間も、地球は**たえず**動いている。

② 親は子供の幸福を**たえず**考えているものだ。

【解説】 途切れることなく行動し続ける様子を表す。プラスマイナスのイメージはない。述語にかかる修飾語として用いられる。ふつう、動作が途切れることなく継続する場合に用いられ、状態が継続する場合には用いられない。

× そうたえずうまくは行かないよ。
→そういつもうまくは行かないよ。

「たえず」は「いつも」「つねに」や「しじゅう」「しょっちゅう」などに似ているが、「いつも」は習慣的な状態を表し一般性の暗示がある。「つねに」は一定の状態を同じように保つ恒常性の暗示がある。「しじゅう」「しょっちゅう」は基本的に頻度が高いという意味で用いられる。

× 彼はたえず帽子をかぶって出社する。
→彼はいつも(常に)帽子をかぶって出社する。

× こうして我々が雑談している間も、地球は始終(しょっちゅう)動いている。

⇨「いつも」「つねに」「しじゅう」「しょっちゅう」「しろくじちゅう」「いつでも」「のべつ」

たがいちがい ［互い違い］ tagai-chigai

① 碁石を黒白**たがいちがい**に並べる。

② 土手には柳と桜が**たがいちがい**に植えられている。

③ そのカーテンは子供と犬が**たがいちがい**の模様に

なっている。

【解説】 二つのものの状態が交互に繰り返される様子を表す。プラスマイナスのイメージはない。①②のように述語にかかる修飾語として用いることが多いが、③のように名詞にかかる修飾語になることもある。状態について用いることが多く、動作が交替する場合にはふつう用いられない。

× パネラーは手話通訳者と互い違いに話した。

→パネラーは手話通訳者と交互に話した。

「たがいちがい」は「こうごに」や「かわるがわる」に似ているが、「こうごに」は動作についても用いられるほか、三種類の場合にも用いられる。「かわるがわる」は動作に限って用いられる。

子供たちは互い違いに手を出した。
（全員が右手と左手を入り組んだ状態で出した）
子供たちは交互に手を出した。
（一人ずつ右手と左手を交替に出した）
子供たちはかわるがわる手を出した。
（一人ずつ次々と手を出した）

⇩「こうごに」「かわるがわる」

たかが ［高が］ takaga

① 平社員の給料じゃ**たかが**知れてるよ。

② いくら高級って言ったって**たかが**メシじゃないか。

③ 年寄りは**たかが**風邪くらいとばかにしてはいけない。

【解説】 程度が高くないことを侮蔑《ぶべつ》する様子を表す。マイナスイメージの語。①は「たかが知れている」という主語・述語の文になり、たいしたことはないという意味を表す。②③は名詞にかかる修飾語の用法である。対象の程度が低く問題にならないことを侮蔑する様子を表す。この場合、対象の程度が客観的に低いかどうかには言及せず、話者が主観的に程度が低いと判断したものについて用いる。

「たかが」は「たかだか」や「せいぜい」に似ているが、「たかだか」は最大限を見積もる暗示があり、侮蔑の暗示は少ない。「せいぜい」は広く最大限に言及する用法をもつ。

× この化石はたかが十万年前のものだ。

→この化石はたかだか十万年前のものだ。

× 彼の実力じゃたかが百人中二十番がいいところだ。

→彼の実力じゃせいぜい百人中二十番がいいところだ。

⇩「たかだか」「せいぜい」

たかだか［高々］takadaka

① この化石は**たかだか**十万年前のものだ。
② 金額は**たかだか**三万円ですけど、園児たちがわずかなお小遣いを持ち寄ってためた大切なお金なんです。
③ スポーツといっても**たかだか**その辺をちょっと走る程度では、とてもダイエットはできない。

【解説】 最大限を見積もる様子を表す。ややマイナスよりのイメージの語。①②は数量を表す名詞にかかる修飾語、③は程度を表す名詞（句）にかかる修飾語の用法である。どんなに多くてもという意味だが、客観的な表現ではなく、話者の主観として最大限の数量や程度でさえそれほど大きくないことを、侮蔑《ぶべつ》（①③）・卑下（②）などの暗示を伴って述べる。

「たかだか」は「たかが」や「せいぜい」に似ているが、「たかが」は侮蔑の暗示が強く、価値があることを卑下する場合には用いられない。「せいぜい」は話者の主観による最大限に言及する暗示が強い。

× 金額はたかが三万円ですけど、園児たちがわずかなお小遣いを持ち寄ってためた大切なお金なんです。
× （商人が）たかだか勉強させてもらいますよ。
→せいぜい勉強させてもらいますよ。

⇨「たかが」「せいぜい」「ものの」「ほんの」「よくて」

たくさん［沢山］takusan

(1)① 私には友人が**たくさん**いる。
② 湾岸戦争で**たくさん**の難民が発生した。
③ そんなに**たくさん**な御馳走は食べられない。
④ 貧乏人の子**だくさん**。（ことわざ）
⑤ （司会者が）本日は盛り**だくさん**なイベントを用意しております。

(2)① パパのくだらないお説教なんて**たくさん**だ。
② 買い物なんて二時間もあれば**たくさん**だろ？
③ ふだん着なんて安物で**たくさん**だわ。
④ 「おじいちゃん、おかわりは？」「もう**たくさん**。はい、ごちそうさん」

【解説】 (1) 数量が多い様子を表す（↔すこし）。プラスマイナスのイメージはない。①は述語にかかる修飾語、②③は名詞にかかる修飾語の用法である。④⑤は名詞の後ろに直接つく用法。③の「たくさんな」という形は現在あまり用いられない傾向にあるが、⑤の「盛りだくさんな」という形ではふつうに用いられる。あまり述語にはならない。好ましい物事についても（①③⑤）、好ましくない物事についても（②④）用いられる。数量が多くて、ある範囲に収まらない余地のなさを暗示する。かなり客観的な表現で、特定の感情を暗示しない。④はことわざで、家が貧乏な人にかぎって扶養すべき子供の数が多くて、生活がますます苦しくなるという意味である。⑤はバラエティーのあるイベントが十分な数量あるという意味である。

多数・多量を表す語としては、他に「いっぱい」「しこたま」「たんまり」「うんと」「ふんだんに」「たっぷり」「どっさり」「わんさと」などがあるが、「いっぱい」は多量のものがある範囲からあふれるほどあるという余剰の暗示がある。「しこたま」「たんまり」はくだけた表現で、主に金銭をもうける場合などに用い、ややマイナスイメージの語となっている。「うんと」は多量であることを誇張的に表し、程度を強調する場合にも用いる。「ふんだんに」「たっぷり」は豊富・大量消費の暗示、「どっさり」には重量感を伴った多量の暗示、「わんさと」は多数の集合の暗示がある。

? そんなにいっぱいの御馳走は食べられない。

× 湾岸戦争でしこたま(たんまり・たっぷり・ふんだんに・どっさり)難民が発生した。

× ぼく、たくさんおっきな犬がほしいな。

→ぼく、うんとおっきな犬がほしいな。

この犬にはノミがたくさんたかっている。

(ノミの数が多い)

この犬にはノミがわんさとたかっている。

(多数のノミが群がってたかっている)

(2) (1)から進んで、不必要である様子を表す。ややマイナスイメージの語。述語として用いることが多い。しばしば「もう」という副詞を伴う。①はすでに何度も聞いているので、これ以上聞きたくないという不快の暗示を伴う。②は二時間あれば十分すぎるくらいで、それ以上は不必要なはずだという意味であり、軽い慨嘆が暗示される。③は高級品は不要だという意味である。④は家庭内で老人におかわりを勧めた答えとして用いられたもので、それ以上は食べたくないという意味である。ただし、この場合には勧めた人への配慮(敬意)がまったくなく、ただ自分には不必要と表明しているにすぎないので、他人や目上に対してはふつう用いられない。その場合には「けっこう」や「じゅうぶん」を用いる。

× (来客に)「もう少しいかが」「もう、たくさんです」

→「もう少しいかが」「もう、結構(十分)です」

⇩「いっぱい」「しこたま」「うんと」「ふんだん」「けっこう」「じゅうぶん」「じゅうにぶん」「ごまんと」「たらふく」「やまほど」「すこし」

たしか[確か] ⇩『現代形容詞用法辞典』「たしか」

だしぬけ［出し抜け］dashinuke

① 部長の**だしぬけ**の自宅訪問には驚いた。
② あの先生は**だしぬけ**にテストをするから嫌われる。
③ (課長が部下に)**だしぬけ**ですまないけど、明日ニューヨークへ出張してくれないかな。

【解説】 予想しない事態が突然起こる様子を表す。ややマイナスイメージの語。①は名詞にかかる修飾語、②③は述語にかかる修飾語の用法である。行為の受け手の被害者意識が暗示され、衝撃と慨嘆のニュアンスを伴う。③は出張の指示が部下にとって「だしぬけ」なのであって、課長にとっては十分に予定されていることであるが、部下の慨嘆の気持ちに同情するニュアンスをもつ。ふつう人間の行為について以外には用いられない。

「だしぬけに」は「いきなり」や「ふいに」「やにわに」「とつじょ」「きゅうに」などに似ているが、「いきなり」は驚きと衝撃の暗示があるが、被害者意識の暗示はない。「ふいに」は継続することが期待されている事態が予想に反して変わるという意味で、意外性と不審の暗示がある。「やにわに」は前の動作とまったく関係のない大きな動作や行為が突然起こる様子を表し、慨嘆の暗示がこもる。「とつじょ」は人間以外の行為についても、受け手の衝撃と驚きの暗示を伴って用いられる。「きゅうに」は事態が短時間に大きく変化する様子を表し、予想に反する事態かどうかには言及しない。

× 清原は一回の表にだしぬけにホームランを放った。
→清原は一回の表にいきなりホームランを放った。
× 昨日から降り続いていた雨がだしぬけに止んだ。
→昨日から降り続いていた雨が不意に止んだ。
× あの先生はやにわにテストをするから嫌われる。
? 畑の真ん中にだしぬけに活火山が出現した。
→畑の真ん中に突如活火山が出現した。
× 写真を見ていたらだしぬけに彼に会いたくなった。
→写真を見ていたら急に彼に会いたくなった。

⇨「いきなり」「ふい」「やにわ」「とつじょ」「きゅう」「とつぜん」「つと」「ふと」

たしょう［多少］tashô

(1)① (チリ紙交換のアナウンス)**たしょう**にかかわらず声をかけてください。
② 賄賂《わいろ》は基本的に金額の**たしょう**は問題ではない。
(2)① **たしょう**のことは大目に見てやろう。
② 英会話は**たしょう**間違っていても気にしないことだ。
③ 「御趣味は?」「はあ、空手を**たしょう**」
④ **たしょう**なりとも皆様のお役に立ちたいと存じま

す。

⑤ 専門家だからってね、絶対正しいかって言ったら、**たしょう**そんなことはね、言えないなって、**たしょう**は思うわけですよ。

【解説】 (1) 量が多いことと少ないことを表す。プラスマイナスのイメージはない。「多少にかかわらず」「多少は問題ではない」というような、量の多い少ないの違いを無視する文脈で用いることが多い。ややかたい文章語で、公式の発言などによく用いられる。

(2) 数量や程度が少ない様子を表す。プラスマイナスのイメージはない。①は名詞にかかる修飾語、②〜④は述語にかかる修飾語の用法である。具体的に限定できない数量や程度が少ないことを客観的に表すが、話者の意識としては存在するほうに視点がある。③は後ろに「たしなみます」などの述語部分を省略した用法である。④の「多少なりとも」は少しでも、いくらかでもという卑下と許容の暗示を含む。ややかたい文章語で、公式の発言などによく用いられる。⑤は会話の途中で用いられる間投詞の用法で、断言をはばかる遠慮の心理が暗示される。

「たしょう」は「しょうしょう(少々)」や「すこし」と異なり、数量や程度の少なさを漠然と示し、明確な少量を示す場合には用いられない。また、「しょうしょう」は、話者の気軽さなどを表す場合や、実際には数量や程度が大きいのを謙遜《けんそん》したり婉曲《えんきょく》に言ったりする場合にも用いられる。

× (料理番組で)塩をほんの少々(少し)振っておきます。
→塩をほんの多少振っておきます。

× 多少おたずねしますが、駅はどちらでしょうか。
→少々おたずねしますが、駅はどちらでしょうか。

「御趣味は?」「はあ、空手を多少」
(空手を少しやっている)

「御趣味は?」「はあ、空手を少々」
(実は達人であることを謙遜している)

「たしょう」は「じゃっかん」や「いくらか」にも似ているが、「じゃっかん」は話者の意識として非存在のほうに視点がある。「いくらか」は「たしょう」より数量の絶対量が少ない暗示がある。

? 若干のことは大目にみてやろう。

? 英会話はいくらか間違っていても気にしないことだ。

⇨「すこし」「しょうしょう」「じゃっかん」「いくらか」「いくぶん」「いささか」「ちょっと」「ちっと」「やや」

ただ [只・徒・唯] tada

(1) ① 「彼とどういう関係なんだ」「**ただ**の友だちよ」

② 十で神童、十五で才子、二十《はたち》過ぎれば**ただ**の人。（ことわざ）

③ あの男には気をつけろ。**ただ**の鼠《ねずみ》じゃないぞ。

④ （誘拐犯が）警察へ言ったら**ただ**じゃおかないぞ。

⑤ 君がこの仕事に失敗したら、部長の私だって**ただ**ではすまないのだからね。

(2) ① この公園は入場料が**ただ**だ。

② **ただ**より高いものはない。（ことわざ）

③ 彼はころんでも**ただ**では起きない。

④ ここのわんこそばは二百杯食べると**ただ**になる。

⑤ 知らない人から物を**ただ**もらうわけにはいかない。

⑥ 毎日接待接待って**ただ**酒飲んで、いい身分ねえ。

(3) ① ここまで来たら、**ただ**運を天に任せるだけだ。

② 慶子は**ただ**踊るだけでなく演技もできる。

③ 何をきいても少女は**ただ**泣くばかりだった。

④ 彼女は**ただ**言われたとおりに動いたに過ぎない。

⑤ ママは**ただ**お前のためと思って私立へ入れたのよ。

⑥ 平安時代に**ただ**「花」と言えば桜を指した。

(4) ① 彼は**ただ**一度の失敗に懲りて一生再婚しなかった。

② その政治家は**ただ**の一言も弁解しなかった。

③ 君を裏切ったことなんか**ただ**の一度もない。

④ 「一万円で海外旅行してきたよ」「ふん、**ただ**の一万で海外旅行なんてできるもんか」

(5) ① あいつは確かにできる。**ただ**ちょっと性格がねえ。

② この参考書は必ず売れるよ。**ただ**心配なのは新学期までに刊行できるかどうかだ。

【解説】 (1) 通常の様子を表す。ややマイナスイメージの語。①～③は名詞にかかる修飾語、④⑤は述語にかかる修飾語の用法である。しばしば後ろに打消しの表現を伴い、通常・普通の状態ではない、程度がはなはだしいという意味になる。①②のように肯定文で用いられた場合には、特別な程度ではないことを強調する意味になる。①は恋人ではないという意味、②は優秀でない、凡人であるという意味である。③の「ただの鼠じゃない」は慣用句で、要注意人物であるという意味、④の「ただじゃおかない」、⑤の「ただではすまない」も慣用句で、どちらも重大で深刻な結果になるという意味である。この場合には、危惧《きぐ》の暗示がある。

(1)の「ただ」は「ふつう」に似ているが、「ふつう」は客観的な表現で、打消しや否定を伴っても重大で深刻だという意味にはならない。

× 警察へ言ったら普通じゃおかないぞ。

(2) 無料である様子を表す。プラスマイナスのイメージはない。①は述語、②は名詞、③～⑤は述語にかかる修飾語の用法である。⑥は名詞の前に直接ついて「無料の□□」という意味になる。このときは「ただざけ」と連濁する。「ただ　さけを　飲んで」というふうに連濁しない場合には、「ただ」は(3)の「一つのことに限定する」意味になる。②はことわざで、無料だといちばん安いと思いがちであるが、そのぶん心理的な負担を負うことになるので、結局お金を出したほうが気楽だという意味である。③の「ころんでもただでは起きない」もことわざで、失敗してもそこから必ず何かプラスになるものを獲得する性格を言い、しばしば抜け目なさを揶揄《やゆ》する暗示がある。

(3)　一つのことに限定する様子を表す。プラスマイナスのイメージはない。ふつう述語にかかる修飾語として用いられるが、名詞にかかる修飾語になる場合(⑤⑥)もある。しばしば「だけ」(①②)、「ばかり」(③)、「〜に過ぎない」(④)などの限定を表す表現を伴う。一つの物事だけで他にないことを表すが、表現自体はかなり客観的で、特定の感情は暗示されていない。限定を強調したい場合には「ただただ」を用いるが、「ただただ」は述語にかかる修飾語として用いられるだけで、②⑥のような条件句にはならない。

(3)の「ただ」は「ひたすら」「もっぱら」や「たんに(単に)」などに似ているが、「ひたすら」には他をかえりみない頑固さと切迫感の暗示がある。「もっぱら」は全体の中の主要な部分というニュアンスがある。「たんに」は限定された物事について軽い侮蔑《ぶべつ》の暗示がある。

✕ 何をきいても少女はひたすら泣くばかりだった。
✕ 彼女はもっぱら言われたとおりに動いたに過ぎない。

慶子はただ踊るだけでなく演技もできる。
(踊りと演技の両方ができる)
慶子は単に踊るだけでなく演技もできる。
(踊りだけではたいしたことはないが演技もできる)

(4)　(3)から進んだ用法で、数量が少ないことを誇張する様子を表す。ややマイナスよりのイメージの語。単独でまたは「ただの」の形で、数量を表す名詞にかかる修飾語として用いられる。しばしば「ただの一□□もない」という否定文になり、最低数量としての「一□□」を否定することによって、数量がまったく存在しないことを誇張する意味を表す。

この「ただ」は「たった」に似ているが、「たった」のほうがくだけた表現で、数量が少ないことについて侮蔑の暗示がある。

あいつが外国へ行ったのはただ一回きりだ。
(二回は行っていない)
あいつが外国へ行ったのはたった一回きりだ。
(何回も行っていると言ったがウソだ)

(5)　補足説明を付け加えて全面的な肯定を留保する様

子を表す。ややマイナスイメージの語。補足説明を表す文の頭に置いて用いられる。ややくだけた表現で、日常会話中心に用いられる。前に肯定的な内容を表す文がきて、それにあまり好ましくない補足を付け加えることによって、前文の内容をそのまま肯定できないという話者の不本意さを暗示する。したがって、話者の意識としては前文のほうに重点がある。
　この「ただ」は「ただし」に似ているが、「ただし」は後から条件や例外を付け加える様子を表し、付け加えた条件や例外が全体に影響する重要な意味をもつ暗示がある。

　この仕事は簡単だ。ただ時間がないんだよ。
　(簡単だからもう少し時間をくれればできる)
　この仕事は簡単だ。ただし時間がないんだよ。
　(簡単だが時間がないからできない)

⇨「ふつう」「ただただ」「ひたすら」「もっぱら」「たんに」「たった」「ただし」「ただもう」「ただいま」「ただでさえ」「ほんの」「なお」「ひとり」「もっともII」「たまたま」

ただいま ［只今・唯今］ **tada-ima**

(1) ① (来客に)社長は**ただいま**会議中でございます。
② 当機は**ただいま**富士山の上空を通過しております。
③ 「変わったことはないかね」「はい、**ただいま**のところは」
④ 今日**ただいま**からおれは禁煙するぞ。

(2) ① **ただいま**の地震は東京は震度三の弱震でした。
② **ただいま**御紹介をいただきました浅田でございます。
③ 「**ただいま～**、おなかすいた」「おかえんなさい」

(3) ① 「部長がお呼びだよ」「はい、**ただいま**参ります」
② (料亭で)「おねえさん、お酒」「は～い、**ただいま**」

【解説】 (1) 現在を表す。プラスマイナスのイメージはない。「ただいま」という中高型のアクセントで発音される。「いま」の(1)を強調した意味であるが、実際には主に丁重な会話に用いられ(①～③)、現在を強調する用法(④)はあまり多くない。この場合にも「今日ただいま」というかたい文章語を使った公式の発言になる。
　強調する場合には(1)の「ただいま」は「たったいま」と似てくるが、「たったいま」のほうが誇張的なニュアンスが強い。また、「たったいま」には「いま」を丁重にする用法はない。

× 社長はたった今会議中でございます。

(2) 近い過去を表す。プラスマイナスのイメージはない。通常「ただいま」という中高型のアクセントで発音される。①は名詞にかかる修飾語、②は完了の表現を伴う述語にかかる修飾語の用法である。③は帰宅の際の挨《あい》拶語《さつご》として用いられた感動詞の用法。この用法にかぎり「ただいま」という尾高型のアクセントとなる。

この「ただいま」も「いま」の(2)と同様の意味であるが、より丁重な会話で用いられる(①②)。

(3) 近い未来を表す。プラスマイナスのイメージはない。「ただいま」という中高型のアクセントで発音される。述語にかかる修飾語として用いられる。②は感動詞として用いられた例で、「ただ今参ります」を省略したもの。「いま」の(3)よりも丁重なニュアンスになる。

感動詞で用いられた「ただいま」は(2)と(3)の区別がつきにくいが、「ただいま」と尾高型で発音された場合には(2)、「ただいま」と中高型で発音された場合には(3)の用法である。

⇩「いま」「たったいま」「ただ」

ただし [但し] tadashi

① 締切は十月末日、**ただし**当日の消印は有効です。

② そんなに行きたいんならみんなで行ったら。**ただし**私は行かないわ。

③ 契約書の**ただし**書きをよく読まないではんこを押すから、後で泣きを見ることになるんだよ。

【解説】 後から条件や例外を付け加える様子を表す。ややマイナスよりのイメージの語。①②のように条件や例外を表す文の頭に置いて用いられるか、③のように「ただし書き」という形で名詞を作る。「ただし書き」とは文章の中の「ただし」に導かれる内容という意味であって、条件や例外そのものを指す。「ただし」は前の文の内容をそのまま肯定できない理由として、後から条件や例外を付加するという意味であるが、表現としてはかなり冷静で、特定の感情は暗示されていない。また、付け加えた条件や例外が全体に影響する重要な意味をもつ点にポイントがあり、意識としては後文のほうに重点がある。

「ただし」は「ただ」に似ているが、「ただ」は条件や例外を付加するだけで、重点はあくまで前件にあり、前件がそのまま肯定できないことについての話者の不本意さが暗示される。

× 締切は十月末日、ただ当日の消印は有効です。

⇩「ただ」「なお」「もっともII」

ただただ [只々・唯々] tadatada

① その織物の見事さには**ただただ**驚くばかりだった。

② (修学旅行)校長としては**ただただ**事故のないようにと願うだけです。

【解説】 一つのことに限定する様子を表す。プラスマイナスのイメージはない。述語にかかる修飾語として用いられる。しばしば「だけ・ばかり」などの限定を表す表現を伴う。一つの物事だけで他にないことを表すが、表現自体はかなり冷静で、特定の感情は暗示されていない。「ただ」の(3)を強調した意味であるが、条件句にはならず、述語を強調する用法に限られる。

× 彼女はただただ踊るだけでなく演技もできる。
→彼女はただ踊るだけでなく演技もできる。

「ただただ」は「ただもう」に似ているが、「ただもう」のほうが感情的で、話者の驚きや感嘆・慨嘆などの暗示が強い。

ただただ驚くばかりだ。
(驚き以外の気持ちはない)
ただもう驚くばかりだ。
(あまりに驚いて途方に暮れてしまう)

⇨「ただ」「ただもう」

ただちに ［直ちに］ tadachini

(1)① 火事の通報を聞くや**ただちに**現場にかけつけた。
② ゲリラは投降の呼びかけに**ただちに**武器を捨てた。
(2)① 冬山はちょっと気を許せばそのまま**ただちに**死につながる危険がある。
② 飛行機の離着陸時は一瞬の判断のミスが**ただちに**大事故に結びつく。

【解説】 (1) 前の行動に引き続き時間をおかずに行動する様子を表す。プラスマイナスのイメージはない。動作にかかる修飾語として用いられる。ややかたい文章語で、公式の発言や報道などによく用いられる。前の行動と続いて起こす行動とに一連の関連があることが暗示され、まったく異なる種類の行動を時間をおかずに起こすという場合にはふつう用いない。行為に移る際の時間の短さと切迫感の暗示もある。

× 家に帰ったらただちに風呂に入りたい。
→家に帰ったら即(すぐ)風呂に入りたい。

「ただちに」は「そく(即)」「そっこく」「すぐ」などに似ているが、「そく」には主体の積極性の暗示がある。「そっこく」には事柄の重大さの暗示がある。「すぐ」は客観的な表現で、行動に移る所要時間も「ただちに」よりは長い。

? ただちに立ち退きを命ず。
→即刻立ち退きを命ず。

(2) 直接結びつく様子を表す。ややマイナスよりのイメージの語。述語にかかる修飾語として用いられる。ややかたい文章語で、公式の発言や報道などによく用いられる。しばしば好ましくない極端な事態に直結するという文脈で用いられ、切迫感の暗示がある。具体物が直結している場合は現在ではあまり用いられない。

表座敷はただちに庭に通じている。

↓表座敷は直接(じかに)庭に通じている。

この「ただちに」は「じかに」や「ちょくせつ」に似ているが、「じかに」は間にはさむものがないというニュアンスで用いられる。「ちょくせつ」は客観的で特定の感情を暗示しない。

× スターにただちに会って話をきいた。

↓スターにじかに(直接)会って話を聞いた。

⇩「そく」「すぐ」「そっこく」「じかに」「ちょくせつ」「そうそうII」「きゅう」「じき」「そくざ」「さっきゅうに」「しきゅう」「きゅうきょ」「とりもなおさず」「さっそく」「すかさず」「かんはつをいれず」「すぐさま」「おりかえし」

ただでさえ［只でさえ］tadadesae

① **ただでさえ**へたな字が、急いだもんだからますます読めなくなった。

② 部長は**ただでさえ**短気なのに、部下がへまばかりしているものだから、最近雷を落としっぱなしだ。

③ (職場に自宅から電話が来た)あんまりくだらないことを言ってくるなよ。**ただでさえ**忙しいのに。

【解説】 通常の状態が好ましくないために結果の程度が高まる様子を表す。ややマイナスイメージの語。状態を表す語にかかる修飾語として用いられる。通常の状態が好ましくない上に、別の理由が加わって結果がさらに好ましくない状態になったことについて、概嘆の暗示を伴う。結果のほうに視点がある表現である。

「ただでさえ」は「それでなくても」に似ているが、「それでなくても」は前提のほうに視点があり、話者の困惑・迷惑・不快などが暗示される。

? そんなに暑い暑い言わないでよ。ただでさえ暑いんだから。

↓そんなに暑い暑い言わないでよ。それでなくても暑いんだから。

⇩「それでなくても」「ただ」

ただもう［只もう・唯もう］tada-mô

① (中国残留日本人孤児が)故国の肉親に会えて**ただもう**うれしいだけです。

② 雷が鳴るとうちの犬は**ただもう**こわくてこわくて家に飛び込んでくる。

【解説】 程度が非常にはなはだしくて他に何もできない様子を表す。プラスマイナスのイメージはない。状態を表す語にかかる修飾語として用いられる。しばしば「だけ・ばかり」などの限定の表現を伴う。かなり感情的な表現で、主体の感激・困惑・驚きなどの感情を暗示する。

「ただもう」は「ただただ」に似ているが、「ただただ」のほうが冷静で特定の感情を暗示しない。

⇩「ただただ」「ただ」「もう」

たちどころに ［立ち所に］ tachidokoroni

① その少年は難問を**たちどころに**解いた。
② 彼女の離婚は**たちどころに**社内に知れ渡った。

【解説】所要時間がほとんどかからない様子を表す。プラスマイナスのイメージはない。述語にかかる修飾語として用いられる。解決・帰結などにかかる所要時間が非常に短いことを誇張して表し、話者の驚きが暗示される。また、行為はほとんど反射的に行われ、主体の意図の感じられない表現になっている。

「たちどころに」は「あっというまに」や「またたくまに」「たちまち」などに似ているが、「あっというまに」は実際の所要時間だけでなく心理的な時間の短さをも表せる。「またたくまに」は広く行為全般の所要時間について用いられる。「たちまち」は短時間に事態が大きく進展する暗示がある。

× 休暇はたちどころに終わってしまった。
→休暇はあっというまに終わってしまった。
? 彼は山盛りの料理をたちどころに平らげた。
→彼は山盛りの料理をまたたくまに平らげた。
商品はたちどころに売り切れた。
（並べる間もなく売り切れた）
商品はたちまち売り切れた。
（非常に短時間で売れてなくなった）

⇩「あっというま」「またたくま」「たちまち」「みるま」「みるみる」「とたん」「きゅう」

たちまち ［忽ち］ tachimachi

① 火は**たちまち**のうちに隣家に燃え移った。
② 空が暗くなったと思ったら、**たちまち**大粒の雨が落ちてきた。
③ 仕事に追われていると一年なんて**たちまち**だね。

【解説】非常に短時間の間に事態が大きく進展する様子を表す。プラスマイナスのイメージはない。①の「たちまちのうちに」または単独(②)で述語にかかる修飾語として用いられることが多いが、述語になる(③)ことも皆無ではない。非常に短時間の間に事態が大きく進展する様子を表し、進展する前と後とで状態が大きく変化する暗示がある。そのため条件のつかない単独の動作などについては用いられない。

× 彼女はたちまち笑い出した。
→彼女は急に(突然)笑い出した。
→冗談を言ったら彼女はたちまち笑い出した。
（それまで笑っていなかったのが、冗談を言ったら短時間内に笑い出した）

「たちまち」は「たちどころに」「あっというまに」「またたくまに」に似ているが、これらは主に所要時間が短いことを表し、行為の前と後で状態が大きく変化する暗示はない。

× 空が暗くなったと思ったら、たちどころに(あっというまに・またたくまに)大粒の雨が落ちてきた。

⇨「きゅう」「とつぜん」「たちどころに」「あっというま」「またたくま」「みるま」「みるみる」「とたん」

たった［只・唯］tatta

① 彼女は大仕事を**たった**一人でやりとげた。
② 「はい、本代」「なんだ、**たった**これっぽっちかよ」
③ 奴が会社に来たのは**たった**の二日だぜ。

【解説】数量が少ないことを誇張する様子を表す。ややマイナスイメージの語。単独でまたは「たったの」の形で数量(①③)や程度(②)を表す名詞にかかる修飾語として用いられる。ややくだけた表現で、日常会話中心に用いられる。数量や程度が少ないことについて、感嘆(①)・侮蔑《ぶべつ》(②③)などの暗示を伴う。

「たった」は「ただ」の(4)に似ているが、「ただ」のほうが客観的な表現で、程度が低い場合には用いられない。

× 「はい、本代」「なんだ、ただこれっぽっちかよ」

⇨「ただ」「ほんの」「たったいま」

たったいま［只今］tatta-ima

(1)① 酒はやめた。**たったいま**この場で誓ってもいい。
(2)① 「はい、ケーキ」「わあ、**たったいま**食事したばっかりなのよ」
② **たったいま**言われたことを忘れては困りますな。
(3)① **たったいま**出て行け。

【解説】(1) 現在を誇張する様子を表す。プラスマイナスのイメージはない。動作にかかる修飾語として用いられる。ややくだけた表現で、日常会話中心に用いられる。ただし、この用法はあまり多くなく、禁止や宣言などの文脈で現時点を誇張する場合に用いられる。普通には「いま」を、丁重にしたい場合には「ただいま」を用いる。

× 社長はたった今会議中です(でございます)。
→社長は今会議中です。
→社長はただ今会議中でございます。

(2) 近い過去を誇張する様子を表す。プラスマイナスのイメージはない。完了の表現を伴う述語にかかる修飾語として用いられる。ややくだけた表現で、日常会話中心に用いられる。動作が終わった直後であることを誇張して表す。普通には「いま」を、丁重にしたい場合には「ただいま」を用いる。

(3) 近い未来を誇張する様子を表す。プラスマイナスのイメージはない。動作にかかる修飾語として用いられる。ややくだけた表現で、日常会話中心に用いられる。ただし、この用法はあまり多くなく、命令などの文脈で近い未来を誇張する場合に用いられる。普通には「いま」を、丁重にしたい場合には「ただいま」を用いる。

× 「部長がお呼びだよ」「はい、たった今行きます（参ります）」
→「部長がお呼びだよ」「はい、今行きます」
→「部長がお呼びだよ」「はい、ただ今参ります」

⇩「いま」「ただいま」「たった」

だって datte

① 「どうして食べないの」「**だって**おいしくないんだもの」
② 「君、あまり遅刻しないようにね」「**だって**課長……」「**だって**じゃない。以後気をつけますと言うんだ」

【解説】自分の正当性を釈明する様子を表す。ややマイナスイメージの語。釈明する文の頭に置いて用いられる。くだけた表現で、日常会話中心に用いられる。単に理由を述べたり反論したりするというニュアンスではなく、自分の正当性を理由などを述べることによって主張する点にポイントがあり、非難や批判に対して弁解する場面でよく用いられる。ただし弁解する理由は主観的で、話者の不満と不本意が強く暗示される。②は遅刻を注意された社員が、「だって」と遅刻の理由を述べて自分を正当化しようとしたことに対して、課長が「だってじゃない」と言って、遅刻したことを反省せずに不満を表明する部下の態度を非難している。

相手に反論する語としては他に「でも」などがあるが、「でも」は前件の内容に反する判断を不満の暗示を伴って述べる場合に用い、理由を述べて弁解するニュアンスはない。

× 「どうして食べないの」「でもおいしくないんだもの」

理由を述べる語としては、他に「というのは」や「なぜなら」があるが、「というのは」は既成事実となった理由を付け加える暗示がある。「なぜなら」はかなりかたい文章語で、客観的な根拠の存在を暗示し、前文との因果関係が強く出る。

⇩「でも」「というのは」「なぜなら」

たてつづけ［立て続け］ tatetsuzuke

① いくらカツが好きでも**たてつづけ**じゃ飽きるよ。
② あそこのカーブで最近事故が**たてつづけ**だ。
③ 弟は帰って来ると水を**たてつづけ**に飲んだ。

④ 夫の失業、息子の事故死というたてつづけの不幸にも彼女はめげなかった。

【解説】 同一の種類の物事が短時間内に連続して起こる様子を表す。ややマイナスイメージの語。①②は述語、③は述語にかかる修飾語、④は名詞にかかる修飾語の用法である。本来一回ずつばらばらに起こるべき物事が短時間内に連続して起こる様子を表し、慨嘆の暗示がこもる。

「たてつづけ」は「つづけざま」や「やつぎばや」に似ているが、「つづけざま」は連続して起こる時間が長く、慨嘆の暗示はない。「やつぎばや」は連続して起こる間隔が非常に短く、相手に余裕を与えないことを暗示するので、相手に働きかけない行為については用いない。

× いくらカツが好きでも続けざまじゃ飽きるよ。

× あそこのカーブで最近事故が矢継ぎ早だ。

⇩「つづけざま」「やつぎばや」「つぎつぎ」「ひきつづき」

たとえ・たとい ［仮令・縦］ tatoe・tatoi

① たとえ世界中の人が反対しても、ぼくは君と結婚するからね。

② たとい多くの反論が予想されようとも、彼の学説の新しさは採り上げる価値がある。

③ 会社のためならたとえ火の中水の中という人間は最近少なくなった。

【解説】 極端な事態を仮定し、その仮定に結論が影響されない様子を表す。プラスマイナスのイメージはない。「たとえ(たとい)……ても(とも・でも)」など譲歩を表す条件句を作る。現在では「たとえ」のほうがふつうに用いられる。極端な事態を仮定し、結論がその仮定に影響されないで成立する点にポイントがあり、単なる仮定とは異なる。そのため結論としてはしばしば主体の強い判断や意図的行為を表明する文がくる。

× たとえ雪が降ってもぼくは家にはいないからね。

→仮に(もし)雪が降ってもぼくは家にはいないからね。

→たとえ雪が降ってもぼくは富士山に登るからね。

③の「□□のためならたとえ火の中水の中」は慣用句で、□□のためなら火の中や水の中に入れと言われてもいとわない、□□のためなら何でもするという意味である。

「たとえ」は「よしんば」に似ているが、「よしんば」はかなり古風な表現で、話者が不本意な内容を譲歩する暗示がある。

⇩「かり」「もし」

たとえば ［例えば］ tatoeba

① 京都には美しい庭園をもつ寺院が多い。たとえば

大徳寺大仙院、西芳寺《さいほうじ》など。
② 女性や子供には大型犬、**たとえば**セントバーナードなどの散歩は無理だ。
③ 彼女の声には**たとえば**厚地の絹のようなつやがある。
④ **たとえば**ぼくが行くとすれば、まず相手の会社を下調べしてからにするね。
⑤ 「**たとえば**ぼくがエイズだったらどうする?」「まあ、あなたエイズなの?」「だから、**たとえば**の話だよ」

【解説】 例を挙げて説明する様子を表す。プラスマイナスのイメージはない。どのような説明の例として用いるかによって、四つに分けられる。①は前文の判断の実例を挙げる。②は前の名詞の範疇《はんちゅう》に属する実例を挙げる。③は後の「のような」と呼応して、比喩《ひゆ》に用いる実例を挙げる。④⑤は「……とすれば」「……だったら」などの仮定の表現と呼応して、仮定に用いる実例を挙げる。ふつうは述語にかかる修飾語として用いられるが、⑤の「たとえばの話」のように、「話」にかかる修飾語になって「仮定の話」という意味を表すこともある。

比喩として用いられた「たとえば」は「まるで」「あたかも」などに似てくるが、「たとえば」はあくまで例の一つとして挙げたに過ぎないので、他のものに置き換えることも可能であるが、「まるで」「あたかも」はそのものの状態を比喩として使っているので、他のものに置き換えられない。

たとえば厚地の絹のようなつやがある。
(上品なつやのあるものなら何でもよい)
まるで(あたかも)厚地の絹のようなつやがある。
(厚地の絹そっくりのつやだ)

仮定として用いられた「たとえば」は「もしも」「まんいち」などに似てくるが、「もしも」「まんいち」は仮定する内容を限定する暗示が強い。

たとえばエイズだったらどうする?
(エイズのような不治の病だったら)
もしも(万一)エイズだったらどうする?
(エイズでない場合は考えていない)

⇩「まるで」「あたかも」「もしも」「まんいち」「もし」「かり」「さながら」「ちょうど」

たびたび [度々] tabitabi

① **たびたび**のおたずね恐れ入ります。
② 家を出ようと思ったこともたびたびだった。
③ (電話で夫を呼ぶ)**たびたび**で申し訳ありませんが、木下をお願いいたします。
④ 娘には貧乏揺すりをするなと**たびたび**注意してい

る。

【解説】何度も繰り返す様子を表す。プラスマイナスのイメージはない。①は名詞にかかる修飾語、②③は述語、④は述語にかかる修飾語の用法である。頻度がかなり高い様子を表すが、個々の行動に視点があり、全体的な傾向は暗示しない点で「しばしば」と異なる。

× 世間はたびたび登校拒否は怠けだと考えがちだ。
→世間はしばしば登校拒否は怠けだと考えがちだ。

「たびたび」は「なんども」にも似ているが、「なんども」は結果としての回数が多い様子を表し、一回一回の頻度が高いことは暗示しない。

たびたび注意された。（先週も今週もこの前も）
何度も注意された。（注意された回数が多い）

⇨「しばしば」「なんども」「さいさん」「さいさんさいし」「まま」「よく」「ときどき」

たぶん【多分】tabun

(1)① 先日は**たぶん**の御志を頂戴《ちょうだい》し恐縮です。
② 先生から**たぶん**なお褒めにあずかった。
(2)① 大地震が発生するおそれは**たぶん**にある。
② 第一志望に合格できたのは**たぶん**に塾のおかげだ。
(3)① 来るなと言ってても彼は**たぶん**来るだろう。
② 英語がいちばんできるのは**たぶん**藤井さんだ。
③「パパ、今日も遅いの？」「**たぶん**ね」

【解説】(1) 数量や程度が高い様子を表す。プラスマイナスのイメージはない。「たぶん」という尾高型のアクセントで発音される。名詞にかかる修飾語として用いられる。かなりかたい文章語で、公式の発言などによく用いられる。数量や程度が必要量以上にあるという意味で、余剰の暗示がある。

この「たぶん」は「じゅうぶん」に似ているが、「じゅうぶん」は必要量を満たしている暗示が強い。

× 先生から十分なお褒めにあずかった。

(2) 割合がかなり高い様子を表す。プラスマイナスのイメージはない。「たぶん」という尾高型のアクセントで発音される。「たぶんに」という形で述語にかかる修飾語になる。ややかたい文章語で、公式の発言や報道などに用いられる。かなりもったいぶったニュアンスがあり話者の冷静さが暗示されるので、完全に断定することをはばかられる場合や、断定をやわらげて婉曲《えんきょく》に言う場合などによく用いられる。ふつう、抽象的なものの割合がかなり高いという場合に用いられ、具体物の割合については用いない。

× 死海の水には塩分がたぶんに含まれている。
→死海の水には塩分が多く（多量に）含まれている。

(2)の「たぶんに」は「おおいに」に似ているが、「おおいに」は対象の程度が高いことを積極的に評価するニュアンスがある。

× 若い女の子の前で彼はたぶんにハッスルした。
→若い女の子の前で彼は大いにハッスルした。

(3) 可能性が高いことを推量する様子を表す。プラスマイナスのイメージはない。「たぶん」という頭高型のアクセントで発音される。述語にかかる修飾語として用いられる。しばしば推量の表現を伴う。好ましい事柄についても②、好ましくない事柄についても③用いられる。ただし、話者の主観に基づく可能性の推量を表し、客観的な根拠は暗示されない。また、実現の可能性はそれほど高くなく、結果については特別の感情を暗示しない。

　この「たぶん」は「おそらく」や「きっと」「どうやら」などに似ているが、「おそらく」はややかたい文章語であらたまった発言などによく用いられ、ふつうあまり好ましくない事柄について「たぶん」よりも高い可能性での推量を表し、結果に対する危惧《きぐ》や疑問の暗示を伴う。「きっと」は話者が実現の可能性について確信をもっている様子を暗示する。「どうやら」は客観的な根拠に基づく判断を暗示する。

　明日はたぶん雪だろう。(そんな気がする)
　明日は恐らく雪だろう。(電車が止まると困るな)
　明日はきっと雪だろう。(だいぶ冷え込むから)

× 天気予報によると明日はたぶん雪だろう。
→天気予報によると明日はどうやら雪らしい。

⇩「じゅうぶん」「おおいに」「おそらく」「きっと」「どうやら」「じゅうにぶん」「おおかた」「さては」「なんでも」「まず」

たま【偶・適】tama

① **たま**の日曜日なんだからゆっくり寝かせてくれよ。
② 「芝居はよくごらんになりますか」「いいえ、**たま**ですよ」
③ 夫婦で**たま**に公園を散歩するのも悪くないね。
④ フグのことを鉄砲というのは、「**たま**に(毒に)あたる」のを「弾に当たる」にひっかけて言うのだそうだ。
⑤ 山田さんには**たま**にしか会いません。
⑥ お前も**たま**にはいいこと言うじゃないか。

【解説】 頻度が非常に少ない様子を表す。ややプラスイメージの語。①は名詞にかかる修飾語、②は述語、③～⑥は述語にかかる修飾語の用法である。話者が主観的に頻度が非常に少ないと感じている対象について、貴重に思っている価値の暗示がある(①⑥)。①は日曜日の頻度が客観的に少ないという意味ではなく、話者にとって日曜日は数少ない貴重な休日であるという意味である。たった一回しか起こらないものについては用いられず、繰り返し起こる可能性が存在することを前提としている表現である。

「たま」は「まれ」に似ているが、「まれ」は同類のものが非常に少ないことをやや客観的に表し、頻度だけでなく具体物についても用いられる。また、頻度について用いられた場合には、「たま」よりもさらに頻度が低くなり、繰り返し起こる可能性は考えられていない。

× これは日本にはたまの標本だ。
→これは日本には稀な標本だ。

× 夫婦で稀に公園を散歩するのも悪くないね。

「たまに」は「ときたま」に似ているが、「ときたま」はややくだけた表現で日常会話中心用いられ、気軽さの暗示がある。

? お前もときたまいいことを言うじゃないか。

⇨「ときたま」「ときどき」「ときおり」「ときに」「ときには」「まま」「たまたま」

たまたま ［偶々・適々］ tamatama

(1)① **たまたま**近くを通りかかったのでお寄りしました。
② 彼は昨日の事故現場に**たまたま**居合わせた。
③ みんなは私のことをミミと呼ぶけれど、**たまたま**そう呼んでるだけよ。本名はルチアって言うの。
④ **たまたま**老人の集まる会があって、そこで「人生四十年寿命説」を話してみたら爆笑された。

(2)① 彼とは**たまたま**通勤電車の中で会うことがある。

【解説】 (1) 明確な意図や客観的な理由が存在しない様子を表す。プラスマイナスのイメージはない。述語にかかる修飾語として用いられる。①②ははっきりした意図がない様子を表す。①は突然訪問した際の挨拶《あいさつ》として、意図的でなくちょっと立ち寄っただけという意味で、相手に対する配慮を暗示する。②は客観的な理由はないという意味で、意外性の暗示がある。③は明確な理由がない様子を表す。はっきりした根拠がないことから、重大なことではない、たいしたことはないという軽視の暗示がある。④はある機会が存在する様子を表す。この場合には、話者がその機会の存在に関与していないことが暗示され、機会自体の存在理由は問題にしていない。老人会の存在は話者にとって既成事実であるという意味である。

①②の「たまたま」は「ぐうぜん（偶然）」に似ているが、「ぐうぜん」は因果関係がないことを強調するニュアンスで、主体の意図については言及しない。

事故現場にたまたま居合わせた。
（事故を見ようと思っていたわけではない）

事故現場に偶然居合わせた。
(同じ時刻、同じ場所にいた)

③の「たまたま」は「ただ」に似ているが、「ただ」は限定の暗示が強く、理由には言及しない。

× 何をきいても少女はたまたま泣くばかりだった。
→何をきいても少女はただ泣くばかりだった。

(2) 頻度が高くない様子を表す。プラスマイナスのイメージはない。述語にかかる修飾語として用いられる。かなり客観的な表現で、頻度があまり高くないことについて特定の感情を暗示しない。

この「たまたま」は「たまに」や「ときたま」に似ているが、「たまたま」は「たまに」「ときたま」よりも頻度が高い。また、「たまに」には価値の暗示、「ときたま」には気軽さの暗示がある。

休みの日にたまたま映画館に行くことがある。
(ときどき行く)
休みの日にたまに映画館に行くことがある。
(年に数回は行く)
休みの日にときたま映画館に行くことがある。
(年に数回ぶらっと出かける)

⇨「ぐうぜん」「ただ」「たま」「ときたま」「はからずも」「きせずして」

ためし［試し］tameshi

① この服は絶対似合うよ。**ためし**に着てごらん？
② 物は**ためし**だ。彼女にアタックしてみろよ。

【解説】 試験的に行う様子を表す。プラスマイナスのイメージはない。①のように動詞にかかる修飾語か、②のように「物は試しだ」の形で慣用句として用いられる。ややくだけた表現で、日常会話中心に用いられる。結果をある程度予測して試験する様子を表し、予測した結果が得られる期待の暗示がある。この点で、結果の予測には言及しない「こころみに」とは異なる。

? この服は絶対似合うよ。こころみに着てごらん？

⇨「こころみに」

ためつすがめつ［矯めつ眇めつ］tametsu-sugametsu

① 骨董屋《こっとうや》はそのひょうたんを**ためつすがめつ**眺めた。
② 彼女はその子犬を**ためつすがめつ**見てから買った。

【解説】 いろいろな角度から見定める様子を表す。ややプラスよりのイメージの語。「見る・眺める」などの動詞にかかる修飾語として用いられる。対象の価値や真贋《しんがん》を判定するために、さまざまの角度から観察するというニュアンスで、不審となかなか決断しない慎重さの暗示がある。抽象的な物事については用いられない。

「ためつすがめつ」は「つくづく」に似ているが、「つくづく」は対象をさまざまな角度からある感慨をもって十分に観察する暗示がある。

× 改めてためつすがめつ見るとおれもまんざらじゃないね。
→改めてつくづく見るとおれもまんざらじゃないね。

⇩「つくづく」「よくよく」

たらふく［鱈腹］tarafuku

① 温泉につかって、うまいものを**たらふく**食って、このうえ言うことないね。

② 毎日そんなに**たらふく**つめこんでると太るぞ。

【解説】 腹いっぱい食べる様子を表す。プラスイメージの語。「食う・つめこむ」などの動詞にかかる修飾語として用いられる。くだけた乱暴な表現であるので、女性はあまり用いない傾向にある。日常的には「おなかいっぱい（腹いっぱい）」などを用いる。主体の満足感とそれ以上は入らない余地のなさを暗示する。

⇩「いっぱい」「うんと」「たくさん」「ふんだん」「しこたま」「じゅうぶん」「じゅうにぶん」

だんこ［断固・断乎］danko

① 住民はダム建設計画に**だんこ**として反対した。

② 違反者には**だんこ**たる処置で望むつもりだ。

③ 言われなき侮辱《ぶじょく》には**だんこ**抗議する。

【解説】 強い意志をもって行う様子を表す。プラスマイナスのイメージはない。①③は動詞にかかる修飾語、②は名詞にかかる修飾語の用法である。行動を起こすにあたっての主体の強い意志を表し、しばしば行動が重大で深刻な意味をもつ暗示がある。②の「断固たる処置」は厳罰という意味であって、軽い罰則を厳正に適用するという意味ではない。また、しばしば他人の意見に耳を貸さない頑固さの暗示を伴うが、行動が継続するか、その意志を持ち続けるかについては言及しない。

強い意志を表す語としては、他に「だんじて」「あくまで」「てっとうてつび」などがあるが、「だんじて」は話者の意志や判断を誇張的に表し、話者の強い確信を暗示する。「あくまで」は主体の主観的な継続の意志を暗示する。「てっとうてつび」は最初から最後まで一貫して同一の行動を継続する暗示がある。

計画には断固反対だ。
（誰が何と言おうと反対だ）
計画には断じて反対だ。
（絶対に賛成できない）
計画にはあくまで反対だ。
（反対し続ける）

計画には徹頭徹尾反対だ。
(最初から最後まで反対だ)

⇩「だんじて」「あくまで」「てっとうてつび」「だんぜん」「どこまでも」「とことん」

だんじて［断じて］danjite

① 私は**だんじて**無実だ。
② 今度こそわれわれは**だんじて**勝つ。
③ 彼は**だんじて**ウソをつくような男ではない。
④ (娘に)あんな男との結婚は**だんじて**許さないぞ。

【解説】 意志や判断を誇張する様子を表す。プラスマイナスのイメージはない。述語にかかる修飾語として用いられる。かなりかたい文章語で、公式の発言などによく用いられる。肯定文の場合(①②)には、話者が非常に強い意志をもって主張する様子を表す。否定や打消しと呼応する場合(③④)には、話者が非常に強い確信や意志をもっている様子を誇張的に表すが、その確信は規範や客観的な根拠に基づいていることが多い。

「だんじて」は「ぜったい」や「だんこ」に似ているが、「ぜったい」はかなり主観的で、規範や客観的な根拠の暗示がなく、理由自体には言及しない。「だんこ」は行動を起こすに際しての主体の強い意志を暗示し、話者の判断は暗示しない。

× この子には肉親の愛情が断じて必要だ。
↓この子には肉親の愛情が絶対に必要だ。
× 住民はダム建設計画に断じて反対した。
↓住民はダム建設計画に断固として反対した。

①②の「だんじて」は「かならず」「きっと」に似ているが、「かならず」は例外なく一定の結果になるという法則性を元にした確信を暗示する。「きっと」は主観的で確信の程度はやや低い。

× 私は必ず(きっと)無実だ。

③④の「だんじて」は「けっして」に似ているが、「けっして」はある前提をふまえてなお強く打ち消すニュアンスがあり、しばしば条件付きの否定や部分否定になることがある。

断じて君が悪いわけではない。(君は悪くない)
決して君が悪いわけではない。(多少の責任はある)

⇩「ぜったい」「だんこ」「かならず」「きっと」「けっして」「だんぜん」「まちがっても」「こんりんざい」

だんぜん［断然］danzen

(1)① 我々は**だんぜん**白組を応援することに決めた。
② 今年こそ**だんぜん**禁煙するぞ。
③ 犬を飼うなら**だんぜん**秋田犬だね。
(2)① 森下選手は**だんぜん**トップでゴールインした。

② 雅子さま、**だんぜん**すてき!
③ 今度のドラクエは**だんぜん**おもしろい。
【解説】 (1) 強い決意をもって行う様子を表す。ややプラスよりのイメージの語。①②は述語にかかる修飾語、③は名詞にかかる修飾語の用法である。かなりくだけた表現で、日常会話中心に用いられる。行動を起こすにあたっての主体の決意を表すが、その決意が行動を継続する意志になるかどうかには言及しない。決意したことについて確信をもっている暗示がある。
この「だんぜん」は「だんこ」や「だんじて」に似ているが、「だんこ」はしばしば他人の意見に耳を貸さない頑固さの暗示がある。「だんじて」は規範や客観的な根拠に基づく確信を暗示する。
断然禁煙するぞ。(絶対にしてみせるからな)
断固禁煙するぞ。(誰が何と言ってもするぞ)
断じて禁煙するぞ。(タバコは健康に悪いから)
(2) 程度が飛び抜けてはなはだしい様子を表す。プラスイメージの語。状態や程度を表す述語にかかる修飾語として用いられる。くだけた表現で、日常会話中心に用いられる。ふつう打消しや否定、好ましくない状態については用いられない。同類の他のものに比べて、対象が飛び抜けてすぐれていることについて感動の暗示がこもる。
この「だんぜん」は「ぜんぜん」に似ているが、「ぜんぜん」は主に打消しや否定の表現を伴って用いられ、程度がはなはだしいことを誇張する様子を表す。
× 教授の講義はむずかしすぎて断然わからない。
→教授の講義はむずかしすぎて全然わからない。
⇨「だんこ」「だんじて」「ぜんぜん」「ぜったい」「ばつぐん」「まったく」「だんとつ」「なにがなんでも」

だんだん [段々] dandan

① 父の病状は**だんだん**によくなっている。
② 日が延びるにつれて**だんだん**と暖かくなった。
③ **だんだん**話がおもしろくなってきたぞ。
【解説】 状態が少しずつ変化する様子を表す。プラスマイナスのイメージはない。状態を表す述語にかかる修飾語として用いられる。「だんだんに・だんだんと」のほうが「だんだん」よりも変化の速度が遅く、一段階ごとに立ち止まって確認する暗示がある。単独の「だんだん」のほうは立ち止まらずに、少しずつ変化し続ける暗示がある。「だんだん」は変化のしかたが段階的で順序正しい暗示があり、変化の途中でも用いられる(③)。
「だんだん」は「しだいに」「じょじょに」や「おいおい」に似ているが、「しだいに」は変化のしかたが連続的で、主体が個々の変化には気づいておらず、変化がかなり進んでしまってから初めて気づいたというニュアンスがある。「じょじょに」は変化する度合いが非常に少ない様子を表し、状態の規則的でない変化についても用いられる。「おいおい」は時間の進行に伴う状態の変化に限って用いられる。

? 次第に話がおもしろくなってきたぞ。
? 地価はだんだん下降する気配を見せている。
→地価は徐々に下降する気配を見せている。
× おいおい話がおもしろくなってきたぞ。
⇨「しだいに」「じょじょに」「おいおい」「こっこく」「こくいっこく」「すこしずつ」

だんとつ ［断トツ］ dan-totsu

① 今度の展覧会では彼の絵が**だんトツ**だった。
② 田村選手は**だんトツ**の強さで三連覇した。
③ 真木選手は独走して**だんトツ**一位でゴールした。
④ 彼は同級生の中で**だんトツ**に数学ができる。

【解説】 他を大きく引き離して首位である様子を表す。プラスイメージの語。①は述語、②③は名詞にかかる修飾語、④は述語にかかる修飾語の用法である。「断然トップ」を省略した表現で、ふつう「とつ」の部分のみカタカナ書きする。くだけた表現で、日常会話中心に用いられる。主体の実力や状態が他を大きく引き離してすぐれていることについて、話者の感嘆の気持ちを誇張して表す。ただし、順位そのものについて客観的な基準はなく、話者の主観で他を大きく引き離して首位であるものについて用いる。

「だんとつ」は「ばつぐん」に似ているが、「ばつぐん」のほうが標準的で誇張の暗示はない。

× (表彰状)あなたは断トツの成績により優勝されました。
→あなたは抜群の成績により優勝されました。
⇨「ばつぐん」「とびきり」「だんぜん」

たんに ［単に］ tanni

① 制服廃止はたんに私個人の意見ですから、十分に討議してください。
② 慶子は**たんに**踊るだけでなく演技もできる。

【解説】 一つの物事に限定する様子を表す。ややマイナスよりのイメージの語。述語にかかる修飾語として用いられる。しばしば「だけ・ばかり・～に過ぎない」などの限定を表す表現を伴う。一つの物事だけしかないことについて、軽い侮蔑《ぶべつ》の暗示がある。①は「制服廃止」が自分個人の意見であって他の人は違うことを暗示し、自分の意見を卑下している。②は踊るだけではたいしたことはないが、そのほかに演技もできるという意味である。

「たんに」は「ただ」に似ているが、「ただ」は客観的で一つの物事しかないことについて侮蔑の暗示はない。

×ここまで来たら、単に運を天に任せるだけだ。
→ここまで来たら、ただ運を天に任せるだけだ。

⇨「ただ」「ひとり」

ちかく［近く］chikaku

(1) ① 彼の家はうちのすぐ**ちかく**だ。
② 富士山も**ちかく**で見るとあまりきれいではない。
③ この**ちかく**に公衆電話はありませんか。
④ ぼくは子供は**ちかく**の公立へやる主義だ。
⑤ **ちかく**へおいでの節はぜひお立ち寄りください。

(2) ① 遠くは縄文時代の火焔《かえん》土器、**ちかく**はファインセラミックスと、日本の窯業《ようぎょう》は常に世界の最先端をリードしてきた。
② **ちかく**新しい路線が開通する予定だ。
③ **ちかく**行われる会議で人事異動が発表される。

(3) ① 腹の減り具合からするともう昼**ちかく**だろう。
② 正月**ちかく**になるとあちこちに門松が立てられる。
③ 昨夜は三時**ちかく**まで飲んでいた。
④ 選手はすでに二十キロ**ちかく**まで来ている。
⑤ その事故で百人**ちかく**の犠牲者が出た。
⑥ 時計を修理に出したら二万**ちかく**取られた。

【解説】 (1) 距離が基点から隔たっていない様子を表す(↔とおく)。プラスマイナスのイメージはない。①は述語、②は述語にかかる修飾語、④は名詞にかかる修飾語、③⑤は名詞の用法である。自分の位置が基点になる場合(①③～⑤)と、対象の位置が基点になる場合(②)とがある。距離が隔たっていない点では「そば」に似ているが、「そば」のほうが基点からの距離がさらに短い。

「ちかく」は「近い」に似ているが、「近い」は基点を自分や対象以外にも任意にとることができる。

×金星は木星よりも太陽に近くだ。
→金星は木星よりも太陽に近い。

(2) 時間が現時点からあまり隔たっていない様子を表す(↔とおく)。プラスマイナスのイメージはない。①は「近くは」の形で述語にかかる修飾語として用いられ、現時点からあまり隔たっていない過去を表す。多くの場合「遠くは……、近くは……」という形で対句になる。ただし、この①の用法は古風な表現で、現在ではあまり用いられない。過去の歴史的な前例として、現時点から離れた古い例としては縄文時代の火焔土器、現時点からあまり離れていない最近の例としてはファインセラミックスという意味である。

②③は現時点からあまり隔たっていない未来を表す。この場合には単独で述語にかかる修飾語になる。ややか

たい文章語で、公式の発言などによく用いられる。数日から数か月先の未来を表し、客観的な根拠に基づいて近い未来に実現する可能性のある事柄について用いられ、実現する事柄についての軽い期待の暗示がある。初めから未来にあることが確実な事柄についてはふつう用いない。

× 近くクリスマスになる。
→もうすぐ（もうじき）クリスマスになる。

この「ちかく」は「きんきん（近々）」に似ているが、「きんきん」は客観的で特定の感情を暗示しない。

近く中東へ出張する予定だ。（おもしろそうだ）
近々中東へ出張する予定だ。（特定の感情なし）

(3) ある時間や数量に迫っている様子を表す。プラスマイナスのイメージはない。時間・数量を表す名詞の後ろに直接つく。この場合、基準となる時間や数量に迫ってはいるが達してはいない。また、基準は一定の区切りとなるもので、しばしば程度がはなはだしいという話者の慨嘆の暗示がこもる。

昨夜は三時近くまで飲んでいた。
（そんなに遅くまで飲んでいたから今日は眠い）
昨夜は三時まで飲んでいた。
（特定の感情なし）

⇨「もうすぐ」「もうじき」「きんきん」「とおく」

ちかごろ ［近頃］ chikagoro

① 吉田君は**ちかごろ**珍しい骨のある若者だね。
② **ちかごろ**彼はちっとも来ないね。
③ **ちかごろ**はこのあたりにも外国人が増えた。
④ 昨日の東京は**ちかごろ**にない大雪だった。
⑤ **ちかごろ**の若者の言葉づかいはなってない。
⑥ **ちかごろ**はやりのドラクエに挑戦した。

【解説】 近い過去から現時点までの時間の幅を表す。プラスマイナスのイメージはない。①〜④は述語にかかる修飾語、⑤⑥は名詞にかかる修飾語の用法である。現時点を含む幅のある現在を表すが、時間そのものは漠然としている。ただし、話者の意識としては、現在を昔と対比してあまり好ましくない時ととらえる場合が多く（①⑤）、現在を好ましい時として評価しているときには「ちかごろ」を用いないことが多い。

？ 近ごろ彼は芥川《あくたがわ》賞の候補になった。
→最近彼は芥川賞の候補になった。

「ちかごろ」は「さいきん」や「このところ」「このごろ」などに似ているが、「さいきん」は近い過去から現時点を含む狭い時間の幅をやや客観的に表し、終点を現時点に置く。「このところ」はある具体的な時間の幅の中で、ある状態が継続していることを暗示する。「このごろ」

は近い過去から近い未来に至る漠然とした現在を示し、時間の経過の幅を示す意味はない。

近ごろ彼は来ないね。（昔はよく来たのに）

最近彼は来ないね。（前回来たのは数か月前だ）

このところ彼は来ないね。（この数か月来ない）

このごろ彼は来ないね。（この数日来ない）

⇨「さいきん」「このところ」「このごろ」「ここのところ」

ちかって［誓って］chikatte

① わたくし**ちかって**ウソは申しません。

② **ちかって**約束は守ります。

【解説】 強い意志をもって行動することを確約する様子を表す。プラスイメージの語。未来に行われる行為にかかる修飾語として用いられる。「神仏に誓って」という意味であるが、実際に神仏に誓うかどうかは問題でなく、行為を行うに際しての確約を誇張的に表す。

意味的には「ぜったい」「けっして」「きっと」「かならず」などに近いが、「ぜったい」「けっして」「きっと」は主観的で確約の暗示がない。「かならず」は法則性に基づく確信の暗示がある。

誓ってウソは申しません。（罰してもよい）

絶対ウソは申しません。（言うはずがない）

決してウソは申しません。（言わないつもりだ）

誓って約束は守ります。（罰してもよい）

きっと約束は守ります。（守るつもりだ）

必ず約束は守ります。（守らなかったことはない）

⇨「ぜったい」「けっして」「きっと」「かならず」

ちからいっぱい［力一杯］chikara-ippai

① あいつを**ちからいっぱい**ぶんなぐってやりたい。

② （新人が）**ちからいっぱい**頑張ります。

③ 彼は**ちからいっぱい**の大声をあげた。

【解説】 全力をあげて物事を行う様子を表す。プラスイメージの語。①②は述語にかかる修飾語、③は名詞にかかる修飾語の用法である。肉体的な力を最大限に発揮するという場合（①）にも、比喩《ひゆ》的に全力をあげる場合（②③）にも用いられる。

比喩的に用いられた「ちからいっぱい」は「せいいっぱい」に似ているが、「せいいっぱい」は可能なかぎりあらゆる努力をする暗示があり、全力の尽くし方も「ちからいっぱい」よりはなはだしいことが多い。

× この給料では食べていくだけで力いっぱいだ。

↓この給料では食べていくだけで精いっぱいだ。

⇨「せいいっぱい」「いっしょうけんめい」「めいっぱい」「けんめい」「いっぱい」

ちくいち［逐一］**chikuichi**

① 彼は事故の顛末《てんまつ》を**ちくいち**上司に報告した。
② 職人は材料を**ちくいち**吟味してから仕事にかかる。

【解説】一つももらさずにすべて取り上げる様子を表す。プラスイメージの語。述語にかかる修飾語として用いられる。一つのものもなく取り上げ、詳細に取り扱う完璧《かんぺき》さと緻密《ちみつ》さの暗示がある。

「ちくいち」は「いちいち」や「ひとつひとつ」に似ているが、「いちいち」は個々のものを取り立てて問題にするニュアンスで、しばしば不快・煩雑の暗示を伴う。「ひとつひとつ」は個々のもののそれぞれを丁寧に取り扱う暗示がある。

逐一報告する。（細かい点まで漏らさずに詳しく）
いちいち報告する。（報告する必要のない瑣末《さまつ》な点まで）
一つ一つ報告する。（まとめて報告しないで丁寧に）

⇨「いちいち」「ひとつひとつ」

ちっと［些と］**chitto**

(1) ① 「お酒、飲む?」「うん**ちっと**ね」
② 綾子はほんの**ちっと**のところで優勝を逃した。
③ おれは**ちっと**のことでは驚かないぞ。
④ 「雨、降ってる?」「うんと**ちっと**降ってる」
⑤ へまはあってもほんの**ちっと**だよ。

(2) ① 穂高はお前には**ちっと**きついかもしんないな。
② おれは業界では**ちっと**ばかり名が通ってるんだぜ。

【解説】(1) 数量や程度などが少ない様子を表す。プラスマイナスのイメージはない。述語にかかる修飾語として用いることが多いが、述語(①⑤)や名詞にかかる修飾語(②③)にもなる。やや乱暴でくだけた表現で、日常会話にのみ用いられる。数量や程度が少ないことを具体的に表し、気軽さを表す意味はない。客観的な表現で、特定の感情を暗示しない。④の「うんとちっと」は「ちっと」の意味を強調している用法で、「うんと」の意味を弱めているものではない。「非常に少なく」という意味である。標準的には「すこし」を用いる。

(2) 程度がかなり高いことを強調する様子を表す。プラスマイナスのイメージはない。述語にかかる修飾語として用いることが多い。やや乱暴でくだけた表現で、日常会話にのみ用いられる。②の「ちっとばかり名の通った」は、かなり世間に名前を知られたという意味である。話者が話題をあまり重大にはとらえていない（と見せる）暗示がある。

「ちっと」は「ちょっと」によく似ているが、「ちょっと」は気軽さを表す、間投詞となってためらいや拒否の心理を表す、打消しと共に用いられ可能性がない様子を表すなど、用法が広い。
⇩「すこし」「ちょっと」「いくぶん」「いくらか」「いささか」「しょうしょう」「じゃっかん」「やや」「ちっとは」「ちっとも」「ちょっとやそっと」

ちっとは chittowa

① ロシア語のできる奴だって**ちっとは**いるだろう。
② 朝から晩までピアノ弾いてるけど、**ちっとは**うまくなったんかい？
③ 辞書もいいけど**ちったあ**売れる本作んなよ。

【解説】 程度や数量が少ないことを強調する様子を表す。ややマイナスイメージの語。述語にかかる修飾語として用いられる。くだけた表現で、くだけた場面での日常会話にのみ用いられる。しばしば「ちったあ」と発音される。少量が存在することについて、最低限・許容などの暗示を伴う。標準的には「すこしは」を用いる。
⇩「すこしは」「ちっと」「ちょっと」

ちっとも chittomo

① 図書館なんてぼくには**ちっとも**おもしろくない。
② この子は**ちっとも**じっとしていないね。
③ この信号、さっきから**ちっとも**青にならないよ。

【解説】 後ろに打消しの表現を伴って、打消しを強調する様子を表す。プラスマイナスのイメージはない。打消しの表現を伴う述語にかかる修飾語として用いられる。くだけた表現で、日常会話にのみ用いられる。ふつう程度について用いられ、数量についてはあまり用いない。二者択一で途中段階の考えられないもの(③)についても用いられる。ほんの少しの程度も存在しないことについて、話者の慨嘆や不満の暗示がある。
標準的には「すこしも」が用いられるが、「すこしも」は客観的な表現で特定の感情を暗示しない。また「すこしも」は二者択一のものについてはふつう用いない。
× この信号はさっきから少しも青にならない。
「ちっとも」は「まるっきり」「まるで」などに似ているが、「まるっきり」「まるで」は数量や程度がまったく存在しないというニュアンスで、非存在の暗示があり、打消しの表現を伴わない否定内容についても用いられる。
× こんな成績では東大はちっとも無理だ。
→こんな成績では東大はまるっきり(まるで)無理だ。
⇩「すこしも」「まるっきり」「まるで」「てんで」「てんから」「とんと」「ぜんぜん」「まったく」「みじんも」「なにひとつ」「ひとつも」「ひとつとして」「ゆめにも」「いっこう」

「かいもく」「からきし」「もうとう」「さらさら」「なにも」「ちっと」

ちょう［超］chô

① 新宿に新しい**ちょう**高層ビルが建設中だ。
② 「おれの車どうだい?」「**ちょう**かっこいいなあ」
③ やばい。**ちょう**寝坊した。

【解説】程度が非常にはなはだしい様子を表す。プラスマイナスのイメージはない。本来①のように名詞につく接頭語であるが、最近では②③のように述語にかかる修飾語として用いられる。②③はくだけた表現で、若い人中心に日常会話でのみ用いられる現代語用法。程度がはなはだしいことについて、感嘆(②)・反省(③)・慨嘆などの暗示を伴うが、表現自体はかなり冷静である。

通常は「すごく」「うんと」などを、標準的には「とても」「たいへん」などを、文章語としては「ひじょうに」「たいそう」「はなはだ」などを用いる。

⇨「うんと」「とても」「たいへん」「ひじょう」「たいそう」「はなはだ」「きわめて」

ちょうど［丁度・恰度］chôdo

(1)① 列車は十二時**ちょうど**に発車した。
② 台風の上陸が**ちょうど**満潮と重なった。
③ やあ、**ちょうど**いいところへ来たね。
④ 原稿は今**ちょうど**書き上げたところだ。
⑤ 彼を会社に訪ねたら**ちょうど**海外出張中だった。
⑥ ブラジルは日本と地球の**ちょうど**反対側にある。
⑦ あなたが**ちょうど**一万人目の入場者です。
⑧ 「お前、いくつになったんだ?」「あら、いやね。あなたと六つ違いだから**ちょうど**よ」
⑨ 「ええと、一万と三百円ね」「キャンペーン期間中ですから、**ちょうど**でけっこうですよ」
⑩ 吊るしの背広に**ちょうど**ぴったりのがあった。

(2)① 彼の風貌《ふうぼう》は**ちょうど**天皇陛下にそっくりだ。
② 昨日の風は**ちょうど**伊勢湾台風みたいなすごい風だった。
③ 盛装した彼女はとても美しい。**ちょうど**ルノアールの絵のように。

【解説】(1) 基準に合致している様子を表す。プラスマイナスのイメージはない。時刻や数量を表す名詞の後ろ(①)、名詞にかかる修飾語(②⑤〜⑦)、動作や状態にかかる修飾語(③④⑨⑩)、述語(⑧)などになる。①②⑦〜⑨は時刻や数値が切りのいい値であることを表す。客観的な表現で、特定の感情を暗示しない。⑧の場合は年齢が四十歳・五十歳などの区切りの年であることを表す。⑨は値段が小銭のない金額という意味である。この場合には「ジャスト」に似ているが、「ジャスト」は若い人中心に用いられるくだけた表現で、具体的な時刻や数値以外には用いられない。

× 台風の上陸がジャスト満潮と重なった。

③～⑤は話者が問題にしている時機に合致している様子を表す。この場合、話者にとって好ましい時機(③)と好ましくない時機(⑤)とがあるが、表現自体は客観的で冷静である。⑩は話者が期待している程度に合致している様子を表す。この場合には「ちょうど」は「ぴったり」を強調する意味になる。

(1)の「ちょうど」は「まさに」に似ているが、「まさに」は対象が真実に合致しているかどうかを問題にするニュアンスがあり、話者が設定した基準に合致しているかどうかは問題にしない。

× これはちょうどぼくが探していたさいふだよ。
→これはまさにぼくが探していたさいふだよ。
→これはちょうどぼくが探していたのと同じさいふだよ。

(2) 典型的な状態に合致して見える様子を表す。プラスマイナスのイメージはない。後ろに「みたいだ」「のようだ」などの比況の表現を伴うことが多い。対象の個々の条件が典型的な状態に合致しているために、全体的な印象として似て見えるというニュアンスで用いられる。客観的な表現で、特定の感情は暗示されない。

この「ちょうど」は「まるで」や「あたかも」「さながら」に似ているが、「まるで」は対象の全体の印象を別の典型的なものにたとえるというニュアンスで用いられ、対象の個々の条件が合致しているニュアンスはない。「あたかも」「さながら」はかなりかたい文章語で、日常会話には登場しない。「あたかも」は主体の様子を例をあげて誇張的にたとえる。「さながら」は典型的な状態に類似している様子を表す。

ちょうど伊勢湾台風みたいだ。
(風の強さ、激しさなどが伊勢湾台風そっくりだ)
まるで伊勢湾台風みたいだ。
(伊勢湾台風のようにすごい風だ)

× 彼の風貌はあたかも天皇陛下にそっくりだ。
? 事故現場はちょうど地獄絵のような光景だった。
→事故現場はさながら地獄絵のような光景だった。
⇩「まさに」「まるで」「あたかも」「さながら」「いかにも」「まるっきり」「さも」「たとえば」

ちょくせつ ［直接］ chokusetsu

① 鉄なべの取っ手を**ちょくせつ**つかんでやけどした。
② ベランダには日差しが**ちょくせつ**照りつける。
③ 彼は受付を素通りして**ちょくせつ**社長室へ向かっ

た。

④ 総理は紹介もなく**ちょくせつ**には人に会わない。
⑤ この問題は彼女には**ちょくせつ**の関係はない。
⑥ 事故の**ちょくせつ**の原因は赤信号の無視だ。

【解説】 間に何もはさまない様子を表す。プラスマイナスのイメージはない。①~④は述語にかかる修飾語、⑤⑥は名詞にかかる修飾語の用法である。物理的に間に何もはさまない場合(①②)と、前段階を踏まずに行動する場合(③④)、結果に容易に結びつく場合(⑤⑥)などがある。「ちょくせつ」は間に何もはさまないことを広く表す抽象度の高い語で、特定の感情を暗示しない。

「ちょくせつ」は「じかに」「じきじき」や「ただちに」に似ているが、「じかに」はかなり具体的な意味内容をもち、間にはさむものを想定できる場合に用いる。「じきじき」は貴人に対する尊敬や遠慮の暗示を含む。「ただちに」は好ましくない極端な事態に直結しているというニュアンスで、切迫感の暗示がある。

× この問題は彼女にはじかに関係がない。
? 次官でなく総理直接の御返答を承りたい。
→次官でなく総理じきじきの御返答を承りたい。
? 冬山はちょっと気を許せばそのまま直接死につながる危険がある。
→冬山はちょっと気を許せばそのままただちに死につながる危険がある。

⇨「じかに」「じきじき」「ただちに」「まっすぐ」「いきなり」

ちょっと ［一寸］ chotto

(1)
① チーズケーキ、**ちょっと**だけ食べたいな。
② **ちょっと**待ってね。お茶をいれるわ。
③ 年末から年始にかけて**ちょっと**留守にします。
④ 今度の日曜日、**ちょっと**お邪魔したいんですが。
⑤ 「この縁談どうかね?」「**ちょっと**考えさせてください」
⑥ 誤植があると言ってもほんの**ちょっと**だ。
⑦ 最近の電子レンジは一万**ちょっと**で買える。
⑧ **ちょっと**奥へ詰めてもらえませんか。
⑨ 昔**ちょっと**お琴をやってました。
⑩ 彼の話は**ちょっと**聞くと魅力的だが、実は大きな落とし穴がある。
⑪ **ちょっと**目を離したすきにバッグをすられた。
⑫ **ちょっと**したかすり傷だからだいじょうぶだよ。
⑬ うちのママは**ちょっと**のことで大騒ぎする。
⑭ 十分遅刻したら彼女は**ちょっと**嫌な顔をした。
⑮ ビールは**ちょっと**余計に用意したほうがいい。
⑯ 「奥様、どちらへ」「ええ、**ちょっと**そこまで」

(2)
①

② このスカーフ、**ちょっと**してみてごらん？
③ お嬢さん、**ちょっと**お茶でもいかがですか。
④ ここでは**ちょっと**言いにくい話なんです。
⑤ **ちょっと**、君。資料が一ページ抜けてるよ。
⑥ **ちょっと**すみません。この辺に花屋さんはありませんでしょうか。
⑦ **ちょっとう**。こんなに散らかしてどうするのよ。
⑧ 「ずいぶん御機嫌ね」「うん、**ちょっと**ね……」
⑨ 「演奏会に行かない？」「音楽は**ちょっと**……」
⑩ 「今日、残業いいかい？」「あのう、最近**ちょっと**、家でその**ちょっと**早く帰るようにって、**ちょっと**本当に言われてるもので……」

(3) ① この問題は君には**ちょっと**むずかしいかもしれない。
② 赤川君の彼女は**ちょっと**いい感じだ。
③ どうだい、おれも**ちょっと**したもんだろう。
④ 彼は業界では**ちょっと**ばかり名の通った男だ。
⑤ 彼女は**ちょっと**変わったプレゼントを喜ぶ。

(4) ① 辞典を作る苦労は**ちょっと**想像もつかない。
② 彼女がウソをつくなんて**ちょっと**信じられない。
③ 「駅はどっちですか」「さあ、**ちょっと**……」

【解説】 (1) 数量や程度などが少ない様子を表す。プラスマイナスのイメージはない。述語にかかる修飾語として用いることが多いが、述語(⑥)や名詞にかかる修飾語(⑭)、名詞のすぐ後ろに直接つくもの(⑦)、「ちょっとした」の形で名詞にかかる修飾語(⑫⑬)にもなる。かなりくだけた表現で、日常会話中心に用いられる。標準的には「すこし」を用いる。①は量、②~⑤は時間、⑥は数、⑦は値段、⑧は距離、⑨~⑯は程度が少ないことを表す。他の程度を表す語にかかる修飾語になった場合(⑯)には、「余計」の程度が前よりもややはなはだしいという意味になり、「余計」の程度を弱める意味はない。この点は「すこし」と同様である。

また、「ちょっと」は「すこし」と同様、数量や程度が少量ながら存在するという意味で、非存在に視点がある「すくない」とは異なる。

(2) 気軽に行動する様子を表す。プラスマイナスのイメージはない。くだけた表現で、日常会話中心に用いられる。①~④は述語にかかる修飾語、⑤~⑦は呼びかけに用いられる感動詞、⑧~⑩は文中で用いられる間投詞の用法である。実質的な意味はなく、話者の気軽さを暗示する。④は「気軽には言えない」という意味で、話者のためらいの気持ちが暗示される。⑤は注意を促す意味、⑥は知らない人への呼びかけ、⑦は詰問である。この場合には「ちょっとう」という「と」だけが高い中高型のアクセントで発音される。⑧は応答に用いられた例で、詳しい内容を知られたくない主体の心理が暗示される。⑨ははっきり拒否することをはばかる場合によく用いられ、拒否の言葉を省略したり婉曲《えんきょく》に言ったりする前置きになる。⑩は文脈に関係なく用いられる間投詞の用法で、断言をはばかる話者のためらいの気持ちが暗示される。

(3) 程度がかなり高いことを強調する様子を表す。プラスマイナスのイメージはない。述語にかかる修飾語として用いられることが多い。③の「ちょっとしたもんだろう」は「かなりの物だろう」という意味で、話者の自慢と謙遜《けんそん》のポーズが暗示される。この場合は「ちょっとした」という尾高型のアクセントで発音される。④の「ちょっとばかり名の通った」は「かなり名前を知られた」という意味である。話者が話題をあまり重大にはとらえていない(と見せる)暗示がある。

(4) 打消しとともに用いられ、可能性がない様子を表す。プラスマイナスのイメージはない。述語にかかる修飾語として用いられるが、述語部分を省略する場合(③)もある。ほんの少しの可能性もないという意味であるが、「まったく」「ぜんぜん」などを用いる全否定ではなく、相手への配慮を残した表現になっている。

「ちょっと」は「すこし」「ちっと」や「しょうしょう(少々)」に似ているが、「すこし」「ちっと」には(2)の気軽さやためらいを表す用法や、(4)の可能性を否定する用法はない。「しょうしょう」はややかたい文章語で、公式の発言やあらたまった挨拶《あいさつ》などによく用いられ、実際には程度が大きいことを謙遜したり婉曲に言ったりする場合にも用いられる。

× 「御趣味は?」「はあ、茶の湯をちょっと」

→「御趣味は?」「はあ、茶の湯を少々」

⇨「すこし」「ちっと」「しょうしょう」「いくらか」「いくぶん」「たしょう」「じゃっかん」「いささか」「やや」「もうちょっと」「ちょっとやそっと」

ちょっとやそっと・ちっとやそっと

［一寸やそっと・些とやそっと］

chottoya-sotto・chittoya-sotto

(1) ① 南極といったら**ちょっとやそっと**の寒さではない。

(2) ① **ちっとやそっと**遅れたってだいじょうぶだよ。

② **ちっとやそっと**残してもしょうがないから、全部食べちゃおう。

③ **ちょっとやそっと**の失敗でくよくよするなよ。

【解説】(1) 後ろに打消しの表現を伴って、数量や程度がかなり高い様子を誇張する様子を表す。ややマイナスイメージの語。名詞にかかる修飾語として用いられる。程度がかなり高いことを誇張的に表す。

(2) 数量や程度が低いことを侮蔑《ぶべつ》する様子を表す。ややマイナスイメージの語。①②は動詞にかかる修飾語、③は名詞にかかる修飾語の用法である。くだけた表現で、日常会話中心に用いられる。しばしば、後ろに譲歩(①②)や禁止(③)などの表現を伴う。程度が低いことを侮蔑的に表し、結果として程度がかなり高いことをも許容するニュアンスになる。

この「ちょっとやそっと」は「すこしばかり」に似ているが、「すこしばかり」はおもに否定の内容について用いられる。

? 少しばかり遅れたってだいじょうぶだよ。

⇨「ちょっと」「ちっと」

つい tsui

(1)① 旧友に再会して**つい**時間のたつのを忘れた。
② 先生がこわくて**つい**ウソをついてしまった。
③ 電車の中に**つい**うっかり傘を忘れてきた。
④ 彼女の顔を見たら別れ話を**つい**言いそびれた。
⑤「どうして電話もくれないの?」「**つい**忙しくて……」

(2)① 中国で教師だったのは**つい**昨日のことのようだ。
② 課長は**つい**今しがた出かけました。
③ 彼が画家志望だったことを**つい**最近知った。
④ 犯人は現場の**つい**目と鼻の先の所に住んでいた。
⑤ タバコ屋なら**つい**二、三軒先だ。

【解説】 (1) 意図しないにもかかわらず不本意な結果になる様子を表す。ややマイナスイメージの語。述語にかかる修飾語として用いられるが、⑤のように述語部分を省略することもある。③の「ついうっかり」は主体が意図していないことをより強調する場合に用いられる。①～③は主体の意図的な抑制が欠如している結果、習慣的・本能的な行為を行う様子を表す。④⑤はその場の状況に流されて、当然行うべき適切な行動がとれない結果となったことを表す。どちらの場合も、不本意な結果を招いたことについて反省の暗示を伴う。

「つい」は「おもわず」「うっかり」や「しらずしらず」などに似ているが、「おもわず」は無意識に本能的・衝動的な行為を行うという意味で、その行為はしばしば一回かぎりである暗示があり、主体にとって不本意な結果かどうかには言及しない。「うっかり」は行為を行うにあたっての、主体の注意力の欠如や放心を暗示する。「しらずしらず」は行為に対する主体の自覚がないという意味で、結果としてある傾向にはまる暗示がある。

その光景を見てつい笑ってしまった。
(本当は笑うべきではなかったのに)
その光景を見て思わず笑ってしまった。
(笑いをとどめられなかった)

その光景を見てうっかり笑ってしまった。
（笑ったのは軽率だった）
その光景を見て知らず知らず笑ってしまった。
（自分でも笑ったのに気づかなかった）

(2) 時間や距離が非常に短いことを強調する様子を表す。プラスマイナスのイメージはない。時間や距離を表す名詞にかかる修飾語として用いられる。時間・距離以外については用いられない。やや客観的な表現で、特定の感情を暗示しない。

(2)の「つい」は「ほんの」に似ているが、「ほんの」は時間・距離以外についても広く用いられ、対象の程度が少ないことについて侮蔑《ぶべつ》ないし謙遜《けんそん》の暗示がある。

× うちの息子はまだつい子供だ。
→うちの息子はまだほんの子供だ。

⇨「おもわず」「しらずしらず」「ほんの」「ものの」「ついつい」「とかく」「どうしても」

ついぞ【終ぞ】 tsuizo

① 賄賂《わいろ》を受けたことなど**ついぞ**ございません。
② こんなバカな話は**ついぞ**聞いたことがない。
③ 「最近、木村君どうしてる?」「そういえば、**ついぞ**顔を見ないなあ」

【解説】 後ろに打消しの表現を伴って、打消しを誇張する様子を表す。ややマイナスよりのイメージの語。ややかたい文章語で、日常会話で用いる場合には打消しを誇張する意味が強くなる。しばしば経験を表す表現を伴い（①②）、今までに一度もしたことがないという意味を表すことが多い。①には釈明の暗示、②には慨嘆の暗示がある。③は一般的な打消しを誇張している例で「全然」という意味であるが、誇張の程度は「ついぞ」のほうが大きい。

「ついぞ」は「たえて」や「いまだかつて」に似ているが、「たえて」は存在しないことを強調するというニュアンスで、冷静な表現になっている。「いまだかつて」は経験したことがない場合に限り用いられる。

賄賂を受けたことなどついぞございません。
（絶対に受け取るわけがない）
賄賂を受けたことなど絶えてございません。
（絶対に一度もない）
賄賂を受けたことなどいまだかつてございません。
（過去に一度もない）

⇨「いまだかつて」「かつて」

ついつい tsuitsui

① 緊張すると貧乏揺すりが**ついつい**出てしまう。
② 人がたくさんいたのでお礼を**ついつい**言いそびれ

た。

【解説】 意図しないにもかかわらず不本意な結果になったことについて反省する様子を表す。ややマイナスイメージの語。述語にかかる修飾語として用いられる。「つい」の(1)を強調した語で、主体に行動の意志はあるが、その場の状況に流されたためになすべき行動がとれず、あるいはしてはならない行動をとって不本意な結果となったことについて、反省の暗示がある。「つい」の(1)に比べて、その場の状況に流された余儀ない結果であって、意図的に招いた結果ではないという釈明の暗示が強い。そのため主体の放心を暗示する意味ではあまり用いられない。

? 電車の中についついうっかり傘を忘れてきた。
→電車の中についうっかり傘を忘れてきた。

「ついつい」には、「つい」の(2)にあたる時間・距離の短さを強調する意味はない。

⇨「つい」「おもわず」「しらずしらず」

ついでI [序で] tsuide

① お**ついで**の節はぜひお立ち寄りください。
② **ついで**があれば、ぼくが行ってやるんだが。
③ **ついで**の時でいいけど、例のCD持ってきてよ。
④ 仙台へ来た**ついで**に青葉城を見たいね。
⑤ 長野へ来た話の**ついで**にそばを食べていこう。
⑥ **ついで**ながら言っておくが、あの男には注意したほうがいい。
⑦ 「買い物に行くけど」「**ついで**に弁当、買ってきてくれないかな」
⑧ ミシンのかけ**ついで**にバザー用のぞうきんも縫っちゃったわ。

【解説】 主となる行動をよい機会として従となる行動を行う様子を表す。プラスマイナスのイメージはない。①～⑤は名詞の用法、⑥は「ついでながら」、⑦は「ついでに」の形で、述語にかかる修飾語になる。⑧は動詞の連用形を受けて名詞を作る用法である。日常会話中心に用いられ、かたい文章にはあまり登場しない。主となる行動があらかじめ決まっていて、それをよい機会として従となる行動を行うという意味で、気楽さの暗示がある。①は、立ち寄ることを従の行動としなさい、わざわざそのために(主として)立ち寄ることはないという、相手への配慮を暗示した挨拶《あいさつ》である。⑥は、これから話す事柄が単なる補足であることを表明するマクラ(前置き)になる。⑦は、あくまでも主は相手の買い物であって、自分の弁当は従と考えてよいという意味になる。

⇨「どうせ」

ついでII ［次いで］ **tsuide**

(1) ① 日本で富士山に**ついで**高い山は何ですか。
② 専務は社長に**ついで**重要なポストである。
(2) ① 校長の挨拶に**ついで**来賓の祝辞がある。
② 真先に庭前の梅が咲き、**ついで**沈丁花《じんちょうげ》が咲く。

【解説】 (1) 程度がすぐ次である様子を表す。プラスマイナスのイメージはない。動詞として「□□は△△についで……だ」という状態を修飾する用法で用いられる。△△が第一の物である場合、すなわち主体(□□)が第二である場合に用いることが多い。
(2) 順序がすぐ次である様子を表す。プラスマイナスのイメージはない。①は動詞の用法、②は述語にかかる修飾語の用法である。全体を見渡した上で、あらかじめ決まっている順序がすぐ次であることを客観的に表す。
この「ついでII」は「つづいて」や「つぎに」に似ているが、「つづいて」は継続の暗示が強い。「つぎに」は事柄を一つ一つ消化して区切りをつける暗示がある。

梅が咲き、ついで沈丁花が咲く。
(梅・沈丁花という順に咲く)
梅が咲き、続いて沈丁花が咲く。
(梅が咲いた後他の花が咲く前に沈丁花が咲く)
梅が咲き、次に沈丁花が咲く。
(まず梅が咲く。それから沈丁花が咲く)

⇨「つづいて」「つぎ」「つぎつぎ」「あいついで」「じゅんに」

ついては・つきましては ［就いては・就きましては］ **tsuitewa・tsukimashitewa**

① 君に大事な話があるんだ。**ついては**今晩来てくれないだろうか。
② パーティの御案内状をお送りしたいんです。**つきましては**御住所をお教え願えませんでしょうか。

【解説】 本題を成立させるための条件を提示する様子を表す。プラスマイナスのイメージはない。日常会話中心に用いられる。「つきましては」は「ついては」の丁寧形。主となる目的を達成するのに必要な条件を相手に提示し、要望する文の頭に置いて用いることが多い。客観的な表現で、特定の感情は暗示しない。

ついに ［遂に・終に］ **tsuini**

(1) ① 住民の悲願だった橋が**ついに**完成した。
② 圧政に耐えず農民は**ついに**一揆《いっき》を起こした。
③ おれは**ついに**総理になったぞ。
④ 円はじりじりと値上がりを続けていたが、先日**ついに**一ドル百三十円の大台を割った。
(2) ① 長いこと待ったが、彼女は**ついに**現れなかった。

② 彼は高校卒業後故郷を出て**ついに**戻らなかった。

【解説】(1) 長い時間やさまざまの事柄を経過して、事態が新しい局面に入る様子を表す。ややプラスよりのイメージの語。述語にかかる修飾語として用いられる。長い時間やさまざまの事柄を経過して、期待される新しい局面に事態が入ったというニュアンスで、到達点にポイントがある表現である。話者の納得の暗示を伴う(③)。

この「ついに」は「とうとう」に似ているが、「とうとう」は長い時間やさまざまの事柄を経過して、最終的な局面に到達するニュアンスで、経過点にポイントがあり、結果についてはしばしばあきらめの暗示を伴う。

農民はついに一揆を起こした。
(一揆を起こして事態を打開しようとした)
農民はとうとう一揆を起こした。
(一揆という最終手段に訴えた)

? 彼女は心労がたたってついに病気になった。
→彼女は心労がたたってとうとう病気になった。

(2) 後ろに完了の打消しの表現を伴って、実現しない状態が現在まで続く様子を表す。ややマイナスよりのイメージの語。過去のある時点から現在に至るまで、実現しない状態が続いている様子を、話者の納得の暗示を伴って表す。

この「ついに」は「とうとう」や「けっきょく」などに似ているが、「とうとう」は最終時点において実現しなかったことを納得と反省の暗示を伴って述べ、実現しない状態の継続は暗示しない。「けっきょく」は途中の経過は問題にせず、結果だけをさまざまの感情を伴って表す。

ついに現れなかった。
(一度も姿を見せなかった)
とうとう現れなかった。
(今まで待っても来なかった)
結局現れなかった。
(結果的に来なかった)

⇨「とうとう」「けっきょく」「いよいよ」

つぎ［次］tsugi

(1)
① 君の番は**つぎ**だよ。
② うちの課では主任が課長の**つぎ**にいばっている。
③ 西洋料理はまず前菜、**つぎ**にスープが出る。
④ **つぎ**の土日には温泉に行くつもりだ。
⑤ (医院で)**つぎ**の方、どうぞ。
⑥ (授業で)はい、**つぎ**。吉川君読みなさい。
⑦ **つぎ**はぜひうちへ遊びに来てください。
⑧「パパ、デズニーランド行こうよ」「この**つぎ**ね」
⑨ うちの娘は**つぎ**から**つぎ**と問題を起こす。

(2)
① **つぎ**の文章を読んであとの問いに答えなさい。

② 条件は**つぎ**の通りです。
③ **つぎ**に述べる資料は社内で調査したものです。
(3)① **つぎ**に天気予報をお伝えします。

【解説】 (1) 順序や程度がすぐ続いている様子を表す。プラスマイナスのイメージはない。①~⑤が基本的な用法である。⑥は、一人の生徒が教科書を読み終わったあと、続いて別の生徒に読ませる場合の区切りとしてしばしば用いられる表現。⑦⑧は未来の不定の時を表す。「今度」という意味であるが、「今度」よりも確実性が高い暗示がある。⑨の「次から次と」は慣用句で、終わることなく続く様子を表す。これは「あとからあとから」に似ているが、「あとからあとから」は一つの物事が起こるたびにそこで終わるかという話者の予想(期待)がはたらいている暗示がある。

(2) 後に続いている事柄をあらかじめ紹介する様子を表す。プラスマイナスのイメージはない。①②は名詞にかかる修飾語、③は述語にかかる修飾語の用法である。その表現の後に実際の内容がくる。客観的な表現で、特定の感情を暗示しない。

(3) 新しい事柄を提示する様子を表す。プラスマイナスのイメージはない。「次に」の形で文頭に置かれる。前の事柄に区切りをつけてから新しい事柄に移るニュアンスで、前の事柄との関連については言及しない。この点で、前件に添加するニュアンスをもつ「それから」「それに」などと異なる。

「つぎに」は「ついでII(次いで)」や「つづいて」に似ているが、「ついでII」は全体を見渡した上で、あらかじめ決まっている順序の通り移る暗示がある。「つづいて」は前件と後件に切れ目がないことを強調する。

⇨「あとからあとから」「それから」「それに」「ついでII」「つづいて」「つぎつぎ」「それからそれへと」

つぎつぎ ［次々］ tsugitsugi

① 彼は難題を**つぎつぎ**持ち込んでくる。
② 店員は商品を**つぎつぎ**に取り出して見せた。
③ 選手たちは**つぎつぎ**とゴールインして来た。

【解説】 物事が続いて起こる様子を表す。述語にかかる修飾語として用いられる。異なる物事が続いて起こる様子を客観的に表す。プラスマイナスのイメージはない。

「つぎつぎ」は「あとからあとから」や「それからそれへと」などに似ているが、「あとからあとから」は物事が起こるたびにこれで終わるかという話者の予想がはたらいている暗示がある。「それからそれへと」は物事に規則正しい順序の暗示がなく、しばしばアトランダムに予想もしない物事に移り変わる暗示がある。

? 店員は商品をあとからあとから取り出して見せた。

× 選手たちはそれからそれへとゴールインして来た。
⇨「あとからあとから」「それからそれへと」「あいついで」「いれかわりたちかわり」「かわるがわる」「こっこく」「じゅんに」「つぎ」「ついでⅡ」「つづいて」「たてつづけ」「つづけざま」「やつぎばや」

つくづく［熟］tsukuzuku

(1)① 病気になると健康のありがたみが**つくづく**わかる。
② 今度の失敗で自分の無能を**つくづく**思い知った。
③ もう、あんたには**つくづく**愛想がつきたわ。
(2)① 改めて**つくづく**見るとおれもまんざらじゃないね。
② 祖父は初孫《ういまご》の顔に**つくづく**と見入っていた。

【解説】 (1) 十分に感じている様子を表す。プラスマイナスのイメージはない。心理を表す述語にかかる修飾語になる。ある事柄を契機として、あるいはさまざまの経緯を経て現在ある感慨を強く抱いているという意味で、主体の深い納得の暗示がある。心理の状態として深い感慨をもっているというニュアンスで、積極的な行為として深く考えるという意味ではない。感慨をもつことに対しては、不快などの感情は表明されていない。

(1)の「つくづく」は「ほとほと」「しみじみ」や「よくよく」などに似ているが、「ほとほと」は不快な感情を十分に感じている様子を表す。「しみじみ」は積極的な行為についても用いられる。「よくよく」は行為を行うに先立って念を入れる入念の暗示がある。

× 病気になると健康のありがたみがほとほとわかる。
× その歌手は人生の哀感をつくづく歌って聞かせる。
→その歌手は人生の哀感をしみじみ歌って聞かせる。
× つくづく考えればどっちが得かわかるだろう。
→よくよく考えればどっちが得かわかるだろう。

(2) さまざまの角度から十分に観察する様子を表す。プラスマイナスのイメージはない。「見る」などの動詞にかかる修飾語として用いられる。単に見るのではなく、さまざまの角度から細部に至るまで、ある感慨をもって十分に観察するという意味で、主体の冷静さの暗示がある。

この「つくづく」は「ためつすがめつ」に似ているが、「ためつすがめつ」は対象の価値や真贋《しんがん》を判定するためにさまざまの角度から観察するというニュアンスで、不審と慎重の暗示がある。

青磁《せいじ》の花瓶をつくづくと眺めた。
（いい花瓶を持っているなあ）
青磁の花瓶をためつすがめつ眺めた。
（いくらで買ったのかなあ）

また「つくづく」は「じっくり」や「じっと」「とっくり」にも似ているが、「じっくり」は時間をかけて入念に見る暗示がある。「じっと」は視線を固定して動かさない暗示がある。「とっくり」は主体が納得するまで十分に見る暗示がある。

× 君の絵を今度つくづく見せてもらうよ。
→君の絵を今度じっくり見せてもらうよ。

× 改めてじっと見るとおれもまんざらじゃないね。

× 祖父は初孫の顔にとっくりと見入っていた。

⇨「ほとほと」「よくよく」「ためつすがめつ」「あらためて」

つづいて［続いて］tsuzuite

① 第九はバリトンのソロに**つづいて**合唱が歌う。

② (駅のアナウンス)このあたりでもう一台お待ちください。電車は**つづいて**まいります。

③ (テレビで)**つづいて**全国の天気です。

④ (結婚式で)**つづきまして**新郎新婦の花束贈呈となります。

【解説】 ある事柄に継続して次の事柄が起こる様子を表す。プラスマイナスのイメージはない。①は動詞の用法、②は述語にかかる修飾語、③④は文頭に置かれる用法である。④の「つづきまして」は「つづいて」の丁寧形である。Aの事柄とBの事柄が順に起こる様子を表し、A B間には何も入らないことが強調される。また前件に区切りがついているかどうかには言及しない。

「つづいて」は「ついでII」や「つぎに」に似ているが、「ついでII」はあらかじめ決まっている順序が次である様子を表し、継続しているかどうかは問題にしない。「つぎに」は前件に一区切りつけてから後件に移る暗示がある。

⇨「ついでII」「つぎ」「つぎつぎ」「つづけざま」「ひきつづき」

つづけざま［続け様］tsuzukezama

① 野党議員は**つづけざま**に質問を浴びせた。

② 鼻をかんだらくしゃみが**つづけざま**に五回も出た。

【解説】 同一の物事が短時間内に連続して起こる様子を表す。ややマイナスよりのイメージの語。「つづけざまに」の形で述語にかかる修飾語になることが多い。同一の物事が間をあけることなく連続して起こる様子を表すが、慨嘆などの暗示は少ない。

「つづけざま」は「たてつづけ」や「やつぎばや」に似ているが、「たてつづけ」のほうが連続する時間が短く、本来ばらばらに一回ずつ起こるべき物事が連続して起こることについて慨嘆の暗示を伴う。「やつぎばや」は物事と物事の間隔が非常に短く、相手に余裕を与えないことを暗示する。

委員は続けざまに質問した。

(次から次と質問した)
委員はたて続けに質問した。
(少しは他の人に代わるべきだ)
委員は矢継ぎ早に質問した。
(相手に考える余裕を与えない)

⇨「たてつづけ」「やつぎばや」「つぎつぎ」「つづいて」「ひきつづき」

つつしんで［謹んで］tsutsushinde

① **つつしんで**新春のお慶《よろこ》びを申し上げます。

② 昨日の記事には誤りがありました。**つつしんで**お詫びするとともに訂正いたします。

【解説】 非常に丁重に心をこめて行う様子を表す。プラスイメージの語。かたい文章語で、手紙や報道、公式の発言以外には用いられない。話者が非常に丁重に心をこめている心理を公式に表明する語で、実際に具体的な態度として丁重かどうかには言及しない。

× 彼女は娘の恩師に謹んでお礼を言った。
→彼女は娘の恩師に丁重にお礼を言った。

つと tsuto

① 彼は一心に本を読んでいたが、**つと**顔を上げた。

② 教授は**つと**立ち上がるとドアを閉めた。

【解説】 話者の予期しない行動を起こす様子を表す。プラスマイナスのイメージはない。述語にかかる修飾語として用いられる。ややかたい文章語で、日常会話にはあまり登場しない。話者が主体の行為を予期していないという意味で、主体にとって予定外の行動であるかどうかには言及しない。また、話者も主体の行動について特定の感情をもたない。

「つと」は「いきなり」や「ふいに」に似ているが、「いきなり」は前段階を踏まずに直接次の行動をするというニュアンスで、驚きと衝撃の暗示がある。「ふいに」は継続することが期待されている事態が予想に反して変化するというニュアンスで、意外性と不審の暗示がある。

つと立ち上がった。
(特定の感情なし)
いきなり立ち上がった。
(びっくりした)
不意に立ち上がった。
(ずっと座っていたのにどうしたんだろう)

⇨「いきなり」「ふい」「だしぬけ」「やにわ」「とつぜん」「とつじょ」「きゅう」「ふと」

つとめて［努めて］tsutomete

① 人間関係を**つとめて**円満にしなさい。

② 彼は本心を見抜かれたが**つとめて**平静を装った。

【解説】 可能なかぎり努力して行う様子を表す。ややプラスイメージの語。述語にかかる修飾語として用いられる。ややかたい文章語で、日常会話にはあまり登場しない。主体にとって好ましい結果を得るために努力して行う様子を表し、表現としては冷静で客観的である。①はできるだけ努力してという意味、②は無理にでも努力してという意味で、しばしば実態や意志に反する暗示がある。

「つとめて」は「できるだけ」「できるかぎり」などに似ているが、「できるだけ」は努力を可能な範囲内に限定する暗示があるので、しばしば結果として目的を達成できないことを予期している場合がある。「できるかぎり」は可能な限度いっぱいまで努力するというニュアンスで、努力の程度は高いが結果には言及しない。

つとめて平静を装った。(動揺を隠そうとした)
できるだけ平静を装った。(平静に見えるようにした)
できるかぎり平静を装った。(平静に見えるよう最後まで努力した)

⇨「できるだけ」「できるかぎり」「なるべく」「なるたけ」「せいぜい」「きょくりょく」

つねづね ［常々］ tsunezune

① 娘には義理を欠くなと**つねづね**言い聞かせている。
② おうわさは上司から**つねづね**うかがっております。
③ やっぱり偉い人は**つねづね**の心がけが違うんだね。

【解説】 日常普通に行っている様子を表す。プラスマイナスのイメージはない。現在では①②のように、述語にかかる修飾語として用いられることが多く、名詞にかかる修飾語(③)になることは少ない。ややかたい文章語で、公式の発言などによく用いられる。日常繰り返し行うという反復の暗示があるが、恒常性の暗示はない。

「つねづね」は「つねひごろ」に似ているが、「つねひごろ」は日常ふだんの状態を強調するニュアンスで、反復の暗示はない。

常々言い聞かせる。(折にふれて言い聞かせる)
常日頃言い聞かせる。(ふだん言い聞かせる)

⇨「つねひごろ」「いつも」「ひごろ」「ふだん」

つねに ［常に］ tsuneni

① 二等辺三角形の両底角は**つねに**等しい。
② 西武は四月以来**つねに**首位を保っている。
③ 身だしなみには**つねに**気を配っています。

【解説】 わずかの時間もあけずに同じ状態を保つ様子を

表す。プラスマイナスのイメージはない。述語にかかる修飾語として用いられる。一瞬の間もあけずにまったく同じ状態を保つ点にポイントがあり、恒常性の暗示がある。

「つねに」は「いつも」「いつでも」「たえず」などに似ているが、「いつも」は例外がないことを強調するニュアンスで、恒常性の暗示はない。「いつでも」は行動を起こすたびごとにその結果を確認するというニュアンスがある。「たえず」は途切れることなく行動し続ける暗示がある。

× 二等辺三角形の両底角はいつも（たえず）等しい。

× 西武は四月以来いつでも首位を保っている。

また「つねに」は「しじゅう」や「しょっちゅう」「しろくじちゅう」などにも似ているが、これらは基本的に頻度が高いという意味で用いられる。

⇨「いつも」「いつでも」「たえず」「しじゅう」「しょっちゅう」「しろくじちゅう」「のべつ」「きまって」

つねひごろ ［常日頃］ tsunehigoro

① 課長は新年だというのに**つねひごろ**と変わらぬくたびれた背広を着てきた。

② **つねひごろ**の心がけがいざというとき役に立つ。

③ **つねひごろ**考えていることを新聞に投稿する。

【解説】 日常ふだんの状態を強調する様子を表す。プラスマイナスのイメージはない。①は名詞の用法、②は名詞にかかる修飾語、③は述語にかかる修飾語の用法である。「ふだん」「ひごろ」という意味であるが、「ふだん」「ひごろ」よりも日常平素の状態であることを強調するというニュアンスで、一定の状態が同じように継続して変化しない恒常性の暗示がある。

常日頃の心がけ。（いつもいつも心がけていること）

ふだんの心がけ。（日常の生活で心がけていること）

日頃の心がけ。（毎日の生活で心がけていること）

⇨「ふだん」「ひごろ」「つねづね」「いつも」

つまり ［詰まり］ tsumari

(1)① 五千円以上のベアを実現しないということは、**つまり**我々の生活が無視されたも同じだ。

② 「今度の日曜日、ぼく暇なんだ。車も整備が終わったし……」「**つまり**、あなたは何が言いたいの？」

③ 「君はぼくよりか高橋のほうがいいんだろう？」「**つまり**、そういうことね」

④ 君は**つまり**美人だし、やさしいし、だから**つまり**そのガールフレンドにしたいなあって……

(2)① 彼は私の義理の兄の子、**つまり**甥《おい》だ。

② 私は今から八年前、**つまり**一九八六年に訪中した。

【解説】 (1) 前提を踏まえて結論に言及する様子を表す。プラスマイナスのイメージはない。結論を述べる文の頭に置いて用いられる。前提と結論をイコールで短絡的に結ぶニュアンスをもち、かなり主観的で気分的である(③など)。必ずしも客観的な根拠に基づいた論理的な結論を意味しない。結論は好ましくても好ましくなくてもよい。④は日常会話にのみ用いられる間投詞の用法で、話をわかりやすくまとめて結論を提示する様子を表す。相手に自分の提示する結論を理解してほしいという甘えの心理が暗示される。

「つまり」は「けっきょく」「ようするに」や「とどのつまり」「つまりは」「つまるところ」などに似ているが、「けっきょく」は途中の経過はともかくとして結果や結論をあまり好ましくない感情を伴って述べる。「ようするに」は途中経過を要約する暗示がある。「とどのつまり」は最終的な結論に到るまでの経過にポイントがあり、最後にあまり好ましくない結論に到達する暗示がある。「つまりは」や「つまるところ」は結果や結論だけを強調するニュアンスになる。

つまり君は振られたってことだ。
(早く言えば振られたということだ)
結局君は振られたってことだ。
(途中はともかく最終的に振られたということだ)
要するに君は振られたってことだ。
(今までの状況をまとめると振られたことになる)

? 彼は口を開けばベンチャービジネスと言うが、つまりおれに金を出してもらいたいだけなんだ。
→彼は口を開けばベンチャービジネスと言うが、つまりは(とどのつまり・つまるところ)おれに金を出してもらいたいだけなんだ。

(2) 同義な内容と言い換える様子を表す。プラスマイナスのイメージはない。語と語または語句と語句をつなぐ用法で用いられる。前件と後件が同義であることを表すが、後件は前件より客観的にまとめられたもので、よりわかりやすい内容になっていることが多い。ただし表現自体は主観的で、話者が一人合点している暗示があり、論理的に同義であることを示す場合にはあまり用いられない。

この「つまり」は「すなわち」に似ているが、「すなわち」はかたい文章語で、もったいぶった発言などによく用いられ、より客観的で論理的なニュアンスがある。

? 子の不幸はつまり親の不幸であるが、子の幸福が親の幸福とは限らない。
→子の不幸はすなわち親の不幸であるが、子の幸福が親の幸福とは限らない。

⇩「けっきょく」「ようするに」「とどのつまり」「つまりは」

「つまるところ」「すなわち」「とりもなおさず」「そく」「さしずめ」「ということは」「いわば」「いってみれば」「ようは」

つまりは［詰まりは］tsumariwa

① ぼくが彼に肩入れするのは、**つまりは**彼の人徳っていうもんだ。

② 「審査員にはぼくの才能が理解できないのさ」「それが**つまりは**お前のうぬぼれだよ」

【解説】 結論を強調する様子を表す。プラスマイナスのイメージはない。述語にかかる修飾語として用いられる。「つまり」を強調した意味であるが、「つまり」よりも結果や結論を強調するニュアンスになる。結果や結論は好ましい場合も好ましくない場合もある。かなり主観的で話者の一人合点が暗示される。

「つまりは」は「とどのつまり」や「つまるところ」に似ているが、「とどのつまり」はさまざまの経過を経て最終的にあまり好ましくない結果に到達するという暗示がある。「つまるところ」はかなり客観的なニュアンスになる。

子供の非行はつまりは家庭環境の問題だ。
（自分は子供の非行と家庭環境の問題はイコールだと思う）

子供の非行はとどのつまり家庭環境の問題だ。
（たどりたどると家庭環境の問題にゆきつく）
子供の非行はつまるところ家庭環境の問題だ。
（家庭環境の問題に換言できる）

⇩「つまり」「とどのつまり」「つまるところ」「けっきょく」「あげく」「ようするに」「ようは」「すなわち」

つまるところ［詰まる所］tsumaru-tokoro

① 子供の非行は**つまるところ**家庭環境の問題だ。

② 企画の趣旨も明確にできず具体的な手順も考えていないとは、**つまるところ**彼には仕事をする気がないってことだ。

【解説】 結論や結果を強調する様子を表す。プラスマイナスのイメージはない。述語にかかる修飾語として用いられる。前提はともかくとして結論だけを強調する場合に用いるが、客観的な根拠があることが多い。

「つまるところ」は「つまりは」や「けっきょく」に似ているが、「つまりは」のほうが主観的で話者の一人合点の暗示がある。「けっきょく」は無力感・焦燥などあまり好ましくない感情を伴って結果を述べるニュアンスになる。

⇩「つまりは」「けっきょく」「つまり」「ようするに」「ようは」「とどのつまり」「すなわち」「さしずめ」

てあたりしだい［手当たり次第］**teatari-shidai**

① 彼女は暴漢に襲われて、そこらの物を**てあたりしだい**投げつけた。
② 道行く人を**てあたりしだい**につかまえて新興宗教の布教活動をする。

【解説】 対象を選ばずに取り上げる様子を表す。ややマイナスイメージの語。大きな動作を表す述語にかかる修飾語になる。ややくだけた表現で、あらたまった場面ではあまり用いられない。手に当たるものは吟味せずにそのまま取り上げるという意味で、乱暴さとスピードの暗示がある。結果として全部にわたって取り上げるかどうかには言及しない。

「てあたりしだい」は「かたっぱしから」に似ているが、「かたっぱしから」には端から順に全部を取り上げて処理する暗示があり、必ずしも大きな動作を伴うとは限らない。

× 山盛りのごちそうを手当たり次第平らげる。
→山盛りのごちそうをかたっぱしから平らげる。

⇨「かたっぱしから」

ていよく［体良く］**tei-yoku**

① 彼女にデートを申し込んだら**ていよく**断られた。
② 彼は出世した旧友を訪ねたが、受付で**ていよく**追い払われてしまった。

【解説】 表面上角が立たない様子を表す。ややマイナスよりのイメージの語。「断られる・追い払われる」など拒否される動作にかかる修飾語として用いられることが多い。やや客観的な表現で、失望の暗示はあるが被害者意識は暗示されない。あからさまに拒否するのではなく、表面上角が立たないようにして婉曲《えんきょく》に拒否することをよしとする日本文化に特徴的な語である。

⇨「よく」

できるかぎり［出来る限り］**dekiru-kagiri**

① 医者として**できるかぎり**の手は尽くしました。
② **できるかぎり**やってはみるが、結果はわからないよ。

【解説】 可能な限度いっぱいまで努力する様子を表す。プラスイメージの語。①は名詞にかかる修飾語、②は述語にかかる修飾語の用法である。可能な限度いっぱいまで手を抜かずに努力する誠意の暗示がある。自分の努力が限度いっぱいであることを強調するニュアンスがあるので、しばしば最大限努力はしたが目的を達成できなかったという文脈で用いられる。

「できるかぎり」は「できるだけ」に似ているが、「できるだけ」は可能な範囲内に努力を限定するニュアンスで、しばしば努力不能な領域があることを暗示するので、結果として目的を達成できないことを予期している場合がある。

できるかぎりやってみる。（精一杯努力する）

できるだけやってみる。（うまくいかないかもしれないが）

⇨「できるだけ」「なるべく」「なるたけ」「つとめて」「せいぜい」「こんかぎり」「いっしょうけんめい」「けんめい」「せいいっぱい」「めいっぱい」「きょくりょく」

できるだけ［出来る丈］dekirudake

① **できるだけ**のことはしてあげよう。

② 学生時代に**できるだけ**遊んでおくつもりだ。

③ 結婚記念日だから**できるだけ**早く帰ってきてね。

【解説】 可能な範囲内で努力する様子を表す。ややプラスイメージの語。①は名詞にかかる修飾語、②③は述語にかかる修飾語の用法である。可能な範囲内に限定して努力をするニュアンスで、自分の努力の及ばない領域があることを暗示する。そのため、結果として目的が達成できたかどうかには言及せず、しばしば目的を達成できないことを予期している場合がある。この点で、可能な限度いっぱいまで努力する誠意の暗示をもつ「できるかぎり」と異なる。

「できるだけ」は「なるべく」に似ているが、「なるべく」は対象の状態や程度を比較して、より好ましいほうを選択することを希望する暗示があるので、結果の程度はしばしば「できるだけ」よりも低くなる。

できるだけ本を読もう。（可能な限り多く読もう）

なるべく本を読もう。（読むようにしよう）

⇨「できるかぎり」「なるべく」「なるたけ」「つとめて」「せいぜい」「いっしょうけんめい」「けんめい」「せいいっぱい」「めいっぱい」「きょくりょく」

できれば［出来れば］dekireba

① **できれば**今年中にこの本を完成したい。

② **できれば**おやじには会いたくないなあ。

③ **できますれば**今お返事をいただいてまいります。

【解説】 可能な最大限を希望する様子を表す。プラスマイナスのイメージはない。希望の表現を伴う述語にかかる修飾語になる。③の「できますれば」は「できれば」の丁寧形。可能な最大限を希望する様子を表すが、希望するだけで努力するというニュアンスはない点で「できるだけ」「できるかぎり」と異なる。また、結果として希望が実現するかどうかには言及しない。

「できれば」は「なるべく」に似ているが、「なるべく」は客観的にみてより好ましいほうを選択する様子を表し、主体の冷静さが暗示される。

できれば今年中に完成したい。
（来年までかかるかもしれないが）
なるべく今年中に完成したい。
（今年中に完成したほうがよい）

⇨「できるだけ」「できるかぎり」「なるべく」「なるたけ」

てっとうてつび［徹頭徹尾］tettô-tetsubi

① 彼は**てっとうてつび**自説を曲げなかった。
② 大規模な湿地開発には**てっとうてつび**反対だ。
③ あいつは**てっとうてつび**金の亡者だ。

【解説】 最初から最後まで一貫している様子を表す。プラスマイナスのイメージはない。述語にかかる修飾語として用いられる。①②が基本的な用法で、最初から最後まで一貫して同一の行動を継続するという意味である。③はこれから進んだ用法で、どこからみても完全にという、程度を誇張する意味で用いられる。

「てっとうてつび」は「だんこ」「あくまで」や「とことん」などに似ているが、「だんこ」は行動を起こすにあたってての主体の強い意志を表し、しばしば行動が重大で深刻な意味をもつ暗示がある。「あくまで」は主体の主観的な継続の意志を暗示する。「とことん」は行動の行き着く終点まで行うという意味で、あきらめの悪さや執着を暗示し、継続の暗示は少ない。

? 徹頭徹尾やってだめならあきらめよう。
→とことんやってだめならあきらめよう。

⇨「だんこ」「あくまで」「とことん」「どこまでも」

てにてに［手に手に］teni-teni

① 沿道の住民は**てにてに**小旗を持って応援した。
② 大勢のファンが**てにてに**花束を持って楽屋につめかけた。

【解説】 複数の人が同じような物をめいめい手に持つ様子を表す。プラスマイナスのイメージはない。「手に手に□□を持つ」という形で述語にかかる修飾語になる。複数の人がめいめい同じような物を手に持つ点にポイントがあり、極端に違う物を持つ場合や、持ったり持たなかったりする場合にはふつう用いられない。

では・じゃ・じゃあ dewa・ja・jâ

(1)① 準備OKですね。**では**始めましょう。
② 「ほんとは私、大学なんて行きたくないんです」「**じゃ**、どうして受けたの？」
③ （交渉）**では**こうしましょう。経費を折半するって

いうのはどうですか。
④（口論）**じゃあ**なにかい？　おれが持ってきたものは受け取れないって、そういうわけだな。
(2)①（テレビ番組の終わり）**では**、また来週。
②「またね。バイバイ」「**じゃあ**ね」

【解説】「じゃ」は「では」のくだけた表現で、日常会話にのみ用いられる。しばしば「じゃあ」と伸ばして発音される。

(1)　前件を踏まえて新たな段階に入る様子を表す。プラスマイナスのイメージはない。文頭に置いて用いられる。④の「じゃあなにかい？」は慣用的な反論の言葉で、相手の発言を受けて、次の段階に口論を進めるときに用いるマクラ（前置き）である。ある前提に基づいて結果となる新たな段階に踏みこむ様子を表し、前件とまったく関係のない新段階に入ることは意味しない。

「では」は「それでは」に似ているが、「それでは」のほうが前件を指示するニュアンスが強いので、後に述べる事柄と前件との関係が強く出る。

×　彼女だけ招待しなかったなんて、ではあまりにかわいそうだ。
↓彼女だけ招待しなかったなんて、それではあまりにかわいそうだ。

(2)　別れの挨拶《あいさつ》を切り出す様子を表す。プラスマイナスのイメージはない。日常会話でのみ用いられる。「それでは」よりもくだけた表現であって、「さようなら（失礼します）」などの実質的な挨拶語を伴わないことのほうが多い。②の「じゃあね」は、現在ではくだけた場面で別れの挨拶語そのものとして用いられる。

⇩「それでは」「それなら」「どれ」

でも demo

(1)①　彼女の両親はぼくらの結婚には反対だそうだ。**でも**ぼくはあきらめないぞ。
②「鈴木はどうせ来ないから早く行こうよ」「**でも**私もう少し待ってみるわ」
③（ケンカした子供に）「孝ちゃんにあやまった？」「**でも**孝ちゃんだってぶったんだよ」
(2)①「君の本、紀伊国屋《きのくにや》で見たよ」「**でも**あんまり売れてないんだ」
②「こんなお菓子工場見学なんてバカみたいだ」「**でも**あなた、見本のクッキー、バクバク食べてたじゃない」

【解説】(1)　前件に反する判断を述べる様子を表す。ややマイナスよりのイメージの語。判断を表す文の頭に置かれる。くだけた表現で、日常会話中心に用いられる。

①②が基本的な用法で、前に示された条件に反する判断

を述べる。この判断はかなり主観的・気分的で、理性的な判断を暗示しない。③は判断の代わりに事実を述べることによって、言外の判断が（主観的に）正しいことを暗示する用法で、しばしば弁解の場面で用いられ、話者の不満の気持ちが暗示される。

(1)の「でも」は「それでも」や「だって」に似ているが、「それでも」はかなり客観的で理性的な判断を暗示する。「だって」は理由を述べて自分の正当性を弁解するニュアンスで、話者の不満と不本意さが強く暗示される。

× 「孝ちゃんにあやまった？」「それでも孝ちゃんだってぶったんだよ」

「お化け屋敷入って見ようよ」「でもこわいわ」
（入りたいがこわい）
「お化け屋敷入って見ようよ」「だってこわいわ」
（こわいから入りたくない）

(2) 前件を踏まえて疑問や感想を述べる様子を表す。ややマイナスよりのイメージの語。疑問や感想を表す文の頭に置かれる。くだけた表現で、日常会話中心に用いられる。前件と後件に論理的な関係はないが、前件について疑問に思ったり（②）、感想を述べたり（①）するときに用いる。後ろに述べられる内容によって、概嘆（①）・不審（②）・感嘆などさまざまの感情を伴う。

⇨「それでも」「だって」

てもなく ［手も無く］ temo-naku

① 彼は本因坊と対戦したが、**てもなく**やられた。
② 彼女は街頭セールスに**てもなく**だまされた。

【解説】 非常に簡単に攻略される様子を表す。ややマイナスイメージの語。「やられる・だまされる」など被害を表す動作にかかる修飾語になる。非常に簡単に攻略されることについて、反省や侮蔑《ぶべつ》の暗示がこもる。

「てもなく」は「なんなく」に似ているが、「なんなく」は対象を攻略するのに大きな労力を必要としないという意味で、攻略する側に視点があるため対象は人間以外にも用いられる。

× 有森《ありもり》選手は急な坂道を手もなく登りきった。
→有森選手は急な坂道を難なく登りきった。

⇨「なんなく」「くもなく」「なんのくもなく」

てをかえしなをかえ ［手を替え品を替え］ teo-kae-shinao-kae

① 弟は**てをかえしなをかえ**子犬の機嫌をとった。
② その勧誘員は何度断っても**てをかえしなをかえし**て保険の勧誘に来る。

【解説】 さまざまな手段を次々に試す様子を表す。プラスマイナスのイメージはない。単独でまたは「手を替え品を替えして」の形で、述語にかかる修飾語になる。さまざまな手段を次々に試みて対象を攻略しようとするという意味で、対象はふつう人間や動物に限られる。対象を攻略しようとする意図と熱意が継続する暗示がある。単にさまざまな方法を試みる場合にはふつう用いない。

× 彼は新着のＯＡ機器を手を替え品を替え試した。
→彼は新着のＯＡ機器をいろいろ試した。

⇨「いろいろ」「さまざま」

てんから［天から］ tenkara

① どうやらおれは君のことを**てんから**誤解していたようだな。

② 「今セザンヌ展やってるわね」「勘弁してよ。おれ、ゲージツって**てんから**ダメなんだから」

③ 母は息子のほらなど**てんから**信用していなかった。

④ うちの亭主なんか**てんから**役に立たないわよ。

【解説】 考慮の及ぶ範囲外にある様子を表す。ややマイナスのイメージの語。打消しや否定の表現を伴う述語にかかる修飾語（②～④）になることが多い。くだけた表現で日常会話中心に用いられ、かたい文章中には登場しない。対象が初めから考慮の及ぶ範囲外にあるというニュアンスで、まったく問題にしない様子を表し、慨嘆（②）・侮蔑《ぶべつ》（③④）などの暗示を伴う。

「てんから」は「はなから」「あたまから」や「てんで」に似ているが、「はなから」は物事の最初からというニュアンスで、開始にポイントがあり、慨嘆や侮蔑の暗示は少ない。「あたまから」は物事の最初を誇張するニュアンスで、主体の意志を暗示する。「てんで」は侮蔑の暗示が強く、程度を侮蔑的に誇張する場合にも用いられる。

てんから信用しない。（全然信用しようとしない）
はなから信用しない。（話の初めから信用しない）
頭から信用しない。（信用しないと決めている）

× 彼ったらいざとなるとてんから意気地がないのよ。
→彼ったらいざとなるとてんで意気地がないのよ。

⇨「はなから」「あたまから」「てんで」「のっけから」「とう」「まるで」「まるっきり」「からきし」「かいもく」「ちっとも」「すこしも」「ぜんぜん」「まったく」

てんで tende

(1) ① 彼女は最近**てんで**付き合ってくれなくなった。

② 賃上げ回答五千円じゃ**てんで**話にならない。

③ ママはぼくの気持ちなんか**てんで**わかってない。

(2) ① 君の英語は外国では**てんで**使いものにならないね。

② 彼ったらいざとなると**てんで**意気地がないのよ。

③ 浩子は**てんで**バカよ。あんな奴に引っかかって。

④ あいつの格好見ろよ。**てんで**笑っちゃうぜ。

【解説】 (1) 考慮の及ぶ範囲外にある様子を表す。マイナスイメージの語。後ろに打消しの表現を伴う述語にかかる修飾語になる。くだけた表現で日常会話中心に用いられ、かたい文章中には登場しない。対象が最初から考慮の及ぶ範囲外にあってまったく問題にならないというニュアンスで、概嘆①・侮蔑《ぶべつ》②③などの暗示を伴う。

(1)の「てんで」は「てんから」や「まるで」「まるっきり」に似ているが、「てんから」のほうが侮蔑の暗示が少ない。「まるで」「まるっきり」は可能性を百パーセント完全に否定するというニュアンスで、「まるで」より「まるっきり」のほうが誇張的である。

てんで話にならない。(バカにするな)
てんから話にならない。(初めから問題外だ)
まるで話にならない。(どこから見ても問題外だ)
まるっきり話にならない。(問題になるはずがない)

(2) (1)から進んだ用法で、程度がはなはだしく劣っていることを侮蔑する様子を表す。マイナスイメージの語。否定的な内容の述語にかかる修飾語になる。くだけた表現で日常会話中心に用いられ、かたい文章中には登場しない。①②が打消しの表現を伴う基本的な用法で、対象の程度が問題にならないほど劣っていることについて、侮蔑的に誇張する様子を表す。③は打消しの表現を伴わない用法である。④は動作にかかる現代語用法で、若い人中心に用いられる。笑ってしまうほどひどいという意味である。

程度を強調する語としては、他に「からきし」「まるで」「まるっきり」などがあるが、「からきし」は侮蔑の暗示が少ない。「まるで」「まるっきり」は行為や状態について広く用いられる。

彼ったらてんで意気地がないのよ。(男のくせになんだ)
彼ったらからきし意気地がないのよ。(どうしようもないなあ)

× 優勝できるなんててんで考えていなかった。
→優勝できるなんてまるで(まるっきり)考えていなかった。

⇨「てんから」「まるで」「まるっきり」「からきし」「いっこう」「かいもく」「とんと」「どだい」「ちっとも」「すこしも」「ぜんぜん」「まったく」

てんでに・てんでんに tendeni・tendenni

① みんなが**てんでに**勝手なことを言うな。
② 園児たちは遊園地で**てんでんに**遊んでいる。

【解説】 一人一人が独立している様子を表す。ややマイナスよりのイメージの語。動作を表す述語にかかる修飾語になる。一人一人がそれぞれ異なることを独立して行う様子を、困惑(①)などの暗示を伴って表す。一人一人の間隔が物理的にも心理的にも離れている暗示がある。人間以外については用いられない。

「てんでに」は「めいめい」や「それぞれ」「おのおの」などに似ているが、「めいめい」は独立した個々の要素が同等である暗示がある。「それぞれ」は個々の要素のバラエティーを暗示するが、表現自体は客観的で特定の感情を暗示しない。「おのおの」は個々の要素を対等に均一に扱う暗示がある。

× みんながめいめい(おのおの)勝手なことを言うな。
　てんでんに遊ぶ。(離れた所で違う遊びをする)
　それぞれ遊ぶ。(違う遊びをする)

個々の要素が完全に独立していて、共通点が見出せないときには「てんでんばらばらに」を用いる。

× 一家は空襲でてんでんになった。
→一家は空襲でてんでんばらばらになった。

⇨「めいめい」「それぞれ」「おのおの」

ということは [と言うことは] **to-iu-kotowa**

① 彼のアリバイはくずれた。**ということは**犯人の可能性も出てきたということだ。

② 清水君は院生からそのまま助手になった。**ということは**出世コースに乗ったというわけだ。

【解説】 わかりやすく言い換える様子を表す。プラスマイナスのイメージはない。言い換えを表す文の頭に置かれる。言い換えられた内容は話者の主観でわかりやすくなっただけで、話者が一人合点している暗示があり、客観的な内容であるとは限らない(②)。

「ということは」は「つまり」に似ているが、「つまり」は後件が前件を客観的にまとめる暗示がある。

? 私は今から八年前、と言うことは一九八六年に訪中した。
→私は今から八年前、つまり一九八六年に訪中した。

⇨「つまり」「すなわち」

というのは [と言うのは] **to-iunowa**

① 彼が現場にいたはずはない。**というのは**その時間彼は私と一緒だったのだ。

② 住民は避難命令が出ても家から動かなかった。**というのは**避難場所がどこか知らされていなかったからである。

③ 彼女はぼくと一緒に行きたくないらしい。**というのは**ぼくが嫌いだからだ。

【解説】 前件の原因・理由を述べる様子を表す。プラスマイナスのイメージはない。原因・理由を述べる文の頭に置かれる。前件の判断や事実の原因や理由を付加的に述べるときに用いる。原因や理由は主観的なもの(③)でも客観的なもの(①②)でもよいが、既成事実と話者が考えている事柄である場合が多い。冷静な表現で、特定の感情は暗示されていない。

「というのは」は「なぜなら」に似ているが、「なぜなら」は客観的な根拠の存在を表し、前件との因果関係が強く出るので、主観的な理由についてはあまり用いられない。

? 彼女はぼくと一緒に行きたくないらしい。なぜならぼくが嫌いだからだ。

⇨「なぜなら」「それというのも」「だって」

どいつもこいつも［何奴も此奴も］doitsumo-koitsumo

① 君の部下は**どいつもこいつも**役立たずだな。

② **どいつもこいつも**アメリカ詣《もう》でばかりしやがって。

【解説】 全員が同じように好ましくない様子を表す。マイナスイメージの語。①は述語にかかる修飾語、②は主語になる用法である。日常会話中心に用いられるかなり乱暴な表現で、女性はあまり用いない傾向にある。全員がどの人をとっても同じように好ましくない状態であることを、慨嘆・憤慨などの暗示を伴って述べる。

「どいつもこいつも」は「そろいもそろって」に似ているが、「そろいもそろって」は女性にも用いられ、主語や目的語にはならない。

↓あなたの部下はそろいもそろって役立たずね。

⇨「そろいもそろって」「のきなみ」「みな」

とう［疾う］tô

① 「宿題やったの?」「**とう**の昔にやったよーだ」

② あの二人が恋人どうしだってことぐらい、言われなくたって**とう**から知ってるよ。

③ 総理は政治改革の必要性には**とう**に気づいていた。

④ 彼が病弱でなかったら**とう**に日本のリーダーになっていただろう。

【解説】 現時点よりもはるかに前の時点を表す。プラスマイナスのイメージはない。「とうの昔に」「とうから」「とうに」の形で、述語にかかる修飾語として用いられる。①②はやや古風でくだけた表現で、日常会話中心に用いられる。現時点よりもはるかに以前という意味で誇張的なニュアンスをもち、時間がはるかに隔たっていることについて、話者の納得の暗示がある。

「とう」は「とっく」や「いぜん(以前)」に似ているが、「とっく」のほうが現代的にくだけた表現で、誇張の暗示も強い。「いぜん」は客観的にある時点よりも過去の時を表す。

とうから知ってるよ。(今さら言うなよ)

とっくから知ってるよ。(君はまだ知らないの)
以前から知ってるよ。(特定の感情なし)

⇩「とっく」「むかし」「すでに」「のっけから」「はなから」「てんから」

どう［如何］dō

(1)① 「テスト、**どう**だった？」「**どう**ってことないよ」
② お宅の新人の働きぶりは**どう**ですか。
③ (医者が)**どう**なさいましたか？
④ (包帯姿を見て)その手、**どう**したの？
⑤ もし君が彼の立場だったとしたら**どう**だろう。
⑥ (手紙で)その後、**どう**お過ごしでしょうか。
⑦ いつ電話しても話し中とは、君の家はいったい**どう**なってるのかね。
⑧ この髪型、**どう**かしら。似合う？
⑨ 「君の歌聴いたよ」「**どう**？ よかったでしょ」
⑩ 政治家は**どう**ともとれる答弁をするのがうまい。
⑪ **どう**あってもこの仕事は期日までに仕上げろ。
⑫ 「おからだはその後いかがですか」「さあ**どう**ですか、はっきりしませんで」
⑬ 「あいつ、早稲田受かるかな？」「勉強してなかったから**どう**かな」
⑭ 娘の先生に親が挨拶《あいさつ》しないってのは**どう**かな。
⑮ 「この間はどうもありがとう」「**どう**いたしまして」
⑯ (相手に馬乗りになって)**どう**だ、参ったか。
⑰ 駅へは**どう**行ったらいいですか。
⑱ このパソコン、**どう**やるの？
⑲ ここまで来たらぼくには**どう**することもできない。
⑳ こんなに食料買いこんで**どう**するつもり？
㉑ おさいふ、落としちゃった。**どう**しよう。
㉒ **どう**考えても君が悪いよ。
㉓ 太田夫人は**どう**見ても四十代にしか見えない。
㉔ この話、**どう**ころんでも損はないよ。

(2)① 社員全員にアンケートを取ってみたら**どう**でしょう。
② **どう**ですか。駅まで御一緒しましょうよ。
③ 帰りにお茶でも**どう**？
④ **どう**？ 今度の日曜日、ドライブしない？

(3)① (母親が息子に)ちゃんと御挨拶したら**どう**なの。
② たまには部屋の掃除ぐらいしたら**どう**だ。

【解説】 (1) 不定の状態や方法・手段を表す。プラスマイナスのイメージはない。述語または述語にかかる修飾語として用いられる。疑問文として用いられた場合には、状態や方法・手段についての疑問になる。

①～⑯は不定の状態を表す用法。①の「どうってことない」は、状態の疑問に対して、特に取り上げて返事す

るような状態ではないという意味である。話者の冷淡さが暗示される。⑦の「どうなってる」は、通常の状態でないことについての不審を表す。⑧⑨は状態の疑問の形を借りて、相手の意向をたずねている。⑩の「どうとも」はどんな状態にもという意味で、すべての状態を指す。⑪の「どうあっても」は、状況の適不適にかかわらずという意味で、「なんとしても」に近い。話者の強い意志を暗示する。⑫の「どうですか」は間投詞的に用いられたもので、はっきり状況を述べないで婉曲《えんきょく》にぼかす言葉のマクラ(前置き)として用いられる。⑬の「どうかな」は結果への疑問の形を借りて、好ましくない結果が予想されることを婉曲に述べる。⑭の「どうかな」は⑬に似ているが、話者の不賛成の気持ちを婉曲に述べる。⑮の「どういたしまして」は慣用句で、謝礼の挨拶への返事として用いられる挨拶語である。⑯の「どうだ」も慣用句で、相手の状況をたずねるとともに、自分の力を誇示する場面でよく用いられる。

⑰〜㉔は不定の手段・方法を表す用法。⑲の「どうすることもできない」は慣用的に用いられ、話者の無力感を暗示するが慨嘆の暗示はない。⑳の「どうするつもり」も慣用的に用いられ、実質的に処理の方法をたずねるというよりは、話者の不審を暗示する。㉑の「どうしよう」は慣用句で、話者の困惑・慨嘆を暗示する。㉒〜㉔の「どう……ても」は譲歩を表し、すべての手段・方法を考慮に入れる様子を表す。㉔は、話がどんな方向に進展していっても損にはならないという意味である。

(2) 疑問文の形をとり、相手に勧める意味を表す。プラスマイナスのイメージはない。述語として用いられるが、③④のように叙述部分を省略したり、単独で用いたりすることも多い。

(3) 相手を詰問する様子を表す。ややマイナスイメージの語。述語として用いられる。①はちゃんと挨拶しろ、②はたまには部屋の掃除をしろという意味で、実質的な命令を婉曲に述べた表現である。話者の慨嘆の暗示がこもる。

「どう」は「いかが」に似ているが、「いかが」のほうが丁寧で、会話の相手に対する敬意や話者の品位が表明される表現になっている。また、「いかが」は述語になる用法が多くて、「する」以外の実質的な動詞にはかかりにくい。

× いかがあっても期日までに仕上げなさい。
× 駅へはいかが行ったらよろしいでしょうか。

⇨「いかが」「いかに」「どうか」「どうかして」「どうかすると」「どうして」「どうしても」「どうぞ」「どうでも」「どうにか」「どうにも」「どうも」「どうやって」「どうやっても」「どうやら」

どうか［如何か］dôka

(1)① (担任に)息子を**どうか**よろしくお願いします。
② (合格祈願)**どうか**第一志望に受かりますように。

(2)① 彼が犯人か**どうか**は警察が決めることだ。
② できるか**どうか**やってみなくちゃわからない。
③ 君がそんなに言うならぼくから頼んでもいいが、おやじが承知するか**どうか**……

(3)① (失恋の思い出)あのとき、私**どうか**してたんだわ。
② (包帯姿を見て)手を**どうか**したの？
③ (道路に寝ている人に)もしもし、**どうか**なさいましたか。
④ あんな失礼なことを言われたら、怒らないほうが**どうか**している。
⑤ あまりに暑くて頭が**どうか**なってしまいそうだ。

(4)① 朝早く突然人の家を訪問するのも**どうか**と思う。

【解説】(1) 後ろに願望や依頼の表現を伴って、丁重に依頼する様子を表す。プラスマイナスのイメージはない。多少の無理があるのを承知で、自分の希望がかなうように望む様子を表し、誠意の暗示がある。

この「どうか」は「どうぞ」や「なにとぞ」「くれぐれも」に似ているが、「どうぞ」のほうが要求のニュアンスが少なく、相手の裁量に任せる暗示がある。「なにとぞ」はややかたい文章語で公式の発言などに用いられ、丁重さの程度が高い。「くれぐれも」は重ねて念を入れる暗示がある。

(2) 「……かどうか」の形で用いられ、疑念を提出する様子を表す。プラスマイナスのイメージはない。③は後ろに「わからない」などの判断を表す述語を省略した表現で、話者の自信のなさを暗示する。

(3) 正常でない様子を表す。ややマイナスイメージの語。「どうかする・なる」の形で用いられる。正常の働きをしない様子を表すが、病的である場合(②③⑤)と、一時的に異常な状態になった場合(①④)とがある。文脈によって、反省(①)・配慮(②③)・憤慨(④)・慨嘆(⑤)などの暗示がこもる。

この「どうか」は「どうにか」に似ているが、「どうにか」はある特定の状態を想定していることが多く、やや冷静で憤慨や慨嘆の暗示は少ない。

× あのとき、私どうにかしてたんだわ。

(4) 慨嘆すべき様子を表す。マイナスイメージの語。「どうかと思う」の形で用いられる。はっきり「よくない」と言わないで、不定の状態を疑問の形で表すことによって好ましくない状態を婉曲《えんきょく》に表現する。話者の憤慨の暗示がこもる。

⇨「どうぞ」「なにとぞ」「くれぐれも」「どうにか」「ねがわ

くは」「どうかして」「どうかすると」「なにぶん」「どう」

どうかして［如何かして］dôka-shite

(1)① この機械は非常に精巧だが、**どうかして**突然故障することがある。

(2)① せっかく甲子園に出場するのだから、**どうかして**緒戦を突破したいものだ。

② 課長が事故死したことを**どうかして**遺族に知らせなければならない。

【解説】(1) 不測の事態が起こる様子を表す。ややマイナスよりのイメージの語。「……は□□だが、どうかして△△することがある」の形で用いられることが多い。□□と△△には相反する内容が入る。不測の事態としては客観的な原因がはっきりしていないことが多く、偶然性の暗示がある。

この「どうかして」は「どうかすると」に似ているが、「どうかすると」は特定の条件がそろったときある結果になる可能性が存在するという意味で、「どうかして」よりも可能性が高い。

どうかして突然故障することがある。
(何かの拍子に故障することがある)
どうかすると突然故障することがある。
(故障することがたまにはある)

(2) あらゆる手段・方法を駆使する様子を表す。ややプラスよりのイメージの語。希望や義務の表現を伴う述語にかかる修飾語になる。

この「どうかして」は「どうにかして」や「なんとかして」に似ているが、「どうにかして」は具体的な手段や方法を想定している暗示がある。「なんとかして」は願望の程度が強いので、しばしば手段を選ばない暗示がある。

どうかして勝ちたい。
(何とか勝てないものか)
どうにかして勝ちたい。
(勝つ方法を探そう)
何とかして勝ちたい。
(何をしてもいいから勝ちたい)

⇨「どうかすると」「どうにか」「なんとかして」「ともすると」「どうか」「どう」

どうかすると［如何かすると］dôka-suruto

① 彼女は色白で鼻が高いので、**どうかすると**ハーフに見られる。

② この問題は**どうかすると**大事件に発展しかねない。

【解説】 低いながらも可能性が存在する様子を表す。ややマイナスよりのイメージの語。述語にかかる修飾語として用いられる。特定の条件がそろったときにある結果になる可能性が存在するという意味で、偶然性の暗示がある。ただし、客観的な表現で、特定の感情は暗示しない。

「どうかすると」は「どうかして」や「ややもすると」「ともすると」に似ているが、「どうかして」は話者の不慮の事態に偶然なるというニュアンスで、可能性の暗示はない。「ややもすると」はある極端な条件を仮定して、その条件のとき一定のあまり好ましくない結果になるという意味で用いられ、偶然性の暗示は少ない。「ともすると」はある条件を仮定して、その条件のとき一定の結果になる可能性や傾向を暗示する。

どうかすると大事件に発展しかねない。
(条件がそろえば大事件になる可能性がある)
ややもすると大事件に発展しかねない。
(慎重に対処する必要がある)
ともすると大事件に発展しかねない。
(まれには大事件に発展する場合がある)

⇨「どうかして」「ややもすると」「ともすると」「どうか」「どう」

とうから[疾うから] ⇨「とう」

どうして [如何して] **dô-shite**

(1) ① あの人、今ごろ**どうして**いるかしら。
(2) ① この原本を**どうして**手に入れたんですか。
② 彼は商品を**どうして**売りこむか頭をひねった。
③ あんちくしょう**どうして**くれようか。
④ **どうして**彼女はぼくを避けるんだろうか。
(3) ① (登校拒否児に)君は**どうして**学校に来ないんだ。
② 「あんた高校生なんだからお酒飲んじゃだめよ」
③ 「**どうして**? みんな飲んでるよ」
④ 結局できませんでしたなどと、**どうして**得意先に言えようか。
(4) ① 彼女は一見か弱そうだが、**どうして**なかなか気の強いところがある。
② 「S大は偏差値五五だろ」「**どうして**。最近レベルが上がって、今や六三はあるって言うよ」
③ 「だいぶ景気がよさそうじゃないか」「**どうしてどうして**。得意先が不渡りを出して被害甚大さ」

【解説】 (1) 状態についての疑問を表す。プラスマイナスのイメージはない。述語にかかる修飾語として用いられる。「どうして」という頭高型のアクセントで発音されることが多い。この場合には「どう・し・て」と分解することが多い。客観的な表現で、特定の感情を暗示しない。

(2) 手段や方法についての疑問を表す。プラスマイナスのイメージはない。述語にかかる修飾語として用いられる。「どうして」という頭高型のアクセントで発音されることが多い。ただし、この場合には(3)の理由を表す用法と紛らわしいので、日常会話では「どうやって」のほうを用いる傾向にある。④の「どうしてくれようか」は慣用的な表現で、話者のくやしさや報復の気持ちを怒りの暗示を伴って表現する。

(3) 理由についての疑問を表す。プラスマイナスのイメージはない。述語にかかる修飾語として用いられる。「どうして」という頭高型のアクセントで発音されることが多い。③は日常会話で、感動詞的に用いられる用法。相手の発言に不服である心理を暗示し、具体的な理由をきいているわけではない。④の「どうして……できようか」は反語で、決してできない、絶対にできないという話者の強い確信を暗示する。「どうして」の表す理由は主観的・感情的で、文脈によっては、しばしば理由以外の相手の気持ちをたずねる意味にもなる(②)。

この「どうして」は「なんで」や「なぜ」に似ているが、「なんで」はくだけた表現で、答えを求める話者の不満の暗示が強い。「なぜ」はややかたい文章語で、客観的・理性的な理由を暗示するので、理由以外の答えは期待されていない。

どうして学校に来ないんだ。（来たほうがいいぞ）
なんで学校に来ないんだ。（来ないのはけしからん）
なぜ学校に来ないんだ。（来ない理由は何だ）

(4) 相手の意見や前提を打ち消す事柄を述べる様子を表す。ややプラスよりのイメージの語。「どうして」と中高型のアクセントで発音されることもある。①は前に条件を示して、述語にかかる修飾語になる用法、②は相手の会話を受けて、反論を述べるマクラ(前置き)となる感動詞的な用法、③は「どうしてどうして」と二度繰り返して感動詞になり、②を誇張した用法である。条件や前提に反する場合(①③)と、前提の程度を大きく上回る場合(②)とがある。話者の驚きと意外性の暗示を伴う。

⇨「どうやって」「なんで」「なぜ」「なぜか」「なんだって」「どうしても」「どう」

どうしても【如何しても】dô-shitemo

(1) ① この瓶詰のふたは**どうしても**開かない。
② 武蔵丸は曙《あけぼの》には**どうしても**勝てない。
③ 相手の名前が**どうしても**思い出せなくて困った。

(2) ① 娘は**どうしても**歌手になると言ってきかない。
② この仕事は**どうしても**今日中にやっておきたい。
③ ぼくは**どうしても**行かなくちゃならない。
④ 「どうしてお兄ちゃんには何にも言わないのに、あたしだけ門限があるのよ」「**どうしても！**」

(3) ① 一度疑いを抱くと**どうしても**悪いほうへ悪いほうへと考えたくなるものだ。

② 家族が病気だと**どうしても**家の中が暗くなる。

【解説】 (1) 後ろに打消しや否定の表現を伴って、あらゆる手段や方法をとっても目的を達成できない様子を表す。マイナスイメージの語。打消しや否定の表現を伴う述語にかかる修飾語になる。あらゆる手段を駆使しても目的を達成できないほど程度がはなはだしいことを強調するニュアンスで、主体の困惑と無力感の暗示がある。

この「どうしても」は「どうやっても」に似ているが、「どうやっても」のほうが具体的な手段や方法の暗示が強いので、実際にあらゆる手段・方法を試した後で、目的を達成できないことを慨嘆の暗示を伴って述べる傾向がある。

この瓶詰のふたはどうしても開かない。
(とても固い)
この瓶詰のふたはどうやっても開かない。
(いろいろ努力したがだめだ)

(2) 理由や手段によらず強行する様子を表す。ややマイナスよりのイメージの語。述語にかかる修飾語として用いられる。しばしば、希望(②)・義務(③)・意志(①)などの表現を伴う。④は不服な気持ちで理由をたずねたのに対して、理由を問題とせずに実行せよという意味である。目的達成についての主体の強い意志を暗示するが、表現としてはかなり冷静で、客観的である。

この「どうしても」は「なにがなんでも」や「なんとしても」に似ているが、「なにがなんでも」は主体の意志が非常に強いので、しばしば主体の強情さや強引さの暗示を伴う。「なんとしても」には義務と切迫感の暗示がある。

どうしても歌手になる。
(歌手になりたい)
何が何でも歌手になる。
(誰が止めてもきかないぞ)
何としても歌手になる。
(歌手にならなくちゃならない)

(3) 好ましくない結果になる傾向がある様子を表す。マイナスイメージの語。前に条件を示し、その結果好ましくない結果になりがちである傾向を表す。好ましい傾向を表す場合にはふつう用いられない。主体の無力感の暗示がある。

この「どうしても」は「とかく」や「つい」に似ているが、「とかく」はさまざまのケースを念頭に置いて判断する様子を暗示する。「つい」は主体の抑制が欠如している結果、不本意な結果になってしまったというニュアンスで、反省の暗示を伴う。

× どうしてもこの世はままならぬ。
→とかくこの世はままならぬ。
× 家族が病気だとつい家の中が暗くなる。
⇩「どうやっても」「なにがなんでも」「なんとしても」「とかく」「つい」「ぜがひでも」「ぜひとも」「どうでも」「なんとかして」「どうして」「どう」

どうじに［同時に］dôjini

(1)① 二人はデートの場所に**どうじに**着いた。
② **どうじに**二つのことはできないよ。
③ 終業のベルがけたたましく鳴った。**どうじに**教室から子供たちが飛び出して来た。
④ 選手たちは正午の時報と**どうじに**スタートした。
⑤ 皇帝の死と**どうじに**封建時代が終わりを告げた。
⑥ 彼はデスクへ電話すると**どうじに**徹夜で取材する準備を始めた。
(2)① 散歩はだれにでもできる健康的な運動だが、**どうじに**身の周りの環境をチェックすることもできる。
② 二人は仲のよい友人であった。と**どうじに**ライバルでもあった。
③ 恩師は偉大な学者であると**どうじに**教育者だった。

【解説】 (1) 同一の時に複数の物事が起こる様子を表す。プラスマイナスのイメージはない。「同時に」「□□と同時に」の形で述語にかかる修飾語になる。「どうじに」の表す時はかなり幅があり、同一の瞬間(①)、直後(③④)、並行する時間(②⑥)、漠然と同じ時期を表すもの(⑤)などがある。個々の物事の起こった時点をいちいち確認した上で、同一時点であることを認める客観的な表現で、複数の物事をまとめる暗示はない点で、「いっぺんに」「いちどに」などと異なる。

(2) 二つの要素を兼ね備えている様子を表す。プラスマイナスのイメージはない。「同時に」「と同時に」の形で、前件と後件を結ぶ位置に置かれる。個々の要素が対等な関係で兼ね備わっているというニュアンスがある。この「どうじに」は「ともに」に似ているが、「ともに」は後件が前件に付け加わっているニュアンスになる。

学者であると同時に教育者でもある。
(学者・教育者両方の性質を持っている)
学者であるとともに教育者でもある。
(学者に教育者の要素が加わっている)

⇩「いっぺんに」「いちどに」「いちどきに」「ともに」「いっしょ」

どうせ dôse

(1)① お前じゃ**どうせ**ろくなざまにできやしない。
② あいつは**どうせ**遅刻するに決まってるさ。

③「ごめん、一時間寝坊した」「**どうせ**そんなことだろうと思ってたわ」
④ぼくなんか**どうせ**落ちるに決まってるんだ。
⑤ええええ、**どうせ**わたしはバカですよ。
(2)①**どうせ**やるんなら、徹底的にやったらどうだ。
②そんな古い家具、**どうせ**捨てようと思ってたんだ。いるんなら持ってっていいよ。
③じたばたしても始まらないな。**どうせ**手術はしなきゃならないんだから。
④せっかく小田原まで来たんだから、**どうせ**のことに箱根へ行かないか。

【解説】(1) 必ず一定の結果になることを侮蔑《ぶべつ》または自《じ》嘲《ちょう》する様子を表す。マイナスイメージの語。述語にかかる修飾語として用いられる。条件によらず必ず一定の結果になることをあらかじめ予測する文脈で用いられ、いつも同じ結果にしかならないことについて、強い侮蔑の暗示がある。①〜③は相手の行為について用いた場合で、相手に対する強い侮蔑と慨嘆の暗示を伴う。①は反語で、相手の成果が好ましくないことを予測して侮蔑している。④⑤は自分の行為について用いた場合で、自嘲や自暴自棄の暗示がある。

この「どうせ」は「しょせん」に似ているが、「しょせん」はさまざまな条件にもかかわらず、結果が予想どおり好ましくないというニュアンスで、あきらめと慨嘆の暗示がある。

×お前じゃ所詮ろくなざまにできやしない。

(2) 同じ行為や結果を認める様子を表す。ややマイナスよりのイメージの語。①は条件句に用いられた例、②〜④は「どうせ」「どうせのことに」の形で述語にかかる修飾語になる。①〜③は行為のしかたについて用いた場合で「どっちみち」「どのみち」に近いが、対象への侮蔑の暗示があり客観的な表現ではない。④はついでにという意味で「いっそのこと」に似ているが、「いっそのこと」は極端な事態を想定している暗示がある。

「どうせ」は、自分の影響力が対象に及ばないことについての無力感に根ざした表現で、社会的な慣習や規範が個人の意志や希望に優先する日本文化ならではの語だと言える。

⇨「しょせん」「どっちみち」「いずれにしても」「いっそ」「ついでI」

とうぜん【当然】tôzen

①デートをすっぽかされたら怒るのは**とうぜん**だよ。
②そのくらいの知識は知ってて**とうぜん**だね。
③年ごろの娘が異性に関心をもつのは**とうぜん**過ぎるほど**とうぜん**なことだ。

④ 国民が政治改革を要求するのは**とうぜん**の権利だ。
⑤ 彼は勉強をサボった**とうぜん**の結果として受験に失敗した。
⑥ 金は貸すが、**とうぜん**ながら利子は払えよ。
⑦ 彼は**とうぜん**先に帰ったものとばかり思っていた。
⑧ 「君、巨人の松井のファンなの?」「**とうぜん!**」

【解説】 論理的に帰結するという判断を表す。ややプラスよりのイメージの語。①②は述語、③の「当然過ぎるほど当然な」と④は名詞にかかる修飾語、⑤の「当然の結果として」、⑥の「当然ながら」と⑦は述語にかかる修飾語の用法である。⑧は感動詞的に用いられる現代語用法で、若い人中心に用いられる。相手の発言を全面的に肯定する様子を表す。「とうぜん」の表す判断は、誰が考えても同じ結果になるという論理的な帰結に基づいており、確信の暗示がある。したがって、自分の行為について用いられた場合には、すでに客観的な事実になっているというニュアンスになり、第三者に有無を言わせぬ断定の暗示を含むことがある(⑧)。

「とうぜん」は「あたりまえ」に似ているが、「あたりまえ」の表す帰結はやや主観的で、大多数のまたは平均的な帰結を暗示する。

? 国民が政治改革を要求するのは当たり前の権利だ。

⇨「あたりまえ」「どうり」「もっともII」「もちろん」「むろん」「もとより」「いきおい」「まさに」「おのずから」

どうぞ dōzo

(1) ① (新入社員が)**どうぞ**よろしくお願いします。
② **どうぞ**今年こそいいことがありますように。
③ (来客にいすを勧めて)**どうぞ**おかけください。
④ 「おい、風呂がわいたぞ」「**どうぞ**お先に」
⑤ (医院で)次の方、**どうぞ**。
⑥ (司会者が)次は都はるみさんです。**どうぞ!**
⑦ (無線)こちら本部、感度良好。**どうぞ**。

(2) ① 「お電話をお借りしたいんですが」「**どうぞ**」
② 「お~い、新聞」「はい、**どうぞ**」

【解説】 (1) 丁重に依頼・希望する様子を表す。プラスマイナスのイメージはない。依頼や希望の表現を伴う述語にかかる修飾語として用いられるが、述語部分を省略したり(④)、感動詞的に用いられたり(⑤~⑦)することもある。⑥は歌謡番組で司会者が出場歌手を紹介する場面で用いられ、歌手の入場を促す意味である。⑦は無線の交信の際に用いられる慣用句で、相手の交信を促す意味である。自分の依頼や希望を相手の意思や裁量に任せる暗示があり、要求の暗示は少ない。

「どうぞ」は「どうか」や「なにとぞ」に似ているが、「どうか」は多少の無理を承知の上で依頼・希望する様子を表し、「どうぞ」より要求のニュアンスが強く出る。「なにとぞ」はややかたい文章語で公式の発言などに用いられ、丁重さの程度が高い。

× 「おい、風呂がわいたぞ」「どうか(なにとぞ)お先に」

(2) 相手の依頼や希望をかなえる様子を表す。プラスマイナスのイメージはない。単独で感動詞的に用いられることが多い。①は許可を与える意味、②は相手の希望をかなえる動作とともに用いられる挨拶《あいさつ》語である。

⇨「どうか」「なにとぞ」「くれぐれも」「ひとつ」「なにぶん」「ねがわくは」「どう」

とうてい [到底] tôtei

① 東大はお前には**とうてい**無理だよ。
② 犯人は**とうてい**逃げきれないと観念して自首した。
③ 今からでは三時の列車には**とうてい**間に合わない。

【解説】 後ろに打消しや否定の表現を伴って、可能性がまったくないことを誇張する様子を表す。マイナスイメージの語。述語にかかる修飾語として用いられる。主体の主観として可能性がまったくないという判断を誇張的に表し、概嘆と無力感の暗示がある。

「とうてい」は「とても」に似ているが、「とても」はやや冷静で誇張の暗示はない。

今からではとうてい間に合わない。
(絶対に間に合わない)
今からではとても間に合わない。(無理だ)

⇨「とても」「ぜったい」

どうでも [如何でも] dôdemo

(1)① **どうでも**あなたの好きなようにしたら?
② 結婚なんて**どうでも**いいじゃないか。
③ 課長は**どうでも**いいことを穿鑿《せんさく》する癖がある。
④ **どうでも**いいけど、ひげぐらいそったら?

(2)① **どうでも**家を出るって言うんなら勘当だぞ。
② **どうでも**白状させてみせるぞ。

【解説】 (1) 対象について無関心である様子を表す。ややマイナスイメージの語。①は単独で述語にかかる修飾語の用法、②~④は「どうでもいい」の形で、たいしたことはない、取るに足りないという意味を表す。④の「どうでもいいけど、……」は、相手に注意や忠告をするマクラ(前置き)として用いられる現代語用法。自分はそれほど関心をもっているわけではないので、真面目に聞く必要はない、負担に感じる必要はないという相手への配慮を暗示するが、実際には無関心でない場合が多い。

(2) あらゆる手段や方法を用いて強行する様子を表す。マイナスイメージの語。述語にかかる修飾語として用いられる。主体の強い意志を暗示するが、しばしば無理難題のニュアンスがある。

この「どうでも」は「どうしても」に似ているが、「どうしても」のほうが冷静で、無理難題の暗示はない。

どうでも白状させる。（どんな手段を使っても）

どうしても白状させる。（必ず白状させてみせる）

⇨「どうしても」「なんとしても」「なにがなんでも」「なんとかして」「なんとでも」「ぜがひでも」「ぜひとも」「どっちでも」「どう」

とうとう［到頭］tôtô

① 彼女は心労がたたって**とうとう**病気になった。

② 朝からどんよりしていたが**とうとう**雪になった。

③ 一日中待っていたのに**とうとう**彼は来なかった。

【解説】 長い時間やさまざまな事柄を経過して、最終的な局面に到達する様子を表す。ややマイナスよりのイメージの語。述語にかかる修飾語として用いられる。最終的な局面としてはしばしばあまり好ましくない事態を暗示し、慨嘆や納得・あきらめ・反省などの暗示を伴う。最終的な局面に至る経過にポイントがある。

「とうとう」は「ついに」に似ているが、「ついに」は長い時間やさまざまな事柄を経過して新しい局面に入ったというニュアンスで、到達点のほうにポイントがある。

橋がとうとう完成した。（長い時間がかかったものだ）

橋がついに完成した。（待っていたかいがあった）

⇨「ついに」「けっきょく」「いよいよ」

とうに［疾うに］ ⇨「とう」

どうにか［如何にか］dônika

(1)① あんたのその頭、**どうにか**ならないの？

② **どうにか**してくれったって、どうにもならないよ。

③ （プロポーズ）生活のことは**どうにか**なるさ。

④ あまりに暑くて頭が**どうにか**なってしまいそうだ。

(2)① 今年九十になりましたが、**どうにか**生きています。

② 成績は悪かったが**どうにか**卒業だけはできた。

【解説】 (1) 現状より程度がはなはだしい状態になる様子を表す。プラスマイナスのイメージはない。「どうにかする・なる」の形で用いることが多い。現状よりも好ましい状態になる様子を表す場合（①～③）が多いが、その場合でも最良の状態は暗示せず、現状よりも少しでも好ましければよしとする許容の暗示がある。

「どうにか」は「なんとか」に似ているが、「なんとか」は目標とする状態が「どうにか」より好ましい程度が高く、しばしば最良に近い状態を暗示する。

おれがどうにかしよう。（現状よりはよくしよう）
おれが何とかしよう。（成功するようにしよう）

(2) 最低の状態を確保している様子を表す。ややプラスイメージの語。述語にかかる修飾語として用いられる。好ましくない状態との境界に近いところにいて、好ましくない状態に入らずにすんだという安堵《あんど》の暗示がある。

この「どうにか」は「かろうじて」「からくも」や「やっとのことで」「まがりなりにも」などに似ているが、「かろうじて」「からくも」は好ましくない境界をぎりぎりのところで脱したという切迫感と安堵の暗示がある。「やっとのことで」は「かろうじて」「からくも」よりは余裕がある。「まがりなりにも」は不十分な状態を許容する暗示がある。

× その部屋にはどうにか朝日が差し込む窓がある。
→その部屋にはかろうじて朝日が差し込む窓がある。

× 今年九十になりましたが、からくも（やっとのことで）生きています。

? 成績は悪かったがまがりなりにも卒業だけはできた。

⇨「なんとか」「かろうじて」「からくも」「やっと」「まがりなりにも」「なんとかして」「なんとしても」「ようやく」「どうやら」「どうか」「どうかして」「どう」

どうにも［如何にも］dônimo

(1)① ガンを発見したときにはもう手遅れで、**どうにも**手のほどこしようがなかった。
② まったくあいつは**どうにも**ならない奴だな。

(2)① **どうにも**困ったことが起こってね。
② ソマリアの悲惨な光景は**どうにも**やりきれない。

【解説】 (1) 後ろに打消しの表現を伴って、あらゆる対応が不可能である様子を表す。ややマイナスイメージの語。①は述語にかかる修飾語、②は「どうにもならない」という形容詞を作る用法である。対応が不可能であることについて、慨嘆（①）・憤慨（②）などの暗示を伴う。

(2) (1)から進んで、対応が不可能なほど好ましくない程度がはなはだしい様子を表す。ややマイナスイメージの語。状態を表す述語にかかる修飾語になる。話者の困惑と慨嘆の暗示がこもる。

この「どうにも」は「なんとも」に似ているが、「なんとも」は自分の気持ちが表現しきれないほど程度がはなはだしいというニュアンスで、対応を講じる暗示はない。

どうにもやりきれない。（どうしていいかわからない）
何ともやりきれない。（口ではとても言えない）

⇨「なんとも」「どうも」「どう」

とうぶん［当分］**tôbun**

① このお天気はここ**とうぶん**続く見込みです。
② **とうぶん**の間夜間の外出を禁止する。
③ **とうぶん**はおとなしくしていたほうがいいな。
④ 仕事がないから**とうぶん**開店休業の状態だ。
⑤ はい、生活費。**とうぶん**これで間に合うだろう。

【解説】 現在から近い将来に至る時間の幅を表す。プラスマイナスのイメージはない。「ここ当分」「当分の間」「当分は」などの形で述語にかかる修飾語として用いられる。現在から近い将来に至る漠然とした時間の幅を表す。客観的な表現で、特定の感情を暗示しない。

「とうぶん」は「しばらく」や「さしあたり」に似ているが、「しばらく」は過去・未来を問わずある時間の幅を表す。「さしあたり」は将来はさておいて現在の状況に対応するというニュアンスがある。

× 息子が家を出たのは当分前のことだ。
→息子が家を出たのはしばらく前のことだ。
× さしあたりの間夜間の外出を禁止する。

⇨「しばらく」「さしあたり」「とうめん」「とりあえず」

とうめん［当面］**tômen**

(1) ① 政府はかつてない難局に**とうめん**している。

(2) ① **とうめん**の問題をまず解決する。
② **とうめん**今の人数でやっていくつもりだ。
③ **とうめん**は両親からの仕送りに頼るほかない。

【解説】 (1) 直接向き合う様子を表す。プラスマイナスのイメージはない。「当面する」の形で述語になる。客観的な表現で、特定の感情を暗示しない。

(2) 幅のある現在を表す。プラスマイナスのイメージはない。①は名詞にかかる修飾語、②③は述語にかかる修飾語の用法である。現在問題となっている時間というニュアンスで、問題が近未来に処理され解決される暗示がある。

この「とうめん」は「もっか」や「とうぶん」「さしあたり」に似ているが、「もっか」は現在ただ今というニュアンスで、現在進行している事柄について用い、未来のことについては用いない。「とうぶん」は指す時間の幅が広い。「さしあたり」は将来のことは考慮に入れずに現在のことに対応するというニュアンスで、問題が近未来に解決されるかどうかには言及しない。

× 彼は当面試験勉強で必死だ。
→彼は目下試験勉強で必死だ。
? 「ねえ、旅行しない?」「当面無理だね」
→「ねえ、旅行しない?」「当分無理だね」
当面は今の人数でやっていく。

（将来増やす可能性がある）
さしあたり今の人数でやっていく。
（将来のことはわからない）
⇩「もっか」「とうぶん」「さしあたり」「いまのところ」「しばらく」「とりあえず」

どうも dômo

(1) ① 君の話は**どうも**よくわからない。
② いくら練習しても**どうも**うまく歌えない。
③ **どうも**変だと思ったら、やっぱり違っていた。
④ **どうも**最近体の調子がよくない。

(2) ① 天気予報によると明日は**どうも**雪らしい。
② **どうも**彼女が怪しく思えてしかたがない。
③ **どうも**どっかで見た顔だと思ったら、宮下君じゃないか。

(3) ① お宅のお嬢さんには**どうも**困りましたねえ。
② 「和菓子はいかが」「甘いものは**どうも**……」
③ あんまりはっきり断るのも、ちょっと**どうも**気がひけるし、かと言って後で約束が違うと文句を言われるのも**どうも**ね……

(4) ① この間は**どうも**ありがとう。
② （別れの挨拶《あいさつ》）じゃ、**どうも**失礼しました。
③ 「駅はどっちですか」「あの信号を左へ曲がった先です」「**どうも**」
④ 「やあ、奇遇だねえ」「やあ、**どうもどうも**」

【解説】 (1) 理由がよくわからない様子を表す。ややマイナスイメージの語。述語にかかる修飾語として用いられる。しばしば後ろに打消しや否定の表現を伴う。好ましくない結果に対する原因や理由がわからない様子を表し、主体の困惑と不審を暗示する。ただし、主体が積極的に理由を知りたがっているかどうかには言及しない。

この「どうも」は「なぜか」や「なんとなく」に似ているが、「なぜか」は理由を求める暗示が強い。「なんとなく」は曖昧《あいまい》の暗示があり、話者の困惑の暗示はない。

× なぜか変だと思ったら、やっぱり違っていた。
× いくら練習しても何となくうまく歌えない。

(2) 不確かなことを推量する様子を表す。ややマイナスイメージの語。述語にかかる修飾語として用いられる。しばしば後ろに推量の表現を伴う。話者の主観的な推量を表し、必ずしも客観的な根拠があるとは限らない。

この「どうも」は「どうやら」に似ているが、「どうやら」のほうが客観的な根拠の存在を暗示する。

× どうも雨はあがったらしい。
→どうやら雨はあがったらしい。

(3) 困惑やためらいの表現をやわらげる様子を表す。マイナスイメージの語。心理を表す述語にかかる修飾語になるが(①)、述語部分を省略する場合もある(②)。③は会話の途中で用いられる間投詞の用法。困惑(①)・遠慮(②)・ためらい(③)などの感情を暗示する。

(4) 謝礼・謝罪・挨拶などを強調する様子を表す。プラスマイナスのイメージはない。謝礼・謝罪や別れの挨拶の前に置かれるが、③のようにくだけた場面では感動詞的に用いることも多い。また④のように「どうもどうも」と繰り返すこともある。ただし、これらの場合には敬意が低くなるので、目上に対してはあまり用いられない。

⇨「なぜか」「なんとなく」「どうやら」「どうにも」「なんとも」「どう」

どうやって［如何やって］dô-yatte

① この原本を**どうやって**手に入れたんですか。
② 彼は商品を**どうやって**売りこむか頭をひねった。

【解説】 手段や方法についての疑問を表す。プラスマイナスのイメージはない。述語にかかる修飾語として用いられる。ややくだけた表現で、日常会話中心に用いられる。「どうして」の(2)と同じ意味であるが、日常的には「どうやって」のほうがよく用いられる。

⇨「どうして」「なんで」「どうやっても」「どう」

どうやっても［如何やっても］dô-yattemo

(1) ① この瓶詰のふたは**どうやっても**開かない。
② 武蔵丸は曙《あけぼの》には**どうやっても**勝てない。
(2) ① 正解が出さえすれば**どうやっても**いい。

【解説】 (1) 後ろに打消しや否定の表現を伴って、あらゆる手段や方法をとっても目的を達成できない様子を表す。マイナスイメージの語。打消しや否定の表現を伴う述語にかかる修飾語になる。具体的な手段や方法の暗示が強く、実際にあらゆる手段・方法を試した後で、目的を達成できないことを慨嘆の暗示を伴って述べる。

(1)の「どうやっても」は「どうしても」に似ているが、「どうしても」はあらゆる手段を駆使しても達成できないほど程度がはなはだしいことを強調するニュアンスで、主体の困惑と無力感の暗示がある。

どうやっても勝てない。
(いろいろ試したがだめだった)
どうしても勝てない。(相手が強すぎるのだ)

(2) 「どうやってもいい」の形をとり、すべての方法や手段を許容する様子を表す。プラスマイナスのイメージはない。どんなやり方でもという意味であるが、誇張の暗示を伴う。(2)の用法では「どうしても」は用いない。

⇨「どうしても」「どうやって」「どう」

どうやら dôyara

(1)① 一生懸命走って列車に**どうやら**間に合った。
② 膨大な本もつめこんだら**どうやら**本棚に収まった。
(2)① **どうやら**雨はあがったらしい。
② **どうやら**ぼくたちは道に迷ったみたいだよ。

【解説】 (1) 最低の状態を確保している様子を表す。ややプラスよりのイメージの語。述語にかかる修飾語として用いられる。好ましくない状態との境界に近いところにいて、好ましくない状態に入らずにすんだという安堵《あんど》の暗示がある。ただし、境界との間はかなり余裕があり、「どうにか」や「かろうじて」ほど切迫感の暗示はない。

どうやら間に合った。(ちゃんと乗れた)
どうにか間に合った。(発車ぎりぎりだった)
かろうじて間に合った。(もう少しで乗り遅れるところだった)

(2) かなり確実なことを推量する様子を表す。プラスマイナスのイメージはない。述語にかかる修飾語として用いられる。しばしば後ろに推量の表現を伴う。客観的な根拠の存在が暗示されるので、推量の内容としてはかなり確実である。

この「どうやら」は「どうも」に似ているが、「どうも」は客観的な根拠の暗示がなく、主観的に推量しているだけなので、推量の内容としては不確かであることが多い。

× どうやら彼女が怪しく思えてしかたがない。
→どうも彼女が怪しく思えてしかたがない。

⇨「どうにか」「かろうじて」「どうも」「からくも」「やっと」「まがりなりにも」「なんとか」「なんでも」「おそらく」「たぶん」「まず」「どう」

どうり【道理】dôri

(1)① 君の主張は**どうり**に合わないとは思わないか。
② 無理が通れば**どうり**引っ込む。(ことわざ)
③ 政治家に**どうり**を求めてもむだだよ。
④ 女房の父親はもののどうりをわきまえた人だ。
(2)① 子供に大人の社会の苦しみがわかる**どうり**がない。
② アルコールは中枢神経を麻痺《まひ》させるから、前の晩のことを覚えていないのは**どうり**にかなっているよ。
③ 約束をすっぽかせば君が怒るのも**どうり**だ。
④ 課長がぼやくのも**どうり**、管理職は今年のボーナスは現物支給だそうだ。
⑤ 今日は旗日か。**どうり**で道路がすいてると思った。
⑥ これ本真珠じゃないの? **どうり**で安いはずだわ。
⑦ あいつ、宮様の御学友か。**どうり**で。

【解説】 (1) 人間の踏み行うべき正しい道を表す(↔むり)。プラスイメージの語。道徳・義理・人情など、社会的に理想とされる条件を総称して言う。②はことわざで、無理(道理に合わないこと)がまかり通るような社会なら、当然人間の踏み行うべき理想など不必要になってしまうという意味である。

(2) 論理的に帰結されることを表す。ややプラスよりのイメージの語。①②は名詞の用法、③は述語の用法、④は「……するのも道理、……だ」という形で条件句につき、⑤⑥は「道理で」の形で述語にかかる修飾語になる。⑦は「道理で」を受ける述語部分を省略した用法である。話者が主観的に正当だと考える結論に帰結する様子を表し、一人合点している様子を暗示する。特に⑤～⑦の「道理で」はくだけた日常会話で用いられ、不審に思っていた事柄の原因・理由が判明した様子を納得の暗示を伴って述べる。⑦は、対象の日頃の態度その他についての不審に思っていたのが、「宮様の御学友」という理由の判明によって解決し納得したという意味である。

(2)の「どうり」は「とうぜん(当然)」や「もっともII(尤も)」に似ているが、「とうぜん」は誰が考えても同じ結果になるというニュアンスで、第三者に有無を言わせぬ断定の暗示がある。「もっとも」は相手の行為の正当性について主観的に肯定する納得の暗示がある。

君が怒るのも道理だ。(自分は納得できる)
君が怒るのも当然だ。(誰が考えてもそうだ)
君が怒るのももっともだ。(怒ってもよいと思う)

⇩「とうぜん」「もっともII」「あたりまえ」「もちろん」「むろん」「もとより」「むり」

とおからず [遠からず] tôkarazu

① この調子なら絵は**とおからず**完成するだろう。
② **とおからず**おうかがいしたいんですが。

【解説】 時間的・空間的な距離が遠くないという意味のほかに、述語にかかる修飾語になって、近い将来に実現する様子を表す。プラスマイナスのイメージはない。近い将来に物事が実現するという主体の判断を表し、推量(①)・希望(②)などの表現を伴うことが多い。実現の可能性はかなり高いが、具体的な実現時期は漠然としている。客観的な表現で、特定の感情は暗示しない。

「とおからず」は「いずれ」や「そのうち」「そうばん(早晩)」などに似ているが、「いずれ」は物事の成就に対する話者の確信が暗示される。「そのうち」は未来のある時間の範囲をあいまいに示し、しばしば無関心や無責任の暗示を伴う。「そうばん」はあまり好ましくない結果が確実に成就することについて、あきらめや慨嘆の暗示を伴う。

? 遠からずどこかで一杯やりましょう。
→いずれどこかで一杯やりましょう。

彼は遠からず自分の間違いに気づくだろう。
（近い将来にわかるだろう）
彼はそのうち自分の間違いに気づくだろう。
（あわてて注意することはない）
彼は早晩自分の間違いに気づくだろう。
（その時に後悔しても遅いぞ）
⇩「いずれ」「そのうち」「いつかは」

とおく［遠く］tôku

(1)① 「アメリカって新宿のおばあちゃんのうちより遠いの?」「もっとずっと**とおく**だよ」
② **とおく**から訪ねて行ったのに彼は留守だった。
③ 一人でどこか**とおく**へ行ってしまいたい。
④ 隣の家は子供を**とおく**の学校へやっている。
⑤ **とおく**の親類より近くの他人。（ことわざ）
(2)① **とおく**は縄文時代の火焔《かえん》土器、近くはファインセラミックスと、日本の窯業《ようぎょう》は常に世界の最先端をリードしてきた。
② この番組には**とおく**ブラジルからもお便りが寄せられています。
③ 私など先生の学識には**とおく**及びません。
④ 十兆円なんて気の**とおく**なるような数字だ。

【解説】 (1) 距離が基点から隔たっている様子を表す（↔ちかく）。プラスマイナスのイメージはない。①は述語、②③は名詞、④⑤は名詞にかかる修飾語の用法である。自分の位置が基点になる場合（①③～⑤）と、対象の位置が基点になる場合（②）とがある。⑤はことわざで、いざという時には離れた所に住んでいる親類よりも、近所にいてふだん行き来している他人のほうが頼りになるという意味である。

「とおく」は「遠い」に似ているが、「遠い」は基準点を任意に動かすことができる。

× 土星は木星より太陽に遠くだ。
→土星は木星より太陽に遠い。

(2) 時間・距離・程度などが大きく隔たっていることを誇張する様子を表す。プラスマイナスのイメージはない。述語にかかる修飾語として用いられる。①は時間、②は距離、③は程度について用いられた場合で、いずれも大きく隔たっていることを誇張する様子を表す。①は「遠くは……、近くは……」という対句を作り、時間的に古い例と最近の例とを対比して述べる。②は非常に遠いブラジルからさえもという意味である。③の「遠く及ばない」は慣用的に用いられ、非常にレベルに差があることを軽い概嘆の暗示を伴って述べる。④の「気が遠くなる」は慣用句で、意識が遠のくという意味である。ここでは比喩《ひゆ》として用いて、程度がはなはだしいことを誇張的に表す。
⇨「ちかく」

とかく［兎角］tokaku

(1)① 客が帰った後**とかく**するうちに日が暮れた。
② 社長には政界と裏取引があるだの、愛人を何人も囲っているだのと、**とかく**のうわさがある。
(2)① 小沢議員の言動について、マスコミは**とかく**の見方をしたがる。
(3)① 年をとると**とかく**事を性急に考えがちになる。
② 母親は息子の妻を**とかく**批判的に見たがる。
③ ボーナスは減ってもローンは減らないなんて、**とかく**この世はままならぬだね。

【解説】(1) さまざまの行為を表す。プラスマイナスのイメージはない。「とかくする」の形で用いられ、異なる行為が複数ある様子を表すが、個々の行為は重要でない暗示がある。やや古風な表現で、現在では「そうこう」「かれこれ」などを用いることが多い。
(2) (1)から進んで、あまり好ましくない物事が複数ある様子を表す。ややマイナスイメージの語。主に名詞にかかる修飾語として用いられる。軽い慨嘆の暗示を伴う。
(3) 一般的にあまり好ましくない傾向である様子を表す。ややマイナスよりのイメージの語。述語にかかる修飾語として用いられる。③の「とかくこの世はままならぬ」は慣用句で、いろいろやってみたところで、結局この世は自分の思う通りにはならないものだという無力感やあきらめの気持ちを暗示する。
「とかく」は「ともすると」や「ややもすると」に似ているが、これらはある条件を仮定して、その条件のとき一定の結果になるという意味で用いられ、実現の可能性は「とかく」よりも低い。

とかく批判的に見たがる。
（普通は批判的に見る）
ともすると批判的に見たがる。
（批判的に見る場合がある）
ややもすると批判的に見たがる。
（条件によっては批判的に見てしまう）

⇨「かれこれ」「ともすると」「ややもすると」「えてして」「おうおう」「どうしても」「つい」

ときおり［時折］tokiori

① **ときおり**小雨のぱらつくあいにくの天気だった。
② 好んで悪者になりたがる人を**ときおり**見かける。
③ これからも**ときおり**はおたずねください。

【解説】 頻度が少ない様子を表す。プラスマイナスのイメージはない。述語にかかる修飾語として用いられる。

ややかたい文章語で、報道や公式の発言によく用いられる。物事の起こる頻度や見聞する機会が少ない様子を客観的に表す。ただし、主体が意図的に行う行為についてはあまり用いられず、主体の関知しない（できない）事柄について用いることが多い。

？ぼくは時折推理小説を読む。

→ぼくは時々（たまに）推理小説を読む。

「ときおり」は「ときどき」や「ときたま」「たまに」などに似ているが、「ときどき」は「ときおり」よりも頻度が高く、意図的な行為についても用いられる。「ときたま」はややくだけた表現で、気軽さの暗示がある。「たまに」は「ときおり」よりも頻度がさらに低くなり、価値の暗示を伴う。

時折電話が来る。（思い出したように来る）
時々電話が来る。（月に何回か来る）
時たま電話が来る。（忘れたころに来る）
たまに電話が来る。（数か月に一回来る）

⇨「ときどき」「ときたま」「たま」「ときに」「まま」

ときたま ［時偶］ tokitama

① 「宏に毎日会ってるのか？」「**ときたま**よ」
② その線路はほんの**ときたま**ローカル線が通るだけで、あとは猫の散歩道になっている。

【解説】 頻度が非常に少ない様子を表す。プラスマイナスのイメージはない。述語にかかる修飾語として用いることが多いが、①のように述語部分を省略することもある。②の「ほんのときたま」は「ときたま」をさらに誇張する。ややくだけた表現で、日常会話中心に用いられる。頻度が非常に少なく、めったに同じようなことが起こらない様子を、気軽さの暗示を伴って表す。

頻度を表す語としては、他に「ときどき」「ときおり」「たまに」などがあるが、「ときどき」は「ときたま」より頻度が高い。「ときおり」はややかたい文章語で、主体の意図的な行為についてはあまり用いられない。「たまに」には価値の暗示がある。

⇨「ときどき」「ときおり」「たま」「たまたま」「ときに」「ときには」「まま」

ときどき ［時々］ tokidoki

(1) ① 彼は物知りで**ときどき**の話題には事欠かない。
② 部長はその**ときどき**で言うことが違う。
(2) ① （天気予報）明日は曇り**ときどき**晴れでしょう。
② 寒くなると**ときどき**思い出したように古傷が痛む。
③ 会社の帰りに**ときどき**一杯やります。
④ **ときどき**は窓を開けて空気を入れ換えなさい。

【解説】 (1) 機会や時節を表す。プラスマイナスのイメージはない。①の名詞にかかる修飾語か、②の「その時々」の形で用いられることが多い。「ときどき」という中高型のアクセントで発音される。具体的な機会や時節を念頭に置いていることが多い。

(2) 頻度が少なくない様子を表す。プラスマイナスのイメージはない。述語にかかる修飾語として用いられる。「ときどき」という尾高型のアクセントで発音される。頻度は「ときおり」「ときたま」「たまに」よりも高く、「しばしば」「たびたび」「しょっちゅう」「しろくじちゅう」よりも低い。主体の関知できない物事についても(①②)、意図的な行為についても(③④)用いられる。客観的な表現で、頻度が少なくないことについて特定の感情を暗示しない。

「ときどき」は「おりおり」に似ているが、「おりおり」はかなりかたい文章語で、日常会話にはあまり登場しない。

× 会社の帰りに折々一杯やります。

⇨「おりおり」「ときおり」「ときたま」「たま」「しばしば」「たびたび」「しょっちゅう」「しろくじちゅう」「ときに」「まま」

ときに [時に] tokini

(1)① 広島に原爆が投下され、日本は事実上とどめを刺された。**ときに**昭和二十年八月六日のことである。

(2)① その女優は**ときに**子供っぽく**ときに**娼婦《しょうふ》のように、男性ファンを魅了した。

(3)① 彼はいつも約束の時間を守るが、**ときに**何の連絡もなしにすっぽかすことがある。

② 人は**ときに**悪いと知りつつ悪事を犯すものだ。

(4)① 「やあ、しばらくだね。元気かい?」「まあまあだな」「**ときに**折入って頼みがあるんだがね」

【解説】 (1) ある物事の起こった時点や状況を述べる様子を表す。プラスマイナスのイメージはない。年月日や状況を述べる文の頭に置いて用いられる。かたい文章語で、日常会話には登場しない。

(2) 場合や時節を表す。プラスマイナスのイメージはない。「時に……、時に……」という形で対句的に用いられることが多い。ややかたい文章語で、日常会話にはあまり登場しない。「ある時は……、またある時は……」という意味である。

(3) 例外的な物事が起こる可能性が存在する様子を表す。プラスマイナスのイメージはない。述語にかかる修飾語として用いられる。ややかたい文章語で、日常会話にはあまり登場しない。頻度そのものに視点はなく、例外の起こる可能性を暗示する。この点で頻度が少ないことを表す「たまに」「ときたま」などと異なる。

(3)の「ときに」は「ときとして」にも似ているが、「ときとして」は頻度が少ないことを考慮に入れる様子を表し、例外的であるかどうかには言及しない。

　人は時に悪いと知りつつ悪事を犯す。
（通常は悪いこととは気づかずに悪事を犯す）
　人は時として悪いと知りつつ悪事を犯す。
（確信犯はたまにはいる）

(4)　重要な話題を切り出す様子を表す。プラスマイナスのイメージはない。文頭に置いて用いられる。日常会話中心に用いられる。前の話題に関係なく、話者が自分にとって重要だと思われる話題を切り出す文の頭に置かれる。結果として話題を転換する意味になるが、話題を転換することが目的なのではなく、これから提出される話題の内容に重点があり、実質的な内容はしばしば「時に」で始まる文より後で述べられる。

　(4)の「ときに」は「ところで」「さて」「それはそうと」などに似ているが、「ところで」は前文と後文の内容が断絶し、かつ後文に重点を置いて新たに提示する場合に用いる。「さて」は気分を一新することにポイントがあり、話題を転換する場合だけに用いられるとは限らない。「それはそうと」はふと思い出した場合などにも用いられる。

　時に木村君はお元気ですか。
（これから木村君に関する重要な話をする）
　ところで木村君はお元気ですか。
（単に話題を換えるだけ）
　それはそうと木村君はお元気ですか。
（木村君のことを思い出したので）
×　時に犬の散歩に出かけるとするか。
→さて犬の散歩に出かけるとするか。

⇩「たま」「ときたま」「ところで」「さて」「それはそうと」「それはさておき」「あたかも」「ときおり」「ときどき」「ときには」

ときには ［時には］ tokiniwa

①　学者だって**ときには**遊園地ぐらい行く。
②　**ときには**一人で海を見つめていたい。

【解説】　ある特別な場合を想定する様子を表す。プラスマイナスのイメージはない。述語にかかる修飾語として用いられる。頻度が低いという意味ではなく、特別な場合を想定するというニュアンスなので、実際の頻度は必ずしも低いとは限らない。かなり客観的な表現で、特定の感情を暗示しない。

　「ときには」は「ときに」や「たまには」に似ているが、「ときに」は例外的な物事が起こる可能性を暗示する。「たまには」は頻度が非常に低いことについて、価値の暗示を伴う。

? 時に一人で海を見つめていたい。

時には一人で海を見つめていたい。
（一人で海を見つめていたい時がある）

たまには一人で海を見つめていたい。
（いつも家族と一緒なので一人になりたい）

⇨「ときに」「ときたま」「たま」

とくに［特に］tokuni

(1) ① 日本はどこも景色がよいが、**とくに**三陸海岸はすばらしい。

② 今期は**とくに**数学の点が悪かった。

③ 彼は学生時代**とくに**できたというわけではない。

(2) ① 豆腐は腐りやすいので夏場は**とくに**気を使う。

② （会議で）**とくに**申し上げることはありません。

③ お客様のために**とくに**お選びした宝石です。

④ この本は**とくに**若い女性のために書かれた。

⑤ （校長の訓話）今ここで**とくに**名前は発表しないが、最近校内でタバコを吸った者がいる。

【解説】 (1) 他と比べて著しく程度がはなはだしい様子を表す。プラスマイナスのイメージはない。述語にかかる修飾語として用いられる。比較の範囲を明示する場合（①）も明示しない場合（②③）もある。比較する対象は、上位範疇《はんちゅう》の場合（①）、同レベルの場合（②③）がある。対象の程度がはなはだしいことを主観的に強調するニュアンスで、話者の主観的な判断（③）についても用いられる。

(1)の「とくに」は「ことに」「とりわけ」「とくべつ」などに似ているが、「ことに」は対象の程度がはなはだしいことを客観的に述べる。「とりわけ」はある範囲の中で特に著しく程度が高いというニュアンスがある。「とくべつ」は対象を通常・平均のものとは区別して扱う暗示がある。

彼は数学が特にできる。
（非常によくできると思う）

彼は数学が殊にできる。
（他教科に比べてできる）

彼は数学がとりわけできる。
（できる科目は他にもあるが）

彼は数学が特別できる。
（他の学生とは違う）

(2) 他と区別して取り上げる様子を表す。プラスマイナスのイメージはない。動作にかかる修飾語として用いられる。意図的な行為を行うにあたっての主体の配慮を暗示する。

(2)の「とくに」は「とくべつ」「かくべつ」「とりたて」などに似ているが、「とくべつ」は「とくに」よりもさらに区別を強調する。「かくべつ」は普通とは異なった好ましい状態である暗示がある。「とりたてて」は他と区別して取り上げて問題にする暗示がある。

特に意見はない。（主張すべき意見はない）
特別意見はない。（他の人と違う意見はない）
格別意見はない。（よい意見はない）
とりたてて意見はない。（反対意見はない）

× お客様のために格別（取り立てて）お選びした宝石です。

⇨「ことに」「とりわけ」「とくべつ」「かくべつ」「とりたてて」「なかでも」「ことさら」「あらためて」「あえて」「きわだって」

とくべつ［特別］**tokubetsu**

(1)① 今日はまた**とくべつ**に暑いね。
② 東大の入試は**とくべつ**むずかしいわけではない。
③ 彼女の舞台は出演者の中で**とくべつ**光っていた。

(2)① 障害者を**とくべつ**な目で見ないでほしい。
② 今日は私たち夫婦にとって**とくべつ**な日だ。
③ この子には**とくべつ**な才能が備わっている。
④ 卒論の締切は一月十日。ただし、**とくべつ**の許可を得た者はこの限りではない。
⑤「あの先生、昼間からビール飲んでるよ」「ああ、彼は**とくべつ**だよ。素面《しらふ》じゃ授業できないんだから」
⑥ 秘密なんだけど、君だけ**とくべつ**に教えよう。

【解説】 (1) 他と比べて著しく程度がはなはだしい様子を表す。プラスマイナスのイメージはない。状態を表す述語にかかる修飾語として用いられる。比較の範囲を明示する場合(③)も明示しない場合(①②)もある。対象の程度が通常・平均の状態とは異なってはなはだしい様子を客観的に表す。

(1)の「とくべつ」は「とりわけ」「ことに」などに似ているが、「とりわけ」は程度のはなはだしいものの中で特に著しく程度が高いというニュアンスがある。「ことに」は対象の程度のはなはだしさを客観的に述べる。

彼女は特別光っていた。（非常にすぐれていた）
彼女はとりわけ光っていた。（他の出演者もよかったが）
彼女は殊に光っていた。（いつもよりも格段にすぐれていた）

(2) 例外的である様子を表す。プラスマイナスのイメージはない。①〜④は名詞にかかる修飾語、⑤は述語、⑥は動作にかかる修飾語の用法である。対象の状態が普通とは異なって例外的である様子を客観的に表す。特に好ましい状態だけを暗示するわけではない(①⑤)。この点でふつう好ましい状態を暗示する「かくべつ」とは異なる。

× イカの塩辛で一杯やるのは特別だね。
　→イカの塩辛で一杯やるのは格別だね。

(1)(2)で述語にかかる修飾語として用いられた「とくべつ」は「とくに」に非常によく似ているが、「とくに」は「とくべつ」よりも区別の暗示が少なく、対象の程度も「とくべつ」よりはなはだしくないことが多い。また「とくに」は対象をたった一つのものと考えていない場合もある。

　今度の絵は特別すばらしい。（いつもと段違いだ）
　今度の絵は特にすばらしい。（いつもに増して）
　君だけ特別に教えよう。（他の人には秘密だよ）
　君だけ特に教えよう。（他の人は知らないよ）

⇨「とりわけ」「ことに」「かくべつ」「とくに」「べつだん」「べつ」

どこ【何処】doko

(1)① （患者に）**どこ**が痛みますか。
② ぼくの靴、**どこ**？
③ **どこ**見てるんだよ。ぼやぼやするな。
④ あなたには**どこ**といって悪いところはありません。
⑤ 二十年ぶりに仙台に行ったら、**どこ**が**どこ**やらさっぱりわからなくなっていた。
⑥ 彼はぼくの忠告など**どこ**吹く風と言わんばかりだ。
⑦ 彼女の電話の声はとんでもない猫なで声だが、**どこ**を押せばあんな声が出るんだろう。
⑧ **どこ**の馬の骨ともわからない男に娘はやれない。
⑨ 君はぼくを疑っているようだが、**どこ**をたたいてもほこりは出ないよ。

(2)① スリランカの首都は**どこ**ですか。
② **どこ**の国でも国民が平和に暮らせることが第一だ。
③ 君、**どこ**の学校へ行ってるの？
④ この映画の**どこ**がおもしろいのかわからない。
⑤ あんな奴の**どこ**がいいんだい？
⑥ 大企業から政治資金をもらって**どこ**が悪いのかね。

【解説】 (1) 不定の場所を表す。プラスマイナスのイメージはない。直接的な表現であるので、目上に向かって所在をたずねたりする場合には「どちら」のほうが好まれる。

①②が基本的な場所についての疑問を表す用法である。③は反語となり、よそ見をするなという意味である。④の「どことといって」は慣用的な表現で、取り立てていう意味である。悪いところは全然見当たらないという意味であるが、断定を避ける婉曲《えんきょく》の暗示がある。⑤の「どこがどこやら」は慣用的に用いられ、ある場所を分析的に認知できないことを強調する。⑥の「どこ吹く風」、⑦

の「どこを押せば」、⑧の「どこの馬の骨」、⑨の「どこをたたいてもほこりは出ない」はそれぞれ慣用句で、⑥は主体がまったく感じていない様子を表し、話者のあきれの暗示を伴う。⑦は話者にとって音声が非常に意外だったとき、その声の理由を不審とあきれの暗示を伴って推量する。女性のかん高い声やとりつくろった声について用いることが多い。⑧は氏素性の知れない者という意味で、話者の嫌悪の暗示がある。⑨はどんなに調べてもやましい点や落ち度は見つからないという意味である。

(2) 不定の事柄を表す。プラスマイナスのイメージはない。直接場所を問題にするのではなく、ある一点を問題にする用法である。①は首都の名前をきいているのであって、地図上の所在をきいているわけではない。②もすべての国でという意味で、国の所在地ではなく国そのものを問題にしている。③も学校の名前についての疑問である。④⑤はおもしろかったり魅力があったりする点である。⑥は反語の用法で、自分は悪くないという意味を強調する。

「どこ」は「どちら」や「いずこ」に似ているが、「どちら」は「どこ」よりも丁寧なニュアンスで、目上や知らない人に対してもよく用いられる。「いずこ」はかたい文章語で、日常会話では慣用句を除いてあまり用いられない。

ぼくの靴、どこ?

↓私の靴はどちらでしょうか。

⇨「どちら」「どっち」「どこか」「どこから」「どこで」「どこでも」「どことなく」「どこに」「どにでも」「どこにも」「どこへ」「どこへでも」「どこへも」「どこまで」「どこまでも」「どこも」

どこか【何処か】dokoka

(1) ① 今ごろ彼はアメリカの**どこか**にいるはずだ。

② 夫は昨夜**どこか**へ出て行ったきり戻らない。

③ のどがかわいたね。**どっか**で一休みしよう。

④ ねえ、パパ。夏休みに**どっか**へ連れてってよ。

⑤ どうも**どこか**で見たような顔だと思った。

⑥ **どこか**の人が迷子になった息子を保護してくれた。

⑦ 顔色がよくないよ。**どこか**具合でも悪いのか。

(2) ① 彼女の態度は**どこか**変だ。

② うちの犬は死んだ母に**どこか**似通っている。

【解説】 (1) 不定の場所を表す。プラスマイナスのイメージはない。日常会話では、しばしば「どっか」と発音する。①~⑥は基本的な名詞の用法、⑦は単独で述語にかかる修飾語になる。主に不定の場所を表すが、⑥のように不定の所属を表す場合もある。客観的な表現で、特定の感情を暗示しない。

(2) 理由はわからないが不審に思う様子を表す。プラスマイナスのイメージはない。状態を表す述語にかかる修飾語として用いられる。対象の状態についての話者の不審と疑問を暗示する。

(2)の「どこか」は「どこやら」「どことなく」「なんとなく」などに似ているが、「どこやら」は「どこか」より疑問・不審ともに少なく漠然としている。「どことなく」は対象の状態を話者が感じるというニュアンスになる。「なんとなく」は話者自身の主観的な感覚として漠然と感じるというニュアンスで、客観的な理由の存在を暗示しない。

どこか似ている。(似て見える時がある)
どこやら似ている。(よく見ると似ている)
どことなく似ている。(はっきり言えないが似ている)
なんとなく似ている。(似ているような気がする)

⇨「どことなく」「なんとなく」「どこ」

どこから [何処から] dokokara

① 彼が**どこから**来てどこへ行くのか誰も知らない。
② 被災地は**どこから**手をつけたらよいかわからぬほど壊滅状態だった。
③ (ケンカ)さあ、**どっから**でもかかってこい。
④ (授業)「今日は**どこから**ですか」「第二課です」
⑤ なくしたと思ったペンが**どこから**か出てきた。
⑥ 主任は**どこから**見たって学生にしか見えない。
⑦ 彼女は**どこから**見ても立派なレディーだ。
⑧ 部長は銀座なら**どこから**どこまで知ってる。
⑨ 焼鳥のにおいが**どこから**ともなく漂ってきた。

【解説】 開始場所についての疑問を表す(↔どこまで)。プラスマイナスのイメージはない。述語にかかる修飾語として用いられることが多いが、述語になることもある(④)。日常会話ではしばしば「どっから」と発音する。①〜③は行客観的な表現で、特定の感情を暗示しない。④は学習を開始する単元を指す。⑤は出現場所である。⑥の「どこから見たって(見ても)」はどのような見方をしてもという意味で、誇張の暗示がある。⑦の「どこから見ても」は慣用的に用いられ、「押しも押されもしない、一人前の」という意味、⑧の「どこからどこまで」はすみずみまですべてという意味、⑨の「どこからともなく」は開始場所はわからないが、存在に気がついている様子を表す。

⇨「どこまで」「どこ」

どこで [何処で] dokode

① そのバッグ、**どこで**買ったの?

② 次回は**どこで**お会いしましょうか。
③ こんなに遅くまで**どこで**油売ってたんだ。

【解説】 行為を行う場所についての疑問を表す。プラスマイナスのイメージはない。動作にかかる修飾語として用いられる。①②が基本的な用法。客観的な表現で、特定の感情を暗示しない。③は反語で「どこでむだに時間をつぶしていたんだ(遅く帰ってけしからん)」という意味を表す。

⇨「どこでも」「どこ」

どこでも ［何処でも］ dokodemo

① 麻薬はアメリカでは**どこでも**買える。
② うちの父は**どこでも**貧乏揺すりをするんで困る。
③ 早稲田に受かりさえすれば学部は**どこでも**いい。
④ 西洋タンポポは日本国中**どこでも**咲いている。

【解説】 任意の場所を許容する様子表す。プラスマイナスのイメージはない。述語にかかる修飾語として用いられる。どんな場所でもよいという許容の暗示がある。③は場所というよりは組織のある部分を指す。④はすべての場所を表す。「どこにでも」に比べて指し示す場所の一般性が強く、ある特定の状況などを念頭に置いていないことが多い。

⇨「どこにでも」「どこへでも」「どこも」「どこで」「どこ」

どことなく ［何処と無く］ dokoto-naku

① 彼には**どことなく**憎めないところがある。
② 彼女のセンスは**どことなく**品があってよい。

【解説】 漠然と感じる様子を表す。プラスマイナスのイメージはない。状態を表す述語にかかる修飾語として用いられる。対象の状態を話者が感じるという意味で用いられ、ふつう話者自身のことについては用いられない。

× 今日はどことなく気分がいい。
→今日はなんとなく気分がいい。

「どことなく」は「どこか」「どこかしら」「どこやら」などに似ているが、「どこか」は不審・疑問の暗示が強い。「どこかしら」は対象の程度が低いことを強調する。「どこやら」は漠然とした疑問や不審を暗示する。

⇨「なんとなく」「どこか」「どこ」

とことん tokoton

① 彼には物事を**とことん**までやりぬく根気がない。
② 自分の将来について両親と**とことん**話し合う。
③ 明日は休みだから、今夜は**とことん**飲み明かそう。

【解説】 最後まで徹底して行う様子を表す。プラスマイナスのイメージはない。「とことんまで」「とことん」の形で述語にかかる修飾語として用いられる。ややくだけた表現で、かたい文章中にはあまり登場しない。①②が基本的な用法で、一定の成果があがるまで徹底的にという意味である。③はこれから進んで程度を強調する様子を表し、必ずしも最終段階への到達は意味しない。しばしばあきらめの悪さや執着の暗示を伴う。

「とことん」は「どこまでも」にやや似ているが、「どこまでも」は際限がなく続く様子を表し、最終段階に到達する暗示はない。

× 夏の空はとことんまで青い。
→夏の空はどこまでも青い。

⇨「どこまでも」「あくまで」「てっとうてつび」「だんこ」

どこに ［何処に］ dokoni

(1)① こんな遅くまで**どこに**いたの？
② ぼくらの幸せはいったい**どこに**あるんだろう。
③ 学部の専攻は**どこに**決めましたか。
④ 彼は**どこに**勤めているんですか。
(2)① 今度の休みは**どこに**行こうか迷っている。
② 連休は**どこに**行っても人でいっぱいだ。

【解説】 (1) 物事の存在する場所についての疑問を表す。プラスマイナスのイメージはない。述語にかかる修飾語として用いられる。①②は基本的な用法。③④は所属や組織などの事柄についての疑問で、事柄を選択する意味を表す。客観的な表現で、特定の感情を暗示しない。

(2) 進行する方向についての疑問を表す。プラスマイナスのイメージはない。「行く・進む」など進行を表す動詞にかかる修飾語として用いられる。①は基本的な用法。②は「どこに……ても」と条件句を作り、すべての場所に行ってもという意味になる。ただし、方向そのものへの疑問ではなく、到達点を問題にすることによって進行方向をたずねるニュアンスになる。この点で方向そのものの疑問を表す「どこへ」と異なる。

？ 狭い日本、そんなに急いでどこに行く。
→狭い日本、そんなに急いでどこへ行く。（標語）

⇨「どこへ」「どこにでも」「どこにも」「どこ」

どこにでも ［何処にでも］ dokonidemo

① この程度の絵は**どこにでも**ある。
② (商人が)これは**どこにでも**ある、ここにでもあるという品物じゃありません。
③ 西洋タンポポは日本国中**どこにでも**咲いている。
④ 学校は**どこにでも**行きたいところへ行けばよい。

【解説】 すべての場所を許容する様子を表す。ややマイナスよりのイメージの語。述語にかかる修飾語として用いられる。対象がありふれていて稀少価値がないので、すべての場所に存在するという意味であるが、存在場所を問題にするというよりは、対象の価値のなさを侮蔑《ぶべつ》的に表現するニュアンスで用いられる。②がその典型的な例で「どこにでもある、ここにでもある」で慣用的に用いられ、つまらないものではないという、商品の品質について釈明する言葉である。④は進行するすべての方向を許容する場合である。これも「どこに」と同様、到達点を問題にするニュアンスがある。

「どこにでも」は「どこでも」にやや似ているが、「どこでも」は任意の場所を表し、場所を許容する暗示はあるが、対象を侮蔑する暗示はない。

この程度の絵はどこにでもある。（つまらない絵だ）
この程度の絵はどこでもある。（よく見かける）

④の「どこにでも」は「どこへでも」に似ているが、「どこへでも」は進行する方向を問題にするので、放任の暗示がこもる。

？そんなに行きたけりゃ、アメリカでもどこにでも行っちまえ。
→そんなに行きたけりゃ、アメリカでもどこへでも行っちまえ。

⇨「どこでも」「どこへでも」「どこにも」「どこに」「どこ」

どこにも［何処にも］dokonimo

(1)① 彼が犯人だという証拠は**どこにも**ない。
② 車のキーは**どこにも**見つからなかった。
③ 彼女の会社は**どこにも**ある零細企業だ。
(2)① ぼくは**どこにも**行かないよ。

【解説】 (1) すべての場所を表す。プラスマイナスのイメージはない。①②のように、打消しを伴う述語にかかる修飾語になることが多い。この場合には「どこにも」という尾高型のアクセントになり、すべての場所に存在しないという意味になる。③のように肯定文で用いられた場合には、しばしば「どこにも」という頭高型のアクセントになり、すべての場所に存在する、よく見かけられるという意味になる。ただし、「どこにでも」ほど侮蔑の暗示はない。

(2) 進行するすべての方向を表す。プラスマイナスのイメージはない。打消しの表現を伴う述語にかかる修飾語になる。「どこにも」という尾高型のアクセントで発音される。「どこへも」に比べて到達点の暗示が強い。

⇨「どこにでも」「どこへも」「どこも」「どこに」「どこ」

どこへ［何処へ］dokoe

① 狭い日本、そんなに急いで**どこへ**行く。（標語）
② ぼくの腕時計がないよ。**どこへ**やった？
③ この着物なら**どこへ**出しても恥ずかしくない。
④ 連休は**どこへ**行っても人でいっぱいだ。

⑤ **どこへ**行こうとおれの勝手だ。
⑥ 君なら**どこへ**行ってもりっぱにやっていけるよ。

【解説】 進行する方向についての疑問を表す。プラスマイナスのイメージはない。「行く・出る」など進行を表す動詞にかかる修飾語として用いられる。①②は基本的な用法。③～⑥は「どこへ……ても・うと」という条件句を作り、すべての方向へ行ってもという意味を表す。ただし、「どこに」と比べると到達点の暗示が少ないので、具体的な場所や所属組織などを想定していないことが多い。

? 狭い日本、そんなに急いでどこに行く。

⇨「どこに」「どこへでも」「どこへも」「どこ」

どこへでも ［何処へでも］ dokoedemo

① そんなに行きたけりゃ、アメリカでも**どこへでも**行っちまえ。
② 忠実な犬は主人の行く所**どこへでも**ついていく。

【解説】 進行するすべての方向を許容する様子を表す。ややマイナスよりのイメージの語。述語にかかる修飾語として用いられる。進行方向を選ばない放任の暗示がある。

「どこへでも」は「どこでも」や「どこにでも」に似ているが、「どこでも」は任意の場所を表し、方向の暗示はない。「どこにでも」は到達点を問題にするニュアンスがある。

× 大学は入れればどこへでもいい。
→大学は入れればどこでもいい。

⇨「どこでも」「どこにでも」「どこへ」「どこへも」「どこ」

どこへも ［何処へも］ dokoemo

① 正月は**どこへも**行かなかった。
② (受験生に)なまけてると**どこへも**入れないぞ。

【解説】 進行するすべての方向を表す。プラスマイナスのイメージはない。打消しを伴う述語にかかる修飾語になることが多い。すべての方向に行かないという意味になる。客観的な表現で、特定の感情を暗示しない。

「どこへも」は「どこにも」に似ているが、「どこにも」は到達点の暗示が強い。

⇨「どこにも」「どこも」「どこへでも」「どこへ」「どこ」

どこまで ［何処迄］ dokomade

(1)① この電車は**どこまで**ですか。
② 岩崎選手の記録が**どこまで**延びるか楽しみだ。
③ この間の話だけど、**どこまで**話したっけ。
④ (授業)「先週は**どこまで**したか」「二十ページです」

⑤ (友人に恋愛の進捗《しんちょく》度合をきく)彼とは**どこまで**行ってるの。Bそれとも C?

(2)① 彼は**どこまで**信用できる人間だろうか。

② 君は**どこまで**しらを切る気だ。

③ あなたって**どこまで**お人好しなの。

【解説】 (1) 到達点についての疑問を表す(↔どこから)。プラスマイナスのイメージはない。述語にかかる修飾語として用いられることが多いが、述語になる場合もある(①④)。①②は物事の到達点についての疑問である。③④は話や学習が終了したところを指す。⑤は恋愛の進捗度合について、AからDと進むどの段階に進んだかをきいている。客観的な表現で、特定の感情を暗示しない。

(2) (1)から進んで、最後まで徹底することについての疑問を表す。ややマイナスよりのイメージの語。述語にかかる修飾語として用いられる。①が基本的な用法。②③は詰問文で、それぞれ「このあたりで白状せよ」「このあたりでお人好しを改めよ」という勧告である。主体が徹底して好ましくない状態を改めないことについて、話者の焦燥と怒りの暗示がこもる。

⇨「どこから」「どこまでも」「どこ」

どこまでも [何処迄も] dokomademo

① **どこまでも**白砂の海岸が続いている。

② その犬は私の後を**どこまでも**ついてきた。

③ 夏の空は**どこまでも**青い。

④ 彼ならぼくのことを**どこまでも**見捨てないと思う。

⑤ (友人とのいさかい)君がどう思おうが、ぼくは**どこまでも**友だちのつもりだよ。

⑥ 君は**どこまでも**知らぬ存ぜぬで通ると思ってるのか。

⑦ 私生活においても教授は**どこまでも**紳士だった。

【解説】 一定の状態が際限もなく続く様子を表す。プラスマイナスのイメージはない。述語にかかる修飾語として用いられる。①②は具体的な距離についての用法。③は具体的な距離についてと程度がはなはだしいことを誇張する様子の二通りにとれる。④~⑥は人間の行為や心情について用いられた場合で、限界がないことを強調する。⑦は常に一定の性質である様子を表す。

「どこまでも」は「とことん」や「あくまで」に似ているが、「とことん」は主に行為について最後まで徹底して行う様子を表す。「あくまで」は最後まで継続する主体の意志を強調し、常に一定の状態が際限もなく続く暗示はない。

× 自分の将来について両親とどこまでも話し合う。
→自分の将来について両親ととことん話し合う。

? 会社側はどこまでも交渉には応じないかまえだ。

→会社側はあくまで交渉には応じないかまえだ。
彼はどこまでも紳士だった。
（どんな場面においても紳士的だった）
彼はあくまでも紳士だった。
（最悪の事態になっても紳士的だった）
⇨「とことん」「あくまで」「どこまで」「だんこ」「てっとうてつび」「どこ」

どこも［何処も］dokomo

(1) ① 検査の結果は別に**どこも**悪くありませんよ。
② パパは夏休みに**どこも**連れてってくれなかった。
③ 大学は四つ受けたが、**どこも**合格しなかった。
④ ホテルの予約をしようとしたが、**どこも**だめだった。

(2) ① 連休中は**どこも**観光客であふれている。
② 日本の風景は**どこも**みんなすばらしい。

【解説】 (1) 後ろに打消しや否定の表現を伴って、任意の場所を否定する様子を表す。プラスマイナスのイメージはない。打消しや否定の表現を伴う述語にかかる修飾語になる。「どこも」という尾高型のアクセントで発音される。たった一箇所さえ存在しないというニュアンスで、すべての場所をまとめて否定するのではなく、一つ一つの場所について確認した上で否定するニュアンスで用いられる。客観的な表現で、特定の感情を暗示しない。存在の場所を否定する場合には「どこでも」に、方向を否定する場合には「どこにも」に似ているが、「どこも」はこれらよりくだけた場面で用いられる。
パパは夏休みにどこも連れてってくれなかった。
→父は夏休みにどこへも連れていってくれませんでした。

(2) すべての場所を表す。プラスマイナスのイメージはない。述語にかかる修飾語として用いられる。「どこも」という頭高型のアクセントで発音されることが多い。客観的な表現で、特定の感情を暗示しない。より意味を強調する場合には「どこもかしこも」を用いる。
⇨「どこでも」「どこにも」「どこへも」「どこ」

ところかまわず［所構わず］tokoro-kamawazu

① 子供は**ところかまわず**いたずら書きをする。
② 父は**ところかまわず**におならをするので困る。

【解説】 場所に対する配慮が欠けている様子を表す。ややマイナスイメージの語。述語にかかる修飾語として用いられる。具体的な場所を選択しない場合①と、その場の雰囲気や状況に対する配慮がない場合②とがある。話者の慨嘆と困惑が暗示されるが、不快の暗示は少ない。

ふつう人間の行為について用いられ、無生物が予期しない場所に出現するという意味では用いない。

⇨「ところきらわず」

ところきらわず［所嫌わず］tokoro-kirawazu

① 彼は部屋中に宮沢りえの写真を**ところきらわず**貼《は》りつけた。

② 出物《でもの》腫《は》れ物《もの》**ところきらわず**。（ことわざ）

【解説】場所を選択しない様子を表す。ややマイナスよりのイメージの語。述語にかかる修飾語として用いられることが多い。やや古風な表現で、現在ではふつう「ところかまわず」を用いる。人間の行為についても①無生物についても②用いられる。②はことわざで、屁《へ》やできものなどはその場の状況や発生する場所を問題にせず、勝手に出てくるものだという意味で、衆人環視の中で放屁をした場合などに本人が開き直って釈明する言葉として用いられる。

⇨「ところかまわず」

ところせましと［所狭しと］tokoro-semashito

① ベランダに**ところせましと**鉢植えが並べてある。

② コヨーテは檻《おり》の中を**ところせましと**走り回る。

【解説】主体の存在や運動に十分な空間がない様子を表す。ややマイナスよりのイメージの語。述語にかかる修飾語として用いられる。実際に場所が狭いかどうかは問題にせず、多数の主体の存在①や運動②のための十分なスペースがないというニュアンスで用いられる。たった一個の巨大な主体に比べて場所が相対的に狭いという意味では用いない。

× 秋田犬が所狭しと犬小屋にうずくまっている。
→秋田犬が窮屈そうに犬小屋にうずくまっている。

ところで tokorode

(1) ① 今さら後悔した**ところで**どうしようもない。

② どんなにりっぱなことを言った**ところで**実行できないのでは話にならない。

③ おれたちの頭じゃいくら角突き合わせて相談した**ところで**、名案は浮かびそうもないや。

④ いくら頼まれた**ところで**、金は貸さないよ。

(2) ① これで今日の委員会は終わります。**ところで**この後少しお時間がありますか。

② （英会話学校の勧誘）今や国際化の時代ですね。**ところで**あなたは英語に興味がおありですか。

【解説】(1)「……したところで……だ」の形をとり、前件の内容がむだに終わることを予想する様子を表す。マイナスイメージの語。しばしば後ろに打消しや否定の表現を伴う。好ましい結果が期待できないことについて、あきらめや慨嘆の暗示を伴う。話者が後件の行為者の場合④には、前件の内容を話者の意志でむだにするという意味になり、冷酷の暗示がこもる。

(2) 前件とあまり関係のない新しい話題を提示する様子を表す。プラスマイナスのイメージはない。新しい話題を述べる文の頭に置いて用いられる。前文と後文の内容が断絶し、かつ後文に重点を置いて新たに提示する場合に用いられる。日常会話においては、疑問・依頼・勧誘など相手の意向をたずねる文を導くことが多い。

この「ところで」は「さて」や「それはそうと」「ときに」などに似ているが、「さて」は新しい行為に向けて気分を一新する様子を表し、必ずしも前提を必要としない。「それはそうと」は前件とまったく関係のない新しい話題を切り出す様子を表し、ふと思い出したりした場合にも用いられる。「ときに」は重要な話題を切り出す様子を表す。

× ところで犬の散歩に出かけるとするか。
→さて犬の散歩に出かけるとするか。
? ところで、なくしたさいふが出てきたよ。
↓それはそうと、なくしたさいふが出てきたよ。
× これで今日の委員会は終わります。時にこの後少しお時間がありますか。

⇨「さて」「それはそうと」「ときに」「それはさておき」.

ところにより［所に依り］tokoroni-yori

① (天気予報)明日は曇りときどき晴れ、**ところにより**一時小雨がぱらつくでしょう。

【解説】 例外地域をもうける様子を表す。プラスマイナスのイメージはない。述語にかかる修飾語として用いられる。ある地域に対する判断や予想を述べた後、その中の例外地域を設定する場合に用いられるが、具体的にどの地域かを限定する意味はない。客観的な表現で、特定の感情を暗示しない。

どだい［土台］dodai

① オール5を取るなんてお前には**どだい**無理だよ。

② 相手が横綱じゃ**どだい**勝ちめはないね。

【解説】 後ろに打消しや否定の表現を伴って、可能性がまったくないことを判断する様子を表す。マイナスイメージの語。述語にかかる修飾語として用いられる。くだけた表現で、日常会話中心に用いられる。主体の判断を誇張的に述べるニュアンスで、侮蔑《ぶべつ》の暗示がある。

「どだい」は「てんで」に似ているが、「てんで」は考慮の及ぶ範囲外にあってまったく問題にならないというニュアンスで、侮蔑の暗示が強い。

相手が横綱じゃどだい勝ちめはないね。
（いくら努力してもむだだ）
相手が横綱じゃてんで勝ちめはないね。
（勝てるわけないだろ、バカ）
⇩「てんで」「まるで」「まるっきり」「まったく」「ぜんぜん」「とても」

とたん［途端］totan

(1) ① その迷子は親の顔を見た**とたん**に泣き出した。
② 家を出ようとした**とたん**、電話が鳴り出した。
③ 爆発事故は、課長が書類を取りに会社へ戻ってきた、その**とたん**の出来事だった。
(2) ① 商人は相手が社長夫人だと知るや、**とたん**にゴマをすり始めた。
② 弟は大学に受かったら**とたん**に勉強しなくなった。

【解説】 (1) 同時に物事が起こる様子を表す。プラスマイナスのイメージはない。「……したとたん(に)……」「……した、そのとたん……」の形で述語または名詞にかかる修飾語として用いられる。ややくだけた表現で、かたい文章中には登場しない。前件と同時に後件が起こるという意味であるが、話者が後件の起こることを予想していないことが暗示されており、唐突さと驚きのニュアンスを伴う。

「とたん」は「―やいなや」に似ているが、「―やいなや」は前件に引き続いて後件が非常に短い時間内に起こるというニュアンスで、行為に順序の暗示があり、唐突さや驚きのニュアンスはない。

? 家を出ようとするやいなや、電話が鳴り出した。
→家を出るやいなや、電話が鳴り出した。

(2) 非常に短時間の間に事態が大きく変化する様子を表す。ややマイナスよりのイメージの語。「とたんに」の形で述語にかかる修飾語として用いられる。ややくだけた表現で、かたい文章中には登場しない。前件を契機として非常に短時間の間に事態が大きく変化する様子を表し、話者のあきれの暗示を伴う。

この「とたんに」は「たちまち」や「きゅうに」に似ているが、「たちまち」のほうが所要時間が長く、話者のあきれは暗示されない。「きゅうに」は何の前ぶれもなく事態が大きく変化するという意味で、前提が存在しない場合もある。

× 空が暗くなったと思ったら、とたんに大粒の雨が落ちてきた。
→空が暗くなったと思ったら、たちまち大粒の雨が落ちてきた。
× 彼がとたんに笑い出したので気味が悪くなった。
→彼が急に笑い出したので気味が悪くなった。

⇩「たちまち」「きゅう」「たちどころに」「とつぜん」

どちら［何方］dochira

(1)① (外国人に)**どちら**からいらっしゃいましたか。
② 「あら、お隣の奥様、**どちら**へ」「ええ、ちょっとそこまで」
③ お住まいは**どちら**ですか。
④ お嬢さんは**どちら**の学校ですか。
(2)① 二チームの**どちら**が勝つかはピッチャー次第だ。
② コーヒーと紅茶、**どちら**になさいます？
③ 湖に出る道は三本ありますが、**どちら**の道を通っても一時間以内に着けます。
(3)① (電話で)失礼ですが、**どちら様**でしょうか。

【解説】 (1) 場所についての疑問を表す。プラスマイナスのイメージはない。かなり丁寧なニュアンスがあり、日常生活で好んで用いられ、目上や知らない人に対しても失礼でなく用いられる。①②は方向についての疑問、③は所在地についての疑問、④は所属についての疑問である。よりくだけた場面では「どこ」「どっち」を用いる。

(2) 複数のもののうちの一つについての疑問を表す。プラスマイナスのイメージはない。(1)同様、かなり丁寧なニュアンスの語。二者のうちのいずれか一方を指す場合(①②)に用いることが多いが、それ以上の場合(③)も皆無ではない。

(2)の「どちら」は「どっち」や「どれ」「いずれ」に似ているが、「どっち」は「どちら」よりくだけた場面で用いられる。「どれ」は多数の中から一つを選択する場合に用いる。「いずれ」はかなりかたい文章語で、日常会話にはあまり用いられない。

コーヒーと紅茶、どちらになさいます？
↓コーヒーと紅茶、どっちにする？
？(まじないの文句)どちらにしようかな、神様の言うとおり。
↓どれにしようかな、神様の言うとおり。
× 次のア～オの中から、どちらか一つを選べ。
↓次のア～オの中から、いずれか一つを選べ。

(3) 「どちら様」の形で用いられ、人についての疑問を表す。プラスマイナスのイメージはない。丁寧なニュアンスをもち、知らない相手や目上の人に向かって、名前や所属をたずねるときによく用いられる。「どなた様」が直接名前をたずねるニュアンスがあるのに対して、「どちら様」はより間接的で丁寧なので好まれる。

⇩「どこ」「どっち」「どれ」「いずれ」「どっちか」「どっちかというと」「どっちでも」「どっちにしても」「どっちも」

とっく［疾っく］tokku

①英語なんて**とっく**の昔に忘れたよ。
②「水野さんは？」「**とっく**から来て待ってるよ」
③会場に着いてみると宴会は**とっく**に終わっていた。
④その問題なら**とっく**に片がついてるよ。
⑤「あの人、四十ぐらい？」「とんでもない、**とっく**に五十過ぎてるわよ」
⑥政治家に本当にやる気があったら、政治改革など**とっく**にできていたはずだ。

【解説】現時点よりもはるかに前の時点を表す。プラスマイナスのイメージはない。「とっくの昔に」「とっくから」「とっくに」の形で述語にかかる修飾語として用いられる。かなりくだけた表現で、日常会話中心に用いられる。現時点よりもはるかに以前という意味で、誇張的なニュアンスをもち、時間がはるかに隔たっていることについて、話者の納得(④⑤)やあきらめ(⑥)の暗示がある。

「とっく」は「とう(疾う)」や「いぜん(以前)」に似ているが、「とう」はやや古風な表現で、「とっく」より誇張の暗示が少ない。「いぜん」は客観的にある時点よりも過去の時を表す。

⇨「とう」「むかし」「すでに」「せんこく」

とっさ［咄嗟］tossa

①懐中電灯をそんな引き出しの奥にしまっておいたんじゃ、**とっさ**の間に合わないよ。
②あまりにも**とっさ**だったので覚えていない。
③彼女の**とっさ**の機転で大事故をまぬかれた。
④彼女は落石から**とっさ**に子供をかばった。
⑤(証人尋問)「その日、被告はどんな服を着ていましたか」「そんな、**とっさ**には思い出せません」

【解説】非常に短い時間を表す。プラスマイナスのイメージはない。①は名詞の用法、②は述語、③は名詞にかかる修飾語、④⑤は述語にかかる修飾語の用法である。名詞の場合には、急に起こる不測の事態という意味になる。述語にかかる修飾語の場合には、反射的にという意味である。主体が無意識に反射的に行動する様子を表し、意図的な行動の場合には用いられない。

「とっさ」は「すぐさま」「すかさず」や「かんはつをいれず」に似ているが、これらはみな主体の意図的な反応行動について用いられる。「すぐさま」は客観的で特定の感情を暗示しない。「すかさず」はぬけめなさの暗示がある。「かんはつをいれず」は反応時間が非常に短いためほとんど同時と感じられる点にポイントがある。

問い詰められたのでとっさに彼をかばった。

（かばうつもりはなかったが、ついかばってしまった）
問い詰められたのですぐさま彼をかばった。
（弁明するのに時間がかからなかった）
問い詰められたのですかさず彼をかばった。
（あらかじめ弁明を用意しておいた）
問い詰められたので間髪を入れず彼をかばった。
（反射的に弁明することができた）

⇩「すぐさま」「すかさず」「かんはつをいれず」「すぐ」

とつじょ・とつじょとして［突如・突如として］ totsujo・totsujotoshite

① 畑の真ん中に**とつじょとして**活火山が出現した。
② 彼が**とつじょ**大声で叫んだのでびっくりした。
③ ニワシドリは枯草を積み上げて屋根を作ると、**とつじょ**左官屋に変身して壁を塗り始める。

【解説】 予想しない事態が何の前ぶれもなく起こる様子を表す。ややマイナスよりのイメージの語。述語にかかる修飾語として用いられる。①②が基本的な用法で、話者がまったく予想していない（重大な）事態が起こる様子を表し、行為の受け手の被害者意識が暗示される。話者の驚きと衝撃のニュアンスを含む。③は急激に事態が変化することを誇張的に表す現代語用法で、話者にとっては少しも意外ではないが、聞き手の衝撃を期待する暗示がある。

「とつじょ」は「だしぬけに」や「とつぜん」「きゅうに」によく似ているが、「だしぬけに」はふつう人間の行為以外には用いられない。「とつぜん」は状態の急激な変化を誇張的に表す。「きゅうに」は予想しない事態かどうかには言及しない。

× 畑の真ん中にだしぬけに活火山が出現した。
× 写真を見ていたら突如彼に会いたくなった。
→写真を見ていたら急に彼に会いたくなった。
× 彼はある日突如脳卒中で倒れた。
→彼はある日突然脳卒中で倒れた。

⇩「だしぬけ」「きゅう」「とつぜん」「いきなり」「ふい」「やにわ」「つと」

とつぜん［突然］ totsuzen

① （葬式で）**とつぜん**のことでびっくりしました。
② 姉の里帰りはいつも**とつぜん**であわてさせられる。
③ 彼はある日**とつぜん**脳卒中で倒れた。
④ 他人の家を**とつぜん**訪問するのは失礼だ。
⑤ 二億年の恐竜時代は**とつぜん**に終わりを告げた。

【解説】 予想しない事態が何の前ぶれもなく起こる様子を表す。プラスマイナスのイメージはない。①は名詞にかかる修飾語、②は述語、③～⑤は述語にかかる修飾語の用法である。何の前ぶれもなしに急激な変化が起こることを誇張的に表し、話者の驚きの暗示を伴う。

「とつぜん」は「とつじょ」「きゅうに」「いきなり」などに似ているが、「とつじょ」は重大な事柄が起こったことについて受け手の被害者意識が暗示され、驚きと衝撃の暗示を伴う。「きゅうに」は事態が大きく変化することを客観的に表し、予想しない事態かどうかには言及しない。「いきなり」は前段階を踏まずに新たな事態が起こるというニュアンスがある。

突然怒り出した。（それまで機嫌がよかったのに）
突如怒り出した。（何も怒ることはないだろう）
急に怒り出した。（特定の感情なし）
いきなり怒り出した。（理由もなく怒り出した）

⇩「とつじょ」「きゅう」「いきなり」「だしぬけ」「やにわ」「ふい」「つと」「たちまち」「とたん」「ふと」

どっち［何方］dotchi

(1) ① 風は**どっち**から吹いてる？
② **どっち**へ行っても行き止まりだ。
③ 駅は**どっち**ですか。

(2) ① 二チームの**どっち**が勝っても初優勝だ。
② その双子は非常によく似ているので、目印をつけないと**どっち**が**どっち**だかわからない。
③ 交渉で**どっち**つかずの返事をすると不利になる。

【解説】 (1) 場所についての疑問を表す。プラスマイナスのイメージはない。かなりくだけた表現で、日常会話中心に用いられる。丁寧に言うときには「どちら」を用いる。ふつう方向について用いられ、所在地や所属についてはあまり用いられない。

？どっちの学校、行ってるの？
→どこの学校、行ってるの？

(2) 複数のもののうちの一つについての疑問を表す。プラスマイナスのイメージはない。二者のうちのいずれか一方を指す場合に用いることが多い。②の「どっちがどっちだかわからない」は慣用的に用いられ、一方を限定して指示することができないほど見分けがつかない様子を、困惑の暗示を伴って述べる。③の「どっちつかず」も慣用句で、イエス・ノーの中間であいまいだという、ややマイナスイメージの意味である。

(2)の「どっち」は「どちら」や「どれ」「いずれ」に似ているが、「どちら」は「どっち」より改まった場面で用いられる。「どれ」は多数の中から一つを選択する場合に用いる。「いずれ」はかなりかたい文章語で、日常会話にはあまり用いられない。

⇩「どちら」「どこ」「どれ」「いずれ」「どっちか」「どっちかというと」「どっちでも」「どっちにしても」「どっちも」

どっちか・どちらか ［何方か］ dotchika・dochiraka

① ○か×かの**どちらか**で答えてください。
② 国語と英語の**どっちか**はできると思う。
③ **どっちか**好きなほうをあげるよ。

【解説】 二者のうちの一つを選択する様子を表す。プラスマイナスのイメージはない。①②は名詞の用法、③は述語にかかる修飾語の用法である。「どっちか」は「どちらか」よりもくだけた表現で、日常会話中心に用いられる。客観的な表現で、特定の感情を暗示しない。

⇨「どっち」「どちら」「いずれ」「どれか」「どっちかというと」

どっちかというと・どちらかというと ［何方かと言うと］ dotchikato-iuto・dochirakato-iuto

① 日本酒かビールか**どちらかというと**日本酒党だ。
② 私って**どっちかっていうと**神経質なたちなの。

【解説】 二者のうちの一方をあえて選択する様子を表す。プラスマイナスのイメージはない。述語にかかる修飾語として用いられる。「どっちかというと」は「どちらかというと」よりくだけた表現で、日常会話ではしばしば②のように「どっちかって言うと」と発音される。①が二者のうちから一方を選択する基本的な用法で、二者のどちらも差はないがあえて選択すればというニュアンスになる。②はこれから進んだ現代語用法。聞き手にとって意外だろうと思われる事柄を述べるとき、程度ははなはだしくはないが聞き手が意外だと思う極端な内容であるというニュアンスで用いられる。極端な内容を示すことへの恐れと自慢、聞き手の理解を期待する甘えの心理が暗示されている。

⇨「どっち」「どちら」「どっちか」

どっちでも・どちらでも ［何方でも］ dotchidemo・dochirademo

① 「あなたは日本人ですか、それとも中国人ですか」「**どちらでも**ありません。韓国人です」
② 御意見をお寄せくださる場合は、お電話・ファックス**どちらでも**結構です。
③ 謝礼なんか**どっちでも**いい。おれはただいい仕事がしたいだけなんだ。

【解説】 二者を両方とも問題にしない様子を表す。プラスマイナスのイメージはない。①は打消しの表現を伴う述語にかかる修飾語の用法で、二者を両方ともに否定する。②は肯定文で用いられた場合で、二者を両方ともに許容する。③は「どっちでもいい」の形で用いられ、問題にしない様子を表す。謝礼をもらうかもらわないかという二者択一はまったく問題にならない、話題にする必要はないという意味で、放任の暗示がある。ただし「どうでもいい」にある無関心の暗示はない。三つ以上のものについては「どれでも」を用いる。

⇩「どうでも」「どれでも」「どっち」「どちら」

どっちにしても・どちらにしても［何方にしても］ dotchini-shitemo・dochirani-shitemo

① その仕事を引き受けるか断るか、**どちらにしても**条件を見てから決めよう。

② **どっちにしても**悪いのは君だよ。

【解説】二つの条件を考慮に入れて譲歩する様子を表す。プラスマイナスのイメージはない。①は述語にかかる修飾語の用法、②は文頭に置かれる用法である。「どっちにしても」は「どちらにしても」よりくだけた表現で、日常会話中心に用いられる。二つの条件を考慮に入れても、それらに関係なく一定の行為なり判断なりが下るという意味で、かなり客観的なニュアンスのある語である。

「どっちにしても」は「いずれにしても」や「どのみち」「どっちみち」に似ているが、「いずれにしても」はややかたい文章語で、条件が二つとは限らず、さまざまの条件を考慮に入れる度量の広さを暗示する。「どのみち」「どっちみち」には納得・あきらめなどの暗示がある。

どちらにしても条件を見てから決めよう。
（条件によって判断しよう）
いずれにしても条件を見てから決めよう。
（今すぐ判断するのはよそう）

？彼はどっちにしても来ないに決まってるさ。
→彼はどのみち（どっちみち）来ないに決まってるさ。

⇩「いずれにしても」「どっちみち」「どっち」「どちら」

どっちみち［何方道］ dotchimichi

① 彼は**どっちみち**来ないに決まってるさ。

② **どっちみち**やらなきゃならないんだから、早いところかたづけてしまおう。

③ そんな古い家具、**どっちみち**捨てようと思ってたんだ。いるんなら持ってってていいよ。

【解説】結果が決まっている様子を表す。ややマイナスよりのイメージの語。述語にかかる修飾語として用いられる。過程はどうあれ、結果が決まっていることについて、納得とあきらめの暗示がある。

「どっちみち」は「いずれにしても」や「どうせ」に似ているが、「いずれにしても」は客観的な表現で、特定の感情を暗示しない。「どうせ」は条件にかかわらず、いつも一定の結果になることについての強い侮蔑《ぶべつ》の暗示がある。

彼はどっちみち来ないに決まっている。
(待っていてもむだだよ)
彼はいずれにしても来ないに決まっている。
(来られない理由を知っているよ)
彼はどうせ来ないに決まっている。
(あいつのことだから来るわけがない)

「どっちみち」は「どのみち」と基本的に同じ意味であるが、「どのみち」のほうが文章語的で、日常会話ではあまり用いられない。

⇩「いずれにしても」「どうせ」「どっちにしても」「いずれ」

どっちも・どちらも［何方も］dotchimo・dochiramo

① この二つの絵は**どちらも**パリでかかれたものです。
② 君たちの答えは**どっちも**正しくない。
③ 「朝日新聞と読売新聞、どっちがおもしろい？」「**どっちもどっち**だな」

【解説】 二者の両方にまとめて言及する様子を表す。プラスマイナスのイメージはない。述語にかかる修飾語として用いられる。①は肯定文に用いられた場合で、二者を両方ともまとめて肯定する。②は否定文に用いられた場合で、二者を両方ともまとめて否定する。③の「どっちもどっち」は慣用句で、二者ともにあまり好ましくない状態であるという意味になる。この場合にはややマイナスよりのイメージの語句になる。

「どっちも」は「いずれも」や「どれも」に似ているが、「いずれも」「どれも」は三者以上の対象についても用いられる。また「いずれも」は個々の対象への指示が弱く、同様である状態のほうに視点がある。

どっちもおもしろくない。(両方だめだ)
いずれもおもしろくない。(みんなだめだ)
どれもおもしろくない。
(おもしろいのは一つもない)

⇩「いずれも」「どれも」「どっち」「どちら」

とても［迚も］totemo

(1)① 私には捨て犬など**とても**できそうもない。
② 別れてくれなんて夫には**とても**言えません。
③ こんな成績では国立は**とても**無理だ。
④ 光司のわがままには**とても**じゃないけど、つきあってられないわ。
⑤ 「だいぶ景気がいいようだね。この調子なら一部上場も夢じゃないよ」「いやあ、うちなんか**とてもとても**」

(2)① 高額のローン返済をかかえて**とても**困っている。
② 彼はパーティに**とても**素敵な女性を連れて来た。
③ (生徒に)君たちの発表は**とても**よかったよ。

④ （婚約発表の記者会見）「今のお気持ちは？」「**とっても**幸せです」

【解説】 (1) 後ろに打消しや否定の表現を伴って、可能性がまったくない様子を表す。ややマイナスイメージの語。①②は打消しを伴う述語にかかる修飾語の用法、③は否定的語句にかかる。④は「とてもじゃないけど(が)」の形で述語にかかる修飾語として用いられ、「とても」の意味を強調する。⑤は「とてもとても」の形で感動詞的に用いられ「とても」の意味を強調するが、この場合にはしばしば謙遜《けんそん》や卑下の暗示を伴う。話者の主観として可能性がない様子を表し、客観的な根拠の存在を暗示しない。

(1)の「とても」は「とうてい」や「ぜったい」に似ているが、「とうてい」は可能性がまったくないという主体の判断を誇張的に表し、慨嘆と無力感の暗示を伴う。「ぜったい」は話者の意志や判断を誇張する様子を表し、可能性には言及しない。

私にはとても言えません。（言えそうもない）
私にはとうてい言えません。（絶対言えない）

× 彼はとても友人を裏切るような男じゃない。
→彼は絶対友人を裏切るような男じゃない。

(2) 程度がはなはだしい様子を表す。プラスマイナスのイメージはない。状態を表す述語にかかる修飾語として用いられる。日常会話ではしばしば「とっても」と発音される。話者の主観として程度のはなはだしい様子を表すので、話者に関係のない事柄や未来の事柄については用いられない。表現自体はかなり冷静で、対象との心理的な距離が暗示される。

× 商品の取扱にはとても気をつけてください。
→商品の取扱には十分気をつけてください。

(2)の「とても」は「ひじょうに」「たいへん」「すごく」などに似ているが、「ひじょうに」はややかたい文章語で、公式の発言などに多用され、程度がはなはだしいことを誇張する様子を表す。「たいへん」も誇張的で、慨嘆・驚き・感動・丁重などさまざまの暗示を伴う。「すごく」はくだけた表現で日常会話中心に用いられ、やはり程度を誇張し、感嘆・あきれなどの暗示を伴う。

今日はとても寒い。（寒い程度がはなはだしい）
今日は非常に寒い。（特筆すべき寒さだ）
今日はたいへん寒い。（寒くてたまらない）
今日はすごく寒い。（雪でも降るんじゃないか）

⇨「とうてい」「ぜったい」「じゅうぶん」「ひじょう」「たいへん」「すくなからず」「たいそう」「きわめて」「ごく」「しごく」「はなはだ」「ぜんぜん」「いたって」「いとも」「よにも」「いやに」「うんと」「ちょう」「もうれつ」「ひといちばい」「おおいに」「まったく」「まるで」「まるっきり」

「どだい」「よく」

とどのつまり【鯔の詰まり】todono-tsumari

① あいつにどんなに尽くしたところで、**とどのつまり**は骨折り損のくたびれもうけが関の山だよ。

② 政治家と大企業の癒着が取りざたされているが、政治は**とどのつまり**金の問題だ。

【解説】 さまざまな過程を経て最終的な結論に到達する様子を表す。ややマイナスイメージの語。述語にかかる修飾語として用いられる。最終的な結論に到る経過に視点があり、あまり好ましくない結論に到達するという意味で用いられることが多い。話者の納得とあきらめの暗示を伴う。

「とどのつまり」は「つまり」「つまりは」「けっきょく」などに似ているが、「つまり」は前提と結論をイコールで短絡的に結ぶ暗示がある。「つまりは」は結果や結論だけを強調するニュアンスになる。「けっきょく」は途中の経過はともかくとして、結果や結論をあまり好ましくない感情を伴って述べる。

× 五千円以上のベアを実現しないということは、とどのつまり我々の生活が無視されたも同じだ。

→五千円以上のベアを実現しないということは、つまり我々の生活が無視されたも同じだ。

× ぼくが彼に肩入れするのは、とどのつまり彼の人徳っていうもんだ。

→ぼくが彼に肩入れするのは、つまりは彼の人徳っていうもんだ。

子供の非行はとどのつまり親に責任がある。

（いろいろ原因はあるが、たどりたどると親に行き着く）

子供の非行は結局は親に責任がある。

（最終的には親の責任だ）

⇨「つまり」「つまりは」「けっきょく」「つまるところ」「あげく」「さては」「ようするに」

とにかく【兎に角】tonikaku

(1) ① できるかどうか**とにかく**やってみよう。

② （登山隊のリーダーが）君たちはここで風がやむのを待っててくれ。おれは**とにかく**上まで行ってみる。

③ 火災現場の状況は伝わってきていないが、**とにかく**たいへんな被害であることは確かなようだ。

(2) ① （先生への謝礼）本人は**とにかく**親が知らんぷりというわけにもいくまい。

② さて、冗談は**とにかく**として本題に入ろう。

(3) ① 彼女の家では**とにかく**二匹の犬がいちばん幅をきかしているのだ。

② 昨夜徹夜したのでとにかく眠くてしかたがない。
③ (救助された遭難者が) とにかく水さえあれば何とかなると思いました。
④ (サッカーの試合で) とにかくカズがね、とにかくかっこいいのよ。

【解説】 (1) 不確定の要素を無視する様子を表す。プラスマイナスのイメージはない。述語にかかる修飾語として用いられる。現時点で不確定の要素を無視して考え、行動を起こしたり判断を下したりする様子を表す。②は登山隊のリーダーがメンバーを現地点に残して、自分だけ登頂しようとする場合である。結論を急ごうとする主体の意志が暗示されるが、表現としてはかなり冷静である。

(1)の「とにかく」は「いずれにしても」にも似ているが、「いずれにしても」はさまざまな条件にもかかわらず、一定の結果になることのほうに視点がある。

× できるかどうかいずれにしてもやってみよう。

(2) 「□□はとにかく(として)」の形で用いられ、□□を軽いものとして無視する様子を表す。プラスマイナスのイメージはない。述語にかかる修飾語として用いられる。ただし、現在この意味では「ともかく」のほうがふつうに用いられる。

(1)(2)の「とにかく」は「ともかく」「ともあれ」によく似ているが、「ともかく」は不確定な要素を除外して結論を出す暗示が強く、行動や判断の意志は「とにかく」より弱い。「ともあれ」はさまざまの条件を考慮に入れながら、それらを放任する暗示がある。

とにかくおれは上まで行ってみる。
(誰が何と言ってもおれだけは頂上まで行くぞ)
ともかくおれは上まで行ってみる。
(君たちが登れるかどうかは別に考えよう)
ともあれおれは上まで行ってみる。
(まずおれが登るのが先決だ)

(3) (1)(2)から進んで、話題の焦点をしぼる様子を表す。プラスマイナスのイメージはない。判断を表す述語にかかる修飾語として用いられる。付随する事柄はすべて無視して、話題の焦点をただ一つにしぼる様子を表し、話者の納得の暗示を伴う。④は日常会話で用いられる間投詞の用法。相手の興味や反応に関係なく、話題の焦点を自分の提示する一点にしぼりたい話者の意志を表し、しばしば一人よがりの暗示がある。

(3)の「とにかく」は「なにしろ」などに似ているが、「なにしろ」は主観的な理由を背景とした納得の暗示がある。

カズはとにかくかっこいい。
(誰が何と言ってもかっこいい)

カズはなにしろかっこいい。
（プレーもルックスも実にかっこいい）

⇩「いずれにしても」「ともかく」「ともあれ」「なにしろ」「ともかくも」「なにせ」「じつに」「まず」

どのくらい ［どの位］ **donokurai**

① 身長は**どのくらい**ありますか。
② 大鳴門橋の長さは**どのくらい**ですか。
③ ジンベエザメは**どのくらい**の大きさなんですか。
④ （外国人に）日本へ来てから**どのくらい**ですか。
⑤ 息子の消息がわかるまでに**どのくらい**の年月が過ぎたかわからない。
⑥ 年に**どのくらい**演奏会にいらっしゃいますか。
⑦ 境内は参拝客でごったがえしていて、**どのくらい**の人がいるのか見当もつかないほどだった。
⑧ 東京で下宿すると月に**どのくらい**かかるかしら。
⑨ その靴、高そうね。**どのくらい**したの？
⑩ お前のことを**どのくらい**心配したことか。
⑪ 「ぼくのこと、**どのくらい**好き？」「このくらい！」

【解説】 だいたいの距離や時間・金額・程度などについての疑問を表す。プラスマイナスのイメージはない。①〜③は距離・大きさについての疑問、④⑤は時間の幅についての疑問、⑥⑦は頻度・数量についての疑問、⑧⑨は金額についての疑問、⑩⑪は程度についての疑問である。客観的な表現で、特定の感情を暗示しない。このうち、距離・時間・数量・金額はまったく同じ文脈で用いられるため、何をきかれたのかは前後の状況によってしか判断できないことが多い。

東京から大阪までどのくらいですか。
↓約五百キロです。（距離で答える）
↓列車で約三時間です。（所要時間で答える）
↓新幹線で約一万三千円です。（運賃で答える）

距離・時間・数量・金額について誤解なく伝えたい場合には、「何キロ（メートル）くらい」「何時間くらい」「何回ぐらい」「いくらぐらい」などの直接的な表現を用いる。

「どのくらい」は「どれくらい」「どれほど」に似ているが、「どれくらい」のほうがくだけた表現である。「どれほど」はややかたい文章語で、程度を表す場合以外には日常的には「どのくらい」のほうがよく用いられる。

? ぼくのことどれほど好き？

⇩「どれくらい」「どれほど」「どれだけ」「どんなに」「いくら」

とびきり ［飛び切り］ **tobikiri**

① この魚屋は**とびきり**安い。

② ここの寿司は**とびきり**にうまい。
③ 幸三の彼女は**とびっきり**の美人だという評判だ。
④ (通信販売のDM)本場北欧のサガミンクを**とびきり**の御奉仕価格でお届けいたします。
⑤ 「もう少し安いのないの?」「奥さん、これは**とびきり**の品ですよ」

【解説】 程度が最高であることを誇張する様子を表す。プラスイメージの語。①②は述語にかかる修飾語、③〜⑤は名詞にかかる修飾語の用法である。あまり述語にはならない。くだけた表現で、日常会話中心に用いられる。ふつう会話ではしばしば「とびっきり」と発音される。ふつう後ろに状態を表す表現を伴う(①〜④)が、伴わない場合(⑤)は最高にすばらしいという意味になる。程度が最高であることを誇張する様子を表し、話者の感嘆や驚きの暗示がこもる。④は読者がびっくりするくらいの安い値段でという意味である。

「とびきり」は「ばつぐん」や「さいこう(最高)」に似ているが、「ばつぐん」は他と比べて対象を評価する暗示がある。「さいこう」は無条件で感動している暗示がある。

? 岩崎選手の水泳センスはとびきりだ。
→岩崎選手の水泳センスは抜群だ。
? 昨夜のオペラはとびきりすばらしかったわ。
→昨夜のオペラは最高にすばらしかったわ。

⇨「ばつぐん」「もっとも I」「だんとつ」「いちばん」「いっとう」「なににもまして」「なにより」

ともあれ [とも有れ] tomoare

① 娘は中国でだいぶ苦労したらしいが、**ともあれ**無事に帰ってきてよかった。
② 理由は**ともあれ**、会社を無断欠勤するのはよくない。

【解説】 さまざまの事柄を放任する様子を表す。プラスマイナスのイメージはない。①は結論を表す文の頭に置く用法、②は「□□はともあれ」の形で述語にかかる修飾語になる。さまざまの事柄を一応考慮には入れるが、最終的には放任して結論をくだす様子を表す。かなり冷静な表現で、特定の感情を暗示しない。

「ともあれ」は「とにかく」や「ともかく」によく似ているが、「とにかく」は不確定な要素を無視する様子を表し、結果として焦点を一つにしぼるニュアンスになる。「ともかく」は不確定要素を除外して結論を出す暗示が強い。

× カズはともあれかっこいいのよ。
→カズはとにかくかっこいいのよ。
× 用があるのならともあれ、やたらに会社へ電話をかけてくるな。
↓用があるのならともかく、やたらに会社へ電話をかけてくるな。
⇩「とにかく」「ともかく」「ともかくも」「いずれにしても」「なにはともあれ」

ともかく【兎も角】tomokaku

(1) ① できるかどうか**ともかく**やってみよう。
② (外出する子供に)友だちの家に泊まるんなら泊まってもいいけど、**ともかく**電話だけは入れてね。
③ (救急患者の家族が)「命は助かりますか」「ま、**ともかく**できるかぎりの手は打ちました」

(2) ① 最近のアイドルは顔は**ともかく**声が総体に悪い。
② (登校拒否学生に)授業に出るかどうかは**ともかく**、学校にだけは来いよ。
③ 冗談は**ともかく**として本題に入ろう。
④ ほかのことなら**ともかく**、法にふれるような商売の相談には乗れないね。
⑤ 用があるのなら**ともかく**、やたらに会社へ電話をかけてくるな。

【解説】 (1) 不確定の要素を除外する様子を表す。プラスマイナスのイメージはない。述語にかかる修飾語として用いられる。現時点で不確定の要素を除外しておき、結論を出す様子を表す。③は命が助かるかという患者の家族の質問に対して、助かるかどうかという問題は除外して答えないでおき、可能なかぎりの手当てをしたという意味である。かなり冷静な表現で、特定の感情を暗示しない。

(2) 「□□はともかく(として)」「□□(する)ならともかく」の形で用いられ、□□を除外して結論を出す様子を表す。プラスマイナスのイメージはない。□□を除外してそれ以外の部分だけで結論を出す様子を表す。この場合、除外された事柄は言外にその内容がわかる場合が多い。①は顔はいい、②は授業には出なくてよい、③は冗談はもうやめよう、④はまっとうな商売についての相談、⑤は用がある場合は電話をしてもよいというのが、その内容である。

「ともかく」は「とにかく」や「ともかくも」に似ているが、「とにかく」は不確定の要素を無視して結論を急ぐニュアンスで、結果として話題の焦点をしぼる暗示がある。「ともかくも」には「ともかく」を強調する意味の他に、途中経過は除外して最低限の結果だけは確保できたという意味もある。

× 昨夜徹夜したので、ともかく眠くてしかたがない。
↓昨夜徹夜したので、とにかく眠くてしかたがない。
? 戦時中でも学校ではともかく授業をやっていた。

→戦時中でも学校ではともかくも授業をやっていた。
⇩「とにかく」「ともかくも」「ともあれ」「なにはさておき」「それはともかく」「いちおう」「いずれにしても」「まず」

ともかくも ［兎も角も］ tomokakumo

(1)① 戦時中でも学校では**ともかくも**授業をやっていた。
② 国連の仲介で内戦は**ともかくも**収まった。
(2)① 彼女は顔は**ともかくも**歌はひどいね。
② 彼は画家としては**ともかくも**作家としては一流だ。

【解説】 (1) 途中経過は除外して最低限の結果だけは確保する様子を表す。ややプラスよりのイメージの語。述語にかかる修飾語として用いられる。途中経過としてはさまざまの事態が考えられるが、それらを思考から除外して最低限の結果だけは確保できたという意味で用いられ、納得の暗示を伴う。

「ともかくも」は「ともかく」に似ているが、「ともかく」は不確定要素を保留・除外して結論を出す暗示があり、最低限の結果を確保する意味はない。

内戦はともかくも収まった。
(対立は依然として続いているが戦闘だけは終わった)
内戦はともかく収まった。
(問題はいろいろ残るが終わることは終わった)

(2) 「□□(として)はともかくも」「□□するならともかくも」の形で用いられ、□□を除外して結論を出す様子を表す。プラスマイナスのイメージはない。□□を除外してそれ以外の部分だけで結論を出す様子を表す。「ともかく」の(2)を強調した意味になる。
⇩「ともかく」「とにかく」「ともあれ」「なにはさておき」「それはともかく」

ともすると・ともすれば tomosuruto・tomosureba

① 吸殻の投げ捨ては**ともすると**大事故につながる。
② 日本人はどこの国よりも平和で安全な環境に生活していることを、**ともすれば**忘れがちになる。

【解説】 ある一定の結果になる可能性や傾向が存在する様子を表す。ややマイナスよりのイメージの語。述語にかかる修飾語として用いられる。言外にある条件を仮定して、その条件のとき一定のあまり好ましくない結果になる可能性(①)や傾向(②)を暗示する。危惧《きぐ》(①)・反省(②)などの暗示を伴う。

「ともすると」は「ややもすると」や「どうかすると」に似ているが、「ややもすると」のほうが仮定している条件が極端な場合が多く、結果の状態も好ましくない程度が高い。「どうかすると」は、特定の条件がそろったときにある一定の結果になる可能性を表し、偶然性の暗示がある。

⇨「ややもすると」「どうかすると」「どうかして」「とかく」「えてして」「おうおう」

ともに［共に］tomoni

(1) ① 小林夫妻は**ともに**東大医学部の出身だ。
② 歌右衛門は名実**ともに**当代随一の女形《おやま》だ。
③ 彼女は自他**ともに**認める酒豪だ。
④ この会社は新卒を男女**ともに**募集している。
⑤ 三浦君とは同じ大学で**ともに**学んだ仲です。
⑥ 伊達《だて》も沢松も**ともに**セレシュには勝てない。
⑦ 犬は飼い主と**ともに**過ごすだんらんが大好きだ。
⑧ わが社はG社と**ともに**協力し合う関係にある。
⑨ 商品代金と**ともに**送料をお振り込みください。
⑩ 彼は長年生活を**ともに**した妻と離婚した。
⑪ 師弟は寝食を**ともに**して作品の制作に励んだ。
⑫ 玲子はどんな時でも夫と行動を**ともに**する。
⑬ その船長は常に船と運命を**ともに**した。

(2) ① 新婚生活は喜びと**ともに**新発見の連続であった。
② シュヴァイツァーは偉大な医者であると**ともに**、すぐれたオルガニストとしても有名だ。
③ ドリトル先生は熱病にかかったサルの治療をすると**ともに**、まだ発病していないサルに予防注射をした。

(3) ① 父は年と**ともに**体の不調を訴えるようになった。
② マス・メディアの発達と**ともに**標準語が普及した。
③ 役職が上がると**ともに**責任も重くなる。

【解説】 (1) 複数のものが同一の状態であったり、同一の行動をとったりする様子を表す。プラスマイナスのイメージはない。①は「□□はともに……だ」の形、②～④は「□□はともに……する(だ)」の形、⑤⑥は「□□はともに……する(しない)」の形、⑦～⑨は「□□とともに……する」の形、⑩～⑬は「□□は△△をともにする」の形で用いられる。①②⑥は同一の状態である様子を、③～⑤⑦～⑬は同一の行動をとる様子を表す。個々の要素が独立していることにポイントがあり、結果として同一の状態や行動になったというニュアンスで、複数のものをまとめて扱う暗示はない。客観的な表現で、特定の感情を暗示しない。

「ともに」は「いっしょに」に似ているが、「いっしょに」は複数のものをまとめて扱う暗示が強い。

× ぼくもともに行っていいですか。
→ぼくも一緒に行っていいですか。

(2) 別の要素を付け加える様子を表す。プラスマイナスのイメージはない。「－とともに」の形で、前件と後件を結ぶ位置に置かれる。「□□とともに△△だ」という文で、□□に△△が付け加わる様子を表し、話者の力点はどちらかといえば△△にある。

(2)の「―とともに」は「―とどうじに」に似ているが、「―とどうじに」は個々の要素が対等の関係で兼ね備わっている様子を表す。

(3) 対象の変化に伴って状態が変化する様子を表す。プラスマイナスのイメージはない。「……とともに……する」の形で、変化を表す述語にかかる修飾語として用いられる。対象の状態や程度が増大する場合は付随する状態や程度も増大、対象の状態や程度が減少する場合は付随する状態や程度も減少するという、同方向への変化の暗示があり、単なる変化に伴う変化を表さない。ただし表現はかなり客観的で、特定の感情を暗示しない。

(3)の「―とともに」は「―につれて」に似ているが、「―につれて」は対象の状態が漸進的に変化するのに伴ってそれに付随する状態が変化するというニュアンスで、変化のとらえ方が「―とともに」よりも漸進的で、必ずしも同方向への付随的変化を意味しない。

? 秋が深まるとともに失恋の悲しみが薄らいだ。
→秋が深まるにつれて失恋の悲しみが薄らいだ。
→秋が深まるとともに失恋の悲しみがつのった。

⇨「いっしょ」「どうじに」「あわせて」

とやかく［兎や角］toyakaku

① 子供にはあまり**とやかく**言わないほうがいい。
② 自分で稼いだ金をどう使おうと、他人に**とやかく**言われる筋合いはない。

【解説】 さまざまの内容について文句を言う様子を表す。ややマイナスイメージの語。「言う」などの動詞にかかる修飾語として用いられる。しばしば打消しや禁止の表現を伴う。あまり好ましくない内容をさまざまに列挙して述べたてる様子を表し、行為を受ける側の不快と被害者意識が暗示される。

「とやかく」は「どうのこうの」に似ているが、「どうのこうの」は主体にとって不快・不必要な事柄を述べたてる様子を表し、不平・不満の暗示はあるが、被害者意識は暗示されない。

× 彼はききもしないことをとやかく講釈する。
→彼はききもしないことをどうのこうのと講釈する。

とりあえず［取り敢えず］toriaezu

① 卒論を一か月かかって**とりあえず**書き上げた。
② 入院に**とりあえず**必要なものは寝巻とスリッパと洗面道具だ。
③ 「十万ばかり貸してくれよ」「今そんなに持ってな

いから、**とりあえず**三万でいいかい？」

④（手紙の末尾）まずは**とりあえず**右御礼まで。

⑤「父危篤」の報を聞いて取るものも**とりあえず**病院に急行した。

【解説】 本格的な対応は後回しにして、できることを先に行う様子を表す。ややプラスよりのイメージの語。述語にかかる修飾語として用いられる。④は手紙の末尾に用いられる慣用句で、他の用件は後回しにしてもまずお礼の手紙を出したという意味である。⑤の「取るものもとりあえず」は慣用句で、他のことを何かする前に真先に行動する様子を表す。人間の意図的な行為について用いることが多いが、②のように主体の判断にかかわる場合もある。本格的な対応が言外に示されることが多い。ただし、④の場合には実際には本格的な対応として何もしないのが普通で、その手紙の主要な用件がお礼であることを表明するのにとどまる。話者の納得（①〜③）・誠意（④⑤）の暗示がこもる。

「とりあえず」は「とりいそぎ」「いちおう」「さしあたり」「ひとまず」などに似ているが、「とりいそぎ」は切迫感の暗示が強く、本格的な対応を後で行うニュアンスはない。「いちおう」は最低限の要求を満たしているというニュアンスで、人間以外の行為についても広く用いられる。「さしあたり」は将来を考慮に入れずに現在の状況に対応する様子を表し、物事が完了する場合には用いられない。「ひとまず」は物事に区切りをつける様子を表す。

× ……とり急ぎ三万でいいかい？

× まずはいちおう右御礼まで。

× 卒論を一か月かかってさしあたり書き上げた。

とりあえず書き上げた。

（完成はまだだがいちおう格好はつけた）

ひとまず書き上げた。

（最後まで書いて一段落つけた）

⇨「とりいそぎ」「いちおう」「さしあたり」「ひとまず」「しばらく」「とうめん」「とうぶん」「まず」「まずは」「なにはさておき」

とりいそぎ［取り急ぎ］toriisogi

①（手紙の末尾）まずは**とりいそぎ**右御礼まで。

②事件を聞いて**とりいそぎ**現場に向かった。

【解説】 非常に急いで行動を起こす様子を表す。ややプラスよりのイメージの語。述語にかかる修飾語として用いられる。現在では手紙文中心で、②のような例は少ない。切迫感の暗示はあるが概嘆の暗示はない。

「とりいそぎ」は「とりあえず」に似ているが、「とりあえず」は本格的な対応を後で行う暗示がある。

⇩「とりあえず」

とりたてて［取り立てて］toritatete

①「お礼を受け取っていただけないなら、せめてお名前だけでも」「**とりたてて**言うほどの者ではありません」

②今度の事故の原因ははっきりしているのだから、**とりたてて**問題にする必要はない。

【解説】意図的に問題として取り上げる様子を表す。ややマイナスよりのイメージの語。打消しの表現を伴う述語にかかる修飾語になることが多い。①は特別に取り上げる価値がないという意味、②は特別に取り上げる必要はないという意味である。好ましい場合についても①好ましくない場合②についても用いられる。その必要もないのに意図的に問題にするというニュアンスで、不必要の暗示がある。

「とりたてて」は「ことあらためて」や「ことさら」に似ているが、「ことあらためて」は別の機会に問題として取り上げる様子を表す。「ことさら」は必要もないのに故意に行動を起こすという意味で、問題として取り上げる以外にも用いられる。

×……こと改めて言うほどの者ではありません。

×中学生は注意すると取り立てて悪いことをするものだ。

→中学生は注意するとことさら悪いことをするものだ。

⇩「ことさら」「わざわざ」「あえて」「すきこのんで」「とくに」

とりもなおさず［取りも直さず］torimo-naosazu

①金利が下がるということは、**とりもなおさず**なけなしの預貯金が目減りするということだ。

②子供の不幸は**とりもなおさず**親の不幸である。

③議論百出の会議でぼくに助け船を出してくれたのが、**とりもなおさず**彼女だった。

【解説】同義な内容と言い換える様子を表す。プラスマイナスのイメージはない。述語にかかる修飾語として用いられる。ややかたい文章語で、くだけた会話には登場しない。前件が後件の原因・理由になっている場合①と、同じ結果を引き起こす等価の物事である場合②、それ以外の何者でもないことを強調する場合③などがある。前件をくわしく吟味した上で後件に言い換えるニュアンスがある。

「とりもなおさず」は「すなわち」や「つまり」に似ているが、「すなわち」はかたい文章語で主にもったいぶった発言などに用いられ、論理的で客観的な表現であるが、前件を吟味するニュアンスはない。「つまり」は前件と後件を短絡的に結ぶ暗示が強く、かなり主観的・気分的なニュアンスがある。

金利が下がるということは、とりもなおさず預貯金が目減りするということだ。
(金利の低下をよくよく吟味してみると)
金利が下がるということは、すなわち預貯金が目減りするということだ。
(金利の低下は預貯金の目減りと同じことだ)
金利が下がるということは、つまり預貯金が目減りするということだ。
(金利の低下は預貯金の目減りに直結する)

⇩「すなわち」「つまり」「ようするに」「けっきょく」「さしずめ」「そく」「ただちに」「いわば」

とりわけ・とりわけて［取り分け・取り分けて］ toriwake・toriwakete

① 私は冬が好きだが、**とりわけ**十二月が好きだ。
② 彼がいま**とりわけ**熱中しているのはサッカーだ。
③ 女子大生の就職は今年は**とりわけて**厳しい。

【解説】 程度のはなはだしいものの中で、特に著しく程度がはなはだしい様子を表す。プラスマイナスのイメージはない。述語にかかる修飾語として用いられる。ある範囲の中で、一部のものの程度が特に高いというニュアンスで用いられる。①が基本的な用法で、範囲を明示した上でその中の程度の高いものを別記する。②③は範囲を明示しない場合で、②は他にも熱中しているものはあるが、特に熱中する程度の高いものがサッカーであるという意味、③は例年も厳しいが今年は特に厳しいという意味である。

「とりわけ」は「とくに」「ことに」「なかでも」などに似ているが、「とくに」は対象の程度がはなはだしいことを主観的に強調し、話者の判断や意図的な行為についても用いられる。「ことに」は対象の程度のはなはだしさを客観的に述べる。「なかでも」は全体の中の一部を取り上げる暗示が強いので、全体を明示しない場合には用いられない。

とりわけ十二月が好きだ。
(好きな季節は他にもあるが、十二月がいちばん好きだ)
特に十二月が好きだ。
(とにかく十二月が好きだ)

? 彼がいまことに(なかでも)熱中しているのがサッカーだ。

⇩「とくに」「ことに」「なかでも」「とくべつ」「かくべつ」「ことのほか」「ことさら」

どれ［何れ］dore

(1)
①（宝石店で）婚約指輪、**どれ**がいいかな。
②（まじないの文句）**どれ**にしようかな、神様の言うとおり。
③（展覧会で）「あの花の絵、いいね」「**どれ**？」
④ 彼のやったことなら**どれ**を取ってみても同じだ。
⑤ 書類がごちゃごちゃで**どれ**が**どれ**だかわからない。

(2)
①「とげが刺さっちゃった」「**どれ**、見せてごらん」
②（耳鼻科で）「先生、のどが痛いんです」「**どれどれ**、あーんして」
③ **どら**、仕事の続きを始めるとするか。

【解説】(1) 複数のもののうちの一つについての疑問を表す。ある範囲の中から一つを選択するニュアンスがある。プラスマイナスのイメージはない。①は基本的な用法。②はまじないの文句で、複数のうちの一つを選ぶのに迷ったとき、指で一つ一つ指しながらこの言葉を唱え、唱え終わったときに指しているものを選択する。④は「彼のやったこと」の中から任意の一つを選択するという意味である。⑤の「どれがどれだかわからない」は慣用的に用いられ、多数の中から一つ一つの判別ができないという意味である。特に二つのうちから選ぶ場合には「どちら」を用いることが多いが、「どちら」のほうが丁寧なニュアンスになる。

物事についての疑問を表す語としては他に「なに」があるが、「なに」は範囲を定めずに対象の正体（実体）を問うニュアンスがある。


「あの花の絵、いいね」「どれ？」

（どの絵か聞いている）

「あの花の絵、いいね」「何？」

（相手の話を聞き返している）

(2) これから起こす行動を確認する意志を表す。プラスマイナスのイメージはない。感動詞として日常会話で用いられる。ややくだけた表現で、あらたまった会話にはあまり用いられない。くだけた会話では「どら」という形も用いられる。①②は相手の行動を確認する意志を表す。③は自分の行動を確認している様子を表す。「どれどれ」（②）は相手の行動を確認する場合に限られる。これから起こす行動について、それを確認しようとする話者の意志を表し、過去の行為や話者に関係のない行為については用いられない。また、相手の行為について用いる場合には、上から評価するニュアンスになるので、目上に対しては用いない。

× どれ、教科書の百ページから読みなさい。
　→さて、教科書の百ページから読みなさい。
× どれ、お原稿をいただきにあがります。

→では(それでは)、お原稿をいただきにあがります。

⇩「どちら」「なに」「いずれ」「さて」「では」「それでは」「どっち」「どれか」「どれくらい」「どれだけ」「どれでも」「どれほど」「どれも」

どれか [何れか] doreka

① 次のア～エのうち正しいものは**どれか**。

② ほしいものを**どれか**一つ買ってあげよう。

【解説】 複数のもののうちの一つを選択することについての疑問を表す。プラスマイナスのイメージはない。①は述語の用法、②は名詞にかかる修飾語の用法である。ふつう三つ以上の物の中から選択する様子を表し、二つのときは「どっちか・どちらか」を用いる。客観的な表現で、特定の感情を暗示しない。

⇩「どっちか」「どれ」

どれくらい [何れ位] dorekurai

① 大学まで**どれくらい**ありますか。

② このプールは**どれくらい**の深さなの？

③ (ラジカセの修理)**どれくらい**であがりますか。

④ 杉本君は足が早いって言うけど、**どれくらい**かな。

⑤ お前のことを**どれくらい**心配したことか。

⑥ 「ぼくのこと、**どれくらい**好き？」「これぐらい！」

【解説】 だいたいの距離や時間・金額・程度などについての疑問を表す。プラスマイナスのイメージはない。①③⑤⑥は述語にかかる修飾語、②は名詞にかかる修飾語、④は述語の用法である。ややくだけた表現で、日常会話中心に用いられる。標準的には「どのくらい」を用いる。①は距離・時間の両方にとれる。②は深さ、③は時間・金額の両方にとれる。④～⑥は程度についての疑問である。客観的な表現で、特定の感情を暗示しない。このうち、距離・時間・数量・金額はまったく同じ文脈で用いられるため、何をきかれたのかは、前後の状況によってしか判断できないことが多いのは、「どのくらい」と同様である。

⇩「どのくらい」「どれだけ」「どれほど」「どんなに」「いくら」「どれ」

どれだけ [何れ丈] doredake

① 今月はお金、あと**どんだけ**残ってる？

② 人は**どれだけ**愛しても愛しすぎることはない。

③ あいつのおかげで会社が**どれだけ**の損害をこうむってるか、本人に教えてやったらいいんだ。

【解説】 限定された量についての疑問を表す。プラスマイナスのイメージはない。①②は述語にかかる修飾語、③は名詞にかかる修飾語の用法である。くだけた会話ではしばしば「どんだけ」と発音される。①は残量についての疑問、②は「どれだけ……ても」の形で条件句を作り、最大限の程度についての譲歩を表す。具体物の量について用いる場合には「どのくらい」「どれくらい」のほうがふつうに用いられる。程度について用いる場合には「どれほど」のほうがふつうに用いられる。

⇨「どのくらい」「どれくらい」「どれほど」「どんなに」「どれ」

どれでも［何れでも］doredemo

① 社長の意向はA案・B案・C案の**どれでも**ない。

② ここにある本は**どれでも**読んでいいよ。

③「婚約指輪、どれがいい？」「あなたが選んだのなら**どれでも**いいわ」

【解説】 複数のものを全部問題にしない様子を表す。プラスマイナスのイメージはない。①は打消しの表現を伴う述語にかかる修飾語の用法で、複数のものをすべて否定する。②③は肯定文で用いられた場合で、複数のものをすべて許容する。ふつう三つ以上のものについて用いられ、二つのものについて用いる場合には「どっちでも・どちらでも」を使うことが多い。

⇨「どっちでも」「どれ」

どれほど［何れ程］dorehodo

① 彼が家を出て行ってから戻って来るまで、**どれほど**でしたか。

② 母には**どれほど**感謝してもしたりないくらいだ。

③ 奴が**どれほど**の大家か知らないが、ぼくは嫌いだ。

【解説】 だいたいの数量や程度などについての疑問を表す。プラスマイナスのイメージはない。①は述語、②は述語にかかる修飾語、③は名詞にかかる修飾語の用法である。ややかたい文章語。客観的な表現で、特定の感情を暗示しない。①は数量についての疑問、②③は程度についての疑問を表すが、具体的な距離・時間・数量・金額・程度についての疑問を表す場合には、日常的には「どのくらい」「どれくらい」「どれだけ」などを用いることが多い。②③も最大限の程度を疑問の形で表現しているだけで、具体的な程度をたずねているわけではない。

？ 傷はどれほど痛みますか。

→傷はどのくらい（どれくらい）痛みますか。

⇨「どのくらい」「どれくらい」「どれだけ」「どんなに」「いくら」「いかに」「どれ」

どれも［何れも］doremo

① 花壇の水仙は**どれも**みなかわいらしい。

② 彼女はスーツを次々と試着してみたが、**どれも**気に入らなかった。

【解説】 複数のものにすべてまとめて言及する様子を表す。プラスマイナスのイメージはない。述語にかかる修飾語として用いられる。①は肯定文で用いられた場合で、複数のすべてにある判断や状況があてはまるという意味である。②は否定文で用いられた場合で、複数のすべてがあてはまらないという意味である。肯定文の場合には「どれも」と頭高型のアクセントで、否定文の場合には「どれも」と尾高型のアクセントで発音される傾向がある。

ふつう三つ以上の物について用いられる。個々の要素に直接言及して、結果としてすべて同じ状態という判断を下す暗示がある。全部が同様であることを強調する場合には「どれもこれも」を用いる。

「どれも」は「いずれも」や「どっちも・どちらも」に似ているが、「いずれも」は個々の対象への指示が弱く、同様である状態のほうに視点がある。「どっちも・どちらも」はふつう二つのものについて用いる。

× 皇太子妃の候補はどれも名門の子女ばかりだ。

→皇太子妃の候補はいずれも名門の子女ばかりだ。

? この二枚の絵はどれもパリでかかれたものです。

→この二枚の絵はどちらもパリでかかれたものです。

⇨「いずれも」「どっちも」「どれ」

とんと tonto

① 彼は人のうわさには**とんと**おかまいなしだ。

② S社から最近**とんと**仕事が来なくなった。

③ 昨夜のことは**とんと**覚えがありません。

④ 永田町の中なんか庶民には**とんと**わけがわからない。

⑤ 「この座卓いくらだと思います?」「さあ、**とんと**見当がつきません」

⑥ **とんと**御無沙汰《ごぶさた》いたしました。

⑦ 「手紙、投函してくれた?」「**とんと**忘れてたよ」

【解説】 程度がはなはだしいことを誇張する様子を表す。ややマイナスよりのイメージの語。打消しの表現を伴う述語にかかる修飾語になる場合(①~⑤)と、肯定文で用いられる場合(⑥⑦)とがある。くだけた表現で、日常会話中心に用いられる。対象の程度がはなはだしいことを誇張的に表し、否定文の場合には話者の不審(①③)・不可解(②④)などの暗示を、肯定文の場合には無意識(⑥⑦)の暗示を伴う。

①~⑤の「とんと」は「かいもく」「からきし」「いっこうに(一向)」「てんで」などに似ているが、「かいもく」には困惑の暗示が、「からきし」には慨嘆の暗示が、「いっこうに」には相手の期待や予想に反する暗示が、「てん

で」には侮蔑《ぶべつ》の暗示がある。

　とんと見当がつかない。
　(ついてもいいはずだが)
　皆目見当がつかない。
　(困ったものだ)
　からきし見当がつかない。
　(自分は物知らずだな)
　一向に見当がつかない。
　(君はつくと思っているのかもしれないが)
　てんで見当がつかない。
　(つくわけがないじゃないか)

⑥⑦の「とんと」は「すっかり」に似ているが、「すっかり」にはあとかたもなく払拭《ふっしょく》する暗示がある。

× 掃除をしたら部屋がとんときれいになった。
　→掃除をしたら部屋がすっかりきれいになった。

⇩「かいもく」「からきし」「いっこう」「てんで」「さらさら」「まるで」「まるっきり」「もうとう」「ぜんぜん」「すこしも」「ちっとも」「まったく」「みじんも」

どんなに donnani

① 受賞の知らせを聞いたら、死んだ母が**どんなに**喜ぶことでしょう。

② 夜道は**どんなに**注意してもしすぎることはない。

【解説】 程度についての疑問を表す。プラスマイナスのイメージはない。述語にかかる修飾語として用いられる。具体的な程度については用いられず、最大限の程度を疑問の形を借りて強調して表し、感動の暗示を伴う。具体的な程度をたずねる場合には「どのくらい」「どれくらい」「どれだけ」などを用いる。

「どんなに」は「どれほど」に似ているが、「どれほど」はややかたい文章語で、客観的な表現になっている。

　どんなに喜ぶことだろう。
　(喜ぶ顔が目に見えるようだ)
　どれほど喜ぶことだろう。
　(大喜びするに違いない)

⇩「どのくらい」「どれくらい」「どれだけ」「どれほど」「さぞ」「いくら」「いかに」

な　行

ないし［乃至］ naishi

(1) ① 気球を三**ないし**五メートルの高さに上げる。
② 航海の間じゅう南西**ないし**西の風が吹いていた。
③ 不況のあおりで高級バー**ないし**赤ちょうちんまで客足が減っている。

(2) ① 新たに店長**ないし**販売員を募集する。
② 本人が直接出向くか**ないし**は代理人を立てて正式に申し込まないと、この契約はできない。
③ （妻に浮気を疑われて）この人もこの手紙も、**ないし**この手紙の中身もすべて君には無関係だ。

【解説】 (1) 数量や位置の範囲を限定する様子を表す。プラスマイナスのイメージはない。語と語をつなぐ用法で用いられる。ややかたい文章語で、日常会話にはあまり登場しない。数量(①)・方角(②)・程度(③)などの上限と下限を示して、その間の範囲のすべてのものが該当する様子を表す。ただし現在では、③のように程度について用いることは多くなく、この場合には「……から……まで」を用いる。

(2) どちらか一方を選択する様子を表す。プラスマイナスのイメージはない。語と語または文と文をつなぐ用法で用いられる。②の「ないしは」は「ないし」を強調した語で、文と文をつなぐ場合によく用いられる。ややかたい文章語で、日常会話にはあまり登場しない。複数の物事のうち一方だけ選択する場合(②)とすべて選択できる場合(③)がある。

この「ないし」は「あるいは」や「または」「もしくは」に似ているが、「あるいは」はややかたい文章語で、両者のうちの一方ならどちらでもよいという許容の暗示がある。「または」は口語的で日常的によく用いられ、前件を優先的に選択する様子を表す。「もしくは」はややかたい文章語で、どちらか一方しか選択できない限定の暗示がある。

Aないし Bを募集する。
（A、B、A＋Bの三通りを募集する）
Aあるいは Bを募集する。
（A、Bどちらかに応募してよい）
Aまたは Bを募集する。
（A Bの順に募集・採用する）
Aもしくは Bを募集する。
（AかBのどちらか一方のみ採用する）

⇨「あるいは」「または」「もしくは」「それとも」

なお［猶・尚］nao

(1) ① 早世した友人の笑顔が今も**なお**目に浮かぶ。
② 今後も**なお**遅刻が続くようなら処分の対象とする。
③ 彼は年が明けても**なお**進学か就職か迷っている。
④ 祖父は老いて**なお**意気盛んだ。
⑤ 大学の裏手には昼**なお**暗い森が広がっている。

(2) ① 本年も**なお**いっそうのお引き立てをお願いします。
② 傷口に包帯を巻いたら**なお**痛くなった。
③ 彼はローマ空港で旅券とさいふを盗まれた。**なお**困ったことに、彼はイタリア語がわからないのだ。
④ 悪いと知っててやったのだとすれば**なお**悪質だ。
⑤ 車海老はそのまま焼いても十分おいしいが、焼く前に酒をふりかけると**なお**味がよくなる。
⑥ 小学校の同窓会はわくわくするが、初恋の人も出席するかと思うと、**なお**のこと胸がどきどきする。

(3) ① 出発までに**なお**一週間あるから、準備には十分だ。
② 幼女を殺すとは憎んでも**なお**あまりある男だ。
③ 春**なお**浅い一月末、庭前の梅が咲いた。

(4) ① (展示会の案内状)会期は今月末日までです。**なお**御来場の節は本状を御提示ください。
② (試合の掲示)明日午前九時より紅白戦を行う。詳細は別記の通り。**なお**雨天の場合は中止とする。

【解説】 (1) 現在および未来の状態がこれまでと変化ない様子を表す。プラスマイナスのイメージはない。述語にかかる修飾語として用いられるが、しばしば「なお」の前に状態が継続している終点の時点を明示する。⑤の「昼なお暗い」は慣用句で、昼になっても依然として夜のように暗いという意味である。変化することが予想されるものの状態が変化せずに継続していることを表し、危《き》惧《ぐ》②・不可解③・意外④などの暗示を伴う。変化自体は好ましくても好ましくなくてもよい。

(1)の「なお」は「いぜんとして」や「やはり」「まだ」などに似ているが、「いぜんとして」は状態が継続することを客観的に表す。「やはり」は現在の状態を話者が確認し、それが過去から続いていることを再認識するというニュアンスで、納得の暗示を伴う。「まだ」は完了が期待されるものの状態が完了しないで継続しているというニュアンスがある。

なお迷っている。(なぜ早く決めないのだろうか)
依然として迷っている。(迷い続けている)
やはり迷っている。(思ったとおりだ)
まだ迷っている。(なかなか決まらない)

(2) ある状態の程度が結果として高まる様子を表す。プラスマイナスのイメージはない。状態を表す述語にかかる修飾語として用いられる。⑥の「なおのこと」は「なお」をさらに強めた表現。同一の対象の過去の状態と比較して程度が高まったというニュアンスで用いられるが、しばしば期待に反する暗示がある(②~⑤)。

(2)の「なお」は「いっそう」「いよいよ」「ますます」などに似ているが、これらは程度が継続的に高まる様子を表し、結果として前より程度が高くなった場合にはあまり用いない。また、「いっそう」はかなり客観的な表現で、特定の感情を暗示しない。「いよいよ」は「なお」とは反対に、期待通りに程度が高まったというニュアンスで用いられる。「ますます」は段階的な程度の高まりを主体が受け止める暗示がある。

なお痛くなった。(痛みがとれるかと思っていたのに)
いっそう痛くなった。(前よりも痛くなってきた)
いよいよ痛くなった。(予想通り痛みが増した)
ますます痛くなった。(どんどん痛くなってきた)

(3) 余分がある様子を表す。プラスマイナスのイメージはない。述語にかかる修飾語として用いられる。十分な量の他に余分があるというニュアンスである。②の「憎んでもなおあまりある」は慣用句で、最大限に憎んでもまだ憎しみが余っている、非常に憎しみが深いという意味、③の「春なお浅い□□」は慣用句で、春といってもまだ初めのうちの□□という意味である。

(3)の「なお」は「まだ」や「あと」に似ているが、「まだ」は目標達成までに余地が十分ある様子を暗示する。「あと」は目標達成までの残量を暗示する。

なお一週間ある。(一週間余分にある)
まだ一週間ある。(一週間の余裕がある)
あと一週間ある。(残りは一週間だ)

(4) 付随的な事柄を付け加える様子を表す。プラスマイナスのイメージはない。付随的な事柄を表す文の頭に置いて用いられる。ややかたい文章語で、公式の発言などに用いられる。内容的にはあまり重要でない事柄を付随的に付け加える様子を表す。客観的な表現で、特定の感情を暗示しない。

(4)の「なお」は「ただ」や「ただし」などに似ているが、「ただ」は肯定的な内容の前文に、あまり好ましくない補足を付け加えることによって、全面的な肯定を留保するというニュアンスで、話者の不本意さが暗示される。「ただし」は後から付け加えた条件や例外が、全体に影響する重大な意味をもつ暗示がある。

×……ただ御来場の節は本状を御提示ください。
なお雨天の場合は中止とする。(雨天以外は実行する)
ただし雨天の場合は中止とする。(雨天のときは行わない)

⇩「いぜんとして」「やはり」「まだ」「いっそう」「いよいよ」「ますます」「あと」「ただ」「ただし」「いまだに」「あいかわらず」「より」「よりいっそう」「さらに」「もっと」「よけい」「ひとしお」「ひときわ」「いちだんと」「しかも」「もっともII」「おって」「なおかつ」「なおさら」「なおも」

なおかつ［尚且つ］naokatsu

(1) ① これだけひどい仕打ちをされているのに、君はそれでも**なおかつ**彼女をあきらめきれないと言うのか。

② 父は七十にして**なおかつ**まめに働く。

(2) ① その印刷所は早くて**なおかつ**仕上がりがきれいだ。

【解説】 (1) 現在および未来の状態がこれまでと変化ない様子を表す。プラスマイナスのイメージはない。述語にかかる修飾語として用いられる。前件にあまり好ましくない内容を示して、それにもかかわらず状態が変化なく継続している様子を、あきれ①や意外②の暗示を伴って述べる。「なお」の(1)をさらに強調した表現である。

(2) 二つの条件を重ねる様子を表す。プラスマイナスのイメージはない。述語にかかる修飾語として用いられる。あるプラスの条件に別のプラスの条件が加わるという場合に用いることが多い。前件と後件は対等である暗示がある。

「なおかつ」は「かつ」や「それに」「しかも」などに似ているが、「かつ」は複数の条件を同時並行的に扱う暗示がある。「それに」は後から付け加えた条件が全体にとって軽い意味しかもたない暗示がある。「しかも」は逆に、付け加えたものが全体にとって重要な意味をもつ暗示がある。

? 休日は犬と遊び、なおかつ公園を散歩する。

→休日は犬と遊び、かつ公園を散歩する。

⇩「なお」「かつ」「それに」「しかも」「あいかわらず」「いぜんとして」「やはり」「まだ」

なおさら［尚更］naosara

① 早起きはつらい。冬は**なおさら**だ。

② 朝から土砂降りだったが、午後に入ったら**なおさら**ひどくなった。

③ 見てはいけないと言われると、**なおさら**見たくなるのが人情というものだ。

④ 「ごはんはしっかり食べなさい」「今朝は早朝特訓があるんだ」「それなら**なおさら**のこと食べなきゃ」

【解説】 ある状態の程度が高まる様子を表す。ややマイナスよりのイメージの語。①は述語、②〜④は述語にかかる修飾語の用法である。④の「なおさらのこと」は「なおさら」を強調した表現である。ややくだけた表現で、かたい文章中には登場しない。あまり好ましくない程度が高まる場合に用いられることが多い。ある条件が加わったために、後者が前者に比べて程度が段違いに高まるというニュアンスで、「なお」の(2)を強調した意味である。③のようにもともとの程度を示さない場合もある。

「なおさら」は「いっそう」に似ているが、「いっそう」は条件が付け加わるかどうかは問題にしない。

× これからもなおさら努力してください。

→これからもいっそう努力してください。

⇨「なお」「いっそう」「いよいよ」「ますます」「さらに」「いちだんと」「ひときわ」「ひとしお」「まして」「ましてや」「もっと」「よけい」「より」「よりいっそう」

なおも［猶も・尚も］naomo

① 一昨日降り始めた雪は**なおも**降り続いている。

② 喧嘩《けんか》両成敗で事はすんだが、彼は**なおも**自分は悪くないと言い張っている。

【解説】 現在の状態がこれまでと変化ない様子を表す。ややマイナスイメージの語。述語にかかる修飾語として用いられる。変化が期待される物事について、その期待に反してある状態が現在も継続しているというニュアンスで、不審・困惑(①)・不可解・慨嘆(②)などの暗示がこもる。

「なおも」は「あいかわらず」「いまだに」「まだ」などに似ているが、「あいかわらず」は状態が変化しない継続の暗示が強い。「いまだに」はすでに解決されているはずのものの状態が解決されずに継続していることについて、慨嘆の暗示がある。「まだ」はある状態が基準点で完了する期待に反して継続しているというニュアンスがある。

なおも言い張っている。
（この辺でよせばいいのに）
あいかわらず言い張っている。
（主張し続けている）
いまだに言い張っている。
（とっくにやめてもいいのに）
まだ言い張っている。
（こりない奴だ）

「なおも」は「なお」の(1)に似ているが、「なおも」のほうが話者の慨嘆の暗示が強く出る。

⇨「あいかわらず」「いまだに」「まだ」「なお」「いぜんとして」「やはり」

なかでも［中でも］nakademo

① 彼女のきょうだいはみんな美人だが、**なかでも**すぐ下の妹は宮沢りえにそっくりだ。

② 中国での生活は驚きの連続だったが、**なかでもい**

ちばん困ったのがトイレにドアがないことだった。

【解説】 全体の中の一部分に特に言及する様子を表す。プラスマイナスのイメージはない。述語にかかる修飾語として用いられる。ややかたい文章語で、くだけた日常会話にはあまり登場しない。ある範囲を明示して、その中の一部が特に程度がはなはだしいという意味で用いられる場合が多い。

「なかでも」は「なかんずく」や「とりわけ」に似ているが、「なかんずく」はかたい文章語で日常会話には登場しない。「とりわけ」は他と比べて著しく程度がはなはだしい様子を表し、全体を明示しないで用いることもある。

× 彼がいま中でも熱中しているのはサッカーだ。
→彼がいまとりわけ熱中しているのはサッカーだ。

⇨「とりわけ」「ことに」「とくに」

なかなか［中々］nakanaka

(1)① 滝沢さんのゴルフは**なかなか**の腕前だそうだ。
② 「ここの料理は**なかなか**だろう?」「ほんと、おいしいわね」
③ (部下に)この企画は**なかなか**におもしろいね。
④ (伯仲した碁の勝負)君も**なかなか**やるねえ。
⑤ 夫婦共働きでは子供を育てるのも**なかなか**大変だ。

(2)① この事件のなぞは**なかなか**解けない。
② 三月前に良江にプロポーズしたんだけど、**なかなか**うんと言ってくれないんだ。
③ 頂上はまだ**なかなか**だ。

【解説】 (1) 程度が平均を上回っている様子を表す。ややプラスイメージの語。①は名詞にかかる修飾語、②は述語、③~⑤は述語にかかる修飾語の用法である。程度が平均を上回っていることを上から見て評価する暗示があり、目上に向かって用いる場合には注意を要する。

部長はゴルフがなかなかお上手ですね。
(もっとうまい自分が見て見所があると思う)
→部長はゴルフがたいへんお上手ですね。
(非常にうまいので驚いている)
私の業務成績はなかなかのものですよ。
(自分で自分を高く評価してうぬぼれている)
→私の業務成績はまあまあですよ。
(自分の価値を知ってはいるが謙遜《けんそん》している)

(1)の「なかなか」は「かなり」「けっこう」「そうとう」「ずいぶん」などに似ているが、「かなり」は客観的な表現で、計量できるような程度について用いることが多い。「けっこう」は事前の予想に反して対象の程度が平均を上回っていることについて、話者の納得の暗示を伴う。「そうとう」は一部分から全体の程度を推測するというニュアンスで、程度が「なかなか」「かなり」「けっこう」よりもさらに高く、驚きや感嘆が暗示される。「ずいぶん」は結果の実感に基づいた程度について用いられ、概嘆・驚きなどの暗示を伴う。

(2) 物事の解決や目標達成に時間・労力や能力などを必要とする様子を表す。ややマイナスイメージの語。①②のように述語にかかる修飾語になることが多いが、述語(③)になることもある。しばしば後ろに打消しや否定の表現を伴う。物事の解決や目標の達成を期待する暗示があり、それが簡単には実現しないことについて慨嘆の暗示がこもる。

⇨「かなり」「けっこう」「そうとう」「ずいぶん」「だいぶ」「わりあい」「わりに」「すくなからず」「そうそうI」

ながらく ［長らく・永らく］ nagaraku

① 東京は**ながらく**雨が降っていない。

② (駅のアナウンス)たいへん**ながらく**お待たせいたしました。六番線に中野行が到着いたします。

【解説】 ある状態が長時間続く様子を表す。プラスマイナスのイメージはない。述語にかかる修飾語として用いられる。ややかたい文章語で、公式の発言などによく用いられる。主体の意図的な行為についてはふつう用いない。また、ある物事と物事の時間的間隔が大きいという場合にも用いられない。

? 彼は書斎で長らく本を読んでいた。

→彼は書斎で長い間(長いこと)本を読んでいた。

× 彼女に手紙を出してから長らくして返事が来た。

→彼女に手紙を出してからしばらくして返事が来た。

⇨「しばらく」

なぜ ［何故］ naze

① 彼は妻のことをやたら知りたがるが、**なぜ**だろう。

② (登校拒否児に)君は**なぜ**学校に来ないんだ。

③ この答えでは**なぜ**いけないのかわからない。

④ **なぜ**とは言えないが、私は中国が好きだ。

⑤ 高校時代が**なぜ**ということもなく思い出される。

⑥ 「ここんとこ直しなさい」「まあ、**なぜ**ですか」「**なぜ**でもいいから、直せばいいんだよ」

【解説】 原因・理由についての疑問を表す。プラスマイナスのイメージはない。①と⑥の初めのものは述語、②③は述語にかかる修飾語の用法である。ややかたい文章語で、くだけた会話にはあまり用いられない。④の「なぜとは言えないが」、⑤の「なぜということもなく」は、客観的・理性的な理由はわからないがという意味、⑥の「なぜでもいいから」は慣用的に用いられ、理由を問題にせずにという意味である。客観的・理性的に原因・理由を問題にするニュアンスが強く、答えとして実質的な原因・理由を求める暗示がある。

「なぜ」は「なんで」や「どうして」に似ているが、「なんで」はくだけた表現で日常会話中心に用いられ、主観的・感情的な理由についての疑問を表し、答えを求める話者の不満の暗示が強い。「どうして」も主観的・感情的な理由についての疑問を表すが、しばしば理由以外の相手の気持ちをたずねるニュアンスにもなる。

　この答えではなぜいけないのかわからない。
（いけない理由がわからない）
この答えではなんでいけないのかわからない。
（自分は正しいと思うのに×にされて心外だ）
この答えではどうしていけないのかわからない。
（自分は正しいと思うが×にした理由が知りたい）

× 結局できませんでしたなどと、なぜ得意先に言えようか。
→結局できませんでしたなどと、どうして(なんで)得意先に言えようか。

「なぜ」は「なにゆえ」にも似ているが、「なにゆえ」はかたい文章語で、日常会話には用いられない。

⇨「なんで」「どうして」「なんだって」「なぜか」「なぜなら」

なぜか・なぜだか［何故か・何故だか］ nazeka・nazedaka

(1) ① (国語の問題)筆者が傍線のように考えるのは**なぜか**。最も適切なものを次の中から選べ。
② **なぜだか**知らないが、部長の留守中に決まって事件が起こる。

(2) ① 彼はいくら非難されても**なぜか**抗議しなかった。
② 沈丁花《じんちょうげ》のにおいをかぐと**なぜか**胸が切なくなる。

【解説】 (1) 原因・理由を問題にする様子を表す。プラスマイナスのイメージはない。①は述語の用法。②は「なぜ(だ)か知らないが」の形で理由はわからないがという意味の条件句を作る。「なぜだか」は「なぜか」よりくだけた表現で日常会話によく用いられ、主に条件句を作り、述語になる場合には丁寧形の「なぜですか」になる。客観的・理性的な理由を問題にする様子を表し、特定の感情を暗示しない。

(2) 理由のわからない事態が起こる様子を表す。ややマイナスよりのイメージの語。述語にかかる修飾語として用いられる。話者の不審を暗示するが、慨嘆の暗示はない。(2)の用法では「なぜだか」はあまり用いられない。

この「なぜか」は「なにか」や「なんとなく」に似ているが、「なにか」「なんとなく」には理由に言及する暗示はない。

× 彼はいくら非難されてもなにか(なんとなく)抗議しなかった。

⇨「なぜ」「なにか」「なんとなく」「なんだか」「なんで」「ど

うして」「どうも」

なぜなら［何故なら］**nazenara**

① 彼とは仲直りすることにした。**なぜなら**対立していてもいい結果は生まれないから。
② この文章は論文とは言えない。**なぜなら**論の前提が正しくないから。

【解説】 前件の原因・理由を述べる様子を表す。プラスマイナスのイメージはない。原因・理由を述べる文の頭に置いて用いられる。しばしば文末に「から・ので」などの理由を表す助詞を伴う。かなりかたい文章語で、日常会話にはあまり登場しない。前件の結論や判断についての原因・理由を客観的・論理的に述べるニュアンスがあり、前件との因果関係が強く出る。客観的な表現で、特定の感情を暗示しない。

「なぜなら」は「というのは」に似ているが、「というのは」の表す原因・理由は主観的なものでもよく、また話者が既成事実と考える事柄である場合も多い。

彼の言うことはあてにならない。なぜなら今まで何度もだまされたから。
（人をだます人間の言うことは信用できない）
彼の言うことはあてにならない。というのは今まで何度もだまされたから。
（だまされた経験から彼が信用できないと判断した）
⇨「というのは」「なぜ」「なぜか」「だって」「それというのも」

なに・なん［何］**nani・nan**

(1) ① 彼女は**なに**が起こったのかわからなかった。
② 折り入ってお話とは**なん**でしょう。
③ （幼児に）これ、**なあん**だ？
④ 「例の話だけど」「ええと、**なん**だっけ」
⑤ 今晩**なに**が食べたい？
⑥ （電話で）いま**なに**してるの？
⑦ 最近の子供は**なに**考えてるんだかねえ。
⑧ 彼の話は**なに**がなんだかさっぱりわからない。
⑨ ぼくは**なに**が嫌だと言って、人の機嫌をとることぐらい嫌なことはない。
⑩ あいつに**なに**ができる。
⑪ （論争中笑っている相手に）**なに**がおかしい。
⑫ 文化祭なんて**なに**がおもしろいもんか。
⑬ 今さら昔のことをむしかえして**なん**になる。
⑭ 学校が**なん**だ。偏差値が**なん**だ。
⑮ あいつは親を**なん**だと思ってるんだ。
⑯ 「ごめん、遅くなって」「**なに**やってんだよ。もう列車はとっくに出ちゃったじゃないか」

⑰（授業中先生が）**なに**おしゃべりしてるんだ。
⑱「今日、残業してくれないか」「私、嫌です」「上司に向かって嫌とは**なん**だ」
⑲（ヤクザにからまれた）「ぼくは警察に知り合いがいるんだぞ」「だから**なん**だってんだよ」
(2)①「ちょっと三万ばかり貸してくれないか」「悪いけど今月は支払いが**なに**なもので、ちょっとね」
②こう言っちゃあ**なん**だが、君は少し強引だね。
③うちの子は私が言うのも**なん**ですけど、勉強はできるんです。
④「駅までお送りしましょう」「いや、それではあまりにも**なん**ですから、ここで失礼いたします」
⑤するとなんだ、君が左遷されて代わりに田中君が課長になったってわけだ。
⑥「村田君、例の**なに**だけどね」「はっ、**なに**とおっしゃいますと」
⑦課長、見積もりは**なに**しておきました。
(3)①「パパ、東大落っこった」「**なに**、落ちたか。まあ、他があるさ」
②「今のお話は初めてうかがいました」「**なに**、知らなかったんですか」
③「この町で商売できないようにしてやるからな」「**なにい**、生意気な口ききやがって」
④「おう、ねえちゃん。気取ってるじゃねえか」「**なん**ですか。失礼な」
⑤**なん**だ、文句があるんなら言ってみろ。
⑥（痴漢に）**なに**よ。いやらしいわね。
⑦（先にぶった子供に）**なん**だよ。
⑧（子供に）こんなに散らかしちゃって、**なあに**。
(4)①雨が降ってきたけど、**なあに**ぬれたって平気だ。
②（設計師が）**なに**あなたも画家なら、家の設計ぐらい自分でやってごらんなさい。
③浮気がばれたからって、**なに**かまうもんか。
(5)①「慶子たち、結婚するんだって！」「来月の二十日だろ」「**なん**だ、知ってたの」
②（問題が解けた）**なあん**だ、こうやれば簡単だ。
③（子供に）**なん**だ、まだいたの。遅刻するわよ。

【解説】「なん」は「なに」のくだけた発音で、「の・だ・で・と・に」などの助詞・助動詞を伴うとき、数詞の答えを期待するときに用いられる。

（結婚式場のホテルで）ここはなに室ですか。

（宴会場・控室など当該の部屋の種類をきく）

ここはなん室ですか。

（このホテルの宿泊室の数をきく）
(1)物事についての疑問を表す。プラスマイナスのイメージはない。さまざまの助詞を伴い、また単独で、主語になる場合(①⑪⑫)、述語になる場合(②~④⑭⑮⑱⑲)、述語にかかる修飾語になる場合(⑤~⑦⑨⑩⑬⑯⑰)などがある。「なに・なん」という頭高型のアクセントで発音されることが多い。日常会話では、しばしば「なあに」「なあんだ」のように伸ばして発音される。

①~⑨が基本的な物事についての疑問を表す。⑦は「何……ているんだか」という形で用いられ、話者の慨嘆の気持ちがこもる。⑧の「何が何だか」は慣用句で、話題の物事が既成の物事とどのように関連しどのように位置づけられるのか不明である様子を強調して述べ、話者の困惑が暗示される。⑨の「何が嫌だと言って□□くらい嫌なものはない」は慣用的に用いられ、嫌なことは何かと問題にされれば□□がいちばん嫌だと答えるという意味である。

⑩~⑮は反語の用法。⑩は何もできはしないという意味で、話者の侮蔑《ぶべつ》の暗示がこもる。⑪は笑っている内容を問題にする形をとり、笑うなという禁止の意味を怒りの暗示を伴って表す。⑫は「何が……ものか」という形で、反語の助詞と呼応して強い打消しを表し、話者の感情的な反発を暗示する。⑬は何にもならないという意味で、無力感の暗示を伴う。⑭⑮は「□□が(を)なんだ(と思う)」という形で述語になり、□□を程度の低いものとして侮蔑する様子を表す。

⑯~⑲はこれらから一歩進んだ、相手に対する詰問の用法である。具体的に物事の内容をたずねているわけではなく、相手の行為を直接なじる言葉として用いられる。⑰は教室で私語をしている生徒に先生が注意する言葉で、「おしゃべりをやめろ」というのに等しい。⑲の「だから何だってんだ(何だと言うんだ)」は慣用的に用いられ、相手の発言をまったく問題にせずに侮蔑する様子を表す。

「なに」は基本的に物事の名前や実体についての疑問を表すが、「どれ」と異なり、範囲を定めずに対象の実体(正体)を問うニュアンスがある。

× これ、どれだ。

(2) 特定の物事を婉曲《えんきょく》にぼかす様子を表す。プラスマイナスのイメージはない。日常会話でのみ用いられる。「なに・なん」という尾高型のアクセントで発音されることが多い。物事の実体はわかっているが、名前が思い出せなかったり、はっきり言及するのがはばかられたりする場合(①~⑤)、また実体をぼかして話を進めることにより、相手との間の連帯感を強めたりする場合(⑥⑦)に用いられる。①には困惑の暗示がこもる。②の「こう言っちゃあ(ては)何だが」、③の「私が言うのも何ですけど」、④の「それではあまりにも何ですから」は慣用的に用いられ、話者の遠慮を暗示する条件句を作る。⑤は話の途中で間投詞として用いられた例で、話者にとってはっきり言及するのをはばかられる内容を語り出す前に用いられ、ためらいの心理が暗示される。⑥⑦には秘密の共有と連帯感の暗示がある。

(3) 相手の様子を聞き返す様子を表す感動詞。ややマイナスよりのイメージの語。日常会話でのみ用いられる。用いられる場面によって、さまざまの感情を暗示する。ふつう「なに・なんだ」という頭高型のアクセントで発音される。詰問で強調するときには「なにい」と語尾を伸ばすことが多い。①〜④は相手の発話に対する反応として用いられた場合で、驚き(①②)・落胆(①)・意外性(②)・怒り(③④)・憤慨(④)の暗示がこもる。⑤〜⑧は相手の発話があるかどうかには関係なく、相手の行為に対する詰問として用いられた場合で、挑発(⑤)・嫌悪(⑥)・怒り(⑥⑦)・慨嘆(⑧)の暗示がこもる。

(4) 「なに」の形で用いられ、対象を軽視する様子を表す。プラスマイナスのイメージはない。間投詞として文中または文頭に置き、日常会話でのみ用いられる。強調するときには「なあに」と中間を伸ばすことが多い。対象の程度が低いことを軽視して、結果についての危惧《きぐ》や不安を打ち消すニュアンスで用いられる。

(5) 「なんだ」の形で用いられ、納得している様子を表す。プラスマイナスのイメージはない。感動詞として日常会話でのみ用いられる。強調するときには「なあんだ」と中間を伸ばすことが多い。納得の他に、落胆や意外性(①)・安堵《あんど》(②)・危惧(③)などの暗示もこもる。

⇨「どれ」「なにか」「なにかと」「なにかというと」「なにがなんでも」「なにかにつけ」「なにからなにまで」「なにくれとなく」「なにごと」「なにしろ」「なにせ」「なにとぞ」「なににしても」「なににせよ」「なににもまして」「なにはさておき」「なにはともあれ」「なにはなくとも」「なにひとつ」「なにふじゆうなく」「なにぶん」「なにも」「なにもかも」「なにやら」「なにより」「なんぞ」「なんだか」「なんだったら」「なんたって」「なんだって」「なんて」「なんで」「なんでも」「なんでもかんでも」「なんと」「なんど」「なんといっても」「なんとか」「なんとかして」「なんとしても」「なんとでも」「なんどでも」「なんどとなく」「なんとなく」「なんとはなしに」「なんとも」「なんども」「なんなら」「なんの」「なんのきなしに」「なんのくもなく」「なんのことやら」「なんら」

なにか・なんか ［何か］ nanika・nanka

(1) ① （国語の問題）空欄の中にはある動物の名前が入るが、それは**なにか**。次の中から適当なものを選べ。

② 最近の学校教育には大切な**なにか**が欠けている。

③ **なんか**あったら家のほうに連絡してほしい。

④ 機械が**なんか**の加減で突然動かなくなったんだろ

う。

⑤ この件に関して**なにか**御質問はありますか。
⑥ (受付係が)**なにか**御用ですか。
⑦ **なんか**いいことないかな。
⑧ (部下からのお中元へのお礼)**なにか**ねえ、気を使ってもらって悪かったねえ。
⑨ 「君んち、ファックスある?」「え、**なんか**、美写文っていうのがある」(CM)
⑩ 「ぼくの小説、どうだった?」「**なんか**もうちょっと、**なんか**こう工夫すると、**なんか**よくなると思うけど」

(2) ① 誰もいない初秋の海は**なにか**寂しい。
② このお豆腐、**なんか**変な味がするよ。

(3) ① じゃあ**なにか**、この条件じゃ不服だってことか。
② すると君は**なにか**い、せっかく正社員にしてやろうってのに、フリーターのほうがいいって言うんだな。

(4) ① 老後の趣味に油絵**なんか**どうですか。
② 貴美子の父親はたしか弁護士か**なにか**だ。
③ その話はテレビか**なにか**のニュースで聞いた覚えがある。
④ 「今夜、遊びに行っていい?」「来て来て。ワインや**なんか**用意しとくわ」

⑤ ちょっと鉛筆か**なにか**書くものを貸してください。

(5) ① ママ**なんか**大きらいだ。
② わたし**なんか**全然だめよ。
③ 不況で倒産する会社が多い中で、うち**なんか**よくやってると思うよ。

【解説】「なんか」は「なにか」のくだけた表現で、日常会話ではよく用いられる。

(1) 不定の物事を表す。プラスマイナスのイメージはない。①は述語、②③は主語、④は名詞にかかる修飾語、⑤〜⑦は述語にかかる修飾語、⑧〜⑩は文頭または文中で用いられる間投詞の用法である。ふつう「な|にか・な|んか」という頭高型のアクセントで発音される。具体的な物事を指すニュアンスが強く、物事の実体(正体)についての見当は、ついている場合(②③)もついていない場合(④〜⑦)もある。⑧〜⑩は会話の途中で用いられる間投詞の用法。断定を避けて表現を婉曲《えんきょく》にするニュアンスをもち、話者の漠然とした感謝(⑧)・ためらい(⑨⑩)などの心理が暗示される。

(2) 漠然と感じる様子を表す。プラスマイナスのイメージはない。心理や状態を表す述語にかかる修飾語として用いられる。「な|にか・な|んか」という頭高型のアクセントで発音される。客観的な根拠はないが、対象に触発されて心の中で漠然と感じる様子を表し、感じる程度も

相対的に低い。

(2)の「なにか」は「なんとなく」や「なにやら」に似ているが、「なんとなく」は話者自身の主観的な感覚として漠然と感じるというニュアンスで、対象に触発される暗示はない。「なにやら」は対象の外見の様子に主体が疑問や不審を抱く暗示がある。

× 今日は何か頭が痛い。 ↓今日は何となく頭が痛い。

? 誰もいない初秋の海は何やら寂しい。

(3) 相手の真意を聞き返す様子を表す。ややマイナスイメージの語。話の途中で間投詞として用いられる。「なにか(い)」という尾高型のアクセントで発音される。相手の発言をいちおう受け入れた上で、その真意を確かめるために聞き返す場面でよく用いられ、しばしば不平・詰問のニュアンスがこもる。

「なんだ」にも似たような用法があるが、「なんだ」は話者の納得を暗示し、詰問のニュアンスはないことが多い。

するとなにか、君は行きたくないということだな。
(行きたくないなんてけしからん)

するとなんだ、君は行きたくないということだな。
(君が行きたくないことを納得した)

(4) 不確かな同類のものを表す。プラスマイナスのイメージはない。「□□なんか」「□□や(か)なにか(なんか)」の形で用いられる。①は主語、②は述語、③は名詞にかかる修飾語、④⑤は述語にかかる修飾語の用法である。「なにか・なんか」という頭高型のアクセントで発音される。

④は友人と楽しい会話をするのに必要なワインと同類のものという意味である。客観的な表現で、特定の感情を暗示しない。

(5) 対象を強く指示する様子を表す。プラスマイナスのイメージはない。「□□なんか……だ」という形で、名詞の後ろに直接つく助詞として扱われることが多い。「なんか」という頭高型のアクセントで発音される。□□を侮蔑《ぶべつ》して強める場合(①)、謙遜《けんそん》・卑下して強める場合(②)、評価して強める場合(③)などがある。

⇨「なに」「なんとなく」「なにやら」「なぜか」「なんて」「なんで」「なんだか」「なんぞ」

なにかと [何彼と] nanikato

① いつも**なにかと**お世話になっております。

② 年末は**なにかと**物入りだ。

【解説】 さまざまの物事を表す。プラスマイナスのイメージはない。述語にかかる修飾語として用いられる。さまざまの物事を一つ一つ取り立てて問題にするのではなく、全体をまとめて一般的な傾向として漠然と表すニュアンスである。

「なにかと」は「あれやこれや」「なにやかや」などに似ているが、「あれやこれや」は一つ一つの要素に視点がある。「なにやかや」には一般的な傾向を表すニュアンスはない。

× 何かと考えた末、忠告に従うことにした。

→あれやこれやと考えた末、忠告に従うことにした。

年末は何かと物入りだ。（支出が増えがちだ）

年末は何やかやと物入りだ。

（あれにもこれにも金がかかる）

⇩「なにかというと」「なにかにつけ」「なにくれとなく」「なに」

なにかというと［何彼と言うと］nanikato-iuto

① 課長は**なにかというと**すぐぼくをバカにする。

② 祖父は**なにかというと**戦時中の話を持ち出す。

【解説】 機会あるごとに同じ行動をとる様子を表す。ややマイナスイメージの語。述語にかかる修飾語として用いられる。機会あるごとにあまり好ましくない行動を繰り返す様子を表し、話者の慨嘆の暗示がこもる。

「なにかというと」は「なにかにつけて」に似ているが、「なにかにつけて」は好ましい行為についても用いられる。

× やさしかった母を何かというと思い出す。

→やさしかった母を何かにつけて思い出す。

⇩「なにかにつけ」「なにかと」「なに」

なにがなんでも［何が何でも］naniga-nandemo

(1)① 今度の試合は**なにがなんでも**勝たねばならない。

② 娘は**なにがなんでも**留学すると言ってきかない。

(2)① 明日までにやれだなんて**なにがなんでも**無茶だ。

② 寄付金を着服するとは**なにがなんでも**ひどすぎる。

【解説】 (1) あらゆる困難を排除して目的を完遂しようとする様子を表す。プラスマイナスのイメージはない。述語にかかる修飾語として用いられる。どんな事態になっても目的を完遂しようとする主体の強い意志を暗示する。主体の意志が客観的な情勢に左右されないというニュアンスであるので、しばしば主体の強情さや強引さ(②)の暗示をもつことがある。

この「なにがなんでも」は「なんとしても」に似ているが、「なんとしても」はあらゆる手段を尽くして目標を実現する様子を表し、主体の義務感と切迫感の暗示を伴う。

？ 娘は何としても留学すると言ってきかない。

(2) 憤慨している様子を表す。マイナスイメージの語。判断を表す述語にかかる修飾語として用いられる。ややくだけた表現で、かたい文章中にはあまり登場しない。対象の状態や程度が非常に好ましくない場合に用いられ、好ましい場合には用いられない。客観的条件のいかんによらず、対象の状態を拒否するというニュアンスで、話者の憤慨と慨嘆の暗示が強い。

(2)の「なにがなんでも」は「いくらなんでも」に似ているが、「いくらなんでも」はどんなに程度がはなはだしくてもという譲歩の暗示があり、対象の程度を問題にせずに拒絶する暗示はない。

× 何が何でも初対面の人に借金の申込はできない。
→いくらなんでも初対面の人に借金の申込はできない。

⇩「なんとしても」「ぜがひでも」「ぜひとも」「いくら」「いやがおうでも」「うむをいわせず」「ぜったい」「だんぜん」「なんでも」「なんでもかんでも」「どうしても」「どうでも」「なに」

なにかにつけ [何彼につけ] nanikani-tsuke

① やさしかった母を**なにかにつけ**て思い出す。
② 駅から遠いと**なにかにつけ**て不便だ。
③ 夫は**なにかにつけ**私をアホ呼ばわりする。

【解説】 機会あるごとに同一の行動をとったり同一の判断を下したりする様子を表す。プラスマイナスのイメージはない。述語にかかる修飾語として用いられる。同一行動について用いられる場合(①③)と、同一判断について用いられる場合(②)とがある。行動や判断は好ましくても(①)好ましくなくても(②③)よい。

行動について用いられた場合には、「なにかにつけ」は「なにかというと」に似ているが、「なにかというと」は好ましくない同一行動を起こす暗示がある。

× やさしかった母を何かと言うと思い出す。

判断について用いられた場合には、「なにかにつけ」は「なにかと」に似ているが、「なにかと」はもともとさまざまの物事を表し、機会をとらえる場合以外にも用いられる。

いつも何かにつけてお世話になっております。
(事あるごとに世話になっている)
いつも何かとお世話になっております。
(さまざまな物事で世話になっている)

⇩「なにかというと」「なにかと」「なに」

なにからなにまで [何から何迄] nanikara-nanimade

① 父は家のことは**なにからなにまで**母任せだ。
② このたびは**なにからなにまで**お世話になりました。

【解説】 すべての物事を一つももらさない様子を表す。プラスマイナスのイメージはない。述語にかかる修飾語として用いられる。「全部」「すべて」という意味であるが、個々の要素を一つ一つ具体的に点検した結果として、一つの例外もなくすべてというニュアンスである。

「なにからなにまで」は「なにもかも」に似ているが、「なにもかも」には個々の要素を点検する暗示はない。

何から何まで承知している。
（細部まで承知している）
何もかも承知している。
（知らないことはない）

⇩「なにもかも」「すべて」「ぜんぶ」「ことごとく」「あらいざらい」「のこらず」「くまなく」「もれなく」「まんべんなく」「ばんじ」「みな」「なに」

なにくれとなく【何くれとなく】nanikureto-naku

① 下宿の奥さんは**なにくれとなく**面倒を見てくれる。
② 彼女は入院中の夫に付き添って**なにくれとなく**世話を焼いた。

【解説】細かな点まで行き届いている様子を表す。プラスイメージの語。用法は非常に限定されていて、「世話をする」「面倒を見る」などの述語にかかる修飾語になることが多い。主体の配慮の暗示がある。

⇩「なにかと」「なに」

なにごと【何事】nanigoto

① **なにごと**が起こったか早急に調べてほしい。
② 精神一到**なにごと**か成らざらん。（名句）
③ 突然ベルが鳴ったときには**なにごと**かと思った。
④ 大事なお得意様をすっぽかすとは**なにごと**だ。
⑤ 彼は**なにごと**によらず慎重だ。
⑥ 人間**なにごと**も辛抱が肝心だ。
⑦ 東京サミットは**なにごと**もなく無事に終わった。

【解説】不定の物事を表す。ややマイナスイメージの語。①②は名詞の用法、③④は述語、⑤〜⑦は複合語や慣用句の形で述語にかかる修飾語となる。ややかたい文章語で、くだけた会話にはあまり登場しない。しばしば非日常的で重大な物事を指す暗示がある(①③④⑦)。②は名句で、目的を完遂しようとする精神力さえあれば実現しない物事がありえようか、すべての物事が実現できるという意味である。④は詰問文で、相手の行為は重大でけしからんという意味で、話者の怒りと憤慨の暗示を伴う。⑤の「なにごとによらず」は慣用句で、事柄に関係なくどんな場合でもという意味である。⑥も慣用的になった名句で、非常に怒りたくなるような事柄が起こった場合でも辛抱することが大切だという意味で、この場合の「何事も」はすべての物事というよりは、怒りたくなるようなすべての物事を指す。⑦の「なにごともなく」は慣用句で、重大な事件もなくという意味である。

「なにごと」は「なに」に似ているが、「なに」には非日常的で重大な物事を指す暗示はない。

突然ベルが鳴ったときには何事かと思った。

（どんな大事件が起きたかと思った）

突然ベルが鳴ったときには何かと思った。

（何の合図だろうと思った）

⇨「なに」

なにしろ［何しろ］nanishiro

(1) ① **なにしろ**彼女は金持ちだから優雅だよなあ。

② （親類の不幸）とるものもとりあえずやってきました。**なにしろ**急な話だったもので。

③ 「きのう上海雑技団を見てきたよ」「どうだった」「君も見に行ったら？　**なにしろ**おもしろいんだから」

(2) ① **なにしろ**やってみないことには始まらない。

② 父は朝から晩まで仕事に追われて**なにしろ**忙しい。

③ 展覧会でじかに見た人の話によると、ゴッホの「カラスのいる麦畑」は**なにしろ**すばらしいそうだ。

【解説】 (1) 理由を強調する様子を表す。プラスマイナスのイメージはない。理由を表す文の頭に置かれる。「なにしろ」の表す理由は主観的で、客観的な根拠かどうかは問題にされておらず、しばしば話者が自分の正当性を主張して釈明したり②、一人合点したり③しているニュアンスになる。

(2) (1)から進んで一つの物事を主張する様子を表す。プラスマイナスのイメージはない。述語にかかる修飾語として用いられる。主観的な理由の存在が暗示され、その理由を背景として相手に主張する様子を表す。話者の納得と相手の共感を期待する心理が暗示される。

(2)の「なにしろ」は「とにかく」に似ているが、「とにかく」は話題の焦点をしぼる様子を表し、理由の存在や話者の納得は暗示しない。

ゴッホの絵はなにしろすばらしいそうだ。

（実際に見た人が言うのだから本当だろう）

ゴッホの絵はとにかくすばらしいそうだ。

（誰がなんと言ってもすばらしいらしい）

「なにしろ」は「なにせ」によく似ているが、「なにせ」のほうが感情的な表現である。

なにしろ急な話だったもので。

（十分な用意ができなかった）

なにせ急な話だったもので。（びっくりした）

⇨「とにかく」「なにせ」「なんといっても」「なにぶん」「なに」

なにせ・なんせ［何せ］nanise・nanse

(1)① **なにせ**途中で交通事故があったものだから、約束の時間に二時間も遅れてしまった。

② 「この絵すごいねえ」「そりゃそうだよ。**なんせ**彼は芸大出だもの」

(2)① 彼の意見書は内容は立派だが、**なにせ**字が汚い。

② スピルバーグの映画は**なんせ**おもしろい。

【解説】「なんせ」は「なにせ」のくだけた表現で、日常会話にはよく用いられる。

(1) 理由を強調する様子を表す。プラスマイナスのイメージはない。理由を表す文の頭に置かれる。「なにせ」の表す理由は主観的で、客観的な根拠かどうかは問題にされておらず、しばしば話者が自分の正当性を主張して釈明したり(①)、一人合点したり(②)しているニュアンスになる。

(2) (1)から進んで一つの物事を主張する様子を表す。プラスマイナスのイメージはない。述語にかかる修飾語として用いられる。主観的な理由の存在が暗示され、その理由を背景として相手に主張する様子を表す。話者の納得と相手の共感を期待する心理が暗示される。

「なにせ」は「なにしろ」や「いかんせん」に似ているが、「なにしろ」のほうがやや冷静な表現である。「いかんせん」は自分の力が及ばないのを残念に思う様子を表し、好ましいことについては用いられない。

× 「この絵すごいねえ」「そりゃそうだよ。いかんせん彼は芸大出だもの」

⇨「なにしろ」「とにかく」「なんといっても」「なにぶん」「なに」

なにとぞ［何卒］nanitozo

① (担任に)息子を**なにとぞ**よろしくお願いします。

② (合格祈願)**なにとぞ**第一志望に合格しますように。

【解説】 丁重に依頼・希望する様子を表す。プラスマイナスのイメージはない。依頼や希望の表現を伴う述語にかかる修飾語として用いられる。ややかたい文章語で、公式の発言などによく用いられる。依頼や希望の気持ちはかなり強いが、要求のニュアンスはなく、表現としては非常に丁重である。

「なにとぞ」は「なにぶん」に似ているが、「なにぶん」は相手の好ましい裁量を期待するという意味で、依頼に限って用いられ希望については用いられない。

× なにぶん第一志望に合格しますように。

依頼・懇願を表す語としては他に「どうぞ」「どうか」などがあるが、「どうぞ」は相手の裁量のままに任せる暗示がある。「どうか」は多少の無理を承知の上で要求するニュアンスが強い。
⇩「なにぶん」「どうぞ」「どうか」「くれぐれも」「ねがわくは」「なに」

なににしても・なんにしても ［何にしても］ nanini-shitemo・nanni-shitemo

① 農村の後継者難は**なににしても**困った問題だ。
② 家族があろうがなかろうが**なんにしても**金はいる。

【解説】 条件に左右されない様子を表す。プラスマイナスのイメージはない。述語にかかる修飾語として用いられる。条件がどうあろうとも一定の結果になる様子を表し、話者の納得の暗示を伴う。

「なににしても」は「なににせよ」によく似ているが、「なににせよ」は無条件であることを強調する。

家族があろうがなかろうが何にしても金はいる。
（家族のありなしに関係なく金は必要だ）
家族があろうがなかろうが何にせよ金はいる。
（家族のありなしは別として金は必要だ）

⇩「なににせよ」「いずれにしても」「なに」

なににせよ・なんにせよ ［何にせよ］ nanini-seyo・nanni-seyo

① **なんにせよ**結婚は両性の合意が基本だ。
② 国民には**なににせよ**納税の義務がある。

【解説】 条件に左右されない様子を表す。プラスマイナスのイメージはない。述語にかかる修飾語として用いられる。条件がどうあろうとも一定の結果になる様子を表し、話者の納得の暗示を伴う。「なににしても」よりも無条件であることを強調し、結果や判断だけを問題にするニュアンスである。

「なににせよ」は「いずれにせよ」などにもよく似ているが、「いずれにせよ」はある条件を考慮に入れて結論を譲歩するという意味で、無条件である暗示はない。

× 白黒何にせよ彼に事情をきく必要がある。
→白黒いずれにせよ彼に事情をきく必要がある。

⇩「なににしても」「いずれにしても」「なに」

なににもまして ［何にも増して］ naninimo-mashite

① 教え子の成長は**なににもまして**うれしい。
② 健康は**なににもまして**大切だ。

【解説】 程度が最高である様子を表す。ややプラスよりのイメージの語。状態を表す述語にかかる修飾語として用いられる。ややかたい文章語で、公式の発言などによく用いられる。他のどんなものに比べてもという比較の暗示があり、無条件で最高だと言っているわけではない。ふつう好ましいものの程度について用いられ、好ましくない程度が最高だという場合には用いられない。表現自体はかなり冷静で、特定の感情を暗示しない。
「なににもまして」は「なにより」に似ているが、「なにより」は冷静に比較検討した結果、程度が最高であると判断するニュアンスがあり、好ましくないものについて用いられることもある。

×この小説には欠点が多いが、何にも増してまずいのは登場人物の性格がきちんと描き分けられていないことだ。
→この小説には欠点が多いが、何よりまずいのは登場人物の性格がきちんと描き分けられていないことだ。

⇨「なにより」「いちばん」「いっとう」「とびきり」「だいいち」「もっともI」「なに」

なにはさておき［何は扨置き］naniwa-sateoki

①外から帰ると**なにはさておき**手を洗う。
②（偶然再会した旧友に）**なにはさておき**まず酒だ。

【解説】他の物事に先駆けて最初に行う様子を表す。プラスマイナスのイメージはない。述語にかかる修飾語として用いられる。さまざまな行為の中から第一に行うべき行為を選択し、それ以外を考慮に入れない暗示がある。
「なにはさておき」は「なにはともあれ」に似ているが、「なにはともあれ」は他の物事を放任して話題を一点にしぼる様子を表す。

×何はさておき無事に帰れてよかった。
→何はともあれ無事に帰れてよかった。

⇨「なにはともあれ」「ともかく」「ともかくも」「とりあえず」「まず」「まずは」「まずまず」「なに」

なにはともあれ［何はとも有れ］naniwa-tomoare

①**なにはともあれ**無事に帰れてよかった。
②（部下の結婚）そうか、やっと決まったか。**なにはともあれ**おめでとう。

【解説】他の物事を放任して話題を一点にしぼる様子を表す。ややプラスイメージの語。述語にかかる修飾語として用いられる。結論に到ったことについて話者の安堵《あんど》の暗示がある。
「なにはともあれ」は「なにはさておき」に似ているが、「なにはさておき」は第一に行うべき行為を選択するという意味で、安堵の暗示はない。

⇨「なにはさておき」「ともあれ」「なに」

なにはなくとも［何は無くとも］naniwa-nakutomo

①**なにはなくとも**家族の健康が第一だ。
②**なにはなくとも**永谷園のお茶漬海苔。（CM）

【解説】 不可欠なものをただ一つにしぼる様子を表す。ややプラスよりのイメージの語。「何はなくとも□□だ」の形をとり、□□がただ一つの不可欠なものであるという意味を表す。②は永谷園のお茶漬海苔さえあれば、他のものは何もいらないという意味である。

⇩「なに」

なにひとつ［何一つ］nani-hitotsu

① 彼は**なにひとつ**まともに仕事をしたことがない。
② 私には**なにひとつ**やましいところはありません。
③ 旅行中に空き巣に入られ、帰ってみたら部屋には**なにひとつ**として残っていなかった。

【解説】 後ろに打消しの表現を伴って、存在の可能性を強く否定する様子を表す。ややマイナスよりのイメージの語。「何一つ」「何一つとして」の形で打消しの表現を伴う述語にかかる修飾語になる。物事が存在しないことを表すのではなく、存在の可能性を主体が全部否定するという意味で、かなり主観的な表現になっており、客観的に存在しないかどうかには言及しない(②)。

打消しを強調する語としては他に「ぜんぜん」「まったく」などがあるが、これらは客観的な表現になっている。

何一つやましいところはありません。
(自分でやましくないと思っている)

全然(まったく)やましいところはありません。
(誰が見てもやましくない)

⇩「ぜんぜん」「まったく」「なにも」「ひとつも」「ひとつとして」「すこしも」「ちっとも」「ひとつ」「なに」

なにふじゆうなく［何不自由なく］nani-fujiyû-naku

① 親の遺産で**なにふじゆうなく**暮らす。
② 彼は幸せな家庭で**なにふじゆうなく**育った。

【解説】 望む通りに実現する様子を表す。プラスイメージの語。「暮らす・育つ」などの動詞にかかる修飾語として用いられることが多い。文字通りには何の不自由もなくという意味であるが、しばしば金銭的・経済的な苦労をせずにという意味で用いられる。

⇩「なに」

なにぶん［何分］nanibun

① (担任に)子供は退院したばかりですので、欠席については**なにぶん**の御配慮をお願いします。
② **なにぶん**子供のことですから、勘弁してください。
③ この道は**なにぶん**にも初めてなので、よくわからないんです。
④ 今後とも**なにぶん**よろしくお引き立てのほどを。

【解説】 相手の好ましい裁量を期待する様子を表す。プラスマイナスのイメージはない。①は名詞にかかる修飾語、②〜④は述語にかかる修飾語の用法である。「なにぶんにも」は「なにぶん」を強調した表現である。②③は理由を表す文の頭に置かれ、理由を示して釈明し、相手の理解や寛容を期待する暗示がある。④は依頼の表現を伴い、相手の配慮の適切さを希望する暗示がある。一方的に自分の希望を述べる場合には用いられない。

× なにぶん第一志望に合格しますように。

→なにとぞ(どうか)第一志望に合格しますように。

②③の場合には「なにぶん」は「なにしろ」や「なにせ」に似てくるが、「なにしろ」や「なにせ」の表す理由は主観的で、しばしば話者が自分の正当性を主張したり、一人合点したりしているニュアンスがあり、相手の配慮を期待する暗示はない。

なにぶん子供のことですから……。

(子供なんだから大目に見てほしい)

なにしろ子供のことですから……。

(子供なんだから言ってもわかるわけがない)

なにせ子供のことですから……。

(子供のことだから自分には関係ない)

④の場合には「なにぶん」は「なにとぞ」や「どうか」「どうぞ」に似てくるが、「なにとぞ」は丁重に依頼・希望するニュアンスがある。「どうか」は無理を承知で依頼・希望するニュアンス、「どうぞ」は相手の裁量に任せるニュアンスがある。

⇨「なにとぞ」「どうか」「なにしろ」「なにせ」「どうぞ」「なに」

なにも・なんにも [何も] nanimo・nannimo

(1) ① 霧が深くて前が**なにも**見えない。

② パパなんか**なんにも**わかっちゃいないんだ。

③ (来客に茶菓を出す)**なんにも**ございませんが。

④ 大学出じゃないからって悪いことは**なにも**ない。

⑤ 「骨折の具合どう? 治った?」「うん、もう**なんにも**痛くないよ」

⑥ ここであきらめてしまっては**なんにも**ならない。

(2) ① 突然雨に降られて服も**なにも**ずぶぬれになった。

② 「どうして彼女と別れたんだい?」「理由も**なにも**ないよ。ある日突然バイバイさ」

(3) ① 「ちょっと、遅いじゃないの」「**なにも**そんなに怒らなくたっていいだろ。五分ぐらい遅刻しただけで」

② 「もう、あたしのこと嫌いになったのね」「**なにも**泣くことはないじゃないか」

③ (家賃の延納)もう少し待ってくれませんか。**なにも**払わないと言ってるんじゃないんだから。

④ 今度のヤミ献金問題では、**なにも**自分だけがもら

ったわけではないと言って居直る議員が出そうだ。

【解説】 (1) 後ろに打消しの表現を伴って、すべての物事を否定する様子を表す。プラスマイナスのイメージはない。打消しの表現を伴う述語にかかる修飾語として用いられる。「なんにも」は「なにも」のくだけた表現で、日常会話ではよく用いられる。「なにも・なんにも」という尾高型のアクセントで発音される。①②が基本的な用法。③は来客に茶菓などを出す場面でよく用いられ、十分もてなしできるようなすばらしいごちそうは何もないがという謙遜《けんそん》の挨拶《あいさつ》である。④は「……からと言って悪いことは何もない」という形で慣用的に用いられ、……することは決して悪いとは言い切れないという部分否定を表す。⑤はこれらから一歩進んだ用法で、打消しを強調する様子を表す。全然痛くないという意味である。⑥の「なんにもならない」は『現代形容詞用法辞典』を参照。「なにも」は具体物の暗示が強く、抽象的な物事や程度についてはあまり用いられない。その場合には「すこしも」「ちっとも」などを用いる。

霧が深くて前が何も見えない。
(前の景色が全然見えない)
霧が深くて前が少しも見えない。
(見える程度がゼロである)

(2) 「□□も何も」の形で名詞の後ろにつき、□□を含めてすべてという意味を表す。プラスマイナスのイメージはない。「□□もなにも」という頭高型のアクセントで発音される。この場合には「なんにも」の形では用いられない。②の「理由も何もない」は慣用句で、理由がまったく考えられないことを誇張する。

(3) 相手の判断や行為が不当であることを表明する様子を表す。ややマイナスイメージの語。打消しの表現を伴う述語にかかる修飾語になる。「なにも」という頭高型のアクセントで発音される。この場合には「なんにも」の形では用いられない。①②は、実際に相手が怒ったり泣いたりしている行為が不当であるという意味で、話者の概嘆(①)や困惑(②)の暗示がこもる。③④は相手の判断を話者が予測している場合である。この予測は話者の一方的な憶測であって、しばしば実態と異なる暗示がある。③は家賃を払わないと言うと相手が思っているだろうことを憶測し、その憶測に対して払わないと言っているわけではないと釈明する。この場合「なにも」という尾高型のアクセントで発音すると、金を一銭も支払わないという(1)の意味になる。④はお前一人が悪いという世間の非難を憶測し、その憶測に対して他の者も受け取っているという弁解を述べる。いずれにしても、実際に存在するかどうか明らかでない相手の非難・誤解を憶測し、その憶測に対して釈明したり弁解したりするニュアンスがあり、しばしば居直りや傲慢《ごうまん》・不遜《ふそん》の暗示がこもる。
⇨「すこしも」「ちっとも」「ぜんぜん」「なにひとつ」「なにもかも」「なんとも」「なに」

なにもかも［何も彼も］ nanimo-kamo

① あの女のことは**なにもかも**忘れてしまいたい。
② 部長は社長の汚職を**なにもかも**知っていた。

【解説】残すところなく何かをする様子を表す。プラスマイナスのイメージはない。述語にかかる修飾語として用いられる。細部に至るまで一つの例外もなく何かをする様子を表し、個々の要素に視点がある点で、全体をまとめて扱う暗示のある「ぜんぶ」「すべて」などと異なる。

「なにもかも」は「なにからなにまで」や「のこらず」「あらいざらい」などに似ているが、「なにからなにまで」は個々の要素を一つ一つ具体的に点検する暗示がある。「のこらず」は客観的に残量が存在しない様子を表す。「あらいざらい」は主に消費・喪失行為について用いられ、清涼感・喪失感・あきれなどの暗示を伴う。

? このたびは何もかもお世話になりました。
→このたびは何から何までお世話になりました。
× おかずを何もかも食べたから腹が苦しい。
→おかずを残らず食べたから腹が苦しい。
× 部長は社長の汚職をあらいざらい知っていた。

⇨「ぜんぶ」「すべて」「なにからなにまで」「のこらず」「あらいざらい」「ねこそぎ」「さいだいもらさず」「みな」「ことごとく」「なんでも」「なんでもかんでも」「ばんじ」「なに」「なにも」

なにやら［何やら］ naniyara

(1)① メモには**なにやら**遺言らしきものが書いてあった。
② 教授は**なにやら**大きな包みを抱えて講義に来た。
③ (放屁《ほうひ》)**なにやら**におってきたぞ。
④ あいつの言うことは何が**なにやら**さっぱりだ。
⑤ 社長、組合がまた**なにやら**かやら言ってきました。
(2)① その会場には政治家やら**なにやら**、お偉いさんが集まっていた。
② 四月は転勤やら**なにやら**であわただしい。
(3)① 受験生付き添いの父母は**なにやら**不安そうだ。
② あそこに立っている人、**なにやら**様子が変だと思いませんか。

【解説】(1) 不定の物事を表す。プラスマイナスのイメージはない。述語にかかる修飾語として用いられることが多い。実体がわからないことについて、話者の疑問や不審(③)の暗示があるが、好奇心のニュアンスもある(①②)。④の「何が何やら」、⑤の「何やらかやら」は慣用句で、④は実体がまったく不明であることを話者の困惑の暗示を伴って述べる。⑤は不定の物事について漠然と述べ、個々の具体的な要素をあまり重要視していない暗示がある。この場合には「なにやかや」に似ているが、「なにやかや」のほうが具体物の暗示が強い。

(1)の「なにやら」は「なにか」に似ているが、「なにか」は客観的な表現で特定の感情を暗示しない。

何やら大きな包みを抱えていた。
(何だろう、見たいなあ)

何か大きな包みを抱えていた。
(特定の感情なし)

(2) 「□□やら何やら」の形で用いられ、前の名詞と同類の物事を漠然と表す。プラスマイナスのイメージはない。この場合には「なにやかや」に似ているが、「なにやかや」は具体物の暗示が強く、人については用いない。

× その会場には政治家やら何やかや、お偉いさんが集まっていた。

(3) (1)から進んで、漠然と感じられる様子を表す。プラスマイナスのイメージはない。状態を表す述語にかかる修飾語として用いられる。客観的な根拠はないが、漠然と話者に感じられるという意味で、しばしば対象の外見の様子に疑問や不審を抱く暗示がある。感じる程度は相対的に低い。主体が自分の心の中に感じるという意味では、現在ではあまり用いられず、その場合には「なにか」「なんとなく」を用いることが多い。

? 春になると何やらうれしい。
→春になると何か(何となく)うれしい。
→彼女は春になると何やらうれしそうだ。

(3)の「なにやら」は「なにか」や「なんとなく」に似ているが、「なにか」は対象に触発されて主体が感じる暗示がある。「なんとなく」は漠然とした希望や意図的でない行為などについても用いられる。

× 彼はただ何やら毎日を過ごしている。
→彼はただ何となく毎日を過ごしている。

⇩「なにか」「なんとなく」「なんだか」「なに」

なにより [何より] naniyori

(1)① 孫の健やかな成長が祖父には**なにより**の慰めだ。
② (入院患者に)**なにより**もまず安静が第一だね。
③ 社員にとっては給料日が**なにより**もうれしい。
④ この小説には欠点が多いが、**なにより**まずいのは登場人物の性格がきちんと描き分けられていないことだ。
⑤ 生徒指導で**なにより**かにより大事なのは、生徒一人一人を信頼することです。

(2)① (恩師に)お元気そうで**なにより**です。
② 「おかげさまで昨日退院してきました」「それは**な**

によりでしたね」

【解説】(1) 程度が最高である様子を表す。プラスマイナスのイメージはない。①は名詞にかかる修飾語、②〜④は述語にかかる修飾語の用法である。⑤の「何よりかにより」は「何より」を強調した表現である。ふつう好ましいものの程度について用いられるが、好ましくない程度について用いる場合(④)も皆無ではない。冷静に比較検討した結果、客観的に最高のものを決定したというニュアンスがあり、無条件で最高だと言っているわけではないので、感動などの暗示はない。

(1)の「なにより」は「なににもまして」「いちばん」などに似ているが、「なににもまして」は他のどんなものに比べてもという比較の暗示が強い。「いちばん」は無条件で最高であるというニュアンスで、しばしば感動の暗示がある。

？ 何にも増してまず安静が第一だね。

✕ (展覧会で)彼の絵が何よりよかった。

→彼の絵がいちばんよかった。

(2) (1)から進んで、程度が最高で好ましい様子を表す。プラスイメージの語。述語として用いられる。ややかたい文章語で、あらたまった挨拶《あいさつ》によく用いられる。喜びの暗示はあるが、かなり冷静な表現になっている。

⇨「なににもまして」「いちばん」「いっとう」「とびきり」「だいいち」「もっともI」「なに」

なまじ・なまじい [憖] namaji・namajii

① 彼女の歌は**なまじ**のプロよりよほどうまい。

② 瀕死《ひんし》の野生動物に**なまじ**な治療はかえって残酷だ。

③ 辞書は**なまじ**なまなかの覚悟ではできない。

④ いじめっ子を**なまじい**にしかるのは禁物だ。

⑤ 彼は**なまじ**運転ができるものだから、彼女の車の助手席に座るとこわくてしかたがない。

⑥ (失恋した友人に)西田君には電話しないほうがいいわ。**なまじ**声を聞くとつらくなるだけだから。

【解説】中途半端で徹底しない様子を表す。ややマイナスイメージの語。①②は名詞にかかる修飾語、④〜⑥は述語にかかる修飾語の用法である。「なまじい」は「なまじ」よりも古風なニュアンスがあり、現在ではあまり用いられない。③の「なまじなまなか」は「なまじ」の意味を強めたもの。①〜④が基本的な用法で、①はあまり上手でないプロ、②は不徹底な治療、③はいい加減な覚悟、④は軽率にしかることという意味である。いずれも中途半端で理想にほど遠い状態について慨嘆の暗示がある。⑤は「なまじ……ものだから、……だ」、⑥は「なまじ……すると、……だ」という形で条件句を作り、一般には好ましい条件がかえって好ましくない結果を招く様子を表す。この場合には、⑤「運転ができなければこわくないのに」、⑥「声を聞かなければつらくないのに」という、逆の条件を想定すれば好ましい結果が得られることについて、慨嘆と反省の暗示がこもる。

「なまじ」は「なまじっか」によく似ているが、「なまじっか」のほうがくだけた表現で日常会話中心に用いられ、実感がこもる。

彼はなまじ運転ができるものだから、……

（運転ができなければこわくないのに）

彼はなまじっか運転ができるものだから、……

（運転できるから悪いのだ）

⇩「なまじっか」「いいかげん」

なまじっか［憖っか］namajikka

① 彼の絵は**なまじっか**のプロよりよほどうまい。

② 今の西武には**なまじっか**なことでは勝てない。

③ **なまじっか**親が干渉するから、子供が心を閉ざしてしまうのだ。

④ **なまじっか**彼を信用したばかりに痛い目にあった。

【解説】 中途半端で徹底しない様子を表す。ややマイナスイメージの語。①②は名詞にかかる修飾語、③④は述語にかかる修飾語の用法である。ややくだけた表現で、日常会話中心に用いられる。「なまじ」と基本的には同じ意味であるが、「なまじ」よりも実感がこもっており、完了形とともに用いる(④)ことが多い。慨嘆(③)・反省(④)・侮蔑《ぶべつ》などの暗示を伴う。

⇩「なまじ」「いいかげん」

ならびに［並びに］narabini

① 優勝力士に賞状**ならびに**金一封が授与されます。

② 御来賓**ならびに**保護者の方々に申し上げます。

【解説】 同様のものを並べることを表す。名詞と名詞をつなぐ用法で用いられる。かたい文章語で、公式の発言や法律の条文などにしか用いられない。ふつう二者の場合には「AならびにB」、三者以上の場合には「A、B……ならびにX」のようにする。並べられる要素が対等な関係であることを暗示する。

「ならびに」は「および」に似ているが、「および」のほうがやや日常的で、前件に視点があり、後件を後から追加するニュアンスがある。

御来賓並びに保護者の方々に申し上げます。

（来賓と保護者の両方に言うことがある）

御来賓及び保護者の方々に申し上げます。

（主に来賓に言いたいが保護者にも聞いてもらいたい）

また、法令用語としては「(A及びB)並びに(C及びD)」のように、上位段階の並列関係を「ならびに」で表し、下位段階の並列を「および」で表す。
⇩「および」

なるたけ［成る丈］narutake

① **なるたけ**痛み止めは使わないほうがいいよ。
② 「コンパどこでやる？」「**なるたけ**安いとこね」
③ 講習会は**なるたけ**なら君と一緒に行きたいね。

【解説】好ましいほうを選択することを希望する様子を表す。ややプラスよりのイメージの語。述語にかかる修飾語として用いられる。くだけた表現で日常会話中心に用いられ、かたい文章中には登場しない。③の「なるたけなら」は「なるたけ」を強調した表現である。対象の状態や程度を比較して、より好ましいほうを選択することを希望するというニュアンスがあるので、結果の程度や実現の可能性はそれほど高くない。

「なるたけ」は「なるべく」に似ているが、「なるべく」のほうが標準的で、文章中にも広く用いられる。

⇩「なるべく」「できるだけ」「できるかぎり」「できれば」「せいぜい」「つとめて」「きょくりょく」

なるべく［成る可く］narubeku

① ぼくは給料が高くて**なるべく**楽な仕事がいいな。
② **なるべく**本を読むようにしなさい。
③ **なるべく**なら女房の実家には長居したくない。

【解説】好ましいほうを選択することを希望する様子を表す。ややプラスよりのイメージの語。述語にかかる修飾語として用いられる。③の「なるべくなら」は「なるべく」を強調した表現である。対象の状態や程度を比較してより好ましいほうを選択することを希望するというニュアンスがあるので、結果の程度や実現の可能性はそれほど高くない。①は少しでも楽な仕事を選択したいという意味、②はできるだけ多く本を読む機会を作れという意味、③はできることなら女房の実家には長居したくないという意味である。

「なるべく」は「できるだけ」や「できるかぎり」に似ているが、「できるだけ」は可能な範囲内に限定して努力する様子を表す。「できるかぎり」は可能な限度いっぱいまで努力する様子を表す。


なるべく本を読むようにしなさい。

（読んだほうがいいよ）

できるだけ本を読むようにしなさい。

（読むように努力しなさい）

できるかぎり本を読むようにしなさい。

（精一杯本を読むように努力しなさい）

⇩「できるだけ」「できるかぎり」「なるたけ」「できれば」「せいぜい」「つとめて」「きょくりょく」

なるほど・なるへそ［成る程・成る臍］ naruhodo・naruheso

①自慢するだけあって、部長の娘は**なるほど**美人だ。
②話には聞いてたけど、学食は**なるほど**まずいねえ。
③**なるほど**・ザ・ワールド。（TV番組）
④社長の話は人をいかにも**なるほど**と思わせる。
⑤**なるほど**彼には悪意はなかったかもしれないが、結果として人を傷つけたことには変わりはない。
⑥「企画者がまず率先してサンプリングするべきなんじゃないか」「**なるほど**、その通りだ」
⑦「吉川の奴、最近元気ないね」「道子にあんまりしつこくして、ヒジ鉄食らったのよ」「**なあるへそ**」
⑧（取り調べ）「三月三日の日はどこにいたの」「ケーキを買いに、十時ごろ町へ行って……」「**なるほど**、**なるほど**。それから？」

【解説】　納得している様子を表す。ややプラスよりのイメージの語。①②は述語にかかる修飾語、④は述語、⑤は「なるほど……が」の形で条件句を作る。⑥～⑧は感動詞の用法である。「なるへそ」は「なるほど」をふざけて言った形で、くだけた会話で感動詞でのみ用いられる。感動詞の場合にはしばしば「なあるほど・なあるへそ」と伸ばして発音される。④は話を聞く人が感心して納得するような話のしかたをするという意味、⑤は「なるほど……が」の形で条件句を作り、彼に悪意がないことは納得できるが、人を傷つけたことは納得できない（許されない）という意味を表す。⑧は警察の取り調べでよく用いられ、相手の話を理解して納得した様子を示すことによって、相手に安心感を与え、話を続けさせようとするものである。

「なるほど」は主体がそれまでの知識を再認識し、その価値や評価を納得するという意味で、主体が納得するに際して対象を評価して理解するニュアンスがある。そのため、はっきり目上とわかっている人の言動について、その内容を評するために用いることはあまりない。

？「君は少しまじめすぎるね」「なるほど、私もそう思っていました」
→「君は少しまじめすぎるね」「そうですね。私もそう思っていました」

なん［何］　⇨「なに」
なんか［何か］　⇨「なにか」

なんぞ［何ぞ］ nanzo

(1)①国際化とは**なんぞ**や。
②人がまじめに議論しているのに、笑うとは**なんぞ**や。

③ **なんぞ**おもしろい話はないかいな。

④ 突然会長が会社に来るところを見ると、**なんぞ**あったらしい。

(2) ① 老後の趣味に俳句**なんぞ**どうだい。

② 智子は医者か**なんぞ**と結婚すれば一生楽ができると思いこんでいる。

(3) ① 「おじいちゃん、ぼく手伝うよ」「お前**なんぞ**役に立たんよ」

② おれ**なんざ**若いころはちょっとした色男だったぞ。

【解説】 (1) 物事についての疑問を表す。プラスマイナスのイメージはない。「なんぞ」という尾高型のアクセントで発音される。①②は「……とはなんぞや」の形で、述語になる。③④は述語にかかる修飾語の用法である。述語の用法はかたい文章語で、日常会話には登場しない。②は反語の用法で、笑うとはけしからんという意味をわざとかたい文章語で表明することによって、怒りを感情的でなく表明するニュアンスがある。述語にかかる修飾語の用法はくだけた会話でも用いられるが、古風なニュアンスがあり、若い人はあまり用いない傾向にある。

(2) 不確かな同類のものを表す。プラスマイナスのイメージはない。「なんぞ」という頭高型のアクセントで発音される。「□□なんぞ」「□□か(や)なんぞ」の形で名詞の後ろについて用いられる。くだけた場面でも用いられるが、古風なニュアンスがあり、若い人はあまり用いない傾向にある。

(3) 対象を強く指示する様子を表す。プラスマイナスのイメージはない。「□□なんぞ……だ」という形で、名詞の後ろに直接つく助詞として扱われることが多い。「なんぞ」という頭高型のアクセントで発音される。会話ではしばしば「なんざ」という形になる(②)。□□を侮蔑《ぶべつ》して強める場合(①)、評価して強める場合(②)がある。

「なんぞ」は「なにか(なんか)」に似ているが、古風なニュアンスがあり、また方言的でもあるので、全般的に若い人は「なにか(なんか)」のほうを用いることが多い。

⇨「なにか」「なに」

なんだか [何だか] nandaka

(1) ① (プレゼント)**なんだか**当ててごらん?

② 玄関のところで**なんだか**物音がする。

③ 彼の話は何が**なんだか**わからない。

④ (進路相談で)**なんだか**うちの子は歌手になるって言ってますよ。

⑤ (お中元のお礼)先日は**なんですか**、たいへん結構なものを頂きまして。

(2) ① 君の夢を聞いたら**なんだか**わくわくしてきたよ。

② 彼女のあいまいな態度が**なんだか**気がかりだ。

③　君とは**なんだか**初対面じゃないような気がする。

【解説】(1)　不定の物事を話題にする様子を表す。プラスマイナスのイメージはない。①〜③は述語にかかる修飾語の用法、④⑤は文頭または文中に置かれる間投詞の用法である。述語にするときには「何か」「何ですか」を用いる。③の「何が何だか」は慣用句で、話題の物事が既成の物事とどのように関連するのか、どのように位置づけられるのか不明である様子を強調して表し、話者の困惑が暗示される。④⑤は間投詞の用法で、話者の漠然とした困惑(④)・感謝(⑤)などの心理が表明される。既成事実となった物事を改めて話題にのぼせるニュアンスがあり、まったく実体が不明の物事や、将来に関する物事については用いられない。

×　この件に関して何だか御質問はありますか。

→この件に関して何か御質問はありますか。

(2)　漠然と感じているのを認める様子を表す。プラスマイナスのイメージはない。述語にかかる修飾語として用いられる。客観的な根拠はないが、対象に触発されて漠然と感じることを改めて認識し直すというニュアンスがある。

(2)の「なんだか」は「なんとなく」や「なにやら」「なぜか」などに似ているが、「なんとなく」は漠然と起こってくる主観的な感情や状態、また意図的でない行為を表し、対象に触発される暗示はない。「なにやら」は対象の外見の様子に主体が疑問や不審を抱く暗示がある。「なぜか」は客観的な理由がわからないという暗示が強い。

×　彼はただ何だか毎日を過ごしている。

→彼はただ何となく毎日を過ごしている。

×　君とは何やら初対面じゃないような気がする。

×　彼はいくら非難されても何だか抗議しなかった。

→彼はいくら非難されてもなぜか抗議しなかった。

(1)(2)とも「なんだか」は「なにか」と意味の重なる部分もあるが、「なんだか」は「なにか」に比べて既成の物事や感情などを再認識するニュアンスがあり、まったく不定の物事や将来に関する物事、主体がただ漠然と感じているだけの状態などを表す場合には「なにか」のほうを用いる。

何だか当ててごらん。(考えた物の名前を言え)
何か当ててごらん。(不明の物を推量せよ)
何だか気がかりだ。(心配で不安だと意識した)
何か気がかりだ。(漠然と心配で不安に感じる)

⇨「なにか」「なんとなく」「なにやら」「なぜか」「なんのことやら」「なに」

なんだったら［何だったら］nandattara

①　「今日の会は夫婦同伴だよ」「あら、私いやだわ」

「一緒に行くのが**なんだったら、**後から一人で来れば？」

② 社長がお話しになるのが**なんでしたら、**わたくしがかけあって参ります。

③ 「今夜は遅くなるかもしれないよ」「おやじ、**なんだったら**駅まで車で迎えに行ってやろうか」

④ 部長、**なんでしたら**私にその仕事をやらせていただけませんでしょうか。

⑤ **なんだったら**ちょっと家へ寄って行かないか。

【解説】 相手の希望を察知してそれに合致する行動をとる様子を表す。ややプラスよりのイメージの語。くだけた表現で、日常会話中心に用いられる。「なんでしたら」は「なんだったら」の丁寧形で、目上に対してよく用いられる。①②は「……するのが何だったら(何でしたら)、……する」の形で条件句の述語となり、相手の望まない気持ちを察知する様子を表す。①は一緒に行くことを望まないのならばという意味で、後ろに相手の希望に合致する行動を提示する。相手の望まない気持ちをはっきり指摘するのではなく婉曲《えんきょく》に言及し、その後すぐに相手の希望に合致する行動を提示することによって相手への配慮を暗示する。③～⑤は述語にかかる修飾語として用いられた場合である。③④は相手の希望に率先して行動する主体の意志を表明する。③は遅くなるかもしれないと言った父親に対して、息子が(夜遅く駅から歩いてくるのは大変だろうから)車で迎えに行ってやると言っているもので、父親に対する配慮や愛情の感じられる表現になっている。⑤は相手の希望を察知して先に勧誘する。

「なんだったら」ははっきり表明されていない相手の気持ちを思いやって、相手の希望をかなえる行動をとる意志(気づかい)を表明する語で、主体のよく「気がきく」態度を表している。このように、相手の希望を先取りして、言葉によらずに行動で配慮や愛情を示す態度をプラスに評価するのは、日本文化ならではのことである。

「なんだったら」は「なんなら」によく似ているが、「なんだったら」は既成の物事や感情などを再認識して新たな行動を提示するニュアンスがあり、漠然と相手の意向に添う提示をする場合には「なんなら」のほうを用いることが多い。

何だったら洗濯しといてやろうか。
(君が出かけて洗濯できないのだから)
何なら洗濯しといてやろうか。
(おれはどうせ暇だから)

⇨「なんなら」「なに」

なんたって [何たって] nantatte

① **なんたって**彼はプロだもの、腕は確かだよ。

② 高校生ったら**なんたって**まだ子供なんだから、大人と一緒にするのはかわいそうだよ。
③ 朝子のバイオリンは**なんたって**最高だね。

【解説】 対象の価値や程度が他のものの影響を受けない様子を表す。プラスマイナスのイメージはない。述語にかかる修飾語として用いられる。くだけた表現で、日常会話中心に用いられ、かたい文章中には登場しない。標準的には「なんといっても」を用いる。対象の価値や程度が好ましい場合(①③)について用いることが多いが、好ましくない場合(②)もある。主体の価値や程度が不変のものであることを誇張的に表し、話者の感動(③)・評価(③)・釈明(②)などの暗示を伴う。

⇨「なんといっても」「やはり」「なんと」「なんて」「なに」

なんだって［何だって］ nandatte

(1) ① 「後で吠《ほ》え面《づら》かくな」「**なんだって！** もう一度言ってみろ」
② 「課長、お宅が火事です」「**なんだって！**」
③ 「君の妹さんは本当に才媛《さいえん》だね」「えっ、妹が**なんですって**」

(2) ① 「夕飯のおかず何にする？」「**なんだって**いいよ」
② やる気さえあれば**なんだって**やれないことはない。

(3) ① **なんだって**夜中に遊園地へなんか行ったんだい。
② **なんだって**またあんな男と一緒になったんだ。

【解説】 (1) 相手の発話を聞き返す様子を表す。ややマイナスイメージの語。くだけた表現で、日常会話でのみ用いられる。ふつう①②は感動詞の用法、③は述語になる用法である。ふつう「なんだって」という頭高型のアクセントで発音される。「なんですって」は「なんだって」の丁寧形。本来③のように相手の発話の内容を聞き返す様子を表すが、①②のように相手の発話によって引き起こされる感情そのものを表すことも多い。①は怒りの暗示、②は驚きと衝撃の暗示がある。相手の発話がない場合には用いない。

× 何だって！ 文句があるなら言ってみろ。
→何だ！ 文句があるなら言ってみろ。

(2) 対象の実体を問題にしない様子を表す。ややマイナスよりのイメージの語。くだけた表現で、日常会話でのみ用いられる。「何であっても」を縮めた形である。「なんだって」という尾高型のアクセントで発音する場合と、「なんだって」という頭高型のアクセントで発音する場合がある。尾高型の場合には、対象の存在だけを認め実体を問題にせずに放任するニュアンスがあるので、しばしば無責任(①)・誇張(②)の暗示がこもる。頭高型の場合には、実体を問題にせずに結論を急ぐ焦燥の暗示がこもる。

(2)の「なんだって」は「なんでも」に似ているが、「なんでも」はすべての物事を許容する様子を表す。

何だっていいよ。(考えるのが面倒だ)

何でもいいよ。(どんなものでもいい)

(3) 既成の物事の理由を問題にする様子を表す。ややマイナスイメージの語。くだけた表現で、日常会話でのみ用いられる。ふつう「なんだって」という頭高型のアクセントで発音される。「なんだってまた」は「なんだって」を強調した表現である。ふつうすでに起こってしまった物事の理由を問題にするというニュアンスで、しばしば、理由は問題とするに足りず、行為が適切でなかったという非難の気持ちを婉曲《えんきょく》に表明する暗示がある(②)。まだ起こっていない物事についてはあまり用いられない。

× 君はなんだってアフリカに行きたいんだい。

→君はなんでアフリカに行きたいんだい。

(3)の「なんだって」は「なんで」や「どうして」に似ているが、「なんで」は主観的・感情的な理由についての疑問を表し、答えを求める話者の不満の暗示が強い。「どうして」はしばしば理由以外の相手の気持ちをたずねるニュアンスにもなる。

× この答えではなんだっていけないのかわからない。

→この答えではなんでいけないのかわからない。

× 結局できませんでしたなどと、なんだって得意先に言えようか。

→結局できませんでしたなどと、どうして得意先に言えようか。

⇨「なに」「なんでも」「なんで」「どうして」「なぜ」

なんて [何て] nante

(1) ① おじょうちゃん、**なんて**名前?

② 彼女に**なんて**言い訳すればいいんだ。

③ 今年は**なんて**ったって長嶋ジャイアンツだよ。

(2) ① 彼女の息子は**なんて**かわいいんだろう。

② あいつの仕事はまったく**なんて**時間がかかるんだ。

③ **なんて**こった。水道の蛇口が全部開けっ放しだ。

④ 胃カメラは飲んでみれば**なんて**ことあない。

⑤ 老人の金をだましとるとは**なんて**奴だ。

(3) ① (店員が)こちらのミンク**なんて**いかがですか。

② 今度の子供の名前、弘三**なんて**どうかしら。

③ 「最近どこも不景気みたいだよ」「花屋**なんて**のはどうなんだい」

④ 今みんなでスキーに行こう**なんて**話してたのよ。

(4) ① ぼくは神様**なんて**信じない。

② 浅田秀子**なんて**研究者は知らないね。

③ 受験勉強**なんて**クソ食らえだ。

④ ポタージュ**なんて**あまったるいものが飲めるか。

⑤あいつが医者だ**なんて**聞いてあきれるね。
⑥奴の言うことを真に受ける**なんて**どうかしてるよ。
⑦庶民の願い**なんて**ささやかなもんですよ。
⑧あら、うちの子**なんて**全然だめですわ。
⑨彼女にさよならだ**なんて**とても言えない。
⑩死にたいだ**なんて**ばかなこと言うんじゃないよ。
⑪そう簡単にできない**なんて**決めないでほしいね。
⑫あんなに一生懸命勉強したのに全部落ちる**なんて**。
⑬(スキー場への問い合わせ)「今そっちは雪降ってますか」「雪**なんて**ここ一か月全然降りませんよ」
⑭私にだけ何も教えてくれない**なんて**ひどいわ。
⑮女一人で登頂に成功する**なんて**すごいね。
⑯老人に席を譲る**なんて**今時感心な若者だね。
⑰(プロポーズ)ぼくが一生全力でお守りしますから、**なあんて**ね。

【解説】 (1) 不定の内容を表す。プラスマイナスのイメージはない。①は名詞にかかる修飾語、②③は述語にかかる修飾語の用法である。くだけた表現で、日常会話でのみ用いられる。標準的には「なんと(言う)」を用いる。③の「なんてったって」は「何と言ったって」を縮めた表現で、誰が何と言おうとという意味。対象の価値や程度が他のものの影響を受けない様子を表す。

(2) 状態や程度がはなはだしいことに特に言及する様子を表す。プラスマイナスのイメージはない。ふつう、述語にかかる修飾語として用いられる。くだけた表現で、日常会話でのみ用いられる。標準的には「なんと(言う)」を用いる。対象の状態が好ましい場合(①)には感動の暗示、好ましくない場合(②③)には慨嘆の暗示がこもる。③の「なんてこった」は「なんと言うことだ」を縮めた表現で、感動詞的に用いられ、非常に好ましくない事態に接した話者の衝撃と慨嘆の気持ちを暗示する。④の「なんてことはない」は慣用句で、特に言及するほどのことはない、たいしたことはないという打消しの意味になる。この場合には「なんてことはない」という中高型のアクセントで発音されることが多い。対象の状態や程度が特に言及するに値しないことについて、侮蔑《ぶべつ》の暗示がある。⑤の「なんて奴だ」は「何という奴だ」を縮めた表現で、好ましくない程度が非常にはなはだしい場合に用いることが多く、憤慨の暗示がこもる。

(3) 例を挙げる様子を表す。プラスマイナスのイメージはない。①~③は名詞の後ろに直接つく用法、④は文の後ろにつく用法で、助詞として扱うことが多い。これもくだけた表現で、日常会話でのみ用いられる。標準的には「など(と)」を用いる。話題の事柄について、手近な例を挙げて示す様子を表す。④は事柄を婉曲《えんきょく》に指す用法で、実際にはスキーに行くという話以外はしていないことが多い。

(3)の「なんて」は「なんか」に似ているが、「なんか」は不確かな同類のものを表し、一つの物事を婉曲に指す用法はない。

× 今みんなでスキーに行こうかなんか話してたのよ。

(4) (3)から進んで、対象を強く指示する様子を表す。ややマイナスイメージの語。「□□なんて……だ」の形で、名詞や文の後ろに直接つく助詞として扱われることが多い。くだけた表現で、日常会話でのみ用いられる。標準的には「など」を用いる。□□を代表例として取り上げ、さまざまの感情をこめて強調する様子を表す。侮《ぶ》蔑《べつ》の気持ちで強める場合(①~⑥)、自嘲《じちょう》の気持ちで強める場合(⑦)、謙遜《けんそん》や卑下の気持ちで強める場合(⑧)、慨嘆や憤慨の気持ちで強める場合(⑨~⑭)、感嘆の気持ちで強める場合(⑮⑯)などがある。⑰は引用文の末尾に置いて付け足しのように発音され、特に若い人によく用いられる現代語用法。引用文の内容についてふざけたり照れたりしている気持ちを暗示する。相手に面と向かって、特に感情をこめて自分の意見や本心を述べることについての照れや恥ずかしさなどが暗示されている、きわめて日本的な表現であると言える。

(4)の「なんて」は「なんか」に似ているが、「なんか」は対象そのものを強調して指示し代表例として取り上げる意味はない。

× ポタージュなんかあまったるいものが飲めるか。

→ポタージュなんかあまったるくて飲めるか。

⇨「なんと」「なにか」「なんといっても」「なんたって」「なに」

なんで ［何で］ nande

(1) ① 「ねえ、箱根へ行こうよ」「**なんで**行くの?」「もちろん車だよ」

② 投票用紙は書けるものなら**なんで**書いてもいい。

(2) ① 彼女が**なんで**ぼくを避けるのかわからない。

② 「あんた高校生なんだからお酒飲んじゃだめよ」「**なんで**? みんな飲んでるよ」

③ 昨夜は**なんで**電話くれなかったのよ。

④ こんなかわいい子を残して、**なんで**死ねようか。

【解説】 (1) 手段についての疑問を表す。プラスマイナスのイメージはない。述語にかかる修飾語として用いられる。くだけた表現で、日常会話でのみ用いられる。②は「何で……も」という譲歩を表す条件句で用いられた場合で、すべての手段を表す。

(1)の「なんで」は「どうして」や「どうやって」に似ているが、これらには手段以外に方法を表す意味もある。

× この原本をなんで手に入れたんですか。

（この文はふつう(2)の意味になる）
→この原本をどうして（どうやって）手に入れたんですか。

(2) 理由についての疑問を表す。ややマイナスよりのイメージの語。①③④は述語にかかる修飾語、②は述語の用法である。くだけた表現で、日常会話中心に用いられる。①～③が基本的な用法。④は「なんで……できようか」という反語の用法。この場合にはややかたい文章語となって、決してできない、絶対にできないという話者の強い確信を暗示する。「なんで」の表す疑問は主観的・感情的で、話者の不満の気持ちが暗示され、客観的な根拠の存在には言及しない。

(2)の「なんで」は「どうして」や「なぜ」に似ているが、「どうして」はしばしば理由以外の相手の気持ちを求めるニュアンスになる。「なぜ」は客観的な理由を問題にするニュアンスがある。

⇨「どうして」「どうやって」「なぜ」「なぜか」「なんだって」「なにか」「なに」「なんでも」「なんでもかんでも」

なんでも [何でも] nandemo

(1)① ここにある本は**なんでも**読んでいいよ。
② 「今夜のおかず何にする？」「**なんでも**いいよ」
③ 彼は**なんでも**金に結びつけて考える。
④ もうこうなったら**なんでも**来いという心境だ。
⑤ （里帰りした娘が）「この花瓶もらっていくわよ」「ああ、花瓶でも**なんでも**みんな持っていけ」
⑥ あいつは会議中でも**なんでも**かまわず屁《へ》をこく。
⑦ 彼女は**なんでも**ないことで大騒ぎする。
⑧ 彼は風邪だと言って休んだが、実は病気でも**なんでも**ない。

(2)① 彼女の叔父は**なんでも**有名な画家だそうだ。
② **なんでも**A社が倒産したといううわさだ。

【解説】 (1) すべての物事を許容する様子を表す。プラスマイナスのイメージはない。述語にかかる修飾語として用いられる。頭高型の「なんでも」、尾高型の「なんでも」の両方のアクセントで発音される。①②は「いい」を伴い、許容の暗示がある。③はしばしば「なんでも」という中高型のアクセントで発音され、すべてを金に結びつけて考えることについて、慨嘆の暗示がこもる。④の「何でも来い」は慣用的な表現で、話者の開き直りの心理を暗示する。⑤⑥の「□□でも何でも」は□□を含む全部を表す。□□が単なる例の場合(⑤)と極端な例の場合(⑥)がある。⑦⑧は『現代形容詞用法辞典』「なんでもない」参照。

(1)の「なんでも」は「なんだって」や「なんなりと」などに似ているが、「なんだって」は実体を問題にせずに放任する暗示があり、しばしば無責任の暗示がある。「なんなりと」は相手の希望をすべて受け入れる暗示がある。

口に入るものなら何でもいい。
（食べ物の種類を選ばない）
口に入るものなら何だっていい。
（どんなにまずくてもかまわない）

(2) ✕ 彼はなんなりと金に結びつけて考える。

(2) 伝聞の内容に確信がもてない様子を表す。プラスマイナスのイメージはない。述語にかかる修飾語として用いられる。文末に「……そうだ（話だ）」などの伝聞を表す表現を伴うことが多い。話題が自分自身の判断でなく伝聞した内容であることを強調して表し、その伝聞内容について確信がないことを暗示する。客観的な表現で、特定の感情を暗示しない。

(2)の「なんでも」は「どうやら」などにやや似ているが、「どうやら」は話者の判断に基づいてかなり確実な内容を推量する様子を表し、伝聞内容については用いられない。

✕ 彼女の叔父はどうやら有名な画家だそうだ。
→彼女の叔父はどうやら有名な画家のようだ。

⇨「なんだって」「どうやら」「なんでもかんでも」「なにがなんでも」「いくら」「すべて」「ぜんぶ」「ことごとく」「なにもかも」「みな」「たぶん」「なに」「なんで」

なんでもかんでも ［何でもかんでも］ nandemo-kandemo

(1) ① 彼は机の引き出しに**なんでもかんでも**詰め込む。

(2) ① 倅《せがれ》は**なんでもかんでも**医者になると言っている。

【解説】 (1) すべての物事を許容する様子を表す。プラスマイナスのイメージはない。述語にかかる修飾語として用いられる。くだけた表現で、日常会話中心に用いられる。「なんでも」の(1)を強調した表現である。対象を選ぶことなしに、すべて同じように扱うことについて軽い慨嘆の暗示がこもる。

(1)の「なんでもかんでも」は「なにもかも」に似ているが、「なにもかも」は細部に至るまで一つの例外もなく何かをする様子を表し、対象を選ばずに扱う暗示はない。

? 部長は社長の汚職を何でもかんでも知っていた。
→部長は社長の汚職を何もかも知っていた。

(2) あらゆる困難を排除して目的を完遂しようとする様子を表す。ややマイナスイメージの語。述語にかかる修飾語として用いられる。くだけた表現で、日常会話中心に用いられる。目的を完遂しようとする主体の強い意志と、客観的な情勢を無視する無謀の暗示がある。

この「なんでもかんでも」は「なにがなんでも」や「なんとしても」に似ているが、「なにがなんでも」は主体が客観的な情勢は認識しているがそれに左右されないというニュアンスで、強情さや強引さの暗示はあるが、無謀の暗示はない。「なんとしても」はあらゆる手段を尽くして目標を実現することについて、義務感や切迫感の暗示を伴う。

　悴は何でもかんでも医者になると言っている。
　(とにかく医者になってやる)
　悴は何がなんでも医者になると言っている。
　(どんな悪条件であっても医者になってみせる)
　悴は何としても医者になると言っている。
　(医者にならなければならない理由があるんだ)

⇨「なにもかも」「なんでも」「なにがなんでも」「なんとしても」「すべて」「ぜんぶ」「みな」「ぜったい」「なに」「なんで」

なんと ［何と］ nanto

(1)① サクラのことをドイツ語では**なんと**言いますか。
② **なんと**お礼を申し上げたらよいか。
③ 娘の縁談を**なんと**したものか迷っている。
(2)① **なんと**きれいな織物だこと。
② **なんと**まああきれたお人好しね。
③ 犬泥棒に盗まれた犬が**なんと**一月後に戻ってきた。
④ 「雄二の奴、プロのマンガ家だったんだって」「**なんとなんと**」
⑤ 谷さんの姉という人は**なんと**いう美人なんだろう。
⑥ 彼の成績は**なんと**いうこともない。

【解説】(1) 不定の内容を表す。プラスマイナスのイメージはない。述語にかかる修飾語として用いられる。③の「何としたものか」はやや古風なニュアンスのある慣用的な表現で、「どうしたらよいだろうか」という意味である。客観的な表現で、特定の感情を暗示しない。よりくだけた場面では「なんて」を用いる。

(2) 状態や程度がはなはだしいことに特に言及する様子を表す。プラスマイナスのイメージはない。①~③は述語にかかる修飾語、④は感動詞の用法である。⑤の「なんという」は「なんと」を強調する。⑥の「なんということもない」は特に言及するほどのことはない、たいしたことはないという打消しの意味になる。よりくだけた場面では「なんて」「なんてことはない」などを用いる。「なんて」よりも冷静で標準的なニュアンスがある。

⇨「なんて」「なんといっても」「なんとか」「なんとかして」「なんとしても」「なんとでも」「なんとなく」「なんとはなしに」「なんとも」「なんたって」「なに」

なんど ［何度］ nando

(1)① 直角二等辺三角形の底角は**なんど**ですか。

② 今日の気温は**なんど**だか知らないが、えらく暑い。
(2) ① 中国には**なんど**行きましたか。
② **なんど**やっても逆上《さかあ》がりができない。
③ 遅刻するな。**なんど**言われたらわかるんだ。

【解説】 (1) 角度・温度など、単位「度」で表す数値が不定であることを表す。プラスマイナスのイメージはない。述語で用いることが多い。

(2) 不定の回数を表す。プラスマイナスのイメージはない。述語にかかる修飾語として用いられる。②の「何度……ても」は譲歩を表し、多数の回数を行ってもという意味である。③は詰問文で、具体的な回数を問題にしているのではなく、どうして多数回言われなければわからないのか、次から絶対に遅刻するなという意味である。

⇨「なんどでも」「なんどとなく」「なんども」「なに」

なんといっても［何と言っても］ nanto-ittemo

① 中学生は**なんといっても**まだ子供だ。
② 朝子のバイオリンは**なんつっても**サイコーだね。

【解説】 対象の価値や程度が他のものの影響を受けない様子を表す。プラスマイナスのイメージはない。述語にかかる修飾語として用いられる。くだけた会話ではしばしば「なんつっても」と発音される。対象の価値や程度が好ましい場合(②)も好ましくない場合(①)もある。話者の釈明(①)・感動(②)などの暗示がこもる。よりくだけた場面では「なんたって」を用いるが、「なんたって」は誇張の暗示が強く、好ましい場合について用いることが多い。

⇨「なんたって」「やはり」「さすが」「なにしろ」「なにせ」「なんて」「なんと」「なに」

なんとか［何とか］ nantoka

(1) ① また国のおふくろが**なんとか**言ってきたらしい。
② 黙ってばかりいないで**なんとか**言えよ。
③ 彼は最近仕事が忙しいとか**なんとか**言って、ちっとも会ってくれない。
④ 「君のためなら何でもするよ」「とか**なんとか**、調子のいいこと言っちゃって、何がねらいなの？」
(2) ① 社長、山下**なんとか**さんという方からお電話です。
② 彼は**なんとか**会社のボストン支社長である。
③ 社長の演歌は**なんとか**の一つ覚えだ。
(3) ① 玄関前に止まってる車を**なんとか**しろ。
② 洋子のことは心配しなくても**なんとか**なるだろう。
③ 「誰かうちの息子の嫁に来てくれる人はいないもんかねえ」「よし、おれが**なんとか**見つけてやろう」
(4) ① 一月に十万あれば**なんとか**やっていける。
② 一生懸命走って終電に**なんとか**間に合った。

③ かけもちデートがばれそうになったが、**なんとか**理由をつけてごまかした。

④ この子の命を**なんとか**助けてやりたい。

⑤ (家賃の催促)「もう一日も待てないね」「そこを**なんとか……**」

【解説】 (1) 明確に言及しない様子を表す。プラスマイナスのイメージはない。「言う」などの動詞にかかる修飾語として用いられる。③④は具体的な引用の後に「とかなんとか言う」の形で用いる。話題の内容が不明瞭《ふめいりょう》な場合①、どんな内容でもよいという許容を暗示する場合②、引用の内容を代表例としてそれと同類のものを暗示する場合③④などがある。

(2) (1)から進んだ用法で、明確に言及できない具体的内容を表す。プラスマイナスのイメージはない。①②は名詞の一部または全部が不明瞭である場合に、その部分のみを「なんとか」で代替する。③は「ばかの一つ覚え」という慣用句を引用する際に、「ばか」と直接言うのを避けて「なんとか」で代替する。③のように、内容がわかっていて意図的に言及しない場合には、遠慮・婉曲《えんきょく》の暗示がこもる。

(3) 現状より好ましい状態になる様子を表す。ややプラスイメージの語。「なんとかする・なる」の形で用いることが多い。目標としている状態の程度はかなり高く、しばしば最良に近い状態を望む暗示がある。②は自分の希望に近い状態になるだろうという意味である。

(3)の「なんとか」は「どうにか」に似ているが、「どうにか」は現状よりも少しでも好ましければよしとする許容の暗示があり、到達目標は「なんとか」よりも程度が低い。

(4) あらゆる手段を尽くして希望を満たす様子を表す。ややプラスよりのイメージの語。述語にかかる修飾語として用いられる。希望を満たすためにあらゆる努力をするというニュアンスで、文脈によって懸命①②・努力③・切迫感④・懇願⑤などの暗示がこもる。⑤の「そこをなんとか……」は無理を承知で懇願する際によく用いられる表現で、あらゆる可能性を探ってこちらの要求に答えてほしいという話者の強い依頼を表す。

(4)の「なんとか」は「どうにか」「かろうじて」や「やっと」などに似ているが、「どうにか」「かろうじて」は好ましくない境界をぎりぎりのところで脱したというニュアンスで、「どうにか」には安堵《あんど》の暗示が、「かろうじて」には切迫感と安堵の暗示がある。「やっと」はもともと実現可能な対象について、苦労して目標を達成した安《あん》堵《ど》の暗示がある。

× この子の命をどうにか助けてやりたい。

× その部屋には何とか朝日が差し込む窓がある。

↓その部屋にはかろうじて朝日が差し込む窓がある。
× その店は昼近くになって何とか開店した。
↓その店は昼近くになってやっと開店した。

終電になんとか間に合った。
(一生懸命走ったから)
終電にどうにか間に合った。
(乗り遅れないでよかった)
終電にかろうじて間に合った。
(もう少しで乗り遅れるところだった)
終電にやっと間に合った。
(間に合わせるのに苦労した)

⇨「どうにか」「かろうじて」「やっと」「からくも」「まがりなりにも」「どうやら」「なんとしても」「ようやく」「ようやっと」「ようよう」「なんとかして」「なんと」「なんの」「なに」

なんとかして [何とかして] **nantoka-shite**

(1) ① お宅のワンちゃん、夜中に吠《ほ》えるの**なんとかして**いただけませんか。

(2) ① **なんとかして**彼女の心を射止めたいものだ。

【解説】 (1) 適切な処置をとってという意味を表す。ややプラスイメージの語。ふつう「何とか・し・て」と分析する。「なんとか」の(3)の意味である。

(2) あらゆる手段を尽くして実現を強く希望する様子を表す。プラスマイナスのイメージはない。希望の表現を伴う述語にかかる修飾語として用いられる。実際にとられる手段よりも目標に視点のある表現で、話者の熱意としばしば手段を選ばない暗示がある。

この「なんとかして」は「どうにかして」や「なんとしても」に似ているが、「どうにかして」は目標を達成するための手段に視点がある。「なんとしても」は目標を達成することについての義務感や切迫感の暗示がある。

なんとかしてアメリカへ留学したい。
(どんな方法でもいいから留学したい)
どうにかしてアメリカへ留学したい。
(留学できるいい方法はないものか)
なんとしてもアメリカへ留学したい。
(留学しなければならない理由がある)

⇨「なんとか」「どうにか」「なんとしても」「どうかして」「どうしても」「どうでも」「ぜがひでも」「ぜひとも」「なんと」「なに」

なんとしても [何としても] **nanto-shitemo**

(1) ① **なんとしても**この試合は勝たねばならない。
② 死ぬ前に一度**なんとしても**日本の土を踏みたい。

(2) ① 彼女はその縁談を**なんとしても**承諾しない。

【解説】 (1) あらゆる手段を尽くして目標の実現を希望する様子を表す。プラスマイナスのイメージはない。述語にかかる修飾語として用いられる。しばしば義務(①)・希望(②)の表現を伴う。あらゆる手段を尽くして目標を実現することについて、主体の義務感や切迫感の暗示を伴う。目標実現を希望する程度は非常に高い。

(1)の「なんとしても」は「なんとかして」や「どうにかして」などに似ているが、「なんとかして」は到達目標に視点があり、話者の熱意の暗示がある。「どうにかして」は手段のほうに視点がある。

(2) 後ろに打消しや否定の表現を伴って、あらゆる手段や方法をとっても目標を達成できない様子を表す。マイナスイメージの語。打消しや否定の表現を伴う述語にかかる修飾語になる。やや古風なニュアンスのある語で、現在では「どうしても」を用いることが多い。

(1)(2)の「なんとしても」は「どうしても」に似ているが、「どうしても」は理由や手段によらずに強行するという意味と、あらゆる手段・方法をとっても目標を達成できないという意味とがあり、前者は主体の強い意志を暗示する。後者は主体の困惑と無力感を暗示する。

初日はなんとしても負けられない。
（負けてはならない）
初日はどうしても負けられない。
（理由はどうあれ負けるわけにはいかない）
武蔵丸は曙《あけぼの》にはなんとしても勝てない。
（あらゆる手段を尽くしても勝てない）
武蔵丸は曙にはどうしても勝てない。
（いくら勝とうとしても全然だめだ）

⇨「なんとかして」「どうにか」「どうしても」「どうでも」「ぜったい」「ぜがひでも」「ぜひとも」「なんとか」「なんでもかんでも」「なにがなんでも」「いやがおうでも」「うむをいわせず」「なんと」「なに」

なんとでも [何とでも] nantodemo

(1)① 「お前、みんなにナンパって言われてるの知ってるか」「**なんとでも**言わせておけよ」

(2)① 私に言えば三万や五万**なんとでも**なるのに。

【解説】 (1) すべての言及内容を許容する様子を表す。プラスマイナスのイメージはない。「言う」などの動詞にかかる修飾語として用いられることが多い。言及内容について放任する暗示がある。

(2) 処理能力が十分ある様子を表す。プラスマイナスのイメージはない。「なんとでもなる」の形で用いられることが多い。前に処理能力の範囲を示し、その範囲内でなら十分に処理能力があるというニュアンスである。気安さの暗示がある。

⇩「なんと」「どうでも」「なに」

なんどでも [何度でも] **nandodemo**

① できなければ**なんどでも**やり直せ。
② 小津《おづ》安次郎の映画なら**なんどでも**見たいね。

【解説】 回数が多いことを許容する様子を表す。プラスマイナスのイメージはない。述語にかかる修飾語として用いられる。多数回になることを許容するという意味で、主体の根気の暗示がある。角度や温度などについてはふつう用いない。

⇩「なんどとなく」「なんども」「なんど」「なに」

なんどとなく [何度となく] **nandoto-naku**

① 彼は同じ失敗を**なんどとなく**繰り返す。
② 断られても断られても、吉岡は**なんどとなく**律子にアタックしている。

【解説】 回数が多くなる様子を表す。ややマイナスよりのイメージの語。動詞にかかる修飾語として用いられる。結果として多数回になることについて、話者のあきれの暗示がこもる。角度や温度などについてはふつう用いない。

「なんどとなく」は「なんどでも」に似ているが、「なんどでも」は主体の根気の暗示があり、話者のあきれは暗示されない。

× できなければ何度となくやり直せ。
→できなければ何度でもやり直せ。

⇩「なんどでも」「なんども」「なんど」「なに」

なんとなく [何となく] **nanto-naku**

(1)① 今日は**なんとなく**頭が痛い。
② (縁談)別にどこが嫌だって言うんじゃないんだけど、**なんとなく**気が進まないのよ。
③ **なんとなく**いいことがありそうな気がする。
④ 「彼、きっと来ないわよ」「あら、どうしてわかるの」「ただ**なんとなく**ね」

(2)① 酒を飲んでいるうちに**なんとなく**スキーに行く話がまとまった。
② (映画の撮影)ミキちゃんは**なんとなく**その辺に立っててください。
③ 人生の目的も定めずに**なんとなく**毎日を過ごす若者が多くなった。

【解説】 (1) 漠然と感じる様子を表す。プラスマイナスのイメージはない。述語にかかる修飾語として用いられるが、④のように述語部分を省略する場合もある。客観的な理由はないが、話者自身の主観的な感覚として漠然と感じるというニュアンスで用いられ、話者以外の対象の状態を指す場合には用いられない。

？　彼には何となく憎めないところがある。

→彼にはどことなく憎めないところがある。

(2)　理由や目的もなく無意識に行動する様子を表す。プラスマイナスのイメージはない。動作にかかる修飾語として用いられる。客観的な根拠や明確な目的がなく、その動作だけを行おうというニュアンスである。自然の成り行きに任せる無意識の暗示がある。②は第三者に意図的だと気づかれないように、何気なくというニュアンスで、無造作の暗示を伴う。③は結果として有意義な行為を行わないという意味になり、無関心の暗示を伴う。

(2)の「なんとなく」は「なにげなく」に似ているが、「なにげなく」は行動するにあたって、明確な意図や意識が働いていない暗示がある。

　彼女は何となく夫のカバンを開けた。
（特に理由も目的もなく開けた）

　彼女は何気なく夫のカバンを開けた。
（何かを取り出そうという意図はなかった）

⇨「どことなく」「どこか」「なぜか」「なにか」「なにやら」「なんだか」「なんと」「なんのきなしに」「なんとはなしに」「ふと」「どうも」「なに」

なんとはなしに ［何とはなしに］ nantowa-nashini

(1)①　彼女の顔を見るのが**なんとはなしに**後ろめたい。

(2)①　**なんとはなしに**歩いていたら会社の前に出ていた。

【解説】 (1)　漠然と感じる様子を表す。プラスマイナスのイメージはない。述語にかかる修飾語として用いられる。ややかたい文章語で、日常会話にはあまり用いられない。客観的な理由はないが、話者自身の主観的な感覚として漠然と感じるというニュアンスで用いられ、話者以外の対象の状態を表す場合には用いられない。

(2)　理由や目的もなく無意識に行動する様子を表す。プラスマイナスのイメージはない。動作にかかる修飾語として用いられる。ややかたい文章語で、日常会話にはあまり用いられない。自然のなりゆきに任せる暗示がある。

「なんとはなしに」は「なんとなく」に似ているが、「なんとなく」のほうが日常的で普通に用いられ、感覚的な表現になっている。そのため、具体的な身体症状などを漠然と感じるという場合には「なんとはなしに」でなく「なんとなく」を用いる。

？　今日はなんとはなしに頭が痛い。

→今日はなんとなく頭が痛い。

⇨「なんとなく」「なんのきなしに」「なんと」「なに」

なんとも［何とも］nantomo

(1)① お母さんの容体については**なんとも**言えません。
② 彼女は再三の質問にも**なんとも**答えなかった。
③ この絵には**なんとも**いえない清らかさがある。

(2)① 棚の上から眼鏡を落としたが、**なんとも**なかった。
② 奴に悪口を言われたって、痛くも**なんとも**ない。
③ 彼は人との約束を破るのを**なんとも**思っていない。
④ 「昨夜はひどいこと言ってごめんなさい」「ぼくは**なんとも**思ってやしないよ」

(3)① 清水君には**なんとも**困ったもんだねえ。
② **なんとも**申し訳ございません。
③ **なんとも**お礼の申し上げようもありません。
④ **なんとも**はやあきれた鉄面皮だな。
⑤ 新作の織物は**なんとも**すばらしい出来ばえだった。

【解説】 (1) 後ろに打消しの表現を伴って、内容がない様子を表す。プラスマイナスのイメージはない。打消しの表現を伴う述語にかかる修飾語になる。「なんとも」という尾高型のアクセントで発音される。①の「何とも言えない」は、文字どおりには言うべき内容がないという意味であるが、言うべき内容として希望のもてる内容を暗示するので、容体を楽観視することはできないことを婉曲《えんきょく》に述べている意味になる。③は『現代形容詞用法辞典』参照。客観的な表現で、特定の感情を暗示しない。(1)の「なんとも」は「なにも」に似ているが、「なにも」はすべての物事を否定する様子を表すので、内容以外のものについても用いられる。

×霧が深くて何とも見えない。
→霧が深くて何も見えない。

(2) 後ろに打消しの表現を伴って、まったく影響を受けていない様子を表す。プラスマイナスのイメージはない。①は「なんともない」、②は「……もなんともない」、③④は「なんとも……ない」という打消しの表現を伴う述語にかかる修飾語として用いられる。「なんとも」という尾高型のアクセントで発音される。ふつう、好ましくない影響を受けていないという意味で用いられることが多い(①②④)が、自分が好ましくないことをしている罪の意識がないという場合(③)もある。客観的な表現で、特定の感情を暗示しない。

(3) 自分の気持ちが表現しきれないほど程度がはなはだしい様子を表す。プラスマイナスのイメージはない。「なんとも」という頭高型のアクセントで発音される。好ましい状態(③⑤)についても、好ましくない状態(①②④)についても用いられる。④の「なんともはや」は「なんとも」を強調した表現で、好ましくない感動を述べる場合にのみ用いられる。慨嘆(①④)・謝罪(②)・謝礼(③)・感嘆(⑤)などの暗示を伴う。

(3)の「なんとも」は「どうも」などに似ているが、「どうも」は挨拶《あいさつ》を強調する場合にのみ用いられる。

× 新作の織物はどうもすばらしい出来ばえだった。

⇩「なにも」「どうも」「どうにも」「なんと」「なに」

なんども【何度も】nandomo

① **なんども**練習したらやっと歌えるようになった。

② 彼はアブダビに**なんども**行ったことがある。

【解説】多数回を強調する様子を表す。プラスマイナスのイメージはない。動詞にかかる修飾語として用いられる。結果としての回数が多い様子を表し、全体の傾向や頻度は表さない。客観的な表現で、特定の感情を暗示しない。

⇩「くりかえし」「さいさん」「さいさんさいし」「しばしば」「たびたび」「なんどでも」「なんどとなく」「なんど」「なに」

なんなく【難なく】nan-naku

① シカは柵《さく》を**なんなく**飛び越えて逃げ出した。

② 彼女は予選を**なんなく**通過した。

【解説】苦労せずに目的を達する様子を表す。プラスイメージの語。述語にかかる修飾語として用いられる。主体が能動的に行う行為について用いられ、事態を受容する場合には用いられない。

× 小船は高波に難なくのみこまれてしまった。

→小船は高波にひとたまりもなく(簡単に)のみこまれてしまった。

また、「なんなく」は行為を行うに際してある程度の困難や苦労があることを予想している暗示があり、その予想に反して苦労しなかったというニュアンスで用いられ、意外さの暗示がある。

? カウボーイは老馬を難なく乗りこなした。

→カウボーイは荒馬を難なく乗りこなした。

「なんなく」は「なんのくもなく」に似ているが、「なんのくもなく」は具体的な行為について用いられ、抽象的な行為については用いられない。

× 彼女は予選を何の苦もなく通過した。

⇩「なんのくもなく」「くもなく」「てもなく」

なんなら【何なら】nannara

① 一人で行くのが**なんなら**、一緒に行ってやるよ。

② もし**なんなら**これからお届けしますよ。

③ (外出する妻が)「ちょっと出かけるわ」「**なんなら**洗濯しといてやろうか」

④ **なんなら**ちょっと家へ寄っていきませんか。
⑤ 「ちかぢかお会いしたいんですが」「わかりました。**なんなら**明日でもいいですよ」

【解説】 相手の希望を察知してそれに合致する行動をとる様子を表す。ややプラスよりのイメージの語。くだけた表現で日常会話中心に用いられ、はっきり目上とわかっている人に対してはあまり用いない。①は「……するのがなんなら、……する」の形で条件句の述語となり、相手の望まない気持ちを察知する様子を表す。一人で行くことを望まないのならばという意味で、後ろに相手の希望に合致する行動を提示する。相手の望まない気持ちをはっきり指摘するのではなく、婉曲《えんきょく》に言及し、その後すぐに相手の希望に合致する行動を提示することによって、相手への配慮を暗示する。②は「もしなんなら」で条件句を作る用法。③~⑤は述語にかかる修飾語の用法である。②③は相手の希望に率先して実行する主体の意志を表明する。③は外出する妻が留守中に洗濯しておいてほしいだろうという希望を夫が察知して申し出るという意味で、表現はやや乱暴であるが、配慮や愛情が暗示されている。④⑤は相手の希望を察知して、勧誘(④)や許可(⑤)を与える場合である。これらの場合にも話者の配慮が暗示される。

「なんなら」は「なんだったら」によく似ているが、「なんだったら」は既成の物事や感情などを認識し直して、新たな行動を提示するニュアンスがある。

「なんなら」は「なんだったら」同様、はっきり表明されていない相手の気持ちを思いやって、相手の希望をかなえる行動をとる意志(気づかい)を表明する語で、主体のよく「気がきく」態度を表している。このように、相手の希望を先取りして、言葉によらずに行動で配慮や愛情を示す態度をプラスに評価するのは、日本文化ならではのことである。

⇨「なんだったら」「なに」

なんにも [何にも] ⇨「なにも」

なんの [何の] nanno

(1) ① 今**なんの**話してたんだっけ。
② (恐喝しようとする相手に)それは**なんの**真似だ。
③ (過労死した会社員の遺族が)夫は**なんの**ために一生懸命働いてきたのでしょうか。

(2) ① この機械は**なんの**役にも立たない。
② 奴は**なんの**ためらいもなく借金を踏み倒す。
③ 娘の家に行くのに**なんの**遠慮がいるもんかい。

(3) ① 肝心のときに頼りにならないとは**なんの**友だちだ。

(4) ① 「まあ、わざわざお出迎えくださいまして、すいません」「**なんの**、これくらい当然ですよ」

② 「健二の奴、最近毎日塾に行ってるらしいぞ」「**なんの**、あいつが真面目に勉強なんかするもんか」
③ （ゲームで）「どうだ、参ったか」「**なんのなんの**、まだまだ」
(5)① ちょっとミスをしかったら、その女子社員はやめるの**なんの**と騒ぎだした。
② 「あれ、奥様御一緒じゃないんですか」「いやね、風邪だの**なんの**と言って渋ってね」
(6)① 彼女にヒジ鉄食らったら、これが痛いの**なんの**って。
② 道子の友だちっていう女の子の家に行ったら、担任の先生が出てきたんで、まあ驚いたの**なんの**。

【解説】 (1) 関係する物事についての疑問を表す。プラスマイナスのイメージはない。名詞にかかる修飾語として用いられる。①は基本的な疑問の用法。②は「何の真似だ」という形で慣用的に用いられ、変なことをするなという反語の意味になる。③も反語の用法で、結局何のためにもならなかった、まったくむだに働いていたという意味になる。話者の慨嘆の暗示がこもる。

(2) 後ろに打消しや否定の表現を伴って、関係する物事が存在しない様子を表す。ややマイナスよりのイメージの語。名詞にかかる修飾語として用いられる。③は反語の用法で、遠慮はまったくいらないという意味である。話者の軽い慨嘆の暗示がこもる。

(3) 反語の用法で用いられ、存在価値がない様子を表す。マイナスイメージの語。名詞にかかる修飾語として用いられる。やや古風なニュアンスのある語で、若い人はあまり用いない傾向にある。話者の怒りと慨嘆の暗示がこもる。

(4) 相手の判断を否定する様子を表す。プラスマイナスのイメージはない。相手の判断文に対する応答として用いられる。くだけた表現で、日常会話中心に用いられる。やや乱暴なニュアンスがあり、女性はあまり用いない傾向にある。①は謝礼を否定する。②は相手の判断を否定する。③は「なんのなんの」と繰り返して用いられ、「参ったか」という相手の判断に対して、まだ参っていないという応答を表す。

(5) さまざまの内容を表す。プラスマイナスのイメージはない。「……のなんのと……する」の形で用いられる。ややくだけた表現で、日常会話中心に用いられる。前に代表例を提示して、それに類するさまざまの内容を付け加える様子を表す。話者の困惑の暗示を伴う。

(5)の「なんの」は「なんとか」に似ているが、「なんとか」は話題の内容が具体的に存在する暗示があるが、「なんの」は代表例と同様のさまざまの内容という抽象的な意味で、具体的な内容には言及しない。

忙しいのなんのと言って、ちっとも会ってくれない。
(忙しいことが主な理由だと言う)
忙しいとかなんとか言って、ちっとも会ってくれない。
(忙しいことのほかにも理由を言っている)

(6) 程度が最高にはなはだしいことを誇張する様子を表す。プラスマイナスのイメージはない。「……のなんの(って)」という形で述語として用いられる。くだけた表現で、日常会話以外には用いられない。程度が最高にはなはだしいことを誇張的に表し、話者の驚き・意外さの暗示がある。

⇩「なんとか」「なんのきなしに」「なんのくもなく」「なんのことやら」「なに」

なんのきなしに【何の気なしに】nanno-ki-nashini

① 彼女は**なんのきなしに**夫のカバンを開けた。
② **なんのきなしに**見上げた空に虹《にじ》がかかっていた。

【解説】明確な意図や理由もなく行動する様子を表す。プラスマイナスのイメージはない。動作にかかる修飾語として用いられる。行動するに際して主体が客観的な理由や明確な意図をもっていないというニュアンスで、無意識と無関心の暗示がある。

「なんのきなしに」は「なにげなく」や「なんとはなしに」に似ているが、「なにげなく」は意図がない様子が外見に表れているというニュアンスで、実際には意図があることを隠している場合にも用いられる。「なんとはなしに」は理由や目的がないことを強調するニュアンスで、自然の成り行きに任せる暗示がある。

× (演技指導)できるだけ何の気なしに歩いてください。
→できるだけ何気なく歩いてください。
? 何とはなしに見上げた空に虹がかかっていた。

⇩「なんとはなしに」「なんとなく」「なんの」「なに」

なんのくもなく【何の苦もなく】nanno-kumo-naku

① 子犬は大きな肉のかたまりを**なんのくもなく**飲み下した。
② 彼女は大仕事を**なんのくもなく**やってのけた。

【解説】まったく苦労せずに目的を達する様子を表す。プラスイメージの語。動作にかかる修飾語として用いられる。主体が能動的に行う具体的な行為について用いられ、事態を受容する場合や抽象的な行為については用いない。

× 彼は東大入試を何の苦もなく突破した。
→彼は東大入試を難なく突破した。

「なんのくもなく」は行為を行うに際してかなりの困難や

苦労があることを話者が予想している暗示があり、その予想に反して苦労しなかったというニュアンスで用いられ、意外さの暗示がある。

「なんのくもなく」は「なんなく」に似ているが、「なんなく」のほうが事前の予想における苦労の程度が低く、抽象的な行為についても用いられる。

⇨「なんなく」「くもなく」「てもなく」「なんの」「なに」

なんのことやら ［何の事やら］ nanno-kotoyara

① 最近の若者の使う言葉は**なんのことやら**さっぱりわからない。

② (取り調べ)「お前がやったんだろう」「さあ、私にはなんのことやら」

【解説】 まったく見当がつかない様子を表す。ややマイナスイメージの語。述語にかかる修飾語として用いられるが、日常会話ではしばしば②のように述語部分を省略することがある。対象の実体を知的に把握できないだけでなく、想像さえもできないという誇張的なニュアンスがある。そのため、しばしば実際は知っているのにそれを隠していると受け取られる可能性もある(②)。

⇨「なんだか」「なんの」「なに」

なんら ［何等］ nanra

① 彼の証言からは**なんら**の疑惑も見出せなかった。

② 私は世間に対して**なんら**恥じるところはない。

【解説】 後ろに打消しの表現を伴って、まったく存在しない様子を表す。プラスマイナスのイメージはない。①は名詞にかかる修飾語、②は述語にかかる修飾語の用法である。かたい文章語で、公式の発言や報道などによく用いられる。対象がまったく存在しないことをやや誇張的に表す。

「なんら」は「すこしも」に似ているが、「すこしも」は存在だけでなく打消しを強調する場合にも用いられ、客観的で誇張の暗示はない。

× 彼は何が起きてもなんら動じない。

→彼は何が起きても少しも動じない。

⇨「すこしも」「ぜんぜん」「まったく」「なに」

にどと ［二度と］ nidoto

① この家には**にどと**来るな。

② その話は彼にとって**にどと**ない絶好のチャンスだ。

③ こんなすばらしい演奏は**にどと**聞けないだろう。

④ 汚職事件は**にどと**再び起こしてほしくないね。

【解説】 後ろに打消しや禁止の表現を伴って、ある時点より未来に問題の行為を行う可能性がまったくない様子を表す。プラスマイナスのイメージはない。打消しや禁止の表現を伴う述語にかかる修飾語として用いられる。④の「二度と再び」は「にどと」を強調した表現。「にどと」は過去にある行為が行われ、それと同一の行為がある時点よりも未来に起こる可能性が皆無であるという意味で、かなり主観的な表現になっており、誇張の暗示がある。単に打消しを強調する意味ではない点で「けっして」「ぜったい」などと異なる。

× 中学入試の問題は二度とやさしくない。
→中学入試の問題は決して(絶対に)やさしくない。

「にどと」は「ふたたび」に似ているが、「ふたたび」は同じ動作や状態を二度めに繰り返す様子を広く表す。

× 近鉄は7回の裏にチャンスが二度とめぐってきた。
→近鉄は7回の裏にチャンスが再びめぐってきた。

⇩「けっして」「ぜったい」「ふたたび」「また」「かさねて」「もういちど」「さいど」

ねがわくは・ねがわくば 【願わくは・願わくば】 negawakuwa・negawakuba

① **ねがわくは**第一志望に合格しますように。
② 息子は**ねがわくば**医者になってほしい。

【解説】 後ろに願望・希望の表現を伴って、理想を願望する様子を表す。プラスマイナスのイメージはない。述語にかかる修飾語として用いられる。かたい文章語で、日常会話にはあまり登場しない。「ねがわくば」のほうがやや日常的である。話者が理想と考える物事を願望する様子を表し、実現の可能性については言及しない。したがって、相手に要求・依頼する場合には用いられない。

× 息子を願わくばよろしくお引き立てください。
→息子をどうか(どうぞ・なにとぞ)よろしくお引き立てください。

⇩「どうか」「どうぞ」「なにとぞ」「あわよくば」

ねこそぎ 【根刮ぎ】 nekosogi

① 雑草は**ねこそぎ**にしないとすぐまた生えてくる。
② 台風のため街路樹は**ねこそぎ**に倒れた。
③ こないだゴキブリを**ねこそぎ**退治したわ。
④ その家は濁流に**ねこそぎ**持って行かれた。
⑤ 舞の海は曙《あけぼの》に土俵下まで**ねこそぎ**持って行かれた。

【解説】 根底から処理する様子を表す。ややマイナスイメージの語。述語にかかる修飾語として用いられる。ややくだけた表現。①②は基本的な意味で、植物の幹・枝・茎の部分はもとより根の部分まで取り除いたり、倒れたりする様子を表す。③～⑤は比喩《ひゆ》的な用法。④⑤は「根こそぎ持って行かれる」の形で用いられ、完全に取り除かれる様子を誇張的に表す。④は地上部分はもとより土台まで完全に濁流に飲まれたという意味、⑤は抵抗する暇もなく足元から一気に運ばれたという意味である。

③~⑤の「ねこそぎ」は「のこらず」に似ているが、「のこらず」は計量できるもの全部というニュアンスで、かなり冷静な表現になっており、誇張の暗示はない。

? その家は濁流に残らず持って行かれた。

⇩「のこらず」「あらいざらい」「なにもかも」「ことごとく」「ぜんぶ」「みな」

ねっから ［根っから］ nekkara

① 祖父は**ねっから**の職人で、嫌な仕事は札束を積まれても引き受けない。

② **ねっから**の悪人なんてそうそういないもんだよ。

③ 彼女は**ねっから**動物好きだ。

④ 彼は他人のうわさは**ねっから**信用しない。

【解説】 根源的に典型的な状態である様子を表す。ややプラスイメージの語。①②は名詞にかかる修飾語、③④は述語にかかる修飾語の用法である。ややくだけた表現で、かたい文章中には登場しない。①はすべてにおいて職人として典型的であるという意味、②は生まれつきの悪人という意味、③は学習したり訓練したりしたのではなく、もともと動物好きであるという意味である。④はこれらから一歩進んで、打消しの表現を後ろに伴い、全然、まったくという意味を表す。

「ねっから」は「うまれながら」や「せいらい(生来)」に似ているが、「うまれながら」は先天的に定まっている様子を表し、運命の暗示がある。「せいらい」は、客観的にみてあまり好ましくない性質が容易に改まらない場合に、弁解の暗示を伴って釈明するときよく用いられる。

祖父はねっからの職人だ。
(典型的な職人気質をもっている)
祖父は生まれながらの職人だ。
(幼いころから職人としての素質があった)

× 彼は他人のうわさは生来信用しない。

⇩「うまれつき」「もともと」

ねほりはほり ［根掘り葉掘り］ nehori-hahori

① 彼女は毎日子供に学校の様子を**ねほりはほり**聞く。

② 他人の秘密を**ねほりはほり**穿鑿《せんさく》するものではない。

【解説】 細部に至るまで穿鑿する様子を表す。ややマイナスイメージの語。「聞く・穿鑿する」など探究の意味をもつ動詞にかかる修飾語になる。細部に至るまで穿鑿する結果、全体を残らず知りたがる様子を表し、しばしば動作を受ける相手の被害者意識が暗示される。

ねんがらねんじゅう［年がら年中］**nengara-nenjû**

① この地方は**ねんがらねんじゅう**強風が吹いている。

② 父は**ねんがらねんじゅう**出張で家にいない。

【解説】 状態や行為の頻度が非常に高く継続しているように感じられる様子を表す。ややマイナスよりのイメージの語。述語にかかる修飾語として用いられる。ややくだけた表現で、かたい文章中にはあまり登場しない。ふつう、あまり好ましくない状態や行為の頻度が非常に高い様子を、軽い慨嘆の暗示を伴って誇張的に述べ、文字どおり一年の間を通じて同じ状態が継続するという意味はないことが多い。

× このコンビニは年がら年中無休だ。

→このコンビニは年中無休だ。

⇨「ねんじゅう」「いつも」

ねんじゅう［年中］**nenjû**

① このコンビニは**ねんじゅう**無休だ。

② 北京の故宮博物院は**ねんじゅう**観光客が絶えない。

③ 課長は**ねんじゅう**愚痴ってばかりいる。

【解説】 状態や行為の頻度が非常に高く、継続しているように感じられる様子を表す。プラスマイナスのイメージはない。述語にかかる修飾語として用いられることが多い。ややくだけた表現で、かたい文章中にはあまり登場しない。①は「年中無休」の形で慣用句として用いられ、一年を通じて休まないという意味である。ただしこのほかの場合には、年間を通じてという文字どおりの意味ではあまり用いられず、「一年中」を用いる。

？ 雲南省の昆明《こんめい》は年中温暖な気候である。

→雲南省の昆明は一年中温暖な気候である。

②③は頻度が非常に高い様子を表す。しばしば③のようにあまり好ましくない状態や行為の頻度が高いことを、話者の慨嘆の暗示を伴って述べる。

②③の「ねんじゅう」は「ねんがらねんじゅう」に似ているが、「ねんがらねんじゅう」は誇張の暗示がある。

？ 北京の故宮博物院は年がら年中観光客が絶えない。

⇨「ねんがらねんじゅう」「いつも」

ねんのため［念の為］**nenno-tame**

① **ねんのため**申し添えますが、一度お取りしたチケットのキャンセル・変更はできません。

② どこかで見た顔だと思ったので、**ねんのために**名前をきいてみた。

③ 「三陸海岸って最高だよね」「ほんと、すばらしい所よ。でも、あなたとは行かないわよ。**ねんのため**」

【解説】 明らかなことを確認する様子を表す。プラスマイナスのイメージはない。①②は述語にかかる修飾語の用法。③は述語部分を省略した用法で、日常会話でしばしば用いられる。客観的に明らかであることを確認する(させる)ために、ある行為を行う様子を表す。③は、相手が三陸海岸への旅行を婉曲《えんきょく》に誘っていると察知した話者が、先回りしてあなたとは行きたくないという明らかな結論を相手に改めて確認させるという意味で、まだ明示されていない勧誘を先回りして拒絶する冷酷さが暗示される。

のきなみ ［軒並］ nokinami

(1) ① このあたりには古い**のきなみ**が続いている。

(2) ① 春節の中国では**のきなみ**に爆竹がぶら下げられている。

(3) ① 期末テストは全科目**のきなみ**平均点以下だった。

② 公共料金の**のきなみ**の値上げに庶民の生活はますます苦しくなった。

【解説】 (1) 家屋の並び具合を表す。プラスマイナスのイメージはない。名詞として用いられる。

(2) 並んでいる家ごとに同じ状態である様子を表す。プラスマイナスのイメージはない。「のきなみに」の形で述語にかかる修飾語として用いられる。ただし、現在では「家ごとに」など他の表現を用いることが多い。

(3) 全部が同じように好ましくない様子を表す。マイナスイメージの語。①は述語にかかる修飾語、②は名詞にかかる修飾語の用法である。ある範囲に属する要素の全部が同じように好ましくない様子を表す。同じように好ましい場合にはふつう用いない。

? 期末テストは全科目のきなみ最高点だった。

この「のきなみ」は「どれもこれも」「そろいもそろって」などに似ているが、「どれもこれも」は好ましいものについても用いられる。「そろいもそろって」は人間に限って用いられる。

× (宝飾店で)のきなみ欲しいものばかりだわ。

↓どれもこれも欲しいものばかりだわ。

× あなたの部下はのきなみ役立たずね。

↓あなたの部下はそろいもそろって役立たずね。

⇩「そろいもそろって」「どいつもこいつも」「ぜんぶ」「ことごとく」

のこらず ［残らず］ nokorazu

① 私の知っていることは**のこらず**話しました。

② 課長が五時五分に帰社してみると、課員は一人**のこらず**帰った後だった。

③ 彼は山盛りのごちそうを**のこらず**平らげた。

④ (立ち聞き)悪いが君の秘密は**のこらず**聞いたよ。

【解説】 残量が存在しない様子を表す。プラスマイナスのイメージはない。述語にかかる修飾語として用いられる。②のように「一×残らず」の形で最少量さえも残っていないという意味で用いられ、「のこらず」の意味を強調する場合もある。残量が存在しない結果すべてにわたっている様子を表す。客観的な表現で、特定の感情を暗示しない。

「のこらず」は「ぜんぶ」や「ことごとく」に似ているが、「ぜんぶ」は総体を表し、残量については言及しない。「ことごとく」は異質の物事がすべてある一つの結果になる様子を表し、構成要素にバラエティーのある暗示を伴う。

私の知っていることは残らず話しました。
(話していないことはない)
私の知っていることは全部話しました。
(総体を話した)
× この子は母親の言うことに残らず逆らう。
→この子は母親の言うことにことごとく逆らう。

⇨「ぜんぶ」「ことごとく」「なにもかも」「なにからなにまで」「ねこそぎ」「すべて」「ばんじ」「みな」「こぞって」「もれなく」「さいだいもらさず」「あらいざらい」「あますところなく」

のちのち ［後々］ nochinochi

① この金はのちのちのために貯金しておこう。
② 原爆の悲惨さはのちのちにまで伝える必要がある。
③ 小さいときにあまやかすとのちのち苦労することになるぞ。

【解説】 将来を表す。プラスマイナスのイメージはない。①②は基本的な名詞の用法、③は述語にかかる修飾語の用法である。ややかたい文章語で、くだけた会話にはあまり登場しない。発話よりも未来の時点の漠然とした将来を表し、具体的な時期については言及しない。

「のちのち」は「あとあと」に似ているが、「あとあと」のほうが日常的で、過去のある時点よりも相対的な未来の時点の事柄についても用いられる。

? 事件の真相はのちのちになってわかった。
→事件の真相はあとあとになってわかった。

⇨「あとあと」

のちほど ［後程］ nochihodo

① (留守番電話)のちほど御連絡申し上げます。
② お話はのちほどうかがいます。

【解説】 近い将来に物事が起こる様子を表す(↔さきほど)。プラスマイナスのイメージはない。述語にかかる修飾語として用いられる。発話の時点から近い将来に物事が起こる様子を表し、過去のある時点から相対的に未来の時点での出来事についてはあまり用いない。丁寧なニュアンスがあり、公式の発言や目上に対する発言などによく用いられる。くだけた日常会話では「あとで」を用いる。ただし、「あとで」は過去の時点よりも相対的に未来の時点での出来事をも表せる。

× 彼女の靴を隠したらのちほど仕返しをされた。
→彼女の靴を隠したら後で仕返しをされた。

⇨「あとで」「さきほど」

のっけから nokkekara

① こないだの歌の試験はあがっちゃって、**のっけから**音をまちがえちゃったわ。

② 人の話もろくに聞かないで**のっけから**ウソつき呼ばわりはないだろう。

【解説】 物事の開始時点から好ましくない状態にある様子を表す。ややマイナスイメージの語。述語にかかる修飾語として用いられる。くだけた表現で、日常会話でのみ用いられる。初めからという意味であるが、好ましい事柄についてはふつう用いない。話者が好ましくない状態を予測していない暗示があり、唐突さのニュアンスを伴う。

「のっけから」は「あたまから」や「はなから」に似ているが、「あたまから」は最初からまったく問題にしない様子を表し、主体の意志を暗示する。「はなから」はやや冷静な表現で好ましい事柄についても用いられ、唐突さの暗示はない。

彼は事件との関連をのっけから否定した。
（尋問当初から否定した）
彼は事件との関連を頭から否定した。
（まったく関係がないと否定した）

? 君の実力はのっけからわかっていたさ。
→君の実力ははなからわかっていたさ。

⇨「あたまから」「はなから」「てんから」「とう」

のべつ nobetsu

① あの夫婦は**のべつ**ケンカばかりしている。

② (牧場で)牛って**のべつ**口を動かしてるんだね。

③ このディスクジョッキーはこんなに**のべつ**まくなしにしゃべって、あごがくたびれないのかねえ。

【解説】 動作や行為の頻度が非常に高い様子を表す。ややマイナスよりのイメージの語。述語にかかる修飾語として用いられる。ややくだけた表現で、かたい文章中には登場しない。③の「のべつまくなし」は「のべつ」を強調した表現で、まったく休みなく行為し続ける様子を表す。①は非常に頻度が高い様子、②③は動作が継続する様子を表す。ふつう、あまり好ましくない動作や行為の頻度が高かったり、継続したりする場合に慨嘆の暗示を伴って用いられ、好ましい場合には用いられない。

× 彼女は施設にのべつ寄付をしている。
→彼女は施設にひんぱんに寄付をしている。

「のべつ」は「しょっちゅう」「しろくじちゅう」や「ひっきりなしに」などに似ているが、「しょっちゅう」は頻度についてだけでなく、一般的な傾向を表す意味もある。「しろくじちゅう」は切れ目のない持続を誇張的に暗示する。「ひっきりなしに」は実際の行為の頻度が非常に高くて切れ目がない様子を表し、一般的な傾向は表さない。

弟はのべつ何か食べている。
（いつ見ても食べている）
弟はしょっちゅう何か食べている。
（食べているところをひんぱんに見ている）
弟は四六時中何か食べている。
（食べていないときはない）
弟はひっきりなしに何か食べている。
（さっきから食べ続けている）

⇨「しょっちゅう」「しろくじちゅう」「ひっきりなし」「しきりに」「しばしば」「しじゅう」「いつでも」「いつも」「つねに」「たえず」

のるかそるか［伸るか反るか］ noruka-soruka

① 社長は社運をかけて**のるかそるか**の勝負に出た。
② （友人を励ます）まだプロポーズしてないのか。**のるかそるか**アタックしてみろよ。

【解説】成算はわからないが決断して行動してみる様子を表す。ややマイナスよりのイメージの語。①は名詞にかかる修飾語、②は述語にかかる修飾語の用法である。かなりくだけた表現で、かたい文章中には用いられない。危険を冒して行動する主体の意志の暗示がある。

「のるかそるか」は「いちかばちか」に似ているが、「いちかばちか」のほうが結果の成功・不成功の振幅が大きく、悪い結果に対する危惧《きぐ》と覚悟の暗示が強い。

× おやじはもう年なんだから、いくらガンでものるかそるかの手術はしないでもらいたい。
→おやじはもう年なんだから、いくらガンでもいちかばちかの手術はしないでもらいたい。

⇨「いちかばちか」「おもいきって」

は 行

ばかでもちょんでも［馬鹿でもちょんでも］ ⇩『現代形容詞用法辞典』「ばか」

ばかに［馬鹿に］ ⇩『現代形容詞用法辞典』「ばか」

はからずも［図らずも］ **hakarazumo**

① 通勤電車の中で**はからずも**幼なじみに出会った。
② 彼は旅行中のトルコで大恋愛し、**はからずも**そこに生涯とどまることになった。
③ (委員長就任の挨拶《あいさつ》)このたび**はからずも**大役を仰せつかりました吉岡でございます。
④ 部下の配属をめぐって**はからずも**部長と専務の軋《あつ》轢《れき》が露呈する結果となった。

【解説】 意図していない結果になる様子を表す。プラスマイナスのイメージはない。述語にかかる修飾語として用いられる。ややかたい文章語で、報道や公式の発言によく用いられる。①②が基本的な意味で、①は全然予想していない様子、②は目的としていない様子を表す。③は好ましい地位や役職を命じられたときの挨拶にしばしば用いられる用法で、そういう好ましい役職を自分が意図して積極的に求めたわけではなく、周囲の好意や偶然によって得られた僥倖《ぎょうこう》であることを強調する。結果を意図的に求めるのではなく、周囲の人間の協力や自然のなりゆきに任せることをプラスに評価する日本文化ならではの用法だと言える。④は「図らずも……する結果(形)となった」の形で慣用的に用いられ、それまで隠されていた真相や秘密がある事柄を契機として明らかになったという意味で、皮肉の暗示がある。

「はからずも」は「おもいがけず」に似ているが、「おもいがけず」は意外性の暗示が強く、驚きのニュアンスが強く出る。

図らずも恩師に出会った。
(恩師に出会うとは思っていなかった)
思いがけず恩師に出会った。
(恩師に出会ってびっくりした)

⇩「いがい」「たまたま」「ぐうぜん」「きせずして」

はじめて［初めて・始めて］ **hajimete**

① (外国人に)「日本へはたびたびおいでになりますか」「いいえ、**はじめて**です」
② こんなうまいステーキは**はじめて**だよ。
③ (医院で)**はじめて**の方は保険証をお持ちください。
④ **はじめて**お目にかかります鈴木と申します。

⑤ ぼくは十二のとき生まれて**はじめて**海を見た。
⑥ 注意されて**はじめて**気がつくようじゃだめだね。

【解説】それまで未経験である様子を表す。プラスマイナスのイメージはない。①②は述語、③は名詞にかかる修飾語、④~⑥は述語にかかる修飾語の用法である。⑤の「生まれて初めて」は「初めて」の意味を強調する。⑥は「……して初めて……する」の形をとり、……するまで……したことがないという、ある限定された時点まで未経験の状態にあったことを強調する。

「はじめて」は「さいしょ」に似ているが、「さいしょ」はそれまで空白であったものが存在し始めるというニュアンスで、主体がそれまで未経験であったかどうかには言及しない。

× こんなうまいステーキは最初だよ。
初めての方。(今まで来たことのない人)
最初の方。(第一番に来た人)

⇨「まず」

はたして [果たして] hatashite

(1)① 彼の証言は**はたして**信憑性《しんぴょうせい》があるだろうか。
② (クイズ番組)栄冠は**はたして**どなたの頭上に輝くでしょうか。
③ 重役の汚職が**はたして**事実なら、これは大問題だ。

(2)① 良子はろくに勉強もしないからだいじょうぶかなと思っていたら、**はたして**受けた大学に全部落ちてしまった。
② 河原で営巣するコチドリの天敵は多いが、**はたして**目のさといイタチが現れた。

【解説】(1) 疑問や仮定を強調する様子を表す。プラスマイナスのイメージはない。疑問や仮定の表現を伴う述語にかかる修飾語として用いられる。ややかたい文章語で、公式の発言などによく用いられる。①②は疑問を強調する用法、③は仮定を強調する用法であるが、現在では仮定を強調するときは「もしも」「かりに」などを用いる傾向にある。予想通りの(重大な)結果になることについての疑問や、予想通りになった場合の仮定を強調するニュアンスをもち、切迫感の暗示があるが、表現としては冷静である。

(1)の「はたして」は「いったい」に似ているが、「いったい」は疑問を他者にぶつけるニュアンスで、疑問内容についての驚き・憤慨・慨嘆などの暗示を伴う。

× はたして誰がこんな凡ミスをしでかしたのか。
→いったい誰がこんな凡ミスをしでかしたのか。

(2) 予想通りの結果になる様子を表す。ややマイナスよりのイメージの語。述語にかかる修飾語として用いられる。かなりかたい文章語で、日常会話には用いられない。事前の予想を明示することが多く、ふつう重大であまり好ましくない予想の通りになるという意味で用いられ、好ましい予想や期待が実現する場合は多くない。

× 毎晩遅くまで勉強していたら、はたして合格した。
→毎晩遅くまで勉強していたら、予想通り合格した。

事前の予想が実現する可能性はかなり高く、予想通りの結果になったことを話者が確認している暗示がある。

(2)の「はたして」は「やはり」や「あんのじょう」に似ているが、「やはり」では事前の予想が実現する可能性はあまり高くなく、結果についてはあきらめと納得の暗示がある。「あんのじょう」では予想が実現する可能性はかなり高く、話者が自分で確信をもって納得する暗示がある。

今日は二十五日だが、はたして渋滞していた。
(実際に渋滞を確認した)
今日は二十五日だが、やはり渋滞していた。
(空いていることを期待していたのだが)
今日は二十五日だが、案の定渋滞していた。
(渋滞の予想が的中してがっかりだ)

⇨「もしも」「かり」「いったい」「やはり」「あんのじょう」

ばつぐん ［抜群］ batsugun

① 川崎ヴェルディのカズは人気**ばつぐん**のエースだ。
② (表彰状)あなたは**ばつぐん**の成績により優勝されました。
③ 玲子はエステに通って**ばつぐん**にきれいになった。
④ スピルバーグの映画は**ばつぐん**だね。

【解説】 程度や順位が飛び抜けてすぐれている様子を表す。プラスイメージの語。①は名詞の後ろに直接つく用法、②は名詞にかかる修飾語、③は述語にかかる修飾語、④は述語の用法である。具体的にすぐれている点を明示する場合(①③)と明示しない場合(②④)とがある。述語や述語にかかる修飾語で用いられた場合には、しばしば感動の暗示がこもる。

「ばつぐん」は「だんぜん」や「だんとつ」に似ているが、「だんぜん」はくだけた表現で日常会話中心に用いられ、程度を強調する用法しかないので、具体的な内容を明示しない場合には用いられない。「だんとつ」はさらにくだけた表現で、話者の主観で他を大きく引き離して首位であるものについて用いられ、誇張的な感動の暗示がこもる。

× あなたは断然の成績により優勝されました。
今度の映画は抜群だね。(とてもおもしろい)
今度の映画は断トツだね。(いちばんおもしろい)

⇨「だんぜん」「だんとつ」「とびきり」「いちばん」「いっとう」

はなから［端から］hanakara

① 先生はぼくの言うことを**はなから**疑ってかかる。
② 君の実力は**はなっから**わかっていたさ。

【解説】物事の開始当初から同一の状態や行為である様子を表す。プラスマイナスのイメージはない。述語にかかる修飾語として用いられる。くだけた表現で、日常会話中心に用いられる。会話ではしばしば②のように「はなっから」と発音される。やや冷静な表現で、特定の感情を暗示しない。

「はなから」は「のっけから」「あたまから」「てんから」などに似ているが、「のっけから」は物事の開始当初から好ましくない様子を表し、唐突さの暗示がある。「あたまから」は物事の最初の部分を誇張するニュアンスで、主体の意志を暗示する。「てんから」は問題が当初から考慮の及ぶ範囲外にあるというニュアンスで、慨嘆や侮蔑《ぶべつ》の暗示がある。

⇨「のっけから」「あたまから」「てんから」「まっこうから」「とう」

はなはだ［甚だ］hanahada

① 今回の不祥事を**はなはだ**遺憾に思います。
② (不採用通知)**はなはだ**残念ですが、御希望に添えないこととなりました。
③ 婚約者の父親に挨拶《あいさつ》もしないで帰るとは、**はなはだ**もってけしからん男だな。
④ (日記)本日母校にて同窓会。恩師・級友に五十年ぶりに再会す。高歌放吟・歓談。**はなはだ**愉快。

【解説】程度が通常の状態を大きく上回っている様子を表す。ややマイナスよりのイメージの語。状態を表す述語にかかる修飾語として用いられる。かなりかたい文章語で、公式の発言によく用いられる。③の「はなはだもって」は「はなはだ」を強調した表現である。現在では、あまり好ましくない状態の程度が通常を大きく上回っている様子を表すことが多く、好ましい状態の程度について用いると④、やや古風なニュアンスになる。慨嘆(①②)・憤慨(③)などの暗示を伴うが、表現自体はそれほど感情的ではなく、かなり冷静な表現になっている。

「はなはだ」は「いたって」「きわめて」「すこぶる」などに似ているが、「いたって」は対象の程度が平均(基準)から遠く隔たっているというニュアンスになる。「きわめて」は程度が高いことを誇張的に表し、深刻・賞賛などの暗示を伴う。「すこぶる」はかたい文章語で、対象の程度が高いことを客観的に述べ、特定の感情を暗示しない。

× 婚約者の父親に挨拶もしないで帰るとは、いたってけしからん男だな。

? 暗い密林の中で見る極楽鳥ははなはだ美しい。
→暗い密林の中で見る極楽鳥はきわめて美しい。
東京の夏ははなはだ暑い。（暑くてたまらない）
東京の夏はすこぶる暑い。（非常に気温が高い）
⇩「いたって」「きわめて」「ひじょう」「ごく」「しごく」「いとも」「たいへん」「たいそう」「とても」「よにも」「ぜんぜん」「おおいに」「うんと」「ちょう」「すくなからず」

はや［早］haya

① 母が亡くなってから**はや**三年が過ぎた。
② ついこの間までセーラー服を着ていた娘が、**はや**孫をいく人も連れて里帰りするようになった。

【解説】 時間の経過が予想以上に早いことに感慨をもっている様子を表す。プラスマイナスのイメージはない。述語にかかる修飾語として用いられる。かなりかたい文章語で、日常会話にはあまり登場しない。過去のある時点から現在までの時間の経過について感慨をもつ場合（①）と、時間が予想外に早く経過したために対象の状態がきわだって変化したことについて感慨をもつ場合（②）とがある。

「はや」は「すでに」や「もう」「もはや」などに似ているが、「すでに」は動作や状態が過去に完了しているという意味で、時間の経過について感慨をもつニュアンスはない。「もう」は時間が予想外に早く経過したことについて、驚きや慨嘆のニュアンスがこもる。「もはや」は現時点では対応が間に合わないというニュアンスになる。

母が亡くなってからはや三年が過ぎた。
（気がついてみたら三年たっていた）
母が亡くなってからすでに三年が過ぎた。
（現時点までに三年経過している）
母が亡くなってからもう三年が過ぎた。
（あれから三年にもなったのか）
母が亡くなってからもはや三年が過ぎた。
（故人は次第に忘れられつつある）
⇩「すでに」「もう」「もはや」

はやいこと・はやいところ［早い事・早い所］ ⇩『現代形容詞用法辞典』「はやい」

はやいはなしが［早い話が］ ⇩『現代形容詞用法辞典』「はやい」

はやく［早く・速く］ ⇩『現代形容詞用法辞典』「はやい」

はやくも［早くも］ ⇩『現代形容詞用法辞典』「はやい」

はるか［遥か］ ⇩『現代形容詞用法辞典』「はるか」

はれて［晴れて］harete

① 最後まで反対していた父親も折れたので、**はれて**二人は正式に婚約した。

② 事件当夜のアリバイが立証され、彼は**はれて**自由の身となった。

【解説】 公然と行動できる状態になる様子を表す。プラスイメージの語。述語にかかる修飾語として用いられる。世間やある特定の人に対して後ろ暗いところがあって遠慮や気兼ねをしなければならない状態から解放されることを、天気が晴れる状態で表すのは、世間や他人の目に社会の規範をおく日本文化と雨が多く晴天の少ない日本の気候を非常によく反映した、きわめて日本的な表現だと言える。

ばんじ ［万事］ banji

① （新聞の尋ね人欄）**ばんじ**解決す。連絡乞う。
② 人間**ばんじ**塞翁《さいおう》が馬。（ことわざ）
③ （業務成績が上がった）「課長、七月は二十パーセントの伸びです」「よしよし、**ばんじ**その調子でね」
④ 合併計画が他社にもれたら**ばんじ**休すだ。
⑤ 彼は**ばんじ**において抜け目がない。

【解説】 すべての物事を表す。プラスマイナスのイメージはない。述語にかかる修飾語として用いられることが多い。ややかたい文章語で、もったいぶった発言などによく用いられる。②はことわざで、人間の運命はすべて塞翁の馬のように定めがたいものであるという意味である。④の「万事休す」は慣用句で、すべてが終わりになるような非常事態であるという意味である。「ばんじ」はすべての物事を誇張的に表すニュアンスがあり、客観的な表現にはなっていない。③は実際に客観的に全部という意味ではなく、話者の希望としての全体を表すニュアンスになる。

「ばんじ」は「すべて」「ぜんぶ」という意味であるが、「すべて」は構成要素を吟味した結果、全体を通してある一つの視点で一貫している暗示がある。「ぜんぶ」は総体の個々の構成要素に視点がある。

× 不愉快なことは万事忘れる主義です。
→不愉快なことはすべて忘れる主義です。
× 彼は全部において抜け目がない。
⇨「すべて」「ぜんぶ」「みな」「なにからなにまで」「なにもかも」「のこらず」

ひいては ［延いては］ hiitewa

① 仕事の成功は君の名誉にもなり、**ひいては**会社の発展にもつながるのだよ。
② 他人に情けをかけることはその相手を助けるだけでなく、**ひいては**自分自身のためにもなる。

【解説】 直接関係がないと思われるところにまで影響が及ぶ様子を表す。プラスマイナスのイメージはない。述語にかかる修飾語として用いられる。「……は□□であり、ひいては△△である」「……は□□だけでなく、ひいては△△である」の形で、直接影響の及ぶことを□□で、その先の影響を△△で表すことが多い。客観的な表現で、特定の感情を暗示しない。

⇩「やがて」「いつかは」

ひきつづき［引き続き］hikitsuzuki

(1)① 校長の挨拶《あいさつ》に**ひきつづき**来賓の祝辞がある。

② （結婚式）**ひきつづき**新郎新婦の花束贈呈です。

(2)① 先月から**ひきつづき**の議題をまず討議する。

② 私は二学期も**ひきつづき**班長をすることになった。

③ **ひきつづき**8チャンネルをごらんください。（CM）

【解説】 (1) 時間をおかずに次の行為に移る様子を表す。プラスマイナスのイメージはない。①は動詞の用法、②は述語にかかる修飾語の用法である。ややかたい文章語で、公式の挨拶などによく用いられる。②は次の式次第が新郎新婦の花束贈呈という意味である。AとBの事柄が時間をおかずに続いて起こるというニュアンスで、AB間が時間的に短い暗示がある。客観的な表現で、特定の感情を暗示しない。

(2) 状態や行為が継続する様子を表す。プラスマイナスのイメージはない。①は名詞にかかる修飾語、②③は述語にかかる修飾語の用法である。客観的な表現で、特定の感情を暗示しない。

「ひきつづき」は「つづいて」に似ているが、「つづいて」はAの事柄に継続してBの事柄が起こる様子を表し、ABは異なる事柄である暗示がある。

（テレビで）引き続きニュースです。
（現在もニュース、次もニュース）

続いてニュースです。
（現在はニュース以外、次はニュース）

⇩「つづいて」「つづけざま」「たてつづけ」

ひきもきらず［引きも切らず］ ⇩『現代形容詞用法辞典』「ひきもきらない」

ひごろ［日頃］higoro

① **ひごろ**から塩分の取り過ぎに注意している。

② 「せっかくのハイキングなのに雨になっちゃったね」「**ひごろ**の行いがよくないからだよ」

③ 愛娘《まなむすめ》の結婚に、彼は**ひごろ**の元気もどこへやら、すっかり落ちこんでしまった。

④ 選手たちは**ひごろ**蓄えた実力を存分に発揮した。

【解説】 日常ふだんを表す。プラスマイナスのイメージはない。①は名詞の用法、②③は名詞にかかる修飾語、

④は述語にかかる修飾語の用法である。毎日続く日常の中で普通に行われる物事全体を指す。②の「日頃の行い(心がけ)がいい(よくない)」は慣用的に用いられ、好都合(不都合)な事態が起こったとき、その原因を日常の言動に求めるという因果応報の考え方に基づく表現である。ただし、現在では日常会話でふざけたニュアンスを伴って用いられることが多い。③の「日頃の元気はどこへやら」も慣用的に用いられ、日頃元気で活動的であった人がうって変わって元気をなくしている様子を、やや皮肉なニュアンスをこめて述べる。

「ひごろ」は「ふだん」に似ているが、「ふだん」は特別の場合でないというニュアンスが強く、毎日続く日常の暗示は少ない。

× 休みの日は日頃は家にいます。

→休みの日はふだんは家にいます。

⇨「ふだん」「つねひごろ」「つねづね」「ふつう」

ひじょう［非常］**hijô**

(1)① このドアは**ひじょう**の場合にのみ開きます。

② 夜のビル内に**ひじょう**ベルが響きわたった。

③ 会社側は不況打開のため指名解雇という**ひじょう**手段に踏み切った。

(2)① 彼は**ひじょう**な努力でスランプから脱出した。

② カンボジア内戦は**ひじょう**に深刻な問題だ。

③ (校長が)諸君らの活躍を**ひじょう**にうれしく思います。

【解説】 (1) 通常でない状態を表す。マイナスイメージの語。「非常の□□」「非常□□」の形で名詞を作ることが多い。①②は緊急という意味、③は最後に残された極端な手段という意味である。

(2) (1)から進んだ用法で、程度がはなはだしいことを誇張する様子を表す。プラスマイナスのイメージはない。①は名詞にかかる修飾語、②③は状態を表す述語にかかる修飾語の用法である。ややかたい文章語で、公式の発言などに多用される。話者の主観として程度が通常の状態を超えてはなはだしいことを誇張するニュアンスがある。好ましい程度についても好ましくない程度についても用いられる。

程度を強調する語としては他に「はなはだ」「とても」「たいへん」などがあるが、「はなはだ」は現在ふつうあまり好ましくない状態の程度について用いられる。「とても」はかなり冷静な表現で、対象との心理的な距離を暗示する。「たいへん」は程度がはなはだしいことを誇張的に表し、概嘆・驚き・感動・丁重などさまざまの暗示を伴う。

⇨「はなはだ」「とても」「たいへん」「たいそう」「きわめて」

「ごく」「しごく」「すくなからず」「いたって」「いとも」「よにも」「いやに」「おおいに」「うんと」「ちょう」「もうれつ」「ひといちばい」「ぜんぜん」「まったく」「およそ」

ひたすら［只管・一向］hitasura

① 彼はミスを取り返そうと**ひたすら**に働いた。
② 少女は救助を求めて**ひたすら**叫んだ。
③ 「よくもおれをだましたな」「君にはただ**ひたすら**謝るのみだよ」
④ 彼の**ひたすら**な弁解はかえって逆効果だと思う。

【解説】 ただ一つの行為だけに集中する様子を表す。プラスマイナスのイメージはない。述語にかかる修飾語として用いられることが多い(①~③)が、名詞にかかる修飾語(④)になることもある。③の「ただひたすら」は「ひたすら」を強調した表現。ただ一つの行為だけを継続して行い、ほかの行為をかえりみない頑固さと切迫感の暗示がある。

「ひたすら」は「いっしんに(一心)」や「いっしょうけんめい」「ひたむきに」などに似ているが、「いっしんに」は目的を達成するために心を集中してある行為を行う様子を表す。「いっしょうけんめい」は積極的な行為に全力をあげる熱意の暗示がある。「ひたむきに」は熱中することが客観的にみて好ましいことについて、謙虚に静かに熱中するというニュアンスがある。

彼はひたすら働いた。(働くこと以外はしない)
彼は一心に働いた。(働くこと以外は考えない)
彼は一生懸命働いた。(全力で働く)
× 少女は救助を求めてひたむきに叫んだ。

⇨「いっしん」「いっしょうけんめい」「こころから」「せつに」「けんめい」「せいいっぱい」「もっぱら」「ただ」「ひとえに」「きょくりょく」

ひっきりなし［引っ切り無し］hikkiri-nashi

① 今日は朝から電話が**ひっきりなし**だ。
② 家の前の道路は車が**ひっきりなし**に通る。
③ 兄は母の**ひっきりなし**の小言を受け流す。
④ 雪は一日中**ひっきりなし**に降り続いた。

【解説】 動作や行為の頻度が非常に高い様子を表す。ややマイナスよりのイメージの語。①は述語、②④は述語にかかる修飾語、③は名詞にかかる修飾語の用法である。ややくだけた表現で、かたい文章にはあまり登場しない。実際の動作や行為の頻度が非常に高くて、しばしば切れ目がないというニュアンスで、話者の慨嘆の暗示がこもる。①~③が基本的な頻度を表す用法である。④はこれらから進んで切れ目なく継続する様子を表す。

「ひっきりなしに」は「しきりに」「しじゅう」「しょっ

ちゅう」などに似ているが、「しきりに」は「ひっきりなしに」より頻度が低く、かなり客観的で特定の感情を暗示しない。「しじゅう」は全体の傾向として常に継続している暗示がある。「しょっちゅう」はかなりくだけた表現で、頻度が高いだけでなく一般的な傾向を表す意味もある。

⇨「しきり」「しじゅう」「しょっちゅう」「しろくじちゅう」「しばしば」「のべつ」「いれかわりたちかわり」

ひといちばい［人一倍］hito-ichibai

① 弟は実力はないがやる気だけは**ひといちばい**だ。
② 成功するには**ひといちばい**の努力が必要だ。
③ その信者は**ひといちばい**布教活動に熱心だ。
④ 彼女は**ひといちばい**気が短い。

【解説】 通常の程度を大きく上回っている様子を表す。プラスマイナスのイメージはない。①は述語、②は名詞にかかる修飾語、③④は述語にかかる修飾語の用法である。かなりくだけた表現で、日常会話中心に用いられる。文字通りには「普通人の二倍」という意味であるが、実際の程度はあまり問題でなく、程度がはなはだしいことを誇張する意味で用いられる。普通人と比較するという語の性質上、人間に関する事柄以外には用いられない。

× その湖周辺は人一倍静かだ。

→その湖周辺はとても(たいへん)静かだ。

⇨「とても」「たいへん」「ひじょう」「たいそう」「うんと」

ひとえに［偏に］hitoeni

① わが社が不況を無事乗り切れたのも**ひとえに**社員諸君らの努力のたまものと感謝します。
② 今回の事故の責任は**ひとえに**私にある。
③ 御愛顧のほど**ひとえに**お願い申し上げます。

【解説】 一点に集中する様子を表す。プラスマイナスのイメージはない。述語にかかる修飾語として用いられる。かなりかたい文章語で、公式の発言など以外には用いられない。①②は原因・理由をただ一点にしぼる場合、③は依頼や願望などをただ一点にしぼる場合である。かなり冷静で客観的な表現で、特定の感情を暗示しない。

①②の「ひとえに」は「もっぱら」に似ているが、「もっぱら」は全体の中の主要な部分という暗示が強く、ただ一点に集中する暗示はない。また「もっぱら」には主に一つの行為だけを行うという意味もある。

責任はひとえに私にある。
(私だけが悪い)
責任はもっぱら私にある。
(責任の主要な部分は私が負う)

× 休日はひとえに寝て過ごす。

↓休日はもっぱら寝て過ごす。

③の「ひとえに」は「ひたすら」に似ているが、「ひたすら」は他の行為をかえりみない頑固さと切迫感の暗示がある。

× 彼女は失踪《しっそう》した夫の帰りをひとえに待った。

↓彼女は失踪した夫の帰りをひたすら待った。

⇩「もっぱら」「ひたすら」

ひとおもいに［一思いに］hitoomoini

① （末期患者が）こんなに苦しむのなら**ひとおもいに**楽になりたい。

② 彼女は相続した貴重な美術品を**ひとおもいに**全部売って、やっと相続税を払った。

【解説】 決断して非常手段をとる様子を表す。ややマイナスよりのイメージの語。述語にかかる修飾語として用いられる。非常手段や最後の手段をとるに際して決断する様子を表し、行動する前にためらいや不安などを感じている暗示がある。日常的な行動を勇気をもって行う場合にはふつう用いられない。

× 一思いに一発やってみろよ。

↓思い切って一発やってみろよ。

「ひとおもいに」は「いっそ」に似ているが、「いっそ」はあえて極端な状況を選択する様子を表し、必ずしも非常手段であるとは限らない。

× 飼い犬の世話もろくにしないのなら、一思いに飼わないほうがいい。

↓飼い犬の世話もろくにしないのなら、いっそ飼わないほうがいい。

⇩「おもいきって」「いっそ」

ひときわ［一際］hitokiwa

① （展覧会で）君のは**ひときわ**抜きん出ていたよ。

② 彼女はふだん目立たないが今日は**ひときわ**美しい。

③ 今年はいつもより**ひときわ**寒さが厳しい。

【解説】 以前あるいは他のものと比較して程度がはなはだしい様子を表す。ややプラスイメージの語。状態を表す述語にかかる修飾語として用いられる。好ましいものの程度について用いられることが多い（①②）。以前あるいは他のものと比較したとき程度の差が大きいというニュアンスであるので、必ず比較の対象がある。①は他の作品、②はふだんの彼女、③はいつもの年がその対象である。かなり冷静な表現で、特定の感情を暗示しない。

「ひときわ」は「いちだんと」や「ひとしお」「いっそう」などに似ているが、「いちだんと」の指す対象は、もともと程度のはなはだしいものである暗示がある。「ひとしお」は以前の状態と比べて程度が高まったことについて話者が感慨をもっていることが暗示される。「いっそう」は二つの対象を比較する場合に用い、多数の中の一つを取り上げる場合には用いられない。

? 彼女はふだん目立たないが今日は一段と美しい。

× 恋人の写真を見てひときわ恋しさが募った。

→恋人の写真を見てひとしお恋しさが募った。

× 君の絵が一層抜きん出ていたよ。

⇨「いちだんと」「ひとしお」「いっそう」「なお」「なおさら」「いよいよ」「ますます」「さらに」「より」「よりいっそう」「ずっと」「めだって」「めにみえて」「きわだって」

ひどく［酷く］ ⇨『現代形容詞用法辞典』「ひどい」

ひところ［一頃］hitokoro

① この店は**ひところ**よりだいぶ景気がよくなった。

② 父も七十を過ぎて**ひところ**の元気がなくなった。

③ **ひところ**はやったフラフープがまた流行し始めた。

④ **ひところ**は毎日のように映画に通ったものだ。

【解説】過去のある時期を表す。プラスマイナスのイメージはない。①は名詞の用法、②は名詞にかかる修飾語、③④は述語にかかる修飾語の用法である。ある程度隔たった過去の幅をもった一時期を現在から見て、話者が感慨をもっている様子が暗示される。

「ひところ」は「かつて」に似ているが、「かつて」は漠然とした過去の時を客観的に表し、時間の幅を暗示しない。

× 私はひところその人にどこかで会った覚えがある。

→私はかつてその人にどこかで会った覚えがある。

⇨「かつて」「むかし」

ひとしお［一入］hitoshio

① 落ちぶれると人の情けが**ひとしお**身にしみる。

② 恋人の写真を見て**ひとしお**恋しさが募った。

③ 前回は優勝候補と言われながら緒戦で敗退しただけに、今回の優勝は喜びもまた**ひとしお**だ。

【解説】以前あるいは他のものと比較して程度がはなはだしい様子を表す。ややプラスイメージの語。①②は述語にかかる修飾語、③は「□□もまたひとしおだ」の形で、述語となる。以前あるいは他のものと比較したとき程度の差が大きいというニュアンスで、話者が感慨をもっている暗示がある。客観的に他と程度を比較する文脈では用いられない。

× 水野君はA組の中でひとしお背が高い。

→水野君はA組の中でひときわ背が高い。

他と比較して程度が高まるという意味の語としては、他に「いちだんと」「いっそう」「いよいよ」「ますます」などがあるが、「いちだんと」はもともと程度のはなはだしいものの程度が極端に高まったというニュアンスがある。「いっそう」はかなり客観的な表現で、特定の感情は暗示しない。「いよいよ」は程度が最高に高まることについての期待の暗示がある。「ますます」は段階的な程度の高まりを主体が受け止める暗示がある。

⇨「ひときわ」「いちだんと」「いっそう」「いよいよ」「ますます」「なお」「なおさら」「さらに」「より」「よりいっそう」「ずっと」

ひとしきり［一頻り］hitoshikiri

① 番犬は**ひとしきり**吠《ほ》えると小屋にもぐりこんだ。
② 夕立が**ひとしきり**降ったあと急に涼しくなった。
③ こんな経営では**ひとしきり**はやってもすぐに客が来なくなるぞ。

【解説】ある時間の幅だけ盛んである様子を表す。プラスマイナスのイメージはない。述語にかかる修飾語として用いられる。ややくだけた表現で、かたい文章中にはあまり登場しない。ある時間の幅だけ物事が盛んに行われ、そのあと衰えてしまうという文脈で用いられる。過去についても①②未来についても③用いられるが、「ひとしきり」の指す時間の幅はあまり長くなく、話者の感覚としてはしばしば短時間である暗示がある。

時間の幅を表す語としては他に「しばらく」があるが、「しばらく」の指す時間の幅は非常に漠然としており、その時間の幅だけ盛んであるという意味はない。

× 名前をお呼びするまでひとしきりお待ちください。
→名前をお呼びするまでしばらくお待ちください。

⇨「しばらく」「ひとわたり」「ひととおり」

ひとしく［等しく］⇨『現代形容詞用法辞典』「ひとしい」

ひとしなみ［等し並］hitoshinami

① この公園は大人子供**ひとしなみ**の入場料を取る。
② イスラム教徒や菜食主義者もいる国際会議だというのに、昼食には**ひとしなみ**に豚肉のソテーが出された。
③ あんな無責任な奴と**ひとしなみ**に扱わないでくれ。

【解説】対象の状況に応じて対応を変えない様子を表す。ややマイナスイメージの語。①は名詞にかかる修飾語、②③は述語にかかる修飾語の用法である。ややくだけた表現で、かたい文章中にはあまり登場しない。異なる対象に合わせた異なる対応をせず、みな一律同様に好ましくないほうに待遇する様子を表す。対象に合わせてきめ細かく対応しないことについて、話者の慨嘆の暗示がこもる。①は子供は入場料を安くすべきだという慨嘆が言外にある。

⇨「いちがいに」「おしなべて」

ひとしれず［人知れず］hito-shirezu

① 彼は最近体調が悪いのを**ひとしれず**悩んでいた。
② 死を悟った猫は**ひとしれず**飼い主の元を立ち去る。
③ 実験の成功までには数々の**ひとしれぬ**苦労がある。

【解説】 他人に知られずに行動する様子を表す。プラスマイナスのイメージはない。①②は述語にかかる修飾語、③は名詞にかかる修飾語の用法である。ややかたい文章語で、日常会話にはあまり登場しない。「ひそかに」という意味であるが、結果として他人に知られないだけで、意図的に隠す暗示はない。

× 彼は機密書類を人知れず手に入れた。
→彼は機密書類をひそかに手に入れた。

ひとたび［一度］hitotabi

(1)① 貴女《あなた》にはいま**ひとたび**お会いしたく存じます。
② 大会は資金難のため**ひとたび**は延期が決定した。
(2)① 社長が**ひとたび**OKしたのなら企画は通るだろう。
② 彼は**ひとたび**寝たが最後朝まで絶対に起きない。
③ **ひとたび**事故が起こってしまってからでは遅いので、無人踏切にはすべて警報機を設置すべきだ。

【解説】 (1) 一回の回数を表す。プラスマイナスのイメージはない。①は基本的な名詞の用法、②は述語にかかる修飾語の用法である。②は一回はという最低回数を限定する意味で、その後開催されることになったという暗示がある。かなり古風なニュアンスのある語で、日常会話にはあまり登場しない。日常的には「いちど」、くだけた場面では「いっぺん」を用いる。

(2) 非常に重要な局面であることを強調する様子を表す。プラスマイナスのイメージはない。条件句を作って述語にかかる修飾語になることが多い。ややかたい文章語で、くだけた会話にはあまり登場しない。

この「ひとたび」は「いったん」や「いちど」に似ているが、「いったん」のほうが日常的で用法が広い。「いちど」はある行為を試験的に試みる様子を表し、それが重要な局面になるかどうかには言及しない。

⇨「いちど」「いっぺん」「いったん」

ひとつ［一つ］hitotsu

(1)① ぼくにもお菓子を**ひとつ**ちょうだい。
② 子供たちはおにぎりを**ひとつ**残らず平らげた。
③ (喫茶店で)コーヒー**ひとつ**とレスカ**ひとつ**。
④ この仕事が成功する確率は万に**ひとつ**だ。
⑤ (家賃の催促)今すぐ家賃を払うかそれとも出ていくか、二つに**ひとつ**だね。
⑥ 彼には**ひとつ**違いの美人の妹がいる。

⑦（社訓）**ひとつ**、健康で明るい職場を築くこと。
⑧「課長がだめなら部長に直接相談してみたら？」「うん、それも**ひとつ**の方法だね」
⑨これは**ひとつ**のたとえとして聞いてください。
⑩空と海が**ひとつ**になったような沖縄の珊瑚礁《さんごしょう》。
⑪球技大会で生徒たちは心を**ひとつ**にして頑張った。
⑫「宝くじに当たったぞ」「よし、今夜はそれで乾杯だ」「どいつもこいつも考えることは**ひとつ**だな」
⑬**ひとつ**穴のむじな。（ことわざ）
⑭君とは**ひとつ**釜の飯を食った仲じゃないか。
⑮「ちょっと肩もんでよ」「いいわよ。肩の**ひとつ**や二ついくらでももんであげるわ」
⑯今日は雲**ひとつ**ない五月晴れだ。
⑰まったくあいつは電話**ひとつ**よこさないんだから。
⑱その留学生はタイから身**ひとつ**でやってきた。
⑲母は女手**ひとつ**で四人の子供を育て上げた。
⑳この話は君の胸**ひとつ**にしまっておいてほしい。
㉑彼の去就は社長の腹**ひとつ**で決まる。
㉒幸福かどうかは気持ちの持ち方**ひとつ**だ。
㉓現場に誰もいなかったからいいようなものの、**ひとつ**間違えばとんでもない大惨事になるところだった。

(2)
①（お酌して）**おひとつ**、どうぞ。
②新しい掃除機です。お宅でも**ひとつ**いかがですか。
③部長に**ひとつ**折り入ってお願いがあるんですが。
④「今度の日曜日、新車の試乗会に行かない？」「じゃあ、**ひとつ**出かけてみようか」
⑤今後とも**ひとつ**よろしくお願いします。
⑥君にも言いたいことはあるだろうが、ここは**ひとつ**私の顔を立ててくれないか。

【解説】(1) 物事の数が1であることを表す。プラスマイナスのイメージはない。具体物にも抽象的なものにも用いられる。①②が基本的な用法で、具体的な数が一個という意味である。③は接客業の業界用語で、本来「一杯・一本」などと数えるものを「一つ」で数える。この場合「一個」を用いることもある。④⑤は確率を述べる用法で、④の「万に一つ」は確率が非常に小さいことを誇張的に述べる。⑤の「二つに一つ」は二者択一を表し、どちらか一方を強制的に選択させる話者の冷酷さが暗示される。⑥は年齢について用いられた場合。⑦は条文の箇条を列挙する場合である。この場合には、条文がいくつあってもそのつど「一つ」を頭につけて文を続ける。⑧⑨は「一つの□□」の形で、一個を多数の中から選択する前提に基づいた表現である。話題の内容以外にも選択肢が存在することを暗示し、話者が選択した事柄にとらわれていないことを表明する。⑩⑪は「一つになる」

「一つにする」の形で用いられ、全体として単一にまとまるという意味になる。⑫～⑭は同一であるという意味である。⑬はことわざで、二人の人間が外見は一見違って見えるが、実は同じように好ましくない人物であったことが判明したときに用いる。⑭の「一つ釜の飯を食った仲」もことわざで、生活を共にして苦労した仲間という意味である。

⑮～⑳は一個という個数を最低数と考えた表現である。⑮の「一つや二つ」は慣用句で、相手の要求が非常に小さいものであることを気楽さの暗示を伴って誇張的に述べる。⑯⑰の「□□一つ……ない」は慣用的に用いられ、まったく存在しないことを誇張的に表す。⑱～⑳の「□□一つで(に)」は□□の他には何も存在しないことを表す。⑳の「胸ひとつにしまっておく」は他の者には秘密にしておくという意味である。㉑㉒の「□□一つ」は最低のものに左右されるという意味で、「□□次第だ」という意味である。㉓の「一つ間違えば」は慣用句で、ほんの少しでも条件が変わるという意味で、切迫感の暗示がある。

(2) (1)から進んで、気軽に新しく試みる様子を表す。プラスマイナスのイメージはない。述語にかかる修飾語として用いられる。くだけた表現で、日常会話でのみ用いられる。①の「おひとつ」は「ひとつ」の丁寧形。①は酒の最初の一杯を勧めるとき慣用的に用いられる。②③は気軽に新しく試みる様子を表し、必ずしも個数として一個というわけではない。④はこれから進んで、新しい行為に向けて気持ちを切り換える様子を表す。新しい行為に積極的にかかわろうとする話者の意欲が暗示される。ただし、白紙の状態から新しく意欲を起こすというニュアンスではなく、他者から勧められたりして新しい行動を起こすような状況が整っているとき、本人としては気軽に試みてみるというニュアンスになる。⑤⑥はさらに進んで間投詞として用いられた場合で、話者の丁重さ、謙虚さを暗示する。

この「ひとつ」は「さて」に似ているが、「さて」はまったく新しい行動に向けて気持ちを切り換える様子を表す。

× ひとつ犬の散歩に出かけるとするか。
→さて犬の散歩に出かけるとするか。

「ひとつ」が依頼・勧誘の文脈で用いられた場合(②③⑤⑥)には、気軽に行動を起こすことを相手に促す意味になるが、話者の目的に従って相手を動かすというニュアンスがある。この「ひとつ」は「どうぞ」に似ているが、「どうぞ」は漠然と相手の裁量に任せる暗示がある。

× 「おい、風呂がわいたぞ」「ひとつお先に」
→「おい、風呂がわいたぞ」「どうぞお先に」

⇩「さて」「どうぞ」「ひとつずつ」「ひとつとして」「ひとつには」「ひとつひとつ」「ひとつも」「いまひとつ」「なにひとつ」「もうひとつ」「ひとり」

ひとつずつ［一つずつ］hitotsuzutsu

① (子供たちに)はい、お土産《みやげ》。**ひとつずつ**よ。
② 山積する問題を**ひとつずつ**解決する。

【解説】複数のものをまとめずに個別に処理する様子を表す。プラスマイナスのイメージはない。①は述語、②は述語にかかる修飾語の用法である。複数あるものをまとめて処理せずに、順序立てて個別に処理する様子を表す。客観的な表現で、特定の感情を暗示しない。

「ひとつずつ」は「ひとつひとつ」や「ここ(個々)」に似ているが、「ひとつひとつ」は個々のもののそれぞれを丁寧に取り扱う暗示がある。「ここ」はたくさんある要素が独立している暗示がある。

問題を一つずつ解決する。
(まとめずに個別に解決する)
問題を一つ一つ解決する。
(一つ解決し確認してから次の一つにとりかかる)
問題を個々に解決する。
(それぞれの状況に合わせて別々に解決する)

⇩「ひとつひとつ」「ひとりずつ」「ひとつ」

ひとつとして［一つとして］hitotsutoshite

① 彼は五回も転職したが**ひとつとして**物にならない。
② 刑事はさまざまな状況証拠を挙げたが、彼が犯人であることを示すものは**ひとつとして**なかった。

【解説】後ろに打消しの表現を伴って、まったく存在しない様子を表す。プラスマイナスのイメージはない。打消しの表現を伴う述語にかかる修飾語として用いられる。ややかたい文章語で、くだけた会話にはあまり登場しない。対象を個別に吟味した上で、まったく存在しないという判断を下すニュアンスがある。

「ひとつとして」は「ひとつも」に似ているが、「ひとつも」はまったく存在しないことを客観的に表し、吟味したかどうかには言及しない。

彼は五回も転職したが一つとして物にならない。
(営業も経理も企画もみんなだめだ)
彼は五回も転職したが一つも物にならない。
(全部だめだ)

⇩「ひとつも」「なにひとつ」「ぜんぜん」「まったく」「すこしも」「ちっとも」「ひとりとして」「ひとつ」

ひとつには［一つには］hitotsuniwa

① 外国人留学生が接客業でアルバイトするのは、**ひ**

とつには給料が高いため、**ひとつには**実用的な日本語が覚えられるためだ。

② 最近の子供の骨が弱いのは、**ひとつには**清涼飲料水の飲み過ぎが原因と言われる。

③「あの二人、とうとう別れちゃったの?」「**ひとつには**彼女がわがままなんだよね」

【解説】 原因・理由・目的を列挙する様子を表す。プラスマイナスのイメージはない。「……は、一つには□□、一つには△△のため(だから)だ」という形で用いられることが多い。結果の原因・理由・目的となることを客観的に列挙する様子を表す。①が基本的な用法、②は原因の主要なものを一つだけ掲げる場合である。③はこれらから進んだ用法で、日常会話中心に用いられる現代語用法。話者が原因と考える事柄のマクラ(前置き)として用いられる。必ずしも他に別の原因が存在するとは限らない。たった一つの原因だと断定することをはばかる話者の自信のなさ、自己主張の弱さが暗示される。

⇩「ひとつ」

ひとつひとつ [一つ一つ] hitotsu-hitotsu

(1)① 当時の失敗の**ひとつひとつ**が今ではいい思い出だ。

② **ひとつひとつ**の遺品に文豪のありし日をしのぶ。

(2)① 母は服のほころびを**ひとつひとつ**丁寧に繕った。

② 梨に**ひとつひとつ**袋をかけるのは大変な作業だ。

【解説】 (1) 複数のものの要素を表す。プラスマイナスのイメージはない。名詞の「一つ」を重ねた語で、複数の対象すべてを個々の要素に視点をおいて表した語である。要素を丁寧に取り扱う暗示がある。

この「ひとつひとつ」は「ここ(個々)」に似ているが、「ここ」は要素が独立し、かつ価値をもっている暗示がある。

中学時代の一つ一つの思い出。
(話者個人の複数の思い出)
中学時代の個々の思い出。
(生徒たちのそれぞれの思い出)

(2) 個別に処理する様子を表す。ややプラスよりのイメージの語。述語にかかる修飾語として用いられる。一つ処理が終わってから次にとりかかる丁寧さの暗示がある。

この「ひとつひとつ」は「いちいち」や「ひとつずつ」に似ているが、「いちいち」は個々のものを取り立てて問題にする暗示がある。「ひとつずつ」はまとめて処理せずに個別にするという意味で、特定の感情を暗示しない。

× 課長は人のやることに一つ一つケチをつける。
→課長は人のやることにいちいちケチをつける。
× (子供たちに)はい、お土産《みやげ》。一つ一つよ。

↓はい、お土産。一つずつよ。

⇩「いちいち」「ひとつずつ」「ちくいち」「おのおの」「それぞれ」「べつ」「ひとりひとり」「ひとつ」

ひとつも［一つも］hitotsumo

① この留学生の作文には間違いが**ひとつも**ない。

② ピアノとフルートとギターを習ったが、**ひとつも**身につかなかった。

③ 「きのうはごめんなさいね」「ううん、君は**ひとつも**悪くないよ」

【解説】 後ろに打消しの表現を伴って、まったく存在しない様子を表す。プラスマイナスのイメージはない。打消しの表現を伴う述語にかかる修飾語として用いられる。日常会話では、しばしば③のように「ひとっつも」と発音される。①②が基本的な用法で、具体的に数えられるものが一個も存在しないという意味である。③はこれから進んだ用法で、かなりくだけた表現となり、日常会話中心に用いられる。可能性や程度を誇張的に否定する。

「ひとつも」は「ひとつとして」や「すこしも」に似ているが、「ひとつとして」は対象を個別に吟味した上で、まったく存在しないという判断を下すニュアンスがある。「すこしも」は打消しそのものを強調し、用法が広い。

× 君は一つとして悪くないよ。

× 興奮していたせいか一つも寒さを感じなかった。

↓興奮していたせいか少しも寒さを感じなかった。

⇩「ひとつとして」「すこしも」「ちっとも」「まったく」「ぜんぜん」「なにひとつ」「ひとりも」「ひとつ」

ひととおり［一通り］hitotōri

(1) ① この問題の解き方は**ひととおり**ではない。

② 彼はいつも**ひととおり**のやり方にだけこだわる。

(2) ① 父は朝刊に**ひととおり**目を通してから出勤する。

② 彼女はスペイン語が**ひととおり**話せる。

③ この観光バスは主な観光地を**ひととおり**回る。

④ 学生寮には生活用具が**ひととおり**そろっていた。

⑤ 「お嬢さん、生花の師範なんですって？」「はあ、**ひととおり**は習わせました」

⑥ (父親が娘に)お前には人前で恥をかかないように**ひととおり**のことは身につけさせたつもりだ。

(3) ① 課長は頑固だから説得するのは並**ひととおり**の苦労じゃないよ。

② 娘を留学させる両親の心配は**ひととおり**ではない。

【解説】 (1) 一つの方法・手段を表す。プラスマイナスのイメージはない。客観的な表現で、特定の感情を暗示しない。

(2) 最初から最後まで順に行って暫定的に完結させる

様子を表す。ややプラスイメージの語。①～⑤は述語にかかる修飾語、⑥は名詞にかかる修飾語の用法である。この「ひととおり」は最初から最後まで完結してはいるが、完璧《かんぺき》さの暗示がなく、暫定的に完結させたというニュアンスがある。そのため通常・尋常の程度には達していて不足はないが、必ずしも満足すべき程度にまで達しているという保証がない。⑤は師範であるから客観的には不足はないが、母親の自分の目から見ればまだまだ十分でないという謙遜《けんそん》の暗示がこもる。

(2)の「ひととおり」は「ひとわたり」や「いちおう」に似ているが、「ひとわたり」は全体を見渡す暗示が強く、最初から最後まで順に行って完結させる暗示はない。「いちおう」は最低限の要求は満たしているというニュアンスで、通常・尋常の程度に達しているかどうかには言及しない。

観光地をひととおり回った。
（全部の観光地に順に行ってみた）
観光地をひとわたり回った。
（そのあたりの観光地に全部行った）
観光地をいちおう回った。
（よくは見なかったが行くだけは行った）

(3) 後ろに打消しの表現を伴って、通常の程度を大きく超えている様子を表す。プラスマイナスのイメージはない。打消しの表現を伴う述語として用いられる。①の「並一通りの□□ではない」は非常に□□するという意味である。客観的な表現で、特定の感情を暗示しない。

⇨「ひとわたり」「いちおう」「ひとしきり」

ひとまず【一先ず】hitomazu

① 卒論を一か月かかって**ひとまず**書き上げた。
② (旅館で到着した団体客に)お食事の準備が整いましたらお電話で御案内いたしますから、**ひとまず**お部屋でお休みください。
③ (子供の風邪)やっと熱が下がったな。これで**ひとまず**安心だ。

【解説】 区切りをつける様子を表す。ややプラスよりのイメージの語。述語にかかる修飾語として用いられる。物事がどの程度達成できたかは問題にせず、区切りをつける様子を表す。②は次の行為(食事に行くこと)に移る前に、部屋で休むことによって旅館に到着したという行為の区切りをつけるという意味である。③は子供の風邪の熱が下がったことを区切りとして、安心な状態になったことを確認している。

「ひとまず」は「とりあえず」「いちおう」「さしあたり」などに似ているが、「とりあえず」は本格的な対応は後回しにして、できることを先に行う様子を表す。「いちおう」

は最低限の要求を満たしている納得の暗示がある。「さしあたり」は将来のことは考慮に入れずに、現在の状況に対応する様子を表す。

ひとまず五万貸してくれよ。
（今回は五万貸してほしい）
とりあえず五万貸してくれよ。
（後でもっと借りるかもしれないが）
いちおう五万貸してくれよ。
（本当はもっと貸してほしいのだが）
さしあたり五万貸してくれよ。
（五万が当座必要だから貸してほしい）

⇨「とりあえず」「いちおう」「さしあたり」「まず」「いったん」「しばらく」

ひとり【一人・独り】hitori

(1)
① 「お子さんは？」「息子が**ひとり**です」
② 飛田教授は論文審査委員の**ひとり**だ。
③ 通りには人っ子**ひとり**見えなかった。
④ 最後まで現場にいたのは私**ひとり**だけだった。
⑤ 今から二十年前、**ひとり**の日本人青年がヨットに乗って太平洋へ漕ぎ出した。
⑥ 彼女はいい年なのにまだ**ひとり**だ。
⑦ （独身女性が）**ひとり**はいいわよ、気楽で。
⑧ 彼は内戦下のカンボジアに**ひとり**取り残された。
⑨ 人事部長は四月を前にして**ひとり**頭を痛めている。

(2)
① 原発事故は**ひとり**地域の問題のみならず、地球全体に深刻な影響を与える全世界的な問題である。
② 既成の枠組みにとらわれずに柔軟な発想を展開することは、**ひとり**子供にのみ許された特権ではない。

【解説】 (1) 人の数が1であることを表す。プラスマイナスのイメージはない。具体的な人数を問題にする場合には「一人」、行動を共にする人がいないことを強調する場合には「独り」と書くことが多い。①～③が基本的な、人間の具体的な数を問題にする用法。③の「人っ子一人」は慣用句で、人間がまったく存在しないことを誇張的に述べる。④は自分だけという意味で、行動を共にする人が他にいなかったという意味である。⑤は特に人数を問題にせず、固有名を特定しない場合に用いる。「ある日本人青年が」というのに等しい。⑥⑦は独身という意味である。この場合、過去に結婚歴があるかどうかは問題にしない。⑧⑨は述語にかかる修飾語として用いられ、行動を共にする人がいない様子を表す。

(2) 後ろに限定・打消しの表現を伴って、一つのことに限定できない様子を表す。プラスマイナスのイメージはない。限定・打消しの表現を伴う述語にかかる修飾語として用いられる。かたい文章語で、日常会話には登場しない。日常的には「ただ」「たんに」などを用いる。
⇨「ただ」「たんに」「ひとりずつ」「ひとりで」「ひとりでに」「ひとりとして」「ひとりひとり」「ひとりも」「ひとつ」

ひとりずつ［一人ずつ］hitorizutsu

① 文化功労者は**ひとりずつ**前へ出て表彰を受ける。
② 年をとるにつれて家族が**ひとりずつ**いなくなる。

【解説】 複数の人間をまとめずに個別に処理する様子を表す。プラスマイナスのイメージはない。述語にかかる修飾語として用いられることが多い。複数いる人間をまとめて処理せずに、順序立てて個別に処理する様子を表す。客観的な表現で、特定の感情を暗示しない。
「ひとりずつ」は「ひとりひとり」に似ているが、「ひとりひとり」は個々の人間それぞれを丁寧に取り扱う暗示がある。

？ 子供は一人ずつ顔が違うように個性も違う。
→子供は一人一人顔が違うように個性も違う。

⇨「ひとりひとり」「ひとつずつ」「ひとり」

ひとりで［一人で・独りで］hitoride

(1)① こんな簡単な仕事は**ひとりで**十分だよ。
② **ひとりで**いいから誰か一緒に来てほしい。
(2)① ダブルベッドに**ひとりで**寝るのは気持ちがいい。
② だいじょうぶ、わたしは**ひとりで**生きていけます。
③ 一生**ひとりで**いるつもりはないね。
④ もう、ぼく、自転車、**ひとりで**乗れるよ。

【解説】 (1) 人の数が1であることを許容する様子を表す。プラスマイナスのイメージはない。述語にかかる修飾語として用いられる。客観的な表現で、特定の感情を暗示しない。
(2) 行動を共にする人がいない様子を表す。プラスマイナスのイメージはない。述語にかかる修飾語として用いられる。③は「ひとり」を独身の意味に用いた例で、「独りでいる」は「独身のままでいる(結婚しない)」という意味である。④は誰の援助も必要とせず、独力でという意味である。

⇨「ひとり」「ひとりでに」

ひとりでに［独りでに］hitorideni

① お化け屋敷の前に立つと**ひとりでに**扉が開いた。
② このあいだの地震では車が**ひとりでに**動き出した。
③ かすり傷だからほうっておけば**ひとりでに**治るさ。
④ 休みでも足が**ひとりでに**会社に向いちゃうんだ。

【解説】 人為的な力が働かなくても物事が成就する様子を表す。プラスマイナスのイメージはない。述語にかかる修飾語として用いられる。ややくだけた表現で、かたい文章中にはあまり登場しない。物事が成就するに際して人為的な力がかかわっていない点にポイントがあり、対象の自律や自動性の暗示がある。また、しばしば成就の原因がわからないというニュアンスで、不可解の暗示を伴う(①④)。

「ひとりでに」は「しぜんに」「おのずから」などに似ているが、「しぜんに」は人工的なものがかかわらないことを強調するニュアンスで、対象の自動性の暗示はない。「おのずから」は物事が自然に変化して帰結するというニュアンスがある。

休みでもひとりでに足が会社に向く。
(会社へ行こうと思っていないのに不思議だ)
休みでも自然に足が会社に向く。
(会社へ行く習慣になっている)
休みでもおのずから足が会社に向く。
(毎日行っているのだから当然の成り行きだ)

⇨「しぜん」「おのずから」「おのずと」「ひとりで」「ひとり」

ひとりとして［一人として］hitoritoshite

① 今の日本には高潔な政治家は**ひとりとして**いない。
② (父親が)これだけ子供がたくさんいるのに、おれの跡を継ぐのは**ひとりとして**いないのか。

【解説】「一人としていない」の形で、該当する人間がまったく存在しない様子を表す。プラスマイナスのイメージはない。ややかたい文章語で、くだけた会話にはあまり登場しない。対象を個別に吟味した上で、該当する人間がまったく存在しないと判断を下すニュアンスがあり、しばしば慨嘆の暗示を伴う(②)。

「ひとりとして」は「ひとりも」に似ているが、「ひとりも」は該当する人間がまったく存在しないことを客観的に表し、吟味したかどうかには言及しない。

おれの跡を継ぐのは一人としていないのか。
(長男も次男もみんな継がないのは情けない)
おれの跡を継ぐのは一人もいないのか。
(子供は全員跡を継いでくれない)

⇨「ひとりも」「ひとつとして」「ひとり」

ひとりひとり［一人一人］hitori-hitori

(1) ① 監督は選手の**ひとりひとり**に声をかけた。
② 政治改革は国民**ひとりひとり**の問題である。
(2) ① 子供は**ひとりひとり**顔が違うように個性も違う。
② 予備校では**ひとりひとり**懇切に受験指導をする。

【解説】(1) 複数の人間の各人を表す。プラスマイナスのイメージはない。名詞の「一人」を重ねた語で、複数の人間すべてを個々人に視点をおいて表した語である。各人を丁寧に取り扱う暗示がある。

(2) 複数の人間を個別に処理する様子を表す。ややプラスよりのイメージの語。述語にかかる修飾語として用いられる。一人処理が終わってから次にとりかかる丁寧さの暗示がある。
　この「ひとりひとり」は「ひとりずつ」に似ているが、「ひとりずつ」は複数の人間をまとめて処理せずに順序立てて個別に処理するというニュアンスで、特定の感情を暗示しない。
⇨「ひとりずつ」「おのおの」「めいめい」「それぞれ」「ひとつひとつ」「ひとり」

ひとりも【一人も】hitorimo

① (答案の返却)百点は**ひとりも**いませんでした。
② この写真の人たちは**ひとりも**見たことがない。
【解説】 後ろに打消しの表現を伴って、該当する人間がまったく存在しない様子を表す。プラスマイナスのイメージはない。打消しの表現を伴う述語にかかる修飾語として用いられる。客観的な表現で、特定の感情を暗示しない。
　「ひとりも」は「ひとりとして」に似ているが、「ひとりとして」は対象を個別に吟味した上で該当者がまったく存在しないと判断を下すニュアンスで、しばしば慨嘆の暗示を伴う。
⇨「ひとりとして」「ひとつも」「ひとり」

ひとわたり【一渡り】hitowatari

① 会場を**ひとわたり**見回してから席に着いた。
② 彼女は事件の顛末《てんまつ》を**ひとわたり**話してから、やおらタバコを取り出して一服した。
【解説】 全体を通して行い、区切りをつける様子を表す。プラスマイナスのイメージはない。述語にかかる修飾語として用いられる。全体を順に見渡しておおざっぱに行い、一区切りをつけるというニュアンスがある。客観的な表現で、特定の感情を暗示しない。

　「ひとわたり」は「ひととおり」や「ひとしきり」に似ているが、「ひととおり」は最初から最後まで順に行って暫定的に完結させるというニュアンスがある。「ひとしきり」はある時間の幅だけ盛んである様子を表し、全体を見渡す暗示はない。

　　会場をひとわたり見回す。

　(会場全体を一度に大まかに見渡す)

　　会場をひととおり見回す。

　(会場内の施設を全部暫定的に見て回る)

× 夕立がひとわたり降ったあと急に涼しくなった。
→夕立がひとしきり降ったあと急に涼しくなった。
⇨「ひととおり」「ひとしきり」

びにいりさいにいり［微に入り細に入り］ bini-iri-saini-iri

① 彼は親会社の内情を**びにいりさいにいり**調べた。
② 彼女は**びにいりさいにいり**姑《しゅうとめ》の欠点を数えあげた。

【解説】 非常に微細な点まで取り上げる様子を表す。ややマイナスイメージの語。述語にかかる修飾語として用いられる。詳細にという意味ではあるがしばしば不必要・煩雑の暗示を伴う。

「びにいりさいにいり」は「いちいち」に似ているが、「いちいち」は細かい点まで取り立てて問題にするというニュアンスで、不快の暗示を伴う。

× 「宿題は？」「ママは微に入り細に入りうるさいんだよ」
→「宿題は？」「ママはいちいちうるさいんだよ」

⇨「いちいち」

ひょっとしたら hyotto-shitara

① (モンタージュ写真を見て)この犯人、**ひょっとしたら**隣の息子じゃないかしら。
② 「みどり、遅いわね」「彼女、**ひょっとしたら**来ないかもしれない」
③ 応募書類、出してみたら？ **ひょっとしたら**まだ締切に間に合うかもしれないから。

【解説】 可能性が非常に低いことを仮定する様子を表す。プラスマイナスのイメージはない。述語にかかる修飾語として用いられる。しばしば「かもしれない」などの推量の表現を伴う。ややくだけた表現で、かたい文章中にはあまり登場しない。「ひょっとしたら」の表す可能性は非常に低いが、低いながらも確実に存在するニュアンスで、危惧《きぐ》(①②)・かすかな希望(③)などの暗示を伴う。

「ひょっとしたら」は「ひょっとして」「ひょっとすると」によく似ているが、「ひょっとして」は可能性の非常に低い事柄を前提として意外な結果になるというニュアンスがある。「ひょっとすると」は可能性の非常に低い事柄によって重大な結果を招くというニュアンスで、しばしば僥倖《ぎょうこう》を待ち望む暗示がある。

× (子供に)ベランダで遊ぶと危ないぞ。ひょっとしたら落ちたらどうするんだ。
→ベランダで遊ぶと危ないぞ。ひょっとして落ちたらどうするんだ。

？ あいつのことだからひょっとしたら受かるぞ。
→あいつのことだからひょっとすると受かるぞ。

「ひょっとしたら」は「もしかしたら」にも似ているが、「もしかしたら」のほうが存在の可能性が高く、偶然性の暗示が強い。

? 特等は無理でもひょっとしたら三等ぐらい当たるかと思って宝くじを買った。
→特等は無理でももしかしたら三等ぐらい当たるかと思って宝くじを買った。
⇩「ひょっとして」「ひょっとすると」「もしかしたら」

ひょっとして hyotto-shite

① (子供に)ベランダで遊ぶと危ないぞ。**ひょっとして**落ちたらどうするんだ。
② 偏差値四十だから東大を受けるなとは言えないよ。**ひょっとして**ということもあるから。
③ あなた、**ひょっとして**田中さんの妹さん？

【解説】 可能性が非常に低いことを前提とする様子を表す。プラスマイナスのイメージはない。述語にかかる修飾語として用いられる。しばしば「ひょっとして……したら」という形で仮定の条件句を作る。ややくだけた表現で、かたい文章中にはあまり登場しない。意外な結果になる可能性が非常に低いながら存在するというニュアンスがある。②は「ひょっとして」が呼応する部分を省略した形で、偏差値四十の実力で東大に受かるのは意外な結果ではあるが、そういう可能性がまったくないわけではないという意味である。③は話者自身が意外な可能性に驚いている暗示がある。

「ひょっとして」は「ひょっとしたら」「ひょっとすると」によく似ているが、「ひょっとしたら」は可能性が低いながらも確実に存在するというニュアンスで、危惧《きぐ》やかすかな希望などの暗示を伴う。「ひょっとすると」は非常に低い可能性で重大な結果になるというニュアンスで、しばしば僥倖《ぎょうこう》を待ち望む暗示がある。

「ひょっとして」は「もしかして」や「まんいち」などにも似ているが、「もしかして」は「ひょっとして」よりも存在の可能性が高く、好ましい結果についての期待の暗示がある。「まんいち」は極端な事態を想定する切迫感の暗示が強い。

? 「このクラスでいちばんもてるの誰だと思う？」「ひょっとして私だったりして」
→「このクラスでいちばんもてるの誰だと思う？」「もしかして私だったりして」
× ひょっとして私が行けない場合でも妹が行くわ。
→万一私が行けない場合でも妹が行くわ。
⇩「ひょっとしたら」「ひょっとすると」「もしかして」「まんいち」「まんまんがいち」「もしも」

ひょっとすると hyotto-suruto

① パリで**ひょっとすると**彼に会えるかもしれない。
② あいつのことだから**ひょっとすると**受かるぞ。

③　こりゃあ、**ひょっとすると**ひょっとするぞ。

【解説】　可能性が非常に低いことを前提とする様子を表す。ややプラスよりのイメージの語。述語にかかる修飾語として用いられる。しばしば「かもしれない」などの推量表現を伴う。ややくだけた表現で、かたい文章中にはあまり登場しない。可能性の非常に低い事柄によって重大な結果を招くというニュアンスがあり、しばしば僥《ぎょう》倖《こう》を待ち望む暗示がある(①)。③のように具体的な結果を明示しない場合には、好ましい結果についての期待の暗示がこもる。

「ひょっとすると」は「ひょっとしたら」「ひょっとして」によく似ているが、「ひょっとしたら」は低いながらも可能性が確実に存在するというニュアンスで、危《き》惧《ぐ》やかすかな希望などの暗示を伴う。「ひょっとして」は非常に可能性の低い事柄を前提として、意外な結果になるという暗示がある。

「ひょっとすると」は「もしかすると」や「ことによると」にも似ているが、「もしかすると」のほうが存在の可能性が高く、かなり客観的で偶然性の暗示がある。「ことによると」は重大な(好ましくない)結果になる暗示がある。

×　こりゃあもしかするともしかするぞ。
　　ひょっとするとひょっとするぞ。
　　(うまく行くかもしれないぞ)
　　ことによるとことによるぞ。
　　(えらいことになるかもしれないぞ)

⇩「ひょっとしたら」「ひょっとして」「もしかすると」「ことによると」「あるいは」

ふい ［不意］ fui

① 味方は**ふい**を突かれて右往左往した。
② オオカミに襲われたシカは**ふい**を討たれて逃げ場を失った。
③ 質問はまったく**ふい**だったので答えられなかった。
④ わが家にはよく**ふい**の客がある。
⑤ 草むらで鳴いていた虫の声が**ふい**にやんだ。
⑥ 「人間はなぜ生きるんだろうか」と彼は**ふい**に真顔になって言った。
⑦ 息子は朝**ふい**と家を出ていったきり戻らない。

【解説】　予想しない事態の変化が突然起こる様子を表す。ややマイナスイメージの語。①②は名詞の用法で「不意を突かれる(討たれる)」の形で用いられる。③は述語、④は名詞にかかる修飾語、⑤⑥は「ふいに」の形で、述語にかかる修飾語になる。①〜④は事前に予想していないという意味で、衝撃の暗示がある。⑤⑥は継続することが期待されている事態が予想に反して変化するというニュアンスで、意外性と不審の暗示がある。⑦は行為のしかたが突然である様子を表すが、「不意に」よりは客観的な表現で、衝撃・意外性・不審などの暗示は少ない。

「ふいに」は「いきなり」「だしぬけに」「きゅうに」「とつぜん」「やにわに」などに似ているが、「いきなり」は前段階を踏まずに新たな事態が起こるというニュアンスがある。「だしぬけに」は行為の受け手の被害者意識が暗示される。「きゅうに」は事態が短時間内に大きく変化する様子を表し、予想しない事態かどうかには言及しない。「とつぜん」は話者の誇張の暗示を伴う。「やにわに」は前の動作とまったく関係のない大きな動作や行為を突然起こす様子を表し、慨嘆の暗示がこもる。

彼は不意に大声で叫んだ。
（今まで静かにしていたのにどうしたんだろう）
彼はいきなり大声で叫んだ。
（予告なしで驚いた）
彼はだしぬけに大声で叫んだ。
（突然でびっくりするじゃないか）
彼は急に大声で叫んだ。
（何か重大事件が起こったのだろう）
彼は突然大声で叫んだ。
（本当に予想していなかったから驚いた）
彼はやにわに大声で叫んだ。
（何もそんな大声を出さなくてもいいのに）

⇨「いきなり」「だしぬけ」「きゅう」「とつぜん」「やにわ」「とつじょ」「つと」「ふと」

ふしょうぶしょう［不承不承］fushô-bushô

① 彼は**ふしょうぶしょう**立ち退き命令に従った。
② 両親は**ふしょうぶしょう**ながらも留学費用を出してくれた。
③ 夫はトイレの掃除を引き受けてくれたが、いかにも**ふしょうぶしょう**の態だった。

【解説】 望まないことを消極的に行う様子を表す。マイナスイメージの語。①②は述語にかかる修飾語、③は名詞にかかる修飾語の用法である。内容的にも納得できず不承知ではあるが、さまざまな事情で余儀なく消極的に行動するというニュアンスがあり、主体の不本意さが強調される。

「ふしょうぶしょう」は「いやいや」「こころならずも」「しょうことなしに」などに似ているが、「いやいや」は主体の不快が強調され、内容的に納得していないかどうかには言及しない。「こころならずも」は本心でない様子を表し、不本意な結果を反省する意味もある。「しょうことなしに」は客観的に余儀ない状況のために他に選択の余地がない結果、望まないことを受け入れるというニュアンスで、主体のあきらめと慨嘆が暗示される。

夫はトイレ掃除を不承不承引き受けた。
(本当は妻がすべきだと思うのだが)
夫はトイレ掃除をいやいや引き受けた。
(トイレ掃除など臭いから嫌なのだが)
夫はトイレ掃除を心ならずも引き受けた。
(本当は他に重要な仕事があったのだが)
夫はトイレ掃除をしょうことなしに引き受けた。
(妻は外出するしトイレも汚れているからしかたない)

⇨「いやいや」「こころならずも」「いやおうなし」「やむなく」「やむをえず」

ふたたび ［再び］ **futatabi**

① 彼はいくら注意されても、同じ過ちを**ふたたび**三たびと繰り返す。
② 近鉄は7回の裏にチャンスが**ふたたび**めぐってきた。
③ この地を**ふたたび**訪れることはないと思う。
④ 汚職事件は二度と**ふたたび**起こしてほしくないね。

【解説】 同じ動作や状態を二度目に繰り返す様子を表す。プラスマイナスのイメージはない。ややかたい文章語で、述語にかかる修飾語として用いられる。単独ではあまり日常会話に登場しない。①が基本的な頻度の用法で、二度という意味である。②③は同じ動作や行為を繰り返し反復するという意味で、厳密に二度目のみを指すとは限らない。④の「二度と再び」は慣用句で、後ろに打消しの表現を伴って用いられ、ある時点よりも未来に問題の行為を行う可能性がまったくない様子を表す。
後ろに打消しを伴う場合には「ふたたび」は「にどと」に似ているが、「にどと」のほうが日常的で、問題の行為を未来に行う可能性がまったくない様子を誇張的に表す。

× その話は彼にとって再びない絶好のチャンスだ。
→その話は彼にとって二度とない絶好のチャンスだ。

⇨「にどと」「また」「さいど」「もういちど」「かさねて」「またしても」「またまた」「またも」「またもや」

ふだん ［不断・普段］ **fudan**

(1)① 若ノ花の優勝は**ふだん**の稽古《けいこ》のたまものだ。
② **ふだん**に努力していれば、いつか必ず実を結ぶ。
(2)① 夫は事件当日もまったく**ふだん**と変わったところは見えなかった。
② 父は日曜日に限って**ふだん**より早く起きる。
③ (オーディション)**ふだん**の通りやってごらん。
④ この赤い服、**ふだん**に着るのはもったいないわ。
⑤ 家の中を**ふだん**からきちんとしていれば、不意の

来客にもあわてなくてすむというものだ。
⑥ 彼は**ふだん**はおとなしいが、酒が入ると暴れる。
⑦ **ふだん**家にいるときは何してるの？

【解説】 (1)(「不断」と書くもの) 途切れることなく続く様子を表す。プラスイメージの語。①は名詞にかかる修飾語、②は述語にかかる修飾語の用法である。かなりかたい文章語で、くだけた会話には登場しない。客観的な表現で、特定の感情を暗示しない。

(2)(「普段」と書くもの) 日常の状態を表す。プラスマイナスのイメージはない。①~⑤は名詞の用法、⑥⑦は述語にかかる修飾語の用法である。ややくだけた表現で、かたい文章中にはあまり登場しない。何も特別のことのない日常普通の状態を指し、特別(よそゆき)の場合と対置される。③は日ごろ練習している通りにという意味、④は日常家で着るのはもったいない、外出用にしたいという意味である。

(2)の「ふだん」は「いつも」や「ひごろ」などに似ているが、「いつも」は通常の習慣的な物事や状態を表し、特別の場合とは対置されない。「ひごろ」は毎日続く日常で普通に行われる物事全体を指すニュアンスがある。

× (デートの約束)じゃあ、六時にふだんの所で。
　→じゃあ、六時にいつもの所で。
× この赤い服、日頃着るのはもったいないわ。

⇨「いつも」「ひごろ」「つねづね」「つねひごろ」「ふつう」

ふつう［普通］futsū

(1)① 体の小さい力士は**ふつう**以上の努力が必要だ。
② 今どき大学へ行くぐらい**ふつう**だ。
③ (歌手の引退宣言)**ふつう**のおばさんに戻りたい。
④ 人気歌手のユタカも素顔はごく**ふつう**の若者だ。
⑤ **ふつう**の人間はプロの練習にはついていけない。
⑥ (娘に)「お前も留学したいか」「**ふつう**」

(2)① 一日数回手を洗うのはごく**ふつう**だが、夜中に起きて何度も洗うとなるとこれは**ふつう**じゃない。
② 子供を棒でなぐる彼女の目は**ふつう**ではなかった。

(3)① (地方の駅で)「この路線はときどきSLが走るんだよ」「ぼくが乗ってきたのは**ふつう**の列車だったなあ」
② ヒヨドリは日本全国で**ふつう**に見られる。
③ (ビデオの収録)できるだけ**ふつう**にお願いします。
④ 「お父さん、遅いわね」「そうね、**ふつう**ならとっくに帰ってくるんだけど」
⑤ 「夕飯は何時ですか」「**ふつう**は八時ごろですね」
⑥ (外国人が)「あなたの鼻はとても美しいね」「その言い方は間違いじゃないけど、**ふつう**は言わないわね」

⑦ 私は**ふつう**朝七時に起きる。
⑧ **ふつう**ダイサギ・チュウサギ・コサギをまとめてシラサギと呼ぶ。

【解説】 (1) 平均的である様子を表す。プラスマイナスのイメージはない。①は名詞の用法、②は述語、③〜⑤は名詞にかかる修飾語の用法である。あまり述語にかかる修飾語にはならない。特殊な場合と対置される世間一般の平均を表す。ただし全体として極端なものが含まれている暗示はある。①は努力の平均的な程度という意味、③④は芸能人でない平均的な人間という意味、⑤はプロでない平均的な人間という意味である。①〜⑤は客観的な表現で、特定の感情を暗示しない。⑥は応答詞として用いられる現代語用法で、若い人中心に用いられる。希望や感想をたずねる質問に対して、肯定でも否定でもない不確実な心理を表し、無関心・無気力の暗示がある。

(1)の「ふつう」は「あたりまえ」や「つね」に似ているが、「あたりまえ」は対象が特別な状態でなく価値がないことについて、軽い侮蔑《ぶべつ》や謙遜《けんそん》の暗示がある。「つね」は全体が同じように平均的であるというニュアンスで、極端なものの存在は暗示しない。

? (施設への寄付を感謝されて)私は普通のことをしただけです。
↓私はあたりまえのことをしただけです。

× 常のおばさんに戻りたい。

(2) 後ろに打消しの表現を伴って、異常である様子を表す。ややマイナスよりのイメージの語。打消しの表現を伴う述語になることが多い。病的であるというニュアンスで、「□□は普通ではない」と言ったとき、しばしば主体の精神状態を疑う暗示がある。

(3) 通常の状態である様子を表す。プラスマイナスのイメージはない。述語にかかる修飾語になること(②〜⑤)が多いが、名詞にかかる修飾語になる場合(①)もある。特別の状態と対置される日常・通常の状態を表す。①はSLでない通常走っている型の列車という意味、③は緊張したりかまえたりしないで日常の態度でという意味、⑤〜⑧は通常の慣例としてという意味である。客観的な表現で、特定の感情を暗示しない。

(3)の「ふつう」は「ふだん」や「いつも」などに似ているが、「ふだん」は特別な場合と対置される日常の状態そのものを表すニュアンスがある。「いつも」は通常の習慣的な状態を表し、一般性の暗示がある。

× この赤い服、普通に着るのはもったいないわ。
↓この赤い服、ふだんに着るのはもったいないわ。
× (デートの約束)じゃあ、六時に普通の所で。
↓じゃあ、六時にいつもの所で。

⇩「あたりまえ」「ふだん」「いつも」「ひごろ」「ただ」

ふと［不図］futo

① いいアイデアが**ふと**思い浮かんだ。
② **ふと**気がつくとすでに夜もふけていた。
③ まっしぐらに走ってきた人生だが、最近ときどき**ふと**立ち止まって考えることがある。
④ 彼女は夫の行動に**ふと**疑念を抱いた。
⑤ 書店の店頭で**ふと**目についた文庫本を買った。
⑥ フレミングは**ふと**したことからペニシリンを発見した。
⑦ 祖父は**ふと**したけがが元でなくなった。
⑧ 二人は**ふと**した行き違いで犬猿の仲になった。

【解説】 理由や目的が存在しない様子を表す。プラスマイナスのイメージはない。①～⑤は述語にかかる修飾語の用法。⑥～⑧は「ふとした□□から(で・が元で)」など名詞にかかる修飾語の形で原因・理由を表す句を作り、ほとんど存在しないに等しい事柄が原因・理由である様子を表す。ややかたい文章語で、日常会話にはあまり登場しない。行為や状態の明確な理由や目的が存在しない様子を表し、主体の無意識の暗示を伴う。

「ふと」は「ふいに」や「なんとなく」「つと」に似ているが、「ふいに」は予想しない事態の変化が突然起こる様子を表し、意外性・不審・衝撃などの暗示を伴う。「なんとなく」は理由や目的もなく無意識に行動する様子を表し、自然の成り行きに任せる暗示がある。「つと」は話者の予期しない行動を起こす様子を表す。

× 不意に(何となく・つと)気がつくと夜もふけていた。

彼はふと立ち上がった。
(彼は立ち上がる理由を自覚していなかった)
彼は不意に立ち上がった。
(ずっと座っていたのにどうしたんだろう)
彼は何となく立ち上がった。
(周りがみんな立ち上がったので成り行きで)
彼はつと立ち上がった。
(彼の立ち上がることを話者は予期していなかった)

⇩「ふい」「なんとなく」「つと」「とつぜん」「きゅう」「やにわ」「だしぬけ」

ふるく［古く］ ⇩『現代形容詞用法辞典』「ふるい」

ふるって［奮って］furutte

① 彼は勇気を**ふるって**洞窟《どうくつ》に入って行った。
② (テレビ番組のプレゼント)締切は明日の消印まで有効です。どうぞ**ふるって**御応募ください。

【解説】 気力を盛り上げる様子を表す。プラスマイナスのイメージはない。①は基本的な動詞の用法。勇気を鼓舞してという意味である。②は述語にかかる修飾語として用いられた例で、参加・応募などの相手の積極的な行動を勧誘する場合に慣用的によく用いられる。客観的な表現で、特定の感情を暗示しない。

ふんだん fundan

① 日本人は水を**ふんだん**に使う生活に慣れている。
② バターを**ふんだん**に使ってケーキを焼いた。
③ 部屋には春の日差しが**ふんだん**にあふれていた。
④ この作品には悪の魅力が**ふんだん**に盛られている。
⑤ 中国には**ふんだん**な地下資源がある。

【解説】 多量にある様子を表す。ややプラスイメージの語。述語にかかる修飾語として用いること(①～④)が多いが、名詞にかかる修飾語(⑤)になることもある。具体物についても(①～③⑤)抽象的なものについても(④)用いられるが、好ましいものが多量にあるというニュアンスで、好ましくないものについてはふつう用いない。

× 彼の仕事にはミスがふんだんに見つかる。
→彼の仕事にはミスがたくさん(しこたま)見つかる。

消費の対象となるものが予想される消費量を大きく上回ってあるというニュアンスで、豊富の暗示がある。③は春の日差しが部屋を明るく暖かくするのに十分過ぎるほど差し込んでいるという意味、④は読者が鑑賞すべき悪の魅力が作品の中に多量に存在するという意味である。

「ふんだんに」は「たくさん」「いっぱい」「うんと」や「しこたま」「たんまり」「ごまんと」などに似ているが、「たくさん」「いっぱい」「うんと」は好ましいものについても好ましくないものについても用いられる。「しこたま」「たんまり」「ごまんと」はふつう好ましくないものについて用いられる。

⇨「たくさん」「いっぱい」「うんと」「しこたま」「ごまんと」「やまほど」「じゅうぶん」「じゅうぶん」「たらふく」

べつ [別] betsu

(1)
① 弊社は男女の**べつ**なく募集しています。
② あの会社は男女で給料の**べつ**をつけている。
③ 職業**べつ**電話帳を引く。

(2)
① 菓子を進物用と自宅用とで**べつ**に包んでもらった。
② 三枝子は新婚なのに夫と寝室を**べつ**にしている。

(3)
① 彼は給料とは**べつ**に夜勤手当てをもらっている。
② (電話で)課長はただ今**べつ**の電話に出ております。
③ 長患いが治らないので**べつ**の医者に見てもらう。
④ 博士の見解に関しては**べつ**な見方も存在する。
⑤ (デパートで)「こちらなんかいかがでしょう」「そうねえ。もっと**べつ**のを見せてくださる?」
⑥ (喫茶店で)あら、みんなコーヒーなの。私は**べつ**

なのにするわ。
⑦ 口で言うのと自分でやるのとはまったく**べつ**だ。
⑧ 女性は一般に嫉妬《しっと》深いものだが、彼女は**べつ**だ。
(4)① 当ホテルはシングルで一泊八千円、税金とサービス料は**べつ**でございます。
② (スピード違反)今回は見逃してやろう。知っててやったんならべつだが。
③ 光源氏は紫の上の手紙を**べつ**にしまっておいた。
④ 農民は種もみは食べずに**べつ**に取っておく。
⑤ きのうの話とは**べつ**に君に相談があるんだ。
⑥ その留学生の作文は、細かい文法的なミスは**べつ**として、内容や構成はとてもすぐれたものだった。
⑦ (友人に)君は顔は**べつ**として頭はいいねえ。
⑧ 冗談は**べつ**にして、今後ともよろしく願います。
⑨ この洋服は色は**べつ**としてデザインはいいわね。
⑩ 彼女は気が強いところを**べつ**にすれば、やさしくて魅力的な女性だ。
(5)① この問題は**べつ**にむずかしいことはない。
② 部長の留守中**べつ**に変わったことはなかった。
③ (同僚に)「会社辞めてこれからどうするつもりだ」「**べつ**にどうもしやしないさ」
④ 今度の学会では見るべき発表は**べつ**になかった。
⑤ 学校なんて**べつ**におもしろくもなんともない。
⑥ 大学を卒業できなくても**べつ**にかまわない。
⑦ (縁談)**べつ**にどこが嫌だって言うんじゃないんだけど、何となく気が進まないのよ。
⑧ 「タバコ吸っていい?」「おれは**べつ**にいいけど」
⑨ 「駅弁どれがいい?」「**べつ**に何だっていいよ」
⑩ (息子に)「テスト、どうだった?」「**べつ**に」

【解説】 (1) 二者の区別を表す。プラスマイナスのイメージはない。単独の名詞あるいは「□□別」の形の複合名詞で用いられる。客観的な表現で、特定の感情を暗示しない。

(2) 複数のものをまとめずに個別に処理する様子を表す。プラスマイナスのイメージはない。「別に」の形で述語にかかる修飾語として用いられる。複数の対象をまとめないことにポイントがあり、分けられた個々の要素は重視されない。

(2)の「べつに」は「ここに(個々)」や「ひとつひとつ」に似ているが、「ここに」は分割された個別の要素が独立している暗示がある。「ひとつひとつ」は複数の対象を個別に丁寧に処理する暗示がある。

別に包んでもらう。
(包みを二つにする)
個々に包んでもらう。
(進物用に一つ、自宅用に一つ)

一つ一つ包んでもらう。
（一つ包み終わってから次の包みを作る）

(3) 異なるものが存在する様子を表す。プラスマイナスのイメージはない。①は述語にかかる修飾語、②〜⑥は名詞にかかる修飾語、⑦⑧は述語の用法である。話題の中心になっている物事と同程度の異なる特定の物事が存在する様子を表し、しばしばそれが話題の中心の物事よりも好ましい暗示がある(③〜⑥)。⑦は「□□と△△とは別だ」の形をとり、□□と△△は質がまったく異なるので、同日には論じられないという意味になる。⑧は「□□は……だが、△△は別だ」の形をとり、△△が例外である様子を表す。ふつう前にあまり好ましくない一般的な傾向を掲げ、後ろの△△がその例外で好ましいという場合に用いることが多い。

修飾語で用いられた(3)の「べつ」は「ほか」に似ているが、「ほか」は客観的な表現で、話題の中心以外の不特定の物事を指すニュアンスがあり、それが好ましい暗示はない。

別の医者に見てもらう。
（もっと上手な医者）
他の医者に見てもらう。
（今かかっている以外の医者）

(4) 補足的な物事が存在する様子を表す。プラスマイナスのイメージはない。①②は述語、③〜⑤は「別に」の形で述語にかかる修飾語、⑥〜⑩は「□□は別として（にして・にすれば）」などの形で条件句を作る用法である。主となる物事のほかに従となる物事が存在する様子を表し、主と従とを個別に処理する暗示がある。⑥〜⑩は、あまり好ましくない点を従として□□で先に出し、主となる物事を後に述べるもので、重点は後にある。

(5) 状態や程度に特に言及する様子を表す。プラスマイナスのイメージはない。「別に」の形で、①〜⑧は述語にかかる修飾語、⑨は会話の途中で用いられる間投詞の用法、⑩は応答に用いられる感動詞の用法である。述語にかかる修飾語の場合には、後ろに打消しや否定の表現を伴うことが多い(①〜⑦)。⑧⑨は形としては肯定であるが、内容的には「かまわない」という打消しの意味を含む。

状態や程度について用いた場合(①②④〜⑧)には、状態や程度が特に言及に値するほどははなはだしくない、むしろ普通(以下)だというニュアンスで、しばしば侮蔑《ぶべつ》の暗示を伴う(①④⑤)。動作や行為について用いた場合(③)には、特に目立った行動はとらないという意味になる。⑨は間投詞の用法で、相手の問いかけの内容には特に言及する必要がないというニュアンスで、無関心の暗示がある。⑩は応答として用いられた感動詞の用法で、質問の内容にはまったく関係なく用いられる。相手の質問を問題にせず、コミュニケーションを拒む心理が暗示される。

(5)の「べつに」は「とくべつ」「かくべつ」などに似ているが、「とくべつ」「かくべつ」はもともと程度がはなはだしいという意味があり、打消しの場合には程度がはなはだしいわけではないという部分否定の意味になる。

別に変わったことはなかった。
(変わったことは何もなかった)
特別変わったことはなかった。
(特に報告すべきことはなかった)
格別変わったことはなかった。
(おもしろいことはなかった)

⇩「ひとつひとつ」「とくべつ」「かくべつ」「また」「べつだん」「べっと」

べつだん［別段］betsudan

① (裁判官が被告に)「何か言いたいことはありますか」「**べつだん**ありません」

② 胃カメラは飲んでみたら**べつだん**どうってことはなかった。

③ 前線の状況に**べつだん**の変化は見られない。

【解説】 後ろに打消しの表現を伴って、特に言及する必要のない様子を表す。プラスマイナスのイメージはない。

①②は述語にかかる修飾語、③は名詞にかかる修飾語の用法である。かなり客観的で冷静な表現で、特定の感情は暗示されていない。

「べつだん」は「べつに」によく似ているが、「べつに」は侮蔑《ぶべつ》や無関心の暗示を伴うことが多く、客観的な表現にはなっていない。

? 「タバコ吸っていい?」「おれは別段いいけど」
→ 「タバコ吸っていい?」「おれは別にいいけど」

大学を卒業できなくても別段かまわない。
(特別さしつかえがあるわけではない)
大学を卒業できなくても別にかまわない。
(卒業するかどうかは問題ではない)

⇩「べつ」「とくべつ」「かくべつ」「さほど」「あまり」「たいして」

べっと［別途］betto

① (税務署員が)**べっと**の収入がある場合には、個人で確定申告してください。

② 交通費と食費は**べっと**に支給します。

③ (見積書)デザイン料は**べっと**御相談させていただきます。

【解説】 補足的な物事が存在する様子を表す。プラスマイナスのイメージはない。①は名詞にかかる修飾語、②③は述語にかかる修飾語の用法である。かなりかたい文章語で、経理・税金など金銭貸借関係の分野でよく用いられる。主となる物事のほかに従となる物事が存在する様子を表し、主と従とを個別に処理する暗示がある。

「べっと」は「べつに」に似ているが、「べつに」のほうが用法が広い。

? 光源氏は紫の上の手紙を別途にしまっておいた。
→光源氏は紫の上の手紙を別にしまっておいた。

⇩「べつ」

べつに［別に］ ⇩「べつ」

べらぼう［篦棒］berabô

① いくらマツタケだからって一本五千円とはあまりにもべらぼうだ。
② 親子二代ローンでやっと手に入れた土地にまた税金がかかるだなんてべらぼうな話はない。
③ あの骨董屋《こっとうや》の奴、人の足下を見やがってべらぼうな値段をつけやがった。
④ 東京の地価はべらぼうに高い。
⑤ あいつは酒がべらぼうに好きだよ。
⑥ べらぼうめ。何をぬかしやがる。

【解説】程度が非常にはなはだしい様子を表す。マイナスイメージの語。①は述語、②③は名詞にかかる修飾語、④⑤は述語にかかる修飾語、⑥は感動詞の用法である。くだけた表現で、かたい文章中には登場しない。好ましくない事柄について用いることが多く(①〜④)、憤慨・概嘆の暗示を伴う。単に程度を誇張する場合(⑤)には、通常の程度をはなはだしく超えている様子を表す。⑥は感動詞としてののしりに用いられた例である。この場合はかなり古風な表現になり、現在ではあまり用いられない。相手の言動をののしる意味で、強い侮蔑《ぶべつ》の暗示を含むが怒りや憤慨の暗示は少ない。日常的には「ばか(野郎)」などを用いる。

④⑤の「べらぼうに」は「めっぽう」や「ばかに」に似ているが、「めっぽう」は話者の驚きと不可解さの暗示がある。「ばかに」は程度がはなはだしいことについて不審の暗示がある。

東京の地価はべらぼうに高い。
(高すぎて話にならない)
東京の地価はめっぽう高い。
(なぜかわからないが非常に高い)
東京の地価はばかに高い。
(こんなに高いのはおかしい)

⇩「めっぽう」「むやみやたら」「めったやたら」「やたらめったら」

へん［変］**hen**

(1) ① 最近彼は様子が**へん**だ。
② 朝から目がしょぼしょぼして**へん**だ。
③ あまりに暑くて頭が**へん**になりそうだ。
④ 「のぞみ」(列車)がトンネルに入ったら耳が**へん**になった。

(2) ① (友人の格好を見て)何それ、**へん**な帽子。
② 原宿では**へん**な格好で歩いても誰も振り返らない。
③ 何かこげてない？　**へん**なにおいがするわよ。
④ ぼくのことをそんな**へん**な目で見ないでくれ。
⑤ 父は私の夫と間違われて一瞬**へん**な顔をした。
⑥ わたしが**へん**なおじさんで～す。
⑦ 地図の端に**へんてこ**な文字が書いてあった。
⑧ ずいぶん**へんちくりん**なバッグを持ってるのね。
⑨ 「あら、おそろいでどちらへお出かけ？」「**へん**にかんぐるなよ。駅まで一緒に行くだけなんだから」
⑩ でかい声出すなよ。人が**へん**に思うじゃないか。
⑪ こんなことを言うと**へん**に聞こえるかもしれないが、ぼくは女房よりも女房の妹のほうがタイプなんだ。
⑫ (検算)**へん**だな。何度やっても答えが違うぞ。

(3) ① 一五八二年、本能寺の**へん**が起こった。

【解説】 (1) 異常である様子を表す。マイナスイメージの語。あまり名詞にかかる修飾語にはならない。①②は述語、③④は「変になる」の形で述語を作る。この「へん」は正常と対置され、しばしば病的である暗示がある。

(2) 異様である様子を表す。マイナスイメージの語。①～⑧は名詞にかかる修飾語、⑨～⑪は述語にかかる修飾語、⑫は述語の用法である。⑦の「へんてこ」、⑧の「へんちくりん」はくだけた会話で用いられ、「へん」の意味をさらに侮蔑《ぶべつ》的に強めた語である。これらは名詞にかかる修飾語として主に外見の様子について用いられる。⑨はかんぐり方が変だという意味、⑩⑪は思ったり聞いたりする内容が変だという意味で、修飾のはたらき方が異なる。(2)の「へん」は通常と対置され、不審の暗示がある。対象の状態が日常普通の状態とかけはなれているというニュアンスで、しばしば侮蔑(①⑦⑧)・不審(③⑩⑪⑫)・不可解(④～⑥⑨)などの暗示を伴う。

(1)(2)の「へん」は、理性によって正常や通常の状態ではないと判断するニュアンスがあり、その原因・理由は理性的なもので、話者がしばしば理解している暗示がある。この「へん」は「みょう」に似ているが、「みょう」は人知を超えたものが原因で、正常・通常でない状態になるというニュアンスがあり、原因・理由について見当がついていない不可解の暗示がある。

このジュースは変な味がするよ。
（腐っているんじゃないか）
このジュースは妙な味がするよ。
（理由はわからないがとても変わった味だ）

(3) 政変を表す。プラスマイナスのイメージはない。「□□の変」の形でのみ用いられ、単独では用いられない。

⇩「みょう」「やけ」「いやに」

ほどなく［程無く］hodo-naku

① 彼は退院すると**ほどなく**職場に復帰した。
② 母の電話から**ほどなく**して荷物と金が届いた。
③ （客に）お車は**ほどなく**参ります。

【解説】前件と後件の間にあまり時間が経過していない様子を表す。プラスマイナスのイメージはない。「ほどなく」「ほどなくして」の形で述語にかかる修飾語になる。ややかたい文章語で、日常会話にはあまり登場しない。公式の発言などでは「まもなく」の代わりに用いられることもある(③)。③は現時点からあまり時間を経ないうちにという意味で、前件は現時点である。

「ほどなく」は「まもなく」に似ているが、「まもなく」のほうが前件と後件の間の時間の隔たりが少ない。

彼は退院するとほどなく職場に復帰した。
（少し静養してから復帰した）
彼は退院するとまもなく職場に復帰した。
（退院して時間をあまりおかずに復帰した）

⇩「まもなく」「じき」「すぐ」「そのうち」「いずれ」「やがて」

ほとほと［殆］hotohoto

① 息子が朝ねぼうで**ほとほと**手を焼いている。
② あんなわがままな女、**ほとほと**愛想が尽きたぜ。
③ 「実は貸し倒れが発生しましてね」「それは**ほとほと**お困りでしょう」

【解説】程度がはなはだしいことを慨嘆する様子を表す。ややマイナスイメージの語。「困る・愛想が尽きる・閉口する」など困惑や嫌悪・忌避《きひ》を表す動詞にかかる修飾語になる。現在ではふつう好ましくない事柄について用いられ、好ましい事柄については用いられない。慨嘆(①③)・嫌悪(②)・困惑などの暗示を伴う。対象の程度がはなはだしいことを実際に体験してから慨嘆する暗示がある。③は話者の未経験の事柄ではあるが、主体の困惑や慨嘆を思いやって同情しているニュアンスになる。

「ほとほと」は「よくよく」に似ているが、「よくよく」は物事の根源や真相に言及し、根源からある状態に完全になっているというニュアンスがある。

× 息子が朝ねぼうでよくよく手を焼いている。
⇩「よくよく」「つくづく」

ほどほど［程々］hodohodo

① 競馬が好きなのはいいけれど、うちの人ったら**ほどほど**ってことがわかんないのよ。
② 受験生にだって**ほどほど**の遊びは必要だ。
③ 最近ずっと乾燥していたから今度の台風は**ほどほど**のお湿りになった。
④「カラオケ行ってるのかい」「**ほどほど**にね」
⑤ 追及は**ほどほど**のところでやめることが肝心だ。
⑥ 酒は**ほどほど**にしておいたほうがいいぞ。
⑦ 冗談も**ほどほど**にしろ。

【解説】 悪影響が出ないような程度である様子を表す。ややプラスイメージの語。①が基本的な名詞の用法、②③⑤は名詞にかかる修飾語、⑥⑦は述語にかかる修飾語の用法である。⑤～⑦は後ろに勧告や命令の表現を伴って、悪影響の出ない程度でやめろ、それ以上はやるなという禁止の意味になる。⑦はそれ以上冗談を言うことを禁止するという意味である。かなり冷静な表現で、憤慨の暗示はそれほど強くない。

「ほどほど」は「いいかげん」に似ているが、「いいかげん」は程度が適当で好ましいというニュアンスで、打消しや逆接の表現を伴う場合には感情的なニュアンスになり、憤慨と怒りの暗示が強くなる。

× これだけくどく言ってるんだから、ほどほどでわかったらよさそうなものを。
↓これだけくどく言ってるんだから、いい加減でわかったらよさそうなものを。
⇩「いいかげん」

ほとんど［殆ど］hotondo

(1)① 受験生の**ほとんど**が二十歳までの若者だった。
② 彼は収入の**ほとんど**をギャンブルにつぎこむ。
③ 中国の都市では一人っ子の家庭が**ほとんど**だ。
④（機械の点検）**ほとんど**の項目は終わりました。
⑤ **ほとんど**の学生が学費値上げに反対した。
⑥ 昨日は**ほとんど**一日中家で本を読んでいた。
⑦（息子に）「テスト、どうだった？」「うん、英語は**ほとんど**できたよ」
⑧ 純子の答案はぼくのと**ほとんど**同じだった。
⑨ 川面《かわも》に浮いた魚は**ほとんど**死にかけていた。
⑩ うちの頑固な父を説得するなんて**ほとんど**無理だ。
⑪ 彼は日曜日は**ほとんど**家にいたためしがない。
⑫ 北京では飼い犬を**ほとんど**みかけない。
⑬ 私、お酒は**ほとんど**飲みません。

(2)① 急に押されたので**ほとんど**ころびそうになった。
② あまりにうれしくて**ほとんど**体が舞い上がるかと思ったよ。
③ （野球）野村監督は**ほとんど**負けたも同然の試合を拾った。

【解説】 (1) 大部分である様子を表す。プラスマイナスのイメージはない。①②は名詞、③は述語、④⑤は名詞にかかる修飾語、⑥は副詞にかかる修飾語、⑦～⑬は述語にかかる修飾語の用法である。全体（完全）に近い大部分を表す。⑨は魚が一匹か複数かによって、「ほとんど」が(1)の意味になるか次の(2)の意味になるかが決まる。一匹のときにはその魚が今にも死にそうになっている様子を表す(2)。複数のときにはその中の大部分の魚が死にそうである様子を表す(1)。打消しや否定の表現を伴う場合（⑩～⑬）は、完全に存在しないのに近い状態を表す。客観的な表現で、特定の感情を暗示しない。

(1)の「ほとんど」は「だいたい」「たいてい」「おおかた」「おおよそ」などに似ているが、「だいたい」は主要な大部分というニュアンスで、残っている部分も少量暗示される。「たいてい」は一般的な傾向を表し、具体的な分量の大部分は意味しない。「おおかた」は「ほとんど」より全体に占める割合が少ない。「おおよそ」は不正確な全体というニュアンスで、数量の場合には近似値を表す。

(2) 完全に近い状態である様子を表す。プラスマイナスのイメージはない。「ほとんど～しそうだ・～するかと思った・～も同然」など、比況・例示の表現に呼応する修飾語で用いられる。「もう少しで～しそうなほど□□だ」という程度のはなはだしさを強調する。好ましい事柄（②）についても好ましくない事柄（①③）についても用いられる。やや客観的な表現で、特定の感情を暗示しない。

(2)の「ほとんど」は「いまにも」や「すんでのところで」に似ているが、「いまにも」は近い将来危機が起こりそうな危惧《きぐ》の暗示がある。「すんでのところで」は逆に、過去のことについて極端な状態であったことを、恐怖・安堵《あんど》・切迫感などの暗示を伴って述べる。

× 彼の料理はほとんど手を切りそうで危なっかしい。
→彼の料理は今にも手を切りそうで危なっかしい。

ほとんどころびそうになった。
（ころぶぎりぎりのところで踏みとどまった）
すんでのところでころびそうになった。
（ころばないでよかった）

⇩「だいたい」「たいてい」「おおかた」「おおよそ」「いまにも」「すんでのところで」「いまや」「よほど」「ほぼ」「やく」「あらかた」「およそ」「たいがい」「おおむね」「めった」「もうすこし」

ほぼ［略］hobo

(1) ① 一インチは**ほぼ**二・五センチだ。
② 今年の夏は**ほぼ**平年並みの暑さでしょう。
③ 青海湖は中国の**ほぼ**中央に位置する塩湖である。
④ ぼくは君と**ほぼ**同じ意見だ。
(2) ① 警察は彼が犯人だと**ほぼ**断定した。
② 橋脚工事は明日で**ほぼ**完了する。
③ 党の公認がとれるかどうかで選挙に勝てるかどうかが**ほぼ**決まる。

【解説】 (1) 近似している様子を表す。プラスマイナスのイメージはない。状態を表す述語にかかる修飾語として用いられる。比較する両者の違いが少ないというニュアンスがある。客観的な表現で、特定の感情を暗示しない。

(1)の「ほぼ」は「おおよそ」「およそ」や「ほとんど」に似ているが、「おおよそ」「およそ」は不正確な全体を表し、「ほぼ」よりも近似の割合が少ない。「ほとんど」は大部分である様子を表し、全体を超える場合については用いない。

？ 今年の夏はおおよそ(およそ)平年並みの暑さでしょう。
× 一インチはほとんど二・五センチだ。

(2) 完全に近い状態に行われる様子を表す。プラスマイナスのイメージはない。動詞にかかる修飾語として用いられる。客観的な表現で、特定の感情を暗示しない。

(2)の「ほぼ」は「だいたい」などに似ているが、「だいたい」は主要な大部分を表し瑣末《さまつ》な部分を除く暗示がある。

× 警察は彼が犯人だとだいたい断定した。

⇩「おおよそ」「およそ」「ほとんど」「だいたい」「たいがい」「あらかた」「あらまし」「おおかた」「おおむね」「ざっと」「かれこれ」「やく」

ほんとう・ほんと［本当］hontô・honto

(1) ① 彼女は公称二十五だが**ほんとう**は四十に近い。
② **ほんとう**言うとね、健よりあなたのほうが好きよ。
③ あの会社**ほんとう**のところはどうなってるんだ。
④ 「新車買っちゃった」「えっ、**ほんと**？」
⑤ 昨日洋子が話してたこと、**ほんと**なの？
⑥ 千枝子が離婚したといううわさは**ほんとう**だ。
⑦ 君が優秀なのは**ほんとう**だが努力が足りないね。
⑧ 「ほら、こうやれば簡単だろ」「**ほんと**だ」
⑨ (テレビ番組)**ホント**に**ホント**。
⑩ (臆病な強盗)動くと撃つぞ。**ほんと**に撃つからな。
⑪ この小説は**ほんとう**にあった事件を元にしている。

⑫ 玲子はぼくが英検一級に合格したと言っているのに、全然**ほんとう**にしてくれない。

(2) ① **ほんとう**はもう締め切ったんですがいいでしょう。
② 自分の仕事は完成まで見届けるのが**ほんとう**だ。
③ (高級料理店で)うん、この味は**ほんとう**だね。
④ だいぶ体調は戻ってきたがまだ**ほんとう**ではない。
⑤ 彼には**ほんとう**の科学者になってもらいたい。

(3) ① このたびは**ほんとう**にお世話になりました。
② 弘三が無事に帰ってきて**ほんと**にうれしい。
③ 君は絵がうまいねえ、**ほんと**、そう思うよ。
④ (隣家への苦情)**ほんと**にねえ、お宅の犬が**ほんと**うるさくてたまんないのよ。**ほんと**何とかしてくださいよ。

【**解説**】「ほんと」は「ほんとう」のくだけた表現で、日常会話でしばしば用いられる。

(1) 事実や理想に合致している様子を表す。プラスマイナスのイメージはない。①②は名詞、③は名詞にかかる修飾語、④~⑧は述語、⑩~⑫は述語にかかる修飾語の用法である。③~⑦は事実という意味、②⑫は真実という意味、①⑧⑩⑪は実際という意味である。⑨の最初の「ほんと」は(3)の意味、後の「ほんと」は(1)の意味と思われる。(1)の「ほんとう」は事実や理想そのものではなく、事実や理想に合致しているというニュアンスでウソと対置され、主体の主観的な確信の暗示は少ない。

(1)の「ほんとう」は「じじつ」「しんじつ」「じっさい」などに似ているが、「じじつ」は実際に起こったことを表し、非存在や虚構と対置される。「しんじつ」は主観的に正しいと確信をもっていることを表し、虚偽と対置される。「じっさい」は現実の状況そのものを表し、理論・建前と対置される。

(2) あるべき理想の姿を表す。プラスイメージの語。①は述語にかかる修飾語、②~④は述語、⑤は名詞にかかる修飾語の用法である。対象の理想とされる状態を表し、それと対比する形で実際の状態を述べる。②は「……するのが本当だ」の形で述語になり、実際には……されていないことを暗示する。あるべき姿であることに価値があるというニュアンスで、納得の暗示を伴う。

(2)の「ほんとう」は「ほんらい」や「がんらい」に似ているが、「ほんらい」は理想の姿をその由来や根本に求める暗示がある。「がんらい」には理想の暗示はない。

× うん、この味は本来だね。
× 本当は一地方の方言だったもので、その後共通語になった言葉が少なからずある。
↓元来一地方の方言だったもので、その後共通語になった言葉が少なからずある。

(3) (1)から進んで、程度がはなはだしいことを誇張する様子を表す。プラスマイナスのイメージはない。「ほんとうに・ほんとに」の形で述語にかかる修飾語になる(①②)か、間投詞として用いられる(③④)。主観的な表現で、話者が実際に感じている内容について、感謝(①)・納得(③)・本心(②④)などの暗示を伴って述べる。

(3)の「ほんとうに」は「じつに」に似ているが、「じつに」は程度がはなはだしいことに感慨をもっている様子を表し、対象を冷静に観察している暗示があるので、自分自身の事柄についてはふつう用いられない。

× このたびは実にお世話になりました。

⇨「じじつ」「しんじつ」「じっさい」「ほんらい」「がんらい」「じつに」「まこと」「しん」「しょうじき」「いったい」「いよいよ」「まさに」「まさしく」「まったく」「それこそ」「いかにも」「およそ」

ほんの 【本の】 honno

① **ほんの**二、三分のところで母の死に目に会えなかった。

② 偉そうなことを言っても太郎はまだ**ほんの**子供だ。

③ (取り調べ)「どうして隣の家に泥棒に入ったんだ」「**ほんの**出来心です」

④ ぼくは**ほんの**冗談のつもりで言ったのに、彼女は本気にした。

⑤ (料理番組で)塩を**ほんの**少し加えます。

⑥ (手土産《てみやげ》)**ほんの**つまらないものですが……

【解説】 程度や数量が少ないことを誇張する様子を表す。ややマイナスよりのイメージの語。①~④は名詞にかかる修飾語、⑤⑥は状態を表す語にかかる修飾語の用法である。程度や数量が少ないという意味の後ろの語を誇張する様子を表すが、この程度は話者の主観として少ないもので、客観的な基準はない。程度が少ないことについて悔恨(①④)・侮蔑《ぶべつ》(②)・卑下・謙遜《けんそん》(③⑥)などの暗示がこもる。④も話者は自分の発言を本気にする必要のないものとして軽くみていたことを表している。

「ほんの」は「たった」や「たかだか」に似ているが、「たった」は数量が少ないことを誇張する様子を表し、程度については用いられない。「たかだか」は最大限を見積もる様子を表す。

× 塩をたった少し加えます。

この化石はほんの十万年前のものだ。
(十万年しかたっていないから古くない)
この化石はたかだか十万年前のものだ。
(どんなに古く見ても十万年前だ)

⇨「たった」「たかだか」「ものの」「せいぜい」「ただ」「つい」

ほんらい［本来］honrai

① **ほんらい**ならお会いしてお詫びすべきでした。
② 今の高校野球は**ほんらい**の目的を見失っている。
③ (野球)桑田は一日も早く彼**ほんらい**の調子を取り戻してほしいですね。
④ 係が直接出向くのが**ほんらい**だろう。
⑤ お茶は**ほんらい**中国原産である。
⑥ 人間**ほんらい**無一物。(名句)
⑦ **ほんらい**は自然科学の方法でも、用い方によっては文科系の学問に応用できる。
⑧ 現場の管理は**ほんらい**は課長の仕事だ。

【解説】物事の由来や根本を表す。プラスマイナスのイメージはない。①は名詞の用法で条件句を作る。②③は名詞にかかる修飾語、④は述語、⑤～⑧は述語にかかる修飾語の用法である。物事の由来や根本をあるべき理想の姿として述べるニュアンスがあり、現実には対象がそれを失っていることを反省する文脈で用いることが多い(①～④⑧)。⑤も現在ではお茶が中国以外に全世界に広まっているという事実を踏まえている。⑥は、人間はもともと何も持たずに生まれてきたのであるから、現世の事物に執着する**必要**はないといういましめを表した名句である。

「ほんらい」は「がんらい」や「もともと」に似ているが、「がんらい」は物事の根本や原因に言及する様子を表し、理想の暗示はない。「もともと」は物事の根本の姿そのものを現在との比較の上で述べるニュアンスがある。

× 係が直接出向くのが元来だろう。
× 本来総理には政治改革をやる気なんてなかったんだ。
→もともと総理には政治改革をやる気なんてなかったんだ。

本来松井は内野手だ。
(彼の資質は内野手向きだから外野は無理だ)
元来松井は内野手だ。
(以前内野手をしていたから内野に戻ればいい)
もともと松井は内野手だ。
(今は外野手だが以前内野手をしていた)

⇨「がんらい」「もともと」「もと」「ほんとう」「いったい」

ま行

まあ・ま mâ・ma

(1)① 素人《しろうと》がここまで歌えれば**まあ**いいだろう。
② (後輩に手本を見せる)**まあ**こんなもんだろう。
③ 「東大、受かったんだって?」「**まあ**ね」
④ (息子に)「あんた、数学0点だったんだって?」「**まあ**ね」
⑤ 「この家の建築費はどのくらいですか」「**まあ**三千万くらいでしょう」
⑥ (執筆依頼)「枚数は五枚、締切は月末でお願いしたいんですが」「**まあ**考えときましょう」
⑦ (学生が教授に)「先生、卒論についてなんですが」「**まあ**待ちなさい。いま来客中だよ」
⑧ 「三木の奴、玲子さんを振るなんて絶対に許せない」「**まあ**そうカッカしなさんな」
⑨ (カウンセリング)「あのう、私最近ちょっと……」「**ま**おかけください」
⑩ (宴会で遅れて来た人に)**ま**一杯行こう。
⑪ (ブティックで)「この服、ちょっと私にははでよ」「**まあ**着てみろよ。絶対似合うから」
⑫ タバコは**まあ**やめておいたほうが無難だね。
⑬ **ま**その、日本列島を改造することにつきましては、**ま**いろいろ御議論があろうかと存じますが……
⑭ 「一日にお客は何人ぐらいですか」「そうですねえ、五十人、**ま**五、六十人ってとこかな」

(2)① **まあ**、かわいい赤ちゃんねえ。
② 「きのう自転車とぶつかっちゃった」「**まあ**、けがはなかった?」
③ 「君の計算、ここんとこが違ってるよ」「**まあ**」
④ (夕立)**ま**、どうしましょう。傘持ってないわ。

(3)① よくも**まあ**あたしをだましてくれたわね。
② ほんとに**まあ**最近の子供は何考えてんだかねえ。
③ 彼の絵は実に**まあ**すばらしい出来だったよ。
④ (自殺未遂の娘に)何て**まあ**ばかなことをするの。

【解説】 (1) 感情や判断の直接の表明を抑制する様子を表す。プラスマイナスのイメージはない。述語にかかる修飾語として用いられるが、③④のように述語部分を省略する場合もある。くだけた表現で、日常会話にのみ用いられる。「ま」は「まあ」よりも心理的に切迫しているときに用いられることが多い。

①~⑤は積極的な断定や同意をはばかる場合である。①は対象が完全に賞賛すべき状態ではないが、評価はで

きる状態であるという許容の暗示を伴う。②~④は自分自身について用いた場合で、②は自分の仕事を謙遜《けんそん》・卑下する。③は客観的には賞賛に値する内容を、自ら消極的な評価の対象でしかないと認めるニュアンスで、自ら賞賛に同意することへの照れや甘えの心理が暗示される。④はあまり好ましくない事柄をはっきり肯定したくないというニュアンスで、攻撃や非難の矛先《ほこさき》をかわしたい逃避の心理が暗示される。⑤は断定をはばかる場合で、概数を見積もってという意味で三千万という数字を値段の上限ないし下限と考えている様子が暗示される。上限の場合には「どんなに多くても三千万だ」、下限の場合には「最低三千万はかかる」というニュアンスになる。

⑥~⑪は相手の行動や判断を抑制する場合である。⑥は原稿執筆を依頼すること、⑦は卒論について相談すること、⑧は怒ること、⑨は相談すること、⑩は遅刻の弁解その他の行動をすること、⑪ははでだと言って着ないことが、相手の行動や判断である。結果的には保留(⑥)・抑制(⑦⑧)・勧誘(⑨~⑪)の意味になるが、相手の判断や行動をそのまま肯定する場合には用いられない。

× 「この服、着てみようかしら」「まあ着てみろよ。絶対似合うから」

→「この服、着てみようかしら」「ぜひ着てごらん。絶対似合うから」

→「この服、着てみようかしら」「まあ着てみろよ。似合うかどうかは別として」

⑫~⑭は会話の途中で用いられる間投詞の用法で、自分の感情を直接表明するのを避け、婉曲《えんきょく》に表現する。断定を避けて、独断専行だと言われるのを恐れる話者の心理が暗示される。⑬は有名な田中元首相の口癖であるが、実際の行動として独断専行である場合でも、言語的にはそれを婉曲に表現して直接的な対立を避けようとするのはきわめて日本的な発想に基づく表現であると言える。⑭はほとんど口調を整えるためだけに用いられた場合で、まとまった意見を述べる前にあらかじめ婉曲にぼかしておきたい心理を暗示する。

(2) 驚きの気持ちを表す。プラスマイナスのイメージはない。感動詞として日常会話でのみ用いられる。女性が用いることが多い。「ま」よりも「まあ」のほうが驚きや感動が深い。基本的に驚きを表すが、その他に感動(①)・賞賛(①)・同情(②)・心外(③)・困惑(④)などの暗示がこもる。ただし、対象の状態に触発された驚きを暗示するので、自分自身の切実なことについては、ふつう用いられない。

? (痴漢に)まあ、嫌らしいわね。

→何よ、嫌らしいわね。

○ 「おれ、銭湯の女湯のぞいたことあるよ」「まあ、嫌らしいわね」

(3) 程度を強調する語の後ろについて、抑制しきれないほど感情的になっている様子を表す。プラスマイナスのイメージはない。日常会話でのみ用いられる。この場合には「ま」は用いられない。前の語の意味を感情的に強調する様子を表す。文脈によって、憎悪(①)・あきれ(②)・感嘆(③)・慨嘆(④)などの暗示を伴う。

⇨「いちおう」「だいたい」「また」「まあまあ」

まあまあ mâmâ

(1) ① 弟は英語はできるが国語は**まあまあ**だ。

② 「彼女の歌、どうだった？」「うん、**まあまあ**ってとこかな」

③ 初マラソンにしては**まあまあ**のタイムだ。

④ 自分としてはこの企画は**まあまあ**いい線いってると思うんだけどな。

⑤ (息子が遭難した知らせを聞いて)「あの宏は、宏は……」「**まあまあ**、お母さん。落ち着いて」

⑥ (宴会で)「わたし、お酒はあんまり……」「**まあまあ**、そうおっしゃらずに御遠慮なく」

(2) ① (子供に)**まあまあ**、こんなに散らかしちゃって。

② (久しぶりに会った孫に)**まあまあ**、大きくなったねえ。

【解説】 (1) 感情や判断の直接の表明を抑制する様子を表す。プラスマイナスのイメージはない。①②は述語、③は名詞にかかる修飾語、④は述語にかかる修飾語、⑤⑥は感動詞の用法である。くだけた表現で、日常会話でのみ用いられる。「まあまあ」という頭高型のアクセントで発音されるが、修飾語の場合には「まあまあ」という中高型のアクセントでも発音される。基本的に「まあ」の(1)を強調した意味で、①〜④は積極的に賞賛するのをはばかる場合、⑤⑥は相手の行動や判断を抑制する場合である。「まあ」よりも許容・抑制ともに意味が強くなる。

(1)の「まあまあ」は「まずまず」に似ているが、「まずまず」は最初の部分はクリアーしたという安堵《あんど》と評価の暗示がある。

初マラソンにしてはまあまあのタイムだ。
(よくはないが許容の範囲のタイム)
初マラソンにしてはまずまずのタイムだ。
(積極的に評価できるタイム)

「まあまあ」には間投詞の用法はない。

(2) 驚きの気持ちを表す。プラスマイナスのイメージはない。感動詞として日常会話でのみ用いられる。主に女性が用いる。対象の状態を見聞しそれに触発されて起こる驚きを表し、自分自身の切実なことについてはふつう用いない。「まあ」の(2)よりも驚きが強調され、意図的に驚きを表明する場合によく用いられる(①)。文脈によって、驚きの他に慨嘆(①)・感嘆(②)などの暗示を伴う。
「まあまあ」には「まあ」の(3)にあたる、程度を感情的に強調する用法はない。

⇩「まあ」「まずまず」「いちおう」

まいど ［毎度］ maido

① (商店で)**まいど**ありがとうございます。
② **まいど**おなじみチリ紙交換でございます。
③ (魚屋で)「お刺身ちょうだい」「はい、**まいど**」
④ 夫婦ゲンカで女房が家出するのは**まいど**のことさ。
⑤ 政治家の弁解には**まいど**のことながら腹が立つ。
⑥ (夜更ししている子供に)早く寝なさいって**まいど****まいど**言われててまだわかんないの。

【解説】 毎回繰り返す様子を表す。プラスマイナスのイメージはない。①②は述語にかかる修飾語、④⑤は名詞にかかる修飾語の用法である。⑥の「毎度毎度」は「毎度」の意味を強調する。①は商店で客に言う慣用的な挨《あい》拶《さつ》で、来店するたびに買い物をして店に恩恵を与えていることへの感謝である。③はこの後半を省略した言い方で、買い物をする前、した後、どちらでも用いられる。④⑤の「毎度のこと」は慣用的な表現で、いつも同じ結果となり例外がない様子を表す。ただし慨嘆などの暗示は少ない。

⇩「いつも」

まえまえから ［前々から］ maemaekara

① 計画が失敗するのは**まえまえから**わかっていた。
② 「今度のパーティ来られないの?」「うん、**まえまえから**の約束があってね」

【解説】 問題の時点よりずっと過去の時点から継続している様子を表す。プラスマイナスのイメージはない。①は述語にかかる修飾語、②は名詞にかかる修飾語の用法である。問題の時点よりも過去の時点ですでに事態が完了している点にポイントがあり、誇張の暗示がある。
「まえまえから」は「以前から」に似ているが、「以前から」は客観的な表現で、特定の感情を暗示しない。

前々からの約束があってね。
(もうとっくに約束してあるから行けないよ)
以前からの約束があってね。
(既に約束がある)

⇩「あらかじめ」「かねがね」

まえもって ［前以て］ maemotte

① 新幹線の時間を**まえもって**調べておいた。

② 実験器具は**まえもって**洗浄しておこう。
③ 万一不都合が生じました場合には、**まえもって**お知らせいたします。

【解説】 予定に先立って行動する様子を表す。プラスマイナスのイメージはない。述語にかかる修飾語として用いられる。目的が完遂されるように準備しておくというニュアンスで用いることが多く、目的の成立よりも準備のほうに視点がある。

「まえもって」は「あらかじめ」や「かねて」に似ているが、「あらかじめ」は目的の成立に視点があり、しばしば目的が失敗した場合に備える暗示がある。「かねて」はある行為が過去にすでに経験されている様子を表し、未来のことについては用いない。

？（演奏会チケットの裏書き）出演者や演目が変わることがありますので、前もってお断りしておきます。
↓出演者や演目が変わることがありますので、あらかじめお断りしておきます。

× 実験器具はかねて洗浄しておこう。

⇩「あらかじめ」「かねて」

まがりなりにも ［曲がり形にも］ magarinarinimo

① 彼は**まがりなりにも**一流大学を出ている。
② 「その後、お仕事はいかがですか」「はあ、**まがりなりにも**なんとかやっております」

【解説】 不十分な状態を許容する様子を表す。ややプラスよりのイメージの語。述語にかかる修飾語として用いられる。対象の状態が不十分であることを認めた上で、それを許容する暗示がある。自分以外の事柄について用いた場合には、対象の状態を釈明する文脈で用いることが多い（①）。自分自身のことについて用いた場合には、しばしば謙遜《けんそん》・卑下の暗示がこもる（②）。

「まがりなりにも」は「どうにか」や「いちおう」などに似ているが、「どうにか」は好ましくない状態との境界に近いところにいて、好ましくない状態に入らずにすんだというニュアンスで、安堵《あんど》の暗示がある。「いちおう」は最低限の要求を満たしているというニュアンスで、納得や弁明の暗示がある。

彼はまがりなりにも一流大学を出ている。
（彼にいろいろ言いたいことはあるだろうが）
彼はどうにか一流大学を出ている。
（最低の成績だったが卒業している）
彼はいちおう一流大学を出ている。
（実力は知らないが卒業だけはしている）

⇩「どうにか」「いちおう」「なんとか」「どうやら」

まけずおとらず［負けず劣らず］makezu-otorazu

① 侯《こう》君は劉《りゅう》君に**まけずおとらず**よく勉強する。
② （高校野球の解説）両校**まけずおとらず**の強力打線が売り物です。

【解説】 両者の状態や程度に差がない様子を表す。プラスマイナスのイメージはない。①は「□□は△△に負けず劣らず……だ」という述語にかかる修飾語、②は名詞にかかる修飾語の用法である。主体（一つ）を他者と比較する場合（①）と、両者にまとめて言及する場合（②）とがある。客観的な表現で、特定の感情を暗示しない。

まこと［誠・真］makoto

(1)① 首相の答弁には**まこと**を尽くす姿勢が見られない。
② 彼は初めはナンパのつもりだったのだが、ウソから出た**まこと**で、二人は深く愛し合うようになった。
③ 恥を重んじてこそ**まこと**の武士と言える。
(2)① 今回の不祥事は**まこと**に遺憾に存じます。
② （苦情に対して）おっしゃることは**まこと**にごもっともですが、当社としては責任は負いかねます。
③ 会長は**まこと**偉大な人物であった。

【解説】 (1) 真実であることを表す。プラスイメージの語。①②は基本的な名詞の用法、③は名詞にかかる修飾語の用法である。かたい文章語で、主に慣用句で用いられる。①は「誠を尽くす」の形で用いられ、人間としての誠意を尽くすという意味である。②は「ウソから出た誠」の形で用いられ、虚偽でない本心という意味である。③は「誠の□□」の形で名詞にかかる修飾語になり、典型的な□□という意味である。「まこと」は本質的な真実というニュアンスで、理想像と言うよりは本来像を暗示し、しばしば作為や故意と対置される。

(2) 程度がはなはだしいことを強調する様子を表す。プラスマイナスのイメージはない。述語にかかる修飾語として用いられる。かたい文章語で、公式の発言などに多用される。③の「まこと」は古風なニュアンスがあり、現在ではあまり用いられない。単に程度を強調するだけで、特定の感情を暗示しない。

「まこと」は「しんじつ」「ほんとう」「じつ」などに似ているが、「しんじつ」は主観的に正しいと確信をもっている内容を表し、理想の暗示が強い。「ほんとう」は事実や理想に合致している内容を表し、虚構と対置される。「じつ」は価値のある内容を表し、空虚と対置される。

誠を言えば、（作りごとでないこと）
真実を言えば、（話者が正しいと信じること）
本当を言えば、（間違いでないこと）
実を言えば、（表面に見えないこと）

まことに美しい人。（とても美しい人）
真実美しい人。（話者が美しいと思う人）
本当に美しい人。（それはそれは美しい人）
実に美しい人。（感動するほど美しい人）
⇩「しんじつ」「ほんとう」「じじつ」「じつに」「しん」「まったく」

まさか **masaka**

(1) ① 「私、ポールと結婚するわ」「**まさか**本気じゃないでしょうね」「その**まさか**よ」
② すでに交渉が成立しているとは、お釈迦《しゃか》様でも**まさか**気がつくまいよ。
③ こんなきれいな夕焼けなら**まさか**雨もないもんだ。
④ **まさか**春子が一位になるとは思ってもみなかった。
⑤ (セクハラ訴訟)**まさか**上司に面と向かって嫌らしいことはやめてくださいとは言えません。
⑥ 「あの二人、駆け落ちするかもしれないね」「**まさかあ**、それはないよ」
(2) ① **まさか**の時のために遺言を書いた。
② **まさか**の場合に備えて財産は分割してある。

【解説】 (1) 可能性が非常に低いという判断を表す。ややマイナスイメージの語。後ろに打消しや否定の表現を伴う述語にかかる修飾語になることが多い。①の最初の「まさか」は、たとえ可能性は非常に低くても娘が本気であることを危《き》惧《ぐ》する気持ちで質問している。次の「まさか」は言及された可能性の低い内容が正解であるという意味である。②は何でもよくわかるお釈迦様でも気がつく可能性は非常に低いという意味、③は天気予報あるいは誰かの予想である「明日は雨」という可能性が非常に低いという意味である。⑥は感動詞的に用いられる現代語用法。若い人中心に日常会話でのみ用いられる。相手の判断の可能性に疑念をもっている様子を表し、対象を軽視する暗示がある。

(1)の「まさか」は「もしや」や「よもや」に似ているが、「もしや」は疑問内容に確信がもてないというニュアンスで、好ましい事柄についても用いられる。「よもや」は実現の可能性が「まさか」よりさらに低く、しばしば非常事態を危惧する暗示がある。

× お釈迦様でももしや気がつくまいよ。
× よもや上司に面と向かって嫌らしいことはやめてくださいとは言えません。

(2) 「まさかの□□」の形で名詞にかかる修飾語として用いられ、実現の可能性の低い非常の状態を表す。マイナスイメージの語句。しばしば好ましくない非常事態を想定している暗示があるが、事態の存在そのものを疑うニュアンスがある。

(2)の「まさか」は「まんいち」や「もしも」に似ているが、「まんいち」は極端な事態を想定する様子を表し、切迫感の暗示が強い。「もしも」はしばしば人命にかかわる非常事態である暗示がある。

？ (子供の手術)まさかの時の覚悟はできています。
↓万一の時の覚悟はできています。
× 夫にまさかのことがあったらどうしよう。
↓夫にもしものことがあったらどうしよう。
⇨「もしや」「よもや」「まんいち」「もしも」「いくら」

まさしく ［正しく］ masashiku

① (展覧会)あの特選の絵は**まさしく**前沢さんのだ。
② 彼女の実力は**まさしく**評判通りだ。
③ 弘子にとって新婚旅行こそ**まさしく**悪夢そのものだった。

【解説】 ある判断が客観的に正しいことが判明した様子を表す。プラスマイナスのイメージはない。名詞を含む述語にかかる修飾語として用いられる。ややかたい文章語で、くだけた会話にはあまり登場しない。ある客観的な根拠によって主体の判断が正しいことが判明したという意味で、納得の暗示を伴う。

「まさしく」は「まさに」や「確かに」「明らかに」などに似ているが、「まさに」は主体が確信をもって判断を下している様子を表し、客観的に正しいというニュアンスはない。「確かに」は知的な理解や保証に基づく主観的な確信を暗示する。「明らかに」は誰にでもわかる客観性で断定する様子を表す。

あの絵はまさしく彼のだ。
(この間見せてもらったものだ)
あの絵はまさに彼のだ。
(自分は絶対彼のだと思う)
あの絵は確かに彼のだ。
(彼の絵だとわかる特徴がある)
あの絵は明らかに彼のだ。
(誰が見てもすぐにわかる)

⇨「まさに」「いよいよ」「ほんとう」

まさに ［正に・将に・当に］ masani

(1)① 「初めに言葉ありきであり、初めに文法理念ありきではない」「なるほど、**まさに**君の言う通りだ」
② こういう辞書こそ**まさに**長い間求めていたものだ。
③ (推薦演説)渡辺さんこそ**まさに**適任だと思います。
④ (領収書)上記**まさに**領収いたしました。
⑤ **まさに**我々は今国会で**まさに**政治改革を行おうとして、**まさに**最大限の努力を尽くしてまいったわけでございます。

(2)① 太陽が西の空に**まさに**沈もうとしている。
② 政治改革の機は今**まさに**熟している。
③ (ニュース)季節は**まさに**春本番を迎え、各地から桜の便りが届いています。
④ 美智子は芳紀**まさに**二十歳、花の盛りである。
(3)① フレーニの歌はベルカントとは**まさに**かくあるべしといえるほどの自然なみずみずしさにあふれている。
② 名義のいかんに関係なく、金を受け取った議員本人こそ**まさに**責任を負うべき人間だ。

【解説】(1) 確信をもって判断を下す様子を表す。プラスマイナスのイメージはない。述語にかかる修飾語として用いられる。ややかたい文章語で、公式の発言などに多用される。主体が自分の主観によって確信をもって判断を下すというニュアンスで、判断の根拠は示されないことが多い。確信の程度は非常に強いので、しばしば対象をただ一つに限定して強調するニュアンスになる。④は領収書に記載されている言葉で、領収者が自分の確信として確かに受け取ったという意味である。⑤は会話の途中で用いられる間投詞の用法。話者が自分の確信を聞き手にアピールしたい心理が暗示される。

(1)の「まさに」は「まさしく」や「確かに」に似ているが、「まさしく」はある判断が客観的に正しいことが判明したというニュアンスで、納得の暗示がある。「確かに」は知的な理解や保証に基づいて判断する様子を表す。

(2)(「将に」と書くことがある) 現在の状況を強調する様子を表す。プラスマイナスのイメージはない。述語にかかる修飾語として用いられる。かなりかたい文章語で、日常会話にはあまり用いられない。近い将来に物事が起こるという場合(①)と、現時点が強調すべき時であるという場合(②～④)とがある。④の「芳紀まさに□□歳」は慣用句で、その女性の年齢が現時点で最も若く美しい盛りであることを強調する。

この「まさに」は「いまにも」に似ているが、「いまにも」は近い将来に物事が起こるというニュアンスで、切迫感の暗示があり、現時点が強調すべき時であるという意味はない。

× 政治改革の機は今にも熟している。

(3)(「当に」と書くことがある) 当然である様子を表す。プラスマイナスのイメージはない。「まさに……べし」の形で当然を表す表現に呼応する。かたい文章語で、日常会話には用いられず、しばしば「□□とはまさにかくあるべし」のような引用の形で用いられる(①)。判断は主観的であって納得の暗示を伴う。

(3)の「まさに」は「とうぜん」に似ているが、「とうぜん」は誰が考えても同じ結果になるという論理的な帰結に基づいており、確信の暗示がある。

× フレーニの歌はベルカントとは当然かくあるべしといえるほどの自然なみずみずしさにあふれている。

⇩「まさしく」「いまにも」「とうぜん」「ちょうど」「ほんとう」「いまや」

まして［況して］**mashite**

① この部屋は西日が当たって暑い。**まして**夏はとてもたまらない。

② 日本の政治機構は大人にだってわからないのに、**まして**子供にわかるわけがない。

③ 大企業においてさえ経営困難の時代である。**まして**中小企業の当社においてはなおさらである。

【解説】 言うまでもなく成り立つ様子を表す。プラスマイナスのイメージはない。述語にかかる修飾語として用いられる。前件に程度の低いものを掲げ、後件に程度のはなはだしいものが言うまでもなく成り立つことを誇張の暗示を伴って述べる。叙述の中心はあくまで後件にあり、後件の程度のはなはだしさを述べるために程度の軽いものを前件として持ち出したのである。

「まして」は「いわんや」や「なおさら」などに似ているが、「いわんや」はかたい文章語で「いわんや……をや」という形で呼応し、日常会話には登場しない。「なおさら」は後件の程度が前件より高いことを述べるだけで、後件の程度のはなはだしさを述べるために前件を持ち出す暗示はない。

× この部屋は西日が当たって暑い。なおさら夏はとてもたまらない。

⇩「なおさら」「ましてや」

ましてや［況してや］**mashiteya**

① この部屋西日ですごく暑いんだ。**ましてや**夏はね。

② 犬を飼うのは楽しいものだが、**ましてや**その犬が品評会で一位になったとなると喜びもひとしおだろう。

【解説】 言うまでもなく成り立つ様子を表す。プラスマイナスのイメージはない。述語にかかる修飾語として用いられる。「まして」を強調した意味である。前件に程度の低いものを掲げ、後件に程度のはなはだしいものが言うまでもなく成り立つことを誇張の暗示を伴って述べる。叙述の中心はあくまで後件にあり、後件の程度のはなはだしさを述べるために程度の軽いものを前件として持ち出したのである。「まして」よりもさらに話者の判断の程度が高い。

家はただでさえ暑いんだ。ましてや夏はね。
（夏が猛暑であることは言うまでもない）

家はただでさえ暑いんだ。まして夏はね。
(夏は猛暑と言えるほど暑い)
⇩「まして」「なおさら」

まず［先ず］mazu

(1)① **まず**初めに自己紹介をします。
② 答案用紙に**まず**名前を書いてから問題を読む。
③ 失業中の彼は**まず**食うことに追われている。
④ たいていの母親は**まず**子供のことを先に考える。
⑤ (宴会で遅れて来た人に)まあ、**まず**一杯。
(2)① 今日のところは**まず**こんなもんだろう。
② (受験指導)孝君はS大なら**まず**大丈夫でしょう。
③ あいつに任せておけば**まず**間違いないよ。
④ 月末までに仕上げるなんて**まず**無理だね。
⑤ ぼくなら**まず**東大にだけは行かないね。

【解説】 (1) 他のものに優先する様子を表す。プラスマイナスのイメージはない。述語にかかる修飾語として用いられる。①②は時間的に最初に行うという意味、③④は優先的に行うという意味である。⑤は日常会話で間投詞的に用いられる用法で、遅刻の弁解など他に何かする前に酒を飲めという意味である。全体の枠組みを頭において最も優先させるべきものを選択している主体の意図の暗示がある。

①②の「まず」は「はじめに」「さいしょに」に、⑤の「まず」は「ともかく」などに似ているが、「はじめに」「さいしょに」は物事の開始部分に何かが行われる様子を表し、優先させる意図には言及しない。「ともかく」は不確定の要素を除外する様子を表す。

? 帰ってきたら初めに(最初に)手を洗いなさい。
→帰ってきたらまず手を洗いなさい。
できるかどうかまずやってみよう。
(やってからできるかできないか決めればよい)
できるかどうかともかくやってみよう。
(結果は考えずに行動してみよう)

(2) 可能性が高いと判断する様子を表す。プラスマイナスのイメージはない。判断を表す述語にかかる修飾語として用いられる。「まず」の表す可能性はかなり高く、結果について話者が確信をもっている様子が暗示される。多くの場合、客観的な根拠が存在する。

(2)の「まず」は「きっと」「おそらく」「たぶん」などに似ているが、「きっと」は主観的な確信に基づいて確信をもっている様子を広く表す。「おそらく」「たぶん」は可能性の高い事柄を推量する様子を表し、判断は示さない。また「おそらく」には危惧《きぐ》や疑問の暗示がある。

× 靴がないから、彼はまず帰ったのだろう。
→靴がないから、彼はきっと帰ったのだろう。

× 今日のところはおそらく(たぶん)こんなもんだろう。

⇩「ともかく」「きっと」「おそらく」「たぶん」「どうやら」「まっさきに」「だいいち」「とりあえず」「とにかく」「なにはさておき」「ひとまず」「はじめて」「まずは」「まずまず」

まずは［先ずは］**mazuwa**

① (歌謡番組)**まずは**出演者の御紹介です。
② 議論する前に**まずは**現場に行ってみることだ。
③ (手紙の末尾)**まずは**とり急ぎ御礼まで。
④ (子供の風邪)熱が下がれば**まずは**一安心だ。

【解説】 他のものに優先するものを強調する様子を表す。プラスマイナスのイメージはない。述語にかかる修飾語として用いられる。主体の意志で優先するものを選択して提示するというニュアンスで、結果として本格的な内容が後に続くことを暗示する。ただし、③の場合には実際には本格的な内容として何もしないのが普通で、その手紙の主要な用件がお礼であることを表明するのにとどまる。④は本格的な回復は後としても、とりあえず一安心できたという意味である。

「まずは」は「まず」の(1)によく似ているが、「まず」は他のものに優先するものを選択する様子を表し、結果として本格的な対応が後に続くかどうかには言及しない。

× まずとり急ぎ御礼まで。
まずは現場に行ってみる。
(後で本格的な調査をする)
まず現場に行ってみる。
(何はさておき現場に行ってみる)

「まずは」は「とりあえず」や「なにはさておき」にも似ているが、「とりあえず」は本格的な対応は後回しにしてできることを先に行うというニュアンスで、後回しされた内容を確実に行う保証がない。「なにはさておき」は他の物事に先駆けて行う様子を表し、それ以外を考慮に入れない暗示がある。

困っている友人にまずは三万貸した。
(後でもっと貸してやるつもりだ)
困っている友人にとりあえず三万貸した。
(後のことはまた別に考えるつもりだ)
困っている友人に何はさておき三万貸した。
(何よりも先に金を貸してやった)

⇩「まず」「とりあえず」「なにはさておき」

ますます［益々］**masumasu**

① 台風の接近に伴って風は**ますます**激しくなった。
② (手紙)時下**ますます**御清勝の段賀し上げます。

③（手紙）**ますます**の御活躍をお祈りしています。

【解説】 もともと程度がはなはだしいものがさらに程度を高めている様子を表す。プラスマイナスのイメージはない。①②は述語にかかる修飾語、③は名詞にかかる修飾語の用法である。同一の対象の過去の状態と比較して程度が高まったというニュアンスで、段階的な程度の高まりを主体が受け止める暗示がある（③）。

「ますます」は「いよいよ」や「いっそう」などに似ているが、「いよいよ」は程度が最高に近づくことについて期待の暗示がある。「いっそう」は二つの対象を比較する場合に用い、かなり客観的な表現で特定の感情を暗示しない。

⇨「いよいよ」「いっそう」「なお」「なおさら」「ずっと」「さらに」「ひときわ」「ひとしお」「いちだんと」「より」「よりいっそう」「もっと」「よけい」

まずまず ［先ず先ず］ mazumazu

(1)①（遠来の客に）**まずまず**奥へお入りください。

②普通の親なら**まずまず**第一に子供のことを考える。

(2)①「会社は軌道に乗りましたか」「**まずまず**です」

②初マラソンにしては**まずまず**のタイムだ。

③計画は**まずまず**順調に進んでいる。

④（野球）天気予報では雨と言っていましたが、この調子なら九回まで**まずまず**持ちそうですね。

【解説】 (1) 他のものに優先する様子を表す。プラスマイナスのイメージはない。述語にかかる修飾語として用いられる。「まず」の(1)を強調した表現で、他の何よりも先に行うという意味である。全体の枠組みを頭において最も優先させるべきものを選択している主体の意図の暗示がある。

(2) 不完全ながら評価できる様子を表す。ややプラスイメージの語。①は述語、②は名詞にかかる修飾語、③④は述語にかかる修飾語の用法である。完全に満足できる状態ではないが、最低の部分はクリアーしたという安《あん》堵《ど》の暗示を伴う。①は非常にもうかっているというわけではないが、利益は上がっているという意味で、しばしば謙遜《けんそん》の暗示を伴う。②③は対象の状態を評価している。④は完全に晴れているわけではないが、九回の試合終了までは中止にならずにすみそうだという判断を表す。

(2)の「まずまず」は「まあまあ」に似ているが、「まあまあ」は感情や判断の直接の表明を抑制する様子を広く表し、好ましいものについて用いる場合には、積極的な賞賛や評価をはばかるというニュアンスで、許容の暗示が強い。

？ 弟は英語はできるが国語はまずまずだ。

→弟は英語はできるが国語はまあまあだ。

↓弟は英語はできるし|国語もまずまずだ。

⇩「まず」「まあまあ」「なにはさておき」

また［又・復・亦］mata

(1)①そのお話は**また**の機会にうかがいます。
②（閉店案内）ただいま閉店五分前でございます。**また**のお越しをお待ち申し上げております。
③（セールスマンに）今ちょっと手が離せないのよ。**また**にして。
④巨人は桑田で**また**負けた。
⑤いずれ**また**景気も回復するだろう。
⑥「定期落としちゃった」「**また**なの」
⑦「さようなら、**また**明日ね」「じゃ、**また**ね」
⑧コンクールは日頃の成果を試す**また**とない機会だ。
⑨（口癖）「ジャジャーン、お待たせしました。わたくしが何を隠そう……」「**ま〜た**始まった」
⑩（値引きの交渉）「三万なら買うよ」「だんな、**また**御冗談を」「そんなら三万五千だ」
⑪「おれ、来月南極へ行くよ」「**ま〜た〜**。おれをかつごうったってだめだよ」

(2)①君の言うことにも**また**一理ある。
②日頃いくら厳しいとはいえ父も**また**人の子である。
③心頭《しんとう》滅却すれば火も**また**涼し。（名句）

(3)①彼女は昼間フルタイムで働き、夜は夜で**また**クラブでバイトしている。
②ぼくは人の悪口なんか聞きたくないし、**また**聞く暇もないね。
③（礼状）先日は結構なお品を、**また**このたびは丁重なお手紙をありがとうございました。
④（数学の公理）aとbは等しい。**また**bとcも等しい。ゆえにaとcは等しい。
⑤森鷗外《おうがい》は作家であり**また**医者でもあった。
⑥彼は慎重だが**また**一方ケアレスミスをよくする。
⑦出かけるのは今すぐでもいいし、**また**少し待ってもいい。
⑧行く手には山**また**山が続いている。
⑨一人**また**一人と社員が辞めていった。

(4)①どうして**また**夜中に学校なんかへ行ったんだ。
②よく**また**たった一人で病院を建てたねえ。
③ここのウニ料理はこれが**また**傑作なんですよ。
④（巨額脱税事件）**また**ひどいことをするもんだ。

(5)①彼はぼくが貸してやった本を**また**貸しした。
②恵子ちゃんなら私の**また**いとこよ。
③山田からの**また**聞きだけど、鈴木の奴、全部落っこったんだって？

【解説】 (1) 同じ動作や状態を複数回繰り返す様子を表

す。プラスマイナスのイメージはない。①②は名詞にかかる修飾語の用法、③は「またにする」の形で、⑥⑦は単独で述語になる用法、④⑤⑨⑩は述語にかかる修飾語の用法、⑧は「またとない」で形容詞になる用法、⑪は感動詞的に用いられる用法で、若い人中心に用いられる。

①~③⑤⑦は未来の別の時点に繰り返すという意味である。特定の感情を暗示しない。⑦の「またね」は別れの挨拶《あいさつ》として感動詞的に用いられる。「さようなら」よりもくだけた表現になっている。

この「また」は「べつ」や「ほか」に似ているが、「べつ」や「ほか」よりも同じ事柄を繰り返す暗示が強い。

× ……別の(他の)お越しをお待ち申し上げております。

④⑥は過去と同じ行為や状態が今回も繰り返されたという場合で、しばしば慨嘆の暗示がこもる。⑨~⑪は日常会話でのみ用いられる現代語用法。⑨の「また始まった」は慣用的に用いられ、あまり好ましくない癖などが繰り返される場面で、相手を揶揄《やゆ》するニュアンスで用いられる。⑩⑪は相手の発言を冗談としてまともに相手にしないという意味である。

(1)の「また」は「ふたたび」や「もういちど」に似ているが、「ふたたび」はややかたい文章語で単独ではあまり日常会話に登場せず、同じ行為や状態が二度目に繰り返されるという意味で、何度も繰り返される暗示はない。「もういちど」はすでに完了したものにまったく同一内容の行為を追加するニュアンスがある。

× 「定期落としちゃった」「再びなの」

巨人は桑田でまた負けた。(何度も負けている)

巨人は桑田で再び負けた。(今度が二度目だ)

巨人は桑田でまた負けなかった。(前にも桑田で勝ち、今度も桑田で勝った)

巨人は桑田で再び負けなかった。(前には桑田で負けたが、今度は勝った)

来週またテストがある。(一回テストをし、来週二回目のテストがある)

来週もう一度テストがある。(今回のと同一科目の追試が来週ある)

(2) 同様である様子を表す。プラスマイナスのイメージはない。「□□もまた……である」という形で述語にかかる修飾語として用いられる。ややかたい文章語で、日常会話にはあまり登場しない。□□が何と同様であるかは明示されないことが多い。②は日頃厳しい父も、他の人と同様人情を解する心をそなえているという意味である。③は名句で、物を感じる心や考える頭を無にしてしまえば、熱い火でも他のものと同様涼しく快く感じるものだという意味である。

(3) 別の事柄を列挙する様子を表す。プラスマイナスのイメージはない。①は述語にかかる修飾語、②～⑦は文と文をつなぐ用法、⑧⑨は「□□また□□」の形で同じ名詞をつなぐ用法である。①～⑥は前件と後件が共存する様子を表す。⑦は前件と後件のどちらかの選択を許容する様子を表す。⑧⑨は一つずつ重なっている様子を表す。別の事柄といっても一定の関連性があり、まったく無関係の事柄についてはふつう用いられない。

？田中君は会社員だ。また鈴木君は医者を目指している。

→田中君は会社員だ。一方鈴木君は医者を目指している。

①～⑥の「また」は「それに」や「かつ」に、⑦の「また」は「あるいは」に似ているが、「それに」は前件に後件を付け加えるという意味で、添加の暗示がある。「かつ」は複数の条件を同時に満たすニュアンスがある。「あるいは」はどちらか一方を選択する暗示がある。

鷗外は作家でありまた医者でもあった。
(有名な作家である。医者としても有名だ)

鷗外は作家でありそれに医者でもあった。
(作家として有名だ。医者もしていた)

鷗外は作家でありかつ医者でもあった。
(有名な作家兼医者であった)

今すぐでもいいし、また少し待ってもいい。
(可能性は二つある)

今すぐでもいいし、あるいは少し待ってもいい。
(すぐ行くか待つかのどちらかだ)

(4) 感情を強調する様子を表す。プラスマイナスのイメージはない。①は疑問を表す語につく用法、②③は程度を強調する語につく用法、④は文頭において感動詞的に用いられる用法である。話者の感情を強調するニュアンスをもち、不審(①)・感嘆(②)・賞賛(③)・慨嘆(④)などの暗示を伴う。

(4)の「また」は「まあ」に似ているが、「まあ」のほうが直接感情を表明するニュアンスがある。

よくまたたった一人で病院を建てたねえ。
(本当に感心するよ)

よくまあたった一人で病院を建てたねえ。
(あきれるほどだよ)

(5) 「また□□」の形で名詞の前について複合語を作り、間接的である様子を表す。プラスマイナスのイメージはない。①は「また貸し」は借り手が別の人に貸すこと、②の「またいとこ」はいとこのいとこ、③の「また聞き」は話を聞いた人に別の人が聞いたという意味である。

⇨「べつ」「ふたたび」「もういちど」「いっぽう」「それに」

「かつ」「あるいは」「まあ」「そのうえ」「しかも」「にどと」「さいど」「かさねて」「やはり」「またしても」「または」「またまた」「またも」「またもや」「なおまた」

まだ [未だ] **mada**

(1)① さっきから待ってるのに、彼女は**まだ**来ない。
② 今後の試合展開は**まだ**わかりません。
③ 私は**まだ**アメリカに行ったことがない。
④ あのころはわしも**まだ**若かったからなあ。
⑤ (かくれんぼ)「もういいかい」「**まあだ**だよ」
⑥ (子供に)「歯磨きした?」「**まだ**」「**まだ**なら早くしなさい」
⑦ (病院で)お薬が**まだ**な方はおっしゃってください。
⑧ お食事、**まだ**のようでしたら御一緒しませんか。
(2)① 彼女はいい年なのに**まだ**独りだ。
② 「雨やんだ?」「**まだ**降ってるよ」
③ タバコ**まだ**吸ってるのか。やめたほうがいいぞ。
(3)① 今なら**まだ**間に合うから電話してごらん。
② (訪問販売)「米屋ですが」「**まだ**あります」
③ 「企画、できた?」「**まだ**二、三日はかかるよ」
④ 春**まだ**浅い二月、庭前に紅梅が咲いた。
⑤ (草むしり)**まだ**日が高いからもう少しやろう。
⑥ 「パパ、家建てるの?」「**まだ**先のことだよ」
⑦ 「お嬢さん、大きくなられましたねえ」「いいえ、**まだ**ほんの子供ですのよ」
⑧ 「誠意を尽くして説明すればわかってもらえるんじゃないですか」「君は**まだ**若いねえ」
⑨ (山登り)「峠の茶屋って**まだ**かな」「あら、だって**まだ**二十分しか歩いてないじゃない」
(4)① 事故の原因は**まだ**ほかにも考えられる。
② あいつになら言いたいことは**まだ**山ほどあるぜ。
③ 「今日はずいぶん寒いね」「二月に入ると**まだ**寒くなるよ」
(5)① 英語の点は国語より**まだ**ましだった。
② 彼には**まだ**かわいいところがあるからいいよ。

【解説】 (1) ある状態が基準点に至っていない様子を表す(↔もう)。プラスマイナスのイメージはない。①~④は述語にかかる修飾語の用法、⑤と⑥の最初は述語の用法、⑥の二番目は条件になる用法、⑦⑧は名詞にかかる修飾語の用法である。基準点を現時点におき、現時点ではある状態や行為が一定の段階(完了段階)に達していないという意味で、将来完了段階に到達するという期待の暗示がある。述語にかかる修飾語の場合には、後ろに打消しの表現を伴うことが多い(①~③)。打消しを伴わない場合(④~⑧)も、現在は年とっている(④)、現時点では十分に隠れていないから探してはだめだ(⑤)、現時点では磨いていない⑥、現時点では薬をもらっていない⑦、現時点では食事をしていない⑧という打消し・否定内容が暗示される。

(2) (1)から進んで、ある状態が基準点に至ってもなお継続している様子を表す(↔もう)。プラスマイナスのイメージはない。述語にかかる修飾語として用いられる。ある状態が基準点で完了する期待はあるが、完了せずに継続していることについては慨嘆などの暗示は強くない。

(2)の「まだ」は「いまだに」に似ているが、「いまだに」はすでに解決されているはずのものの状態が解決されずに現在もなお継続していることについて慨嘆の暗示がある。

「雨やんだ?」「まだ降ってるよ」

(やんでいない)

「雨やんだ?」「いまだに降ってるよ」

(早くやまないと困るなあ)

(3) (1)から進んで、ある状態が基準点に至るには余地が十分ある様子を表す(↔もう)。プラスマイナスのイメージはない。①~⑤⑧と⑨の二番目は述語にかかる修飾語、⑥⑦は名詞にかかる修飾語の用法である。①~③⑤⑥は基準点を将来においた場合、④⑦~⑨は現時点においた場合である。④の「春まだ浅い○月」は慣用的に用いられ、春という季節になってからあまり時間が経過していない様子を表す。⑦は現時点では大人になっていないから不十分であるという謙遜《けんそん》の暗示がある。⑧は現時点では経験がたりず未熟だという慨嘆の暗示がある。⑨の二番目は、現時点では二十分しか歩いていないので目標地点には残りの距離が十分にあるという意味で、不満の暗示がある。

(3)の「まだ」は「なお」や「あと」に似ているが、「なお」は十分な量の他に余分があるというニュアンスがある。「あと」は目標達成までの残量を表す。

まだ三日かかる。(完成までに三日必要だ)
なお三日かかる。(三日余分にほしい)
あと三日かかる。(三日あれば完成する)

(4) (3)から進んで、さらに付け加える様子を表す。プラスマイナスのイメージはない。述語にかかる修飾語として用いられる。ある状態がすでに基準に達してはいるが、その他に付け加えることがあるというニュアンスである。

(4)の「まだ」は「さらに」などに似ているが、「さらに」は以前あるいは他のものと比較して、何かが付け加わったことにより程度が高まったというニュアンスで、もとの程度が基準に達しているかどうかには言及しない。

× 台風の接近に伴って風はまだ激しくなった。
→台風の接近に伴って風はさらに激しくなった。

(5) 最悪の状態よりは少しだけ状態が好ましくなる様子を表す。ややマイナスよりのイメージの語。状態を表す述語にかかる修飾語として用いられる。基準点を最悪の場合においた用法で、その最悪よりは少しだけ好ましいほうを直接示すことにより、最悪の基準点を間接的に示すニュアンスで、概嘆の暗示がある。①は最悪よりはましな英語を示すことにより、国語がいかにひどかったかを暗示する。②は彼に取柄があることを示すことにより、第三の人物が取柄のまったくない非常に好ましくない人物であることを暗示する。

「まだ」は「いまだ」に似ているが、「いまだ」はかたい文章語で、日常会話には使用しない。また「いまだ」には「まだ」の(4)(5)にあたる意味はない。

⇨「いまだに」「なお」「あと」「さらに」「いぜんとして」「あいかわらず」「やはり」「なおかつ」「なおも」「もっと」「より」「まだしも」「まだまだ」「もう」

またしても ［又しても］ matashitemo

① (野球)与田は**またしても**リリーフに失敗した。

② 先日フクロウの被害にあった養鯉場《ようりじょう》で、昨夜**またしても**錦鯉《にしきごい》が襲われた。

【解説】 同じ動作や状態を複数回繰り返す様子を表す。ややマイナスイメージの語。述語にかかる修飾語として用いられる。繰り返されることが好ましくない事柄が繰り返されたことについて、慨嘆と反省の暗示がこもる。

「またしても」は「またまた」や「またもや」「またぞろ」などに似ているが、「またまた」は繰り返しを強調するだけで、慨嘆の暗示はない。「またもや」は想定されていない事柄が繰り返される意外性の暗示がある。「またぞろ」はある好ましくない傾向が表れた場合に用いることが多く、慨嘆の暗示はあるが反省の暗示はない。

× 彼はまたしても宝くじに当たった。
→彼はまたまた(またもや)宝くじに当たった。

? 与田はまたぞろリリーフに失敗した。

⇨「またまた」「またもや」「またも」「また」「かさねて」「ふたたび」「もういちど」

まだしも ［未だしも］ madashimo

① 中国では乾燥してほこりっぽいのは**まだしも**我慢できるが、風呂がない生活は私には我慢できない。

② パパったら傘だけなら**まだしも**カバンまで電車の中に忘れてきたのよ。

③ わざわざ訪ねて頭ごなしに怒鳴りつけられるくらいなら**まだしも**電話で謝ったほうがいい。

④ 死ぬまでベッドに縛りつけられるのなら、短くても太く生きたほうが**まだしも**だ。

【解説】 比較して少しだけ状態が好ましい様子を表す。ややマイナスイメージの語。①②は「□□は(なら)まだしも△△は……だ」の形で、③は「△△ならまだしも□□のほうが……だ」の形で述語にかかる修飾語として用いられる。④は「△△なら□□のほうがまだしもだ」の形で述語になる。いずれも□□のほうが△△よりも少しだけ好ましいという意味を表す。ただし、積極的な評価を表すニュアンスではなく、□□も△△もどちらも好ましくないが、□□のほうが△△よりましであるという比較を表すニュアンスになる。主体が冷静に判断して選択している暗示がある。

「まだしも」は「まだ」の(5)に似ているが、「まだ」は少し好ましいほうを直接示すことにより、最悪の基準点を間接的に示すニュアンスがある。

　国語より英語のほうがまだしもよかった。
　(両方平均点以下だが英語は国語より少しよかった)
　国語より英語のほうがまだよかった。
　(悪い英語よりも国語はさらにひどかった)

⇨「まだ」

またたくま 【瞬く間】 **matataku-ma**

① 彼は山盛りのごちそうを**またたくま**に平らげた。
② 事故は**またたたくま**の出来事でした。
③ 「引っ越しだってね。手伝おうか」「いいよ。プロに任せれば**またたくま**だから」

【解説】 所要時間がほとんどかからない様子を表す。プラスマイナスのイメージはない。①は動詞にかかる修飾語、②は名詞にかかる修飾語、③は述語の用法である。所要時間のかからなさの程度はかなり主観的で一定の基準はない。話者の主観で予想よりも短時間ですむことを誇張して表し、驚きの暗示がこもる。

「またたくま」は「あっというま」に似ているが、「あっというま」は実際の所要時間だけでなく手間のかからなさ、意外さの暗示があり、驚きの暗示は少ない。

× (文字遊び)丸かいてちょん、……またたくまにたこ入道。
　→丸かいてちょん、……あっというまにたこ入道。

⇨「あっというま」「みるま」「みるみる」「たちどころに」「すぐ」

または 【又は】 **matawa**

① (天気予報)明日は曇りときどき晴れ。雨**または**雪の降る確率は0パーセントです。
② (履歴書)青**または**黒のインクで記入してください。
③ 彼が返事をしなかったのは、機嫌が悪かったか**または**気がつかなかったかだ。

④ 人ヲ殺シタル者ハ死刑**または**無期若クハ三年以上ノ懲役ニ処ス。（刑法第一九九条）

【解説】どちらか一方を選択する様子を表す。プラスマイナスのイメージはない。語句と語句（①②④）、文と文（③）をつなぐ用法で用いられる。前件と後件のどちらを選択してもよいが、どちらかといえば前件を優先的に選択するというニュアンスがある。②では優先的に青インクで記入されることを期待している。③では話者は彼が返事をしない理由を彼の機嫌が悪かったためらしいと考えていることが暗示される。④は法令用語で、選択基準に段階がある場合、上位段階を「または」で表し、下位段階を「もしくは」で表す。「Aまたは（BもしくはC）」という関係になる。

「または」は「あるいは」「もしくは」「ないし」「それとも」などに似ているが、「あるいは」は前件後件どちらでもよいという許容の暗示がある。「もしくは」は前件後件の一方しか選択できないという限定の暗示が強い。「ないし」は前件後件の中間や両方を選択してもよいというニュアンスがある。「それとも」は必ず二者のうちの一方を選択しなければならない義務の暗示がある。

⇨「あるいは」「もしくは」「ないし」「それとも」「また」

またまた［又又］matamata

① 巨人は桑田で**またまた**負けた。

②（飲み屋で常連に）**またまた**お会いしましたね。

③（値引きの交渉）「三万なら買うよ」「**またまた**御冗談を……」「そんなら三万五千だ」

④「おれ、クビじゃないかな」「**またまた〜**」

【解説】同じ動作や状態を複数回繰り返す様子を表す。プラスマイナスのイメージはない。①〜③は述語にかかる修飾語、④は感動詞的に用いられる現代語用法である。かなりくだけた表現で日常会話中心に用いられ、かたい文章中には使用しない。「また」の⑴を強調した意味で、同じ状態や行為を何度も繰り返すことについて、ある感慨をもっている様子を暗示する。③④は相手の発言を冗談として受け止めるという意味で、しばしば揶揄《やゆ》するニュアンスがこもる。

「またまた」は「またもや」や「またしても」に似ているが、「またもや」は繰り返すことを想定していない事柄を繰り返すというニュアンスで、意外性の暗示がある。「またしても」は、主にあまり好ましくない行為や状態が繰り返される場合に用いられ、慨嘆と反省の暗示がこもる。

×「おれ、クビじゃないかな」「またもや〜」

またまたお会いしましたね。

(最近よく会いますね)

またしてもお会いしましたね。

(あんまり会いたくなかったんですが)

⇨「またもや」「またしても」「またも」「また」「ふたたび」「かさねて」「もういちど」

まだまだ［未だ未だ］madamada

(1) ① 試合の行方は**まだまだ**わかりません。
② (囲碁)「どうだ、まいったか」「**まだまだ**」
(2) ① (クイズ番組で)クイズは**まだまだ**続きます。
(3) ① 締切には**まだまだ**十分間に合う。
② 橋が完成するのは**まだまだ**だいぶ先のことだ。
③ 祖母は今年八十だが**まだまだ**若い。
④ ケーキ一つで喜ぶなんて千代は**まだまだ**子供だ。
(4) ① 日本には秘境が**まだまだ**たくさん残っている。
② 裕美子は美人だが、エステに通えば**まだまだ**きれいになる可能性がある。

【解説】 (1) ある状態が基準点に至っていない様子を表す。プラスマイナスのイメージはない。①は打消しの表現を伴う述語にかかる修飾語、②は感動詞的に用いられた用法である。「まだ」の(1)を強調した意味で、基準点を現時点におき、現時点ではある行為や状態が一定の段階(完了段階)に達していないという意味で、将来完了段階に到達する暗示がある。②は「まいったか」という問いかけに対して「まだまいっていない、勝負はまだついていない」ということを強調する意味である。

(2) ある状態が基準点に至ってもなお継続している様子を表す。プラスマイナスのイメージはない。述語にかかる修飾語として用いられる。「まだ」の(2)を強調した意味である。予想に反する暗示がある。

(3) ある状態が基準点に至るには余地が十分ある様子を表す。プラスマイナスのイメージはない。述語にかかる修飾語として用いられる。「まだ」の(3)を強調した意味である。①②は基準点を将来においた場合、③④は現時点においた場合である。③は予想に反する暗示、④は軽い慨嘆の暗示がこもる。

(4) さらに付け加える様子を表す。プラスマイナスのイメージはない。「まだ」の(4)を強調した意味である。ある状態がすでに基準に達しているが、その他に付け加えることがたくさんあるというニュアンスである。

「まだまだ」には「まだ」の(5)を強調した意味はない。
⇨「まだ」

またも［又も］matamo

① 中日の首位奪回の夢は**またも**ついえた。

② 会社は銀行からの融資を得て**またも**倒産の危機をまぬかれた。

【解説】 同じ動作や状態を複数回繰り返す様子を表す。ややマイナスよりのイメージの語。述語にかかる修飾語として用いられる。ややかたい文章語で、日常会話にはあまり登場しない。あまり好ましくない事柄について用いることが多いが、かなり冷静な表現で、特定の感情を暗示しない。積極的に好ましい事柄についてはふつう用いられない。

？ 伊藤選手はトリプルアクセルにまたも成功した。

「またも」は「またしても」や「またもや」に似ているが、「またしても」は好ましくない状態や行為の繰り返しについて用い、慨嘆と反省の暗示がある。「またもや」は繰り返すことを想定していない事柄を繰り返すというニュアンスで、意外性の暗示がある。

彼はまたも失態を演じた。
(失態を演じるのはこれで何回目かだ)
彼はまたしても失態を演じた。
(本当にどうしようもない奴だ)
彼はまたもや失態を演じた。
(もうやらないと思っていたのに)

⇩「またしても」「またもや」「またまた」「また」「かさねて」「ふたたび」「もういちど」

またもや ［又もや］ matamoya

① 彼は父に玄関払いを食わされたのに、**またもや**結婚を申し込みに来た。

② 彼女は筆記試験は受かったが、面接で**またもや**失敗した。

【解説】 同じ動作や状態を複数回繰り返す様子を表す。ややマイナスよりのイメージの語。述語にかかる修飾語として用いられる。繰り返すことを想定していない事柄を複数回繰り返すことについて、意外性の暗示がある。

「またもや」は「またしても」「またぞろ」や「またまた」「またも」などに似ているが、「またしても」は好ましくない状態や行為の繰り返しについて、「またぞろ」は好ましくない傾向が表れることについて用いる。「またまた」は繰り返しを強調するのにとどまる。「またも」はかなり冷静な表現で、特定の感情を暗示しない。

⇩「またしても」「またまた」「またも」「また」「かさねて」「ふたたび」「もういちど」

まちがって ［間違って］ machigatte

① 隣家の手紙が**まちがって**配達されてきた。

② 「君、兄貴に全然似てないね」「おれ、**まちがって**この世に生まれてきたんだってさ」

③（受験指導）K大も受けなさい。もし**まちがって**T大に落ちてもいいように。

【解説】 行為の方法や手段が適切でない様子を表す。ややマイナスよりのイメージの語。動詞にかかる修飾語として用いられる。結果が好ましいか好ましくないかについては言及しない。②はこの世に生まれる手続きが適切でなかったという意味、③は成績不振など受験上の手続きが合格基準に達していないという意味である。ただし、かなり客観的な表現で、慨嘆などの感情は暗示されていない。

「まちがって」は「あやまって」に似ているが、「あやまって」は意図に反する行為をした結果非常に重大で好ましくない結果を招くというニュアンスで、意図の考えられない行為については用いられない。

×彼は間違ってがけから転落した。
→彼は誤ってがけから転落した。
人の名前を間違って書いた。
（正しくない漢字で書いてしまった）
人の名前を誤って書いた。
（別の人の名前を書いてしまった）

⇩「あやまって」「まちがっても」

まちがっても［間違っても］machigattemo

①私は**まちがっても**人の物を盗んだりはしません。
②**まちがっても**おやじの前でガンの話はするな。

【解説】 後ろに打消しや禁止の表現を伴って、打消しや禁止を強調する意味を表す。プラスマイナスのイメージはない。述語にかかる修飾語として用いられる。ややくだけた表現で、日常会話中心に用いられる。行為の方法や手段がたとえ適切でなくても、好ましくない結果にはしない（してはならない）というニュアンスである。

「まちがっても」は「けっして」や「だんじて」などに似ているが、「けっして」はある前提を踏まえてそれにもかかわらず強く打ち消すニュアンスがあり、前提の考えられない単なる打消しの強調としては用いられない。「だんじて」は話者の強い意志と確信を暗示する。

私は間違っても人の物を盗んだりはしません。
（どんなに困っても盗んだりはしません）
私は決して人の物を盗んだりはしません。
（貧すれば鈍するような人とは違います）
私は断じて人の物を盗んだりはしません。
（絶対に盗みを働くような人間ではありません）

⇩「けっして」「だんじて」「まちがって」

まっこうから［真向から］**makkôkara**

① ヨットは**まっこうから**風を受けても進める。
② ＰＫＯをめぐって与野党は**まっこうから**対立した。
③ その俳優は婚約報道を**まっこうから**否定した。
④ （野球）野茂は清原に**まっこうから**勝負を挑んだ。

【解説】 真正面に向き合って処理する様子を表す。プラスマイナスのイメージはない。動詞にかかる修飾語として用いられる。①が基本的な用法で、物理的に真正面から受け止めるという意味である。ただし現在この意味ではあまり用いられず、「真正面から」を用いることが多い。②～④は①から進んで、主体の態度や姿勢が相手から逃げずに正面から向き合っているという意味で、相手と対立関係にある場面でよく用いられる。②は妥協の余地がないほど対立がきわだっているという意味、③は可能性をまったく打ち消したという意味、④はかわしたり逃げたりせずにストライクゾーンに球を投げこんで勝負したという意味である。

⇨「まっすぐ」「もろ」「あたまから」「はなから」「めんとむかって」

まっさきに［真先に］**massakini**

① デモの**まっさきに**立って組合員を引っ張る。
② 入院したとき武田君が**まっさきに**見舞ってくれた。
③ 合格の知らせを田舎の両親に**まっさきに**知らせた。

【解説】 進行するものの先頭である様子を表す。ややプラスイメージの語。①が基本的な用法で、実際に進行する物の先頭という意味である。ただし現在この意味ではあまり用いられず、「先頭に」を用いる。②③は①から進んで、行動の順序が他の何よりも早い様子を表す。この場合、同じ行動をする対象の中の最初のものを指す。②は見舞いに来た複数の人のうち武田君がいちばん早かったという意味、③は合格を知らせた人のうち田舎の両親がいちばん早かったという意味である。

「まっさきに」は「まず」に似ているが、「まず」は他のものに優先する様子を広く表し、複数の行動の中から優先すべきものを選択する場合にも用いられる。

開会宣言の後、会長が真先に挨拶《あいさつ》した。
（挨拶をした人の中で会長が最初だった）
開会宣言の後、会長がまず挨拶した。
（全体の式次第の中で会長の挨拶が最初だった）

⇨「まず」

まっしぐら［驀地］**masshigura**

① 子犬は**まっしぐら**に母犬のふところに飛びこんだ。
② 出世街道を**まっしぐら**に突き進む。

③ 彼は今ゴールに向かって**まっしぐら**だ。
④ (テレビ番組)青春**まっしぐら**。

【解説】 他のことは何も考えずに勢いよく直進する様子を表す。ややプラスよりのイメージの語。①②は「走る・突き進む・飛びこむ」などの動詞にかかる修飾語、③は述語、④はタイトルとしての名詞の用法である。主体は人間や動物であることが多い。しばしば目標を確認せずに突進するというニュアンスで、懸命の暗示がある。

「まっしぐら」は「いちもくさんに」や「いっさんに」に似ているが、「いちもくさんに」は周囲の目を気にせずに必死になって走るというニュアンスで、しばしば他のすべてを投げ打つ暗示がある。「いっさんに」は走り始める際夢中になっている点にポイントがあり、現場を急いで離れるニュアンスがある。

× 出世街道を一目散に突き進む。
× 子犬は一散に母犬のふところに飛びこんだ。
⇨「いちもくさんに」「いっさんに」「まっすぐ」

まっすぐ ［真っ直ぐ］ massugu

(1)① りえの髪は癖がなくて**まっすぐ**だ。
② 先生は定規なしで黒板に**まっすぐ**な線を引いた。
③ ぼくは定規がなければ**まっすぐ**の線は引けない。
④ (生徒に)**まっすぐ**前を向きなさい。
⑤ その老人は大通りを**まっすぐ**突っ切った。
⑥ 人の目を**まっすぐ**に見る犬は性格がおおらかだ。
⑦ (野球解説者が)私なら**まっすぐ**を投げますね。

(2)① 学校が終わったら**まっすぐ**に帰ってらっしゃい。
② (卒業式後)「このまま**まっすぐ**謝恩会へ行くのか」
「先生にちょっと挨拶《あいさつ》してからにするよ」

(3)① 母は心が**まっすぐ**で自分の感情をいつわれない。
② 彼女は**まっすぐ**な性格なのでときどき誤解される。
③ 他人に面と向かって**まっすぐ**に物を言える人間はそう多くない。
④ 祖父は戦後の混乱期を**まっすぐ**に生きてきた。

【解説】 (1) 曲がりがなく直線状である様子を表す。ややプラスイメージの語。①は述語、②～④は名詞にかかる修飾語、⑤⑥は述語にかかる修飾語の用法である。④は顔と体の方向を直線状にして相手に真正面から向かい合うという意味、⑥は真正面に向いて直視するという意味である。⑦は野球で用いられる名詞の用法で、直球を表す。客観的な表現で、特定の感情を暗示しない。

(2) (1)から進んだ用法で、目的地へ直行する様子を表す。ややプラスイメージの語。述語にかかる修飾語として用いられる。途中他の場所に立ち寄らずに目的地に直行するという意味である。客観的な表現で、特定の感情を暗示しない。

この「まっすぐ」は「ちょくせつ」に似ているが、「ちょくせつ」は踏むべき前段階を踏まずに行動するというニュアンスになる。

(3) ×学校が終わったら直接帰ってらっしゃい。

人の性格や態度などに作為がない様子を表す。プラスイメージの語。①は述語、②は名詞にかかる修飾語、③④は述語にかかる修飾語の用法である。真実や事実を隠さず作為を加えない誠意と真面目さの暗示がある。

(3)の「まっすぐ」は「しょうじき」に似ているが、「しょうじき」は真実や事実をすべて明かしてまったく隠さないという意味で、態度の謙虚さや真面目さには言及しない。

× 真っ直ぐに言わないとひどい目にあうぞ。
→正直に言わないとひどい目にあうぞ。

⇨「ちょくせつ」「しょうじき」「まっこうから」「まっしぐら」「もろ」

まったく【全く】mattaku

(1)① (証人喚問)そういう事実は**まったく**ありません。
② もらった地図は古くて**まったく**役に立たなかった。
③ 六十億だなんて**まったく**見当もつかない金額だ。
④ 彼は事実と**まったく**反対の証言をした。
⑤ 彼の仕事には**まったく**と言っていいほどミスがない。
⑥ あなたの意見には**まったく**同感ですね。
⑦ **まったく**新しい洗剤が誕生しました。(CM)
⑧ 父はタバコをやめてから**まったく**健康になった。
⑨ 道子だと思って声をかけたら**まったく**別人だった。
⑩ 彼は総務課では**まったく**のお荷物だ。
⑪ 彼は絵はうまいが歌は**まったく**の素人《しろうと》だ。

(2)① あいつの厚顔無恥には**まったく**あきれる。
② 私が優勝できたのは**まったく**幸運でした。
③ (梅雨)「毎日毎日よく降るねえ」「**まったく**だ」
④ (展覧会)「あの熊本城の絵がいいですねえ」「**まったく**……」

(3)① **まったく**の話、最近の政治家には良識がないね。
② 亭主の酒癖には**まったく**のところ手を焼いている。
③ 最近の若い者は**まったく**もってなっとらん。
④ 今までどこほっつき歩いてたんだよ、**まったく**。
⑤ (遅れてきた友人に)**ったく**、何やってんだよ。

【解説】(1) 程度が非常にはなはだしいことを誇張する様子を表す。プラスマイナスのイメージはない。①②⑤⑥は述語にかかる修飾語、③④⑦⑧は状態を表す語にかかる修飾語、⑨~⑪は名詞にかかる修飾語の用法である。かなりかたい文章語で、公式の発言などによく用いられる。後ろに打消しや否定の表現を伴って、否定の内容を誇張する場合(①〜③⑤)に用いることが多いが、表現自体は肯定でも内容が否定的な事柄を誇張する場合(④⑨〜⑪)もあり、さらに現代語では肯定的な内容を誇張する場合(⑦⑧)に用いることも少なくない。⑥のように感嘆の暗示を伴うと、(2)の意味と区別がつきにくくなる。名詞にかかる修飾語になる場合には、肯定的な内容を誇張する用法ではふつう用いない。

? 彼女は全くの美人だ。→彼女は本当の美人だ。

「まったく」は主体の冷静な客観性が暗示される表現である。①は客観的に完全に存在しないと証言しているのであって、話者の主観的な確信やそれから進んだ誓約は意味しない。

打消しや否定を誇張する場合には、肯定の可能性が完全に存在しないことを表す。これは「ぜんぜん」や「いっこう(一向)」に似ているが、「ぜんぜん」はややくだけた表現で用法が広い。「いっこう」は主観的で相手の予想や期待に反する暗示がある。

肯定を誇張する場合には、程度が完全だと言えるほどはなはだしいというニュアンスになるが、表現としてはかなり冷静で感嘆などの暗示は少ない。これは「ひじょうに」「とても」「ぜんぜん」などに似ているが、「ひじょうに」「とても」は程度がはなはだしいことを述べるだけで、それが完全に近いかどうかには言及しない。「ぜんぜん」はくだけた表現で日常会話でのみ用いられ、主観的な表現になっている。

まったく健康になった。
(病気は一つもせず、毎日元気で生活している)
非常に健康になった。
(病気に全然かからなくなった)
とても健康になった。
(たいへん元気になった)

× 父はタバコをやめてから全然健康になった。

(2) 実感を確認する様子を表す。プラスマイナスのイメージはない。日常会話中心に用いられる。①②は述語にかかる修飾語、③④は感動詞として応答に用いる。好ましい実感についても好ましくない実感についても用いられる。①②は話者自身の実感の場合で、①にはあきれと慨嘆の暗示、②には感慨の暗示がある。③④は相手の実感を自分のものとして確認する場合で、単に同意するだけでなく共感しているニュアンスになる。

(2)の「まったく」は「ほんとうに」「じつに」などに似ているが、「ほんとうに」は話者が実際に感じている内容について直接心情を表明するニュアンスで、実感を確認する暗示はない。「じつに」は対象を冷静に観察した上で感慨を抱いている暗示がある。

? 弘三が無事に帰ってきて全くうれしい。

→弘三が無事に帰ってきて本当にうれしい。
×故郷の土を踏むのは全く四十年ぶりのことだ。
→故郷の土を踏むのは実に四十年ぶりのことだ。
君はきれいだねえ。まったくそう思うよ。
（今さらながらきれいだと感動するよ）
君はきれいだねえ。本当にそう思うよ。
（きれいだと思っているのはウソじゃないよ）
君はきれいだねえ。実にそう思うよ。
（顔だち、髪、センスどれをとってもいいよ）

(3) (2)から進んで、好ましくない実感を表明する様子を表す。マイナスイメージの語、くだけた会話では、しばしば⑤のように「ったく」と発音される。①は「まったくの話」、②は「まったくのところ」、③は「まったくもって」の形で、述語にかかる修飾語になる。④⑤は間投詞または感動詞として用いられる現代語用法。話者自身の好ましくない実感を表明する様子を表し、慨嘆①②・あきれ①・憤慨③・怒り④⑤などの暗示を伴う。

⇨「ほんとう」「ぜんぜん」「いっこう」「ひじょう」「とても」「じつに」「すこしも」「ちっとも」「ひとつとして」「ひとつも」「まるっきり」「まるで」「なにひとつ」「なんら」「いかにも」「かいもく」「からきし」「かたときも」「どだい」「およそ」「それこそ」「とんと」「もうとう」「さらさら」「みじんも」「あたまから」「てんから」「ゆめにも」「さらに」「だんぜん」「じじつ」「まこと」「しんじつ」「じっさい」「それは」

まっぴら ［真平］ mappira

① 戦争は**まっぴら**ごめんだというのが父の口癖だ。
② 結婚なんてもう**まっぴら**だね。

【解説】 拒否を誇張する様子を表す。マイナスイメージの語。「まっぴらごめん」「まっぴらだ」の形で述語になる。くだけた表現で、日常会話中心に用いられる。対象を強く拒否する様子を誇張的に表し、嫌悪・忌避《きひ》の暗示が強く、客観的な根拠は示されないことが多い。

⇨「ぜったい」

まとめて ［纏めて］ matomete

① 書きためたエッセイを**まとめて**単行本にする。
② 魚を二皿**まとめて**買ったら二割引きにしてくれた。
③ （コンパ）勘定はおれが**まとめて**面倒みよう。

【解説】 複数のものを寄せ集める様子を表す。プラスマイナスのイメージはない。①は基本的な動詞の用法、②③は述語にかかる修飾語の用法である。③の「まとめて面倒(を)みる」は慣用的な表現で、仕事や会計・責任などを自分が一手に引き受けるという意味である。もともとばらばらで統一のない複数のものを一か所に、あるいは一定の基準のもとに寄せ集めるというニュアンスで、寄せ集めた結果一定の価値のあるものが生ずる暗示がある(②)。

「まとめて」は「あわせて」や「いっしょに」に似ているが、「あわせて」は複数の価値を合計するニュアンスがある。「いっしょに」は複数のものを一つに扱うという意味で、一つにした結果については言及しない。

× お買い物はまとめてちょうど二万円でございます。
→お買い物は合わせてちょうど二万円でございます。
× 魚を二皿一緒に買ったら二割引きにしてくれた。
⇨「あわせて」「いっしょ」「しめて」「まるごと」

まま［間々］mama

① 発育期の子供が突然食欲をなくすことは**まま**ある。
② 事前の調査が不備だと交渉は**まま**失敗する。

【解説】 頻度が少なくない様子を表す。プラスマイナスのイメージはない。「ある」などの動詞にかかる修飾語として用いられる。ややかたい文章語で、公式の発言などに用いられる。頻度は「ときどき」「ときおり」「ときたま」「たまに」よりも高く、「しばしば」「たびたび」「しょっちゅう」「しろくじちゅう」よりも低い。実際には低くない頻度を直接示すことによって、一般的な傾向を暗示することが多い。客観的な表現で、話者の冷静な心理を暗示する。

⇨「ときどき」「ときおり」「ときたま」「たま」「しばしば」「たびたび」「しょっちゅう」「しろくじちゅう」「しじゅう」「よく」

まもなく［間もなく］mamonaku

① 下関を過ぎたから博多はもう**まもなく**だろう。
② その俳人が世を去ったのは帰郷後**まもなく**のことだった。
③ 彼は生まれて**まもなく**里子に出されたのだそうだ。
④ **まもなく**上り電車が到着いたします。
⑤ 広島に五十年目の夏が**まもなく**やって来る。

【解説】 あまり時間が経過しない様子を表す。プラスマイナスのイメージはない。①は述語、②は名詞にかかる修飾語、③〜⑤は述語にかかる修飾語の用法である。前件と後件の事柄の間にあまり時間が経過しない様子を表す(②③)が、前件を現時点として近い将来にある物事が起こるという文脈で用いられることも多い(①④⑤)。「まもなく」の表す時間の幅は「ほどなく」「やがて」「じき」より短く、「すぐ」「ただちに」「そくざ」などより長い。やや客観的な表現で、特定の感情を暗示しない。

未来の事柄について用いられた「まもなく」は「もう

すぐ」や「そのうち」「いずれ」などに似ているが、「もうすぐ」は現時点からあと少しで目標に到達するというニュアンスがある。「そのうち」は近い未来の漠然とした時に物事が起こるというニュアンスで、しばしば無関心・無責任の暗示を伴う。「いずれ」は物事の自然な成就に主体が確信をもっていることを暗示する。

？ まもなくテストだから勉強しなくちゃ。
→もうすぐテストだから勉強しなくちゃ。
× まもなく遊びにいらっしゃいよ。
→そのうち遊びにいらっしゃいよ。
× 「それでは失礼します」「じゃ、まもなくまた」
→「それでは失礼します」「じゃ、いずれまた」

⇨「ほどなく」「やがて」「じき」「すぐ」「ただちに」「そくざ」「もうすぐ」「そのうち」「いずれ」「おっつけ」「もう」「もうじき」

まるごと［丸ごと］marugoto

① ハワイの人々は魚を**まるごと**食べる。
② キャベツを**まるごと**蒸して溶かしバターをかける。
③ 単語をばらばらに覚えるより文章を**まるごと**暗記したほうが応用力がつく。
④ (入札)架橋工事をA社に**まるごと**持っていかれた。

【解説】 分割せずに全体をまとめて処理する様子を表す。プラスマイナスのイメージはない。述語にかかる修飾語として用いられる。①②は具体物について用いられた例、③④は抽象的なものについて用いられた例である。ふつう分割して処理することが前提となっている物事を分割せずにまとめて一度に処理する様子を表す。④は架橋工事に関連するさまざまの工事すべてという意味である。対象は主体にとって相対的にある程度の大きさが必要であるが、対象自体の絶対的な大きさについて限定はない。

× 父がビワをまるごと食べている。
→父が小玉スイカをまるごと食べている。
→カラスがビワをまるごと食べている。

⇨「ぜんぶ」「まとめて」

まるっきり［丸っ切り］marukkiri

(1)① ぼくは英語は**まるっきり**わからない。
② 答えを適当に書いたら**まるっきり**違っていた。
③ 最近の天気予報は**まるっきり**はずれだね。
④ 分数計算もできないなんて**まるっきり**のバカだ。

(2)① (友人の婚約)宮島に佳子を紹介したのはこのおれなんだぞ。これじゃ**まるっきり**トンビに油揚じゃないか。
② あの作家、冬は布団の中で小説書くんだって。**まるっきり**クマだね。

【解説】(1) 後ろに打消しや否定の表現を伴って、打消しを誇張する様子を表す。ややマイナスイメージの語。①②は述語にかかる修飾語、③④は名詞にかかる修飾語の用法である。くだけた表現で日常会話中心に用いられ、かたい文章中には登場しない。①のように打消しの表現を伴うことが多いが、表現自体は肯定でも内容が否定的な事柄を誇張する場合(②~④)もある。可能性を百パーセント完全に否定するというニュアンスであるが、かなり客観的な表現で、特定の感情を暗示しない。

(1)の「まるっきり」は「てんで」「かいもく」「からきし」などに似ているが、「てんで」は最初から対象が考慮の及ぶ範囲外にあってまったく問題にならない様子を表し、慨嘆・侮蔑《ぶべつ》などの暗示を伴う。「かいもく」は話者の困惑が暗示される。「からきし」は主に人間の性質や様子について用い、しばしば慨嘆・侮蔑などの暗示を伴う。

(2) 典型的な状態にたとえることを誇張する様子を表す。プラスマイナスのイメージはない。述語にかかる修飾語として用いられる。くだけた表現で日常会話中心に用いられ、かたい文章中には登場しない。対象の状態がある典型的な状態によく似ていることを誇張的に述べるが、個々の条件を吟味して似ていると判断するのではなく、全体的な印象を別のある典型的な状態にたとえるニュアンスで、類似の程度は問題にしない。

(2)の「まるっきり」は「まるで」や「ちょうど」に似ているが、「まるで」は対象の全体の印象が別のものによく似ていることを冷静に述べ、誇張の暗示はない。「ちょうど」は対象の個々の条件が典型的な状態に合致しているために似て見えるというニュアンスになる。

× 昨日まるっきり竜巻みたいな風が吹いたね。
→昨日まるで竜巻みたいな風が吹いたね。
× あの作家、冬は布団の中で小説書くんだって。ちょうどクマだね。

⇨「てんで」「かいもく」「からきし」「どだい」「とても」「まるで」「ちょうど」「てんから」「いっこう」「ぜんぜん」「すこしも」「ちっとも」「とんと」「まったく」「もうとう」「さらさら」「みじんも」「ゆめにも」

まるで ［丸で］ marude

(1)
① 故郷は二十年前と**まるで**変わっていなかった。
② この学生は例題はできるが応用力は**まるで**ない。
③ 社長が退席するや、部長はさっきとは**まるで**反対のことを言い出した。
④ 費用は全額負担してくれると言ったのに、自分で出すんじゃ**まるで**話が違うぞ。
⑤ (遭難)真冬に軽装で登るなんて**まるで**バカだよ。

(2)
① (表彰式)**まるで**夢を見ているようです。

② 人形をもらって喜ぶなんて**まるで**子供みたいだ。
③ (夕食)「おいしい?」「うん、**まるで**レストランの味だね」

【解説】(1) 後ろに打消しや否定の表現を伴って、打消しを誇張する様子を表す。ややマイナスイメージの語。①~④は述語にかかる修飾語、⑤は名詞にかかる修飾語の用法である。ややくだけた表現で、日常会話中心に用いられる。①②のように打消しの表現を伴うことが多いが、表現自体は肯定でも内容が否定的な事柄を誇張する場合(③~⑤)もある。可能性を百パーセント否定するという意味で、かなり客観的な表現であるが、結果としては好ましくない状態を暗示する。①は二十年前と変わっていないことがマイナスイメージでとらえられている。

まるで変わっていない。(少しも進歩がない)
まったく変わっていない。(変化がない)

(1)の「まるで」は「てんで」「かいもく」「からきし」などに似ているが、「てんで」は最初から対象が考慮の及ぶ範囲外にあってまったく問題にならない様子を表し、慨嘆・侮蔑《ぶべつ》などの暗示を伴う。「かいもく」は話者の困惑が暗示される。「からきし」は主に人間の性質や様子について用い、しばしば慨嘆・侮蔑などの暗示を伴う。

(2) 典型的な状態にたとえる様子を表す。プラスマイナスのイメージはない。述語にかかる修飾語として用いられる。後ろに「~のようだ・みたいだ」などの比況の表現を伴うことが多い(①②)。対象の状態をある典型的な別のものにたとえるというニュアンスで、類似の程度は問題にしない。かなり冷静な表現で、誇張などの暗示はない。

(2)の「まるで」は「あたかも」「さながら」「ちょうど」などに似ているが、「あたかも」は誇張のニュアンスがあり、後ろにくる例示はかなり誇張されたオーバーな表現であることが多い。「さながら」は対象の状態がある典型的な状態に非常によく似ているというニュアンスがある。「ちょうど」は対象の個々の条件が典型的な状態に合致しているというニュアンスがある。

⇨「まったく」「てんで」「かいもく」「からきし」「あたかも」「さながら」「ちょうど」「まるっきり」「てんから」「あたまから」「どだい」「とても」「いっこう」「ぜんぜん」「すこしも」「ちっとも」「とんと」「さらさら」「もうとう」「みじんも」「ゆめにも」「さも」「みるからに」「いかにも」「たとえば」

まんいち・まんがいち [万一・万が一] man'ichi・manga-ichi

① 夫に**まんいち**のことがあったらどうしよう。
② 主催者は**まんがいち**の事故に備えて、会場の外に

救急車を待機させた。
③（受験指導）**まんいち**を考えてT大も受けなさい。
④**まんいち**私が行けない場合でも妹が行くわ。
⑤（冒険家）**まんがいち**私が帰って来なかったら、そのときは死んだものと思ってあきらめてほしい。

【解説】非常に可能性の低い事態を想定する様子を表す。ややマイナスイメージの語。「まんがいち」は「まんいち」よりも文章語的である。①②は名詞にかかる修飾語、③は名詞の用法、④⑤は譲歩や仮定などの条件句を導く用法である。しばしば非常に重大で（好ましくない）極端な事態を想定する様子を表し、切迫感の暗示を伴う。好ましい事態や通常の事態、また可能性がゼロの事態についてはふつう用いられない。

× 万一私が若ければ芝刈りぐらい自分でやる。
→もしも私が若ければ芝刈りぐらい自分でやる。

「まんいち」は「ひょっとして」「かりに」「もしかして」などに似ているが、「ひょっとして」は非常に可能性の低い事柄を前提として意外な結果になる暗示がある。「かりに」は現実にはないことを仮定する暗示がある。「もしかして」は存在の可能性がやや高く、好ましい結果についての期待の暗示がある。

× あなた、万一田中さんの妹さん？
→あなた、ひょっとして田中さんの妹さん？

× 万一世界中から戦争がなくなったら、兵器産業に頼っている国は生き残れなくなるだろう。
→仮に世界中から戦争がなくなったら、兵器産業に頼っている国は生き残れなくなるだろう。

× 「このクラスでいちばんもてるの誰だと思う？」「万一私だったりして」
→「このクラスでいちばんもてるの誰だと思う？」「もしかして私だったりして」

⇨「もしも」「ひょっとして」「かり」「もしかして」「もし」「まんまんがいち」「たとえば」「まさか」

まんざら［満更］manzara

①弘子さんは**まんざら**吉田が嫌いではないらしい。
②人に先生と呼ばれるのは**まんざら**悪い気はしない。
③夫の手料理は**まんざら**捨てたものでもない。
④部長は仲人を頼まれて**まんざら**でもなさそうだ。

【解説】後ろに打消しの表現を伴って、一方的に否定するのがためらわれる様子を表す。ややプラスよりのイメージの語。①〜③は述語にかかる修飾語の用法、④は「まんざらでもない」の形で形容詞を作る。①〜③の場合には、好ましくないものを打ち消すことによって、結果的にかなり好ましいという判断を話者が下しているというニュアンスで、話者の納得の暗示を伴う。したがって、第三者の様子について用いられた場合(①④)には、しばしば外から見て主体が好ましく感じているというニュアンスになり、様態の表現を伴う。

「まんざら」は「あながち」や「かならずしも」「いちがいに」などに似ているが、「あながち」はいろいろな事情を考え合わせると一方的に断定するのがためらわれるというニュアンスで、譲歩を暗示する。「かならずしも」は例外を認める様子を表し、客観的な表現になっている。「いちがいに」は対象の個々の違いを認めずに全部同様に扱う暗示がある。

× 弘子さんはあながち吉田が嫌いではないらしい。
× 優秀な学者がまんざら優秀な教師ではない。
→優秀な学者が必ずしも優秀な教師ではない。
× 子供の非行はまんざら親のせいにはできない。
→子供の非行は一概に親のせいにはできない。

⇨「かならずしも」「いちがいに」

まんべんなく [満遍なく] mamben-naku

① エビにかたくり粉を**まんべんなく**まぶして揚げる。
② 難民たちにパンと水が**まんべんなく**行き渡った。
③ 恵美子はどの科目も**まんべんなく**できる。

【解説】 全体に均一に行き渡る様子を表す。ややプラスよりのイメージの語。述語にかかる修飾語として用いられる。①②は具体物について用いられた場合、③は抽象的なものや行為について用いられた場合である。一定の密度で均一に全体に行き渡るというニュアンスで、一部分の程度が高い場合にはふつう用いられない。③ではどの科目も八十点程度にできるというニュアンスであって、百点の科目が一つ二つ存在する場合にはあまり用いない。

「まんべんなく」は「あまねく」や「くまなく」に似ているが、「あまねく」はかたい文章語で、情報や教育など主に抽象的なものが行き渡る場合に限って用いられる。「くまなく」はある範囲を限定してその中のすべてに行き渡るニュアンスで、精緻《せいち》の暗示がある。

難民にパンと水が満遍なく行き渡った。
(全員がパンと水をそれぞれもらうことができた)
難民にパンと水がくまなく行き渡った。
(もらえなかった難民はただの一人もいなかった)

⇨「くまなく」「もれなく」「あますところなく」「なにからなにまで」「ぜんぶ」「すべて」「みな」

まんまんがいち [万々が一] mammanga-ichi

① **まんまんがいち**この計画に失敗しても、君の責任は問わないつもりだ。
② 玲子は絶対この手袋が気に入るはずだよ。**まんまんがいち**気に入らなかったら、おふくろにでもやる

さ。

【解説】　非常に可能性の低い事態であることを誇張する様子を表す。ややマイナスイメージの語。譲歩(①)や仮定(②)などの条件句を導く用法で用いられる。「まんいち」を強調した表現であるが、名詞にかかる修飾語としてはふつう用いられない。

×夫に万々が一のことがあったらどうしよう。

→夫に万一のことがあったらどうしよう。

「まんまんがいち」は、可能性が非常に低いことを誇張するニュアンスが強く、しばしば主体が実現の可能性について確信をもっていることが暗示される(②)。

⇨「まんいち」「もし」「もしも」「かり」「ひょっとして」「もしかして」

みごと［見事］　⇨『現代形容詞用法辞典』「みごと」

みじんも［微塵も］ **mijimmo**

①(自白)私には殺意は**みじんも**ありませんでした。ただ気がついたら相手が死んでたんです。

②夫には愛情というものが**みじんも**感じられない。

③奴には人に感謝する気持ちなんか**みじんも**ない。

【解説】　後ろに打消しの表現を伴って、存在しないことを誇張する様子を表す。プラスマイナスのイメージはない。打消しの表現を伴う述語にかかる修飾語として用いられる。物事や可能性がまったく存在しないことを誇張的に表す。しばしば釈明(①)や非難(③)の文脈で用いられる。抽象的なものについて用いることが多く、具体物についてはふつう用いない。誇張のニュアンスが強いため、通常の物事についてはあまり用いられない。打消し一般を誇張する意味はない。

×今度の油絵は出来がみじんもよくない。

→今度の油絵は出来が少しも(ちっとも・全然)よくない。

⇨「すこしも」「ちっとも」「ぜんぜん」「まるっきり」「まるで」「ゆめにも」「まったく」「かいもく」「からきし」「さらさら」「とんと」「もうとう」

みずから［自ら］ **mizukara**

(1)①時折は**みずから**を省みる時間が必要だ。

②その母親は**みずから**の肝臓を子供に移植した。

(2)①年末の大掃除は社長**みずから**陣頭指揮をとる。

②天は**みずから**助くる者を助く。(ことわざ)

③巨人は継投に失敗して**みずから**墓穴を掘った。

④**みずから**招いた不幸だから同情の余地はない。

⑤二子山理事長は定年前に**みずから**一線を退いた。

【解説】　(1)　自分自身を表す。プラスマイナスのイメージはない。ややかたい文章語で、報道や公式の発言などに用いられる。日常的には「自分」を用いる。

(2) 本人が積極的に行う様子を表す。プラスマイナスのイメージはない。述語にかかる修飾語として用いられる。人間の行為についてのみ用い、本来主体が直接行わずに他の人に行わせるべき行為(①)や、ふつう意図しないと思われる行為(③〜⑤)について用いることが多い。

(2)の「みずから」は「みをもって」に似ているが、「みをもって」は他人の行動を見聞するのではなく自分自身で行動するというニュアンスがある。

社長が自ら模範を示した。
(本当は他の人がするべきなのだが)
社長が身を以て模範を示した。
(社長が実際にやってみせた)

⇨「みをもって」

みだりに［妄りに・濫りに］midarini

① **みだりに**人に物をやるものではない。
② 他人の家の事情に**みだりに**口出しすべきではない。
③ 小さな虫といえども**みだりに**殺してはならない。
④ 関係者以外**みだりに**立ち入ることを禁ず。

【解説】 後ろに禁止などの表現を伴って、無制限の行為を禁止する様子を表す。マイナスイメージの語。打消の当然(①②)・禁止(③④)などの表現を伴う述語にかかる修飾語になる。かなりかたい文章語で、公式の発言や標示などに用いられる。文字通りには「無分別に」という意味であるが、正当な理由のある場合以外は全部禁止するというニュアンスになることが多い。②は原則として他人の事情には口を出すな、③は原則として生き物は殺すな、④は関係者以外は立ち入るなという意味である。客観的な表現で、特定の感情を暗示しない。

「みだりに」は「むやみに」や「やたらに」に似ているが、「むやみに」は結果に対する思慮が欠けているという暗示がある。「やたらに」は深い考えもなく衝動的に行動し制限がないというニュアンスになる。

他人の家の事情にみだりに口出しすべきではない。
(相談を持ちかけられたりすれば別だが)
他人の家の事情にむやみに口出しすべきではない。
(結果を考えずに口出しするな)
他人の家の事情にやたらに口出しすべきではない。
(口出しするときは状況をよく判断せよ)

⇨「むやみ」「やたら」「むやみやたら」「やみくも」

みな・みんな［皆］mina・minna

(1)① 誕生日を祝ってくれてありがとう。**みな**が幸福であるよう希望します。
② ぼくが発言するのは**みんな**の意見を聞いてからだ。

③ このパゴダはクラスの**みんな**で作った。
④ (体育の授業)**みんな**、集まれー。
⑤ お宅の**みなさん**はお元気ですか。
(2)① 木村さんの子供は四人とも**みな**同じ顔をしている。
② うちは家族が**みんな**風邪をひいている。
③ ここにあったケーキ、**みんな**食べちゃったの?
④ どうせ**みんな**あたしが悪いのよ。
⑤ (買い物)これ、**みんな**でおいくら?
⑥ 中国旅行はどこも**みな**それぞれに印象深かった。
⑦ 政治家の**みな**が**みな**脱税しているわけではない。

【解説】「みんな」は「みな」のくだけた表現で、日常会話ではふつうに用いられる。

(1) 全部の人間を表す。プラスマイナスのイメージはない。ふつうある範囲を定めて、その範囲の人間全部という意味になる。①は昭和天皇誕生日に天皇が国民に向けてした挨拶《あいさつ》である。この場合は国民全体を指す。②はその場にいる関係者全員という意味、③④は該当する生徒全員という意味、⑤は相手の家族全員という意味である。「さん」をつけて丁寧形にするときは「みんな」は用いない。

(2) 物事の総体を表す。プラスマイナスのイメージはない。述語にかかる修飾語として用いることが多い。①②は人間を指す場合、③~⑥は物事を指す場合である。⑦の「みながみな・みんながみんな」は慣用句で、後ろに打消しの表現を伴い、全部がそうだと言うわけではないという部分否定になる。構成要素を一つ一つ吟味することなく、まとめて一つに扱う暗示がある。

(2)の「みな」は「すべて」「ぜんぶ」などに似ているが、「すべて」は構成要素を吟味した結果、全体を通してある一つの視点で一貫している暗示がある。「ぜんぶ」は総体の個々の構成要素に視点がある。

不愉快なことはみんな忘れる主義です。
(一つ残らず忘れる)
不愉快なことはすべて忘れる主義です。
(忘れるということで一貫する)
不愉快なことは全部忘れる主義です。
(忘れなかったものはない)

⇨「すべて」「ぜんぶ」「ぜんたい」「いっさい」「ことごとく」「あますところなく」「いちいち」「のこらず」「ねこそぎ」「なにもかも」「なにからなにまで」「なんでも」「なんでもかんでも」「もれなく」「まんべんなく」「くまなく」「さいだいもらさず」「こぞって」「ばんじ」

みょう [妙] myô

(1)① 桂林の風景は造化の**みょう**を見る思いがする。
② 部屋を出かかってから「ああ、そうそう」と戻っ

てくる教授のあだ名がコロンボとは、まさに言い得て**みょう**だね。

(2)① 弟は毎日**みょう**な格好で大学へ行く。

② このジュースは**みょう**な味がするよ。

③ 彼は家を出るとき**みょう**に悪い予感がした。

④ いつもは混雑している駅前が今日にかぎって**みょう**に静まりかえっていた。

⑤ **みょう**だな。お菓子がいつのまにか増えてる。

【解説】 (1) 非常にすぐれている様子を表す。プラスイメージの語。かたい文章語で、現在では「造化の妙」「言い得て妙」などの慣用句の中でしか用いられない。①はたいへんすばらしい自然物、②はたいへんすばらしい比喩《ひゆ》という意味である。客観的な表現で、感動など特定の感情を暗示しない。

(2) 異様である様子を表す。マイナスイメージの語。①②は名詞にかかる修飾語、③④は述語にかかる修飾語、⑤は述語の用法である。人知を超えたものが原因で、正常・通常でない状態になるというニュアンスがあり、原因・理由について主体が見当がついていない不可解の暗示がある。

(2)の「みょうに」は「へんに」や「やけに」に似ているが、「へんに」は理性によって正常や通常の状態ではないと判断するニュアンスがある。「やけに」は程度がはなはだしいことを誇張するニュアンスで、原因・理由については言及しない。

今日は妙に静かだ。

(何か悪いことでも起こるんじゃないか)

今日は変に静かだ。

(いつもはうるさいのに不思議だ)

今日はやけに静かだ。

(いつもうるさいから今日は特に静かに感じる)

⇨「へん」「やけ」「いやに」

みるからに［見るからに］ mirukarani

① 彼は相撲部《すもうぶ》出身だが**みるからに**押しが強そうだ。

② **みるからに**意地悪そうなばばあだな。

③ 姉は**みるからに**有閑マダムという顔をしている。

④ ウインドーには**みるからに**おいしそうなケーキが並んでいる。

【解説】 外見から典型的であることを推量する様子を表す。ややマイナスイメージの語。状態を表す表現にかかる修飾語として用いられる。しばしば後ろに様態を表す表現を伴う(①②④)。あまり好ましくない状態が典型的であることを外見から推量するというニュアンスで用いられることが多く(①~③)、好ましい状態を推量する例(④)はあまり多くない。外見をちょっと見てわかるほど内容の程度がはなはだしいという意味で、誇張の暗示がある。

「みるからに」は「いかにも」や「さも」「いっけん（一見）」などに似ているが、「いかにも」は典型的な状態に合致しているというニュアンスで、驚きやあきれ、感動などの暗示を含む。「さも」は話者の目には典型的な状態によく似て見えるというニュアンスで、主体の意図や客観的な事実には言及しない。「いっけん」は外見をちょっと見るという意味で、外見と内容がしばしば異なる暗示がある。

× これは見るからに彼らしい絵だ。
→これはいかにも彼らしい絵だ。
× 彼は相撲部出身だがさも押しが強そうだ。
姉は見るからに有閑マダムという顔をしている。
（本当に有閑マダムである）
姉は一見有閑マダムという顔をしている。
（実は仕事を持っている）

⇨「いかにも」「さも」「いっけん」「まるで」「まるっきり」

みるにみかねて［見るに見兼ねて］ miruni-mikanete

① 彼は父親の会社の窮状を**みるにみかねて**資金援助を申し出た。
② 彼女は**みるにみかねて**捨て犬を拾って育てた。

【解説】 それ以上放任することができずに行動する様子を表す。プラスマイナスのイメージはない。①は動詞句の用法、②は述語にかかる修飾語の用法である。しばしば相手の悲惨な状況を主体が拱手《きょうしゅ》傍観できずに行動を起こすという文脈で用いられる。ただし、行動を起こす前のある程度の時間何もせずに見ていたという暗示があり、主体の積極的な意志の表れとしての行動ではないというニュアンスになる。

「みるにみかねて」は「やむにやまれず」に似ているが、「やむにやまれず」は行為の動機となる欲求・依頼・事情などに主体が抵抗できない結果、不本意な行動を引き起こすというニュアンスで、慨嘆と反省の暗示を伴う。

× 彼女はやむにやまれず捨て犬を拾って育てた。

⇨「やむにやまれず」

みるま［見る間］ miru-ma

① 岩崎選手は**みるま**に他の選手を引き離した。
② 入道雲が**みるま**に昇ってかなとこ雲になった。

【解説】 非常に短時間内に事態が進行する様子を表す。プラスマイナスのイメージはない。述語にかかる修飾語として用いられる。視覚的に見えるものについて、非常に短時間内に事態が進行してある結果になったというニュアンスで用いられることが多い。したがって、事態は完了までに一定の時間がかかるものであることが前提で、瞬間的な動作や行為については用いられない。
× 墜落事故の犠牲者は現場で見る間に死んだ。
→墜落事故の犠牲者は現場で見ている間に死んだ。
「みるまに」は「みるみる」と紛らわしいが、「みるみる」は短時間内に状態がはなはだしく変化する場合にも用いられる。
× 由里子は出産後見る間に太ってきた。
→由里子は出産後みるみる太ってきた。
「みるま」は「あっというま」や「またたくま」にも似ているが、これらは所要時間がほとんどかからないというニュアンスで、結果的に「みるま」よりも所要時間は短くなり、誇張と驚きの暗示がある。
× 休暇は見る間に終わってしまった。
→休暇はあっというま(またたくま)に終わってしまった。
⇩「みるみる」「あっというま」「またたくま」「たちどころ」「たちまち」

みるみる［見る見る］ mirumiru

① 別れ話を切り出したとたん、智子の目に**みるみる**涙があふれた。
② 由里子は出産後**みるみる**太ってきた。
③ 火は**みるみる**うちに燃え広がった。

【解説】 非常に短時間内に事態が進行したり変化の程度がはなはだしくなったりする様子を表す。プラスマイナスのイメージはない。述語にかかる修飾語として用いられる。「みるみるうちに」は「みるみる」より事態が進行する速度が遅い。①③は事態の進行について用いられた場合、②は程度の変化について用いられた場合である。
「見ている間に」というニュアンスがあるので、目に見えないものについては用いられない。
× 彼のどなり声はみるみる大きくなった。
→彼のどなり声はどんどん大きくなった。
一定の時間がかかって進行したり変化したりするものの状態が非常に短時間内に進行したり変化したりする場合に用い、瞬間的な動作や行為については用いない。

「みるみる」は「みるまに」や「あっというまに」「またたくまに」「どんどん」などに似ているが、「みるまに」は事態の進行に限って用いられる。「あっというまに」「またたくまに」は所要時間がほとんどかからないというニュアンスで、結果的に「みるみる」よりも所要時間は短くなり、誇張と驚きの暗示を伴う。「どんどん」は事態や状態の変化が急激である様子を広く表す。

⇩「みるま」「あっというま」「またたくま」「たちどころに」「たちまち」

みればみるほど［見れば見る程］ **mireba-miru-hodo**

① 隣の娘は**みればみるほど**樹木希林に似ているよ。
② **みればみるほど**見事な壷ですねえ。

【解説】程度がはなはだしいことを視覚的に確認する様子を表す。プラスマイナスのイメージはない。状態を表す述語にかかる修飾語として用いられる。何度も見て対象の程度のはなはだしいことを確認するというニュアンスで、しばしば感動(②)・あきれなどの暗示を伴う。ただし、実際に何回も見たかどうかは問題にせず、程度のはなはだしさを強調して述べる点にポイントがある。

みをもって［身を以て］ **mio-motte**

① 父は戦争の悲惨さを**みをもって**体験した。
② 教授はその論文で学問の公正さを**みをもって**学生たちに示した。

【解説】自分自身で行動する様子を表す。プラスマイナスのイメージはない。動詞にかかる修飾語として用いられる。他の人の行動を見聞するのではなく、自分自身で直接行動するというニュアンスである。客観的な表現で、特定の感情を暗示しない。

「みをもって」は「みずから」に似ているが、「みずから」は本来主体が直接行わずに他の人に行わせるべき行為や、ふつうなら意図しないと想定される行為を積極的に行うというニュアンスがある。

× 二子山理事長は定年前に身を以て一線を退いた。
→二子山理事長は定年前に自ら一線を退いた。

⇨「みずから」

むかし［昔］ **mukashi**

① **むかし**はよかったなんて言うようになったらおしまいだね。
② 母の遺影を前にして**むかし**をしのぶ。
③ 四十年ぶりに故郷をたずねてみたら、みんな**むかし**のままだった。
④ ここに城があったのは百年以上も**むかし**のことだ。
⑤ **むかし**の人はうまいことを考えたもんだね。
⑥ 「玲子さん、今ごろどうしてるかな」「玲子のことはもう**むかし**のことだよ」
⑦ (別れた恋人に再会する)「もう一度やりなおさないか」「もう、私は**むかし**の私じゃないわ」
⑧ あの人には**むかし**どこかで会った覚えがある。
⑨ **むかし**はやったフラフープがまた流行し始めた。
⑩ **むかし**取った杵柄《きねづか》。(ことわざ)
⑪ (社外からの電話)「鈴木さん、お願いしたいんですが」「鈴木ならとっくの**むかし**に辞めましたよ」

⑫ （おとぎ話）**むかしむかし**、ある所におじいさんとおばあさんがありました。

⑬ ひと**むかし**前まではその辺の川で魚が釣れた。

【解説】 過去のある時期を表す（↕いま）。プラスマイナスのイメージはない。①②は名詞の用法、③～⑦は名詞にかかる修飾語、⑧～⑩は述語にかかる修飾語、⑪は「とっくの昔（に）」の形で述語にかかる修飾語になる。⑬は「一昔」の形で名詞になる。

現時点からかなり隔たった過去のある限定された時期を表す。客観的な表現で、特定の感情を暗示しない。①～③は話者が体験した過去のある時期を指す。④は前に数量を限定する表現がついて、過去の限定された一時期を指す。⑤の「昔の人」は特にどの時代と限定はしない例である。⑦の「昔の□□じゃない」は慣用的に用いられる表現で、現在は過去の性格や心理に変化をきたしているという意味で用いられ、しばしば現在と過去が断絶している暗示を伴う。⑩はことわざで、若いころの経験が年をとった現在になっても生きているという意味である。⑪の「とっくの昔」はくだけた表現で日常会話中心に用いられ、現在となってはすでに時間が非常に隔たっていることを誇張的に表す。⑫は「昔」を二つ重ねて強調した表現で、おとぎ話の冒頭によく用いられ、非常に遠い（特定できない）過去という意味である。⑬は年数の単位として用いられた例で、ひと昔で十年間を、ふた昔で二十年間を表す。三十年以降については用いられない。ただし、現在では「ひと昔」と言っても厳密に十年間を指すとは限らず、漠然とした過去への時間の隔たりを指すニュアンスが強くて、過去の状況が変化してしまったという文脈で用いることが多い。

「むかし」は「かつて」や「いぜん（以前）」「ひところ」などに似ているが、「かつて」は現在から見てある程度隔たった過去を漠然と示し、視点はあくまで現在にあり、しばしば現在と過去が何らかの関連があることを暗示する。「いぜん」は時間がどのくらい隔たっているかについて言及しない。「ひところ」はある程度隔たった過去の一時期を現在から見て話者が感慨をもっている暗示がある。

順子には昔のおもかげはもうない。
（今の順子は話者の知っている順子とは全然違う）
順子にはかつてのおもかげはもうない。
（過去の順子は魅力的だった）
順子には以前のおもかげはもうない。
（最近エステに通ってずいぶんやせた）
順子にはひところのおもかげはもうない。
（昔の順子のほうがよかったなあ）

⇩「かつて」「ひところ」「とっく」「とう」「もと」「むかしから」「むかしながら」「いま」

むかしから［昔から］mukashikara

① **むかしから**のしきたりを尊重する。
② 吉井とは**むかしから**の友人だ。
③「水野の奴、昨日とうとう来なかったんだぜ」「あいつには**むかしっから**そういうところがあるよ」

【解説】過去のある時点から現在まで継続している様子を表す。プラスマイナスのイメージはない。①②は名詞にかかる修飾語、③は述語にかかる修飾語の用法である。くだけた会話ではしばしば「昔っから」と発音する。①が基本的な用法で、現在からかなり隔たった過去の時点から現在まで継続しているという意味で、このときは開始点の特定はできない。②は話者の体験した中の過去のある時点からという意味である。③はこれらから進んで、相手が今回だけたまたま約束を破ったのではなく、本来約束を守らない性質であることを誇張的に述べ、具体的な経過時間は問題にしない。

「むかしから」は「ふるくから」に似ているが、「ふるくから」は具体的に時間が経過している暗示が強い。

× あいつには古くからそういうところがあるよ。

⇩「むかし」

むかしながら［昔乍ら］mukashinagara

① 水車を使った**むかしながら**の製法で粉をひく。
② 妻籠《つまご》の宿《しゅく》は古い町並が**むかしながら**に残っている。

【解説】過去の状態が現在もなお変化していない様子を表す。ややプラスイメージの語。①は名詞にかかる修飾語、②は述語にかかる修飾語の用法である。過去の好ましい状態が現在もなお残って続いているという文脈で用いられることが多く、郷愁や感慨の暗示がある。

⇩「むかし」

むげに［無下に］mugeni

① 社長のもってきた話じゃ**むげに**断るわけにはいかないじゃないか。
② あいつは何だ。人の好意を**むげに**しやがって。

【解説】十分な配慮をしない様子を表す。マイナスイメージの語。「断る・扱う」などの動詞にかかる修飾語になる。しばしば後ろに打消しの表現を伴い、「無下に～するわけにはいかない」という文脈で用いることが多い（①）。①は十分な配慮をせずには断れない、そう簡単には断れないという意味で、主体の対象に対する配慮や遠慮を暗示する。②は自分の好意に対して相手が感謝して受け入れるなどの十分な配慮をしないという意味で、憤慨・怒りの暗示を伴う。

「むげに」は「むやみに」に似ているが、「むやみに」は結果を考えずに軽率に行動するというニュアンスで、配慮の暗示はない。

× あいつは何だ。人の好意をむやみにしやがって。

社長の頼みだから無下に断れない。
（義理があるから引き受けざるをえない）
社長の頼みだからむやみに断れない。
（断るときはうまく断らないと後が大変だ）

⇩「むやみ」「やたら」「めった」

むしょうに［無性に］mushôni

① ときどき**むしょうに**寂しくなることがある。
② 食後は**むしょうに**眠くて仕事にならない。
③ 後輩に先を越され**むしょうに**腹が立つ。

【解説】 理由はわからないが程度がはなはだしい様子を表す。プラスマイナスのイメージはない。状態を表す述語にかかる修飾語として用いられる。③も動作ではなく、主体が怒っているという状態を修飾している。動作そのものは修飾しない。

× 今日は本を無性に読んだ。
→今日は本が無性に読みたかった。

「むしょうに」は、理由はわからないが程度のはなはだしい状態が衝動的に起こったり継続したりする様子を表す。状態の程度は非常に高いので、主体がしばしば抵抗できない暗示がある(②)が、表現としてはかなり冷静で、特定の感情は暗示しない。

「むしょうに」は「むやみに」「やたら」などに似ているが、「むやみに」は理由のわからないことについて困惑や慨嘆の暗示がある。「やたら」は程度のはなはだしさに限度がないというニュアンスで、理由のわからない暗示はない。

食後は無性に眠い。（ついうとうとしてしまう）
食後はむやみに眠い。（どうしてだろう）
食後はやたら眠い。（眠くてしかたがない）

⇩「むやみ」「やたら」「むやみやたら」「めったやたら」

むしろ［寧ろ］mushiro

① あの大臣は政治家というよりは**むしろ**政治屋だ。
② 美佐子は家で猫を十五匹飼っている。というより**むしろ**猫の家に美佐子が居候《いそうろう》しているようなものだ。
③ あんな奴と仲直りするくらいなら**むしろ**死んだほうがましだ。
④ 六月は梅雨で最高気温が上がらず、温度だけからいえば**むしろ**五月のほうが暑いくらいだ。
⑤ 「この洋服どう？ 胸にブローチでもつけようか

しら」「いや、**むしろ**何もないほうがいいね」
⑥ 休みの日は**むしろ**家でゆっくりしたい。
⑦ (一極集中論議)国会なんかが**むしろ**地方に行ったほうが、**むしろ**実際の効果は大きいんじゃないかなんて、**むしろ**そう思うんですよ。

【解説】 前件と後件を比較して後件を選択する様子を表す。プラスマイナスのイメージはない。判断を表す述語にかかる修飾語として用いられる。①②は「□□というより(は)むしろ△△だ」の形で□□と△△を比較して△△を選択する様子を表す。③は「□□するくらいなら死んだほうがましだ」の形で、「死ぬ」という最悪の結果のほうがまだ好ましいという判断を表し、結果として絶対に□□したくないという話者の意志を表す。⑤は相手の判断を前件とし、それを否定して自分の判断を述べる場合である。正面から反対するのではなく選択肢として自分の意見を述べるニュアンスで、冷静さの暗示がある。⑥は前件(外出すること)を省略する場合である。⑦は日常会話で間投詞として用いられる現代語用法。さまざまの対象を比較して判断を下している話者の冷静さと客観的な態度、さらに独断を下して人間関係が孤立することへの恐れが暗示されている。

「**むしろ**」は「かえって」や「いっそ」に似ているが、「かえって」は予想される結果に反する結果になるというニュアンスで、選択の暗示はない。「いっそ」はあえて極端な状況を選択するというニュアンスがある。

× あの大臣は政治家というよりはかえって政治屋だ。
× 休みの日はいっそ家でゆっくりしたい。

むしろアクセサリーはつけないほうがいい。
(つけるよりもつけないほうが素敵だから)
かえってアクセサリーはつけないほうがいい。
(つけると逆効果になるから)
いっそアクセサリーはつけないほうがいい。
(思い切って取ってみたらよくなると思う)

⇨「かえって」「いっそ」「それより」

むやみ 【無闇】 muyami

(1)① 島野の奴、光子に振られてカッカしてるから、**むやみ**なこと言うとこわいぞ。
② 「公約は必ず守ります」「ほんとですかねえ」「そう**むやみ**に人を疑うものではありませんよ」
③ 待ち合わせをしたときは、約束の時間に相手が現れなくても**むやみ**に動かないほうがいい。

(2)① 病人は一日中**むやみ**に水をほしがった。
② 犬を飼っても、子犬のうちだけ**むやみ**にかわいがり、大きくなるとろくに世話もしない飼い主がいる。
③ 今日は**むやみ**と暑いね。

【解説】(1) 結果を考えずに軽率に行動する様子を表す。マイナスイメージの語。①は名詞にかかる修飾語、②③は述語にかかる修飾語の用法である。述語としては用いられない。しばしば後ろに禁止や打消しの表現を伴う。表現としてはかなり冷静で、特定の感情を暗示しない。

(1)の「むやみに」は「むげに」や「やみくもに」に似ているが、「むげに」は十分な配慮をしないというニュアンスで用いられる。「やみくもに」は目標を見定めずに行動するというニュアンスで、自暴自棄の暗示がある。

(2) 程度がはなはだしい様子を表す。プラスマイナスのイメージはない。「むやみに」「むやみと」の形で述語にかかる修飾語として用いられる。「むやみと」のほうが「むやみに」よりもくだけた表現になる。ふつうあまり好ましくない状態や動作の程度がはなはだしいという意味で用いられる。程度のはなはだしい理由を話者が理解していないことが多く、しばしば困惑や慨嘆の暗示を伴う。

(2)の「むやみに」は「むしょうに」「やたらに」「めったやたらに」などに似ているが、「むしょうに」は程度の高い状態が衝動的に起こったり継続したりする暗示がある。「やたらに」は程度のはなはだしさに限度がないというニュアンスになる。「めったやたらに」は程度が慨嘆するほど高いことを誇張的に表す。

⇨「むげに」「やみくも」「むしょうに」「やたら」「めったやたら」「みだりに」「めった」「めくらめっぽう」「むやみやたら」「やたらめったら」

むやみやたら［無闇矢鱈］ muyami-yatara

(1) ① 「山田君に十万貸してやったよ」「いくら金があるからって、**むやみやたら**に貸すもんじゃないぞ」

② (詐欺にあった)内容をよく確かめもせずに**むやみやたら**とはんこをおすからだよ。

(2) ① 彼は**むやみやたら**と人の粗探しをする癖がある。

② 最近のベイスターズは**むやみやたら**に強いね。

【解説】(1) 結果を考えずに軽率に行動する様子を表す。マイナスイメージの語。「むやみやたらに」「むやみやたらと」の形で述語にかかる修飾語として用いられることが多い。「むやみやたらと」のほうが「むやみやたらに」よりもくだけた表現になる。しばしば後ろに禁止や打消しの表現を伴う(①)か、行為を反省する文脈(②)で用いられる。「むやみ」の(1)を強調した意味であるが、表現としてはかなり冷静で、特定の感情を暗示しない。

(2) 程度がはなはだしいことを強調する様子を表す。プラスマイナスのイメージはない。「むやみやたらに」「むやみやたらと」の形で述語にかかる修飾語として用いられる。「むやみやたらと」のほうが「むやみやたらに」よりもくだけた表現になる。ふつう、あまり好ましくない状態や動作の程度がはなはだしいという意味で用いられ、好ましい程度がはなはだしい場合(②)は多くない。「むやみ」の(2)を強調した意味である。

「むやみやたら」は「めったやたら」に似ているが、「めったやたら」は行為の頻度が非常に高いために程度がはなはだしいというニュアンスで、慨嘆の暗示がある。

彼はむやみやたらと人の粗探しをする。
(欠点はないかと常に目を光らせている)

彼はめったやたらに人の粗探しをする。
(しょっちゅう悪口を言っている)

⇨「めったやたら」「やたら」「やたらめったら」「みだりに」「むやみ」「めくらめっぽう」「めっぽう」「べらぼう」「むしょうに」

むり［無理］muri

(1)① **むり**が通れば道理引っ込む。(ことわざ)
② 社長の方針じゃご**むり**ごもっともさ。
③ (原稿の催促)ご**むり**をお願いしておりますが、お原稿の御様子はいかがでしょうか。
④ 現行の中選挙区制にはどこか**むり**がある。
⑤ 多少の**むり**はしても欲しいものは必ず手に入れる。
⑥ 借金をするときは**むり**のない返済計画を立てることが肝心だ。
⑦ 無断で外泊すれば親が怒るのは**むり**もない。
⑧ 政治家がこれだけ腐敗すれば、国民が政治に無関心になるのは**むり**からぬことだ。

(2)① 今の偏差値では早稲田《わせだ》はとても**むり**だ。
② 子供にじっとしてろなんて言っても**むり**です。
③ 明日までにかたづけろなんてどだい**むり**な話だ。
④ 「おれ、医大受けようかな」「**むりむり**、やめとけよ」

(3)① 母は長年の**むり**がたたって倒れた。
② (ケガをした選手に)**むり**は禁物だよ。
③ 父は心臓病で**むり**のきかない体だ。
④ 「今夜はおれがおごるよ」「**むり**すんなよ、割り勘にしようよ」
⑤ (満員電車)そんなに**むり**に押さないでください。

(4)① 本を**むり**に本棚に突っ込んだら抜けなくなった。
② そんなに学校が嫌なら**むり**に来なくてもいい。
③ (設計師が)この部屋には通気窓をとったほうがいいと思いますよ。**むり**にとは言いませんが。
④ 浩一は復縁を承知しない洋子と**むり**心中を図った。
⑤ カラオケを**むり**強いされるのは嫌だ。

【解説】 (1) 筋道の立たないことを表す(↔どうり)。マイナスイメージの語。①~⑥は基本的な名詞の用法、⑦は「無理もない」の形で形容詞を作る。⑧は「無理からぬ」の形で名詞にかかる修飾語になる。道徳・義理・人情など社会的に理想とされる条件に反することを総称して言う。②はどんなに道理に反することでも「ごもっともです」と受け入れざるを得ないという意味である。③は自分の行為について用いた例で、自分の依頼が道理に反したものであることを自覚しているが、という相手への遠慮の心理を暗示する。④⑤は不自然であるという意味、⑥は「無理のない」の形で他に支障が生じないという意味、⑦⑧は打消しを伴って、しかたがない、理解できるという消極的な肯定を表す意味になる。

(2) 不可能である様子を表す。マイナスイメージの語。①②は述語、③は名詞にかかる修飾語、④は日常会話で用いられる感動詞の用法である。能力や情勢などから判断して物事の実現が不可能であるという判断を表す。しばしば主体の努力の範囲を超えているというニュアンスで、行動や努力の放棄を暗示する。④は相手の発言内容が初めから不可能であるという判断を表し、軽い侮蔑《ぶべつ》の暗示を伴う。

(2)の「むり」は「むちゃ」に似ているが、「むちゃ」は思慮に欠ける行動をする様子を表し、不可能であるかどうかには言及しない。

明日までにかたづけろなんてどだい無理な話だ。
(できないことは明らかだ)

明日までにかたづけろなんてどだい無茶な話だ。
(できないことをやれだなんてどうかしている)

(3) 通常の限度を超えている様子を表す。マイナスイメージの語。①〜③は名詞の用法、④は「無理(を)する」の形で述語になる。⑤は述語にかかる修飾語の用法である。肉体の能力の限度を超えているという場合(①〜③)と、精神的に自然な状態ではないという場合(④)とがある。通常の限度を超えている結果、しばしば好ましくない事態が生じる暗示がある。⑤は押された側の被害者意識に立った表現で、話者にとっては通常の程度を超えた強さで押されたという意味である。これが結果を考えずに強引に行うという意味になると、(4)に近づく。

(4) (3)から進んで、行為を強行する様子を表す。マイナスイメージの語。①〜③は「無理に」の形で述語にかかる修飾語、④⑤は「無理□□」の形で名詞を直接修飾する用法である。①はきゅうくつで本を差し込みにくい状況を承知で強引に突っ込んだという意味、④⑤は相手の同意を得ないまま強行するという意味である。好ましくない結果が生じることを承知の上で意図的に行うというニュアンスで、しばしば主体の強引さと相手の被害者意識が暗示される。

(4)の「むりに」は「むりやり」や「しいて」に似ているが、「むりやり」のほうが強引さの程度が高く、しばしば結果を考慮していない暗示がある。「しいて」は困難や抵抗があるのを承知で意図的に行うというニュアンスで、主体の意図の暗示はあるが、強引さの暗示はない。

× この部屋には通気窓をとったほうがいいと思いますよ。無理矢理とは言いませんが。

× 本棚に本を強いて突っ込んだら抜けなくなった。

⇨「むりやり」「しいて」「いやおうなく」「うむをいわせず」「どうり」

むりやり【無理矢理】muriyari

① 男は嫌がる子供を**むりやり**引きずっていった。

② アヒルの口に**むりやり**えさを突っ込んで太らせる。

③ 固辞する後輩を**むりやり**にくどいて代表にすえた。

④ きついスカートを**むりやり**にはくとかえって太って見える。

【解説】 相手の意志や状況に反して強行する様子を表す。マイナスイメージの語。「むりやり」「むりやりに」の形で述語にかかる修飾語として用いられる。①～③は相手の意志に反して行為を強制するという意味、④は状況に合わない行為を強行するという意味である。主体の強引な意図を表し、しばしば結果を考慮に入れていない暗示がある。

「むりやり」は「むりに」に似ているが、「むりに」のほうが強引さの暗示が相対的に少なく、好ましくない結果が生じることを承知の上で意図的に行うというニュアンスがある。

子供を無理矢理医者に連れて行った。
（それがどういう精神的影響を与えるかを考えずに）
子供を無理に医者に連れて行った。
（子供は嫌がっていたが強制した）

⇨「むり」「しいて」「いやおうなく」「うむをいわせず」

むろん【無論】muron

① ぼくは**むろん**君の意見に賛成だ。

② 彼は**むろん**先に帰ったものとばかり思っていた。

③（娘の頭を冷やす）しばらく武宮君とは会わないほうがいいね。**むろん**電話もだめだよ。

④「結婚式に来てくれるかい」「**むろん**だよ」

⑤ オリンピックの開会式では、主催者は**むろん**のこと、選手も観客も一様に喜びに包まれていた。

⑥ 政治改革の失敗については政府に責任があるのは**むろん**だが、国会全体の責任でもある。

【解説】 明白な意見や判断を述べる様子を表す。プラスマイナスのイメージはない。①～③は述語にかかる修飾語、④は述語の用法である。⑤は「□□はむろんのこと」、⑥は「□□はむろんだが」の形で条件句を作る。かなりかたい文章語で、くだけた会話にはあまり登場しない。主体が自分の主観的な判断でゆきついた結論を述べるというニュアンスがある。

「むろん」は「もちろん」や「とうぜん」に似ているが、「もちろん」は「むろん」よりはくだけた場面でも用いられ、主観性がより強くなる。「とうぜん」は論理上の帰結を表し、「むろん」とは反対に社会の規範に合致する客観性の暗示がある。

「結婚式に来てくれるかい」「無論だよ」
（君とぼくは親友なんだから）
「結婚式に来てくれるかい」「もちろんだよ」
（あたりまえのことを聞くなよ）
「結婚式に来てくれるかい」「当然だよ」
（親友の結婚式に行かないわけがないだろう）

⇨「もちろん」「とうぜん」「あたりまえ」「もとより」「どうり」

めいっぱい［目一杯］**me-ippai**

① 銀行から**めいっぱい**借りてもまだ家は買えない。
② 今年の売上は**めいっぱい**に見積もっても去年の八割がいいところだ。
③ （家具の移動）「もっと力を出して」「もうこれで**めいっぱい**だよ」
④ 姉貴は一張羅《いっちょうら》の和服に**めいっぱい**の化粧をして見合いに行った。

【解説】 数量や程度が最高限度に到達している様子を表す。プラスマイナスのイメージはない。①②は述語にかかる修飾語、③は述語、④は名詞にかかる修飾語の用法である。かなりくだけた表現で、かたい文章中にはあまり登場しない。①②は数量について用いられた場合、③④は程度について用いられた場合である。客観的な表現で、特定の感情を暗示しない。

「めいっぱい」は「せいいっぱい」に似ているが、「せいいっぱい」は全力を尽くして行動する様子を表し、誠意の暗示がこもる。また数量についてはあまり用いない。

× 銀行から精一杯借りてもまだ家は買えない。

⇨「せいいっぱい」「できるかぎり」「できるだけ」「けんめい」「いっしょうけんめい」「ちからいっぱい」「いっぱい」

めいめい［銘々］**meimei**

① 役員会では**めいめい**が自分の意見を述べた。
② 卒論のテーマには**めいめい**の好みが表れる。
③ 会議の資料を**めいめい**に配った。
④ 現地までの交通費は**めいめい**でもつことになった。
⑤ （駅の改札口）切符は**めいめい**お持ちください。

【解説】 複数の人間の各人を表す。プラスマイナスのイメージはない。①～④は名詞の用法、⑤は述語にかかる修飾語の用法である。人間について用い物については用いられない。ある特定の人間の集まりの構成員ひとりひとりを指し、ひとりひとりが独立している暗示がある。

「めいめい」は「それぞれ」や「おのおの」に似ているが、「それぞれ」は人についても物についても用いられ、個々の要素が異なるというニュアンスで、要素のバラエティーの暗示がある。「おのおの」は個々の要素を対等に均一に扱う暗示がある。

⇩「それぞれ」「おのおの」「ひとりひとり」「てんでに」

めくらめっぽう［盲滅法］mekura-meppô

① その学生の研究はまったく**めくらめっぽう**だった。

② **めくらめっぽう**な対策を立てても政治腐敗はなくならない。

③ **めくらめっぽう**にバットを振ってもだめだ。

【解説】 目標を見定めずに行動を起こす様子を表す。マイナスイメージの語。①は述語、②は名詞にかかる修飾語、③は述語にかかる修飾語の用法である。主体が目標を見定めずに行動を起こしている様子を、第三者が軽い概嘆と侮蔑《ぶべつ》の暗示を伴って評する語で、自分自身の行為についてはふつう用いない。

？ ぼくは盲滅法になぐりかかっていった。

→ぼくはがむしゃらになぐりかかっていった。

「めくらめっぽう」は「やみくも」に似ているが、「やみくも」は行動を起こす際に思慮に欠けているというニュアンスで、自暴自棄の暗示がある。

盲滅法な対策を立てても政治腐敗はなくならない。
（目標を定めそれに即した対策を立てよ）

やみくもな対策を立てても政治腐敗はなくならない。
（十分な議論と検討を経た対策を立てよ）

「めくらめっぽう」は、視力障害者が何のガイドも手助けもなく独力で困難な事態に対処しようとする様子を、健常者が外から見て、対象の認識が不適切な行動であると評価することからできた語で、その根底には、視力障害はそれだけで対象の適切な認識が不可能になるという偏見に基づいた発想がある。現在ではほとんど用いられなくなっている。

⇩「やみくも」「むやみ」「むやみやたら」「めったやたら」「めっぽう」

めだって［目立って］medatte

① 中山君はクラスの中で**めだって**背が高い。

② 最近外国人の犯罪が**めだって**増えてきた。

【解説】 以前あるいは他のものと比較して、程度がはなはだしい様子を表す。プラスマイナスのイメージはない。状態を表す述語にかかる修飾語として用いられる。ふつう目に見えるものについて用いる。②も統計上の数字などで目に見える形で確認できる暗示がある。

「めだって」は「きわだって」や「ひときわ」に似ているが、「きわだって」は同類のものの中で特に程度がはなはだしい様子を客観的に述べる。「ひときわ」は同類や過去の状態と比べて程度がはなはだしいというニュアンスで、比較の暗示が強い。

子犬は最近目立って大きくなった。
（急に成長して大きくなった）
子犬は最近きわだって大きくなった。
（巨大な犬に成長した）
子犬は最近ひときわ大きくなった。
（以前はそれほどでもなかったが）

⇨「きわだって」「ひときわ」「めにみえて」「いちだんと」

めった［滅多］metta

(1)① みどりは何でもすぐ本気にするから**めった**なことは言えない。
② あの男は**めった**なことでは音《ね》をあげない。
③ （誘拐犯が）**めった**なことしやがると子供の命がないぞ。
④ チャンピオンは挑戦者をコーナーに追い込んで、ボディーを**めった**打ちにした。
(2)① 彼は日曜日は**めった**に家にいない。
② （骨董屋《こっとうや》が客に）こんな見事な壺は**めった**に手に入りませんよ。
③ おれさ、小説なんて**めった**読まないぜ。

【解説】 (1) 分別がない様子を表す。マイナスイメージの語。「めったなことは……ない（……するな）」という打消し（①②）や禁止（③）に呼応する形か、「めった□□」という名詞を作る形（④）で用いられる。行動のしかたに分別がない様子を表し、結果を考慮しているかどうかには言及しない。①は無分別に重大なことは言えないという意味、②は深刻でない（たいしたことのない）事態では参らないという意味、③は警察に通報するなどの無分別な行動はするなという意味である。④の「めった打ち」は限度もなく激しく打つことを表す。危惧《きぐ》の暗示を伴う。

(1)の「めった」は「むやみ」や「やたら」に似ているが、「むやみ」は結果を考えずに軽率に行動する様子を表す。「やたら」は行動に制限がない様子を表す。

めったなことを言うものではない。
（バカなことを言うな）
むやみなことを言うものではない。
（もう少し慎重に考えてから発言せよ）

やたらなことを言うものではない。
(発言内容にもおのずから限度があるはずだ)

(2) 後ろに打消しの表現を伴って、頻度が非常に少ない様子を表す。プラスマイナスのイメージはない。「めったに」の形で打消しの表現を伴う述語にかかる修飾語として用いることが多いが、若い人の間のくだけた会話では③の「めった」の形でも用いられる。頻度が非常に少ないことを非存在のほうに視点をおいて表す。したがって、好ましいものについて用いた場合②には貴重さの暗示が出る。

(2)の「めったに」は「ほとんど」や「まれに」に似ているが、「ほとんど」は大部分に及んでいる様子を表し頻度は表さない。「まれに」は同類のものが非常に少ないことを存在のほうに視点をおいて表すニュアンスがある。

私はお酒はめったに飲みません。
(年に一回か二回しか飲まない)
私はお酒はほとんど飲みません。
(ビールをコップに一センチしか飲まない)
野生の極楽鳥はめったに見られない。
(見られないことがほとんどだ)
野生の極楽鳥はまれにしか見られない。
(非常にわずかだが見られることもある)

⇨「むやみ」「やたら」「ほとんど」「むげに」「めったやたら」「やたらめったら」

めったやたら ［滅多矢鱈］ metta-yatara

(1)① 「もし高橋部長が失脚したら後任は誰かなあ」「しっ、**めったやたら**なことを言うもんじゃないぞ」

(2)① 彼は**めったやたら**に人の粗探しをする。
② 今日はまた**めったやたら**と暑いねえ。
③ あの転校生、数学が**めったやたら**できるんだ。

【解説】 (1) 分別がないことを強調する様子を表す。マイナスイメージの語。打消しや禁止の表現に呼応する名詞にかかる修飾語として用いられる。「めった」の(1)を強調した意味であるが、表現としてはかなり冷静である。①では「めった」に比べて話者の危惧と慎重さがより強調されるニュアンスになる。

(2) 程度がはなはだしいことを誇張する様子を表す。プラスマイナスのイメージはない。述語にかかる修飾語として用いられる。①②③の順にくだけた表現になる。行動にかかる場合①には、行動の頻度が非常に高いために程度がはなはだしいというニュアンスになる。状態にかかる場合②③には、状態の程度がはなはだしいことを誇張的に述べる。あまり好ましくない程度について用いることが多く、その場合には慨嘆の暗示を伴う。③のように好ましいものの程度について用いる場合は、対象を評価するニュアンスになる。

(2)の「めったやたら」は「むやみやたら」に似ているが、「むやみやたら」には誇張の暗示が少なく、やや冷静な表現になっている。

⇨「めった」「むやみやたら」「やたらめったら」「むしょうに」「むやみ」「やたら」「べらぼう」「めっぽう」「めくらめっぽう」

めっぽう［滅法］meppô

① 吉岡はかけ事に**めっぽう**強く負けたことがない。

② 昨日は暑かったのに、今日はまた**めっぽう**寒いね。

【解説】 程度がはなはだしい様子を表す。状態を表す述語にかかる修飾語として用いられる。プラスマイナスのイメージはない。かなりくだけた表現で日常会話中心に用いられるが、やや古風なニュアンスがあり、若い人はあまり用いない傾向にある。対象の状態の程度がはなはだしいことについて、話者の驚きと不可解さが暗示される。話者自身の状態については、現在ではあまり用いられない。

? おれは酒がめっぽう好きだ。

→おれは酒がべらぼうに好きだ。

⇨「べらぼう」「めったやたら」「むやみやたら」「やたらめったら」「めくらめっぽう」

めにみえて［目に見えて］meni-miete

(1)① 次の選挙で現職が負けるのは**めにみえて**いる。

② ま行までくれば脱稿はもう**めにみえて**いるね。

(2)① 最近祖父の視力は**めにみえて**衰えてきた。

② ビワの実が**めにみえて**色づいてくると夏も近い。

【解説】 (1) 結果が明白である様子を表す。プラスマイナスのイメージはない。「目に見えている」の形で述語として用いられる。文字通りには目に見えるように明らかだという意味であるが、話者の主観的な判断として明白であるというニュアンスで、客観性の暗示はない点で「明らか」と異なる。

(2) 変化の程度が著しい様子を表す。プラスマイナスのイメージはない。変化を表す述語にかかる修飾語として用いられる。対象の状態が変化しもとの状態と著しく異なってしまったことに気づいた時点で用いられることが多く、変化の途中ではあまり用いない。

(2)の「めにみえて」は「めだって」に似ているが、「めだって」は以前あるいは同類と比較して程度がはなはだしい様子を広く表し、変化の程度以外についても用いられる。

× 彼はクラスの中で目に見えて背が高い。

→彼はクラスの中で目立って背が高い。

⇩「めだって」「いちだんと」「ひときわ」

めんとむかって［面と向かって］mento-mukatte

① 社長に**めんとむかって**盾《たて》ついた社員はいない。
② 彼女は**めんとむかって**罵倒《ばとう》されショックを受けた。

【解説】 真正面から行動する様子を表す。ややマイナスイメージの語。動詞にかかる修飾語として用いられる。人間についてのみ用いられる。対象の真正面から行動するという意味であるが、物理的に真正面から向かい合うという意味ではあまり用いられず、対立・抗争の対象としての行動を起こす場合に用いることが多い。

× ヨットは北風に面と向かって進んだ。
→ヨットは北風に真正面から逆らって進んだ。
× 新入社員は社長に面と向かって挨拶《あいさつ》した。
→新入社員は社長に向かって挨拶した。

⇩「まっこうから」

もう・も［最う］mō・mo

(1) ① (かくれんぼ)「**もう**いいかい」「まあだだよ」
② (おかずを買って帰る)ただいま、**もう**ごはん食べちゃった？ コロッケ買ってきたんだけど。
③ (社外からの電話)「浅田さん、お願いしたいんですが」「浅田なら**もう**帰りました」
④「おかわりいかが？」「**もう**十分いただきました」
⑤ (銀婚式)早いもんだね。**もう**二十五年か。
⑥ あっ、**もう**こんな時間だ。帰らなくちゃ。
⑦「課長、できました」「**もう**できたの。君は仕事が早いねえ」
⑧「お先に失礼するよ」「あら、**もう**帰っちゃうの」
⑨ (末期患者が)おれ、**もう**だめだ。
⑩ 今ごろ後悔したって**もう**遅いよ。
⑪ (別れた恋人に再会する)「もう一度やりなおさないか」「**もう**私は昔の私じゃないわ」
⑫ 課長のセクハラには**もう**これ以上我慢できないわ。
⑬ 足が痛くて**もう**歩けない。
⑭ 奴の失敗の後始末は**もう**ごめんだ。

(2) ① 駅なら**もう**すぐそこです。
② 十時だから**もう**そろそろ社長が来るころだ。
③ 佐々木さんも**もう**結婚してもいいんじゃない。
④ **もう**まもなく暖かくなるだろう。

(3) ① (はしご酒)よし、**も**一軒行こう。
② 靴が片方しかないよ。**もう**片方知らない？
③「例のCD、いい加減で返せよ」「**もう**一日だけ、な、な、いいだろ？」
④ この仕事が完成するには**もう**三か月はかかる。

(4) ①「ヴェルディの試合、どうだった？」「カズが**もう**、最高」
② 待望の男の子が誕生したので、彼は**もう**うれしくてうれしくてたまらないらしい。
③ 昨日はそりゃ**もう**ものすごい雨でひどかった。
④ びっくりしたなあ、**もう**。（流行語）
⑤（海外旅行の添乗員が）日本人ってのは外国へ行くと、**もう**ほんとにしゃべらないですね。
⑥(飛行場の騒音)もそれはひどいんですよ。**もう**うるさくて話はできないわ、トリは卵を産まなくなるわ……

(5) ①（デートに遅刻した）「ごめんごめん」「**もう！**」
②（カギっ子）「マー君お留守番ね」「また？　やだなあ、**もう**」

【解説】(1) 限度を超えている様子を表す（↔まだ）。原則としてプラスマイナスのイメージはない。述語にかかる修飾語として用いられる。ややくだけた表現で、日常会話中心に用いられる。時間（①〜③⑤⑥⑧⑩）・程度（④⑦⑨⑪〜⑭）などが現在ある限度を超えているという意味である。①はかくれんぼでの決まり文句で、現時点で完全に隠れてしまったか、探し始めてよいかと聞いている。④は現時点で満腹という限度に到っているという意味である。①〜④の場合には特定の感情を暗示しない。⑤は現時点で二十五年が経過したことについて感慨をもっている暗示がある。⑥⑦は時間の経過や仕事の速度が早いことについて驚きの暗示がある。⑧はこれに加えて残念に思う気持ちも伴う。⑨〜⑫は現時点で程度がある限度を超えている結果、これ以上進展することがむずかしいという意味で、絶望（⑨）・反省（⑩）・あきらめ（⑪）・慨嘆（⑫）の暗示を伴う。

(1)の「もう」は「もはや」や「すでに」「いまとなっては」などに似ているが、「もはや」は将来に起こる事柄に関して現時点では対応が間に合わないというニュアンスがある。「すでに」は過去に完了している様子を広く表し、客観的な表現で特定の感情を暗示しない。「いまとなっては」は現在すでに時機を逸している様子を表し、好ましくない結果が生じることについてあきらめの暗示がある。

彼の病気はもう手遅れだ。
（現時点では治療の限度を超えてしまった）
彼の病気はもはや手遅れだ。
（現時点では将来回復する望みはない）
彼の病気はすでに手遅れだ。
（現時点以前に治療できない状態になっていた）
彼の病気は今となっては手遅れだ。
（少し前ならまだ間に合った）

(2) 目標に到達しようとする様子を表す（↔まだ）。ややプラスよりのイメージの語。述語にかかる修飾語として用いられる。場所(①)・時間(②~④)などについてある目標に接近し到達しようとするという話者の判断を表す。判断には客観的な根拠があることが多く、根拠を明示する場合(②)もある。接近している目標を待ち受ける期待の暗示がある。

(2)の「もう」は「まもなく」や「やがて」に似ているが、「まもなく」は前件と後件の間にあまり時間が経過しない様子を客観的に表す。「やがて」は目標との間の時間の幅が「もう」よりも広い。

× 駅ならまもなくすぐそこです。
× 佐々木さんもやがて結婚してもいいんじゃない。
社長はもう来るだろう。
(今すぐに来てもいい時間だ)
社長はまもなく来るだろう。
(数分もすれば来るだろう)
社長はやがて来るだろう。
(待っていればいずれ来るだろう)

(3) 現在の状態にさらに付け加える様子を表す。プラスマイナスのイメージはない。数量や程度を表す語にかかる修飾語として用いられる。ややくだけた表現で、日常会話中心に用いられる。くだけた会話ではしばしば「も」と発音される。現在の状態にさらに後から付け加える様子を表す。客観的な表現で、特定の感情を暗示しない。

(3)の「もう」は「あと」や「さらに」に似ているが、「あと」は付け加えることによって目標が達成される暗示がある。「さらに」は付け加えることによって、段階的に程度が高まるというニュアンスで用いられる。

× 時限爆弾はもう三分で爆発する。
→時限爆弾はあと三分で爆発する。
× よし、さらに一軒行こう。

(4) 感情があふれて処理できない様子を表す。プラスマイナスのイメージはない。程度を表す語を伴って、感動詞または会話の途中で間投詞として用いられる。ややくだけた表現で、日常会話中心に用いられる。くだけた会話ではしばしば「も」と発音される。対象の程度そのものを述べるのではなく、対象の程度について話者の感情が非常にはなはだしいので処理できないというニュアンスで、好ましい感情についても(①②)好ましくない感情についても(③⑤⑥)用いられる。

(5) 非難・叱責《しっせき》する気持ちを表す。マイナスイメージの語。日常会話で感動詞として用いられる。主に女性や子供が用い、大人の男性はあまり用いない傾向にある。相手の行為を非難・叱責する気持ちを表すが、怒りや憤慨の暗示は少ない。

⇩「もはや」「すでに」「いまとなっては」「まもなく」「やがて」「あと」「さらに」「はや」「じつに」「もっと」「ただもう」「もういちど」「もうじき」「もうすぐ」「もうすこし」「もうちょっと」「もうひとつ」「いま」「まだ」

もういちど［最う一度］mô-ichido

① **もういちど**おっしゃってください。
② **もいちど**一緒にちいぱっぱ。（童謡）
③（別れた恋人に）**もういちど**やりなおさないか。

【解説】 現在の状態に一回付け加える様子を表す。プラスマイナスのイメージはない。動詞にかかる修飾語として用いられる。くだけた会話ではしばしば「もいちど」と発音される。①②は動作にかかる基本的な用法で、現在の状態にさらに同じ動作を一回付け加える様子を表す。③はこれから進んだ用法で、過去の恋愛関係を復活するという意味で、動作や行為だけでなく感情的にも元の状態に復帰するという意味である。すでに完了したものにまったく同一内容の行為を追加するニュアンスがある。客観的な表現で、特定の感情を暗示しない。

「もういちど」は「また」や「ふたたび」に似ているが、「また」は同じ動作や行為を複数回繰り返すという意味で用いられる。「ふたたび」はややかたい文章語で、同じ行為や状態が二度目に繰り返されるという意味で、何度も付け加える暗示はない。

⇩「また」「ふたたび」「かさねて」「さいど」「にどと」「またしても」「またまた」「またも」「またもや」「もう」「いちど」

もうじき［最う直］mô-jiki

① **もうじき**お湯がわきますから、お茶を一杯上がっていってください。
②（山歩き）「峠の茶屋ってまだかな」「**もうじき**よ」

【解説】 目標に接近している様子を表す。ややプラスよりのイメージの語。①は述語にかかる修飾語、②は述語の用法である。時間（①）・距離（②）などについて、現時（地）点からあと少しで目標に到達する様子を表し、目標を待ち受ける期待の暗示がある。好ましくない事柄についてはあまり用いない。

？もうじき南九州に台風が上陸する。
→まもなく南九州に台風が上陸する。

「もうじき」は「もうすぐ」に似ているが、「もうすぐ」は客観的な表現で目標との距離も近い。

今新横浜を過ぎたから東京はもうじきだ。
（このまま乗っていれば着く）
今新横浜を過ぎたから東京はもうすぐだ。
（短時間内に着く）

⇨「まもなく」「もうすぐ」「おっつけ」「おって」「きんきん」「ちかく」「じき」「すぐ」「もう」

もうすぐ［最う直］mô-sugu

① **もうすぐ**戦争が始まるかもしれない。
② そこの角を曲がれば先生の家は**もうすぐ**だ。

【解説】 目標に非常に接近している様子を表す。プラスマイナスのイメージはない。①は述語にかかる修飾語、②は述語の用法である。時間(①)・距離(②)などについて、現時(地)点からあと少しで目標に到達する様子を表す。客観的な表現で、特定の感情を暗示しない。

「もうすぐ」は「もうじき」に似ているが、「もうじき」のほうが目標までの時間的・空間的距離があり、余裕のある様子が暗示される。また目標を待ち受ける期待の暗示もある。

⇨「もうじき」「まもなく」「おっつけ」「おって」「かれこれ」「きんきん」「ちかく」「すぐ」「じき」「もう」

もうすこし［最う少し］mô-sukoshi

① 討論をするには**もうすこし**人数が必要だ。
② 「バーボン、**もすこし**いかが？」「すいません」
③ 「田中の奴、遅いなあ。先に行こうか」「**もすこし**待ってみない？」
④ 今三時か。**もうすこし**したら出かけるぞ。
⑤ 踏切を超えて**もうすこし**行くと角に銀行がある。
⑥ 「君の家まだなの」「**もうすこし**あるわ」
⑦ (プラモデル)よし、**もすこし**だ。
⑧ **もうすこし**で車にひかれるところだった。
⑨ (故郷にて)昔は**もうすこし**にぎやかだった。
⑩ あんたのその頭、**もうすこし**何とかならないの。
⑪ 部長は**もうすこし**職場の環境に配慮すべきだ。

【解説】 数・量・時間・距離・程度などをさらに少量付け加える様子を表す。プラスマイナスのイメージはない。述語にかかる修飾語として用いることが多いが、述語(⑦)にもなる。くだけた会話ではしばしば「もすこし」と発音される。①は数、②は量、③④は時間について用いられた場合である。④の「もう少ししたら」は慣用的に用いられ、時間が少し経過したらという意味である。⑤⑥は距離について用いられた場合で、⑥の「もう少しある」は慣用的に用いられ、時間や距離がまだかなりあるという意味である。⑦～⑪は程度の場合である。必ずしも少量の程度を追加するという意味ではなく、程度をよりはなはだしくするという意味で、間投詞的に用いることも多い。⑧は「もう少しで……するところだった」の形で慣用的に用いられ、非常に危険な状態との境界にあったことを安堵《あんど》の暗示を伴って述べる。⑨～⑪は特に程度を限定しない場合で、なくても意味は変わらないが、「もう少し」をはさむことによって慨嘆のニュアンスがこもる。

「もうすこし」は「もうちょっと」に似ているが、「もうちょっと」はかなりくだけた表現になっている。

⇨「もうちょっと」「すんでのところで」「すこし」「もう」

もうちょっと［最う一寸］mô-chotto

① **もうちょっと**百点がいてもいいんだけどね。
② チーズケーキ、**もうちょっと**食べたいな。
③ (傷の手当て)「いてて」「**もうちょっと**我慢して」
④ **もうちょっと**したら帰るよ。
⑤ **もうちょっと**奥へ詰めてください。
⑥ 頂上までは**もうちょっと**だ。
⑦ この毛皮、**もうちょっと**安ければ買うわ。
⑧ (受験指導)**もうちょっと**頑張りなさい。
⑨ **もうちょっと**でがけから落ちるところだった。
⑩ あんたのその頭、**もうちょっと**何とかなんないの。

【解説】 数・量・時間・距離・程度などをさらに少量付け加える様子を表す。プラスマイナスのイメージはない。述語(⑥)にもなる。くだけた表現で、日常会話中心に用いられる。①は数、②は量、③④は時間について用いられた場合である。④の「もうちょっとしたら」は慣用的に用いられ、時間が少し経過したらという意味である。⑤⑥は距離、⑦～⑩は程度の場合である。⑨の「もうちょっとで……するところだった」は慣用的に用いられ、非常に危険な状態との境界にあったことを安堵《あんど》の暗示を伴って述べる。⑩は具体的な程度を問題にしない間投詞の用法で、慨嘆の暗示を付け加える。

「もうちょっと」は「もうすこし」に似ているが、「もうすこし」のほうが標準的である。

⇨「もうすこし」「ちょっと」「もう」

もうとう［毛頭］môtô

① ウソをつくつもりは**もうとう**ありませんでした。
② 彼は人のうわさなど**もうとう**気にする男ではない。
③ (人事)「鈴木君を札幌支店の支店長というのはどうだろう」「私には**もうとう**異存はありません」
④ 「留学したいって言ったらOKしてくれる?」「そんなことは**もうとう**ダメに決まってる」

【解説】 後ろに打消しや否定の表現を伴って、打消しの判断を誇張する様子を表す。プラスマイナスのイメージはない。打消しや否定の表現を伴う述語にかかる修飾語として用いられる。話者が自分の打消しの判断や意図を誇張する場合(①③④)に用いることが多く、自分以外の第三者について判断する場合②はあまり多くない。人間以外のものについての判断には用いられない。

× 明日はもうとう雨は降らないだろう。
　→明日は決して(絶対に)雨は降らないだろう。

「もうとう」は誇張の暗示が強く、存在の可能性をまったく考慮することなく頭から否定するというニュアンスで、自分のことについて用いた場合にはしばしば釈明の暗示を伴う(①)。

「もうとう」は「まったく」や「ぜんぜん」に似ているが、「まったく」「ぜんぜん」は主体の判断や意図以外の物事についても、肯定の可能性を完全に否定するニュアンスで用いられる。また「まったく」は主体の冷静な客観性が暗示される。

× 教授の授業はむずかしすぎてもうとうわからない。
　→教授の授業はむずかしすぎてまったく(全然)わからない。

ウソをつくつもりはもうとうありませんでした。
(悪意はなかったのだから私は悪くない)
ウソをつくつもりはまったくありませんでした。
(誰もが私の真意を知っていた)
ウソをつくつもりは全然ありませんでした。
(本当に悪意はなかった)

⇨「けっして」「ぜったい」「まったく」「ぜんぜん」「いっこう」「すこしも」「ちっとも」「さらさら」「かいもく」「からきし」「とんと」「まるっきり」「まるで」「みじんも」「ゆめにも」

もうひとつ【最う一つ】mô-hitotsu

(1)① キャンデー、**もうひとつ**ちょうだい。
② 政局の**もうひとつ**の山は総選挙後にくる。
③ (宴会)「**もひとつ**どうぞ」「もう飲めないよ」
(2)① この小説はおもしろいが**もうひとつ**迫力に欠ける。
② 「先生、今度の作品はどうでしょう」「うーん、**もうひとつ**かなあ」

【解説】 (1) さらに一つ付け加える様子を表す。プラスマイナスのイメージはない。①③は述語にかかる修飾語、②は名詞にかかる修飾語の用法である。くだけた会話ではしばしば「もひとつ」と発音される。①②は基本的なものの個数について用いた例である。③は酒を勧める場合で、もう一杯というのに等しい。客観的な表現で、特定の感情を暗示しない。

(2) 不十分な様子を表す。マイナスイメージの語。①は述語にかかる修飾語、②は述語の用法である。理想の状態に達しないため話者の不満が暗示されている。

この「もうひとつ」は「いまいち」「いまひとつ」に似ているが、「いまいち」はくだけた表現で若い人中心に用いられ、不満の暗示が強く、軽い侮蔑《ぶべつ》の暗示を伴うこともある。「いまひとつ」はややかたい文章語で、かなり客観的な表現になっている。

⇩「いまひとつ」「いまいち」「ひとつ」「もう」

もうれつ［猛烈］môretsu

① 雲仙普賢岳《ふげんだけ》の火砕流は**もうれつ**だ。
② 日本列島は**もうれつ**な暑さに見舞われた。
③ その作家は**もうれつ**な勢いで原稿を書き上げた。
④ ああいう**もうれつ**な女には気をつけろ。
⑤ 父はいわゆる**モーレツ**社員だった。
⑥ 林君と結婚すると言ったら**もうれつ**に反対された。
⑦ 息子は中学に入ると**もうれつ**に食べ始めた。
⑧ 水虫が**もうれつ**にかゆい。
⑨ 昨夜徹夜したから**もうれつ**眠くって。
⑩ おれ、**もうれつ**やんなっちゃうよ。女房の奴、亭主ほっぽらかして友だちと温泉行っちゃったんだぜ。

【解説】 勢いや程度などが非常にはなはだしい様子を表す。マイナスイメージの語。①は述語、②~⑤は名詞にかかる修飾語、⑥~⑩は述語にかかる修飾語の用法である。あまり好ましくないものの勢いや程度について用いることが多い。④は性格が激しく行動も過激であるような性質について言う。⑨⑩は単独で述語にかかる修飾語になる現代語用法。若い人中心にくだけた会話でのみ用いられる。状態を表す語にかかることが多い(⑨)が、動詞にかかることもある(⑩)。程度がはなはだしいことについて慨嘆の暗示を伴う。

「もうれつ」は「すごく」「ひじょうに」という意味であるが、勢いと誇張の暗示があり、客観的な表現にはなっていない。

⇩「ひじょう」「とても」「たいへん」

もし［若し］moshi

① 植村はもう死んでしまったかもしれない。**もし**生きていれば連絡してくるだろうから。
② **もし**雨が降ったら洗濯物を取り込んでね。
③ あのとき**もし**君がいなかったら、わが社は倒産していただろう。
④ **もし**今手元に一千万円あったらどうしますか。
⑤ **もし**君が社長ならこの不況をどう乗り切るかね。
⑥ **もし**よろしければお食事などいかがでしょう。
⑦ **もし**よかったら家まで送ってやるよ。
⑧ 天気予報は曇りだが、**もし**雨でも試合は決行する。
⑨ 母は結局手術を拒んで死んだが、**もし**手術を受けたとしてもそれ以上の延命はできなかっただろう。
⑩ もうクマは冬眠しているはずだし、**もし**出たって

あわてて逃げなければ大丈夫だ。

【解説】条件を設定する様子を表す。プラスマイナスのイメージはない。条件を表す文の頭に置いて用いられる。条件の内容によって、後ろに「ば」「たら」「なら」「でも」「ても」「って」などの語を伴う。①②は可能性の少ない事柄を仮定する様子を表す。③〜⑤は現実にはないことを仮定する様子を表す。⑥⑦は「もしよろしければ（よかったら）」の形で提案・勧誘を表す文のマクラ（前置き）として用いられ、話者の控えめな態度を暗示する。この場合には特に何かを仮定するという意味はない。⑧〜⑩は条件を設定して譲歩する様子を表す。「もし」は現実の状況に関係なく条件を設定するという意味で、客観的な表現であり用法が広い。

「もし」は「かりに」や「まんいち」に似ているが、「かりに」は現実にはないことを仮定して想像するというニュアンスで、現実は仮定とは異なることが暗示される。「まんいち」は非常に可能性の低い極端な事態を想定するというニュアンスで、可能性がゼロの非現実的な事柄については用いられない。

× 仮に雨が降ったら洗濯物を取り込んでね。

× 万一今手元に一千万円あったらどうしますか。

⇨「かり」「まんいち」「まんまんがいち」「たとえ」「たとえば」「もしか」「もしかしたら」「もしかして」「もしかすると」「もしも」「もしや」

もしか［若しか］moshika

① 彼はもう私のこと忘れちゃったのよ。**もしか**覚えてれば電話ぐらいくれるはずだもの。

② **もしか**雨降ったら洗濯物取り込んでね。

③ **もしか**今手元に一千万あったらどうする？

④ 今度はちゃんと道順を聞きながら行くよ。**もしか**また迷子になると嫌だから。

【解説】条件を設定する様子を表す。プラスマイナスのイメージはない。条件を表す文の頭に置いて用いられる。くだけた表現で、日常会話中心に用いられる。仮定条件を導くことが多く、後ろに「ば」「たら」「なら」「と」などの語を伴う。「もし」よりも疑問の暗示が強く、可能性はより少ないことを想定する。「もしか」には提案・勧誘のマクラになる用法や、譲歩を表す用法はない。

⇨「もし」「もしかしたら」「もしかして」「もしかすると」「もしや」

もしかしたら［若しかしたら］moshika-shitara

① 特等は無理でも**もしかしたら**三等ぐらい当たるかと思って宝くじを買った。

② **もしかしたら**あの議員、次の選挙で落ちるかもね。

【解説】 可能性が低いことを仮定する様子を表す。プラスマイナスのイメージはない。述語にかかる修飾語として用いられる。しばしば「かも（しれない）」などの推量の表現を伴う。「もしかしたら」の表す可能性は低いながらも確実に存在し、話者の確信もかなりあることが暗示される（②）。

「もしかしたら」は「もしかして」「もしかすると」や「ひょっとしたら」に似ているが、「もしかして」は可能性の低い事柄を前提として好ましい結果になることについて期待の暗示がある。「もしかすると」は可能性の低い事柄を前提としてある結果になることを客観的に述べる。「ひょっとしたら」は「もしかしたら」よりも可能性がさらに低く、危惧《きぐ》やかすかな希望などの暗示を伴う。

？「このクラスでいちばんもてるの誰だと思う？」「もしかしたら私だったりして」

→「このクラスでいちばんもてるの誰だと思う？」「もしかして私だったりして」

？特等は無理でももしかすると三等ぐらい当たるかと思って宝くじを買った。

北沢君、もしかしたら来ないかもしれない。
（都合が悪いようなことを言っていたから）

北沢君、ひょっとしたら来ないかもしれない。
（来ると思っていて大丈夫だろうけれど）

⇨「もしかして」「もしかすると」「ひょっとしたら」「もし」「もしか」「もしや」

もしかして ［若しかして］ moshika-shite

①「このクラスでいちばんもてるの誰だと思う？」「**もしかして**私だったりして」

② 偏差値四十だから東大を受けるなとは言えないよ。**もしかして**ということもあるから。

③ あなた、**もしかして**田中さんの妹さん？

【解説】 可能性が低いことを前提とする様子を表す。プラスマイナスのイメージはない。述語にかかる修飾語として用いられる。ふつう後ろに「たら」などの条件句を伴うが、くだけた会話では省略することも多い。「もしかして」は可能性が低いながらも確実に存在することについて話者がかなりの確信をもっており、好ましい結果になることについて期待の暗示がある（①）。

「もしかして」は「もしかしたら」「もしかすると」や「ひょっとして」に似ているが、「もしかしたら」は可能性が低いことを仮定する様子を表し疑問の暗示がある。「もしかすると」は可能性の低い事柄を前提としてある結果になることを客観的に述べる。「ひょっとして」は非常に低い可能性で意外な結果になることについて驚きの暗示を伴う。

？（子供に）ベランダで遊ぶと危ないぞ。もしかして落ちたらどうするんだ。

↓ベランダで遊ぶと危ないぞ。ひょっとして落ちたらどうするんだ。

⇩「もしかしたら」「もしかすると」「ひょっとして」「まんいち」「まんまんがいち」「もし」「もしか」「もしや」

もしかすると［若しかすると］**moshika-suruto**

① 会社に電話してみろよ。**もしかすると**課長まだいるかもしれないぞ。
② その辺のくわしい事情は**もしかすると**山田が知っているかもしれません。

【解説】 可能性が低いことを前提とする様子を表す。プラスマイナスのイメージはない。述語にかかる修飾語として用いられる。しばしば「かも（しれない）」などの推量の表現を伴う。かなり客観的な表現で偶然性の暗示がある。
「もしかすると」は「もしかしたら」「もしかして」や「ひょっとすると」に似ているが、「もしかしたら」は可能性の低いことを仮定する様子を表し疑問の暗示がある。「もしかして」は可能性の低い事柄を前提として好ましい結果になることについて期待の暗示がある。「ひょっとすると」は可能性の非常に低い事柄によって重大な結果を招くというニュアンスがあり、しばしば僥倖《ぎょうこう》を待ち望む暗示がある。

パリでもしかすると彼に会えるかもしれない。

（ちょうど滞在時期が重なるから）

パリでひょっとすると彼に会えるかもしれない。

（もしも会えたらとてもうれしい）

⇩「もしかしたら」「もしかして」「ひょっとすると」「あるいは」「ことによると」「もし」「もしか」

もしくは［若しくは］**moshikuwa**

① 商品のお申し込みはお電話**もしくは**お葉書で。
② （受験科目）物理**もしくは**化学を選択すること。
③ 人ヲ殺シタル者ハ死刑又ハ無期**もしくは**三年以上ノ懲役ニ処ス。（刑法第一九九条）
④ 社長がじきじきに謝罪するか、**もしくは**担当者の首を切るかしなければ、相手は納得しないだろう。

【解説】 どちらか一方を選択する様子を表す。プラスマイナスのイメージはない。語句と語句（①～③）、文と文（④）をつなぐ用法で用いられる。かなりかたい文章語で、文章や公式の発言によく用いられる。前件と後件の一方しか選択できないという限定の暗示が強い。③は法令用語で、選択基準に段階がある場合、上位段階を「または」で表し下位段階を「もしくは」で表す。「Aまたは（BもしくはC)」という関係になる。

「もしくは」は「あるいは」「または」「ないし」「それとも」などに似ているが、「あるいは」は前件後件どちらでもよいという許容の暗示がある。「または」はどちらかといえば前件を優先的に選択するニュアンスがある。「ないし」は前件後件の中間や両方を選択してもよいというニュアンスになる。「それとも」は必ず二者のうちの一方を選択しなければならない義務の暗示がある。

⇨「あるいは」「または」「ないし」「それとも」

もしも ［若しも］ moshimo

① 夫に**もしも**のことがあったらどうしよう。

② (子供の手術)どうかよろしくお願いします。**もしも**の時の覚悟はできていますから。

③ **もしも**雨が降ったら洗濯物を取り込んでね。

④ **もしも**君がぼくの立場だったとしたら、金は貸せないと言えたかい。

⑤ あのとき**もしも**電車が時間通りにやってきたなら、大惨事になっていたことだろう。

⑥ **もしも**私が若ければ芝刈りぐらい自分でやる。

⑦ **もしも**よろしければ、ぼくとお付き合いしていただけませんか。

【解説】 可能性の低い事態を想定する様子を表す。ややマイナスイメージの語。①②は名詞にかかる修飾語の用法、③～⑦は仮定や譲歩などの条件句を導く用法である。①②は重大で好ましくない極端な事態(しばしば死)を暗示する。この場合は「まんいち」と同じ意味になる。条件句を導く場合には、可能性の低い事柄を条件として設定する様子を表す。この場合には「もし」を強調した意味になる。

「もしも」は「まんいち」や「かりに」に似ているが、「まんいち」は極端な事態を想定する様子を表し、切迫感の暗示が強く、非現実的な事柄については用いられない。「かりに」は現実にはないことを仮定して想像するというニュアンスで、現実は仮定とは異なることが暗示される。

× 万一私が若ければ芝刈りぐらい自分でやる。

× 仮に雨が降ったら洗濯物を取り込んでね。

⇨「まんいち」「まんまんがいち」「かり」「たとえば」「ひょっとして」「まさか」「もし」

もしや ［若しや］ moshiya

① 先生なら**もしや**ご存じかもしれないと思っておたずねします。

② 電話が鳴るたびに**もしや**行方不明の息子からではと胸が騒ぐ。

③ 事故の犠牲者の中に友人と同じ名前があったので、

もしやと思って問い合わせた。

④（小学校の同窓会）あなた、**もしや**ミーちゃん？

【解説】 疑問内容に確信がもてない様子を表す。プラスマイナスのイメージはない。疑問や推量の表現を伴う述語にかかる修飾語として用いられるが、述語やその一部を省略することも多い（②～④）。疑問や推量の内容について話者の確信のなさを暗示する。

「もしや」は「もしかして」や「もしかしたら」などに似ているが、「もしかして」や「もしかしたら」は可能性の低い内容を仮定したり条件として設定したりする様子を表し、話者もかなりの確信をもっているニュアンスがある。また「もしかして」には好ましい結果になることについて期待の暗示がある。「もしかしたら」は可能性の低いことを仮定するというニュアンスで疑問の暗示がある。

× 事故の犠牲者の中に友人と同じ名前があったので、もしかしてと思って問い合わせた。

あなた、もしやミーちゃん？
（全然変わってしまったので自信はないけれど）

あなた、もしかしたらミーちゃん？
（面影が残っているからミーちゃんでしょう）

⇨「もしかして」「もしかしたら」「まさか」「もし」「もしか」

もちろん ［勿論］ mochiron

① ぼくは**もちろん**君の意見に賛成だ。

② 仕事は**もちろん**今日中に終わらせるつもりだよ。

③ 見渡すかぎりの砂漠には人影はまったく見えなかった。**もちろん**人が通った形跡すらない。

④「結婚式に来てくれるかい」「**もちろん**だよ」

⑤「私のお誕生日に来てくれないこと？」「**モチ**よ」

⑥ **もちろん**給料は高いほうがいい。しかし給料さえよければいいというものでもない。

⑦ 彼はスポーツ万能で、陸上競技は**もちろん**のこと球技も水泳も得意だ。

⑧ 時短を励行《れいこう》するには残業をなくすのは**もちろん**だが、有休をきちんととらせることも大切だ。

【解説】 明白な意見や判断を述べる様子を表す。プラスマイナスのイメージはない。①～③は述語にかかる修飾語、④⑤は述語の用法である。⑥は前提を述べて後文の逆接で反転させる用法である。⑦は「□□はもちろんのこと」、⑧は「□□はもちろんだが」の形で条件句を作る。⑤の「もち」はしばしばカタカナ書きされ、一世代前若い女性の間で用いられた感動詞的な用法。ただし現在ではあまり用いられない。主体が自分の主観的な判断でゆきついた結論を述べる様子を表し、議論をせずに結論へ直結させるニュアンスがある。

「もちろん」は「むろん」や「とうぜん」に似ているが、「むろん」はかなりかたい文章語で、くだけた会話にはあまり登場せず、「もちろん」よりは主観性が弱い。「とうぜん」は論理上の帰結を表し、社会の規範に合致する客観性の暗示がある。

⇩「むろん」「とうぜん」「あたりまえ」「どうり」「もとより」「いきおい」

もっか［目下］mokka

(1)① 雲仙普賢岳《ふげんだけ》の火砕流は島原湾に達し、危険は**もっか**に迫っていた。

(2)① 連立政府は政治改革が**もっか**の急務である。

② 新幹線は岐阜米原間で不通になっているが、**もっか**のところ復旧のめどは立っていない。

③ いちおう手術は成功しましたが、**もっか**の状態ではまだ目が離せません。

④ 巨人は**もっか**三連勝中だ。

⑤ 当方三十歳、男性、**もっか**独身、文通希望。

⑥ 妹は**もっか**試験勉強で必死だ。

【解説】(1) 主体から非常に近い距離にあることを表す。プラスマイナスのイメージはない。かたい文章語で、「危険は目下に迫る」のような慣用的な表現で用いられる。日常的には「目前」「眼前」などを用いる。

(2) 事態が進行している現在を表す。プラスマイナスのイメージはない。①～⑤は名詞にかかる修飾語、⑥は述語にかかる修飾語の用法である。事態が進行している現在ただ今というニュアンスで、近い将来には状況が変化する暗示がある(⑤)。

(2)の「もっか」は「さしあたり」や「とうめん」に似ているが、「さしあたり」は将来のことは考慮に入れずに現在の状況に対応する様子を表し、現時点から未来に向かってやや幅のある時間を指す。「とうめん」は現時点から未来に至る幅のある現在を表し、問題が近未来に解決される暗示がある。

⇩「さしあたり」「とうめん」「いまのところ」「いま」

もっと motto

① 君は**もっと**謙虚になるべきだ。

② (歌の練習)その音は**もっと**弱く出しなさい。

③ 練習すれば**もっともっと**うまくなるよ。

④ どうして**もっと**早く言わないんだ。

⑤ あいつ、飲酒運転でスピード違反、**もっと**悪いことには無免許ときているから、もう救いようがない。

⑥ 去年の絵のほうが**もっと**ずっと迫力があった。

⑦ (講演会場)**もっと**前へお詰めください。

⑧ この問題は**もっと**調査することが必要だ。

⑨ 「おれ、帰るよ」「いや、**もっと**いて」

⑩ (背中をかく)「あ、そこそこ」「もういいでしょ？」「**もっと**」

【解説】 現状の程度や数量を高める様子を表す。プラスマイナスのイメージはない。①～⑥は状態を表す語にかかる修飾語、⑦は方向を表す名詞にかかる修飾語、⑧⑨は動詞にかかる修飾語、⑩は感動詞的に用いられた用法である。③の「もっともっと」は「もっと」を強調した表現。①～⑥は程度について、⑧～⑩は数量について用いられた場合である。現状の程度や数量が基準の状態と比較して劣っているというニュアンスで、しばしば忠告(①)・勧誘・命令(②⑦)・依頼(⑨⑩)・反省(④～⑥)などの暗示を伴う。したがって、現状について客観的に述べる場合や、単純に二つの状態を比較する場合はふつう用いない。

× 地価は去年よりももっと上がった。
→地価は去年よりもさらに(いっそう)上がった。
→地価は去年よりももっと上がるらしい。

「もっと」は「さらに」や「いっそう」「より」などに似ているが、「さらに」「いっそう」はもともと程度のはなはだしいものの程度がいちだんと高まる様子を客観的に表す。「より」はかなりかたい文章語でくだけた会話には用いられず、客観的な表現で特定の感情を暗示しない。

⇨「さらに」「いっそう」「より」「よりいっそう」「いちだんと」「いよいよ」「ずっと」「ますます」「なお」「なおさら」「もう」「まだ」

もっともI 【最も】 mottomo

① 聖家族教会は世界で**もっとも**美しい建物の一つだ。

② 伊藤投手は現在までで自責点が**もっとも**少ない。

③ 家中で**もっとも**落ち着ける場所はトイレだ。

④ ぼくは経理には**もっとも**向かない人間だと思う。

⑤ 彼は別れた恋人に偶然再会し、**もっとも**言いたくないセリフを言わされるはめになった。

【解説】 程度や数量が最高である様子を表す。プラスマイナスのイメージはない。状態を表す語にかかる修飾語として用いられる。かなりかたい文章語で公式の発言に多用され、日常会話にはあまり登場しない。①③～⑤は状態について、②は数量について用いられた場合である。好ましい状態(①～③)についても好ましくない状態(④⑤)についても用いられる。対象は複数でも単数でもよい。最高程度のものが複数あるうちの中でいちばん程度の高いものというニュアンスで、最高程度のものが初めから一つしかない場合には用いない。

× 部長だけがぼくを最も理解してくれている。

→部長だけがぼくを理解してくれている。

「もっともI」は「いちばん」や「いっとう」などに似ているが、「いちばん」「いっとう」はくだけた表現で日常会話中心に用いられ、初めから一つしかない最高のものを指すというニュアンスがある。

× 聖家族教会は世界で一番(一等)美しい建物の一つだ。

⇨「いちばん」「いっとう」「だいいち」「なにより」「なにもまして」

もっともII［尤も］mottomo

(1) ① 無断で外泊をすれば両親が怒るのは**もっとも**だ。

② 小原《おはら》庄助さん、なんで身上《しんしょう》つぶした。朝寝朝酒朝湯が大好きで、それで身上つぶした。ああ**もっとも**だ**もっとも**だ。(民謡)

③ 社長の方針じゃ御無理**ごもっとも**だね。

④ 候補者はしごく**もっとも**なことを言っている。

⑤ 日本社会は閉鎖的だから留学生が日本嫌いになって帰るのも**もっとも**な話だ。

(2) ① (合宿)明日は全員で早朝マラソンだぞ。**もっとも**槍《やり》でも降れば別だがな。

② 彼はふだん細君に全然頭が上がらない。**もっとも**例外はあった。酔っぱらっているときである。

③ (子供に)牛乳を飲まなきゃだめだぞ。**もっとも**父さんも嫌いだったけどな。

【解説】 (1) 主観的に正しい様子を表す。ややプラスよりのイメージの語。①②は述語、④⑤は名詞にかかる修飾語の用法である。③の「御無理ごもっとも」は慣用句で、道理に合わないことでも正しいと言って受け入れざるを得ない、逆らえないという意味である。②は民謡で、小原庄助がなぜ身上をつぶしたかという理由として、働くことをせずに朝寝朝酒朝湯という放蕩三昧《ほうとうざんまい》の生活をしたからだという答えをきいて、「もっとも」と納得しているという意味である。主体が主観的に正しいことを納得する暗示がある。

(1)の「もっともII」は「とうぜん」や「あたりまえ」に似ているが、「とうぜん」は論理的に帰結する様子を表し、誰が考えても同じ結果になるという客観性の暗示がある。「あたりまえ」は大多数の人間による平均的な帰結を表す。

× 教室の掃除は生徒が自分たちでやってももっともだ。

→教室の掃除は生徒が自分たちでやって当然(当たり前)だ。

候補者はしごくもっともなことを言っている。

(自分が正しいと納得できるようなこと)

候補者はしごく当然のことを言っている。

（客観的に正しいこと）

候補者はしごく当たり前のことを言っている。

（みなよく知っていること）

(2)　補足的に付け加える様子を表す。プラスマイナスのイメージはない。条件や例外を付け加える文の頭に置いて用いられる。主張は前件にあるが、それに補足として後件を付け加える様子を表す。後件を付け加えたことによって前件の主張に少しも影響が及ばない点にポイントがあり、そのためしばしばありえない極端な事柄(①)や前件と矛盾する事柄(③)を付け加える場合がある。

　この「もっともII」は「ただ」や「ただし」に似ているが、「ただ」は補足説明を付け加えて全面的な肯定を留保するというニュアンスで、前件をそのまま肯定できない話者の不本意さが暗示される。「ただし」は「もっともII」とは逆に、付け加えた後件が全体に影響を及ぼす重要な意味をもつというニュアンスがある。

×　あいつは確かにできる。もっともちょっと性格がねえ。

→あいつは確かにできる。ただちょっと性格がねえ。

×　締切は十月末日、もっとも当日の消印は有効です。

→締切は十月末日、ただし当日の消印は有効です。

⇨「とうぜん」「あたりまえ」「ただ」「ただし」「なお」「どうり」

もっぱら［専ら］moppara

①　日曜日は**もっぱら**ごろ寝をして過ごす。

②　事故の責任は**もっぱら**私にある。

③　課長の転勤は左遷だといううわさが**もっぱら**だ。

④　皇太子殿下の御成婚パレードでは、宝冠をつけた妃殿下の美しさが**もっぱら**の評判になった。

⑤　自民党は四十年間権勢を**もっぱら**にしてきた。

【解説】　ただ一つの行為だけを行う様子を表す。プラスマイナスのイメージはない。①②は述語にかかる修飾語、③は述語、④は名詞にかかる修飾語、⑤は「権勢(権力)をもっぱらにする」の形で慣用的に用いられ、権勢を独占するという意味である。ややかたい文章語で、くだけた会話にはあまり用いられない。全体の中の主要な部分というニュアンスがあり、④ではしきりに評判となるという意味になる。

　「もっぱら」は「ひたすら」や「ひとえに」に似ているが、「ひたすら」はただ一つの行為だけを継続して行い、ほかの行為をかえりみない頑固さと切迫感の暗示がある。「ひとえに」は一点に集中する様子を表す。

×　少女は救助を求めてもっぱら叫んだ。

→少女は救助を求めてひたすら叫んだ。

×　御愛顧のほどもっぱらお願い申し上げます。

↓御愛顧のほどひとえにお願い申し上げます。
⇩「ひたすら」「ひとえに」「しゅとして」「ただ」

もと［本・元・下・基・素・許］moto

(1)① 桜の老樹の**もと**に乙女たちが集《つど》う。
② 自由と平等の旗の**もと**に人々は立ち上がった。
③ 監督の指導の**もと**選手たちは一丸となって戦った。
④ 彼は高校卒業後、親の**もと**を離れて自活している。
⑤ 祖母は十九の春、祖父の**もと**に嫁いできた。
⑥ 長年の政治腐敗の実態が白日の**もと**にさらされた。
⑦ 展望台からは湖が一望の**もと**に見渡せる。
⑧ 術後の患者は厳重な監視の**もと**に置かれる。
⑨ 平和維持の名の**もと**に外国の内政に干渉するのは賛成できない。

(2)① 西欧人の考え方の**もと**にはキリスト教がある。
② この話は**もと**をただせばおれが持ってきたんだぞ。
③ 口は災いの**もと**。（ことわざ）
④ 生兵法《なまびょうほう》はけがの**もと**。（ことわざ）
⑤ くさい臭いは**もと**から絶たなきゃだめ。（CM）
⑥ 彼は交通事故のけがが**もと**で半身不随になった。
⑦ 鶏ガラを一時間煮込んでスープの**もと**を取る。
⑧ 彼は記者時代の経験を**もと**に小説を書き始めた。
⑨ この小説は実際にあった事件を**もと**にしている。
⑩ いくらバーゲンでも半額以上値引きすれば**もと**が割れちゃうよ。
⑪ （食べ放題）三千円でこれだけ食べれば**もと**は十分取ったね。
⑫ （交渉の指導）値切るのはいいが、相手に断られたんじゃ**もと**も子もないから注意しなさい。

(3)① 一度大病をするとなかなか**もと**の体には戻らない。
② 事業に失敗して一文なしになった彼は、もう**もと**のお坊ちゃんではいられなかった。
③ （ドミノ倒し）さわるなよ。**もと**の木阿弥《もくあみ》だから。
④ 美恵子は夫とケンカをして家を飛び出したが、結局**もと**のさやに収まった。
⑤ 備品は使ったら**もと**の場所に返してください。
⑥ 部長の奥さんは**もと**ミス日本なんだってさ。
⑦ プロ野球の外人選手には**もと**大リーガーが多い。
⑧ 超人気アイドルも**もと**は普通の女子高生だった。
⑨ 田中君とぼくは**もと**から仲がよかった。
⑩ 山下君はね、**もと**同じクラスだったんだよ。
⑪ **もと**私が住んでいた家に今は甥《おい》夫婦が住んでいる。

【解説】 (1) 中心となるものの下部を表す。プラスマイナスのイメージはない。「下・許」の漢字を当てることが多い。「もと」という尾高型のアクセントで発音される。抽象的なものの影響下という意味で用いることが多く

(②~⑨)、具体的な物の下という場合(①)にはやや古風なニュアンスの表現となる。⑨の「□□の名のもとに……」はあまり好ましくない行為の大義名分として□□を掲げるという意味である。

(2) 根源や原因を表す。プラスマイナスのイメージはない。「本・元・素」の漢字を当てることが多い。「もと」という尾高型のアクセントで発音される。①は根源や基礎という意味、②の「元をただせば」は事柄の出所を問題にするときに用いる慣用句で、根源を明らかにすればという意味である。③④はことわざで、③はよけいなおしゃべりが自分に災いをもたらす原因になるという意味、④は中途半端なやり方は損害の原因になるという意味である。⑦~⑨は原材料という意味である。⑩~⑫は資本・資金という意味の慣用句で、⑩の「元が割れる」は原価を下回るという意味、⑪の「元を取る」は原価を回収する(損はしない)という意味、⑫の「元も子もない」は利益どころか原価さえ回収できない、すべて損害になるという意味である。

(3) 過去の本来の状態を表す。プラスマイナスのイメージはない。①~⑦は「もとの」「もと」の形で名詞にかかる修飾語になる。⑧~⑪は「もとは」「もとから」「もと」の形で述語にかかる修飾語になる。「元」の漢字を当てることが多い。「もと」という頭高型のアクセントで発音される。単なる過去にあった状態という意味ではなく、本来あるべき姿が暗示される。③の「元の木阿弥」は慣用句で、せっかく好ましい状態になったものが、一瞬にして皆無になるという意味である。④の「元のさやに収まる」も慣用句で、一時離れていた者が元通りに一緒になるという意味で、ふつう男女の仲について用いる。⑩⑪の用法はかなりくだけた表現で、日常会話中心に用いられる。

(3)の「もと」は「いぜん(以前)」や「むかし」に似ているが、「いぜん」はある時点より過去の漠然とした時間を、「むかし」はかなり隔たった過去のある限定された時期を表し、本来の姿は暗示しない。

超人気アイドルも元は普通の女子高生だった。
(アイドルの氏素性はといえば女子高生だった)
超人気アイドルも以前は普通の女子高生だった。
(アイドルの前に女子高生だったことがある)
超人気アイドルも昔は普通の女子高生だった。
(アイドルも過去は普通の女子高生だった)

⇨「むかし」「がんらい」「ほんらい」「もともと」「もとより」

もとめて [求めて] motomete

(1)① 一行は砂漠の中で水を**もとめて**さまよった。
② 暴漢に襲われた少女は助けを**もとめて**叫んだ。

③ 民衆は自由を**もとめて**立ち上がった。
(2)① 何も自分から**もとめて**危ない橋を渡ることはない。
② 夫は人嫌いで**もとめて**町中へは出ない。

【解説】 (1) 手に入れようと望むことを表す。プラスマイナスのイメージはない。動詞として用いられる。具体物(①)も抽象物(②③)も対象にとれる。

(2) 後ろに打消しの表現を伴って、自分から積極的には行動しない様子を表す。プラスマイナスのイメージはない。打消しの表現を伴う述語にかかる修飾語として用いられる。ややかたい文章語で、日常会話にはあまり登場しない。自ら望んで積極的に行動しないことだけを表し、結果については言及しない。

この「もとめて」は「わざわざ」や「ことさら」などに似ているが、「わざわざ」は主体が意図的に行う行為に大きな労力を伴うことを話者が推測するというニュアンスで、行動自体に視点がある。「ことさら」はその必要もないのに故意に行動を起こす点にポイントがあり、不必要と意図の暗示がある。

夫は人嫌いで求めて町中へは出ない。
(用があればしかたなしには出かける)
夫は人嫌いでわざわざ町中へは出ない。
(ついでがあれば行くがふだんは行かない)
夫は人嫌いでことさら町中へは出ない。
(用がなければ出ようとしない)

⇨「わざわざ」「ことさら」「あえて」「すきこのんで」「すすんで」

もともと [元々] motomoto

(1)① 声楽家は**もともと**の素質がものを言う。
② ぼくは**もともと**繊細なたちなんだ。
③ **もともと**総理には政治改革をやる気なんかなかったんじゃないか。
④ 里江子は**もともと**は編集者だが、今ではすっかりタレントになってしまった。
(2)① 東大受けてみろよ。だめで**もともと**じゃないか。
② (一回戦で強豪と当たる)負けて**もともと**、当たって砕けろだ。

【解説】 (1) 物事の根本や根源を表す。プラスマイナスのイメージはない。①は名詞にかかる修飾語、②〜④は述語にかかる修飾語の用法である。現在の姿になる以前の根源の姿や状態を現在との比較の上で表すニュアンスがある。

(1)の「もともと」は「がんらい」や「ほんらい」に似ているが、「がんらい」は物事の根本や原因に言及する様子を表し、現在の姿と比較する暗示はない。「ほんらい」は物事の由来や根本をあるべき理想の姿として述べるニュアンスがあり、しばしば現実には対象がそれを失っていることを反省する文脈で用いられる。

(2)「……して(で)もともと」の形で述語として用いられ、損得のない状態を表す。プラスマイナスのイメージはない。ふつう……には好ましくない内容が入る。好ましくない状態になっても結果としては損をしないという意味になり、主体の覚悟の暗示がある。好ましい内容を行っても利益にならないという場合にはふつう用いない。

× 相手は弱いんだから勝ってもともとだ。
→相手は弱いんだから勝って当たり前だ。

⇨「がんらい」「ほんらい」「うまれつき」「あたりまえ」「いったい」「およそ」「ねっから」「もと」

もとより［元より・固より・素より］motoyori

① 離党に当たっては非難は**もとより**覚悟の上だ。
② 彼はしつこく新興宗教への入信を勧めたが、私には**もとより**その気はなかった。
③ (倒産の発表)責任は**もとより**社長の私にある。
④ (独立の相談)「君には専務になってもらいたいんだが」「**もとより**のことだよ」
⑤ 幹子さんは英語は**もとより**スペイン語にも堪能だ。

【解説】 明白な意見や判断を述べる様子を表す。プラスマイナスのイメージはない。述語にかかる修飾語として用いることが多いが、名詞にかかる修飾語④になることもある。かなりかたい文章語で、公式の発言などに多用される。物事の根源から考えて主張や意見を述べるニュアンスで、「初めから」というのに近い。①②は根源や開始当初を指すニュアンスが強い基本的な用法、③④はこれから進んで、言うまでもなくという意味、⑤はさらに進んで「□□はもとより△△も」という形で用いられ、程度の低いものを□□として挙げ、程度の高い△△にまで主体の性質が及んでいる様子を強調する。

「もとより」は「もちろん」や「とうぜん」などに似ているが、「もちろん」は主体が自分の主観的な判断でゆきついた結論を述べる様子を表し、議論をせずに結論へ直結させるニュアンスがある。「とうぜん」は論理上の帰結を表し、社会の規範に合致する客観性の暗示がある。

責任はもとより社長の私にある。
(君たちの責任を追及するつもりはない)
責任はもちろん社長の私にある。
(私が悪いのは言うまでもない)
責任は当然社長の私にある。
(責任は社長の自分が負うべきだ)

⇨「もちろん」「とうぜん」「むろん」「どうり」「いったい」「およそ」「がんらい」「もと」

ものの［物の］**monono**

① 彼女は**ものの**五分と歩かないうちに足が痛いと言い始めた。

② からからの大地は**ものの**三日も雨が降ればたちまち緑したたる草原になる。

【解説】　数量が少ないことを強調する様子を表す。ややマイナスよりのイメージの語。数量を表す名詞にかかる修飾語になって条件句を作る。話者の主観として少ない数量を強調する様子を表し、そういう条件下である事柄が起こるという意味で、軽い侮蔑《ぶべつ》の暗示を伴う。

「ものの」は「ほんの」に似ているが、「ほんの」は数量だけでなく程度が少ないことについても用いられ、述語にかかる修飾語にもなる。

× 駅までゆっくり歩いてもものの五分だ。
→駅までゆっくり歩いてもほんの五分だ。

× (料理番組で)塩をものの少し加えます。
→塩をほんの少し加えます。

⇨「ほんの」「せいぜい」「たかだか」「つい」「もののみごとに」

もののみごとに［物の見事に］**monono-migotoni**

① 清原は開幕ゲームでホームランを打つと豪語していたが、**もののみごとに**場外アーチを放った。

② 富田は先生の忠告を無視して慶応を受けたら、案の定**もののみごとに**落っこったよ。

【解説】　完全に行われたことを誇張する様子を表す。プラスマイナスのイメージはない。述語にかかる修飾語として用いられる。好ましい場合(①)についても好ましくない場合(②)についても用いられる。話者の予想した結果が予想以上に完全に行われたことを誇張するニュアンスで、感嘆(①)・あきれ・皮肉(②)などの暗示がこもる。

⇨「ものの」

もはや［最早］**mohaya**

① この問題に関しては**もはや**議論の余地はない。

② 父の病気は開腹してみたら**もはや**手遅れだった。

③ 仕事は年内に何としても完成させるつもりだが、**もはや**十月になってしまった。

④ あいつと腐れ縁が続いて**もはや**二十年だ。

⑤ 今月三日に手形が落ちなければ、わが社の運命は**もはや**これまでだ。

【解説】　現時点では間に合わない様子を表す。ややマイナスイメージの語。述語にかかる修飾語として用いられる。将来に起こる事柄について現時点では対応が間に合わないというニュアンスで、悔恨(②)・焦燥(③)・感慨

④などの暗示を伴う。⑤の「もはやこれまで」は慣用句で、事態が最終局面に到ったことを覚悟の暗示を伴って述べる。

「もはや」は「すでに」や「もう」「いまとなっては」に似ているが、「すでに」は過去に完了している様子を広く表し、客観的な表現で特定の感情を暗示しない。「もう」は現在ある限度を超えていて、これ以上の進展がむずかしいというニュアンスで、絶望・反省・あきらめ・慨嘆などの暗示を伴う。「いまとなっては」は現在すでに時機を逸している様子を表し、好ましくない結果が生じることについてあきらめの暗示を伴う。

⇨「すでに」「もう」「いまとなっては」「はや」

もれなく［漏れなく］more-naku

① すべての欄に**もれなく**記入してください。

② （建築フェア）六月末日までにお申し込みの方には、**もれなく**エアコン一台を標準装備いたします。

③ （開店案内）御来店の方に**もれなく**粗品進呈。

【解説】 すべてに及ぶ様子を表す。ややプラスイメージの語。動作にかかる修飾語として用いられる。①は抜け落ちている部分がないようにという意味、②③は全員残らずという意味である。主体が対象のすべてを一つ一つ残らず取り上げる配慮の暗示があり、結果として全部そろったという場合にはふつう用いない。

× 校内マラソンでは全員もれなく完走した。

→校内マラソンでは全員すべて（残らず）完走した。

「もれなく」は「のこらず」に似ているが、「のこらず」は残量が存在しない様子を表し、結果として全部であることを強調する。

× 彼は山盛りのごちそうをもれなく平らげた。

→彼は山盛りのごちそうを残らず平らげた。

⇨「すべて」「のこらず」「まんべんなく」「さいだいもらさず」「あますところなく」「くまなく」「なにからなにまで」「あらいざらい」「ぜんぶ」「ことごとく」「みな」

もろ［諸］moro

(1)① オフィスは西日が**もろ**に差し込む。

② 道路へ出たとたん泥水を**もろ**に浴びせられた。

③ わが社は円高の影響を**もろ**に受けて倒産した。

④ おれの部屋の窓から銭湯の女湯が**もろ**見えるぜ。

⑤ （抜き打ちの実力テスト）いきなり**もろ**だもんなあ、きたねえよ。

(2)① 由美の奴、おれの顔見たとたん「嫌いっ」だろ。**もろ**参っちゃうよな。

② あの店のラーメン、**もろ**うまいぜ。

【解説】 (1) 真正面から受ける様子を表す。ややマイナスイメージの語。標準的には「もろに」の形で述語にかかる修飾語として用いられる。「もろ」の形で述語にかかる修飾語になったり④述語になったり⑤する用法はくだけた表現で、若い男性中心にくだけた会話でのみ用いられる。行為の受け手の立場に立って、真正面から直接被害を受けるという文脈で用いることが多く(①〜③⑤)、被害者意識が暗示される。

(1)の「もろに」は「まともに」や「じかに」に似ているが、「まともに」は真正面から向かい合う様子を広く表し、行為をする側についても用いられる。「じかに」は間にはさむものがないというニュアンスで用いられる。

× 借金があるから彼の顔をもろに見られない。
→借金があるから彼の顔をまともに見られない。

× 熱いなべの取っ手をもろにつかんでやけどした。
→熱いなべの取っ手をじかにつかんでやけどした。

(2) 程度がはなはだしいことを誇張する様子を表す。プラスマイナスのイメージはない。「もろ」の形で述語にかかる修飾語として用いられる。くだけた表現で、若い男性中心にくだけた会話でのみ用いられる。日常的には「すごく」「さいこう(最高)に」などを、標準的には「ひじょうに」「とても」「たいへん」などを用いる。

⇨「じかに」「ひじょう」「とても」「たいへん」「まっこうから」「まっすぐ」

もろてをあげて［諸手を挙げて］moroteo-agete

① 君たちの結婚にはもろてをあげて賛成するよ。

② 御到来の節は**もろてをあげて**歓迎いたします。

【解説】 心から喜んで行う様子を表す。プラスイメージの語。動詞にかかる修飾語として用いられる。「諸手を挙げて賛成する」という例が最も多い。行為を受け取る側の歓迎の暗示がある。

「もろてをあげて」は「いちもにもなく」に似ているが、「いちもにもなく」は条件をまったくつけずに受け入れる様子を表し、歓迎の暗示はない。

× 彼は私の言うことなら諸手を挙げて信用するわ。
→彼は私の言うことなら一も二もなく信用するわ。

⇨「いちもにもなく」

や 行

やおら［徐ら］yaora

① 会長は議論百出の後**やおら**口を開いた。
② 猫は縁側で丸くなっていたが、**やおら**起き上がってのびをした。

【解説】行動の起こし方が静かで落ち着いて見える様子を表す。ややプラスよりのイメージの語。動詞にかかる修飾語として用いられる。かなりかたい文章語で、日常会話にはあまり登場しない。行動を起こすに際して、その起こし方が第三者の目にはあわてずに落ち着いて見えるというニュアンスで、しばしば意外性の暗示を伴う。

「やおら」は「おもむろに」に似ているが、「おもむろに」は行動の起こし方が静かで落ち着いているという意味で、しばしば余裕の暗示を伴う。

× 名前を呼ぶと彼はやおら顔を上げた。
→名前を呼ぶと彼はおもむろに顔を上げた。
近年、若い人の間では「いきなり」「急に」という意味で用いる例が見受けられる。
⇨「おもむろに」「じょじょに」

やがて［軈て］yagate

(1) ① バス停で一服していると**やがて**バスがやってきた。
② 彼女は高卒で上京すると**やがて**自活し始めた。
③ **やがて**娘にも親の苦労がわかる日が来るだろう。
(2) ① 彼と付き合ってから**やがて**四年になります。
② お前とも**やがて**三十年か、長いなあ。
(3) ① スピードの出し過ぎは**やがて**大事故につながる。
② 他人に情けをほどこしておくと、**やがて**は自分の身にいいことがある。

【解説】(1) 時間が経過する様子を表す。プラスマイナスのイメージはない。述語にかかる修飾語として、前件から時間が経過して後件が起こるという文脈で用いられる。前件・後件ともに過去の場合(①②)、前件は明示しないが後件が未来である場合(③)などがある。「やがて」の指す時間の幅は「ほどなく」「じき」「まもなく」より長く余裕の暗示がある。
(2) 結果として長い時間が経過することに感慨をもっている様子を表す。プラスマイナスのイメージはない。時を表す名詞にかかる修飾語として用いられる。長い時間を経過したことについての感慨ではなく、節目となる時期が近い将来に到来するにあたって、これまで経過してきた過去を振り返って抱く感慨である。

お前ともやがて三十年か、長いなあ。
(現時点ではまだ三十年たっていない)
お前とももう三十年か、長いなあ。
(現時点ですでに三十年たっている)

(3) 現在の行為が将来に影響する様子を表す。プラスマイナスのイメージはない。「やがて」「やがては」の形で述語にかかる修飾語として用いられる。確定できない未来のある時に現在の行為の影響が及ぶというニュアンスであるが、実現の確実性はあまり高くなく、話者の確信もないことが多い。

この「やがて」は「いつかは」や「いずれ」などに似ているが、「いつかは」は未来の不定の時に物事が成就する様子を表す。「いずれ」は時間の進行に伴って自然に成就する様子を表し、話者の確信が暗示される。どちらも現在の行為が将来に影響するというニュアンスはない。

毎日努力していればやがて実を結ぶよ。
(現在の努力が将来の好結果につながる)
毎日努力していればいつかは実を結ぶよ。
(将来必ず好結果が得られるだろう)
毎日努力していればいずれ実を結ぶよ。
(このまま努力し続ければ自然にうまくいく)

⇩「ほどなく」「じき」「まもなく」「もう」「いつかは」「いずれ」「いつか」「そのうち」「おいおい」「ひいては」「おっつけ」「かれこれ」「いまに」「ゆくゆく」

やく [約] yaku

① 家から駅まで歩いて**やく**十分かかる。
② 一インチは**やく**二・五センチだ。
③ 有権者の**やく**半数が連立政権を望んでいる。
④ (OA機器に弱い友人に)パソコンとワープロの区別もつかない人間が**やく**一名いるからなあ。

【解説】 近似値を表す。プラスマイナスのイメージはない。数量を表す名詞に直接つく用法で用いられる。かなりかたい文章語で、公式の発言などに多用される。対象の数量は近似値として示した値より多くても少なくてもよい。客観的に数量を述べるニュアンスで、特定の感情を暗示しない。①~③は基本的な用法である。④の「約一名」は慣用的な表現で、若い人がふざけた会話で用いる現代語用法。相手が劣った存在であることをからかい揶揄《やゆ》する文脈で用いられるが、侮蔑《ぶべつ》の暗示はない。

「やく」は「だいたい」「およそ」や「ほぼ」などに似ているが、「だいたい」は近似値を主観的に推量する様子を表す。「およそ」は不正確な全体を表す。「ほぼ」は比較する両者の違いが少ないというニュアンスがある。基準値への近似の度合は「だいたい」が最も低く「およそ」がその次で、「やく」と「ほぼ」は同程度である。

⇨「だいたい」「およそ」「ほぼ」「おおよそ」「おおむね」「ざっと」「かれこれ」「ほとんど」

やけ・やけくそ・やけっぱち［自棄・自棄糞・自棄っぱち］ yake・yakekuso・yakeppachi

(1) ① 大学に落ちたからって**やけ**を起こすなよ。
② 彼が居留守をつかって出てこないので、ぼくは**やけ**になってドアをたたいた。
③ もうこうなったら**やけ**のやんぱちだよ。
④ テストが全然わからないので、**やけくそ**で適当に答えを書いた。
⑤ 中学生は自分の思うようにならないと、**やけっぱち**な行動に走りがちだ。
⑥ 彼女は失恋して**やけ**酒をあおっているうちにアル中になってしまった。

(2) ① **やけ**に御機嫌ね。何かいいことでもあったの？
② ここ、エアコンきかないのかな。**やけ**に暑いね。

【解説】 (1) 結果を考えずに衝動的に行動する様子を表す。マイナスイメージの語。①②は名詞の用法、③の「やけのやんぱち」、④の「やけくそ」、⑤の「やけっぱち」は「やけ」を強調した語で、述語や名詞にかかる修飾語にもなる。⑥は「やけ□□」の形で名詞に直接かかる用法。やけになって飲む酒という意味である。くだけた表現で、日常会話中心に用いられる。現在の状況が主体にとって非常に好ましくないので、不快・絶望の気持ちで結果を考えずに衝動的に行動するというニュアンスがあり、自暴自棄の暗示がある。

(2) 程度がはなはだしい様子を表す。プラスマイナスのイメージはない。「やけに」の形で状態を表す述語にかかる修飾語として用いられる。くだけた表現で、日常会話中心に用いられる。好ましい場合(①)についても好ましくない場合(②)についても用いられる。対象の程度がはなはだしいことについて話者の不審の気持ちが暗示されるが、その原因・理由については言及しない。

(2)の「やけに」は「いやに」や「みょうに」「へんに」などに似ているが、「いやに」は「やけに」よりも不審の暗示が強く、その原因について疑問をもっているというニュアンスになる。「みょうに」は人知を超えたものが原因で正常・通常でない状態になるというニュアンスがあり、原因について主体が見当がついていない不可解の暗示を伴う。「へんに」は理性によって正常・通常の状態ではないと判断するニュアンスがある。

⇨「いやに」「みょう」「へん」

やたら［矢鱈］ yatara

(1) ① （兄妹の会話）「パパ、肺ガンなんですって？」「おやじの前で**やたら**なことは言うなよ」

② 彼女は食器を**やたら**に買い込む癖がある。

③ 棚の上の物に**やたら**とさわらないこと。

(2) ① なんだかさっきから**やたら**とのどがかわいてね。

② 犬を野原に連れていって放したら**やたら**喜んでくるくる走りまわっていた。

【解説】 (1) 制限がない様子を表す。マイナスイメージの語。①は名詞にかかる修飾語、②③は述語にかかる修飾語の用法である。くだけた表現で、日常会話中心に用いられる。名詞にかかる修飾語になるときは、打消しや禁止の表現を伴うことが多い。深い考えもなく衝動的に行動し、制限がないというニュアンスになる。表現としてはかなり冷静で、特定の感情を暗示しない。

(2) 程度がはなはだしいことを誇張する様子を表す。プラスマイナスのイメージはない。述語にかかる修飾語として用いられる。①②の順にくだけた表現になる。程度のはなはだしさに限度がないというニュアンスである。

(2)の「やたらと」は「むやみに」や「みだりに」「むしょうに」などに似ているが、「むやみに」は結果に対する思慮が欠けているという暗示がある。「みだりに」は正当な理由のある場合を除外してそれ以外を全部禁止するというニュアンスになる。「むしょうに」は理由がわからないという暗示がある。

⇨「むやみ」「みだりに」「むしょうに」「やみくも」「むげに」「やたらめったら」「むやみやたら」「めったやたら」「めった」

やたらめったら ［矢鱈めったら］ yatara-mettara

(1) ① （社員食堂で）「社長が送検されたんだって？」「しっ、ここで**やたらめったら**な話はできないぞ」

(2) ① （旅行体験談）ハルビンの駅に降りたらさあ、これが**やたらめったら**に寒くってじっとしてられないんだ。

② このガキ、**やたらめったら**騒いで手に負えないよ。

【解説】 (1) 制限がないことを誇張する様子を表す。マイナスイメージの語。打消しや禁止の表現に呼応する名詞にかかる修飾語として用いられることが多い。くだけた表現で、日常会話でのみ用いられる。深い考えもなく節度のない行動をしない（するな）という意味になることが多い。「やたら」の(1)を誇張した意味である。

(2) 程度がはなはだしいことを誇張する様子を表す。ややマイナスイメージの語。述語にかかる修飾語として用いられる。くだけた表現で、日常会話でのみ用いられる。「やたら」の(2)をさらに誇張した意味であるが概嘆の暗示があり、無条件に好ましい事柄についてはふつう用いられない。

「やたらめったら」は「めったやたら」によく似ているが、「めったやたら」は名詞にかかる修飾語の場合には分別がないことを強調する様子を表し、話者の危惧《きぐ》と慎重さが暗示される。好ましいことについて用いた場合には対象を評価するというニュアンスになる。

　やたらめったらな話はできないぞ。
　（言い過ぎは禁物だぞ）
　めったやたらな話はできないぞ。
　（よく考えて言わないと危ないぞ）
あの転校生、数学がやたらめったらできるんだ。
（あまりにできすぎて嫌になるくらいだ）
あの転校生、数学がめったやたらできるんだ。
（すごくできるからちょっと尊敬するな）

⇨「めったやたら」「やたら」「むやみやたら」「むやみ」「めったら」「べらぼう」「めっぽう」

やつぎばや【矢継ぎ早】 yatsugibaya

① 野党の質問があまりにも**やつぎばや**だったので、総理はとりつくろう暇もなかった。
② 米軍の**やつぎばや**な攻撃に日本は防戦一方だった。
③ 広告を出したら朝から**やつぎばや**の問い合わせが殺到し、店ではうれしい悲鳴をあげている。
④ 六月になると皇太子殿下御成婚特集をうたった雑誌が**やつぎばや**に刊行された。

【解説】 同一の行動を短時間内に連続して起こす様子を表す。プラスマイナスのイメージはない。①は述語、②③は名詞にかかる修飾語、④は述語にかかる修飾語の用法である。同一の行動を非常に短い間隔で連続して起こす様子を表し、受け手に余裕を与えない暗示がある。主体の積極的な行為について用いられ、自然発生的な行動については用いない。

× 鼻をかんだらくしゃみが矢継ぎ早に五回も出た。
→鼻をかんだらくしゃみが続けざまに五回も出た。

「やつぎばや」は「つづけざま」や「たてつづけ」に似ているが、「つづけざま」は物事が短時間内に連続して起こる様子を客観的に表し、自然発生的な行動についても用いられる。「たてつづけ」は本来ばらばらに一回ずつ起こるべき物事が連続して起こるというニュアンスで、慨嘆の暗示を伴う。

⇨「つづけざま」「たてつづけ」「つぎつぎ」

やっと yatto

(1)① こんな安い給料では食べていくのが**やっと**だ。
② 一生懸命走って**やっと**終電に間に合った。
③ 通路は人が横になって**やっと**通れる狭さだ。
④ 私のドイツ語は**やっと**読み書きができる程度だ。

⑤ 昨夜巨人は継投策で阪神に**やっと**勝った。
⑥ 母は輸血と点滴で**やっと**生きている状態だ。
⑦ あいつをぶんなぐってやりたかったが、**やっと**のことで思いとどまった。
⑧ 彼は**やっと**の思いでマンションを手に入れた。
(2) ① (就職)これで**やっと**自立できます。
② 住民悲願の橋が**やっと**完成した。
③ (宝くじ)三時間並んで**やっと**買えたわ。

【解説】 (1) 大きな困難や労力を伴って最低の状態を確保する様子を表す。ややプラスよりのイメージの語。①は述語、②~⑥は単独で、⑦⑧は「やっとのことで」「やっとの思いで」の形で述語にかかる修飾語になる。①は金額、②は時間、③は空間、④~⑧は程度について用いられた場合である。確保された状態はわずかながら余裕があり、切迫感や危惧《きぐ》の暗示はない。

(1)の「やっと」は「かろうじて」「からくも」や「どうにかこうにか」「なんとか」などに似ているが、「かろうじて」「からくも」は好ましくない境界をぎりぎりのところで脱したというニュアンスで、切迫感と安堵《あんど》の暗示がある。「どうにかこうにか」は結果として好ましくない状態に入らずにすんだというニュアンスで、大きな困難や労力を伴ったかどうかには言及しない。「なんとか」はあらゆる手段を尽くして希望を満たす様子を表す。

(2) 苦労して実現したことに感慨をもっている様子を表す。ややプラスイメージの語。述語にかかる修飾語として用いられる。(1)の意味を裏側から見た用法で、もともと実現可能な対象について苦労して目的を達成した場合に用い、安堵の暗示を伴う。

(2)の「やっと」は「ようやく」などに似ているが、「ようやく」は安堵の暗示は少なく、目的の実現を話者が待ち望んでいる暗示がある。

住民悲願の橋がやっと完成した。
(長いこと待ったが、できて本当によかった)
住民悲願の橋がようやく完成した。
(長いこと待ったかいがあった)

⇨「かろうじて」「からくも」「なんとか」「ようやく」「どうにか」「どうやら」「いよいよ」「やっとこ」「ようよう」「ようやっと」

やっとこ・やっとこさ yattoko・yattokosa

① ポケットを全部引っ繰り返して**やっとこ**小銭をかき集めた。
② 教授のお情けで**やっとこさ**卒業できたよ。

【解説】 大きな困難や労力を伴って目的を実現する様子を表す。ややプラスイメージの語。述語にかかる修飾語として用いられる。くだけた表現で、日常会話でのみ用いられる。現在では「やっとこ」よりも「やっとこさ」のほうが普通に用いられる。「やっと」のくだけた表現であるが、目的達成にあたって大きな困難や労力を伴ったことを誇張する意味が強く、安堵《あんど》の暗示を伴うが最低の状態を確保する暗示は少ない。

？ 通路は人が横になってやっとこさ通れる狭さだ。
→通路は人が横になってやっと通れる狭さだ。

⇨「やっと」「ようやく」「ようやっと」「ようよう」

やにわ ［矢庭］ yaniwa

① 犬は鎖をはずされると**やにわ**に飛びついてきた。
② 彼の**やにわ**の質問に議長は面食らったようだ。

【解説】 前の動作とまったく関係のない大きな動作や行為を突然起こす様子を表す。ややマイナスイメージの語。①は述語にかかる修飾語、②は名詞にかかる修飾語の用法である。「やにわ」の表す行為は大きな動作を伴うことが多く、行為の受け手の被害者意識と概嘆の暗示を伴う。通常の程度の行為についてはあまり用いない。

× 怠け者の息子がやにわに勉強を始めたので、両親はびっくりした。
→怠け者の息子が突然（突如として）勉強を始めたので、両親はびっくりした。

「やにわに」は「だしぬけに」や「いきなり」「ふいに」などにも似ているが、「だしぬけに」は人間の行為について以外には用いられず、予想しない事態が起こる様子を衝撃と概嘆の暗示を伴って表す。「いきなり」は驚きと衝撃の暗示はあるが、被害者意識の暗示はない。「ふいに」は継続することが期待されている事柄が予想に反して変わるという意味で、意外性と不審の暗示がある。

⇨「とつぜん」「とつじょ」「だしぬけ」「いきなり」「ふい」「きゅう」「つと」「ふと」

やはり・やっぱり・やっぱし・やっぱ

［矢張り・矢っ張り］ yahari・yappari・yappashi・yappa

(1) ① 彼には京大は無理だと思ったけど**やっぱり**だった。
② 「今晩はカレーよ」「**やっぱり**。昼飯もカレーだったんだ」
③ 偏差値四十の彼は**やはり**東大に落ちた。
④ 「山田君と真理ちゃん、結婚するんだって」「**やっぱり**おれの言った通りだろ」
⑤ （ミスの調査）**やっぱり**あいつか。

(2) ① （別れた恋人への手紙）わたし、**やっぱり**今でもあなたが好きなんです。
② 彼女は体をこわしているのに**やはり**ボランティア活動を続けている。
③ （旧友に再会する）おう、こんなところで奇遇だな

あ。**やっぱし**あの会社に勤めてんのか。

(3)① 彼の家は代々医者だが、彼も**やはり**医者を目指しているそうだ。

② 「T社との取引は慎重になさったほうがいいと思います」「私も**やはり**そう思っていたところだよ」

(4)① 曙《あけぼの》は**やっぱし**強いね。

② (展覧会で)**やっぱり**プロの絵かきは違うねえ。

③ 偉そうなことを言っても**やはり**子供は子供だ。

(5)① (グループ旅行)行こうかな。**やっぱ**や〜めた。

② (インタビュー)「好調の原因は何ですか」「そうすねえ、**やっぱ**場所前にいい稽古《けいこ》ができたからじゃないすか」

③ (進路指導)**やっぱし**勉強は好きじゃないし、だから**やっぱし**就職のほうが**やっぱし**いいかなって……

【解説】「やはり」は標準的な表現で、公式の発言中心に用いられる。「やっぱり」「やっぱし」「やっぱ」の順にくだけた表現となる。特に「やっぱし」「やっぱ」は若い人中心に用いられる。

(1) 予想通りの結果になる様子を表す。ややマイナスよりのイメージの語。①②は述語、③〜⑤は述語にかかる修飾語の用法である。事前の予想は明示する場合(①)も明示しない場合(②〜⑤)もある。予想は好ましい場合も好ましくない場合もあるが、特に述語として用いられた場合には、あまり好ましくない予想の通りになったという意味で用いることが多い(①②)。事前の予想が実現する可能性はあまり高くなく、結果についてはあきらめと納得の暗示がある。

(1)の「やはり」は「あんのじょう」や「はたして」に似ているが、「あんのじょう」は予想の実現する可能性がかなり高いので、その通りの結果になったとき自分で確信をもって納得するニュアンスになる。「はたして」は予想通りの結果になったことを話者が確認する暗示がある。

(2) (1)から進んで、現在の状態がこれまでと変化せずに続いている様子を表す。プラスマイナスのイメージはない。述語にかかる修飾語として用いられる。現在の状態を話者が確認し、それが過去から続いていることを再認識するというニュアンスで、納得の暗示を伴う。

(2)の「やはり」は「いぜんとして」や「あいかわらず」に似ているが、「いぜんとして」はある状態が固定して変化せずに継続する様子を客観的に表す。「あいかわらず」は変化することが予想されるものの状態が予想に反して変化しないというニュアンスになる。

彼女はやはりボランティア活動を続けている。
(病気なんだからやめてもいいのにやめない)
彼女は依然としてボランティア活動を続けている。
(特定の感情なし)

彼女は相変わらずボランティア活動を続けている。
（もうやめたかと思ったのにまだやっている）

(3) (1)から進んで、同様である様子を表す。プラスマイナスのイメージはない。述語にかかる修飾語として用いられる。主体が他のものと同様であるという意味であるが、話者の予想通り同様であるというニュアンスで納得の暗示を伴う。

(3)の「やはり」は「また」に似ているが、「また」には予想が的中する納得の暗示はない。

× 君の言うことにもやはり一理ある。
→君の言うことにもまた一理ある。

(4) 価値を再認識する様子を表す。ややプラスよりのイメージの語。述語にかかる修飾語として用いられる。ふつうある事柄を契機として対象の好ましい価値を再認識する場合(①②)に用いるが、好ましいか好ましくないかに関係なく対象の存在意義を再認識する場合(③)にも用いられる。話者の予想が的中したというニュアンスで納得の暗示を伴う。

(4)の「やはり」は「さすが」や「なんといっても」に似ているが、「さすが」はもともと認めている対象の価値を再認識するというニュアンスで感嘆の暗示がある。「なんといっても」は対象を他のものと比較した上で価値を認めて選択するというニュアンスがある。

曙はやっぱし強いね。
（もともと強いと思っていたがその通りだった）
曙はさすがに強いね。
（横綱を張っているだけのことはあるね）
曙はなんといっても強いね。
（誰と対戦しても強さが目立つね）

(5) 改めて考え直す様子を表す。プラスマイナスのイメージはない。①は述語にかかる修飾語、②③は会話の途中で用いられる間投詞の用法である。くだけた表現で、日常会話中心に用いられる。話者が自分の中でさまざまのことを考え反芻《はんすう》した結果、到達した一定の結論を述べるときに用いる。自分に向かって言う場合(①)には納得の暗示を伴う。相手に対して答える場合(②③)には、よくよく熟慮された結果の発言であることを強調するニュアンスになり、断定をやわらげて婉曲《えんきょく》に述べる。断定をして孤立化することへの恐れと、周囲の人間への配慮が暗示される日本的な表現であると言える。

⇨「あんのじょう」「はたして」「いぜんとして」「あいかわらず」「また」「さすが」「なんといっても」「なお」「なおかつ」「なおも」「まだ」「なんたって」

やまと ［山と］ yamato

① 自由市場ではみかんを**やまと**積んで売っている。

② 彼は**やまと**積まれた未決書類を見て嫌な顔をした。

【解説】 多量の物を高く積み上げる様子を表す。プラスマイナスのイメージはない。「積む」などの動詞にかかる修飾語として用いられる。積まれた結果としての高さや量感を表し行為の過程を意味しないので、動詞としては「積む」に最もよく接続し「載せる」や「ある」などにはつきにくい。

「やまと」は「やまほど」に似ているが、「やまほど」は物が多量に存在することを誇張的に表し、積み上げた結果は表さない。

× 我々はむずかしい問題を山とかかえている。
→我々はむずかしい問題を山ほどかかえている。

⇨「やまほど」

やまほど ［山程］ yamahodo

① その漁船はイワシを**やまほど**積んで戻ってきた。
② 我々はむずかしい問題を**やまほど**かかえている。
③ 政治家には言いたいことが**やまほど**ある。
④ あの先生は宿題を**やまほど**出す。

【解説】 多量に存在することを誇張する様子を表す。ややマイナスよりのイメージの語。述語にかかる修飾語として用いることが多い。具体物(①)についても抽象的なもの(②~④)についても用いられる。ふつうあまり好ましくないものが多量にあるという意味で用いられ、量が非常に多いことについて慨嘆の暗示を伴う。

「やまほど」は「しこたま」や「ごまんと」に似ているが、「しこたま」は主に金銭や飲食物が多量にあることを第三者が見て、慨嘆・羨望《せんぼう》・嫉妬《しっと》などのあまり好ましくない感想をもつ暗示を伴う。「ごまんと」はあまり好ましくないものの数について用い、量については用いない。

? 税金は株で山ほどもうけた奴から取ればいい。
→税金は株でしこたまもうけた奴から取ればいい。

× あの先生は宿題をごまんと出す。

多量にあることを客観的に表す場合には、「いっぱい」「うんと」「たくさん」などを、多量にあることが好ましい場合には「ふんだんに」「たっぷり」「どっさり」などを用いる。

⇨「しこたま」「ごまんと」「いっぱい」「うんと」「たくさん」「ふんだん」「やまと」

やみくも ［闇雲］ yamikumo

(1)① 部隊は吹雪の中を**やみくも**に行軍した。
② ただ**やみくも**にバットを振るだけではだめだ。
③ 他人を**やみくも**に信じるものではない。
④ 彼のように**やみくも**な正義感で動いている人間がいちばん始末に負えない。

⑤ 社長の資金計画はまったく**やみくも**だった。

(2)① 「ねえ、あたしと一緒に逃げて」「**やみくも**に何を言い出すかと思えば」

【解説】 (1) 目標を見定めずに行動を起こす様子を表す。マイナスイメージの語。①～③は述語にかかる修飾語、④は名詞にかかる修飾語、⑤は述語の用法である。行動を起こす際に思慮が欠けているというニュアンスで自暴自棄の暗示がある。

「やみくも」は「めくらめっぽう」や「むやみ」などに似ているが、「めくらめっぽう」は主体が目標を見定めずに行動を起こしている様子を、第三者が軽い慨嘆と侮蔑《ぶべつ》の暗示を伴って評するニュアンスがあり、自分自身の行為についてはふつう用いない。「むやみ」は結果を考えずに軽率に行動するニュアンスがある。

(2) 予想しない事態が突然起こる様子を表す。ややマイナスよりのイメージの語。述語にかかる修飾語として用いられる。相手の行動を話者が予想していなかったというニュアンスで、相手の行動を非難する暗示を伴うが被害者意識の暗示はない。

この「やみくも」は「やぶからぼう」に似ているが、「やぶからぼう」は行為の受け手の立場に立った驚きと被害者意識の暗示がある。

やみくもに何を言い出すかと思えば。
(突然変な話をするなよ)
藪から棒に何を言い出すかと思えば。
(突然でびっくりするじゃないか)

⇩「めくらめっぽう」「むやみ」「やたら」「みだりに」

やむなく【止む無く】yamunaku

① 強風のため一行は**やむなく**登頂を断念した。

② 計画は資金調達に失敗して**やむなく**変更された。

【解説】 望まないことを消極的に受け入れる様子を表す。ややマイナスイメージの語。述語にかかる修飾語として用いられる。かなりかたい文章語で、報道や公式の発言などに用いられる。客観的にやむをえない理由のために事態の正常な進行を変更するという文脈で用いることが多く、主体のあきらめと慨嘆の暗示がある。日常的には「しかたなく」「やむをえず」を用いる。

⇩「やむをえず」「こころならずも」「ふしょうぶしょう」「やむにやまれず」

やむにやまれず【止むに止まれず】yamuni-yamarezu

① 彼は**やむにやまれず**議長を引き受けた。

② 部長が会社の金を横領するに至った背景には、**やむにやまれぬ**事情があった。

【解説】 抵抗できない様子を表す。ややマイナスイメージの語。①は述語にかかる修飾語、②は名詞にかかる修飾語の用法である。行為の動機となる欲求・依頼・事情などに主体が抵抗できない結果、不本意な行動を引き起こすというニュアンスで、慨嘆と反省の暗示を伴う。

「やむにやまれず」は「やむなく」や「やむをえず」に似ているが、「やむなく」は事態の正常な進行を変更するという文脈で用いることが多く、主体のあきらめと慨嘆の暗示がある。「やむをえず」は話者の主観的な判断を暗示する。

彼はやむにやまれず議長を引き受けた。
(断りきれなかった)
彼はやむなく議長を引き受けた。
(本当はやりたくなかったのだが)
彼はやむをえず議長を引き受けた。
(あの状況では引き受けるしかなかった)

⇨「やむなく」「やむをえず」「みるにみかねて」

やむをえず ［止むを得ず］ yamuo-ezu

① 病人が出たので一行は**やむをえず**引き返した。
② ボルトがなかったので**やむをえず**クギで代用した。
③ 終電に乗り遅れ、**やむをえず**タクシーに乗った。
④ 彼が家を出たのには**やむをえぬ**事情があった。

【解説】 望まないことを消極的に受け入れる様子を表す。ややマイナスよりのイメージの語。①～③は述語にかかる修飾語、④は名詞にかかる修飾語の用法である。主体が自分の主観的な判断として事態を受容するというニュアンスで、その受容には客観的な理由があることが多い。

「やむをえず」は「しょうことなしに」や「やむなく」などに似ているが、「しょうことなしに」は客観的に余儀ない状況で他に選択の余地がないというニュアンスで、主体のあきらめと慨嘆が暗示される。「やむなく」は事態の正常な進行を変更するという文脈で用いることが多い。

⇨「やむなく」「ふしょうぶしょう」「やむにやまれず」「こころならずも」

やや ［稍］ yaya

① この学校は男子の数が女子より**やや**多い。
② このブラウスは私には**やや**大きめだ。
③ 美智子の家は駅から**やや**遠いところにある。
④ 台風は**やや**北よりに進路を変えた。
⑤ 最近になって**やや**暖かくなってきた。
⑥ 円高で石油の値段が**やや**下がった。
⑦ 先月に比べると景気は**やや**上向いてきた。
⑧ この曲は解釈上**やや**むずかしい部分がある。
⑨ 一晩寝たら頭痛が**やや**よくなった。
⑩ 彼が帰ってから**やや**しばらくたったころ、彼の家

から電話がかかってきた。

⑪ 電話で「好きだ」と言ったら、**やや**あって小さい声で「わたしも」と返事が返ってきた。

【解説】 数・量・距離・程度・時間などの変化が少ない様子を表す。プラスマイナスのイメージはない。述語にかかる修飾語として用いられる。ややかたい文章語で、くだけた会話にはあまり登場しない。数(①)、大きさ(②)、距離(③)、方向(④)、温度(⑤)、値段・物価(⑥⑦)、程度(⑧⑨)、時間(⑩⑪)の変化が少量という意味である。⑩⑪以外の用法では、以前あるいは他のものと比較して少量程度変化するというニュアンスで用いられ、必ず比較の対象がある。⑩⑪は「ややしばらく」「ややあって」の形で、少しの時間経過そのものを指す。

少量を表す語としては他に「すこし」「いくらか」などがあるが、「すこし」は対象の数量や程度そのものを広く指す。「いくらか」は感覚的に程度が低いというニュアンスで、対象の絶対量は「やや」よりも少ない。

× ボーナスからやや貯金しよう。

→ボーナスから少し貯金しよう。

一晩寝たら頭痛がややよくなった。

(少し軽くなった)

一晩寝たら頭痛がいくらかよくなった。

(ほんの少しだがよくなったような気がする)

⇨「すこし」「いくらか」「いくぶん」「いささか」「こころもち」「ちょっと」「ちっと」「たしょう」「しょうしょう」

ややもすると・ややもすれば

[動もすると・動もすれば]

yayamo-suruto・yayamo-sureba

① 我々は**ややもすると**自分と異なった考え方を排除しがちだ。

② この問題は**ややもすれば**大事件に発展しかねない危険性をはらんでいる。

【解説】 ある一定の結果になる可能性や傾向が存在する様子を表す。ややマイナスよりのイメージの語。述語にかかる修飾語として用いられる。言外にある条件を仮定して、その条件のとき一定のあまり好ましくない結果になる可能性(②)や傾向(①)を暗示する。仮定する条件は極端な場合が多く、結果の状態も好ましくない程度が高い。

「ややもすると」は「ともすると」や「どうかすると」に似ているが、「ともすると」は条件・結果ともに「ややもすると」ほど極端ではない暗示がある。「どうかすると」は低いながらも可能性が存在するという意味で、偶然性の暗示がある。

⇨「ともすると」「どうかすると」「とかく」「えてして」「お

うおう」

ゆうに［優に］yûni

① デモの参加者は**ゆうに**三万人を超えていた。
② 彼は**ゆうに**百キロはある巨体を揺すって笑った。
③ ここから山頂まで**ゆうに**四時間はある。
④ 彼女は**ゆうに**大会社を切り回すに足る遺産を父親から譲り受けた。

【解説】 数量が十分多い様子を表す。プラスマイナスのイメージはない。数量を表す名詞にかかる修飾語になることが多い（①～③）。④は「優に……するに足る」の形で用いられ、十分……できるという意味になる。対象の数量が基準を十分に超えているという意味で用いられるが、その数量の多いことが好ましいかどうかには言及しない。

ゆくゆく［行く行く］yukuyuku

① あの男は**ゆくゆく**大政治家になるだろう。
② **ゆくゆく**は田舎の両親を引き取るつもりだ。

【解説】 未来の不定の時に物事が行われる様子を表す。プラスマイナスのイメージはない。述語にかかる修飾語として用いられる。はっきり確定できない未来のある時に、現在の希望や見通しが実現するというニュアンスで、話者の確信が暗示される。

「ゆくゆく」は「やがて」や「いずれ」「そのうち」などに似ているが、「やがて」は現在の行為が将来に影響するというニュアンスで、実現の可能性はあまり高くなく、話者の確信もないことが多い。「いずれ」は時間の進行に伴って自然に成就する様子を表す。「そのうち」は物事の成就が近い未来の漠然とした時に起こる可能性があるというニュアンスで、主体の確信の程度は低く、しばしば無関心・無責任の暗示を伴う。

ゆくゆくは田舎の両親を引き取るつもりだ。
（将来必ず引き取るつもりだ）
やがては田舎の両親を引き取るつもりだ。
（このまま行けば引き取ることになるだろう）
いずれ田舎の両親を引き取るつもりだ。
（引き取らざるを得ない状況になるだろう）
そのうち田舎の両親を引き取るつもりだ。
（まあわからないが、将来は引き取ってもいい）

⇩「やがて」「いずれ」「そのうち」「いつか」

ゆめにも［夢にも］yumenimo

① 彼と初めて出会ったときには、この人と結婚することになろうとは**ゆめにも**思わなかった。
② 会社の金をどうにかしようなどと**ゆめにも**考えた

ことはありません。

【解説】 後ろに打消しの表現を伴って、打消しを誇張する様子を表す。プラスマイナスのイメージはない。「思わない・考えない」などの動詞句にかかる修飾語になることが多い。ある思いがけない事態が起こったとき、主体が事前にまったく予想していなかったという文脈で用いることが多く、感慨(①)・釈明(②)などの暗示を伴う。①は現在話者と彼が結婚する状況に至っていること、②は現在話者に会社の金を横領した嫌疑がかかっていることが暗示されている。

「ゆめにも」は「ぜんぜん」「まったく」などに似ているが、これらは一般的に打消しを誇張する様子を表す。

⇨「ぜんぜん」「まったく」「いっこう」「すこしも」「ちっとも」「まるっきり」「まるで」「もうとう」「みじんも」

ようこそ yôkoso

① 遠いところを**ようこそ**おいでくださいました。

② **ようこそ**日本へ。(標語)

③ 「ごめんください。お邪魔いたします」「**ようこそ**」

④ (展示会)本日は**ようこそ**の御来場、厚く御礼申し上げます。

【解説】 来訪を歓迎する様子を表す。プラスイメージの語。①は述語にかかる修飾語、②③は挨拶《あいさつ》語の用法、④は名詞にかかる修飾語の用法である。やや古風なニュアンスがあり、公式の発言などには用いられるが、若い人はあまり用いない傾向にある。

「ようこそ」は「よくぞ」に似ているが、「よくぞ」は相手の行為を賞賛する様子を広く表し、来訪を歓迎する場合以外にも用いられる。

× 言いにくいことをようこそ言ってくれた。

→言いにくいことをよくぞ言ってくれた。

⇨「よくぞ」

ようするに [要するに] yôsuruni

① 勧誘員の口車に乗せられてなけなしの退職金をだましとられた父は、**ようするに**欲に目がくらんでいたのだ。

② 「帰りに一杯どうだ」「今日はちょっと体調が……。それに先約が……」「**ようするに**だめってことだな」

③ (選挙演説)私が言いたいのは、**ようするに**日本の政治は今のままではだめだということです。

【解説】 途中経過を要約する様子を表す。プラスマイナスのイメージはない。判断や結論を表す文の頭に置いて用いられる。①②は前に結論に至るそれまでの経過を何らかの形で示す場合で、話者の納得の暗示を伴う。③は後に具体的な経過を説明する場合で、重要な点を簡単に先にまとめるという意味である。いずれの場合にも、話者は結論に至る途中経過を理解してはいるが重要でないものとして軽視する暗示がある。

「ようするに」は「つまり」や「けっきょく」などに似ているが、「つまり」は前提と結論をイコールで短絡的に結ぶニュアンスをもち、かなり主観的で気分的である。「けっきょく」は途中の経過はともかくとして、結果や結論をあまり好ましくない感情を伴って述べる。

⇩「つまり」「けっきょく」「すなわち」「さしずめ」「つまりは」「つまるところ」「とどのつまり」「とりもなおさず」「いってみれば」「いわば」「ようは」

ようは ［要は］ *yôwa*

① 予備校の合格実績も大切だが、**ようは**受験生本人の意欲がいちばん問題なのだ。
② (野球放送)「巨人は今日落とすと優勝戦線から脱落ですねえ、広岡さん」「**ようは**勝てばいいんですよ」

【解説】 最も重要な点だけに言及する様子を表す。プラスマイナスのイメージはない。判断や結論を述べる文の頭に置いて用いられる。途中経過や付随的な問題などをすべて無視して、最も重要な判断や結論だけを述べる様子を表し、結論以外の部分を軽視する暗示を伴う(②)。
「ようは」は「ようするに」や「けっきょく」「つまりは」などに似ているが、「ようするに」は途中経過を要約するというニュアンスで、最重要点だけに言及する暗示はない。「けっきょく」は途中経過はともかくとして、結果や結論をあまり好ましくない感情を伴って述べる。「つまりは」は前提と結びついた結論を強調するニュアンスがある。

要は勝てばいいんですよ。

(他のことはまったく問題にする必要がない)

要するに勝てばいいんですよ。

(あなたの解説を要約するとそうなる)

結局勝てばいいんですよ。

(勝てば誰も文句はないという結論になる)

つまりは勝てばいいんですよ。

(あなたの危惧《きぐ》は勝つことで解消される)

⇩「ようするに」「けっきょく」「つまりは」「つまり」「つまるところ」「すなわち」「さしずめ」

ようやく ［漸く］ *yôyaku*

(1) ① 一週間降り続いた雨が**ようやく**上がった。
② 住民悲願の橋が**ようやく**にして完成した。
③ (転勤してきた社員を迎える)これで**ようやく**のこと、うちの部署も楽になりますよ。
(2) ① 一生懸命走って**ようやく**終電に間に合った。

② 被害者は**ようやく**聞き取れるか聞き取れないかの声で犯人の名前を告げた。
③ 母は輸血と点滴で**ようやく**生きている状態だ。
④ 彼は平均六十一点を取り、**ようやく**のことで卒業させてもらった。

【解説】 (1) 待ち望んでいた物事が実現する様子を表す。ややプラスイメージの語。「ようやく」「ようやくにして」「ようやくのこと」などの形で述語にかかる修飾語として用いられる。長期間待ち望んでいた(好ましい)物事が実現するというニュアンスがある。

(1)の「ようやく」は「やっと」などに似ているが、「やっと」はもともと実現可能な対象について苦労して目的を達成した場合に用いることが多く、安堵《あんど》の暗示を伴う。

(2) 大きな困難や労力を伴って最低の状態を確保する様子を表す。ややプラスよりのイメージの語。「ようやく」「ようやくのことで」などの形で述語にかかる修飾語として用いられる。ややかたい文章語で、くだけた会話にはあまり用いられない。確保された状態はやや余裕があり、切迫感や危惧《きぐ》の暗示はない。

(2)の「ようやく」は「やっと」や「かろうじて」などに似ているが、「やっと」は「ようやく」よりも余裕が少ない。「かろうじて」は好ましくない境界をぎりぎりのところで脱したというニュアンスで、切迫感と安堵の暗示を伴う。

一生懸命走ってようやく終電に間に合った。
(間に合うことができた)
一生懸命走ってやっと終電に間に合った。
(間に合わせるのに苦労した)
一生懸命走ってかろうじて終電に間に合った。
(もう少しで乗り遅れるところだった)

⇨「やっと」「かろうじて」「からくも」「どうにか」「なんとか」「やっとこ」「いよいよ」「ようやっと」「ようよう」

ようやっと・ようやらやっと

yôyatto・yôyarayatto

(1) ① (プラモデル)**ようやっと**できた!
② (受験)「お隣の信ちゃん、受かった?」「十個受けて**ようやっと**一個受かったって」
③ 仕事も**ようやっと**先が見えてきたね。

(2) ① (原稿執筆)**ようやらやっと**締切に間に合ったよ。
② 玄関が閉まっていたので、垣根の間を**ようやっと**すりぬけて庭から声をかけた。

【解説】 (1) 待ち望んでいた物事が実現する様子を表す。ややプラスイメージの語。くだけた表現で、日常会話中心に用いられる。「ようやらやっと」は「ようやっと」よりも古風なニュアンスがあり、若い人はあまり用いない傾向にある。長いこと待ち望んでいた(好ましい)物事が実現するというニュアンスがある。

(1)の「ようやっと」は「ようやく」の(1)や「やっと」の(2)に似ているが、「ようやく」よりも物事の実現に長い時間がかかったことを強調する。「やっと」は苦労して目的を達成することについて安堵《あんど》の暗示を伴う。

(2) 大きな困難や労力を伴って最低の状態を確保する様子を表す。ややプラスよりのイメージの語。述語にかかる修飾語として用いられる。くだけた表現で、日常会話中心に用いられる。最低の状態を確保するために大きな困難や労力を伴うことを強調するニュアンスがある。

⇩「ようやく」「やっと」「やっとこ」「ようよう」「かろうじて」「からくも」「どうにか」「なんとか」

ようよう［漸う］**yôyô**

(1)① **ようよう**尋ねあてた故郷の家はすでに他人の持ち物になっていた。

② (初孫《ういまご》の誕生)**ようよう**待ったかいがあったねえ。

(2)① 戦い敗れた家康は**ようよう**城へ逃げ帰った。

② 切り立ったがけを**ようよう**の思いでつる草にすがって降りた。

【解説】(1) 待ち望んでいた物事が実現する様子を表す。ややプラスイメージの語。述語にかかる修飾語として用いられる。やや古風なニュアンスがあり、若い人はあまり用いない傾向にある。日常的には「ようやく」を用いるが、「ようやく」よりも長期間待ち望んでいる暗示がある。

(2) 大きな困難や労力を伴って最低の状態を確保する様子を表す。ややプラスよりのイメージの語。「ようよう」「ようようの思い(こと)で」などの形で述語にかかる修飾語として用いられる。やや古風なニュアンスがあり、若い人はあまり用いない傾向にある。日常的には「ようやく」を用いる。

⇩「ようやく」「ようやっと」「やっと」「かろうじて」「からくも」「どうにか」「なんとか」「やっとこ」

よぎなく［余儀無く］ ⇩『現代形容詞用法辞典』「よぎない」

よく［良く・善く・好く・能く］**yoku**

(1)① 今度の彼女の小説はなかなか**よく**書けている。

② (競馬の調教師が)この馬は**よく**走りそうだね。

③ 吉村はみんなにあまり**よく**思われていない。

④ 帰省するといつも兄嫁に**よく**してもらっている。

⑤ 世の中は**よく**したもので、恋人に振られた同士の直子と哲也は来月ゴールインするんだそうだ。

⑥ この成績じゃ**よく**いって百番ってとこかな。

⑦ うちの姉は**よく**言えば世話好きの親切だが、悪く言えば単なるおせっかいだ。
⑧ 病は気からとは**よく**言ったもので、みんなと酒を飲んでわいわい騒いだら頭の痛いのが治った。
⑨「会社の未来はおれの肩にかかっているんだ」「**よく**言うよ」

(2)
① 「先生、逆上《きかあ》がりできた」「**よく**やった」
② 遠いところを**よく**いらっしゃいました。
③ (戦地から帰還した息子に)**よく**まあ無事で……
④ (交通ストの朝)**よく**会社に間に合ったね。

(3)
① 「私はこの二十年ずっと独り暮らしです」「**よく**寂しくないもんですね」
② (反抗期)「おれ、あんたの言うことなんか聞かないからね」「親に向かって**よく**そんなことが言えるな」

(4)
① 昨夜は**よく**お休みになれましたか。
② **よく**調べてから御返事いたします。
③ そのテーブルは一見大理石ふうだったが、**よく**見ると大理石の拡大写真を貼《は》りつけてあるのだった。
④ 彼は食いしん坊で何でも**よく**食べる。
⑤ **よく**晴れた春の一日、山歩きをして楽しんだ。
⑥ 君は数学は**よく**できるが国語はいまいちだね。
⑦ 最近の建売住宅はほんとうに**よく**できている。
⑧ あなたのおっしゃることが**よく**わからない。
⑨ 「このドレス、どう?」「**よく**似合うよ」

(5)
① うちの夫は**よく**忘れものをする。
② おうわさは常々**よく**うかがっております。
③ 若いころは**よく**戦争映画を見に行ったものだ。
④ 春は朝寝坊してしまうことが**よく**ある。
⑤ 「昨夜女房の奴、ちょっと怒鳴ったら出てっちゃったんだ」「**よく**ある話だな」

(6)
① (表彰状)あなたは平成五年七月場所において、**よく**優勝の栄冠を得られました。
② 武田青年は若いに似ず書を**よく**する。

【解説】 (1) 望ましく好ましい様子を表す。プラスイメージの語。述語にかかる修飾語として用いられる。非常に幅広い意味をもつ。①は作品としての完成度が高いという意味、②は走るスピードが早いという意味である。③の「よく思われていない」は慣用的に用いられ、評判がよくないという意味である。④は親身に世話をするという意味、⑤の「(世の中は)よくしたもので」は慣用句で、一見好ましくない事態が起こっても結果的には全体として好ましい帰結になるという意味である。⑥の「よくいって」は慣用句で、最高の場合を想定する。⑦の「よく言えば……だが、悪く言えば……だ」も慣用的に用いられ、物事を善悪両面から評した形をとって、好ましくない評価を婉曲《えんきょく》に述べるニュアンスになる。⑧の「……とはよく言ったもので」も慣用句で、……に慣用句やことわざ、成句などが入り、ことわざ・慣用句の妥当性を実例に照らして再評価する文脈で用いる。⑨の「よく言う」は慣用句で、日常会話でのみ用いられる現代語用法。若い人に好んで用いられる。相手の発言が分不相応だったり出過ぎていたりすると感じたとき、相手を揶揄《やゆ》する意味であきれている心理を表現する。

(1)の「よく」はさまざまの状態について好ましいことを表すので、それぞれの場面においてより具体的な表現(別の言葉)を用いることが可能である。「よく」を用いると、それらを具体的に表現することなく、ただ望ましい状態にあることだけを漠然と示すことになる。

(2)　相手の困難な行為を評価したり賞賛したりする様子を表す。プラスイメージの語。述語にかかる修飾語として用いられる。①②は評価する場合、③は感動する場合、④は賞賛する場合である。相手の行為が実現困難であることを認め、それを達成した結果についての話者の心理を直接表すニュアンスがある。

(3)　(2)の反語の用法で、相手の行為に疑問をもったり憤慨したりする様子を表す。マイナスイメージの語。述語にかかる修飾語として用いられる。①は相手が二十年間独り暮らしをしていることについて疑問を投げかけている。②は詰問文で、相手の程度が十分であることを非難する。

(4)　行為や状態の程度が十分である様子を表す。プラスイメージの語。述語にかかる修飾語として用いられる。行為の場合(①~④)には満足のいく程度まで十分に行うという意味、状態の場合(⑤~⑨)には好ましい程度がはなはだしいという意味になる。好ましくない行為や状態については用いない。

× 彼女はよく人の悪口を言う。
(この文はふつう(5)の意味になる)

(5)　頻度が高い様子を表す。プラスマイナスのイメージはない。動詞にかかる修飾語として用いられる。動作にかかる場合(①~③)には何度も繰り返す様子を表す。状態にかかる場合(④⑤)には一般的な傾向を表す。頻度や傾向が非常に高いためにそれが普通であるように感じられるというニュアンスがあり、しばしば無価値の暗示を伴う(⑤)。⑤の「よくある話」は慣用句で、しょっちゅう見聞していて珍しくない話、取り立てて話題にする価値がない話という意味で、話題に興味を示さない話者の無関心が暗示される。

(5)の「よく」は「しばしば」や「たびたび」などに似ているが、「しばしば」は全体的な傾向として頻度が高いことを表すニュアンスがあり、個々の行動には視点が置かれていない。「たびたび」は「しばしば」と反対に、個々の行動に視点がある。

うちの夫はよく忘れものをする。
(別に珍しいことではない)
うちの夫はしばしば忘れものをする。
(もの忘れをしやすい人間だ)
うちの夫はたびたび忘れものをする。
(何度も何度も忘れものをする)

(6) 完全に達成する様子を表す。プラスイメージの語。述語にかかる修飾語として用いられる。かたい文章語で、日常会話には登場しない。②の「□□をよくする」は慣用的に用いられ、□□に対して造詣《ぞうけい》が深いという意味である。客観的な表現で、特定の感情を暗示しない。

⇨「じゅうぶん」「しばしば」「たびたび」「まま」「とても」「よろしく」「おりよく」「ていよく」「よくぞ」「よくて」「よくも」「よくよく」

よくぞ yokuzo

① 言いにくいことを**よくぞ**言ってくれた。
② こんな大仕事を**よくぞ**一人でやりとげたもんだね。

【解説】 相手の困難な行為を評価したり賞賛したりする様子を表す。プラスイメージの語。相手の行為が実現困難であることを認め、それを達成した結果について話者の賞賛や評価の心理を直接表すニュアンスがある。「よく」の(2)の意味を強調した語であるが、「よく」よりも感情的で感動の暗示が強い。

よくぞ言ってくれた。(本当に感動したよ)
よく言ってくれた。(君の発言を評価するよ)

好ましくない物事については、主に「よくも」を用いる。

⇨「よく」「よくも」「ようこそ」

よくて [良くて・善くて・好くて] yokute

① 今期の売上は**よくて**去年の八割だ。
② (テスト)この調子じゃ**よくて**六十点、悪けりゃ二十点だ。

【解説】 最高の状態を想定する様子を表す。ややマイナスよりのイメージの語。数量を表す名詞にかかる修飾語として用いられる。最高の状態を想定したとしても客観的に十分な程度には到達しないという文脈で用いることが多い。また②のように「よくて……、悪くて(悪けりゃ)……」と最高と最低を対にして述べる場合もある。いずれも対象の状態があまり好ましくないことを、軽い慨嘆の暗示を伴って述べる。

「よくて」は「せいぜい」に似ているが、「せいぜい」は主体にとっての最大限の程度に言及する様子を表し、客観性の暗示はない。また数量だけでなく行為の程度などにも広く用いられる。

今期の売上はよくて去年の八割だ。
(最高に売れても去年の八割だ)
今期の売上はせいぜい去年の八割だ。
(どんなによくても八割がいいところだ)

⇨「せいぜい」「たかだか」「よく」

よくも yokumo

① **よくも**あたしをだましたわね。

② あれだけはっきり断ったのに、**よくも**ぬけぬけとまた借金を頼めたものだ。

③ (自転車で佐多岬《さたみさき》まで来る)**よくも**こんなところまで自転車で来たもんだ。

【解説】 憤慨やあきれの気持ちを表す。ややマイナスイメージの語。動作にかかる修飾語として用いられる。相手の行為について非難(①)・憤慨(①)・あきれ(②)の気持ちを表す場合と、自分の行為を客観視してあきれの気持ちを表す場合(③)とがある。

「よくも」は「よく」の(3)を強調した意味だが、「よく」よりも非難・憤慨の暗示が強い。また、「よく」は相手の行為についてしか用いられないのに対して、「よくも」は自分の行為についても用いられる。

? 「私はこの二十年ずっと独り暮らしです」「よくも寂しくないもんですね」

→「私はこの二十年ずっと独り暮らしです」「よく寂しくないもんですね」

「よくも」は「いみじくも」にも似ているが、「いみじくも」はかなりかたい文章語で、ふつうある状態を適切な言葉で表現することについて用い、感心の暗示を伴う。

× 氏がよくも申された通り、わが国の経済の未来は決して楽観視できないのであります。

→氏がいみじくも申された通り、わが国の経済の未来は決して楽観視できないのであります。

⇨「よく」「よくぞ」

よくよく [善く善く・能く能く] yokuyoku

(1)① 普通のヘビには足がないが、ニシキヘビのからだを**よくよく**見るとツメのような痕跡《こんせき》器官がある。

② (詐欺にあう)**よくよく**調べてからにすべきだった。

③ 「緑さんはどうしてぼくに意地悪ばっかりするのかな」「**よくよく**考えればわかるだろ」

④ 仕事熱心な青山さんが無断欠勤するからには、**よくよく**のわけがあるんだろう。

⑤ 弟は**よくよく**のことがなければ医者へ行かない。

(2)① 彼は**よくよく**困っているとみえて、友人の会社を次から次と訪ね歩いている。

② 保母は**よくよく**子供が好きでなければ勤まらない。
③ これだけ毎度毎度スキャンダルを起こす政党に政治を任せているなんて、国民は**よくよく**のバカだ。

【解説】 (1) 真相を究明する様子を表す。プラスマイナスのイメージはない。①～③は動詞にかかる修飾語、④⑤は名詞にかかる修飾語の用法である。①～③は基本的な用法で、表面に表れていない真相を究明する様子を表す。④⑤は真相としての重大な事柄を表す。①～③の場合には真相を究明するに先立って念を入れる暗示がある。

(1)の「よくよく」は「よく」の(4)を強調した意味ともとれるが、「よく」には真相を究明する暗示がなく、単に十分に行うという意味になる。

× あなたのおっしゃることがよくよくわからない。
→あなたのおっしゃることがよくわからない。

この「よくよく」は「つくづく」に似ているが、「つくづく」はさまざまの角度から細部に至るまである感想をもって十分に観察するというニュアンスで、主体の冷静さの暗示がある。

(2) (1)から進んで、程度がはなはだしい様子を表す。プラスマイナスのイメージはない。①②は述語にかかる修飾語、③は名詞にかかる修飾語の用法である。単に程度がはなはだしいと言っているのではなく、物事の根源や真相に言及し、根源からある状態に完全になっているというニュアンスがある。

(2)の「よくよく」は「よほど」にやや似ているが、「よほど」は程度がはなはだしいことを話者が推量する様子を表し、根源や真相に言及する暗示はない。

……国民はよくよくのバカだ。
(完全に根底からバカなのだ)
……国民はよほどのバカだ。
(話にならないぐらいバカなのに違いない)

⇨「よく」「つくづく」「よほど」「じゅうじゅう」「ほとほと」「ためつすがめつ」

よけい [余計] yokei

(1)① (会議の反省)あの最後の一言が**よけい**だったね。
② (岡目八目)「ほらほら、そこの飛車が危ないよ」「**よけい**な口出しするなよ」
③ **よけい**なお節介かもしれないけど、その話は断ったほうがいいんじゃないかな。
④ (娘に)「理恵子、会社の村田さんと付き合ってるの?」「**よけい**なお世話でしょ」
⑤ 後で計算し直したら百円**よけい**に払っていた。
⑥ 前田選手の好調の理由は、開幕前に人より**よけい**に走りこみを行ってきたためだ。
⑦ **よけい**働いたからって何もいいことはない。

⑧　道路がこんでいると思ったので、いつもより三十分**よけい**に早く家を出た。

(2)①　見るなと言われると**よけい**に見たくなるものだ。

②（三次会）「まだいいだろ。帰りはアパートまで送ってやるからさ」「だから**よけい**心配なんじゃない」

【解説】 (1)　必要量を超えていて不必要な様子を表す。ややマイナスイメージの語。①は述語、②～④は名詞にかかる修飾語、⑤～⑧は述語にかかる修飾語の用法である。ややくだけた表現で、かたい文章中にはあまり登場しない。③の「余計なお節介」、④の「余計なお世話」は慣用句で、不必要な関心・干渉という意味である。反省（①）・不快（②④）・慨嘆（⑤）など、あまり好ましくない暗示を伴うことが多い。⑥⑦はやや客観的に数量が基準より多いという意味で用いられた場合である。⑧は状態を表す語にかかる場合で、通常の時間に三十分を加えた所要時間を見積もったというニュアンスになる。

(1)の「よけい」は「よぶん」に似ているが、「よぶん」はやや客観的な表現で、必要量の他の予備というニュアンスがある。

後で計算し直したら百円余計に払っていた。
（払う必要はなかったのに損をした）
後で計算し直したら百円余分に払っていた。
（百円払い過ぎていた計算になる）

(2)　予想に反して程度が高まる様子を表す。ややマイナスイメージの語。述語にかかる修飾語として用いられる。ややくだけた表現で、かたい文章中にはあまり登場しない。あまり好ましくない程度が高まる場合に用いることが多い。ある条件に対して、その条件から行き着く予想に反して結果の程度が必要量を超えて高まるというニュアンスで用いられ、単に以前あるいは他のものと比較して程度が高まったというニュアンスではない。

×　台風の接近に伴って風はよけい強くなった。
→台風の接近に伴って風はますます（いっそう）強くなった。

(2)の「よけい」は「なおさら」や「かえって」に似ているが、「なおさら」は初めからかなり高い程度のものがさらにある条件によって程度が高まったというニュアンスで用いられる。「かえって」は予想される結果に反する結果になることだけを表し、程度が高まる暗示はない。

見るなと言われると余計に見たくなるものだ。
（見たいという気持ちを抑えられなくなる）
見るなと言われるとなおさら見たくなるものだ。
（前から見たいと思っていた気持ちが高まる）

×　運動のしすぎはよけい健康をそこなう。
→運動のしすぎはかえって健康をそこなう。

⇩「よぶん」「ますます」「いっそう」「なおさら」「かえって」

「なお」

よにも［世にも］yonimo

① コンゴの熱帯雨林にはオカピというよにも美しい動物が住んでいる。
② 田村さんは五世代同居というよにもまれな家族だ。
③ 原爆のよにも悲惨な光景が脳裏に焼きついている。

【解説】 程度が非常にはなはだしいことを誇張する様子を表す。プラスマイナスのイメージはない。状態を表す語にかかる修飾語として用いられる。ややかたい文章語で、くだけた会話にはあまり登場しない。好ましい状態(①②)についても好ましくない状態(③)についても用いられるが、対象の程度が非常にはなはだしいために対象の存在自体に価値があり、稀少である暗示がある。

程度がはなはだしい様子を表す語としては他に「とても」「ひじょうに」「はなはだ」「きわめて」「ごく」などがあるが、「とても」「ひじょうに」は冷静な表現で用法が広い。「はなはだ」は文章語的でふつうあまり好ましくないものの程度について用いられる。「きわめて」は誇張の暗示はあるが、話者と対象の間に心理的な距離のあることが暗示される。「ごく」は極限に近い範囲にある様子を表し、誇張の暗示はない。

⇨「とても」「ひじょう」「はなはだ」「きわめて」「ごく」「しごく」「たいへん」「たいそう」「いたって」「いとも」

よぶん［余分］yobun

① 教科書のよぶんがあったら貸してください。
② 百人分弁当を用意したが、参加者が少なかったのでたくさんよぶんが出た。
③ (ダフ屋が)よぶんのチケットない？
④ (字余り)この「かな」がよぶんなんだよね。
⑤ 悪いが君と話すようなよぶんな時間はない。
⑥ (ヨガ)背中はまっすぐに、よぶんな力は抜いて。
⑦ 今日はパパの給料日なのでおこづかいをよぶんにもらえた。
⑧ (美容院で)しばらく来られないので、いつもよりよぶんに短くしてください。

【解説】 必要量以外のものを表す。プラスマイナスのイメージはない。①②は名詞の用法、④は述語の用法、③⑤⑥は名詞にかかる修飾語、⑦⑧は述語にかかる修飾語の用法である。必要量の他に存在しているものを表すニュアンスで、しばしば必要なときに補充すべき予備の暗示がある(①③)。④~⑥の場合には不必要という意味になるが、あくまでも予備として確保してあるものというニュアンスである。⑦⑧はこれらから進んで、通常の程度を上回ってという意味になる。

「よぶん」は「よけい」に似ているが、「よけい」は不必要の暗示が強く、反省・不快・概嘆などあまり好ましくないニュアンスを伴うことが多い。

⇩「よけい」「あまり」

よほど・よっぽど ［余程・余っ程］ yohodo・yoppodo

(1)① 数学はぼくより弟のほうが**よほど**よくできる。

② あいつと仲直りするくらいなら、死んだほうが**よっぽど**ましだ。

③ (工芸品展にて)**よっぽど**根気がないと、こんな細かい細工はできないね。

④ うちの犬はハチの巣にちょっかいを出して刺されたのが**よほど**懲りたとみえて、以来絶対に近寄らない。

⑤ 二十億の絵をポンと買った大企業は**よほど**もうけているに違いない。

⑥ これだけ裏切られてもまだ吉本をあきらめきれないなんて、順子は**よっぽど**のバカだ。

⑦ 森君は**よほど**のことがないかぎり会社を休まない。

(2)① 先生がガラスを割ったのは誰かと聞いたとき、**よほど**三田君がやりましたと言ってやろうかと思った。

② (友人のデートを目撃する)**よっぽど**声をかけようかと思ったけど、楽しそうだったからやめたわ。

【解説】「よっぽど」は「よほど」よりくだけた表現で、日常会話中心に用いられる。

(1) 程度がはなはだしい様子を表す。プラスマイナスのイメージはない。①~⑤は述語にかかる修飾語、⑥⑦は名詞にかかる修飾語の用法である。①②は「□□ほうがよほど△△だ」の形で比較の文脈で用いられた場合で、対象の程度の差がはなはだしいという意味である。②の「死んだほうがよっぽどましだ」は慣用的な表現で、「死ぬ」という最悪の結果のほうがはるかによいという意味で、絶対に……したくないという話者の強い意志を暗示する。⑦の「よほどのことがないかぎり」は慣用的な表現で、非常に程度のはなはだしい非常事態が起きないかぎりという意味である。「よほど」は対象の程度がはなはだしいことを話者が推量するというニュアンスで、納得(①)・感嘆(③)・概嘆(②④)などの暗示を伴う。したがって、眼前にはっきり提示されているような客観的な状態についてはあまり用いない。

× 下戸《げこ》の部長はビール一杯でよほど赤くなる。

→下戸の部長はビール一杯でかなり赤くなる。

(1)の「よほど」は「よくよく」や「そうとう」に似ているが、「よくよく」は物事の根源や真相に言及し、根源からある状態に完全になっているというニュアンスがある。「そうとう」は一部分から全体の程度のはなはだしさを推測するというニュアンスで、驚きや感嘆の暗示がある。

× 二十億の絵をポンと買った大企業はよくよくもうけているに違いない。

→二十億の絵をポンと買った大企業はよくよくもうかっているに違いない。

× 彼はよほどの批判を浴びることを予想した。

→彼は相当の批判を浴びることを予想した。

(2)「よほど……ようかと思った」の形をとり、極端な行動をとるのを思いとどまる様子を表す。プラスマイナスのイメージはない。極端な行動を思い切ってとろうとしたが、結果的にはとらなかったという文脈で用いられる。やや冷静な表現で、行動をしなかったことについて、反省や悔恨などの暗示は原則として含まれていない。

(2)の「よほど」は「ほとんど」や「すんでのところで」などに似ているが、「ほとんど」は程度がはなはだしくて完全に近い状態であるというニュアンスで用いられる。「すんでのところで」は過去の極端な状態について、それから危うく免れたことを、恐怖・安堵《あんど》・切迫感などの暗示を伴って述べ、自発的な行動については用いない。

× ほとんど声をかけようかと思ったけど、楽しそうだったからやめたわ。

× ……すんでのところで三田君がやりましたと言ってやろうかと思った。

→……すんでのところで三田君がやりましたと言いそうになった。

⇩「かなり」「よくよく」「そうとう」「ほとんど」「すんでのところで」「ずいぶん」「ずっと」「いまにも」

よもや yomoya

① (雪の日の逢瀬《おうせ》)こんなに降るんですもの、あなたは**よもや**いらっしゃるまいと思っていました。

② ちょっとした不注意が**よもや**これほどの大惨事を引き起こすことになろうとは、誰も考えていなかった。

③ 君は**よもや**例の約束を忘れちゃいないだろうね。

④ PL学園は初出場校に**よもや**の緒戦負けを喫した。

【解説】 可能性が非常に低いという判断を表す。ややマイナスイメージの語。①~③は後ろに打消しや否定の表現を伴う述語にかかる修飾語の用法、④は名詞にかかる修飾語の用法である。やや古風なニュアンスのある表現で、若い人はあまり用いない傾向にある。物事の実現の可能性が非常に低いという主体の判断を表し、結果として物事は非常事態である暗示がある。③は詰問文で、相手が約束を忘れているという非常事態の可能性は非常に低いはずだという念押しのニュアンスがあり、危惧《きぐ》の暗示を伴う。④は、優勝候補が初出場校に緒戦で敗退するという通常なら考えられないほど可能性の低い事態という意味である。

「よもや」は「まさか」に似ているが、「まさか」は「よもや」よりは実現の可能性が少しあり、必ずしも非常事態でない場合にも用いられる。

君は**よもや**例の約束を忘れちゃいないだろうね。
（忘れることは絶対にありえないと信じているぞ）
君は**まさか**例の約束を忘れちゃいないだろうね。
（忘れていないとは思うがね）

⇨「まさか」

より yori

① **より**速く**より**高く**より**強く。（標語）
② シューベルトの音楽とシューマンの音楽は似ているが、前者のほうが**より**純粋・透明な印象を受ける。
③ 野党連合は**より**ましな政権を求めて協議した。
④ **より**よい地球の未来を目指します。（CM）
⑤ 計画が**より**具体化したところで改めて検討する必要がある。

【解説】 ある状態の程度が高まる様子を表す。プラスマイナスのイメージはない。①～④は状態を表す語にかかる修飾語、⑤は進行を表す動詞にかかる修飾語の用法である。かなりかたい文章語で公式の発言や報道に用いられ、くだけた会話には登場しない。①はオリンピックの標語で、（選手の）現状の速さ・高さ・強さを上回る記録を目指すという意味である。④のように次にくる形容詞との結合が強くなると、一語の形容詞として扱われる。客観的な表現で、特定の感情を暗示しない。

「より」は「さらに」「いっそう」や「もっと」などに似ているが、「さらに」「いっそう」はもともと程度のはなはだしいものの程度がいちだんと高まる様子を客観的に表す。「もっと」は現状の程度や数量が基準の状態と比較して劣っているというニュアンスで、しばしば忠告・勧誘・命令・依頼・反省などの暗示を伴う。

⇨「さらに」「いっそう」「もっと」「いよいよ」「ますます」「ひときわ」「ひとしお」「なお」「なおさら」「ずっと」「まだ」「よりいっそう」

よりいっそう ［より一層］ yori-issô

① 台風接近に伴って風は**よりいっそう**激しくなった。
② 各人の**よりいっそう**の努力を望む。

【解説】 もともと程度のはなはだしいものの程度がさらに高まる様子を表す。プラスマイナスのイメージはない。①は述語にかかる修飾語、②は名詞にかかる修飾語の用法である。ややかたい文章語で、公式の発言や報道に多用される。「いっそう」を強調した語である。

⇨「いっそう」「いちだんと」「いよいよ」「さらに」「ますます」「なお」「なおさら」「もっと」「ずっと」「より」

よりによって［選りに選って］yorini-yotte

(1)① この問題集は過去の入試問題の中から良問を**よりによって**三百題精選しました。

(2)① **よりによって**お父さんのお葬式の日に結婚を申し込みに来るなんて、非常識な人ね。

② (玄関前の違法駐車)まったく、**よりによって**うちの真ん前に止めるんだから。出られやしない。

【解説】 (1) 選択を重ねた結果、最も好ましいものを選択する様子を表す。プラスイメージの語。述語にかかる修飾語として用いられる。ただし現在この最良のものを選択する意味ではあまり用いられず、「よりすぐって」などを用いる。

(2) 選択を重ねた結果、最も好ましくないものを選択する様子を表す。マイナスイメージの語。述語にかかる修飾語として用いられる。他に選択すべきものはいくらでもあるのにという、話者の憤慨・怒りとあきれの暗示を伴う。結果として選択した物事は好ましくない程度が極端である暗示がある。ある範囲の中から最悪のものを選択するニュアンスがあるので、範囲を限定しにくいものについてはあまり用いない。

？ 彼はよりによってハイジャックを計画している。

→彼はこともあろうにハイジャックを計画している。

⇨「こともあろうに」

よろしく［宜しく］yoroshiku

(1)① (新入社員が)どうぞ**よろしく**お願いします。

② **よろしく**御指導のほど願い上げます。

③ (課長が部下に)おれ、ちょっと先帰るから、あとは**よろしく**頼むよ。

④ (年賀状)今年も**よろしく**。

⑤ (宅急便の申し込み)「本日受付で、明日のお届けになります」「**よろしく**」

⑥ 御主人にどうぞ**よろしく**お伝えください。

⑦ 父が**よろしく**と申しておりました。

⑧ (友人の新婚旅行)ちぇっ。今ごろ二人っきりでワインかなんか飲みながら**よろしく**やってるんだろうなあ。

(2)① 彼は会議で歌舞伎役者**よろしく**大見得を切った。

【解説】 (1) 望ましく好ましい様子を表す。ややプラスイメージの語。①～③⑥⑧は述語にかかる修飾語の用法、④⑤⑦は感動詞として挨拶《あいさつ》に用いられる用法である。①～⑤は依頼の文脈で用いられた場合で、相手の望ましい配慮を期待するという意味である。⑥⑦は自分（の側の人間）の好意を相手に伝える場合である。⑧の「よろしくやる」は慣用的な表現で、万事好都合なように行動するという意味である。

「よろしく」は行動のしかたが望ましく好ましいというニュアンスではなく、行動するに際しての主体や相手の心理が望ましく好ましいというニュアンスの語である。したがって、客観的に行動や状態を描写する場合には用いない。

×（競馬の調教師が）この馬はよろしく走りそうだね。

→この馬はよく走りそうだね。

(2)「□□よろしく……する」の形で名詞に直接つき、まるで□□のようにという比況の意味を表す。プラスマイナスのイメージはない。かなり古風なニュアンスのある語で、日常会話には登場しない。外見が似て見えるだけでなく、内容までも□□に合致している点にポイントがある。

⇩「よく」

ら 行

らくらく［楽々］ rakuraku

① 今家を出れば十時の列車に**らくらく**間に合う。
② このパソコンは初心者でも**らくらく**と扱えます。
③ 優勝候補は緒戦を**らくらく**と突破した。
④ **らくらく**と手足を伸ばして温泉につかる。

【解説】 十分余裕があって快い様子を表す。プラスイメージの語。述語にかかる修飾語として用いられる。「らく」の意味を強調した語であるが、精神的に余裕があって目標達成が容易であるという場合（①～③）が最も多く、ついで肉体的に余裕があって快い場合（④）に用い、経済的に余裕があるという意味ではあまり用いない。

れいになく［例になく］ reini-naku

① 昨夜父は**れいになく**酔って帰宅した。
② 祖父はその晩**れいになく**上機嫌で食も進み早めに床についたが、朝になったら冷たくなっていた。

【解説】 通常と異なる様子を表す。ややマイナスよりのイメージの語。述語にかかる修飾語として用いられる。「れいになく」の指す状態は通常の状態より程度がはなはだしいというニュアンスで、話者の不審の暗示がある。

「れいになく」は「いつになく」に似ているが、「いつになく」が指す状態はしばしば通常と反対である暗示がある。

昨夜父は例になく酔って帰宅した。
（ふだんは乱れないのだが昨夜は泥酔していた）
昨夜父はいつになく酔って帰宅した。
（ふだん酒を飲んで帰ることなどないのだが）

⇨「いつになく」

れいによって［例によって］ reini-yotte

① 彼は電車に乗ると**れいによって**居眠りを始めた。
② （実家で愚痴る）「正彦さんのお母様ったらねえ」「また**れいによって**お姑《しゅうとめ》さんの悪口か」
③ 「今晩カレーはどう？」「**れいによって**カレーか。たまには中華がいいな」
④ （不合格常習犯）「今度こそ免許とれたんだろうな」「**れいによって**例のごとしさ」

【解説】 過去に何度も繰り返されている物事が再び起こる様子を表す。ややマイナスよりのイメージの語。述語にかかる修飾語として用いられる。主体がふだん行っているあまり好ましくない物事が、今回もまた繰り返されるという文脈で用いられ、話者の軽い慨嘆の暗示を伴う(②③)。④の「例によって例のごとし」は慣用句で、いつも通りの(好ましくない)結果であることを婉曲《えんきょく》に述べ、皮肉や自嘲《じちょう》の暗示を伴う。

ろくすっぽ ［陸すっぽ・碌すっぽ］ rokusuppo

① 子犬は大きな肉を**ろくすっぽ**かまずに飲みこんだ。
② 課長ったら**ろくすっぽ**見もしないで書類を回した。
③ 最近の女の子はダイエットだとか言って、朝飯も**ろくすっぽ**食わないらしいね。

【解説】 後ろに打消しの表現を伴って、満足できない状態である様子を表す。マイナスイメージの語。打消しを伴う述語にかかる修飾語として用いられる。くだけた表現で、日常会話中心に用いられる。満足できる状態にははるかに及ばない、ほとんど行わないというニュアンスで、話者の不本意さと慨嘆が暗示される。

「ろくすっぽ」は「ろくに」や「ろくろく」によく似ているが、「ろくに」のほうが標準的な表現である。「ろくろく」は「ろくに」を強調した表現であるが、慨嘆の暗示は少ない。

昨夜は仕事でろくすっぽ寝てないんだ。
(寝かせてもらえなかったんだ)
昨夜は仕事でろくに寝てないんだ。
(睡眠時間が十分でないんだ)
昨夜は仕事でろくろく寝てないんだ。
(だから今日は眠くてしかたがない)

⇩「ろくろく」「じゅうぶん」

ろくに ［陸に・碌に］ ⇩『現代形容詞用法辞典』「ろく」

ろくろく ［陸々・碌々］ rokuroku

① 今日は朝から**ろくろく**食事もできなかった。
② うちの女房は**ろくろく**考えもしないで、簡単に証書にサインするから困る。
③ (帰る客に)**ろくろく**おかまいもしませんで。
④ なんだ君は。**ろくろく**字も書けないじゃないか。

【解説】 後ろに打消しの表現を伴って、満足できない状態である様子を表す。マイナスイメージの語。かなりくだけた表現で、日常会話中心に用いられる。満足できる状態にははるかに及ばない、ほとんど行わないというニュアンスで、話者の不本意さが暗示される。③は来客に対する挨拶語《あいさつご》で、もてなしが不十分であったことを卑下する。④は詰問文で、話者が十分満足できると認めるだけの国語力を主体が持っていないという意味である。

「ろくろく」は「ろくすっぽ」や「ろくに」によく似ているが、「ろくすっぽ」はくだけた表現で、不本意さと慨嘆の暗示が強い。「ろくに」は標準的な表現になっている。

⇩「ろくすっぽ」「じゅうぶん」

わ　行

わざと［態と］wazato

① その力士は弱い相手に**わざと**負けた。
②（うそ泣きを見破る）**わざと**泣いたってだめだよ。
③ 先生はときどき黒板に**わざと**間違った字を書く。
④（ヒジ鉄を食う）「いてっ。何すんだよ」「ごめんごめん。**わざと**やったわけじゃないよ」

【解説】 意図的に行動する様子を表す。ややマイナスイメージの語。述語にかかる修飾語として用いられる。主体がある隠された目的のために通常とは異なった行動を意図的に起こす様子を表し、しばしば悪意の暗示がある（④）。目的がはっきりしない場合や、通常の行動を起こす場合、無意識に自然に行動する場合には用いない。

× 子供の飲酒をわざと騒いでもしかたがない。
→子供の飲酒をことさら騒いでもしかたがない。

× あの男はおれをわざとだましやがった。

「わざと」は「わざわざ」や「ことさら」「あえて」などに似ているが、「わざわざ」は意図的にする行動に大きな労力を伴う暗示があり、行動自体に目的があるというニュアンスになる。「ことさら」はその必要もないのに故意に行動を起こす点にポイントがあり、不必要の暗示がある。「あえて」は意図的に行う好意に好ましい結果を期待する暗示がある。

由美子は恋人の前でわざと泣いてみせた。
（恋人の気を引きたくてうそ泣きした）
由美子は恋人の前でわざわざ泣いてみせた。
（恋人の気を引くのに泣くという面倒な方法をとった）
由美子は恋人の前でことさらに泣いてみせた。
（泣く必要は全然なかったのに泣いた）
由美子は恋人の前であえて泣いてみせた。
（泣けば恋人の気を引けるかもしれないと思った）

⇨「ことさら」「わざわざ」「あえて」

わざわざ［態々］wazawaza

(1) ①（取引先の社長に）**わざわざ**おいでいただかなくても、お電話くだされば こちらから伺いましたものを。
② オス犬は子犬をかかえたメスに遠慮して、**わざわざ**遠回りして水を飲みに行った。
③ おれが**わざわざ**就職を世話してやったのに、あいつは断りやがった。
④ 息子が**わざわざ**手紙を寄越すからにはよほどの訳があるのだろう。

⑤ **わざわざ**のおいで、恐縮に存じます。
(2)① 由美子は恋人の前で**わざわざ**泣いてみせた。
② 「廊下で竹下がお前の悪口言ってたよ」「聞こえたよ。奴は**わざわざ**おれに聞こえるように言ったんだ」

【解説】 (1) 意図的に行う行動に大きな労力を伴う様子を表す。プラスマイナスのイメージはない。①～④は述語にかかる修飾語、⑤は名詞にかかる修飾語の用法である。主体が意図的に行う行動に大きな労力を伴うことを話者が推測するというニュアンスをもち、行動自体に視点がある。実際に客観的に大きな労力を必要としたかどうかは問題ではなく、話者の主観として大きな労力であると判断したことを表明するので、相手の行為について用いた場合(①⑤)には、大きな労力をかけたことをねぎらい感謝するニュアンスが出る。自分の行為について用いた場合(③)には、自分の苦労を強調して相手からの感謝などの反応を期待するニュアンスになる。したがって、目上に対して用いると非礼になることがあるので、注意が必要である。

(1)の「わざわざ」は「あえて」や「ことさら」などに似ているが、「あえて」は困難や抵抗を承知の上で意図的に行う様子を表し、好ましい結果を期待する暗示がある。「ことさら」はその必要もないのに故意に行動を起こす点にポイントがあり、不必要の暗示がある。

(2) 意図的に行動する様子を表す。ややマイナスよりのイメージの語。述語にかかる修飾語として用いられる。主体がある目的のために大きな労力を必要とする行動を意図的に起こす様子を表すが、悪意の暗示はそれほど強くない。

(2)の「わざわざ」は「わざと」に似ているが、「わざと」は主体がある隠された目的のために、通常とは異なる行動を意図的に行うというニュアンスで、行動は隠された目的を達成するための手段であり、悪意の暗示も相対的に強い。

⇨「あえて」「ことさら」「わざと」「とりたてて」「せっかく」「すきこのんで」「もとめて」

わずか [僅か] ⇨『現代形容詞用法辞典』「わずか」

わりあい [割合] wariai

(1)① 編集者は女性の**わりあい**が多い。
② めんつゆを一対二の**わりあい**で薄める。
③ この**わりあい**でいくと、とても今日中には全部読みきれない。
(2)① 木島君は手術直後だったが、**わりあい**に元気だったので安心した。
② 「アラブ料理って食べたことある?」「あら、私**わりあい**と好きよ」

③ 今日は**わりあい**あったかいね。

④ 「お父様はお酒は召し上がりますか」「**わりあい**飲むほうです」

【解説】 (1) 二つの数量の比率を表す。プラスマイナスのイメージはない。百分率・比などで表すことが多い。

③はそれまでの進捗《しんちょく》状況のままでいくと、という意味である。客観的な表現で、特定の感情を暗示しない。

(2) 程度がやや高い様子を表す。ややプラスイメージの語。状態を表す述語にかかる修飾語として用いられる。「わりあいと」は「わりあいに」よりくだけた表現である。「わりあいに」は「わりあい」よりも対象との心理的な距離が暗示される。ふつう好ましい状態の程度がやや高いという意味で用いられ、好ましくない状態の程度についてはあまり用いない。話者の予想あるいは以前の状態、平均的な状態などと比較して対象の程度がやや高い様子を表すが、特に何と比較しているか明確でない場合も多い。対象の程度を客観的に評価している話者の冷静さが暗示される。

(2)の「わりあい」は「けっこう」「なかなか」などに似ているが、「けっこう」は予想に反してかなり程度が高い様子を表す。「なかなか」は程度が高いことを上から見下ろして評価する暗示がある。

夫の手料理はわりあいおいしい。
(普通の料理よりはおいしい)
夫の手料理はけっこうおいしい。
(まずいかと思ったが食べられる)
夫の手料理はなかなかおいしい。
(最高ではないがいい線いってる)

⇨「わりに」「けっこう」「なかなか」「わりかた」「わりと」

わりかた・わりかし ［割り方・割りかし］ warikata・warikashi

① うちのおやじ、**わりかた**話がわかるんだ。

② 「修学旅行どうだった?」「うん、**わりかた**おもしろかった」

③ お前の彼女、**わりかし**いい線いってるじゃん。

【解説】 程度がやや高い様子を表す。ややプラスイメージの語。状態を表す述語にかかる修飾語として用いられる。くだけた表現で、日常会話でのみ用いられる。「わりかし」は「わりかた」よりもさらにくだけた表現で、若い人中心に用いられる。ふつう、好ましい状態の程度がやや高いという意味で用いられ、好ましくない状態の程度についてはあまり用いない。特に比較の対象を明示しないことが多く、話者の主観として対象の程度がやや高いと評価している冷静さが暗示される。標準的には「わりあい」「わりに」などを用いる。

⇨「わりあい」「わりに」「わりと」

わりと ［割と］ **warito**

① ここのビビンバ、**わりと**いけるね。
② 「テスト、どうだった？」「**わりと**簡単だったよ」
③ 「バイトと学校とどっちがおもしろい？」「うーん、**わりと**バイトずうっとやってると、**わりと**けっこう社会も見れるし……」

【解説】 程度がやや高い様子を表す。ややプラスイメージの語。状態を表す述語にかかる修飾語として用いられる。かなりくだけた表現で、主に若い人が日常会話中心に用いる。ふつう好ましい状態の程度がやや高いという意味で用いられ、好ましくない状態の程度についてはあまり用いない。特に比較の対象を明示しないことが多く、話者の主観として対象の程度がやや高いと評価している冷静さが暗示される。③は会話の途中で用いられる間投詞の用法。対象と心理的な距離を保っておきたい話者の照れの心理が暗示される。標準的には「わりあい」「わりに」を用いる。

⇨「わりあい」「わりに」「わりかた」

わりに ［割に］ **warini**

(1)① この子は歳の**わりに**ませている。
② 弟は身長の**わりに**やせすぎだ。
③ この店は値段が安い**わりに**品物の質がよい。
④ 彼女は初舞台だった**わりに**は落ち着いていた。

(2)① 今日は道路が**わりに**すいてるね。
② 仕事は**わりに**うまくいった。
③ 子供の泣き声を嫌がる人が多いが、ぼくは**わりに**平気だ。

【解説】 (1) 「□□(の)割に△△だ」の形で述語にかかる修飾語になり、□□から予想される結果よりも△△の程度が少し高い様子を表す。プラスマイナスのイメージはない。客観的な表現で、特定の感情を暗示しない。

(2) 程度がやや高い様子を表す。ややプラスイメージの語。状態を表す述語にかかる修飾語として用いられる。ふつう好ましい状態の程度がやや高いという意味で用いられ、好ましくない状態の程度についてはあまり用いない。話者の予想あるいは以前の状態、平均的な状態などと比較して対象の程度がやや高い様子を表すが、特に何と比較しているか明確でない場合も多い。対象の程度を客観的に評価している話者の冷静さが暗示される。

(2)の「わりに」は「わりあい」や「わりと」「わりかた」などに似ているが、「わりあい」は「わりに」よりも冷静な表現で、対象との心理的距離が暗示される。「わりと」は「わりに」よりもくだけた表現である。「わりかた」は

「わりと」よりさらにくだけた表現で、日常会話でのみ用いられる。

今度のテストはわりあいよくできました。
→今度のテストはわりによくできた。
→今度のテストはわりとよくできたよ。
→今度のテスト、わりかたよかったよ。

⇨「わりあい」「わりと」「わりかた」「けっこう」「なかなか」

わるくすると［悪くすると］ ⇨『現代形容詞用法辞典』「わるい」

われがち［我勝ち］ waregachi

① 主婦たちは**われがち**にバーゲン品に手を伸ばした。
② 他人を蹴落としてもバスに乗ろうとする人々の**われがち**な態度を見て恥ずかしくなった。

【解説】 自分だけ利益を得ようとして争う様子を表す。ややマイナスイメージの語。①は述語にかかる修飾語、②は名詞にかかる修飾語の用法である。ややかたい文章語で、日常会話にはあまり登場しない。ある目的のために功利的に争う様子を客観的に述べるニュアンスがあり、慨嘆などの暗示は少ない。

「われがち」は「われさき」や「われもわれも」に似ているが、「われさき」は具体的に時間や空間の先を争う場合に用いることが多い。「われもわれも」は他人に遅れまいとする行動に明確な目的があるかどうかには言及しない。

人々は出口めがけて我勝ちに駆け出した。
（押し合いへし合いして出口に殺到した）
人々は出口めがけて我先に駆け出した。
（早く出ようとして競って走った）
人々は出口めがけて我も我もと駆け出した。
（他人が走るので自分も遅れないように走った）

⇨「われさき」「われもわれも」

われさき［我先］ waresaki

① 家来たちは**われさき**に先陣に名乗りをあげた。
② 人々は出口めざして**われさき**にと駆け出した。

【解説】 自分が先になろうとして争う様子を表す。ややマイナスイメージの語。ややかたい文章語で、述語にかかる修飾語として用いられる。日常会話にはあまり登場しない。ある目的のために時間的(①)・空間的(②)に先になろうとして争う様子を客観的に述べるニュアンスがあり、慨嘆などの暗示は少ない。

「われさき」は「われがち」や「われもわれも」に似ているが、「われがち」はある目的のために功利的に争う場合に用いることが多い。「われもわれも」は他人に遅れまいとする行動に明確な目的があるかどうかには言及しない。

⇨「われがち」「われもわれも」

われながら ［我乍ら］ warenagara

① 国会議員の国民審査ってのは**われながら**名案だと思うんだけどなあ。

② 入社十年にして新人に先を越されるとは**われながら**情けない。

【解説】 自分自身の状態や程度を評価する様子を表す。プラスマイナスのイメージはない。述語にかかる修飾語として用いられる。好ましい状態を評価する場合(①)には照れや自慢の暗示がこもる。好ましくない状態を評価する場合(②)には自嘲《じちょう》や慨嘆の暗示がこもる。

われにもなく ［我にも無く］ ⇨『現代形容詞用法辞典』「われにもない」

われもわれも ［我も我も］ waremo-waremo

① 最近のOLは**われもわれも**と海外旅行へ出かけていく。

② 集まった主婦たちは**われもわれも**その健康食品を買った。

【解説】 自分が遅れまいとして行動する様子を表す。プラスマイナスのイメージはない。述語にかかる修飾語として用いられる。他人より先に行うために争うというニュアンスではなく、他人と同時にないし遅れないように行う点にポイントがあり、その行動に明確な目的があるかどうかには言及しない。他人と同一行動をとらないと精神的な安定が保てない日本人の集団心理を表した表現であると言える。

「われもわれも」は「われがち」や「われさき」などに似ているが、これらはある目的のために利益を求めたり、時間的早さや空間的近さを求めたりして争う様子を表すニュアンスになる。

⇨「われがち」「われさき」

わ

若い女性 ……………………………548
若い男性 ……………………………559
若い人…39, 75, 110, 236, 289, 313, 325, 466, 487, 495, 534, 543, 560, 561, 567, 579, 596
別れ ………………………239, 310, 331
わざと …………………5, 153, **593**, 594
わざわざ …5, 153, 199, 215, 370, 555, **593**
話者の価値観…………………………79
話者の目 ……………………………172
わずか ………………………204, **594**
忘れていた話題 ……………………222
話題の焦点 …………………………362
わりあい ………144, 383, **594**, 596, 597
割合 ………………………………276
わりあいと …………………………595
わりあいに …………………………595
わりかし ……………………………**595**
わりかた……………………**595**～597
わりと ………………………595, **596**, 597
わりに ……………144, 383, 595, **596**
わるい ………………………………597
わるくすると ………………………**597**
われがち ……………………**597**, 598
われさき ……………………**597**, 598
われながら …………………………**598**
われにもない ………………………598
われにもなく ………………………**598**
われもわれも ………………597, **598**
わんさと…………………………66, 262

余地 ……190, 498, 502
余地のなさ ……261, 280
予定……15, 485
よにも…37, 73, 137, 147, 180, 255, 259, 360, 440, 444, **584**
予備 ……584
呼びかけ ……292
よぶん……14, 583, **584**
余分……13, 106, 379
よほど…82, 124, 198, 208, 212, 224, 476, 582, **585**
よほどのことがないかぎり ……585
よもや ……488, **586**
余裕 …110, 178, 332, 560, 565, 576, 590
より …60, 90, 174, 208, 380, 381, 447, 448, 493, 499, 550, **587**, 588
よりいっそう…43, 60, 90, 174, 208, 380, 381, 447, 448, 493, 550, **587**
よりすぐって ……588
より丁重な会話 ……268
よりによって ……155, **588**
よりよい ……587
喜び ……403
よろしく ……580, **588**

ら

来訪 ……574
らく ……590
落胆……21, 388
らくらく ……**590**
乱暴(さ) ……119, 307, 426
乱暴な口調 ……175

り

利益 ……597
理解 ……189, 406, 473, 575
理性(的) ……239, 383, 384, 473
理想 ……184, 197, 333, 429, 478
律動 ……133
理由…122, 273, 321, 330, 384, 394, 395, 411, 414, 453, 467, 525
留保 ……266
量…13, 97, 203, 204, 206, 264, 374, 540, 541, 572
了解 ……7
量感 ……569
量的 ……190
両方 ……359
理論 ……184

る・れ

類似 ……170, 172
例 ……275, 412
例外…38, 72, 92, 121, 122, 132, 268, 337, 340, 393, 401
例外地域 ……351
冷酷 ……351, 432, 450
例示 ……7
冷静…14, 18, 27, 40, 83, 96, 97, 105, 121, 123, 136, 143, 164, 175, 180, 181, 184, 206, 209, 222, 247, 249, 251, 257, 268, 269, 276, 289, 300, 303, 315, 322, 360, 362, 364, 365, 397, 403, 416, 437, 439, 445, 446, 471, 475, 500, 503, 508, 513, 525～527, 534, 563, 586, 595, 596
冷淡 ……317
れいになく……64, **590**
れいによって ……**590**
例によって例のごとし ……591
列挙 ……170, 231, 368, 450, 453, 496
連続(的) ……183, 274, 301, 564
連帯感 ……387

ろ

朧化表現……39
労力 ……139, 565, 576, 577, 594
ろく ……591
ろくすっぽ ……190, **591**, 592
ろくに ……**591**
ろくろく ……190, **591**
論理的 ……210, 385
論理的な帰結 ……325, 333

178, 181, 196, 231, 267, 272, 273, 279, 307, 331, 336, 344, 352, 372, 373, 380, 391, 404, 426, 430, 431, 434, 444, 448, 457, 460〜462, 465, 504, 513, 537, 538, 583
やや古風なニュアンス(表現)…50, 78, 102, 158, 204, 220, 244, 315, 335, 350, 416, 420, 426, 439, 535, 554, 574, 577, 586
ややしばらく……572
ややもすると…94, 95, 320, 335, 367, **572**
ややもすれば……**572**
やや乱暴な表現……287
揶揄…167, 228, 241, 254, 266, 495, 501, 561, 579

ゆ

唯一……215
勇気……106
ゆうに……**573**
優先(的)……491〜493, 501
勇躍……49
猶予……17
ゆくゆく……35, 51, 228, 561, **573**
ゆっくり……193
ゆめにも…54, 206, 220, 288, 509, 512, 513, 516, 542, **573**
由来や根本……480
ゆるやか……133, 134

よ

容易……201, 291, 590
容器……65, 66
ようこそ……**574**, 580
ようするに…62, 91, 142, 165, 210, 305, 306, 361, 371, **574**, 575
ようは……142, 165, 210, 306, **575**
要望……132, 216, 555
ようやく…49, 90, 126, 129, 328, 419, 565, 566, **575**, 577
要約……574
ようやっと…126, 129, 419, 565, 566, **576**, 577
ようやらやっと……**576**
ようよう…126, 129, 419, 565, 566, 576, **577**
ようようの思い(こと)で……577
予期しない行動……302
よぎない……577
余儀ない結果……296
よぎなく……**577**
よく…114, 186, 190, 276, 307, 361, 510, **577**, 580〜582, 589
よくある話……579
よく言う……579
よく言えば……578
よくいって……578
抑制……481〜483
抑制の欠如……294
よくぞ……574, **580**, 581
よくて……213, 261, **580**
よくも……580, **581**
よくよく…189, 280, 301, 475, 580, **581**, 586
よけい…60, 117, 380, 381, 493, **582**, 585
余計なお節介……583
余計なお世話……583
よけいに……582, 583
予告……89, 103
余剰……66, 276
よしんば……274
予想……12, 144, 351, 424, 428, 568, 583
予想される結果……596
予想しない事態……27, 263, 355, 570
予想しない事態の変化……462
予想通り……21, 438
予想通りの結果…21, 165, 194, 437, 567
予想に反する期待……165
予想に反する結果……116, 154, 243
予想に反する幸運な結果……162
予想に反するはなはだしい結果…240
予想や期待と異なる結果……23, 108
予想や期待と反対の結果……21
予想や期待に反する状態…54, 73, 83, 117, 462
予測……279, 324
よそながら……118
よっぽど……**585**

もっぱら ………191, 267, 444, 446, **552**
もと ……………131, 480, 523, **553**, 556
もとから ……………………………554
元が割れる …………………………554
元のさやに収まる …………………554
元の木阿弥 …………………………554
もとは ………………………………554
もとめて ……5, 153, 200, 207, **554**, 594
元も子もない ………………………554
もともと …61, 92, 112, 131, 430, 480, 554, **555**
もとより …61, 112, 131, 325, 333, 531, 549, 554, **556**
元をただせば ………………………554
元を取る ……………………………554
ものの …………213, 261, 295, 479, **557**
もののみごとに ……………………**557**
もはや……………81, 209, 440, 539, **557**
もはやこれまで ……………………558
ーもまた ……………………………495
盛りだくさんな ……………………261
もれなく …13, 15, 139, 152, 161, 211, 221, 393, 433, 515, 518, **558**
もろ ……………177, 505, 507, **558**, 559
もろてをあげて……………………49, **559**
もろに ………………………………559
文句 …………………………………368
問題 …38, 257, 312, 313, 357, 374, 384, 410, 411

や

ーやいなや …………………………352
やおら ……………………110, 194, **560**
やがて …35, 51, 81, 94, 103, 128, 178, 228, 442, 474, 511, 539, **560**, 573
やく …98, 112, 128, 168, 256, 476, 477, **561**
やけ……………………88, 474, 519, **562**
やけくそ ……………………………**562**
やけっぱち …………………………**562**
やけに ………………………………562
やけのやんぱち ……………………562
やたら …517, 525, 527, 528, 534, 535, **562**, 564, 570
やたらと ……………………………563
やたらに ……………………………563
やたらめったら …472, 527, 528, 534, 535, **563**
やつぎばや …………274, 300, 302, **564**
やっと…90, 126, 129, 328, 332, 419, **564**, 566, 576, 577
やっとこ ……………………**565**, 576, 577
やっとこさ …………………………**565**
やっぱ ………………………………**566**
やっぱし ……………………………**566**
やっぱり ……………………………**566**
やに……………………………………88
やにわ…27, 134, 263, 302, 355, 356, 463, 467, **566**
やにわに ……………………………566
やはり …3, 22, 37, 166, 380, 381, 410, 417, 438, 497, 499, **566**
やぶからぼう ………………………570
やまと ……………………………**568**, 569
やまほど …67, 93, 158, 181, 262, 468, **569**
やみくも ………517, 527, 532, 563, **569**
やむなく …………149, 464, **570**, 571
やむにやまれず …………520, **570**, 571
やむをえず …………149, 464, 570, **571**
やや…30, 32, 34, 150, 193, 204, 264, 288, 293, **571**
ややあって …………………………572
ややあらたまった口調………………34
ややかたい文章語…5, 6, 13, 18, 19, 24, 34, 37, 55, 73, 74, 78, 83, 85, 91, 95, 97, 100, 101, 104, 105, 109, 113〜115, 118, 120, 123, 126, 127, 130, 131, 135〜137, 141, 142, 144, 147, 149〜152, 166, 172, 183, 188, 190, 193, 196, 201, 210, 220, 222, 226, 230, 264, 269, 284, 295, 302, 303, 336, 370, 374, 377, 379, 382, 383, 393, 395, 396, 403, 422, 433, 436, 437, 441〜443, 449, 452, 458, 464, 467, 474, 488, 489, 495, 503, 510, 516, 552, 555, 572, 576, 584, 587, 597
ややくだけた表現…16, 62, 68, 70, 144,

無理に ……………………………529
無理のない ……………………………529
無理もない ……………………………528
むりやり ………………87, 92, 176, **530**
無料 ……………………………265
無力(感)…141, 317, 322, 324, 326, 335, 387
むろん……9, 26, 325, 333, **530**, 549, 556

め

明確な意図 ……………………………278
明白 ……………………………535
明白な意見や判断 ………530, 548, 556
明白な原因・理由 ……………240, 250
命題 ……………………………197
めいっぱい…58, 67, 146, 212, 286, 308, **531**
めいめい …104, 138, 234, 314, 459, **531**
命令 ……………………122, 317, 550
迷惑 ……………………………161, 238
目上…………24, 239, 353, 409, 434, 594
めくらめっぽう…527, 528, **532**, 535, 570
目下……………………………………24
めだって…………43, 136, 447, **532**, 536
めった …476, 525, 527, **533**, 535, 563, 564
めったに ……………………………534
めったやたら…472, 525, 527, 528, 532, **534**, 535, 563, 564
めっぽう ………472, 528, 532, **535**, 564
めにみえて……………43, 447, 533, **535**
目に見えるもの ……………………533
めんとむかって ………………505, **536**

も

も ……………………………**536**, 538
もいちど ……………………………539
もう…11, 74, 81, 143, 174, 184, 190, 209, 262, 271, 440, 499, 511, **536**, 539～541, 543, 550, 558, 561
もういちど…44, 119, 161, 429, 464, 496, 499, 502, **539**
もうじき…103, 137, 178, 201, 285, 511, **539**, 540
もうすぐ…103, 128, 137, 178, 201, 285, 511, 539, **540**
もうすこし …204, 212, 476, 539, **540**, 541
もうちょっと …………293, 539, **541**
もうちょっとしたら ………………541
もうちょっとで ……………………541
もうとう …54, 116, 125, 145, 173, 206, 216, 220, 289, 376, 509, 512, 513, 516, **541**, 574
もうひとつ ………75, 83, 452, 539, **542**
もうれつ ……………259, 360, 444, **543**
目前 ……………………………549
目的 ………230, 424, 427, 453, 467, 565
目的の完遂 ……………391, 415, 485
目的の失敗……………………………16
目的の達成 ………48, 58, 297, 322, 331
目標 …419, 420, 532, 537, 539, 540, 570
目標の達成 ……………10, 20, 383, 590
目標の実現 ……………………………420
もし…127, 274, 275, 514, 516, **543**～548
もしか……………………**544**～546, 548
もしかしたら ………461, **544**, 546, 548
もしかして …461, 514, 516, 544, **545**, 546, 548
もしかすると …19, 154, 462, 544～**546**
もしくは…………19, 242, 377, 501, **546**
もしも …127, 275, 438, 461, 488, 514, 516, 544, **547**
もしや……………………488, 544～**547**
もしよろしければ(よかったら) …544
もすこし ……………………………540
もち ……………………………548
もちろん…9, 26, 325, 333, 531, **548**, 556
もっか ……………74, 83, 164, 330, **549**
もっけの幸い ………………………162
もったいぶった会話……………95, 180
もったいぶった発言 ……209, 210, 441
もっと …43, 60, 90, 174, 208, 380, 381, 493, 499, 539, **549**, 587, 588
もっともⅠ…47, 63, 253, 364, 397, 403, **550**
もっともⅡ…9, 267, 268, 325, 333, 380, **551**

まるで …8, 26, 54, 116, 125, 171～173, 206, 219, 275, 288, 290, 312, 313, 352, 360, 376, 509, **512**, 516, 520, 542, 574
まれ ……278
まんいち…127, 275, 461, 488, **513**, 516, 544, 546, 547
まんがいち ……**513**
まんざら……41, 123, **514**
まんざらでもない ……514
満足(感) ……143, 150, 189, 190, 280
満足できない状態 ……591
まんべんなく …13, 139, 211, 393, **515**, 518, 558
まんまんがいち …127, 461, 514, **515**, 544, 546, 547

み

未経験 ……121, 295, 437
みごと ……143, **516**
未熟 ……498
みじんも…116, 173, 206, 219, 288, 376, 509, 512, 513, **516**, 542, 574
みずから ……**516**, 522
みだりに ……**517**, 527, 528, 563, 570
見ている間に ……521
見通し ……573
みな…13, 38, 55, 139, 151, 152, 161, 211, 220, 221, 315, 393, 401, 415, 416, 430, 433, 441, 515, **517**, 558
みながみな ……518
みなさん ……518
身分や社会的地位の高い人 ……178
みょう……88, 474, **518**, 562
みょうに ……519
未来…11, 49～51, 64, 167, 179, 232, 249, 284, 299, 510, 573
みるからに ……26, 54, 172, 513, **519**
みるにみかねて ……**520**, 571
みるま……10, 271, 272, 500, **520**, 521
みるみる……10, 271, 272, 500, **521**
みるみるうちに ……521
みればみるほど ……**522**
みをもって ……517, **522**
みんな ……151, 249, **517**
みんながみんな ……518

む

無意識 ……110, 375, 422, 427, 467
むかし…74, 121, 316, 354, 447, **522**, 524, 554
むかしから ……523, **524**
昔っから ……524
むかしながら ……523, **524**
無価値 ……579
無関係 ……566
無関心 …227, 326, 422, 427, 466, 470, 579
無気力 ……466
むげに ……**524**, 527, 534, 563
無差別 ……119
むざむざ ……9
無視…40, 86, 87, 92, 168, 250, 264, 362, 575
矛盾の露呈 ……228
無条件 ……26, 48, 396
むしょうに ……**525**, 527, 528, 535, 563
むしろ……59, 117, 250, **525**
無制限の行為 ……517
無責任……22, 213, 227, 410
無造作 ……422
むだ ……351
夢中……55
胸がいっぱい……66
無分別 ……517, 533, 534
無謀 ……415
むやみ …517, 525, **526**, 528, 532, 534, 535, 563, 564, 570
むやみと ……527
むやみに ……527
むやみやたら…472, 517, 525, **527**, 532, 535, 563, 564
むやみやたらと ……527
むやみやたらに ……527
むり ……176, 333, **528**, 530
無理 ……418
無理からぬ ……528
無理難題 ……327

557
✎本能的 ……110, 294
ほんの少し ……150
ほんのときたま ……336
ほんらい……61, 131, 479, **480**, 554, 556
✎本来あるべき姿(本来像) ……182, 486

ま

ま ……**481**
まあ……40, 256, **481**, 484, 497
まあまあ……40, **483**, 494
まいど……72, **484**
毎度のこと ……484
毎度毎度 ……484
✎前の時点 ……315, 354
まえまえから……16, 124, **484**
まえもって……16, 125, **484**
まがりなりにも…40, 328, 332, 419, **485**
まけずおとらず ……**486**
✎真心 ……216
まこと …181, 184, 197, 198, 479, **486**, 509
まことに ……486
まさか……31, **487**, 514, 547, 548, 587
まさしく……90, 479, **488**, 490
まさに ……82, 85, 290, 325, 479, **488**
✎まし ……499, 500, 526, 585
まして ……381, **490**, 491
ましてや ……381, **490**
✎真面目 ……113, 507
✎真正面 ……505, 506, 536, 558
真正面から ……505
まず…101, 132, 253, 277, 332, 363, 366, 369, 397, 437, 456, **491**, 492, 494, 505
まずは ……369, 397, **492**
ますます…43, 60, 90, 174, 208, 380, 381, 447, 448, **492**, 550, 583, 587, 588
まずまず ……397, 484, 492, **493**
また …19, 70, 119, 120, 161, 178, 227, 243, 429, 464, 471, 483, **494**, 499, 501～503, 539, 568
まだ …3, 11, 37, 79, 174, 380, 381, **497**, 500, 502, 539, 550, 568, 587
またしても …119, 464, 497, **499**, 502, 503, 539
まだしも ……**499**
またぞろ ……499, 503
またたくま…10, 201, 271, 272, **500**, 521
またとない ……495
またにする ……495
またね ……495
または……19, 242, 377, 497, **500**, 547
またまた…119, 464, 497, 499, **501**, 503, 539
まだまだ ……499, **502**
またも …119, 464, 497, 499, **502**, 503, 539
またもや…119, 464, 497, 499, 502, **503**, 539
まちがいなく ……122
まちがって……15, **503**, 504
まちがっても ……145, 281, **504**
まっこうから…8, 439, **505**, 507, 536, 559
まっさきに ……492, **505**
まっしぐら ……48, 55, **505**, 507
まっすぐ ……192, 291, 505, **506**, 559
まったく…8, 26, 54, 112, 116, 120, 125, 173, 174, 181, 184, 198, 206, 219, 234, 245, 282, 288, 312, 313, 352, 360, 376, 398, 428, 444, 452, 454, 479, 487, **507**, 512, 513, 516, 542, 574
まったくのところ ……509
まったくの話 ……509
まったくもって ……509
まっぴら ……216, **509**
まっぴらごめん ……509
まとめて ……19, 57, 187, **509**, 511
✎間に合わない……76, 208, 557
まま…182, 186, 195, 196, 276, 278, 336, 337, **510**, 580
まもなく …35, 103, 178, 201, 228, 474, **510**, 539, 540, 561
まるごと ……221, 510, **511**
✎まるごと一つ ……220
まるっきり…54, 116, 125, 173, 206, 219, 288, 290, 312, 313, 352, 360, 376, 509, **511**, 513, 516, 520, 542, 574

憤慨…14, 22, 31, 57, 60, 76, 77, 106, 198, 220, 251, 253, 315, 318, 328, 388, 391～393, 412, 413, 439, 472, 475, 509, 524, 581, 588
分割 ……511
文語文脈……85
文章……91, 546
文章語的……57
ふんだん …67, 93, 158, 181, 189, 190, 262, 280, **468**, 569
分不相応 ……579
分量……65, 205
文芸作品 ……113

へ

平均化……60
平均的 ……466
平均的な帰結 ……9
平均的な状態 ……9
並行……69
並列……18
べつ …5, 117, 341, 454, **468**, 471, 472, 496
べつだん……14, 117, 171, 254, 341, **471**
べっと ……**471**
別として ……470
べつに……469～**472**
別の機会……17
別の事柄 ……496
別の要素 ……367
べらぼう ……**472**, 528, 535, 564
べらぼうに ……472
へん……88, **473**, 519, 562
変化…52, 53, 79, 85, 103, 134, 171, 183, 193, 271, 282, 352, 440, 521, 549, 567, 572
弁解……83, 138, 149, 273, 311, 400
変化の期待 ……381
変化の程度 ……535
変化の予想 ……3, 378
偏見 ……532
へんちくりん ……473
へんてこ ……473
弁明……39

ほ

放棄 ……529
方言的 ……407
方向 ……69, 345～347, 353, 356
方向転換 ……114
法則性 ……122
報道…5, 78, 100, 112, 135, 136, 151, 183, 187, 230, 269, 276, 302, 336, 428, 436, 516, 570, 587
放任 …347, 358, 364, 397, 410, 420, 520
豊富 ……189, 468
報復 ……321
方法……24, 316, 317, 320, 331, 454, 504
方面 ……47, 69
法律 ……104, 112, 404
法令用語 ……112, 404, 501, 546
飽和 ……156, 189
ほか ……470, 495
補足 ……296, 552
補足説明 ……266
補足的な物事 ……470, 471
没頭 ……179
ほどなく …35, 178, 201, 228, **474**, 511, 561
ほとほと ……301, **474**, 582
ほどほど……23, **475**
ほとんど…16, 82, 85, 96～98, 112, 212, 254, 256, 257, **475**, 477, 534, 562, 586
ほぼ…16, 17, 96～98, 112, 128, 168, 254, 256, 476, **477**, 562
保留 ……482
本質的な真実 ……486
本心 ……149, 479
本心の吐露 ……192
本題 ……297
ほんと ……**477**
ほんとう…26, 61, 90, 112, 131, 181, 184, 192, 197, 198, 234, **477**, 480, 487, 488, 490, 509
ほんとうに ……478
ほんとに ……479
ほんの …213, 261, 267, 272, 295, **479**,

547
ひょっとすると………19, 154, **461**, 546
開き直り ……………………………414
比率 …………………………………595
比例 …………………………………235
非礼…………………………64, 594
広い視野………………………47, 202
広い範囲………………………………67
品位……………………………………24
頻度 …44, 90, 186, 194, 196, 276, 277, 336, 337, 431, 434, 444, 464, 510, 534, 579
ひんぱんさ ……………………………158
ひんぱんに ……………………………435

ふ

不安 ………………………106, 388, 446
ふい …27, 134, 263, 302, 355, 356, **462**, 467, 566
ふいと ……………………………………462
ふいに ……………………………………462
敷衍……………………………………48
不快 …23, 24, 38, 85～87, 92, 106, 175, 229, 238, 245, 262, 368, 562, 583
不可解 ……375, 378, 381, 458, 473, 519
不確実…………………50, 330, 407, 466
不確定の要素 ………………362, 365
不可欠 …………………………………398
付加的 …………………………………314
不可能 …………………………328, 529
不完全…………………………39, 493
復讐……………………………………81
複数…4, 18, 19, 35, 36, 44, 53, 56, 58, 60, 91, 129, 136, 138, 146, 233, 309, 323, 353, 356, 367, 372～375, 377, 452, 453, 457～459, 469, 509, 531, 550
複数回 ………140, 494, 499, 501, 503
複数の条件 ……………………………120
不行為 …………………………………107
不幸中の幸い …………………………162
ふざけた会話 …………………………561
不賛成 …………………………………317
不自然 …………………………………529
節目 ……………………………………560
不十分 ………………75, 83, 485, 542
不承知……………………………86, 463
ふしょうぶしょう …86, 87, 149, **463**, 570, 571
不審…63, 64, 76, 88, 243, 244, 279, 311, 317, 330, 342, 343, 375, 381, 384, 401, 402, 463, 473, 496, 562, 590
付随的な事柄 …………………………379
不正確な全体………………98, 111
不測の事態 ………………319, 354
不遜 ……………………………………401
不確かな同類 …………………………390
ふたたび…119, 161, 429, **464**, 496, 499, 502, 503, 539
ふだん………72, 303, 304, 443, **464**, 466
ふつう……………9, 72, 267, 443, **465**
不都合 ………………………………4, 238
不定…316, 341, 342, 389, 393, 401, 408, 412, 416, 417
不適切……………………80, 504, 532
不徹底……………………22, 403, 404
ふと…134, 263, 302, 356, 422, 463, **467**, 566
不当 ……………………………………400
不必要 …139, 143, 152, 190, 199, 262, 370, 460, 471, 583
不服 ……………………………………321
部分否定 ………123, 144, 211, 400, 518
不平 ……………………………………390
侮蔑 …9, 28, 32, 75, 125, 173, 213, 248, 254, 260, 261, 272, 283, 293, 311～313, 324, 346, 351, 387, 390, 407, 412, 413, 470, 472, 473, 479, 529, 532, 557
不変 ……………………………………410
普遍的……………………………………67
不本意…86, 160, 267, 273, 294, 296, 463, 571, 591
不満 …75, 83, 242, 273, 288, 311, 414, 498, 542
不明瞭 …………………………………418
ふるい …………………………………467
ふるく …………………………………**467**
ふるくから ……………………………524
ふるって ………………………………**467**

ひごろ …………303, 304, **442**, 465, 466
微細な点 ……………………………460
久しく ………………………………187
ひじょう …14, 37, 73, 88, 93, 96, 112, 137, 147, 180, 202, 219, 255, 259, 289, 360, 440, **443**, 445, 509, 543, 559, 584
非常事態 ……………………441, 586
非常手段 ……………………156, 446
ひじょうに ……………………………443
ひそかに ……………………118, 449
非存在 …173, 187, 248, 349, 426, 428, 433, 451, 452, 454, 458, 459, 467, 508, 516, 534, 542
ひたすら …58, 136, 146, 148, 212, 216, 267, **444**, 446, 553
ひたむき……………………………58
ひたむきに …………………………444
ひっきりなし …90, 180, 182, 186, 195, 196, 435, **444**
ぴったり ……………………………290
必要量 ……………………189, 583, 584
否定…………………………86, 357, 426
ひどい ………………………259, 447
ひといきに……………………………52
ひといちばい …93, 255, 259, 360, 444, **445**
ひとえに ………………444, **445**, 553
ひとおもいに………………59, 107, **446**
ひときわ…43, 60, 90, 136, 174, 208, 380, 381, **446**, 448, 493, 533, 536, 587
ひどく…………………………14, **447**
ひところ ………………121, **447**, 523
ひとしい ……………………………448
ひとしお…43, 60, 90, 174, 208, 380, 381, **447**, 493, 587
ひとしきり …………187, **448**, 455, 459
ひとしく ……………………………**448**
ひとしなみ……………………41, 100, **448**
ひとしれず …………………………**449**
ひとたび………………44, 61, 68, **449**
ひとたまりもなく(簡単に) ………424
ひとつ…83, 169, 326, 398, **449**, 452～454, 457, 543
人っ子一人 …………………………456
ひとつずつ ………………**452**, 454, 457
ひとっつも …………………………454
ひとつとして…206, 219, 288, 398, **452**, 454, 458, 509
ひとつには …………………………**452**
ひとつひとつ …38, 104, 234, 287, 452, **453**, 459, 471
一つ間違えば ………………………451
ひとつも…206, 219, 288, 398, 452, **454**, 459, 509
一つや二つ …………………………451
ひととおり…………40, 448, **454**, 459
ひとまず …40, 61, 164, 187, 369, **455**, 492
一昔 …………………………………523
ひとり…………267, 284, 452, **456**～459
一人合点 …305, 306, 314, 333, 394, 395
ひとりずつ ………………452, **457**, 459
ひとりで ……………………**457**, 458
ひとりでに ………………105, 183, **457**
ひとりとして ………452, 457, **458**, 459
ひとりひとり…104, 234, 454, 457, **458**, 532
ひとりも………………454, 457～**459**
一人よがり …………………………362
ひとわたり ………………448, 455, **459**
非難…143, 229, 273, 400, 411, 516, 538, 570, 581
びにいりさいにいり…………38, **460**
皮肉 …4, 7, 50, 143, 167, 228, 241, 254, 436, 443, 557, 591
非日常的 ……………………………393
秘密 ……………………………436, 451
秘密の開陳 ……………………113, 185
秘密の共有 ……………………113, 388
評価 …96, 123, 143, 223, 254, 258, 372, 382, 390, 406, 407, 410, 493, 535, 579, 580, 595, 596, 598
標示 …………………………………517
標準的(な表現) ………………416, 567
病的 ……………………318, 466, 473
表面上 ………………………………307
表面的…………………………………68
ひょっとしたら…………**460**～462, 545
ひょっとして…**461**, 462, 514, 516, 546,

のきなみに ……432
のこらず …13, 15, 151, 152, 161, 221, 393, 401, 430, **432**, 441, 518, 558
残り……13
のちのち……11, **433**
のちほど……12, 163, **433**
のっけから ……8, 312, 316, **434**, 439
のべつ…63, 72, 180, 182, 186, 195, 196, 259, 304, **434**, 445
のべつまくなし ……434
のるかそるか……41, 107, **435**

は

場合 ……337
排除 ……213, 217, 415
配慮 …40, 47, 118, 140, 148, 161, 176, 214, 218, 278, 293, 296, 318, 326, 339, 349, 393, 409, 425, 524, 558, 568, 589
ばか(野郎) ……436, 472
ばかでもちょんでも ……**436**
ばかに……88, **436**, 472
はからずも……24, 131, 138, 279, **436**
薄情……55
漠然…11, 28, 30, 76, 78, 80, 83, 157, 163, 202, 264, 344, 389, 390, 402, 408, 421, 422, 579
暴露 ……229
恥 ……185
はじめて ……**436**, 492
初めに ……491
場所…38, 341～346, 348～350, 353, 356
恥ずかしさ ……413
はたして ……22, 61, **437**, 568
ばつぐん ……282, 283, 364, **438**
はなから ……8, 312, 316, 434, **439**, 505
はなっから ……439
はなはだ…37, 73, 93, 96, 137, 147, 180, 202, 220, 255, 259, 289, 360, **439**, 443, 584
はなはだもって ……439
はや ……209, **440**, 539, 558
はやい ……100, 440
はやいこと ……**440**
はやいところ ……**440**
はやいはなしが ……**440**
はやく ……**440**
はやくも ……**440**
腹いっぱい……66
バラエティー ……152, 234
はるか ……**440**
はれて ……**440**
範囲の全面 ……139
反語 ……341, 387, 407, 414, 426
煩雑……38, 460
ばんじ …211, 221, 393, 401, 433, **441**, 518
万事休す ……441
反射的 ……271, 354
反芻 ……568
反省 …77, 101, 149, 191, 204, 214, 289, 294, 296, 311, 318, 327, 366, 404, 480, 499, 527, 537, 550, 571, 583
反対方向 ……114
判断……89, 203, 215, 274, 281, 426
反応時間 ……130, 199, 201
反復 ……124, 140, 303, 464
反面……47
反論……86, 310, 321

ひ

ひいては……51, **441**, 561
被害者意識 …263, 355, 368, 430, 529, 559, 566
控えめ ……544
控えめな希望……68
比較…29, 43, 59, 63, 79, 84, 89, 136, 153, 174, 207, 250, 339, 340, 379, 396, 446, 447, 493, 500, 526, 532, 550, 555, 572, 585, 595
比較検討 ……403
ひきつづき ……274, 301, 302, **442**
ひきもきらず ……**442**
ひきもきらない ……442
比況 ……589
卑下 …34, 218, 261, 264, 283, 360, 390, 479, 482, 485, 591
非現実 ……126

何とも言えない ……………………423
なんともない ……………………423
なんともはや ……………………423
なんなく ……………139, 311, **424**, 428
なんなら ……………………388, 409, **424**
なんなりと ……………………414
なんにしても ……………………**396**
なんにせよ ……………………**396**
なんにも ……………………**399**, 425
なんにもならない ……………………400
なんの …………388, 419, **425**, 427, 428
なんのきなしに …………388, 422, **427**
なんのくもなく …139, 311, 388, 424, **427**
なんのことやら ……388, 408, 427, **428**
なんのなんの ……………………426
なんら …………206, 219, 388, **428**, 509

に

二者択一……………………41, 288
二者の区別 ……………………469
日常会話…10, 13, 17, 18, 23, 24, 27, 30, 34, 39, 42, 52, 57, 59, 62, 63, 66, 68, 70, 72, 74, 75, 81, 86, 88, 93, 102, 107, 113, 117, 120, 125, 144, 147, 154, 155, 158, 159, 166, 168, 169, 173, 175, 176, 180, 181, 185, 192, 194, 196, 198, 207, 208, 219, 222, 225, 228, 230, 231, 234, 235, 237～240, 242, 244, 246, 251, 252, 254, 267, 272, 273, 279, 282, 283, 287～289, 292, 295～297, 305, 310～313, 315, 321, 331, 336, 338, 342, 343, 351, 354, 356～358, 360, 362, 364, 372, 373, 375, 384, 387～389, 400, 404, 405, 409～415, 425～427, 432, 434, 439, 443, 445, 451, 453, 454, 478, 481～483, 487, 491, 495, 501, 504, 508, 509, 512, 513, 518, 523, 526, 535, 537, 538, 541, 544, 554, 562, 563, 565, 568, 576, 577, 579, 585, 591, 595, 596
日常生活 ……………………353
日常的 ……………………429
日常的な挨拶 ……………………212
日常の状態 ……………………465
日常ふだん ……………………304, 442
日常普通 ……………………303
ーにつれて ……………………368
にどと …119, 145, 161, 216, **428**, 464, 497, 539
二度と再び ……………………429, 464
日本人 ……………………110, 598
日本的な発想 ……………………482
日本的な表現 …39, 102, 178, 241, 413, 568
日本の気候 ……………………441
日本文化…102, 107, 108, 118, 148, 185, 307, 324, 409, 425, 436, 441
任意……………………62, 248
任意の場所 ……………………344, 349
人情 ……………………332
忍耐できる限度……………………14

ぬ・ね

ぬけめなさ ……………………199
ねがわくは………20, 318, 326, 396, **429**
ねがわくば ……………………**429**
ねぎらい ……………………594
ねこそぎ …15, 152, 221, 401, **429**, 433, 518
値段……………………30, 289
熱意……………………57, 191, 312, 419
ねっから……………………92, **430**, 556
ねほりはほり ……………………**430**
念入り ……………………140
念押し ……………………586
ねんがらねんじゅう……………72, **431**
ねんじゅう……………………72, **431**
ねんのため ……………………**431**
念のため……………………39
年齢 ……………………27, 28, 289
念を入れる ……………………119

の

能力 ……………………139
のきなみ ………152, 221, 251, 315, **432**

なにひとつ…206, 219, 288, 388, **398**, 401, 452, 454, 509
何一つとして……398
なにふじゅうなく……388, **398**
なにぶん…319, 326, 388, 394, 396, **398**
なにぶんにも……399
なにも…206, 219, 289, 388, 398, **399**, 401, 424, 425
なにもかも…15, 152, 161, 211, 221, 249, 388, 393, **401**, 415, 416, 430, 433, 441, 518
なにやかや……391, 402
なにやら……388, 390, **401**, 408, 422
何やらかやら……401
なにゆえ……384
なにより…47, 63, 253, 364, 388, 397, **402**, 551
何よりかにより……403
なによりも……402
何を今さら……76
なまじ……23, **403**, 404
なまじい……**403**
なまじっか……23, **404**
なまじなまなか……403
並たいていではない……257
ならびに……112, **404**
なるたけ…136, 213, 303, 308, 309, **405**
なるたけなら……405
なるべく…136, 213, 303, 308, 309, **405**
なるべくなら……405
なるへそ……**406**
なるほど……**406**
なん……**385**, 406
なんか……**388**, 406, 413
なんざ……407
なんせ……**395**
なんぞ……388, 390, **406**
なんだ……388, 390
なんだか…384, 388, 390, 402, **407**, 422, 428
なんだったら……388, **408**, 425
なんたって…388, **409**, 413, 416, 417, 568
なんだって…321, 384, 388, **410**, 414, 415
なんだってまた……411
なんつっても……417
なんて……388, 390, 410, **411**, 416, 417
なんで…321, 331, 384, 388, 390, 411, **413**, 415, 416
何であっても……410
なんてこった……412
なんてことはない……412, 416
なんでしたら……409
何ですか……408
なんですって……410
なんてったって……412
なんでも…31, 152, 211, 221, 277, 332, 388, 392, 401, 411, **414**, 416, 518
なんでもかんでも…211, 216, 221, 388, 392, 401, 414, **415**, 420, 518
何でも来い……414
なんでもない……414
なんと…388, 410, 413, **416**, 417, 419～422, 424
なんど……388, **416**, 421, 424
なんと(言う)……412, 416
なんということもない……416
何と言ったって……412
なんといっても…166, 388, 394, 410, 413, 416, **417**, 568
なんとか…126, 129, 328, 332, 388, 416, **417**, 419, 420, 427, 485, 565, 576, 577
なんとかして…214, 217, 319, 323, 327, 328, 388, 416, **419**, 420
何としたものか……416
なんとしても…87, 92, 214, 216, 217, 323, 327, 328, 388, 392, 416, **419**
なんとでも……327, 388, 416, **420**
なんどでも……388, 417, **421**, 424
なんとでもなる……420
なんどとなく……388, 417, **421**, 424
なんとなく…331, 343, 344, 384, 388, 390, 402, 408, 416, **421**, 422, 427, 467
なんとはなしに……388, 416, **422**, 427
なんとも…328, 331, 388, 401, 416, **423**
なんども…140, 161, 186, 276, 388, 417, 421, **424**

とんと…54, 116, 125, 173, 206, 220, 288, 313, **375**, 509, 512, 513, 516, 542
どんどん……70, 521
どんなに …25, 31, 166, 363, 373, 374, **376**

な

なあに ……387
なあるへそ ……406
なあるほど ……406
なあんだ ……387
ないし……19, 242, **377**, 501, 547
内実(本音) ……109
ないしは ……377
内省 ……164
ないない ……109
内容 ……423, 589
なお…3, 11, 37, 43, 60, 79, 90, 103, 174, 178, 267, 268, **378**, 380, 381, 447, 448, 493, 499, 550, 552, 568, 584, 587, 588
なおかつ…3, 37, 120, 178, 243, **380**, 499, 568
なおさら…43, 60, 90, 174, **380**, 447, 448, 490, 491, 493, 550, 583, 587, 588
なおさらのこと ……380
なおのこと ……378
なおまた ……497
なおも ……3, 37, 79, 380, **381**, 499, 568
長いこと ……124
なかでも ……153, 340, 371, **381**
なかなか…124, 144, 198, 202, 223, 224, 258, **382**, 595, 597
なかなかに ……382
ながらく ……187, **383**
なかんずく ……382
なぐさめ ……102
なぜ……321, **383**～385, 411, 414
なぜか …321, 331, **384**, 385, 390, 408, 414, 422
なぜだか ……**384**
なぜですか ……384
なぜでもいいから ……383
なぜということもなく ……383
なぜとは言えないが ……383
なぜなら ……240, 273, 315, 384, **385**
納得 …7, 21, 38, 39, 89, 141, 144, 150, 165, 184, 242, 250, 298, 300, 315, 327, 333, 354, 358, 361, 366, 369, 388, 394～396, 406, 463, 478, 479, 488, 489, 514, 551, 567, 568, 574, 585
など(と) ……412, 413
なに …373, **385**, 390～399, 401～403, 406～411, 413～417, 419～422, 424, 425, 427, 428
なにい ……388
なにか …384, **388**, 402, 406, 408, 413, 414, 422
なにかと……388, **390**～393
なにかというと ……388, **391**, 392
何が何やら ……401
何が何だか ……387, 408
なにがなんでも …31, 87, 92, 214, 216, 217, 323, 327, 388, **391**, 415, 416, 420
なにかにつけ ……388, 391, **392**
なにからなにまで …15, 139, 152, 211, 221, 388, **392**, 401, 433, 441, 515, 518, 558
なにくれとなく ……388, 391, **393**
なにげなく ……422, 427
なにごと ……388, **393**
なにごとか ……393
なにごとによらず ……393
なにごとも ……393
なにごともなく ……394
なにしろ …363, 388, **394**, 395, 399, 417
なにせ ……363, 388, 394, **395**, 399, 417
なにとぞ…140, 318, 326, 388, **395**, 399, 429
なににしても……36, 388, **396**
なににせよ……36, 388, **396**
なににもまして…47, 63, 253, 364, 388, **396**, 403, 551
なにはさておき …366, 369, 388, **397**, 492, 494
なにはともあれ ……365, 388, **397**
なにはなくとも ……388, **397**

途中経過 ……366, 574
どちら ……35, 342, **353**, 357～359, 373
どちらか ……**357**
どちらかというと ……**357**
どちら様 ……353
どちらでも ……**357**
どちらにしても ……**358**
どちらも ……**359**
どっか ……342
どっから ……343
とっく ……209, 218, 316, **354**, 523
とっくから ……354
とっくに ……354
とっくの昔(に) ……354, 523
とっくり ……300
とっさ ……130, 199, 201, **354**
とっさに ……354
どっさり ……66, 181, 262, 569
とつじょ …27, 134, 263, 302, **355**, 356, 463, 566
とつじょとして ……**355**
突進 ……506
とつぜん …27, 134, 263, 272, 302, 353, **355**, 463, 467, 566
突然 ……134, 462, 566, 570
突然の事態 ……135
どっち ……35, 342, 353, **356**～359, 373
どっちか ……35, 353, **357**, 373
どっちかって言うと ……357
どっちかというと ……353, **357**
どっちがどっちだか ……356
どっちつかず ……356
どっちでも ……327, 353, **357**, 374
どっちでもいい ……357
どっちにしても…36, 353, 356, **358**, 359
どっちみち ……35, 36, 324, **358**
どっちも ……36, 353, 356, **359**, 375
どっちもどっち ……359
とっても ……360
とても …14, 37, 54, 73, 88, 93, 96, 137, 147, 180, 190, 202, 216, 219, 255, 259, 289, 326, 352, **359**, 440, 443, 445, 509, 512, 513, 543, 559, 580, 584
とてもじゃないけど(が) ……360
とてもとても ……360
ーとどうじに ……368
とどのつまり …7, 142, 170, 305, 306, **361**, 575
ーとともに ……368
どなた様 ……36
とにかく …36, 184, **361**, 365, 366, 394, 492
どのくらい ……31, **363**, 373, 374, 376
とびきり …47, 63, 283, **363**, 397, 403, 438
とびっきり ……364
ともあれ ……36, 363, **364**, 366, 397
ともかく …36, 40, 247, 363, **365**, 366, 397, 492
ともかくも ……247, 363, 365, **366**, 397
ともすると …94, 95, 319, 320, 335, **366**, 572
ともすれば ……**366**
ともに ……19, 57, 323, **367**
とやかく ……**368**
どら ……372
とりあえず…40, 164, 187, 329, 330, **368**, 370, 397, 456, 492
とりいそぎ ……**369**
とりたてて …5, 153, 199, 340, **370**, 594
とりもなおさず…91, 142, 165, 210, 225, 270, 306, **370**, 575
度量の広さ ……36
努力 ……303, 307, 308, 418, 529
とりわけ…117, 153, 155, 340, 341, **371**, 382
とりわけて ……**371**
どれ …35, 169, 239, 310, 353, 356, **372**～375, 388
どれか ……357, **373**
どれがどれだか ……372
どれくらい ……31, 363, **373**, 374, 376
どれだけ ……363, **373**, 374, 376
どれでも ……358, 373, **374**
どれどれ ……372
どれほど ……25, 31, 363, 373, **374**, 376
どれも ……36, 359, 373, **374**
どれもこれも ……**375**, 432
どんだけ ……374

419, 420, 485, 565, 576, 577
どうにも ……………317, **328**, 331, 424
どうにもならない …………………328
どうのこうの ……………………368
とうの昔に ………………………315
逃避 ………………………………482
頭部 …………………………………8
動物飼育者…………………………27
とうぶん ………164, 187, **329**, 330, 369
当分の間 …………………………329
当分は ……………………………329
同方向への変化 …………………368
とうめん……83, 164, 187, **329**, 369, 549
当面の事柄 ………………………247
どうも …317, 328, **330**, 332, 385, 422, 424
どうもどうも ……………………331
どうやって …………317, 321, **331**, 414
どうやっても ……………317, 323, **331**
どうやら…101, 126, 129, 277, 317, 328, 331, **332**, 415, 419, 485, 492, 565
同様…36, 40, 79, 84, 102, 112, 404, 448, 495, 568
同様の条件 ………………………249
到来…………………………………89
どうり…9, 325, **332**, 530, 531, 549, 552, 556
道理で ……………………………333
同類 ………102, 104, 136, 402, 407, 418
遠い ………………………………334
とおからず ……………35, 51, 228, **333**
とおく ……………………285, **334**
とかく…94, 95, 128, 295, 323, **335**, 367, 572
時あたかもよし ……………………8
ときおり……………278, **335**〜338, 510
時すでに遅く ……………………208
ときたま………278, 279, **336**〜339, 510
ときどき…114, 186, 195, 196, 276, 278, **336**, 338, 510
ときとして ………………………338
時と場合 ……………………62, 71
ときに…8, 169, 246, 247, 278, 336, **337**, 339, 351
ときには ………………278, 336, **338**
得意な型 …………………………190
独身 …………………………456, 457
とくに …5, 17, 64, 117, 136, 153, **339**, 341, 370, 371, 382
とくべつ ………117, 153, **340**, 371, 471
特別な場合 ………………………338
特別の時…………………………8, 85
独立 ……………………247, 313, 367, 532
独力 ………………………………457
どこ……………**341**, 343〜349, 353, 356
どこか ……………………**342**, 344, 422
どこがどこやら …………………341
どこから ………………342, **343**, 348
どこからどこまで ………………343
どこからともなく ………………343
どこから見ても …………………343
どこで ……………………342, **343**, 344
どこでも ………342, **344**, 346, 347, 349
どことなく………………342〜**344**, 422
とことん …………6, 281, 309, **344**, 349
とことんまで ……………………344
どこに……………………342, **345**〜347
どこにでも…………342, 344, **345**〜347
どこにも ………342, 345, **346**, 347, 349
どこの馬の骨 ……………………342
どこ吹く風 ………………………341
どこへ ……………342, 345, **346**, 347
どこへでも ………342, 344, 346, **347**
どこへも …………342, 346, **347**, 349
どこまで …………342, 343, **347**, 349
どこまでも ………6, 281, 309, 342, **348**
どこも …………342, 344, 346, 347, **349**
どこもかしこも…………………38, 349
どこやら …………………………343
ところかまわず …………………**349**, 350
ところきらわず …………………**350**
ところせましと …………………**350**
ところで ………169, 246, 247, 338, **350**
ところにより ……………………**351**
どこを押せば ……………………342
どこをたたいても ………………342
どだい …220, 313, **351**, 361, 509, 512, 513
とたん …………134, 271, 272, **352**, 356
とたんに …………………………352

でも ……………………239, 273, **310**
てもなく ……………139, **311**, 424, 428
照れ…………39, 185, 413, 482, 596, 598
てをかえしなをかえ ………………**311**
手を替え品を替えして ……………311
添加 …………………141, 174, 177, 233
てんから …8, 116, 125, 206, 220, 288, **312**, 313, 316, 434, 439, 509, 512, 513
転換 ………………………………169
典型的な状態 …25, 170, 172, 237, 290, 430, 512, 513, 519
典型的なもの ……………………62, 91
点検 ………………………………393
てんで…54, 116, 125, 206, 220, 288, **312**, 352, 376, 512, 513
てんでに ……………104, 234, **313**, 532
てんでんに ………………………**313**
てんでんばらばらに ………………314
伝聞の内容 ………………………415

と

ということは ……………210, 306, **314**
というのは …………240, 273, **314**, 385
どいつもこいつも ………251, **315**, 432
とう…209, 312, **315**, 320, 327, 354, 434, 439, 523
どう …24, 25, **316**, 321, 323, 326〜328, 331, 332
どうあっても ……………………317
同意 …………………223, 481, 508
どういたしまして …………………317
同一………………57, 138, 367, 392, 439
同一視………………………………57
同一時点 …………………………323
同一の行動………58, 150, 152, 564, 598
等価 ………………………224, 228
どうか …140, 317, **318**〜320, 326, 328, 396, 399, 429
どうかして …317, **319**, 320, 328, 367, 419
どうかすると …317, **319**, 320, 367, 572
どうかする・なる …………………318
どうかと思う ………………………318
どうかな …………………………317
とうから ……………………315, **320**
同義な内容 ……………209, 305, 370
等級…………………………………63
統計的 ……………………………132
動作や作用の達成度 ………………255
同時(性)……………42, 44, 58, 130, 352
どうして…317, **320**, 323, 331, 384, 411, 414
どうしてくれようか ………………321
どうしてどうして …………………321
どうしても …214, 217, 295, 317, **321**, 327, 331, 335, 392, 419, 420
どうじに……………44, 45, 69, **323**, 368
同時並行的 ………………………120
どうしよう ………………………317
同情 …4, 102, 166, 247, 259, 263, 474, 482
どうすることもできない …………317
どうするつもり ……………………317
どうせ ………36, 59, 194, 296, **323**, 359
どうせのことに ……………………324
とうぜん…9, 26, 105, **324**, 333, 490, 531, 549, 552, 556
当然………………………………26, 489
当然ながら ………………………325
当然の帰結 ………………………105
どうぞ …140, 317, 318, **325**, 396, 399, 429, 452
どうだ ……………………………317
到達 ………327, 345, 361, 497, 502, 537
到達点 ………………298, 346, 348
どうってことない …………………316
とうてい ……………216, **326**, 360
どうでも…214, 217, 317, 323, **326**, 358, 392, 419〜421
どうでもいい ……………326, 358
どうでもいいけど …………………326
とうとう…………90, 101, 142, 298, **327**
道徳 ………………………………332
唐突さ ……………………352, 434
どうとも …………………………317
どうなってる ………………………317
とうに ……………………315, **327**
どうにか…126, 129, 317〜319, **327**, 332,

通常の限度 ……………………………529
通常の状態(様子)…………63, 265, 466
通常の程度 ……………………………257
通達 ……………………………………104
つぎ……12, 233, 243, 297, **298**, 300, 301
次から次と ……………………………299
つぎつぎ…4, 12, 90, 129, 151, 191, 233, 274, 297, **299**, 301, 302, 564
次に ……………………………………299
次の段階 ………………………………242
次の話題 ………………………………246
つきましては ………………………**297**
つくづく…………17, 280, **300**, 475, 582
付けたり ………………………………103
ったく …………………………………509
つづいて………297, 299～**301**, 302, 442
つづきまして …………………………301
つづけざま ……274, 300, **301**, 442, 564
続けて……………………………………52
つつしんで …………………………**302**
つと …27, 134, 263, **302**, 355, 356, 463, 467, 566
つとめて ………136, 213, **302**, 308, 405
つねづね…………72, **303**, 304, 443, 465
つねに…63, 72, 122, 133, 182, 195, 196, 259, **303**, 435
つねひごろ………72, 303, **304**, 443, 465
つまり…62, 91, 142, 165, 210, 225, **304**, 306, 314, 361, 371, 575
つまりは …7, 142, 210, 305, **306**, 361, 575
つまるところ…142, 165, 210, **306**, 361, 575

て

てあたりしだい ………………119, **307**
提案 ……………………………………544
定型的……………………………………91
抵抗 ………………………………176, 570
提示 ……………………250, 297, 351
丁重 …258, 268, 302, 318, 325, 395, 451
丁重な会話 ……………………………267
丁重に …………………………………302
手いっぱい………………………………66
程度 …6, 13, 14, 22, 23, 25, 29～31, 34, 37, 43, 46, 54, 59, 63, 72, 82, 93, 95, 107, 109, 116, 118, 123, 136, 144, 146, 148, 150, 153, 154, 166, 170, 171, 174, 175, 180, 184, 187, 188, 193, 196, 198, 201～206, 222, 224, 233～235, 237, 238, 243～245, 248～252, 254, 257, 258, 260, 261, 264, 265, 270, 272, 276, 282, 287～290, 292, 293, 297, 299, 309, 313, 322, 327, 328, 334, 339, 340, 345, 348, 357, 360, 363, 364, 371, 373～376, 378, 380, 388, 396, 403, 410, 412, 416, 417, 423, 427, 438, 439, 443, 445～447, 454, 455, 470, 472, 474, 475, 478, 479, 486, 493, 507, 521, 522, 525, 527, 532, 534, 535, 537, 538, 540, 541, 543, 550, 559, 562, 563, 565, 572, 579, 582, 584, 585, 587, 595, 596, 598
程度の限界 ……………………………249
丁寧…17, 24, 27, 118, 140, 142, 143, 163, 166, 189, 191, 239, 353, 434, 453, 458
丁寧形 …3, 17, 30, 102, 148, 254, 297, 301, 308, 384, 409, 410, 451, 518
ていよく ……………………**307**, 580
手紙…3, 19, 103, 118, 140, 162, 188, 302, 369
適切な時機……………………76, 78, 80
適切な処置 ……………………………419
適当………………………………………22
できますれば …………………………308
できるかぎり …58, 136, 146, 159, 212, 213, 303, **307**～309, 405, 531
できることなら ………………………135
できるだけ…58, 136, 146, 212, 213, 303, **308**, 309, 405, 531
できれば ……………………**308**, 405
でたらめ…………………………………23
徹底 ………………………………344, 348
てっとうてつび …6, 281, **309**, 345, 349
てにてに ……………………………**309**
では ……………187, 239, 242, **309**, 373
手間………………………………………10

282, 504
断絶 ……………………351, 523
だんぜん…216, 220, **281**, 283, 392, 438, 509
断然トップ ……………………283
断続的 ……………………151
だんだん …94, 147, 151, 183, 194, 205, **282**
だんだんと ……………………282
だんだんに ……………………282
断定 ……………………122, 170, 325, 481
端的……………………91
だんとつ ……………………282, **283**, 364, 438
たんに ……………………267, **283**, 457
たんまり……………………66, 180, 262, 468
短絡的 ……………………305

ち

近い過去…74, 77, 84, 155, 160, 162, 163, 166, 218, 220, 267, 272, 285
近い距離 ……………………549
近い将来…35, 81, 82, 329, 333, 433, 510
近い未来 …12, 74, 102, 103, 137, 227, 268, 272
ちかく ……………………137, **284**, 335, 540
ちかごろ ……………………147, 157, 160, **285**
ちかぢか ……………………137
ちかって ……………………122, 132, 145, 216, **286**
ちからいっぱい…58, 67, 135, 146, 212, **286**, 531
ちくいち……………………38, **287**, 454
ちったあ ……………………288
ちっと …30, 32, 34, 188, 193, 204, 264, **287**～289, 293, 294, 572
ちっとは ……………………206, **288**
ちっとばかり ……………………287
ちっとも …54, 116, 125, 173, 206, 219, **288**, 312, 313, 376, 398, 401, 452, 454, 509, 512, 513, 516, 542, 574
ちっとやそっと ……………………**293**
緻密 ……………………287
着実さ ……………………205
注意 ……………………118, 189, 292
忠告 ……………………550
抽象的なもの ……………………173, 204, 276, 516
中心の下部 ……………………553
中断……………………61
中途半端 ……………………403, 404
ちょう…93, 137, 255, 259, **289**, 360, 440, 444
長期間 ……………………576, 577
長時間 ……………………383
ちょうど…8, 26, 171, 172, 275, **289**, 490, 512, 513
挑発 ……………………388
直後 ……………………272
直視 ……………………506
直進 ……………………506
ちょくせつ…27, 177, 179, 270, **290**, 507
直接……………………26, 176, 178, 269, 329, 522
直接の表明 ……………………481, 483
直線状 ……………………506
直観的 ……………………225
直球 ……………………506
直結 ……………………549
直行 ……………………506
ちょっと…30, 32, 34, 188, 193, 204, 264, 288, **291**, 294, 541, 572
ちょっとう ……………………292
ちょっとした ……………………293
ちょっとばかり ……………………293
ちょっとやそっと ……………………288, **293**

つ

つい…111, 166, 195, **294**, 296, 323, 335, 479, 557
ついうっかり ……………………294
追加 ……………………112
追従……………………43
ついぞ……………………78, 121, **295**
ついつい ……………………111, 195, **295**
ついでⅠ ……………………**296**, 324
ついでⅡ……………………4, 191, **297**, 299～301
ついでながら ……………………296
ついでに ……………………296
ついては ……………………**297**
ついに……………………90, 142, **297**, 327
通常でない状態 ……………………443, 590

♣代表例 ……413
だいぶ …124, 144, 198, 202, 224, **257**, 383
だいぶになる ……258
♣大部分……16, 96, 97, 253, 476
だいぶん ……**257**
たいへん …14, 37, 73, 93, 96, 137, 147, 180, 220, 255, **258**, 289, 360, 440, 443, 445, 543, 559, 584
♣対立 ……505, 536
たえず…63, 72, 182, 195, 196, **259**, 304, 435
たえて ……295
♣高い地位……49
たがいちがい ……129, 146, **259**
互いに ……102
たかが ……213, **260**, 261
♣高さ ……569
たかだか …213, 260, **261**, 479, 557, 581
たくさん …67, 93, 144, 158, 181, 189, 190, **261**, 280, 468, 569
たしか ……**262**
確かに……89, 184, 197, 488, 489
だしぬけ …27, 134, **263**, 302, 355, 356, 463, 467, 566
だしぬけに ……263
たしょう…30, 32, 34, 97, 188, 193, 204, **263**, 293, 572
多少なりとも ……264
多少にかかわらず ……264
♣多数回 ……424
ただ…**264**, 268, 269～272, 279, 284, 380, 444, 457, 466, 479, 552, 553
ただいま……74, **267**, 273
ただし ……267, **268**, 380, 552
♣正しい道 ……332
ただじゃおかない ……265
ただただ ……267, **268**, 271
ただちに…114, 130, 134, 135, 167, 168, 177～179, 199, 201, 224～226, **269**, 291, 371, 511
ただでさえ ……238, 267, **270**
ただではすまない ……265
ただの ……266
ただひたすら ……444
♣ただ一つ ……552
ただもう ……267, 269, **270**, 539
たちどころに …10, 134, **271**, 272, 353, 500, 521
たちまち …10, 134, **271**, 353, 356, 500, 521
たちまちのうちに ……271
♣達成 ……134, 455, 580
♣達成可能 ……237
たった ……267, **272**, 273, 479
たったいま……74, 268, **272**
だって ……**273**, 311, 315, 385
たっぷり……66, 181, 190, 262, 569
たてつづけ ……**273**, 300, 302, 442, 564
♣建前 ……184
たとい ……**274**
♣妥当性 ……67, 97, 257
たとえ ……127, **274**, 544
たとえて言えば ……62, 91
たとえば …8, 127, 171, **274**, 290, 513, 514, 544, 547
♣他人 ……449, 598
♣他人(第三者)の目 ……148, 441, 560
たびたび…161, 186, **275**, 337, 424, 510, 580
たぶん…96, 97, 101, 132, 170, 189, 190, **276**, 332, 415, 492
たま……**277**, 279, 336～339, 510
たまたま …131, 138, 267, **278**, 336, 436
ためし ……149, **279**
ためつすがめつ ……**279**, 301, 582
♣ためらい…106, 292, 293, 330, 388, 389, 446, 514
たらふく …67, 93, 181, 189, 190, 262, **280**, 468
♣多量 ……66, 93, 180, 468, 569
多量に ……276
♣段階……49
♣段階的 ……89, 94, 174, 282, 493
だんこ……6, **280**～282, 309, 345, 349
だんことして ……280
♣短時間(内)…10, 68, 119, 133, 134, 151, 271, 274, 301, 352, 354, 448, 520, 521, 564
だんじて…122, 132, 145, 159, 216, **281**,

532
それだけ ……………………**234**, 235, 236
それだけに ……………………………**235**
それっきり ……………………………**235**
それで……………………230, **236**～238
それでいて …229, 231, 236, **237**, 242, 243
それでこそ ……………………236, **237**
それでなくても …………236, **237**, 270
それでは ………169, **238**, 242, 310, 373
それでも ……………………178, **239**, 311
それと ………………227, **240**, 241, 243
それというのも ……**240**, 250, 315, 385
それどころか ……………………**240**, 242
それとなく ……………………240, **241**
それとも…………19, **241**, 377, 501, 547
それなのに …229, 231, 237, 241, **242**, 243
それなら ……………………239, **242**, 310
それに …106, 120, 141, 175, 178, 227, 240, **242**～245, 299, 380, 496
それにしては …229, 231, 237, 242, **243**
それにしても …………………**243**, 244
それに対して ……………………………245
それにつけても ………………243, **244**
それにひきかえ ………………243, **244**
それは……………………**245**～247, 509
そればかりか…106, 141, 175, 178, 227, 243, **245**
それはさておき …223, 245, **246**, 247, 250, 338, 351
それはそうと…169, 223, 245, **246**, 247, 250, 338, 351
それはそれとして ……………245, **247**
それはそれは …………………245, **247**
それはともかく …223, 245～**247**, 250, 366
それほど……14, 171, **248**, 249, 251, 254
それほどまで ……………………………249
それまで ………………………233, **248**
それまでは ………………………………248
それも ……………………178, **249**, 250
それもそのはず ………………240, **249**
それより ………223, 246, 247, **250**, 526
そろいもそろって…41, 100, **251**, 315, 432
存外……………………………………23
尊敬 ……………………………………178
存在 …6, 28, 31, 95, 181, 182, 203, 205, 254, 264, 288, 292, 320, 337, 343, 350, 460, 461, 470, 545, 569, 572
存在価値 ………………………………426
存在する場所 ……………………345, 346
存在の可能性 …………………………398
尊大 ……………………………24, 39, 143
損得のない状態 ………………………556
そんなに……14, 171, 223, 248, **251**, 254
そんなら ………………………………242

た

だいいち…47, 61, 63, 112, 232, **252**, 256, 397, 403, 492, 551
第一に …………………………………252
対応 ……………135, 164, 328, 448, 557
たいがい …16, 17, 23, 96, 98, 112, 115, 222, **253**, 256, 257, 476, 477
大義名分 ………………………………554
体験 ……………………………………474
第三者 ………………………109, 180, 191
たいして …14, 117, 171, 248, 251, **254**, 471
大小 ……………………………………257
対照的な状態 …………………………244
対象の実体 ……………………………410
対象の認識 ……………………………532
たいそう …14, 37, 73, 93, 96, 137, 147, 180, 220, **254**, 259, 289, 360, 440, 443, 445, 584
だいたい…16, 17, 61, 96～98, 112, 115, 128, 131, 168, 220, 222, 232, 253～**255**, 257, 476, 477, 483, 562
だいち …………………………………252
対置的……………………………………69
たいてい …16, 17, 23, 96, 98, 112, 115, 222, 254, **256**, 476
対等 ……57, 84, 104, 226, 323, 380, 404
だいなりしょうなり……………97, **257**
第二 ……………………………………297
対比(的) ……………………171, 244

440, 444, 452, 454, 509, 512, 513, 516, 574
ぜんたい……61, **220**, 221, 232, 256, 518
全体…39, 47, 53, 100, 168, 459, 511, 515
全体的な印象 ……………………290, 512
全体的な傾向 ……………115, 186, 222
選択 …18, 59, 155, 188, 241, 250, 350, 357, 372, 373, 377, 405, 450, 491～493, 496, 500, 501, 526, 546, 588
せんだって ……155, 160, 163, 167, **220**
前段階…………………………………26, 291
前提…144, 169, 238, 305, 461, 462, 545, 546
前提の状態 …………………………235
先頭に ………………………………505
先般 …………………………………221
ぜんぶ…13, 15, 19, 38, 55, 139, 151, 152, 161, 211, 220, **221**, 393, 401, 415, 416, 430, 432, 433, 441, 511, 515, 518, 558
全部 ………………………210, 374, 432
全部が全部 …………………………221
全部で ………………………………221
全部の人間 …………………………518
全部否定 ……………………………398
羨望 …………………………………180
全力 …………12, 57, 145, 158, 212, 286
全力で ………………………………135

そ

そいで ………………………………236
そう …………………………………222
相違……………………………………54
憎悪 …………………………………483
そうきゅうに …………………**167**, 221
そうこう ……………………………335
喪失感…………………………………15
喪失行為………………………………15
そうじて …67, 100, 115, **222**, 254, 256, 257
そうそうＩ ……**222**, 246, 247, 251, 383
そうそうII …167, 168, 179, 201, **223**, 225, 226, 270
想像…………………………99, 126, 428
総体 ………………………220, 221, 518
そうとう …23, 124, 144, 198, 202, **224**, 258, 383, 586
そうばん(早晩) ……………………333
双方 …………………………………102
総論………………………………98, 111
そく…130, 167, 168, 179, 199, 201, 210, **224**～226, 270, 306, 371
そくざ…95, 130, 135, 168, 179, 199, 201, 224, **225**, 226, 270, 511
即座に ………………………………225
そこはかとない ……………………225
そこはかとなく ……………………**225**
そこまで ……………………………249
そこをなんとか ……………………418
そっくりそのまま …………………230
そっこく…130, 135, 168, 179, 199, 201, 225, **226**, 270
率先 ……………………………409, 425
率直 …………………………………192
そのあと ……………………………233
そのうえ …90, 106, 141, 175, 178, **226**, 240, 243, 245, 497
そのうち …35, 51, 56, 65, 81, 94, 103, 105, 137, 178, **227**, 334, 474, 511, 561, 573
そのうちに …………………………227
そのかわり …………………………**228**
そのくせ ………**228**, 231, 237, 242, 243
そのご ………………………………232
そのじつ ………………………185, **229**
そのため ………………………**229**, 236
そのまま ……………………………**230**
そのわりに ……229, **231**, 237, 242, 243
そもそも …61, 112, 131, 220, **231**, 253, 256
疎略…………………………………16, 168
それから ……………**232**, 233, 249, 299
それからそれへと……12, **233**, 299, 300
それきり ……………………………**235**
それこそ …………………**233**, 479, 509
それじゃ ……………………………**238**
それじゃあ …………………………238
それぞれ …38, 104, **234**, 314, 454, 459,

少しして …………………………203
すこしずつ ………………204, **205**, 283
少したくさん ……………………203
すこしでも ……………………204, **205**
すこしは ……………………204, **206**, 288
すこしばかり ……………………294
すこしも …54, 116, 120, 125, 173, 204, **206**, 219, 288, 312, 313, 376, 398, 401, 428, 452, 454, 509, 512, 513, 516, 542, 574
筋道の立たないこと ………………528
すすんで ………………158, **206**, 555
すっかり ………………15, 55, 376
ずっと…60, 90, 174, 188, **207**, 448, 493, 550, 586～588
すでに …121, 145, **208**, 218, 316, 354, 440, 539, 558
すなわち …91, 165, **209**, 225, 306, 314, 371, 575
すばしこく…………………………45
すばやく……………………………45
すばらしい ………………………143
スピード ………………………119, 307
すべて …13, 38, 55, 139, 151, 152, 161, **210**, 221, 393, 401, 415, 416, 433, 441, 515, 518, 558
すんでに ………………………**211**
すんでのことに …………………**211**
すんでのところで …20, 82, 126, 129, **211**, 476, 541, 586

せ

誠意…135, 148, 212, 216, 307, 318, 369, 507
せいいっぱい …58, 67, 136, 146, 159, **212**, 213, 286, 308, 444, 531
制限 …………………………………563
成算……………………………41, 435
性質…………………………………92
正常 ………………………………473
精神状態 …………………………466
精神的な気分 ……………………150
せいぜい…136, **212**, 260, 261, 303, 308, 405, 479, 557, 581
精緻…………………………12, 139
正当 ………………………………333
正当性 ……………………394, 395
生得的………………………………92
正反対………………………………79
せいらい(生来) …………………430
清涼感………………………………15
ぜがひでも … **213**, 216, 217, 323, 327, 392, 419, 420
世間一般の人………………………96
世間の目 …………………………109
せっかく ………………………**214**, 594
せっかくだが ……………………214
せっかくだから …………………214
積極性 ……………………167, 225
積極的…57, 96, 150, 157, 199, 206, 517, 555
接近 ………………………539, 540
ぜったい…122, 128, 132, 145, 159, **215**, 281, 282, 286, 326, 360, 392, 416, 420, 429, 509, 542
設定 ………………………544, 547
せつに …………………148, **216**, 444
切迫(感)…20, 82, 85, 126, 130, 145, 179, 211, 213, 216, 225, 226, 269, 369, 418, 420, 437, 444, 451, 481, 514
絶望 ………………………537, 562
説明 ………………………………275
ぜひ ………………113, 214, **216**, 217
ぜひとも…113, 214, 216, **217**, 323, 327, 392, 419, 420
ぜひに ……………………………216
せめて ……………………202, **217**, 218
せめても …………………………**217**
善悪 ………………………………216
全員 ………………150, 151, 251, 315
前件に反する判断 ………………310
前件の原因・理由 ………………314
せんこく ………163, 167, 209, **218**, 354
穿鑿 ………………………………430
全人格 ……………………………216
漸進的……………………………94, 183
ぜんぜん …54, 112, 116, 120, 125, 173, 174, 206, **218**, 255, 259, 288, 312, 313, 352, 360, 376, 398, 401, 428,

将来の不都合……82
省略……293
少量……74, 205, 540
除外……247, 365, 366
触発……389, 408, 482, 483
じょじょに……94, 110, 183, **193**, 283
初心を貫く……107
女性……24, 27, 30, 482, 483, 538
しょせん……142, **194**, 324
しょっちゅう…63, 72, 180, 182, 186, **194**, 196, 259, 304, 337, 435, 445, 510
所要時間……10, 271, 500
処理…73, 119, 329, 429, 452, 453, 457, 459, 469, 470, 472, 505, 511
処理能力……420
助力……112
序列……46, 252
しらずしらず…51, 56, 65, 111, **195**, 295, 296
知らない相手(人)……24, 353
自律……458
自立的進展……105
思慮……570
しろくじちゅう…63, 72, 180, 182, 186, 195, **196**, 259, 304, 337, 435, 445, 510
しん……**196**, 198, 479, 487
人為……182, 457
心外……482
真贋……279
進行…61, 73, 103, 114, 191, 346, 347, 505, 520, 521, 549
進行する方向……345
人工的……182
進行の速度……133
深刻……136, 185, 265, 280
真摯……148
しんじつ…181, 184, 192, **197**, 479, 487, 509
真実……192, 478, 486
真相……169, 436, 582
人知を超えたもの……519
慎重……279, 534
進捗度合……348
進展……271
しんに……196
神仏に誓って……286
辛辣……50
心理……589
真理……122
心理的な距離…81, 136, 202, 360, 595, 596

す

遂行……6
ずいぶん…124, 144, **198**, 202, 224, 258, 383, 586
推理……169
推量……101, 202, 332, 548
数値……289, 417
ずうっと……**207**
数量…10, 13, 29～34, 111, 128, 187, 193, 201, 202, 205, 206, 213, 234, 236, 261, 264, 266, 272, 276, 285, 287～289, 292, 293, 374, 377, 479, 531, 538, 550, 557, 573, 595
すえ……7, 141
すかさず…130, **198**, 201, 225, 226, 270, 355
すきこのんで…5, 153, 158, **199**, 370, 555, 594
すぐ…10, 74, 81, 95, 114, 130, 134, 135, 167, 168, 178, 179, 199, **200**, 201, 224～226, 270, 355, 474, 500, 511, 540
すぐさま…114, 130, 167, 168, 179, 199, **201**, 224～226, 270, 355
少ない……203, 205
すくなからず…34, 96, 124, 144, 198, **201**, 224, 258, 360, 383, 440, 444
すくなくとも……**202**, 217
すぐに……200
すごい……202
すごく……**202**, 360, 543, 559
すこし…30, 32, 34, 150, 188, 193, **203**～206, 262, 264, 288, 293, 541, 572
すこしく……**204**
すこししか……**204**

重複 ……118, 188
じゅうぶん…67, 93, 140, **189**, 262, 277, 280, 360, 468, 580, 591, 592
十分 ……579
充満……66
重要 ……250
重要視 ……402
重要な意味 ……268
重要な局面……61, 449
重要な事態 ……147, 151
重要な部分 ……190
重要な物事 ……177
重要な話題 ……338
終了時間 ……70, 71
主観 …42, 148, 150, 153, 163, 221, 261, 277, 283, 314, 360, 443, 479, 500, 557, 595, 596
主観性……20
主観的 …25, 28, 29, 31～34, 42, 46, 60, 62, 106, 112, 115, 123, 132, 170, 197, 214, 219, 222, 224, 234, 255, 260, 273, 277, 305, 306, 311, 321, 330, 333, 339, 394, 395, 398, 414, 421, 422, 429, 479, 489, 500, 531, 535, 548, 551, 571
主観的な根拠(理由) ……101, 394
種々……91, 171
主体の満足感 ……109, 150
手段…311, 316, 317, 320, 331, 413, 454, 504
主張 ……394, 395
出現……90
しゅとして ……**190**, 553
受容 ……571
主要な(大)部分 ……255, 552
種類……91, 171
順位 ……438
順次 ……191
じゅんじゅんに ……**191**
順序…191, 232, 282, 297, 299, 452, 457, 505
純粋 ……196
順調な進行 ……4
順当 ……236
順当な結論 ……236
じゅんに ……4, **191**, 297, 300
準備 ……485
上位段階 ……404, 501
障害……99, 213, 217
状況 ……337
消極的 ……149, 463, 570, 571
消極的な肯定 ……529
衝撃……27, 263, 355, 410, 412, 462
条件 …35, 74, 235, 268, 380, 396, 544, 547
条件句 …127, 143, 167, 169, 173, 176, 214, 274, 345, 347, 374, 384, 387, 403, 406, 409, 413, 425, 461, 470, 480, 514, 516, 530, 545, 547, 548
条件に反する判断 ……239
証拠 ……145
しょうことなしに ……463, 571
しょうこりもなく ……**191**
詳細 ……287, 460
賞賛 …136, 143, 168, 482, 496, 579, 580
しょうじき ……185, **192**, 198, 479, 507
正直なところ(話) ……192
正直(に)言って ……192
常識に反する内容……93
成就 …4, 35, 51, 64, 81, 102, 104, 105, 182, 227, 457
しょうしょう…30, 32, 34, 188, **192**, 204, 264, 288, 293, 572
小説 ……246
焦燥……64, 75, 85, 141, 348, 410, 557
状態 …24, 107, 183, 188, 224, 230, 233, 235, 244, 260, 282, 283, 303, 316, 320, 344, 412, 416, 470, 497～499, 502
状態の変化 ……51, 55, 64, 94, 227, 368
状態や局面 ……52, 53
冗談 ……495, 501
衝動的 ……110, 525, 562, 563
商売上の得意先……36
消費……15, 468
勝負事……46
譲歩…25, 31, 35, 127, 317, 358, 374, 413, 417, 544
正面 ……505
将来 ……433

自然と ……………………………………182
自然な成就 ……………………104, 105
自然な(の)なりゆき………26, 422, 436
自然に ……………………………………182
持続的 ……………………………………196
しだいしだいに ……………………**183**
しだいに……94, 147, 151, **183**, 194, 283
事態の打開 ……………………………156
事態の変化(変転)………………49, 355
したしい ………………………………183
したしく …………………………178, **183**
したたか ………………………………**183**
自重…………………………………………94
自嘲 ……………………324, 413, 591, 598
実感 …………………………198, 404, 508
じっくり ………………………………300
実現…192, 333, 398, 419, 565, 573, 576, 577
実現しない状態 ………………………298
じっさい …181, **183**, 185, 198, 479, 509
実際 …………………………181, 478, 479
実際に ……………………………………183
実際のところ …………………………183
実際は ……………………………………183
叱責 ………………………………………538
実態や意志に反する …………………303
嫉妬 ………………………………………180
じっと……………………………75, 300
じつに ……**184**, 363, 479, 487, 509, 539
じつは ………………184, **185**, 192, 229
失望 ………………………………………307
実力 ………………………………………283
詩的な文章 ……………………………113
始点……………………………………75, 188
時点 ………………………………………337
自動性 ……………………………………458
しばし ………………………………**185**, 187
しばしば…161, 180, **186**, 195, 196, 276, 337, 424, 435, 445, 510, 580
しばらく…164, 185, **186**, 329, 330, 369, 383, 448, 456
しばらくして …………………………186
しぶしぶ……………………………86, 149
自分 ………………………………………517
自分自身 …………………516, 522, 598
自分の影響力 …………………………324
自分の正当性 …………………………273
自暴自棄(的)…………59, 324, 562, 570
自慢 ……………144, 168, 293, 357, 598
しみじみ ………………………………300
しめて ………………………19, 57, **187**, 510
自問 ………………………………………169
じゃ ……………………………187, 239, **309**
じゃあ …………………………………187, **309**
じゃあね ………………………………310
釈明 …7, 17, 54, 83, 145, 173, 273, 295, 296, 346, 350, 394, 395, 400, 410, 417, 485, 516, 542, 574
謝罪 ……………………118, 188, 331, 424
ジャスト ………………………………290
じゃっかん…30, 32, 150, **187**, 193, 204, 264, 288, 293
謝礼 ………118, 188, 317, 331, 424, 426
首位 ………………………………………283
周囲の好意 ……………………………436
周囲の目……………………………………48
習慣(的)……………………72, 132, 294
しゅうし …………………………**188**, 208
じゅうじゅう ………118, 140, **188**, 582
衆人環視 ………………………………350
収束 ………………………………………135
充足 ………………………………150, 156
重大 ……………137, 185, 226, 234, 280
重大で(好ましくない)極端な事態 ……………………………514, 547
重大で好ましくない結果……………14
重大な決意…………………………………33
重大な結果 ……………154, 269, 462
重大な行動 ……………………………157
重大な事柄………………68, 113, 582
重大な事態 ………………130, 133, 355
重大な時……………………………………89
重大な物事 ……………………………393
集団心理 ………………………………598
執着 ………………………………………345
集中…………………………58, 444, 445
終点……………………………………84, 188
じゅうにぶん …67, 93, **189**, 190, 262, 277, 280, 468
執念 ………………………………………191

さっきゅうに…130, **167**, 168, 179, 201, 221, 224, 225, 270
さっそく…130, **167**, 179, 201, 224～226, 270
察知 ……………………………409, 425
ざっと …16, 96, 98, 112, **168**, 256, 477, 562
さっぱり ………………………………115
さて …33, **168**, 239, 247, 338, 351, 373, 452
さては …7, 101, 122, 132, **169**, 277, 361
さながら…8, 26, **170**, 172, 275, 290, 513
さほど………14, **171**, 248, 251, 254, 471
さまざま………………91, 128, **171**, 312
さも………8, 26, 171, **172**, 290, 513, 520
さもさも ………………………………**172**
さようなら(失礼します)…239, 310, 495
ざら ……………………………………**172**
さらさら …54, 116, 125, **173**, 206, 220, 289, 376, 509, 512, 513, 516, 542
さらに…11, 43, 60, 74, 90, 120, 141, **173**, 175, 208, 220, 380, 381, 447, 448, 493, 499, 509, 539, 550, 587, 588
ざらに …………………………………172
さらには…106, 141, **174**, 178, 227, 243, 245
ざらには ………………………………172
参加 ……………………………………468
さんざ …………………………………**175**
さんざっぱら …………………………**175**
さんざん ………………………………**175**
ざんじ(暫時) ………………185, 186
暫定的 ………………………126, 164, 454
残念 ……………………………4, 8, 537
残量……………………………………10, 433

し

しあわせ ………………………………162
しいて…………………5, 99, **176**, 530
自覚 ……………………………………195
視覚的 …………………………………522
しかたがない …………………………176
しかたなく …………………**176**, 570
じかに …………**176**, 179, 270, 291, 559
しかも …106, 120, 141, 175, **177**, 227, 239, 243, 245, 249, 380, 497
時間(的) …10～12, 35, 42, 49～52, 55, 62, 64, 70, 71, 73, 75, 76, 78, 80, 82, 84, 120, 128, 130, 137, 155, 157, 160, 163, 166, 168, 178, 200, 203, 204, 208, 218, 221, 223, 258, 284, 285, 295, 315, 329, 333, 334, 354, 363, 373, 537, 539～541, 565, 572
時間の経過 …51, 55, 64, 147, 151, 227, 440, 474, 510, 560, 572
時間の進行 …………………35, 94, 227
時間の幅…42, 73, 82, 84, 157, 160, 164, 185, 186, 232, 248, 285, 329, 447, 448
時間の短さ ……………………………269
時間・労力や能力 ……………………383
じき …74, 81, **178**, 201, 228, 270, 474, 511, 540, 561
時機 …………80, 98, 100, 112, 114, 290
じきじき …………………177, **178**, 291
じきに …………………………………178
しきゅう…130, 135, 167, 168, **179**, 201, 224～226, 270
しきり … **179**, 182, 186, 195, 196, 435, 445
試験的………………………44, 149, 279
自己愛 …………………………………144
しごく …37, 73, 96, 137, 147, **180**, 255, 259, 360, 440, 444, 584
時刻 ……………………………………289
自己主張の弱さ ………………………453
しこたま …67, 93, 158, **180**, 262, 280, 468, 569
指示 …………………122, 390, 407, 413
じじこっこく …………………151, **181**
じじつ ……**181**, 184, 198, 479, 487, 509
事実 …………………………145, 192, 478
しじゅう …63, 72, 138, 180, **181**, 188, 195, 196, 259, 304, 435, 445, 510
支障 ……………………………………529
自信のなさ …………………318, 453
静か……………………………………58
時節 ……………………………………337
しぜん ………………………105, **182**, 458

569
コミュニケーションを拒む心理 …471
御無理ごもっとも ……………528, 551
これ以上 ……………………………156
これから……………………………75
これ幸い ……………………………162
こんかぎり………58, 146, **158**, 212, 308
懇願 ……………………………140, 418
根気 ……………………………161, 421
根源(的)………256, 430, 554～556, 582
根底 …………………………………429
困難 …5, 129, 134, 176, 213, 217, 391, 415, 424, 427, 565, 566, 576, 577
今日ただいま ………………………267
根本…………………60, 130, 231, 555
こんりんざい ………145, **159**, 216, 281
困惑…115, 169, 238, 253, 270, 314, 317, 322, 328, 330, 349, 356, 381, 387, 400, 401, 408, 426, 474, 482, 527

さ

差(差異) ……………………171, 486
最悪 …………………………………588
最悪の基準点 ………………………499
再会 …………………………………186
再開……………………………………61
さいきん…147, 155, 157, **160**, 163, 221, 286
最後 …………6, 208, 235, 309, 344, 348
最高 …46, 63, 107, 109, 364, 396, 403, 427, 550, 580
最高限度 ……………………………531
さいこう(最高)に ………………559
さいさん ………**160**, 161, 186, 276, 424
さいさんさいし ……**161**, 186, 276, 424
最終段階への到達 …………………345
最終的な局面 ………………327, 558
最終的な結論 ………………………361
最終添加 ……………………………175
最重要 ………………………252, 575
さいしょ ……………………………437
最初………………8, 46, 252, 312, 397
最少 …………………………………202
最小限の確保 ………………217, 218
さいしょに …………………………491
最大限 …………135, 212, 261, 374, 376
さいだいもらさず …13, 15, 152, **161**, 211, 221, 401, 433, 518, 558
最短距離 ……………………………160
最長……………………………………71
最低 …………………………202, 217
最低限 ………………………206, 288
最低限の許容範囲 …………………127
最低限の結果 ………………………366
最低限の要求…………………………39
最低数 ………………………………451
最低数量 ……………………………266
最低の回数……………………43, 53, 68
最低の状態 …129, 328, 332, 565, 576, 577
さいど ……119, **161**, 429, 464, 497, 539
再認識…77, 89, 165, 243, 406, 408, 409, 567, 568
再評価 ………………………………579
細部 …………………………401, 430
最良 …………………………………588
最良に近い状態 ……………………418
さいわい ……………………………**162**
幸いする ……………………………162
幸いなことに ………………………162
幸いにして …………………………162
盛ん …………………………………448
先送り ………………………………187
さきごろ …155, 160, **162**, 163, 167, 221
さきほど…………77, **163**, 167, 218, 434
作為 …………………………………507
作為のない本質 ……………………196
さしあたって ………………………**163**
さしあたり…83, **163**, 165, 187, 329, 330, 369, 456, 549
さしずめ …142, **164**, 210, 306, 371, 575
さすが ……………………**165**, 417, 568
さすがに ……………………………165
さすがの ……………………………165
さすがは ……………………………165
さぞ …………………………**166**, 376
さぞかし ……………………………**166**
さぞや ………………………………**166**
さっき………………77, 163, **166**, 218

こころゆくまで …………109, 148, **150**
ここんとこ ……………………………**147**
ここんところ …………………………147
誇示 …………………………………317
個人的…………………………62, 113
個数…………………………27〜29, 542
こぞって …**150**, 152, 211, 221, 433, 518
御大層 ………………………………254
誇張(的)…6, 8, 14, 23, 28, 31, 32, 39, 55, 60, 70〜72, 78, 93, 107, 111, 115, 120, 123, 125, 130, 135, 136, 158, 159, 172, 173, 196, 215, 218, 219, 233, 237, 258, 259, 266, 272, 281, 283, 286, 295, 309, 315, 321, 326, 331, 334, 343, 348, 351, 354, 356, 364, 375, 410, 427〜431, 441, 443, 445, 450, 451, 454, 456, 478, 479, 484, 490, 500, 508, 509, 512, 513, 516, 523, 524, 534, 541, 543, 557, 559, 563, 566, 569, 574, 584
こっこく …147, **151**, 181, 183, 283, 300
古典の現代語訳 ……………………254
古典の文章……………………………18
ことあらためて ……………………370
事柄の成立……………………………15
ことごとく…13, 15, 38, 55, **151**, 161, 211, 221, 393, 401, 415, 430, 432, 433, 518, 558
ことごとに…………………………38, **152**
ことさら…5, 17, 77, **152**, 153, 199, 340, 370, 371, 555, 593, 594
異なる事態……………………………69
異なるもの …………………………470
ことに ……117, **153**, 340, 341, 371, 382
ことによると…………19, **154**, 462, 546
ことのほか …21, 24, 108, 117, **154**, 371
子供……………………………12, 538
こともあろうに ………………**155**, 588
こないだ ……………………………**155**
このあいだ ……**155**, 160, 163, 167, 221
このうえ ……………………………**156**
このうえは …………………**156**, 157
このごろ……74, 147, **156**, 157, 160, 286
このさい ……………………156, **157**
このところ …………147, **157**, 160, 286
好ましい結果 ………………5, 303, 545
好ましい事柄 …………57, 75, 100, 392
好ましい裁量 …………………………398
好ましい状態…117, 327, 403, 418, 524, 595, 596
好ましい地位 …………………………436
好ましい程度 …………………………579
好ましい変化 ……………………………3
好ましいほう …………………………405
好ましい物事 …63, 397, 403, 446, 468, 534, 577
好ましくない感動 ……………………423
好ましくない極端な事態 ……………269
好ましくない癖 ………………………495
好ましくない傾向 ……………………335
好ましくない結果 …6, 8, 21, 80, 149, 154, 155, 194, 238, 256, 322, 330, 366, 438, 529, 572, 591
好ましくない結論 ……………………361
好ましくない現象………………………95
好ましくない行動 ……………152, 391
好ましくない事柄…101, 105, 156, 245, 392, 472, 474, 499, 503
好ましくない実感 ……………………509
好ましくない事態 …152, 211, 327, 529
好ましくない状況(状態)…57, 108, 175, 238, 244, 251, 270, 315, 318, 328, 348, 359, 431, 432, 434, 439, 513, 519, 527, 580
好ましくない真実の姿 ………………229
好ましくない想像………………………99
好ましくない待遇 ……………………448
好ましくない程度 ………381, 534, 583
好ましくない動作 ……………………435
好ましくない時 ………………………285
好ましくない内容 …228, 368, 380, 556
好ましくない非常事態 ………………487
好ましくない物事 …70, 335, 543, 569, 590
このんで ……………………**157**, 199, 207
古風なニュアンス(表現)…26, 81, 120, 258, 284, 403, 407, 486, 576
個別…161, 452, 453, 457〜459, 469, 470, 472
ごまんと …67, 93, **158**, 181, 262, 468,

413, 453, 466, 487, 495, 501, 526, 543, 561, 579
限定…6, 42, 83, 202, 234, 235, 249, 266, 268, 270, 283, 308, 377, 456, 489, 546
限度 ……537, 563
見当 ……428
限度ぎりぎり……66
げんに ……**145**, 209
兼備 ……323
見聞 ……124
けんめい…58, 136, **145**, 159, 212, 286, 308, 444, 531
懸命 ……418, 506
けんめいに ……145
原理や起源 ……231

こ

ご一緒する……57
好意 ……589
行為を行う場所 ……344
強引……86, 87, 92, 391, 529, 530
好悪 ……158
狡猾さ ……199
交換 ……228
交換条件 ……228
好奇心 ……401
合計……19, 187
交互 ……260
口語的……13
こうごに ……129, **146**, 260
公式の挨拶 ……118, 166, 188, 442
公式の発言…5, 15, 18, 19, 25, 74, 78, 83, 91, 95, 97, 100, 103, 105, 112, 115, 119, 123〜125, 131, 135〜137, 140, 142, 144, 149〜152, 154, 161, 163, 166, 180, 183, 187, 193, 201, 230, 254, 264, 267, 276, 281, 285, 302, 303, 336, 379, 383, 395, 396, 404, 428, 434, 436, 437, 439, 443, 445, 474, 486, 489, 507, 510, 516, 517, 546, 550, 556, 561, 567, 570, 574, 587
強情さ ……391
恒常性 ……304
構成員 ……532
構成要素 ……211, 221
公然 ……441
交替(代)……90, 129, 146
好都合 ……162, 589
肯定……26, 325
高低 ……257
行動の起こし方 ……110, 560
行動の確認 ……372
幸福 ……162
公平性……69
後方……11
傲慢 ……401
功利的 ……597
攻略 ……311
考慮……31, 35, 50, 239, 317, 358, 397
考慮の及ぶ範囲外 ……312, 313
声をそろえて ……138
誤解 ……400
ごく…37, 73, 93, 96, 137, **146**, 180, 255, 259, 360, 440, 444, 584
こくいっこく ……**147**, 151, 183, 283
ごくごく ……**146**
克服……73, 134, 139
個々 ……452, 453
古語……33
ここ一番……46
ここしばらく ……186
個々人 ……458
ここ当分 ……329
個々に ……469
個々の行動 ……276
個々の違い……40
ここのところ ……**147**, 157, 160, 286
個々の要素…38, 104, 234, 367, 375, 393, 401, 453
こころおきなく ……**147**, 150
こころから ……**148**, 216, 444
心づかい ……148
こころなしか ……108, **148**
こころならずも…86, **149**, 464, 570, 571
心の奥底 ……148
こころみに ……**149**, 279
こころもち …32, 34, **150**, 188, 204, 572

区切り ……………………299, 455, 459
駆使 ……………………………………319
具体性 ……………………………177, 400
くだけた(日常)会話 …219, 236, 333, 372, 373, 407, 417, 473, 509, 524, 534, 538〜540, 542, 543, 545, 559
くだけた発音 …………………………386
くだけた場面 ……………288, 349, 407
くだけた表現…8, 13, 23, 74, 75, 93, 119, 125, 155, 158, 166, 173, 175, 180, 187, 198, 219, 238, 239, 242, 273, 282, 283, 287〜289, 310〜313, 315, 351, 357, 358, 364, 375, 384, 389, 400, 405, 409〜415, 425〜427, 434, 439, 451, 472, 478, 481, 495, 509, 512, 518, 523, 527, 534, 541, 544, 559, 562, 563, 565〜568, 576, 577, 585, 591, 595
くだけた乱暴な表現 ………………280
くちぎたない …………………………138
くちぎたなく …………………………**138**
くちぐちに ……………………………**138**
くちさがない …………………………139
くちさがなく …………………………**139**
区別……………………………56, 339, 341
くまなく …13, **139**, 211, 221, 393, 515, 518, 558
くもなく ……………**139**, 311, 424, 428
くやしさ……………………………81, 321
くりかえし ………………118, **139**, 424
繰り返し…116, 119, 160, 179, 186, 260, 276, 391, 464, 484, 494, 499, 501, 503, 579, 590
くれぐれも …116, 118, **140**, 189, 190, 318, 326, 396
苦労 ……………………424, 427, 565
くわえて…106, **140**, 174, 175, 178, 227, 243, 245

け

敬意………………………………………24
経過……………11, 71, 80, 298, 327, 361
経験 ……………………………………143
傾向……93, 136, 195, 201, 322, 366, 572
経済的 …………………………………398
軽視 …137, 168, 278, 388, 479, 487, 575
傾斜 ……………………………………134
継続 …3, 6, 12, 36, 70, 73, 78, 81, 124, 157, 158, 174, 179, 182, 188, 208, 249, 259, 298, 301, 309, 312, 348, 378, 380, 381, 383, 431, 435, 442, 444, 465, 484, 498, 502, 524, 525
継続の期待 …………………………462
軽率 …………………………403, 527
計量 ……………………………………193
決意 ……………………132, 156, 157, 282
結果…141, 154, 226, 227, 306, 358, 530, 535
結果の程度 ……………………235, 270
けっきょく…7, **141**, 165, 194, 298, 305, 306, 327, 361, 371, 575
結局のところ …………………………141
結局は ……………………………………141
けっこう…124, **142**, 198, 202, 224, 258, 262, 383, 595, 597
けっして…128, **144**, 159, 216, 281, 286, 429, 504, 542
決断 …………41, 59, 106, 107, 435, 446
結論 ……………………………141, 305, 306
原因…………60, 108, 130, 231, 453, 554
原因・理由 ……88, 229, 383〜385, 445
嫌悪………………86, 342, 388, 474, 509
謙虚さ ……………………………451, 507
現在…73, 75, 80〜85, 120, 124, 125, 156, 267, 272, 298, 329
現在および未来の状態…3, 36, 378, 380
現在ただ今 ……………………………549
現在の視点 ……………………………221
現在の状況(状態)…78, 79, 84, 85, 156, 164, 381, 489, 538, 539, 567
現在のところ……………………………83
現実の状況 ……………………………184
現時点 ………76, 78, 157, 160, 284, 285
現状 ……………………………………550
謙譲語……………………………………57
謙遜…9, 34, 39, 193, 293, 360, 390, 400, 413, 455, 479, 482, 485, 493, 498
現代語(用法)…10, 39, 52, 165, 200, 219, 236, 289, 313, 325, 326, 355, 357,

235, 236, 239, 247, 249, 254, 255, 258, 261, 264, 266, 279, 285, 287, 289, 290, 295, 297, 299, 303, 307, 320～323, 329, 333, 336～338, 340, 343～345, 347～349, 351, 358, 363, 367, 373, 379, 383～385, 390, 403, 415, 416, 423, 424, 433, 442, 445, 452, 454, 455, 457, 459, 465, 466, 468, 469, 471, 476, 477, 486, 488, 504, 506, 510, 513, 517, 519, 522, 523, 526, 531, 538～540, 542, 544, 546, 580, 587, 595～597
客観的な根拠(理由) …122, 138, 202, 278, 281, 306, 332, 491, 538, 571
客観的な事実 ……325
気安さ ……139, 420
きゅう(急)…10, 27, **133**, 135, 201, 263, 270～272, 302, 353, 355, 356, 463, 467, 566
きゅうきょ … **134**, 179, 201, 225, 226, 270
急激な変化 ……135, 356
きゅうてんちょっか ……134, **135**
急に ……110, 134, 560
究明 ……582
境界 ……126, 328, 332, 540, 541
業界用語 ……187, 450
共感 ……123, 247, 258, 508
強行 ……322, 326, 529, 530
強硬……87
僥倖 ……436, 462
今日このごろ ……156
郷愁 ……524
拱手傍観 ……520
強調…13, 29, 33, 60, 61, 68, 78, 92, 127, 144, 145, 161, 174, 206, 220～222, 245, 247, 248, 251, 267, 287, 288, 293～295, 304, 306, 322, 342, 370, 375, 376, 380, 394, 395, 400, 413, 415, 423, 433, 434, 436, 437, 444, 449, 483, 484, 489, 490, 492, 502, 504, 522, 527, 534, 557, 568, 577, 580, 587, 594
強調形 ……3, 166, 175, 207, 208
共有 ……185
強要……87
許可 ……425
極限 ……146
極端な行動 ……586
極端な事態……20, 274
極端な状況(状態)……59, 211, 357
曲目……46
きょくりょく …58, **135**, 146, 212, 213, 303, 308, 405, 444
拒否 ……307, 392, 509
許容…18, 28, 32, 62, 143, 190, 202, 205, 206, 213, 248, 264, 288, 294, 328, 331, 344～346, 347, 357, 414, 415, 418, 420, 421, 457, 482, 483, 485, 496
距離…160, 168, 203, 204, 284, 292, 295, 333, 334, 348, 363, 373, 539～541, 572
気楽さ ……296, 451
義理 ……118, 332
切り換え ……169, 451
気力 ……467
切れ目 ……181, 196, 444
議論の前提 ……252
疑惑 ……149
きわだって……43, **136**, 340, 447, 533
きわめて …37, 73, 88, 93, 96, **136**, 147, 180, 255, 259, 289, 360, 440, 443, 584
均一 ……104, 515
金額 ……187, 363, 373, 565
緊急 ……443
きんきん ……103, **137**, 228, 285, 540
近似(値) …111, 128, 168, 255, 477, 561
金銭(的) ……180, 398
金銭貸借関係 ……472
吟味……38, 370, 452, 458

く

空間(的) …10, 11, 178, 200, 208, 333, 350, 565
ぐうぜん ……131, **137**, 279, 436
偶然性……20, 131, 319, 320, 546
偶然の一致 ……138

完全無欠 ……………………………215
感想…………………………26, 311, 466
感嘆 …43, 45, 106, 165, 184, 219, 224, 248, 272, 283, 289, 311, 364, 413, 424, 483, 484, 496, 557, 585
簡単…………………………………94, 311
感動…25, 30, 46, 258, 282, 376, 410, 412, 417, 438, 482, 522, 579, 580
間投詞(的)…40, 47, 123, 136, 141, 144, 169, 184, 203, 236, 264, 292, 293, 305, 317, 331, 362, 388～390, 408, 451, 470, 479, 482, 489, 491, 509, 526, 538, 540, 541, 568, 596
感動詞(的)…7, 20, 26, 33, 35, 165, 169, 222, 223, 247, 259, 268, 292, 321, 325, 326, 331, 360, 372, 388, 406, 410, 412, 416, 470, 472, 482, 483, 487, 495, 496, 501, 502, 508, 509, 529, 538, 548, 550, 588
かんはつをいれず…**130**, 167, 168, 179, 199, 201, 225, 226, 270, 355
かんぱつをいれず …………………130
完璧 ……………………………………287
願望 ………………124, 236, 429, 445
勧誘 …24, 122, 317, 351, 425, 451, 482, 544, 550
寛容 ……………………………………399
がんらい …61, **130**, 232, 256, 479, 480, 554, 556
完了 …77, 208, 218, 272, 404, 484, 497, 498, 502, 539
関連(性) ……………………232, 269

き

機会 ………244, 296, 336, 337, 391, 392
気がきく ……………………409, 425
気兼ね ……………………………441
気軽(さ) ……………193, 292, 336, 451
聞き手の理解 ……………………357
危急存亡の時……………………33
危惧…20, 24, 41, 82, 101, 154, 259, 265, 366, 378, 388, 460, 487, 533, 534, 586
危惧の持続…………………………89
帰結 …………………………104, 271
危険な状態 …………………540, 541
基準………………37, 289, 497, 498, 502
稀少 ……………………………………584
既成事実 ……………209, 278, 315, 408
きせずして……………24, **131**, 138, 279
期待…5, 23, 64, 75, 78, 85, 89, 123, 279, 285, 290, 355, 383, 394, 398, 462, 497, 538, 539, 545, 589, 594
期待に反する結果…………54, 242, 379
期待の持続…………………………89
貴重 ……………………195, 277, 534
基点 …………………………284, 334
気づかい …………………108, 409, 425
きっと…72, 101, 122, 123, **131**, 133, 170, 216, 277, 281, 286, 492
詰問 ……………………317, 387, 390
疑念 …………………………318, 487
気のせいか ………………………149
規範 ……………………………………281
忌避 ……………………………474, 509
気分(的) ……………………150, 305, 311
希望 …87, 123, 135, 213, 216, 217, 308, 318, 319, 322, 325, 395, 399, 405, 418～420, 441, 466, 573
きまって……………72, 122, **132**, 304
決まり文句…………………………25
義務(感) …………241, 319, 322, 420
決めつけ ……………………………141
気持ち ………………………………150
疑問 …24, 25, 27, 30, 35, 49, 52, 60, 64, 70, 71, 88, 101, 169, 220, 237, 243, 244, 256, 311, 316, 320, 321, 331, 341, 343, 344, 345, 347, 348, 351, 353, 356, 363, 372～374, 376, 383, 386, 401, 402, 407, 413, 414, 426, 437, 544, 548, 579
客観性…………………………69, 508
客観的…10, 11, 14, 19, 25, 29, 36, 51, 59, 67, 72, 84, 100, 105, 108, 113, 114, 121, 123, 127, 133, 134, 136, 141, 143, 153, 161, 162, 164, 171, 174, 177, 179, 181, 182, 184, 185, 187, 192, 193, 200, 201, 203, 204, 208～210, 221, 225～227, 230, 232,

肩すかし ……7
かたっぱしから ……**119**, 307
かたときも ……**119**, 206, 220, 509
片方……69
価値 …8, 19, 53, 98, 127, 165, 172, 214, 224, 243, 250, 277, 279, 410, 417, 478, 568, 584
価値のなさ ……346
かつ ……**120**, 174, 178, 243, 380, 497
合致 …25, 224, 237, 289, 290, 409, 425, 478, 589
かつて …42, 51, 78, **120**, 124, 125, 209, 295, 447, 523
かって ……**120**
仮定 ……126, 437, 460, 544, 545
—かどうか ……318
かならず …72, 88, **121**, 123, 132, 133, 170, 216, 281, 286
かならずしも……5, 40, **122**, 515
必ずといっていいほど ……121
かならずや ……122, **123**, 132
かなり…23, **123**, 144, 198, 202, 224, 258, 383, 586
かなりかたい文章語 …7, 9, 15, 18, 25, 35, 60, 96, 103, 105, 111～113, 118～121, 124, 131, 152, 154, 161～163, 170, 180, 187, 188, 204, 206, 218, 276, 281, 385, 437, 439, 440, 445, 465, 472, 489, 507, 517, 530, 546, 550, 556, 560, 561, 570, 587
かなりくだけた表現…10, 41, 44, 57, 63, 66, 105, 147, 154, 157, 194, 234, 240, 251, 282, 292, 354, 356, 435, 445, 454, 501, 531, 535, 554, 591, 596
かなり古風なニュアンス(表現)…220, 254, 257, 449, 472, 589
かなり乱暴な表現 ……315
かねがね……16, 121, **124**, 125, 484
かねて……16, 121, **124**, 485
かねてから ……124
可能性 …6, 18, 96, 101, 115, 154, 219, 277, 293, 319, 326, 337, 351, 360, 366, 429, 454, 460～462, 487, 491, 514, 516, 542, 544～547, 572, 586
可能な限度 ……307
可能な最大限 ……308
可能な範囲内 ……308
我慢 ……217
からきし …54, 116, **125**, 173, 206, 220, 289, 312, 313, 376, 509, 512, 513, 516, 542
からくも…**126**, 129, 130, 212, 328, 332, 419, 565, 576, 577
からっきし ……125
かり…**126**, 128, 274, 275, 438, 514, 516, 544, 547
かりに ……126
かりにも ……**127**, 145, 216
軽い意味 ……243
かれこれ …91, 98, 112, **128**, 172, 256, 335, 477, 540, 561, 562
かろうじて …126, **128**, 212, 328, 332, 419, 565, 576, 577
かわるがわる……90, **129**, 146, 260, 300
かんいっぱつ ……126, **130**
間一髪の差(ところ)で ……130
感慨 …81, 128, 184, 198, 244, 245, 300, 440, 447, 501, 508, 524, 537, 557, 560, 565, 574
考え直し……17
感覚(的) ……29, 31, 150
歓迎 ……559, 574
関係する物事 ……426
感激 ……270
完結……10, 454
頑固(さ) ……280, 444
観察 ……279, 300
感謝 ……118, 389, 408, 479, 484, 594
感情 ……203, 321, 410, 496
感情的…22, 234, 248, 251, 270, 414, 483, 580
感情的な反発 ……387
感心 ……184, 406
完成……52
間接的 ……496, 499
完全 …15, 218, 429, 508, 512, 557, 580, 582
眼前 ……549
完全に近い状態 ……476, 477

220, 232, 253, 254, 256, 444, 476, 477, 509, 556, 562
およばずながら ……………………**112**
および ……………………………**112**, 405
おりあしく ………………5, **112**, 114
おりいって ………………………**113**
おりおり …………………**113**, 337
おりかえし ……………**114**, 201, 270
おりよく ………………113, **114**, 580
おろか ……………………………**114**
おろそか ……………………………8

か

快感 ……………………………150, 590
解決…………………78, 139, 271, 329, 383
外見…………………53, 172, 402, 515, 519
外見の変化 …………………………148
開口一番……………………………46
悔恨 ……………………9, 479, 557
開始時点………………………52, 434
がいして…41, 61, 67, 98, 100, **115**, 222, 254, 256, 257
開始当初 ……………………………439
開始場所 ……………………………343
回数……………28, 43, 67, 417, 421, 449
概数 ………………………168, 482
回想 ……………………………116
慨嘆…9, 13, 18, 21, 23, 25, 31, 40, 60, 62, 68, 76, 78, 80, 101, 106, 125, 128, 132, 152, 155, 158, 165, 170, 175, 180, 184, 191, 192, 194, 198, 204, 205, 209, 214, 217, 220, 223, 229, 240, 242, 245, 249, 251, 256, 258, 259, 262, 263, 270, 274, 285, 288, 289, 295, 311～313, 315, 317, 318, 324, 326～328, 331, 335, 349, 351, 381, 383, 387, 388, 391, 392, 400, 403, 404, 412～415, 424, 426, 431, 435, 439, 444, 448, 458, 472, 474, 483, 495, 496, 498, 499, 502, 508, 527, 532, 534, 537, 541, 543, 563, 566, 569～571, 580, 583, 585, 591, 598
下位段階 ……………………112, 546
該当……………………………38, 377
回避……………………………20, 211
かいもく …54, **115**, 125, 173, 206, 220, 289, 312, 313, 376, 509, 512, 513, 516, 542
概略……………………………………17
かえすがえす ……………**116**, 118, 140
返す返すも ………………………116
かえって ………………**116**, 526, 583
家屋 ……………………………432
覚悟……………………41, 156, 556, 558
隠さない ……………………………192
確実…………81, 122, 192, 332, 460, 545
確信…21, 35, 75, 108, 112, 122, 123, 132, 170, 181, 197, 202, 215, 240, 282, 321, 325, 414, 415, 489, 491, 516, 545, 548, 573
各人 …………………………458, 531
確認…37, 38, 62, 282, 323, 349, 390, 431, 438, 455, 508, 522, 533, 567
かくべつ …14, 43, **117**, 153, 155, 254, 340, 341, 371, 471
確保…129, 328, 332, 366, 565, 576, 577, 584
確約 ……………………………286
確率 ……………………………450
陰 ……………………………139
過激 ……………………………543
かけ声 ……………………………169
かげながら ………………………**117**
過去 …42, 49, 50, 79, 84, 85, 120, 124, 126, 208, 211, 218, 227, 245, 247, 248, 284, 447, 484, 493, 523, 524
過去の失敗 ……………………………191
過去の本来の状態 ……………………554
かさねがさね ………116, **118**, 140, 189
かさねて…**118**, 161, 429, 464, 497, 499, 502, 503, 539
数 …158, 168, 203, 450, 456, 457, 540, 541, 572
かすかな希望 ………………………460
かたい文章語…8, 81, 85, 162, 174, 185, 196, 209, 267, 302, 337, 404, 407, 428, 429, 456, 486, 489, 519, 549, 580

おいくつ……………………………………27
おいくら……………………………………30
おいそれと…………………**94**, 201, 225
おうおう …………94, **95**, 335, 367, 572
おうおうにして……………………………**95**
応答(詞) ……………143, 292, 426, 466
応募 ……………………………………468
おおい………………………………………97
おおいに…37, 73, 93, **95**, 137, 147, 180, 202, 255, 259, 277, 360, 440, 444
おおかた…16, 17, **96**～98, 101, 112, 168, 254, 256, 257, 277, 476, 477
おおかれすくなかれ……………**97**, 257
大きさ …………………………………511
大きな動作 ……………………………566
おおく………………………………………**97**
多く ……………………………………276
大勢の人間………………………………90
おおむね…16, 17, **97**, 98, 112, 115, 168, 254, 256, 257, 476, 477, 562
公(建前) ……………………………109
おおよそ…16, 17, 96, **98**, 112, 128, 168, 254, 256, 257, 476, 477, 562
おおよそのところ…………………………98
臆病…………………………………………40
おくればせながら………………**98**, 101
お心置きなく …………………………148
おしい………………………………………99
おしくも……………………………………**99**
おして……………………………5, **99**, 176
おしなべて …41, 61, 67, **100**, 115, 222, 251, 448
お世辞………………………………………43
おそい …………………………………100
おそかれはやかれ ………**100**, 103
おそくとも ……………………………**100**
おそまきながら……………………99, **100**
おそらく …97, **101**, 132, 170, 277, 332, 492
恐れ………………39, 357, 482, 526, 568
おたかい ………………………………102
おたがい ………………………………**102**
おたがいさま …………………………**102**
おたかく ………………………………**102**
落ち着き ……………………110, 560
おつ ……………………………………103
おっつけ …35, **103**, 137, 228, 511, 540, 561
おって……………12, **103**, 228, 380, 540
おつに ……………………………………**103**
お供する……………………………………57
驚き…25, 27, 60, 64, 106, 128, 132, 198, 219, 224, 240, 247, 249, 251, 258, 259, 270, 271, 321, 352, 355, 356, 364, 388, 410, 427, 461, 482, 483, 500, 537
おなかいっぱい(腹いっぱい)…66, 280
おなじ……………………………57, 103
同じ側 …………………………………185
おなじく ………………………………**103**
同じ傾向 ………………………………100
同じ状態 …………………………375, 432
同じ立場 ………………………………102
同じ動作 ………………………………464
おのおの …**104**, 234, 314, 454, 459, 532
おのずから…35, **104**, 105, 183, 228, 325, 458
おのずと …………………**105**, 183, 458
おひとつ ………………………………451
おまけに…**105**, 141, 175, 178, 227, 243, 245
おも ……………………………………110
思い入れ ………………………………123
おもいがけず …………………**106**, 436
おもいがけない ………………………106
おもいきって ……41, 59, **106**, 435, 446
おもいきり ……………………**107**, 109
思い出す ………………………………222
思いっ切り ……………………………107
おもいなしか …………………**107**, 149
おもいのほか …………21, 24, **108**, 155
思いやり …………………108, 409, 425
おもうさま ……………107, **108**, 109
おもうぞんぶん …………107, **109**, 150
おもてむき ……………………**109**, 185
おもに …………………………**110**, 191
おもむろに ……………**110**, 194, 560
おもわず …………**110**, 195, 295, 296
思わず知らず …………………………110
およそ…16, 17, 61, 96, 98, **111**, 128, 168,

いまだに …3, 37, **78**, 80, 85, 380, 381, 499
いまでこそ ……………………74, **79**
今では……………………………85
いまでも……………3, 37, 74, **79**, 81, 85
いまどき ………………74, 76, 78, **80**
いまとなっては……74, 77, **80**, 539, 558
いまに …74, 80, **81**, 85, 178, 201, 228, 561
今にして思えば……………………81
今に見ていろ………………………81
今に見ろ……………………………81
いまにも…74, **82**, 85, 212, 476, 490, 586
今の今まで…………………………84
いまのうち ……………………74, **82**
いまのところ ……74, **82**, 164, 330, 549
いまひとつ…………74, 75, **83**, 452, 543
いままで……………………74, 76, **84**
今まで通り…………………………84
いまも ……………3, 37, 74, 79～81, 84
いまもって…………………………81
いまや …………74, 75, 82, **85**, 476, 490
今や遅し……………………………85
いみじくも ………………………581
いや ……………………………**85**, 88
いやいや ………………**85**, 87, 149, 464
いやいやでも………………………85
いやいやどうして…………………86
いやいやながらも…………………85
いやおうなく ………………**86**, 92, 530
いやおうなし……………**86**, 87, 92, 464
いやがおうでも……**87**, 88, 92, 392, 420
いやしくも ………………………127
いやでも…………………………**87**, 122
いやというほど…………………**88**, 107
いやに…**88**, 137, 360, 444, 474, 519, 562
いよいよ…33, 43, 60, **88**, 174, 208, 298, 327, 380, 381, 447, 448, 479, 488, 493, 550, 565, 576, 587, 588
異様 ………………………………473, 519
意欲 ………………………………206, 451
依頼…140, 185, 216, 318, 325, 351, 395, 418, 445, 550
いれかわりたちかわり … **90**, 129, 300, 445
いろいろ…………………**90**, 128, 172, 312
いわば ………62, **91**, 210, 306, 371, 575
言われなくても …………………207
いわんや …………………………490
因果応報 …………………………443
因果関係 ……………………138, 385
飲食物 ……………………………180
隠蔽 ………………………………110, 241

う

うしろから…………………………11
うっかり………………………15, 111, 294
うまい………………………………91
うまく………………………………**91**
うまれつき………………**91**, 430, 556
うまれながら…………………92, 430
うむをいわせず …87, **92**, 392, 420, 530
運……………………………………20
うんと…37, 67, 73, **92**, 96, 137, 147, 158, 181, 189, 190, 255, 259, 262, 280, 289, 360, 440, 444, 445, 468, 569
運動 ………………………………350
うんとちっと ……………………287
運悪く ………………………………4

え

影響 …124, 125, 410, 417, 423, 441, 561
影響下 ……………………………553
えてして …………**93**, 95, 335, 367, 572
婉曲 …12, 34, 123, 144, 162, 193, 202, 203, 241, 248, 276, 293, 307, 317, 318, 341, 387, 389, 409, 411, 412, 418, 423, 425, 482, 568, 579, 591
援助 ………………………………102, 112
演説 ………………………………204
遠慮 …40, 178, 204, 208, 264, 331, 387, 418, 441, 524, 529

お

おあいにくさま ……………………4
おいおい …35, **94**, 183, 194, 228, 283, 561

一緒盛り……………………………56
いっしん……**58**, 136, 146, 159, 212, 444
いっしんふらん……………………**58**
いっせいに…………44, 45, 53, **58**, 69
いっそ…………**59**, 107, 324, 446, 526
いっそう…43, **59**, 90, 174, 208, 380, 381, 447, 448, 493, 550, 583, 587, 588
いっそのこと………………………**59**
いつぞや……………………………50
いったい … **60**, 100, 112, 115, 131, 220, 232, 253, 256, 438, 479, 480, 556
一帯…………………………………48
いったいぜんたい…………………60
いったいに…………………………60
いったん ……………44, **61**, 449, 456
いっちょう…………………………47
いっつも……………………………72
一定の価値 …………………………510
一定の規則 …………………………191
一定の区切り ………………………285
一定の傾向 …………………………256
一定の結果…36, 121, 132, 324, 366, 396, 572
一定の結論 …………………………568
一定の状態 …………………………348
一定の範囲内 …………………………6
一定の範囲の内容 …………………227
一定の密度 …………………………515
一定の割合 …………………………146
いってみれば ………**62**, 91, 306, 575
いつでも…50, **62**, 72, 182, 195, 196, 259, 304, 435
いっとう …47, **63**, 253, 364, 397, 403, 438, 551
いつともなく………………………64
いつなんどき………………………49
いつになく ……………50, **63**, 590
いつになったら ……………50, **64**
いつのことやら……………………50
いつのまに ……50, 51, 56, **64**, 195, 228
いつのまにか………………………64
いつのまにやら……………………64
いっぱい … **65**, 93, 158, 181, 189, 190, 212, 262, 280, 286, 468, 531, 569
一杯いける口………………………66
いっぱいいっぱい…………………66
一杯機嫌……………………………66
一杯食う(食わされる)……………66
いっぱいに…………………………66
一般(性)………………62, 72, 91, 344
一般的な傾向 ………256, 390, 510, 579
いっぱんに…………**67**, 100, 115, 222
一般論…………………60, 210, 220
いっぺん ………44, **67**, 69, 70, 449
いっぺんこっきり…………………68
いっぺんに………44, 45, 53, 59, **68**, 323
いっぽう………………47, 68, **69**, 496
一方的…………………………47, 514
一方的な憶測 ………………………400
いつまで ……………50, 52, **70**, 71
いつまでに………………50, 70, **71**
いつまでも………………50, 70, **71**
いつも …50, 63, **71**, 122, 132, 133, 182, 195, 196, 259, 303, 304, 431, 435, 465, 466, 484
意図していない結果 ……294, 296, 436
意図(的)…5, 99, 152, 153, 176, 188, 274, 312, 339, 369, 370, 484, 491, 493, 529, 530, 541, 593, 594
意図に反する行為…………………14
いとも …37, **72**, 93, 96, 137, 147, 180, 255, 259, 360, 440, 444, 584
居直り ……………………………401
いの一番……………………………46
いま … **73**〜85, 157, 174, 178, 201, 268, 273, 523, 539, 549
いまいち………………74, **75**, 83, 543
今を時めく…………………………74
いまかいまかと……………74, **75**, 85
いまから…………………74, **75**, 84
今こそ………………………………85
いまごろ………………74, **76**〜78, 80
今さっき……………………………74
いまさら …………17, 74, **76**, 81, 153
今さらながら………………………77
今さらのように……………………77
いましがた …………74, **77**, 163, 167
いまじぶん …………74, 76, **77**, 80
いまだ ……………………………499
いまだかつて……………**78**, 121, 295

いざとなると……………………………33
意志…6, 8, 87, 94, 99, 122, 159, 213, 215, 217, 223, 280, 281, 286, 317, 322, 327, 362, 372, 391, 409, 415, 425, 435, 585
維持 ……………………………………230
異常 ……………………318, 466, 473
いずれ … **34**, 36, 51, 94, 103, 105, 228, 334, 353, 357, 359, 373, 474, 511, 561, 573
いずれ劣らぬ……………………………35
いずれにしても…**35**, 324, 358, 359, 363, 365, 366, 396
いずれにせよ……………………………**35**
いずれも ………………35, **36**, 359, 375
いずれも様………………………………36
いぜん(以前)…121, 124, 125, 209, 315, 354, 523, 554
いぜん(依然)……………………………**36**
以前から ………………………………484
いぜんとして …3, **36**, 79, 80, 85, 380, 381, 499, 568
いたい……………………………………37
いたく……………………………………**37**
いたって…**37**, 73, 93, 96, 137, 147, 180, 255, 259, 360, 440, 444, 584
いたるところ……………………………**37**
位置 ……………………………………377
いちいち … **38**, 152, 211, 221, 234, 287, 454, 518
いちおう…**39**, 366, 369, 455, 456, 483 ～485
一応の筋道………………………………17
一応は……………………………………39
一応も二応もない………………………39
いちがいに…**40**, 100, 115, 123, 251, 448, 515
いちかばちか………………**41**, 107, 435
いちじ………**41**, 44, 45, 59, 69, 121, 187
一時的 …………………………………126
いちだんと … **42**, 60, 64, 90, 117, 136, 174, 380, 381, 447, 448, 493, 533, 536, 550, 588
一段落 …………………………………246
いちど………**43**, 45, 61, 68, 78, 449, 539
いちどきに………**44**, 45, 53, 59, 69, 323
一度ならず(も)…………………………43
いちどに ……………**44**, 53, 59, 69, 323
一度は……………………………………43
一度も……………………………………43
一年中 …………………………………431
いちはやく………………………………**45**
いちばん … **45**, 63, 253, 364, 397, 403, 438, 551
一番乗り…………………………………46
一番星……………………………………46
一部分…………………………29, 382
いちめん ……………………………**47**, 70
いちもくさんに ……………**48**, 55, 506
いちもにもなく……………………**48**, 559
いちやく ……………………………**49**, 53
いつ ……**49**, 51, 52, 56, 63～65, 70～72
いつか…35, **50**, 51, 56, 65, 121, 195, 228, 561, 573
一回 ……………………………43, 67, 449
一回きり ………………………………111
いつかは…35, 50, **51**, 228, 334, 442, 561
いつから…………………………50, **51**, 70
いつからともなく………………………52
一貫 ……………………………211, 309
いっきかせいに…………………………**52**
いっきに………………44, 45, **52**, 53, 69
一気飲み…………………………………52
いっきょに ………44, 45, 49, **53**, 59, 69
いっけん…………………………**53**, 520
一見して(したところ)…………………53
いっこう … **54**, 116, 125, 173, 206, 219, 288, 313, 376, 509, 512, 513, 542, 574
一向に……………………………………54
いっさい ……15, **54**, 152, 211, 221, 518
いっさいがっさい………………………**54**
いっさんに ……………………48, **55**, 506
いつしか ………50, 51, **55**, 65, 195, 228
いっしょ ……19, **56**, 187, 323, 368, 510
いっしょうけんめい …48, **57**, 58, 136, 146, 159, 212, 286, 308, 444, 531
一緒くた…………………………………56
いっしょけんめい………………………**57**
いっしょに………………………………56

あらかた…**16**, 17, 96～98, 112, 168, 254, 256, 257, 476, 477
新たな段階 ……………………238, 310
あらたまった挨拶 …3, 142, 143, 163, 193, 403
あらたまった会話 …101, 163, 218, 220
あらたまった発言………………37, 105
あらたまった文章 …………………104
あらためて ………**16**, 77, 153, 301, 340
あらためまして……………………17
あらまし…16, **17**, 96, 98, 112, 254, 256, 257, 477
あらゆる手段…………………418～420
あらゆる努力 ……………………212
ありのまま ………………………182
あるいは … **17**, 154, 242, 377, 462, 497, 501, 546, 547
あるべき理想 ……………478, 480
あれこれ …………………………128
あれやこれや ……………………391
あわせて ……**19**, 57, 187, 221, 368, 510
あわや…………………………**19**, 212
あわやというとき(ところで)………20
あわよくば……………………**20**, 429
安易 ………………………………201
あんがい ………………**20**, 24, 108, 155
安心感 ……………………………406
安堵…126, 130, 148, 162, 211, 218, 328, 332, 388, 397, 493, 540, 541, 565, 566
あんに(暗に) ……………………241
あんのじょう……………**21**, 438, 568
あんまし……………………………**13**
あんまり……………………………**13**

い

いいえ ……………………………143
言い換え ……………209, 305, 314, 370
言い換えれば………………………91
いいかげん…**22**, 124, 224, 254, 257, 404, 475
家ごとに …………………………432
いがい ………21, **23**, 108, 131, 155, 436
意外(さ) …10, 64, 240, 247, 249, 357, 378, 380, 424, 427, 428
意外性 …135, 162, 185, 278, 321, 388, 463, 503, 560
意外と……………………………23
意外な結果 ………………………461
意外に……………………………23
意外や意外………………………23
いかが…………………………**24**, 317
いかに…………………**24**, 317, 374, 376
いかにも…8, **25**, 171, 172, 290, 479, 509, 513, 520
怒り …14, 22, 155, 175, 253, 321, 348, 387, 388, 393, 407, 410, 426, 509, 524, 588
いかんせん ……………………4, 395
いきおい………………**26**, 325, 549
勢い …………52, 53, 107, 114, 506, 543
意気込み …………………………33, 47
いきなり … **26**, 110, 134, 177, 263, 291, 302, 355, 356, 463, 560, 566
いくえにも ………………………118
いくつ ……………………**27**～29, 31
いくつか ………………………**28**, 32
いくつでも…………………**28**, 29, 32
いくつも…………………28, **29**, 33
いくぶん…**29**, 32, 34, 188, 193, 204, 264, 288, 293, 572
いくら …28, **30**, 32, 33, 363, 373, 374, 376, 392, 415, 488
いくらいくら………………………30
いくらか…28, 30, **31**, 34, 150, 188, 193, 204, 264, 288, 293, 572
いくらでも ……………29, 31, **32**, 33
いくらなんでも……………………31
いくらも……………………29, 31, **32**
威厳 ………………………………204
いざ ………………………**33**, 90, 169
いざ鎌倉…………………………33
いさぎよい ………………………107
いささか…30, 32, **34**, 150, 193, 204, 264, 288, 293, 572
いささかならず……………………34
いささかなりとも…………………34
いざという時……………………33
いざとなったら……………………33

あ

あいかわらず … **3**, 37, 79, 80, 85, 380, 381, 499, 568
あいかわりませず ……………………3
挨拶(語) …12, 57, 102, 117, 118, 154, 186, 239, 278, 296, 310, 317, 326, 331, 400, 436, 484, 495, 574, 588, 591
愛情 ……………………………409, 425
あいついで ……………**3**, 191, 297, 300
相手の意見や前提 ……………………321
相手の意向(気持ち)…7, 24, 87, 92, 321, 351
相手の意思 ……………………………176
相手の意思や裁量 ……………………325
相手の依頼や希望 ……………………326
相手の希望 ……………………409, 425
相手の共感 ……………………394, 395
相手の困難な行為 ……………579, 580
相手の真意 ……………………………390
相手の配慮 ……………………………399
相手の発話 ……………………………410
相手の悲惨な状況 ……………………520
相手の非難 ……………………………400
相手の様子 ……………………………388
相手の理解 ……………………………399
あいにく ……………………**4**, 7, 113
相反する要素 ………………231, 237
あいまい ………………………………356
あいもかわらず …………………………3
あえて … **5**, 99, 123, 153, 176, 199, 340, 370, 555, 593, 594
明らかな結論 …………………………432
明らかに…………………………89, 488
あきらめ…7, 50, 80, 194, 327, 335, 351, 354, 358, 361, 537, 567, 570
あきらめの悪さ ………………………345
あきれ…25, 45, 152, 155, 191, 342, 352, 380, 421, 483, 508, 509, 522, 557, 579, 581, 588
悪意 ……………………………………593
悪影響 …………………………………475
あくまで …………**5**, 281, 309, 345, 349
あくまでも ……………………………6
あげく ……………**6**, 142, 170, 306, 361
あげくのはて ……………………**6**, 170
あげて …………………………………151
あしからず ……………………………5, **7**
あたかも…**7**, 26, 171, 172, 275, 290, 338, 513
頭がいっぱい……………………………66
あたまから…**8**, 312, 434, 439, 505, 509, 513
あだやおろそか ………………………**8**
あたら …………………………………**8**
新しい局面 ……………………………298
新しい事柄 ……………………………299
新しい話題 ……………………246, 351
あたりまえ…**9**, 325, 333, 466, 531, 549, 552, 556
あっというま … **10**, 201, 271, 272, 500, 521
あと……**10**～12, 174, 233, 380, 499, 539
あとあと…………………………**11**, 433
あとから …………………………**11**, 12
あとからあとから……**11**, 233, 299, 300
あとで ……………………11, **12**, 103, 434
後回し …………………………………369
アトランダム …………………………233
あながち……………………40, 123, 515
アピール ………………………………489
あぶない…………………………………12
あぶなく…………………………**12**, 211
甘え ……………23, 39, 305, 357, 482
あますところなく…**12**, 15, 55, 139, 152, 161, 211, 221, 433, 515, 518, 558
あまねく ………………………………515
あまり…**13**, 117, 171, 248, 251, 254, 471, 585
あまりと言えばあまり………………14
あまりに…………………………………13
あまりにも………………………………13
あやうい…………………………………14
あやうく ……………………**14**, 20, 211
あやまって……………………**14**, 504
あらいざらい…13, **15**, 55, 152, 161, 211, 221, 393, 401, 430, 433, 558
あらかじめ………**15**, 124, 125, 484, 485

凡　例

1．本索引は、本辞典に掲載されたすべての見出し語、関連語、関連事項を五十音順に配列したものである。見出し語はページを太字で示した。

2．項目の先頭についているシンボルマークは、「副詞」の用法、意味やニュアンスの区分、類語関係などを立体的にとらえるための試みである。

……文体を示すマーク（おもにかたい文章中で用いる語か、くだけた会話で用いる語か、感動詞的に、あるいは間投詞的に用いるかなど）

……使用者・使用対象を示すマーク（だれがおもに用いる語か、だれに対して用いる語かなど）

……意味のジャンルを示すマーク（「時間・距離・数量・程度」など）

……心理やニュアンス・文化・状況を示すマーク（その語にどんなニュアンスがこめられているか、どんな気持ちでその語を使うか、また、その語の意味にどんな文化的背景が隠されているか、その語を使う前提となる状況はどんなものかなど）

マークをたよりに検索すれば、たとえば次のような「副詞」を集めることができる。

例(ア)　手紙で用いる「副詞」
　　……「手紙」から検索する。
(イ)　若い人が用いる「副詞」
　　……「若い人」から検索する。
(ウ)　程度を示すのに用いる「副詞」
　　……「程度」から検索する。
(エ)　慨嘆の暗示を含む「副詞」
　　……「慨嘆」から検索する。
(オ)　好ましくない結果について用いる「副詞」
　　……「好ましくない結果」から検索する。

3．類似の語句は、収録にあたって適宜一つの語形のもとに一括して示した。

例　挨拶・挨拶語→挨拶（語）
　　意図・意図的→意図（的）

索　　引

著者略歴

飛田良文（ひだ　よしふみ）
昭和八年千葉県に生まれる。昭和三八年東北大学大学院文学研究科博士課程修単位取得退学。博士（文学）。国立国語研究所言語変化研究部長、国際基督教大学大学院比較文化研究科教授を経て、現在、同大学アジア文化研究所顧問。国立国語研究所名誉所員、日本英学史学会編集委員、日本近代語研究会名誉会長、編著に『三省堂国語辞典』（三省堂）、『日本語学研究事典』（明治書院）、『和英語林集成初版・再版・三版対照総索引』（港の人）、『現代日葡辞典』（小学館）によりロドリゲス通事賞を受賞。『明治のことば辞典』（東京堂出版）などがある。

浅田秀子（あさだ　ひでこ）
昭和二八年東京都に生まれる。東北大学文学部国語学専攻卒業。博士（文学）。出版社勤務を経て、現在、日本語コスモス代表。元・中国河北大学外文系日語科教師。辞書編集者・日本語研究者・日本語教師。主な著書に『現代形容詞用法辞典』『現代擬音語擬態語用法辞典』（いずれも共著、東京堂出版）、『敬語の原理及び発展の研究』『現代感動詞用法辞典』（東京堂出版）、『敬語マニュアル』（南雲堂）、『「敬語」論―ウタから敬語へ』（勉誠出版）などがある。

現代副詞用法辞典　新装版

＊本書は、一九九四年九月に小社から刊行した『現代副詞用法辞典』（四六判）の新装版です。新装に際し、A5判に拡大しています。

二〇一八年五月二〇日　初版発行
二〇二三年九月三〇日　三版発行

著　者　飛田良文
　　　　浅田秀子
発行者　金田　功
編　集　有限会社日本語コスモス
本文組版　株式会社レオプロダクト
印刷・製本　中央精版印刷株式会社

発行所　株式会社　東京堂出版
東京都千代田区神田神保町一―一七（〒一〇一―〇〇五一）
電話　〇三―三二三三―三七四一

ISBN978-4-490-10901-6 C0581